Law and Economics of International Telecommunications

Under the Auspices of the
Max Planck Institute for Foreign and
International Private Law
edited by Prof. Ernst-Joachim Mestmäcker
and Prof. Christoph Engel

Volume 47

Martin Ewers

Zusammenschaltung von Telekommunikationsnetzen: Entgeltbestimmung und Kostenrechnung

Nomos Verlagsgesellschaft
Baden-Baden

Die Deutsche Bibliothek – CIP-Einheitsaufnahme

Ein Titeldatensatz für diese Publikation ist bei
Der Deutschen Bibliothek erhältlich. (http://www.ddb.de)

Zugl.: Hamburg, Univ. BW Hamburg, Diss., 2000

ISBN 3-7890-7721-6

ISSN 0935-0624

1. Auflage 2002

Gewidmet meiner Mutter, Barbara Ewers

Die vorliegende Arbeit wurde als Dissertation an der Universität der Bundeswehr Hamburg angenommen.

An dieser Stelle möchte ich Herrn Professor Dr. Jörn Kruse von der Universität der Bundeswehr Hamburg und Herrn Professor Dr. Ingo Vogelsang von der Boston University für die vorbildliche Betreuung und die umfangreichen Hinweise sehr herzlich danken.

INHALTSVERZEICHNIS

EINFÜHRUNG

I. GEGENSTAND DER UNTERSUCHUNG

Auf vielen wichtigen nationalen Telekommunikationsmärkten rund um den Globus werden Telekommunikationsdienstleistungen im Wettbewerb von verschiedenen Leistungsanbietern erbracht. In den meisten anderen Staaten der Europäischen Union war der 1. Januar 1998 der Stichtag für die vollständige Liberalisierung der Märkte für Telekommunikationsdienstleistungen.[1]

Liberalisierte Telekommunikationsmärkte zeichnen sich zumeist dadurch aus, dass ein ehemaliges Monopolunternehmen („*Incumbent*") über eine flächendeckend gut ausgebaute Telekommunikationsinfrastruktur und über eine beherrschende Stellung auf den Endkundenmärkten verfügt. Dem ehemaligen Monopolunternehmen stehen alternative Netzbetreiber gegenüber, die auf die Zusammenschaltung ihrer Telekommunikationsnetze mit dem Telekommunikationsnetz des *Incumbent* angewiesen sind.[2] Die wesentlichsten Dienstleistungen bei der Zusammenschaltung sind die Bereitstellung bzw. Vervollständigung von Übertragungswegen, die die Telekommunikationsnetze verschiedener Netzbetreiber miteinander verbinden, sowie der Aufbau, das Halten und der Abbau von Kommunikationsverbindungen im jeweils eigenen Netz für einen anderen Betreiber. Ohne Zusammenschaltung wäre für alternative Netzbetreiber ein gleichwertiges Angebot von Dienstleistungen auf dem Endkundenmarkt nur bei Duplizierung der Telekommunikationsinfrastruktur des etablierten Betreibers möglich, was sich jedoch aus betriebswirtschaftlichen Gründen von selbst verbietet. Angesichts der asymmetrischen Verteilung von Marktmacht besteht zumeist wenig Aussicht, dass sich kostenorientierte Zusammenschaltungsentgelte allein im Verhandlungswege vereinbaren lassen.

Die vorliegende Untersuchung beschäftigt sich mit der Höhe und Struktur von Zusammenschaltungsentgelten aus normativer Sicht. Die dabei verfolgten Regulierungsziele – insbesondere die Sicherstellung eines funktionsfähigen und chancengleichen Wettbewerbs – werden in ***Kapitel II*** näher erläutert. Im Mittelpunkt der Betrachtung stehen Kommunikationsverbindungen für jeweils andere Netzbetreiber (im folgenden: „*Interconnect Calls*" oder „*IC-Calls*"). Dazu zählen im wesentlichen Zuführungs-, Terminierungs- und Transitleistungen. Mit „Zuführungsleistungen" („*call origination*") sind Kommunikationsverbindungen von Telefonanschlüssen im Telekommunikationsnetz

---

1 In der EU war die Marktliberalisierung ein stufenweiser Prozess: Durch die EU-Richtlinie 90/388/EC („Diensterichtlinie") wurden die EU-Mitgliedsstaaten zunächst verpflichtet, die Erbringung von Telekommunikationsdienstleistungen für geschlossene Benutzergruppen zu ermöglichen. Darauf folgten als weitere Liberalisierungsschritte die Verpflichtung, die Satellitenkommunikation (94/46/EC), die Nutzung von Kabelfernsehnetzen für die Erbringung bereits liberalisierter Telekommunikationsdienste (95/51/EC), Mobilfunk- und Funkrufdienste (96/02/EC) und schließlich die Märkte der Telekommunikation zum Stichtag 1.1.1998 vollständig zu liberalisieren (96/19/EC).

2 Die EU-Richtlinie 97/33/EC („Zusammenschaltungsrichtlinie") definiert in Artikel 2 „Zusammenschaltung" als „die physische und logische Verbindung von Telekommunikationsnetzen, die von derselben oder einer anderen Organisation genutzt werden, um Benutzern einer Organisation die Kommunikation mit Benutzern derselben oder einer anderen Organisation oder den Zugang zu den von einer anderen Organisation angebotenen Diensten zu ermöglichen."

eines Netzbetreibers in das Verbindungsnetz eines anderen Netzbetreibers gemeint; der Begriff „Terminierungsleistungen" („*call termination*") bezeichnet Kommunikationsverbindungen aus dem Verbindungsnetz eines Netzbetreibers zu Telefonanschlüssen im Telekommunikationsnetz eines anderen Netzbetreibers. Mit Transitleistung ist schließlich die Kommunikationsverbindung zwischen zwei Verbindungsnetzen über ein drittes Verbindungsnetz gemeint.

Die Struktur von Zusammenschaltungsentgelten ist Gegenstand von ***Teil 1 (Kapitel III bis VI)*** der Untersuchung. Bei der Entgeltstrukturierung geht es um die Zusammenfassung von Leistungen zu einheitlichen Tarifkategorien. Dazu zählt beispielsweise die Abbildung des Verhältnisses zwischen Ursprungs- und Zielort. Dabei kann eine Kommunikationsverbindung nach überbrückter Entfernung, durchlaufenen geographischen Zonen oder in Anspruch genommenen Netzkomponenten abgerechnet werden. Natürlich hat die Entgeltstrukturierung Auswirkungen auf das individuelle Nachfrage- und Ausgabenverhalten der Nutzer von Telekommunikationsdienstleistungen. Dies liegt daran, dass ein und dieselbe Ressource – nämlich das Telekommunikationsnetz – für heterogene Leistungen genutzt wird. Die Problematik ist vergleichbar mit der Umlage der Kosten einer Autostraße (entsprechend den Kosten eines Telekommunikationsnetzes) auf die jeweiligen Nutzer. Unterscheiden sich die Autos in keinerlei Weise, ist es bei der Entgeltfindung belanglos, nach welchem Kriterium – etwa Tonnage, Zahl der Insassen pro Auto oder Hubraum – die Kosten auf die Nutzer umgelegt werden. Nur wenn die Autos (bzw. die Nutzer) heterogen sind, also sich hinsichtlich der Ausprägung von Merkmalen wie Tonnage, Hubraum, Zeitpunkt der Leistungsinanspruchnahme etc. unterscheiden, spielt das Kriterium, anhand dessen das Straßennutzungsentgelt bemessen wird, für die individuelle Kostenbelastung eine Rolle. Da jedoch bei Telekommunikationsdienstleistungen das Nachfrageverhalten heterogen ist, müssen die verschiedenen alternativen Entgeltstrukturen auf ihre Kompatibilität mit den eingangs definierten Subzielen der Regulierung abgeklopft werden.

Teil 2 der Untersuchung setzt sich mit der Höhe der Leistungsentgelte auseinander. Der Einstieg in diesen Themenkomplex bildet ***Kapitel VI*** („Entgeltmaßstäbe"). Dabei geht es im wesentlichen um die theoretische Fundierung des Entgeltmaßstabes der „langfristigen Zusatzkosten der effizienten Leistungserstellung". Auch wird in Kapitel VI untersucht, ob mit „Altlasten" oder „*Access Deficit Contributions*" über die Kosten der effizienten Leistungsbereitstellung hinaus weitere Komponenten in die IC-Entgelte eingehen sollen, obwohl zumindest bei Bestreitbarkeit der Märkte für Zusammenschaltung für solche Entgeltbestandteile kein Platz wäre.

An die Definition des Entgeltmaßstabes schließt sich in ***Kapitel VII*** die Frage nach dem Regulierungsansatz an. Mit „Regulierungsansatz" ist die Art der Vorgaben und Mechanismen gemeint, durch die Gewinne und Erlöse bzw. die Preissetzungsflexibilität des regulierten Unternehmens eingeschränkt werden. Nach einem vergleichenden Überblick über die verschiedenen Regulierungsansätze wird insbesondere die *Price-Cap*-Regulierung ausführlich diskutiert, weil bei diesem Regulierungsansatz die dem betroffenen Unternehmen belassene Preissetzungsfreiheit besonders flexibel an die

Wettbewerbsintensität angepaßt werden kann. Zu den erörterten Parametern der *Price-Cap*-Regulierung zählen die Laufzeit des *Price Caps*, die Bemessung der geforderten Preissenkungen, die Zusammensetzung der Warenkörbe, in denen durch einen gemeinsamen *Price Cap* regulierte Telekommunikationsdienstleistungen zusammengefasst sind, und die Gewichtung der Zeitpunkte, zu denen ein *price-cap*-reguliertes Unternehmen Preisänderungen vornimmt.

Im Mittelpunkt von ***Kapitel VIII*** steht die Abgrenzung von Inkrementen, d.h. jener Güter, deren Zusatzkosten bei der Kostenrechnung bestimmt werden sollen. Inkremente können – in verschiedenen Abgrenzungen – Teile des Telekommunikationsnetzes oder Teile des Portfolios an Telekommunikationsdienstleistungen sein. Die Kernidee von Kapitel VIII ist die hierarchische Abgrenzung von Inkrementen. So lässt sich beispielsweise das Portfolio der bereitgestellten Telekommunikationsdienstleistungen in „Verbindungsleistungen" und „Teilnehmeranschlussleitungen" unterteilen; Verbindungsleistungen wiederum können in die Inkremente „Mietleitungen" und „vermittelte Leistungen" unterteilt werden; bei den vermittelten Leistungen ist beispielsweise eine Unterscheidung zwischen IC-Calls und Kommunikationsverbindungen für Endkunden denkbar. Von der Art und Hierarchiestufe des gewählten Inkrements hängt bei der Kalkulation von Leistungsentgelten das Verhältnis der Tarifober- und -untergrenzen ab. Außerdem werden stufenweise Deckungsbeitragsrechnungen diskutiert, die sich ausgehend von einer Hierarchie von Inkrementen durchführen lassen.

Kapitel IX beschäftigt sich mit den Methoden der Allokation von Gemeinkosten. Gemeinkosten sind Kosten, die sich keinem Inkrement verursachungsgerecht zuordnen lassen. Entsprechend hängt es vom jeweils betrachteten Inkrement ab, ob eine gegebene Kostenposition zu den Gemeinkosten oder zu den Zusatzkosten gehört. Bei der Kalkulation von Leistungsentgelten ist eine Gemeinkostenallokation auf Inkremente bzw. Telekommunikationsdienstleistungen unvermeidlich. Soll beispielsweise bei der Entgeltkalkulation das Verbindungsnetz das relevante Inkrement sein, so müssen die langfristigen Zusatzkosten des Verbindungsnetzes sowie ein Zuschlag für die Gemeinkosten des Verbindungs- und des Teilnehmernetzes auf die Verbindungsleistungen aufgeschlüsselt werden. Schwerpunktmäßig werden in Kapitel IX wohlfahrtsökonomisch motivierte Regeln zur Gemeinkostenallokation wie das Ramsey-Pricing und die *Efficient Component Pricing Rule* erörtert.

In ***Kapitel X*** („*Element Based Charging*") geht es um ein spezielles Verfahren der Kostenträgerstückrechnung, also eines Ablaufschrittes bei der Kalkulation von Leistungsentgelten. Grundidee des *Element Based Charging* ist, dass sich die Tarife für vermittelte Leistungen nach Verrechnungspreisen der jeweils in Anspruch genommenen Netzkomponenten richten sollen. Dabei sind gegebenenfalls auch die durchschnittlichen Häufigkeiten („Routing-Faktoren") zu berücksichtigen, mit denen die Netzkomponenten durch die diversen vermittelten Leistungen in Anspruch genommen werden. Selbstverständlich kann nicht jede Netzkomponente beim *Element Based Charging* individuell berücksichtigt werden. Vielmehr werden bestimmte Netzkomponenten, z.B. *Local Switches* und *Tandem Switches*, zu Hauptkostenstellen des Verbindungsnetzes bestimmt. Sind beispielsweise langfristige Zusatzkosten der relevante Entgeltmaßstab und das Verbindungsnetz das relevante Inkrement, so werden die langfristigen Zusatzkosten des Verbindungsnetzes zuzüglich Gemeinkostenzuschlag auf die Hauptkostenstellen des Verbindungsnetzes aufgeschlüsselt, soweit diese Kosten sich nicht den Verbindungsleistungen direkt zurechnen lassen. Daraus wird ein Verrechnungspreis für die Inanspruchnahme der Hauptkostenstellen durch vermittelte Leistungen (in Geldeinheiten pro Minute) abgeleitet. Ebenso lässt sich das Prinzip des *Element Based Charging* anwenden, wenn nicht langfristige Zusatzkosten, sondern Vollkosten der Maßstab bei der Entgeltregulierung sein sollen. Obwohl es für *Element Based Charging* eine breite Akzeptanz gibt, ist das Verfahren nicht frei von methodischen Schwierigkeiten, die in Kapitel XI ebenfalls erörtert werden. Die Schwierigkeiten betreffen die Freiheitsgrade bei Abgrenzung der Hauptkostenstellen und die Zusammenfassung von Routing-Szenarien zu einheitlich tariffierten Telekommunikationsdienstleistungen.

Kapitel XI („Finanzbuchhaltung und Kostenanalyse") beschäftigt sich unter anderem mit den Anforderungen, die an die Finanzbuchhaltung als Datenlieferant für eine regulatorische Kostenrechnung zu stellen sind. Dazu gehört die Einrichtung getrennter Rechnungslegungskreise für die Vertriebsstufe und das Telekommunikationsnetz sowie auf der Ebene des Telekommunikationsnetzes für das Verbindungs- und das Teilnehmernetz. Vorgestellt wird auch ein Kontenplan, mit dem sich die Kosten im Rahmen der Kostenartenrechnung erfassen lassen. Außerdem beschäftigt sich das Kapitel mit verschiedenen Varianten der Entgeltkalkulation, die sich hinsichtlich des Umfanges der Kosten unterscheiden, die den einzelnen Leistungen zugeschlüsselt werden – nämlich Vollkostenrechnungen und Teilkostenrechnungen auf Basis langfristiger Zusatzkosten. Schwerpunktmäßig geht es dabei um die Kostenstellenrechnung, an die sich dann eine Kostenträgerrechnung mittels *Element Based Charging* anschliessen kann. Ebenfalls in Kapitel XI dargelegt wird die Herleitung von Sollkostenfunktionen, die den diversen Kombinationen der von unterschiedlichen Telekommunikationsdienstleistungen nachgefragten Mengen ein ex ante prognostiziertes Kostenniveau zuordnen.

In ***Kapitel XII*** geht es um einen Vergleich von „*Bottom-up*"- und „*Top-Down*"-Ansatz bei der Kalkulation von Leistungsentgelten. Diese Ansätze unterscheiden sich hinsichtlich der verwendeten Datenbasen: Beim „*Bottom-up*"-Ansatz wird überlegt, mit welchem hypothetischen Telekommunikationsnetz sich eine gegebene Nachfrage nach Telekommunikationsdienstleistungen unter Einhaltung bestimmter Vorgaben zur Leistungsqualität zu geringstmöglichen Kosten bewältigen lässt. Beim „*Top-Down*"-Ansatz werden die in der Finanzbuchhaltung erfassten Kosten um Ineffizienzen und irrelevante Kosten bereinigt und anschließend auf die zu kalkulierenden Telekommunikationsdienstleistungen aufgeschlüsselt. Dabei betrifft der Unterschied zwischen „*Bottom-up*"- und „*Top-down*"-Ansatz nur die Bestimmung der Kostenträgergemeinkosten, die den Hauptkostenstellen des Verbindungs- bzw. Teilnehmernetzes zugeordnet werden; die Zuordnung der den Hauptkostenstellen zugeordneten Kosten auf die Telekommunikationsdienstleistungen (Kostenträgerechnung) ist bei beiden Verfahren gleich und kann z.B. mittels *Element Based Charging* erfolgen. Als Ergebnis des Vergleiches der

Stärken und Schwächen von „*Top-down*"- und „Bottom-up"-Ansatz zeigt sich, dass beide Ansätze parallel verfolgt werden sollten.

In ***Kapitel XIII*** geht es um die Bestimmung von Kapitalkosten. Diese sind definiert als das Produkt aus gebundenem Kapital und Finanzierungskosten. Letztere entsprechen dem Mindest-Erwartungswert der Gesamtkapitalrendite, ab dem die Kapitalmarktteilnehmer bereit sind, Kapital in das Unternehmen zu stecken (das Unternehmen also finanzierbar ist). Kapitel XIII widmet sich zunächst der Bestimmung des durchschnittlich gebundenen Kapitals. Die dabei zu beachtende Schwierigkeit besteht darin, dass Kapital und Finanzierungskosten nicht zeitpunkt-, sondern zeitraumbezogen prognostiziert werden müssen und innerhalb eines solchen Zeitraumes – z.B. eines Finanzjahres – schwanken können. Im Anschluss daran widmet sich Kapitel XIII der Abschätzung von Finanzierungskosten. Dabei wird unter anderem auf den Umstand eingegangen, dass die Finanzierungskosten eines Unternehmens ein gewichtetes Mittel der Finanzierungskosten der einzelnen Aktivitäten eines Unternehmens sind, und dass sich die Aktivitäten in ihrem Risikogehalt (bezogen auf die zukünftig erzielten Umsätze) und damit in ihren Finanzierungskosten unterscheiden – der Risikogehalt des Angebotes von Netzzusammenschaltung ist beispielsweise ein anderer als der des Angebotes von Verbindungsleistungen auf dem Endkundenmarkt. Zwischen den unterschiedlichen Aktivitäten bestehen Synergien, so dass sich bei der Zuordnung von Finanzierungskosten zu einzelnen Telekommunikationsdienstleistungen im Rahmen der Entgeltkalkulation wiederum das Problem der Gemeinkostenschlüsselung (vgl. Kapitel IX: „Allokation von Gemeinkosten") stellt.

Kapitel XIV widmet sich in erster Linie der Bemessung ökonomischer Abschreibungen. Ökonomische Abschreibungen entsprechen dem Rückgang des Marktwertes des betreffenden Anlagegutes im Kapitalmarktgleichgewicht. In Kapitel XIII wird das Konzept der ökonomischen Abschreibungen verknüpft mit dem Konzept bestreitbarer Absatzmärkte, auf dem auch die Verwendung langfristiger Zusatzkosten als Entgeltmaßstab aufbaut. Es wird aufgezeigt, dass bei bestreitbarem Absatzmarkt die Gesamtkosten der Leistungserstellung unabhängig vom Alter einer Anlage sind, solange diese Anlagen jeweils den gleichen Output produzieren. Die ökonomischen Abschreibungen sind dann so bemessen, dass in der jeweils nachfolgenden Rechnungslegungsperiode die Summe aus Abschreibungen, Betriebskosten und Kapitalkosten genauso hoch wie die eines hypothetischen Markteintreters sind, der auf die dann aktuelle Technologie zurückgreifen kann. Außerdem wird ein Näherungsverfahren vorgestellt, mit dem sich der Betrag ökonomischer Abschreibungen in der Praxis ableiten läßt. Da die lineare Abschreibung des historischen Anschaffungspreises gleichwohl in der Praxis verbreiteter als die ökonomische Abschreibungen ist, werden in Kapitel XIII abschließend die Parameter untersucht, von denen es abhängt, bei welcher der beiden Abschreibungsmethoden die Summe aus ausgewiesenen Gesamtkosten größer ausfällt.

Im abschließenden **Teil 3** der Untersuchung wird schließlich ein „*Bottom-up*"-Modell vorgestellt, mit dem sich kostenorientierte IC-Entgelte abschätzen lassen; dabei wird auf die Ergebnisse der abstrakt-theoretischen Diskussion in Teil 2 zurückgegriffen. Die

Modelldokumentation untergliedert sich in drei Teile: eine „*Roadmap*“, welche die Modellstruktur grob skizziert (***Kapitel XV***), die Darlegung der Annahmen zur Netztechnik (***Kapitel XVI***) und die Modellierung der von den verschiedenen Netzkomponenten benötigten Mengen und den hierfür getätigten Investitionen (***Kapitel XVII***). Hervorzuheben sind hierbei insbesondere die Algorithmen zur Modellierung der Investitionen in Linien- und Übertragungstechnik, die anhand von Beispielrechnungen auch praktisch nachvollzogen werden können.

II. REGULIERUNGSZIELE UND REGULIERUNGSBEDARF

In diesem Kapitel werden Regulierungsziele abgeleitet und in eine Hierarchie eingeordnet. Auf der obersten Ebene der Regulierungsziele steht die gesamtwirtschaftliche Effizienz der Ressourcenallokation, wobei sich bereits in der Liberalisierung der Telekommunikationsmärkte die Überzeugung ausdrückt, dass die Effizienzvorteile des Wettbewerbs den Verzicht auf die Effizienzvorteile des Monopols rechtfertigen. Aus dem Effizienzziel leiten sich zahlreiche weitere Subziele ab. Diese Subziele verhalten sich allerdings zum Teil zueinander konfliktär, so dass bei Regulierungseingriffen zwischen ihnen abgewogen werden muss.

A. Effizienz als Regulierungsziel

Auf der obersten Hierarchieebene der Regulierungsziele steht die Forderung, dass die Erstellung von Telekommunikationsdienstleistungen möglichst effizient erfolgen solle.[1] Dazu gehören sowohl statische als auch dynamische Effizienz.[2] Eine statisch effiziente Allokation ist gegeben, wenn mit den jeweils verfügbaren Ressourcen und Produktionsverfahren kein Nachfrager von Telekommunikationsdienstleistungen besser gestellt werden kann, ohne einen anderen schlechter zu stellen (Pareto-Kriterium). Notwendige Bedingungen hierfür sind:

- Es werden keine Produktionsfaktoren verschwendet, d.h. es ist nicht möglich, die jeweils konsumierten Telekommunikationsdienstleistungen zu geringeren Kosten bereitzustellen (technische Effizienz);
- Bei sämtlichen Telekommunikationsdienstleistungen stimmt der von den Endkunden gezahlte Preis mit den Grenzkosten der Leistungserstellung überein.[3]

Notwendige Bedingung für dynamische Effizienz ist, dass ein Teil der volkswirtschaftlichen Ressourcen in die Suche und Realisierung von Prozeß- und Produktinnovationen fließt. Eine Prozeßinnovation ist eine neue Technologie, mit der sich eine gleich große

---

1 Neben diese allokativen Ziele treten verteilungspolitische Motive der Regulierung. So mag gesellschaftspolitischer Konsens bestehen, dass eine bestimmte Mindestversorgung mit Telekommunikationsdienstleistung jedem Bürger zu günstigen Preisen zur Verfügung stehen soll (Stichwort: „flächendeckende Grundversorgung"). Dabei liegt der gewünschte Preis möglicherweise unter den Kosten der Leistungserstellung (Stichwort: „Tarifeinheit im Raum"). Derartige verteilungspolitische Regulierungsmotive weisen jedoch nur einen mittelbaren Bezug zur Regulierung von IC-Entgelten auf und werden daher hier nicht näher betrachtet.

2 vgl. Kiessling, T./ Blondeel, Y. (Oktober 1999), Seite 1

3 Eine Ausnahme ist bei externen Effekten gegeben. Ein externer Effekt liegt vor, wenn Produktion oder Konsum eines Gutes durch ein Wirtschaftssubjekt die Nutzenposition anderer Wirtschaftssubjekte verbessert oder verschlechtert. Um den Produzenten eines Gutes mit positiven externen Effekten zu allokativ effizientem Verhalten zu veranlassen, müsste der Preis des Gutes über den Grenzkosten der Leistungserstellung liegen. Positive externe Effekte treten beispielsweise auf, wenn ein Teilnehmernetzbetreiber zusätzliche Kunden an sein Netz anschaltet; die Erreichbarkeit zusätzlicher Teilnehmer erhöht auch den Nutzen für den zusammengeschalteten Teilnehmernetzbetreiber.

Gütermenge mit weniger Produktionsfaktoren herstellen läßt; eine Produktionsinnovation ist ein neues Produkt, das den Bedürfnissen der Kunden besser entgegen kommt.

Bereits die Ziele „statische Effizienz“ und „dynamische Effizienz“ stehen in einem Konfliktverhältnis. Denn wenn in die Suche nach Prozeß- und Produktinnovationen investiert wird, ist der Ressourcenverbrauch höher als er zur Befriedigung der jeweils gegenwärtig herrschenden Nachfrage sein müßte. Auch nicht kann der optimale Umfang der Ressourcen bestimmt werden, der für die Suche nach Produkt- und Prozessinnovationen einzusetzen ist.[4] Denn während es beim Streben nach statischer Effizienz um die bestmögliche Nutzung gegebener Ressourcen für vorgegebene Ziele geht, stellt sich bei der Verwirklichung dynamischer Effizienz das Problem, dass die Bestimmung eines "effizienten" Umfanges an Investitionen in die Suche nach Innovationen bereits die Kenntnis der zu realisierenden Handlungsoptionen voraussetzen würde.[5] Fest steht lediglich, dass die Suche nach Prozeß- und Produktinnovationen gewisse Abweichungen von den notwendigen Bedingungen für statische Effizienz rechtfertigt.

B. Wettbewerb als Regulierungsziel

1. Monopol versus Wettbewerb

Lange Zeit wurde davon ausgegangen, dass es sich beim Betrieb von Telekommunikationsnetzen aufgrund stetig sinkender Durchschnittskosten grundsätzlich um ein „natürliches“ Monopol handele. Fallende Durchschnittskosten (*Economies of Scale*) wurden vor allem wegen eines hohen Fixkostenanteils unterstellt. Bei fallenden Durchschnittskosten kann ein einzelner Anbieter eine Leistung zu geringeren Kosten erbringen als eine Mehrzahl von Anbietern (daher die Bezeichnung „natürliches“ Monopol). Es herrschte die Meinung vor, dass Investitionen weiterer Anbieter zu einer Duplizierung der Infrastruktur und zu Wohlfahrtsverlusten führten, woraus die Rechtfertigung für die gesetzliche Absicherung der Monopolstellung einer Organisation (z.B. einer staatlichen Behörde) abgeleitet wurde.[6]

Diese Sichtweise lädt jedoch in verschiedener Hinsicht zur Kritik ein. So hat ein Monopol eine Neigung zu statischer Ineffizienz:

- Zum einen hat ein durch Markteintrittsbarrieren von potentieller Konkurrenz abgeschirmter Monopolist die Möglichkeit, Ressourcen zu verschwenden.[7] Zu den Aufwendungen, die sich ein Angebotsmonopolist im Wettbewerb nicht leisten könnte, zählen hohe Beschaffungspreise, eine aufgeblähte Verwaltung, die Nichtausnutzung von Rationalisierungsmöglichkeiten in der Fertigung, Leistungsange-

4 vgl. Berg, H./ Cassel. D. (1985), Seite 194
5 vgl. Streit (1991), Seite 41
6 vgl. Regulierungsbehörde für Telekommunikation und Post (Dezember 1999), Seite 3
7 Bei der Differenz zwischen dem tatsächlichen Ressourceneinsatz und den Kosten der effizienten Leistungserstellung handelt es sich im betriebswirtschaftlichen Wortsinn nicht um Kosten, sondern um „neutrale Aufwendungen“.

bote, die Verluste erbringen, und mitunter auch zu hohe freiwillige Sozialleistungen und Lohn- und Gehaltstarife.[8]

- Zum anderen hat ein durch Markteintrittsbarrieren von potentieller Konkurrenz abgeschirmter Monopolist einen Anreiz, von den Nutzern Preise zu verlangen, die stärker von den Grenzkosten abweichen, als dies bei Nichtexistenz von Markteintrittsbarrieren der Fall wäre. Damit liegt für den Monopolisten der Erwartungswert der Kapitalrendite über den Finanzierungskosten („*Excess Return*").

Wettbewerb wirkt hier disziplinierend, wenngleich negativ anzumerken ist, dass die teilweise Duplizierung von Netz- und Vertriebsinfrastrukturen durch verschiedene Wettbewerber einen höheren gesamtwirtschaftlichen Ressourcenverbrauch bzw. den Verzicht auf Verbund- und Größenvorteile bedeutet. Im Hinblick auf das Kriterium „statische Effizienz" ist also ein Kompromiß zwischen einem „Mehr" oder „Weniger" an Wettbewerb zu suchen.

Auch im Hinblick auf das Ziel dynamischer Effizienz schneidet das Monopol nicht optimal ab. Denn Markteintrittsbarrieren sorgen dafür, dass ein Monopolist seine Marktstellung auch ohne Prozess- und Produktinnovationen aufrecht erhalten kann. Mithin ist ein Monopolist zwar durch die Aussicht auf Gewinn dazu motiviert, in Innovationen zu investieren, ein Zwang besteht jedoch für ihn nicht. Dem steht die auf Schumpeter zurückgehende Vorstellung vom Wettbewerb als Prozess „schöpferischer Zerstörung" gegenüber, bei welchem Unternehmen mit immer neuen Produkt- und Prozessinnovationen um die Vorherrschaft konkurrieren. Allerdings besteht beim Fehlen jeglicher Markteintrittsbarrieren keine Aussicht, für Produkt- und Prozeßinnovationen durch zumindest kurzfristige Übergewinne („Pionierrenten") belohnt zu werden. Solche Pionierrenten sind nur bei einer zumindest temporären Monopolstellung denkbar.[9] Auch im Hinblick auf das Kriterium „dynamische Effizienz" muss die Regulierung eine Abwägung zwischen einem „mehr" oder „weniger" an Wettbewerb treffen.

Auch wenn sich keine Aussage zur optimalen Höhe von Markteintrittsbarrieren treffen lässt, steht gleichwohl fest, dass die Extremlösung der völligen Abschottung der Telekommunikationsmärkte durch administrative Markteintrittsbarrieren den Effizienzzielen nicht gerecht wird. Implizit kommt in der Liberalisierung der Telekommunikationsmärkte die Überzeugung zum Ausdruck, dass die Effizienzvorteile des Wettbewerbs einen gewissen Verzicht auf die Effizienzvorteile des Monopols rechtfertigen. Allerdings ist „Wettbewerb" für sich genommen ein zu schwammiger Begriff, als dass er für sich genommen schon als Leitlinie für Regulierungshandeln dienen könnte. Es ist nach Kriterien zu suchen, durch die ein den Effizienzzielen gerecht werdendes Verhältnis zwischen den Anbietern näher beschrieben wird. Einen ersten Schritt hierbei könnten die Kriterien „Funktionsfähigkeit" und „Chancengleichheit" des Wettbewerbs sein.[10] Als notwendige Bedingung für „Chancengleichheit" lässt sich definieren, dass

---

8 vgl. Bundesministerium für Post und Telekommunikation (1993), Seite 37

9 vgl. Sappington, D. E. / Weisman, D. L. (1996), Seite 226

10 Das deutsche Telekommunikationsgesetz benennt „funktionsfähigen" und „chancengleichen" Wettbewerb als Regulierungsziel (§ 2 Nr. 2 TKG), ohne jedoch diese Begriffe zu definieren.

verschiedene Anbieter ökonomisch gleichwertige (d.h. nicht unbedingt gleichartige) Rahmenbedingungen vorfinden. In diesem Zusammenhang ist vor allem an die Größen- und Verbundvorteile des ehemaligen Staatsmonopolisten mit seinem flächendeckend ausgebauten Telekommunikationsnetz zu denken. „Funktionsfähigkeit" des Wettbewerbs kann als ein Zustand definiert werden, in welchem die Anbieter aufgrund des herrschenden Konkurrenzdrucks (durch tatsächliche oder potentielle Wettbewerber) nach Erstellung des Leistungsangebotes streben müssen, das bei Deckung der Produktionskosten den Bedürfnissen der Nachfrager optimal entspricht.

2. Bedeutung der Netzzusammenschaltung für den Wettbewerb

Funktionsfähiger und chancengleicher Wettbewerb ist offensichtlich kein selbstverständlicher Zustand, der sich ohne regulatorischen Eingriff (oder zumindest regulatorische Eingriffsmöglichkeiten) erreichen ließe. Die regulatorischen Gestaltungsmöglichkeiten setzen vor allem bei den Konditionen an, zu denen alternative Anbieter Telekommunikationsdienstleistungen vom *Incumbent* beziehen können. Eine Extremlösung könnte sein, dem *Incumbent* die Verpflichtung aufzuerlegen, seine auf dem Endkundenmarkt angebotenen Telekommunikationsdienstleistungen zu Großhandelspreisen an Wiederverkäufer (*Reseller*) abzugeben. Damit könnten auf dem Endkundenmarkt alternative Anbieter auftreten, ohne selbst in eigene Infrastruktur zu investieren. Die Markteintrittsbarrieren sind bei diesem Regulierungsansatz für alternative Anbieter denkbar niedrig. Als wesentlicher Vorteil eines solchen Ansatzes lässt sich anführen, dass keine volkswirtschaftlichen Ressourcen durch Duplizierung von Netzinfrastruktur verschwendet werden. Auch können Wiederverkäufer nicht-kostenorientierte Volumen- und Laufzeitrabatte ausschöpfen und sie an ihre Kunden weitergeben. So wird der Preiswettbewerb auf dem Endkundenmarkt angefacht. Jedoch ist klar, dass der vollständige Verzicht auf den Aufbau alternativer Infrastruktur keine gute Lösung ist: Ohne Investitionen in alternative Netzinfrastruktur findet auf der Netzebene kein Kostenwettbewerb mit dem *Incumbent* statt. Zudem würde durch die umfassende Verpflichtung des etablierten Betreibers, jedes seiner Produkte zum Zweck des Wiederverkaufs anzubieten, auch jede Produkt- und Prozessinnovation des *Incumbent* für dessen Konkurrenten verfügbar machen. Das schmälert den Anreiz für den *Incumbent*, in solche Innovationen zu investieren. Auch wird durch eine umfassende Verpflichtung des *Incumbent*, Leistungen zum Wiederverkauf anzubieten, dessen Preissetzungsflexibilität eingeschränkt. Insbesondere wird es ihm erschwert, speziell zur Einführung neuer Produkte und Dienste günstige Preise zu verlangen, um so die Kundenbasis zu vergrößern („*Penetration Pricing*").[11]

Zwischen den Extrempolen der vollständigen Netzduplizierung durch neue Anbieter und dem vollständigen Verzicht auf den Aufbau alternativer Netzinfrastruktur liegt der partielle Aufbau alternativer Telekommunikationsnetze, wobei gleichzeitig marktbeherrschenden Betreibern die Verpflichtung auferlegt werden muss, konkurrierenden Betreibern besonderen Netzzugang in Form von Netzzusammenschaltung zu erlauben.[12] Die Netzzusammenschaltung fördert eine gesamtwirtschaftlich effiziente Ressourcenallokation aus folgenden Gründen:

- Ohne einen Anspruch auf Netzzusammenschaltung wäre das Angebot von Telekommunikationsdienstleistungen über ein alternatives Netz nur bei vollständiger Duplizierung des bestehenden Telekommunikationsnetzes des *Incumbent* möglich. Damit wäre ein alternativer Netzbetreiber im Wettbewerb mit dem *Incumbent* aufgrund ökonomischer Markteintrittsbarrieren in Form versunkener Kosten, Größen- und Verbundvorteilen des *Incumbent* sowie Wechselkosten der Kunden von vorn herein chancenlos.
- Die Zusammenschaltung ermöglicht es, für die Endkunden im Wettbewerb die spezifischen Kostenvorteile nutzbar zu machen, die verschiedene Betreiber unterschiedlicher Netzteile haben können.
- Die Zusammenschaltung stellt sicher, dass mögliche Wohlfahrtsgewinne in Form positiver externer Effekte aus der Anschaltung weiterer Teilnehmer an ein Telekommunikationsnetz realisiert werden.[13] Positive externe Effekte treten vor allem nachfrageseitig auf; das bedeutet, dass die Zahlungsbereitschaft der Nachfrager mit der Zahl der verkauften Gütereinheiten zunimmt (und nicht wie bei anderen Gütern abnimmt). Hinzu kommen positive externe Effekte bei der Leistungsbereitstellung, denn bei Zusammenschaltung zweier vormals unabhängiger Netze sinken aufgrund der positiven externen Effekte im Konsum die Durchschnittskosten pro Leistungseinheit, was allen Nutzern in Form niedriger Preise zugute kommt.[14]

Gerade in der Anfangsphase der Marktliberalisierung darf erfahrungsgemäss nicht darauf vertraut werden, dass angemessene Konditionen für die Zusammenschaltung der Netze des *Incumbent* und der alternativen Betreiber auf dem Verhandlungswege gefunden werden können. Stehen beispielsweise dem vertikal integrierten *Incumbent* mehrere Fernnetzbetreiber gegenüber, die auf Zuführungs- und Terminierungsleistungen im Ortsnetzbereich angewiesen sind, dürfte der *Incumbent* einen Anreiz haben, die Preise für diese Leistungen genauso zu setzen, dass sein Gewinn ebenso hoch ausfällt als hätte

---

11 vgl. Speta, J. B. (1999)

12 Die Verpflichtung marktbeherrschender Anbieter zum Angebot besonderen Netzzugangs stellt einen klassischen Anwendungsfall der „*Essential Facilities Doctrine*" dar. Eine „*Essential Facility*" ist ein Produktionsfaktor in der Verfügungsgewalt eines Anbieters, zu welchem aus wohlfahrtsökonomischen Gründen auch Wettbewerber Zugang erhalten sollten. Die Europäische Kommission legt bei der Einstufung eines Produktionsfaktors als „*Essential Facility*" folgende Kriterien an: 1.) ob der Nachfrager den Produktionsfaktor auch woanders erhalten kann, 2.) ob der Nachfrager auf seinem Absatzmarkt („*Downstream*"-Markt) der Konkurrenz durch andere Wettbewerber ausgesetzt ist und 3.) wie wichtig der Produktionsfaktor für die Geschäftstätigkeit des Nachfragers ist [vgl. OECD (1996), Seite 9]. Die EU-Diensterichtlinie (90/387/EC) definiert als (einzige) Ausnahme, bei der Beschränkung des Netzzugangs durch marktbeherrschende Anbieter zulässig sein soll, die Verletzung der sogenannten „grundlegender Anforderungen"; hierbei werden die „Sicherheit des Netzbetriebes", die „Aufrechterhaltung der Netzintegrität", die „Interoperabilität der Dienste, wo dies begründet ist" sowie der „Datenschutz, wo dies angebracht ist" unterschieden.

13 vgl. Bühler, S. (1998), Seite 675 f.

14 vgl. Economides, N. (März 1996), Seite 6

er auf dem Endkundenmarkt ein Monopol auf Ferngespräche.[15] Die missbräuchliche Ausnutzung einer Marktstellung bei der Netzzusammenschaltung ist jedoch nicht automatisch ein Privileg des *Incumbent*. Ein Beispiel hierfür sind alternative Netzbetreiber, die durch äußert günstige Endkundentarife Verkehr zu einem mit ihnen verbundenen Internet Service Provider lenken. Da die Endkunden in der Regel Anschlusskunden des *Incumbent* sind, muss der *Incumbent* an den alternativen Netzbetreiber Terminierungsentgelte zahlen. Allein wegen der Terminierungsentgelte kann sich das Vorgehen für den alternativen Netzbetreiber rechnen.[16]

Normalerweise ist jeder Netzbetreiber (egal ob marktbeherrschend oder nicht) auf Nachfrage zur Zusammenschaltung gesetzlich verpflichtet. Diese Verpflichtung ist mit der Kompetenz der Regulierungsbehörde unterlegt, die Konditionen der Zusammenschaltung (einschließlich kostenorientierter Zusammenschaltungsentgelte) im Falle des Scheiterns von Verhandlungen Entscheidung festzusetzen. Hiervon kann bei Verhandlungen eine disziplinierende Wirkung ausgehen. In vielen Fällen empfiehlt es sich jedoch für den *Incumbent*, in den durch regulatorische Vorgaben aufgezwungenen „Verhandlungen" mit Nachfragern von Zusammenschaltung eine Maximalposition zu formulieren und abzuwarten, wie viel er von dieser Position aufgrund von Regulierungsentscheidungen aufgeben muss. Oft werden sich alternative Netzbetreiber auch auf das Konditionendiktat des *Incumbent* einlassen, da ein Regulierungsverfahren zeitaufwendig sein kann; bis eine Regulierungsentscheidung vorliegt, kommt die begehrte Zusammenschaltung nicht zustande und das betreffende Unternehmen kann nicht mit eigenen Angeboten auf dem Endkundenmarkt in Erscheinung treten. Hinzu kommt, dass eine aus Sicht alternativer Netzbetreiber positive Regulierungsentscheidung ein öffentliches Gut ist. So werden insbesondere kleine und finanzschwache alternative Netzbetreiber eine Trittbrettfahrerposition einnehmen und darauf warten, dass ein anderer Netzbetreiber ein Regulierungsverfahren anstrengt. Damit werden Präzedenzfälle geschaffen, auf die sich der *Incumbent* in späteren Regulierungsverfahren zu seinen Gunsten berufen kann.

3. Bestreitbare Absatzmärkte als Leitbild für Regulierungshandeln

Die Theorie bestreitbarer Märkte („*Contestable Markets*") ist eines der wesentlichen (aber keineswegs unumstrittenen) Leitbilder bei der Regulierung von Zusammenschaltungsentgelten. Aus diesem Leitbild ergibt sich unter anderem, marktbeherrschende Unternehmen auf jene Zusammenschaltungsentgelte zu verpflichten, die auf einem bestreitbaren Markt im Marktgleichgewicht beobachtbar wären.

---

15 Die Bestimmungsgleichung für das Zusammenschaltungsentgelt weist dann Parallelen zur Efficient Component Pricing Rule (ECPR) auf [vgl. Cambini (2000), Seite 11]. Die ECPR wird in Kapitel IX ausführlich dargestellt.

16 Dies spricht zugleich dafür, dass die Entgelte für Terminierungsleistungen in den Netzen alternativer Betreiber ebenso hoch sein sollten wie die Entgelte für die Gesprächsterminierung im Netz des *Incumbent* (Entgeltsymmetrie). Auf der anderen Seite werden die Kosten für die Terminierung von Verkehr auf einem alternativen Netz aufgrund weniger stark ausgeprägter Größen- und Verbundvorteile höher sein als auf dem Netz des *Incumbent*.

Die Definitionsmerkmale eines bestreitbaren Marktes sind der (1.) kostenlose und (2.) unbeschränkte Marktzutritt. Im Falle des Marktaustrittes kann das Unternehmen sämtliche Kosten des Markteintritts wieder amortisieren. Das bedeutet beispielsweise, dass ein Unternehmen sämtliche Anlagen stets zum Anschaffungspreis abzüglich ökonomischer Abschreibung wieder verkaufen kann.[17] Kostenloser Markteintritt impliziert also kostenlosen Marktaustritt. Unbeschränkter Marktzutritt bedeutet, dass Markteintreter und *Incumbent* jederzeit Zugang zur gleichen Technologie, zu den gleichen Produktionsfaktoren und zur gleichen Kundenbasis haben. Letzteres impliziert, dass die Nachfrager keine Präferenzen für einen bestimmten Leistungsanbieter aufweisen und außerdem ohne Inkaufnahme irgendwelcher Transaktionskosten von einem Anbieter zum anderen wechseln können. Zu den Transaktionskosten zählen auch die Informationskosten; mithin sind die Nachfrager stets darüber informiert, welcher Anbieter gerade welche Leistung zum jeweils günstigsten Preis anbietet. Entsprechend ist die Preiselastizität der Nachfrage nach der Leistung eines ganz bestimmten Anbieters unendlich.[18]

Unter den speziellen Bedingungen eines bestreitbaren Marktes könnte es sich ein etabliertes Unternehmen nicht erlauben, eine technisch ineffiziente Technologie einzusetzen oder kostenüberdeckende Preise zu verlangen. Übergewinne oder technische Ineffizienz würden den Markteintritt eines Konkurrenten zur Folge haben, der den Preis des *Incumbent* unterbietet und so die Nachfrage auf sich zieht. Besteht die Möglichkeit zur Preisunterbietung, können neue Unternehmen auf dem Markt in Erscheinung treten und den Markt ohne Inkaufnahme weiterer Kosten wieder verlassen, sobald der *Incumbent* seinerseits mit Preissenkungen reagiert („*hit and run entry*"). Unter den Bedingungen eines bestreitbaren Marktes würden etablierte Anbieter also bereits durch potentiellen Wettbewerb diszipliniert.[19]

Die Schwächen der Theorie „bestreitbarer Absatzmärkte" sind offensichtlich. Zum einen ist die Existenz von Markteintrittsbarrieren in Form versunkener Kosten ein Faktum, zum anderen basiert die Bedrohung des *Incumbent* durch „*hit and run entry*" auf der Annahme, dass der Markteintritt durch einen potenziellen Wettbewerber möglich ist noch bevor der *Incumbent* seinerseits den Preis senken kann. In der Realität ist jedoch vom Gegenteil auszugehen, sofern die Tarife des *Incumbent* nicht der Regulierung unterliegen – noch bevor ein potenzieller Konkurrent auf den Markt kommt, kann der *Incumbent* den Preis senken und so dafür sorgen, dass der Konkurrent keinen Gewinn macht. Sobald der Konkurrent den Markt wieder verlässt, kann der *Incumbent* den Preis wieder erhöhen. Dieses Verhalten wird von potenziellen Konkurrenten antizipiert, so dass sie selbst dann den Versuch des Markteintritts unterlassen, wenn in den Markteintritt vergleichsweise wenig investiert werden müsste. Unter diesen Bedingungen kann der *Incumbent* Übergewinne unendlich lang aufrechterhalten.[20]

---

17 Das Konzept ökonomischer Abschreibungen wird in Kapitel XIII ausführlich dargestellt.

18 vgl. u.a. Train, K. E. (1997), Seite 303 Baumol, W. J./ Panzar / Willig (1998); Mercury Communications (Februar 1996), Seite 36 f.

19 vgl. Kessides, I. N. / Willig, R. D. (Oktober 1995)

20 vgl. Train, K. E. (1997), Seite 5

Die Theorie bestreitbarer Absatzmärkte ist eng verbunden mit der Frage nach Regulierungsbedarf. Je niedriger die Markteintrittsbarrieren für alternative Anbieter sind, desto weniger Spielraum haben die etablierten Anbieter zum Missbrauch von Marktmacht und desto weniger Regulierungsbedarf besteht. Bezogen auf die Märkte für Netzzusammenschaltung bedeutet das: Je geringer die mit Netzinvestitionen verbundenen *Sunk Costs* sind, umso eher können alternative Anbieter die Nachfrage nach Zusammenschaltung auch durch Investitionen in eigene Netzinfrastruktur substituieren, und umso milder können auch die Regulierungseingriffe bei der Netzzusammenschaltung gehalten werden.[21]

Weiter ist die Theorie bestreitbarer Märkte eng verbunden mit Regulierungsentscheidungen zur *Struktur* von Zusammenschaltungsentgelten bzw. zum Grad der verlangten Leistungsentbündelung. Auch wäre es auf einem bestreitbaren Markt den Leistungsanbietern nicht möglich, den Nachfragern bestimmte Leistungen vorzuenthalten oder nur im Bündel mit anderen Leistungen anzubieten, obwohl sich für diese Leistung ein kostendeckender Erlös erzielen ließe.

Schließlich ist die Theorie bestreitbarer Absatzmärkte auch verbunden mit Regulierungsentscheidungen zur *Höhe* von Zusammenschaltungsentgelten. Wenn die Bereitstellungskosten pro Leistungseinheit stets um so kleiner sind, je mehr Leistungseinheiten bereitgestellt werden („*Economies of Scale*"), dann wird die betreffende Leistung unter den Bedingungen eines bestreitbaren Marktes nur von einem einzigen Unternehmen bereitgestellt. Es ist dann von einem „natürlichen" Monopol die Rede.[22] Auch wird unter den Bedingungen eines bestreitbaren Marktes die Nachfrage nach mehreren Leistungen von ein und demselben Unternehmen befriedigt, wenn dies zu geringeren Kosten möglich ist als bei Bereitstellung der Leistungen durch mehrere Unternehmen („*Economies of Scope*"). In einem natürlichen Monopol bewegt sich bei Vorliegen von *Economies of Scope* der Preis für eine Leistung stets zwischen den durchschnittlichen langfristigen Zusatzkosten und den durchschnittlichen *Stand-Alone*-Kosten der technisch effizienten Leistungserstellung.[23] Zu großer Optimismus in Bezug auf die Simulation bestreitbarer Märkte ist jedoch auch nicht angebracht. Auf einem bestreitbaren Markt wählen die Leistungsanbieter ihre Kapazität so, dass bei genau kostendeckender Preissetzung die langfristigen Durchschnittskosten minimiert werden. Treten ab einer bestimmten Leistungsmenge, die kleiner als die Sättigungsmenge[24] ist, *Diseconomies of Scale* auf (d.h. die Durchschnittskosten der Leistungserstellung nehmen ab dieser Leistungsmenge wieder zu), so reicht die unter den Bedingungen eines bestreitbaren Marktes bereitgestellte Kapazität nicht aus, um die gesamte Leistungsnachfrage zu befriedigen (vgl. Kapitel VI: „Entgeltbestandteile", Seite 113 ff.).

---

21 Auf dem Endkundenmarkt kommt der zeit- und ausgabenintensive Aufbau von Kundenbeziehungen als weitere Ursache für *Sunk Costs* hinzu. Vgl. Monopolkommission (Dezember 1999).

22 vgl. Tirole, J. (1998), Seite 311

23 Für eine ausführliche Erläuterung dieses Kostenmaßstabes siehe Kapitel VI: „Entgeltbestandteile"

24 Sättigungsmenge ist die bei einem Preis von null nachgefragte Menge.

4. Primat des Wettbewerbs vor der Regulierung

Wer Regulierung auf Telekommunikationsmärkten befürwortet, darf nicht aus dem Auge verlieren, dass Regulierung im Vergleich zu funktionsfähigem Wettbewerb der schlechtere Allokationsmechanismus ist.

Damit ist zum einen die Informationsverarbeitung durch die Regulierung angesprochen. Regulierungshandeln findet stets unter Unsicherheit statt. So müßte als Voraussetzung für Regulierung zunächst einmal der Nachweis erbracht werden, dass (1.) der Markt ohne administrativen Eingriff nicht funktionsfähig ist („Marktversagen") und (2.) die gesamtwirtschaftlichen Kosten (in Form von Effizienzeinbußen) des Eingriffs geringer sind als die Kosten (positive Kosten-Nutzen-Relation).[25] Jedoch ist das Vorzeichen der Kosten-Nutzen-Relation mitunter nicht bekannt. Ebenfalls unbekannt sind in vielen Fällen die genauen Wirkungen eines regulatorischen Eingriffs und die optimalen Kompromisse zwischen miteinander konkurrierenden Regulierungszielen. Gleichwohl sind diese Entscheidungsunsicherheiten kein Grund, Regulierung pauschal abzulehnen. Denn wenn Regulierung unter vollkommener Information stattfinden könnte, dann könnte auf den Wettbewerb als Allokationsmechanismus verzichtet werden und die Förderung des Wettbewerbs wäre kein sinnvolles Regulierungsziel mehr. Statt dessen könnte ein Monopolunternehmen durch Planungsauflagen dazu gezwungen werden, einen „optimalen Kompromiß" zwischen statischer und dynamischer Effizienz zu realisieren; die der Anbietervielfalt innewohnenden Effizienznachteile für Verzicht auf Größen- oder Verbundvorteile bräuchten nicht in Kauf genommen zu werden. Unter *Informationsunsicherheit* allerdings erweist sich die dezentrale Informationsverarbeitung im Wettbewerb gegenüber einem derartig zentralistischen Ansatz als überlegen; bei funktionsfähigem Wettbewerb spiegelt der durch den Marktmechanismus gebildete Preis eher als der eine Regulierungsinstanz administrierte Preis die verfügbaren Information über die effiziente Produktionsmethode wider.

Ein weiteres Argument für das Primat des funktionsfähigen Wettbewerbs gegenüber der Regulierung liefert die positive Regulierungstheorie. Anders als die normative Theorie der Regulierung, die die hier primär zu diskutierenden Kriterien für Regulierungseingriffe analysiert, geht es bei der positiven Regulierungstheorie um die realen Ursachen von Regulierungseingriffen. So läßt sich argumentieren, dass eine Regulierungsinstitution einen Anreiz habe, Eigeninteressen zu verfolgen; dazu zählen beispielsweise die Ausweitung des eigenen Kompetenzbereichs oder der Ausbau der Verwaltungsbürokratie („Bürokratietheorie"). In eine ähnliche Richtung geht das Argument, dass eine Regulierungsbehörde nicht die Rolle eines neutralen Maklers zwischen gegensätzlichen wirtschaftlichen Interessen einnehmen könne, da sie sich dem Einfluss gut organisierter Interessengruppen („*Capture Theory*") und der fiskalischen Interessen des Staates nicht entziehen könne.
Aus den genannten Schwächen der Regulierung folgt, dass die Regulierungsintensität der Wettbewerbsintensität angepaßt sein sollte. Bereits ausgeführt wurde, dass die Hö-

25 vgl. Welfens, P.J.J./ Graack, C. (1996), Seite 126

he der ökonomischen Markteintrittsbarrieren die Bedrohung der *Incumbents* durch potentielle Wettbewerber determiniert. Damit ist die Schlussfolgerung naheliegend, bei Aktivitäten, die unter dem Druck tatsächlichen oder potentiellen Wettbewerbs erbracht werden, und in Märkten, bei denen eine effiziente Produktionsweise nicht die Inkaufnahme signifikanter *Sunk Costs* erfordert, regulatorische Eingriffe weitgehend zu vermeiden. In Märkten hingegen, in welchen einzelne Anbieter über signifikante Marktmacht verfügen, sollten Preise und Lieferbedingungen reguliert werden.[26] Es empfiehlt sich hier eine Trennung zwischen dem Markt für Zusammenschaltung bzw. besonderen Netzzugang auf der einen Seite („Netzebene") und dem Absatz von Telekommunikationsdienstleistungen auf dem Endkundenmarkt auf der anderen Seite („Dienstebene"). Auf der Netzebene fallen signifikante *Sunk Costs* an und der Netzbetrieb weist insbesondere auf der Ortsnetzebene die Kostencharakteristika eines natürlichen Monopols auf. Tendenziell ist daher der Regulierungsbedarf auf der Netzebene größer als auf der Dienstebene und auf der Ortsnetzebene größer als auf der Fernnetzebene.

C. Aus dem Wettbewerbsziel abgeleitete Subziele

Aus dem Wettbewerbsziel leiten sich zahlreiche Subziele ab, die bei der Ausgestaltung von IC-Entgelten zu beachten sind. Dazu gehören

- die Schaffung von Anreizen für Markteintreter zum Aufbau alternativer Infrastrukturen,
- das schnelles Abschmelzen von Monopolrenten, die der *Incumbent* auf dem Endkundenmarkt aufgrund seiner vor der Marktliberalisierung gewachsenen Marktstellung abschöpfen kann,
- die Schaffung von Anreizen für den etablierten Anbieter zur Effizienzsteigerung,
- die Verhinderung wettbewerbsverdrängender Preissetzungspraktiken (dazu kann beispielsweise Leistungsbündelung gehören),
- die Förderung des Wettbewerbs mit dem Ziel, dass die Nutzer jene Telekommunikationsangebote erhalten, die optimal auf ihre Bedürfnisse zugeschnitten sind, und
- die Kostenorientierung der Leistungsentgelte (womit sowohl die Höhe als auch die Struktur der Leistungsentgelte angesprochen sind).

Diese Subziele sind zum Teil nicht überschneidungsfrei und verhalten sich zudem mitunter konfliktär. Hierzu werden im folgenden einige Beispiele herausgearbeitet.

1. Kostenorientierung der Entgelte

Nach mikroökonomischer Standardlehre dehnen die Endkunden ihre Nachfrage nach den verschiedenen Diensten solange aus, bis ihre individuelle Zahlungsbereitschaft für alle angebotenen Dienstleistungen mit den jeweiligen Preisen übereinstimmt. Entsprechend müssen auch zur Gewährleistung einer statisch effizienten Allokation die Preise der verschiedenen Dienste mit den (Grenz-) kosten der Leistungserstellung identisch sein (Ausnahme: externe Effekte, vgl. Fußnote 3). Falls die Grenzkosten kleiner als die

---

26 vgl. Kessides, I. N. / Willig, R. D. (Oktober 1995)

durchschnittlichen langfristigen Zusatzkosten sind (ein Angebot zu Grenzkosten für den Anbieter also zu Verlusten führt), sollten sich (als „Second-Best"-Lösung) die Preise an den langfristigen Zusatzkosten der effizienten Leistungserstellung orientieren. Die Bezugnahme auf die Kosten der effizienten Leistungserstellung ergibt sich aus der Simulation des Marktergebnisses bei funktionsfähigem Wettbewerb. Denn bei funktionsfähigem Wettbewerb könnten es sich die Leistungsanbieter aufgrund des Konkurrenzdrucks nicht erlauben, Kostensenkungspotentiale unausgeschöpft zu lassen. Somit soll bei der Entgeltregulierung von den Kosten der effizienten Leistungserstellung (und nicht von den Ist-Kosten) ausgegangen werden (vgl. Kapitel VI: „Entgeltbestandteile").

Strenge Kostenorientierung hat jedoch auch Nachteile. Kostenorientierung von Leistungsentgelten wird zumeist implizit dahingehend verstanden, von verschiedenen Nutzern für die gleiche Leistung auch gleichviel Geld zu verlangen (Nicht-Diskriminierung), denn für die Produktionskosten spielt es keine Rolle, an wen eine Leistung verkauft wird. Dabei kann es für einen Anbieter durchaus sinnvoll sein, den Preis für eine Leistung nach Zahlungsbereitschaft zu differenzieren. Konsumentenrente wird so in Produzentenrente umgewandelt, und möglicherweise werden auch Nachfrager zu Sonderkonditionen bedient, die bei einem einheitlichen, diskriminierungsfreien Preis nicht mehr bedient werden würden. Im strengen Sinne ist allerdings eine Durchbrechung des Prinzips der Kostenorientierung in diesen Fällen gar nicht gegeben, denn Fixkosten der Leistungserstellung sind in Bezug auf die verschiedenen Leistungsnachfrager Gemeinkosten, und Gemeinkosten können definitionsgemäß nicht verursachungsgerecht aufgeschlüsselt werden. Da eine verursachungsgerechte Aufschlüsselung ohnehin nicht möglich ist, spricht auch nichts dagegen, verschiedenen Nutzern unterschiedlich hohe Gemeinkostenanteile zuzuordnen. Ähnlich gelagert sind Fälle, in denen sich mit Leistungsbündeln höhere Erlöse als bei getrenntem Verkauf der Komponenten des Leistungsbündels erzielen lassen, obwohl die Leistungsbündelung als solche keinen Einfluss auf die Produktionskosten hat (siehe nachfolgenden Abschnitt zu Bündelungsstrategien).

Außerdem ist das Gebot der Kostenorientierung der Leistungsentgelte problematisch, weil bei seiner strikten Durchsetzung der Anreiz für das regulierte Unternehmen gedämpft wird, intensiv nach Kostensenkungspotentialen zu suchen. Denn gelingt es dem Anbieter, zu geringeren Kosten als den durch die Entgeltregulierung ex ante antizipierten Kosten zu produzieren, müsste er diese Effizienzgewinne sofort an die Leistungsnachfrager in Form niedrigerer Preise weitergeben. Daraus lässt sich die Forderung ableiten, dass Effizienzsteigerungen, die unmittelbar zu einer bezifferbaren Kosteneinsparung führen, für eine gewisse Übergangszeit dem betreffenden Anbieter zu gute kommen müssten, und zwar in Form eines über die „Grundverzinsung" des eingesetzten Kapitals hinausgehenden Gewinns. Jedoch ist auch diese Forderung nicht unproblematisch. Es stellt sich die Frage, wie die Effizienzsteigerungen, die dem regulierten Unternehmen zugute kommen sollen, von jenen Effizienzsteigerungen abzugrenzen sind, die den Nutzern unmittelbar in Form niedrigerer Preise zu gute kommen sollen. Denn liegt die tatsächlich erreichte Verzinsung des eingesetzten Kapitals über oder unter der ex ante als „angemessen“ zugestandenen Kapitalverzinsung, kann dies sowohl Folge einer bestimmte Umweltentwicklung („Glück“ bzw. „Pech“) als guten bzw. schlechten unternehmerischen Wirtschaftens sein. Dabei sollten auch „Glück“ bzw. „Pech“ gleichermaßen zugunsten bzw. zulasten des Unternehmens gehen; andernfalls dürfte die dem regulierten Unternehmen als „angemessen“ zugestandene Kapitalverzinsung keine über die Verzinsung sicherer Anlagen hinausgehende Risikoprämie enthalten.

2. Schaffung von Anreizen für Investitionen in alternative Netze

a) IC-Entgelte als Determinante von Infrastrukturinvestitionen

Häufig wird vereinfachend argumentiert, „zu niedrige“ IC-Entgelte entwerteten Investitionen in alternative Telekommunikationsnetze und verhinderten somit letztlich Kostenwettbewerb bei der Produktion von Telekommunikationsdienstleistungen. Als Pauschalaussage ist dies jedoch unzutreffend: Eine Erhöhung der IC-Entgelte verstärkt keineswegs automatisch den Anreiz für Investitionen in alternative Netze; unter Umständen kann das Gegenteil der Fall sein. Dies lässt sich bereits durch folgende rudimentäre Überlegung zeigen:

- Könnte – als hypothetischer Extremfall – das Netz des etablierten Betreibers durch andere Anbieter umsonst genutzt werden, so bestünde kaum ein Anreiz für den Aufbau alternativer Infrastrukturen. Denn dann ließe sich im Vergleich zu einem nahezu infrastrukturlosen Anbieter durch Investitionen in Infrastruktur kein Kostenvorteil in Form niedrigerer Zahlungen für die Nutzung des Netzes des *Incumbent* erreichen.
- Würden – als entgegengesetzter Extremfall – die Entgelte für die Zusammenschaltung auf das Niveau der Endkundentarife des etablierten Anbieters erhöht, unterblieben Investitionen in alternative Netzinfrastrukturen ebenfalls. Denn dann würde ein alternativer Betreiber bezogen auf eine Verbindungsminute einen so geringen Deckungsbeitrag erwirtschaften, dass er Investitionen in alternative Infrastruktur nicht amortisieren bzw. die durch die Infrastruktur verursachten Fixkosten nicht decken könnte.

Tatsächlich ist der Zusammenhang zwischen IC-Entgelten und Investitionen in alternative Netzinfrastruktur durch eine Art LAFFER-Kurve[27] beschrieben (vgl. Abbildung II-1). Als zusätzliche Komplikation kommt hinzu, dass die Investitionen in alternative Infrastruktur nicht ausschließlich durch die IC-Entgelte bestimmt sind. Vielmehr gibt es eine Reihe weiterer Parameter, die die Auswirkungen einer Variation von IC-Entgelten auf die Investitionen in alternative Infrastruktur bestimmen. Hierzu zählen unter anderem:

- der Marktanteil des jeweils betrachteten alternativen Betreibers (hier verstanden als Umsatz eines Anbieters in Relation zum Volumen des Gesamtmarktes),

27 So benannt nach Arthur LAFFER, Berater des US-Präsidenten Reagan und Begründer des Congressional Economic Policy Board. Die LAFFER-Kurve beschreibt den grundsätzlichen Zusammenhang zwischen Steuersatz (Abszisse) und Steueraufkommen (Ordinate).

- der Abstand zwischen den Netzzugangstarifen für *Facility Based Provider* und Wiederverkäufer,
- das Preisniveau auf dem Endkundenmarkt,
- der Umfang, in welchem alternative Netzbetreiber von Größenvorteilen (*Economies of Scale*) und Verbundvorteilen (*Economies of Scope*) profitieren können und
- die Unsicherheit über die weitere Entwicklung von IC-Entgelten, Marktanteilen und Preisniveau auf dem Endkundenmarkt ab dem Zeitpunkt der Investitionsentscheidung.

Die Bedeutung dieser Parameter lässt sich am einfachsten untersuchen, wenn deren Interdependenz gedanklich ausgeblendet und jeweils nur ein Parameter variiert wird („*ceteris paribus*"-Annahme).

1. *Endkundentarife als Determinante der Investitionen in alternative Netze:* Bei sinkenden Endkundentarifen des marktbeherrschenden Anbieters werden auch alternative Anbieter ihre Endkundentarife senken müssen, um konkurrenzfähig zu bleiben. Sinkende Endkundentarife führen also ceteris paribus zu einer niedrigeren Verzinsung des eingesetzten Kapitals und wirken somit investitionsdämpfend.

2. *Differenz zwischen den Netzzugangspreisen für alternative Netzbetreiber und Wiederverkäufer:* Um nicht den Anreiz zum Aufbau alternativer Infrastruktur zu nehmen, muss der Netzzugang für Wiederverkäufer teurer sein als für alternative Netzbetreiber.[28] In Großbritannien[29] und den USA[30] müssen Wiederverkäufer für Netzzugang den Endkundentarif des *Incumbent* abzüglich vermiedener bzw. vermeidbarer Kosten (Marketing, Rechnungsstellung, Inkasso, Kapitalkosten für durchschnittlichen Bestand an offenen Forderungen aus Lieferungen und Leistungen) zahlen, alternative Netzbetreiber hingegen haben einen Anspruch auf Netzzusammenschaltung zu kostenorientierten Entgelten.

3. *Kostenvorteile des Incumbent:* Je ausgeprägter die Größen- und Verbundvorteile (*Economies of Scale* und *Economies of Scope*) sind, die der *Incumbent* im Verhältnis zu anderen Netzbetreibern realisieren kann, desto weniger wird in alternative Netzinfrastruktur investiert. Denn ein alternativer Netzbetreiber dupliziert nur Teile des Telekommunikationsnetzes des *Incumbent* (z.B. bestimmte Telekommunikationslinien auf Fernnetzebene). Für ihn kommt es darauf an, dass seine Erlöse die *Stand-Alone*-Kosten der duplizierten Netzteile decken. Für den *Incumbent* hingegen kommt es nur darauf an, das die Erlöse, die er mit den betreffenden Netzteilen zusätzlich erzielt, deren langfristige Zusatzkosten decken. Kostenvorteile des *Incumbent* schlagen sich in der Differenz zwischen den *Stand-Alone*-Kosten und den langfristigen Zusatzkosten der Netzteile nieder. Je größer diese Differenz ist, um

---

28 vgl. Kiessling, T./ Blondeel, Y. (Oktober 1999), Seite 424

29 Facility Based Provider heißen in der britischen Terminologie „*Public Telecommunication Operators*" (PTOs); Kriterium für den Erhalt einer PTO-Lizenz sind „signifikante Investitionen" in alternative Netzinfrastruktur. Die übrigen Anbieter (≈ Wiederverkäufer) verfügen lediglich über eine sogenannte "*Class Licence*".

30 vgl. US Telecommunications Act of 1996, Sec. 252 (d) (3)

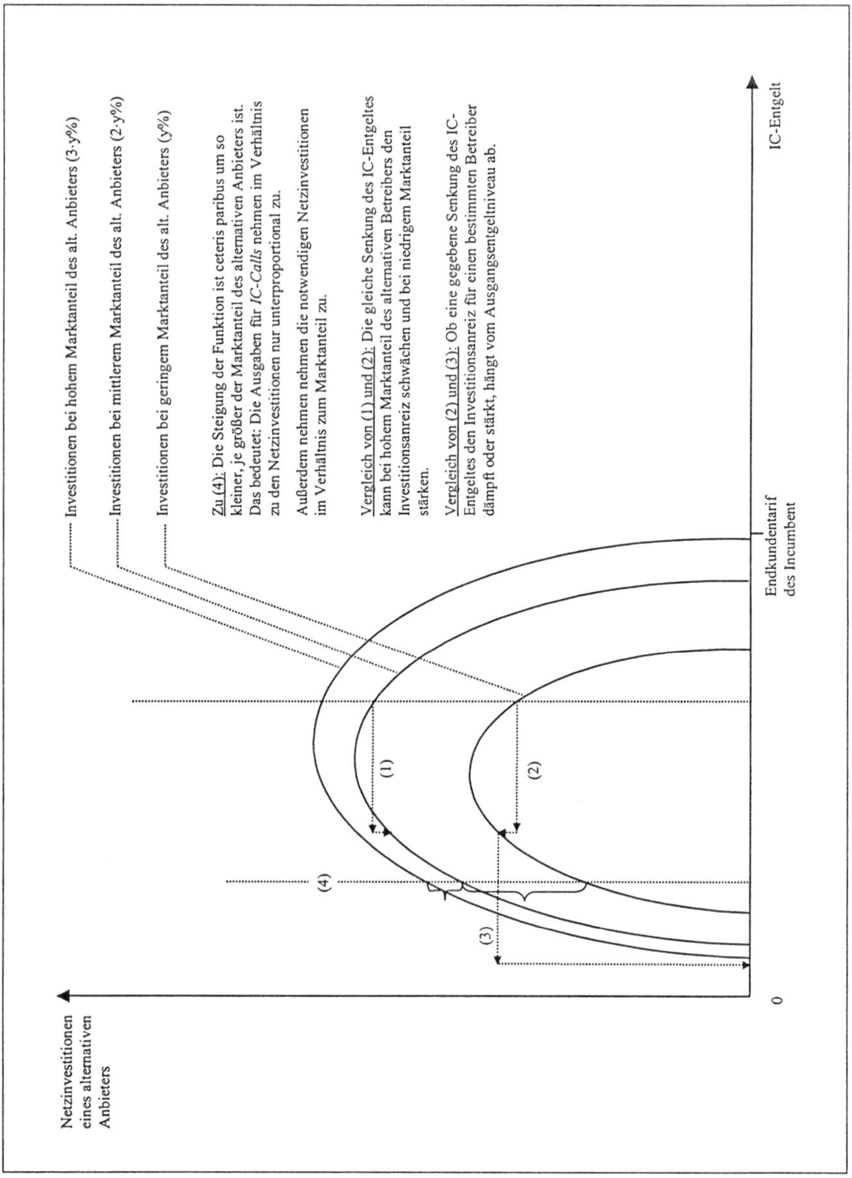

Abbildung II-1: Investitionen in alternative Netzinfrastruktur in Abhängigkeit von IC-Entgelten, Marktanteil und Endkundentarifen

so stärker kann der *Incumbent* potentielle Markteintreter im Preis unterbieten ohne selbst eine Kostenunterdeckung in Kauf nehmen zu müssen. Signifikante Größenvorteile kann der Incumbent typischerweise auf der Ortsnetzebene und dort insbesondere beim Teilnehmernetz realisieren. Auch werden bei simultaner Realisierung eines Teilnehmernetzes und eines Verbindungsnetzes Verbundvorteile wirksam – für den *Incumbent* sind die langfristigen Zusatzkosten des regionalen Verbindungsnetzes geringer als die Zusatzkosten eines Markteintreters, der sich allein auf den Aufbau eines regionalen Verbindungsnetzes beschränkt. Hingegen sind die Nutzung von Wegerechten oder brachliegenden Glaserfaserkabeln im Eigentum von Versorgungs- und Verkehrsbetrieben typische Beispiele für Verbund- und Größenvorteile auf Seiten alternativer Netzbetreiber.

4. *Planungssicherheit als Determinante der Investitionen in alternative Netze:* Investitionen werden auf der Grundlage von Prognosen über künftige Mittelrückflüsse getätigt; bei Nicht-Erreichung der Prognosen muss das Unternehmen im Extremfall aus dem Markt ausscheiden, ohne das sich die getätigten Investitionen amortisiert hätten. Entsprechend verlangen die Kapitalanbieter zur Finanzierung des Investitionsprojektes bei Unsicherheit über die zukünftig erzielten Einzahlungsüberschüsse über den Zinssatz für sichere Anlagen hinaus eine Risikoprämie. Diese Risikoprämie führt aus Sicht der kapitalnachfragenden Unternehmen zu zusätzlichen Kosten, die während der Nutzungsdauer der Anlagen durch Umsatzerlöse abgedeckt werden müssen (vgl. hierzu Kapitel XIV: „Kapitalkosten“, Abschnitt B: „Finanzierungskosten“). Grundsätzlich gilt: Je höher die Risikoprämie ist, desto weniger Investitionsprojekte können die Renditeerwartungen der Kapitalmarktteilnehmer erfüllen. Planungsunsicherheit wirkt sich mithin investitionsdämpfend aus.[31] Planungsunsicherheit ist also eine wesentliche Determinante der Investitionen in alternative Netze.

Damit ist die These widerlegt, eine Senkung von IC-Entgelte nähme stets den Anreiz zu Investitionen in alternative Netzinfrastruktur und begünstigte somit lediglich eine Strategie der risikolosen Arbitrage zwischen Endkundentarifen und den IC-Entgelten bei minimalen Investitionen in alternative Netzinfrastruktur („*Switched Reselling*“). Zu berücksichtigen sind vielmehr auch der von alternativen Anbietern erreichbare Marktanteil, das Tarifniveau auf dem Endkundenmarkt und der Grad der Planungssicherheit. Dies kann auch als eine denkbare Erklärung dafür dienen, warum in einigen liberalisierten Märkten der Aufbau alternativer Netze trotz im internationalen Vergleich niedrigerer IC-Entgelte weit vorangeschritten ist.

---

31 Wenn im Kapitalmarktgleichgewicht unter Erwartungsunsicherheit der Marktwert eines Investitionsprojektes positiv ist, heißt das noch nicht, dass die sofortige Durchführung des Investitionsprojektes optimal wäre. Vielmehr kann es für einen potentiellen Investor auch vorteilhaft über die Durchführung des Investitionsprojektes zu verschieben, bis zusätzliche Informationen über die Entwicklung der Entscheidungsumwelt vorliegen (vgl. Kapitel XIV: „Kapitalkosten“, Abschnitt B: „Finanzierungskosten“).

b) Konflikte mit anderen Regulierungszielen

Die Schaffung von Anreizen für den Aufbau alternativer Infrastrukturen kann in Widerspruch zum Ziel des schnellen Abschmelzens eventuelle Monopolrenten des *Incumbent* nach Marktliberalisierung stehen. Ein schnelles Abschmelzen von Monopolrenten wird durch *Switched Reseller* sicher am ehesten begünstigt, andererseits dürfte gerade ein schneller Verfall der Endkundentarife demotivierend auf Investitionen in alternative Infrastruktur wirken.[32] Bei dieser Argumentation werden die Endkundentarife als Determinante der Investitionen in alternative Infrastruktur behandelt.

Tatsächlich ist das Niveau der Endkundentarife auch seinerseits durch die Infrastrukturinvestitionen beeinflusst. Die Bedingungen der Netzzusammenschaltung mit dem *Incumbent* können so ausgestaltet sein, dass alternative Netzbetreiber dazu gezwungen werden, erheblich in eigene Netzinfrastruktur zu investieren. Ansatzpunkt hierfür sind Vorgaben zu den geographischen Punkten, an denen alternative Anbieter ihr Netz mit dem des *Incumbent* zusammenschalten müssen. Im Ergebnis wirkt sich der Zwang zu Infrastrukturinvestitionen positiv auf die Stabilität der Endkundentarife aus. Dies lässt sich anhand spieltheoretischer Überlegungen verdeutlichen. Werden die aggregierten Gewinne aller Leistungsanbieter als Maß für die Wohlfahrt der Leistungsanbieter herangezogen, wäre es das beste, wenn kein Anbieter die Preise senkt (und sich insoweit gegenüber seinen „Mitspielern" kooperativ verhält). Allerdings hat jeder Leistungsanbieter einen individuellen Anreiz, die Preise zu senken, wenn die anderen Anbieter die Preise nicht senken. Senken die anderen Anbieter die Preise, sind – entsprechende Preiselastizität der Nachfrage vorausgesetzt – selbstverständlich auch aus Sicht eines einzelnen Leistungsanbieters Preissenkungen die bessere Entscheidung. Bei einem einperiodigen „Spiel" wird es also zu Preissenkungen kommen, was dem NASH-Gleichgewicht im klassischen Gefangenendilemma entspricht.[33]Allerdings ist Preissetzung auf dem Endkundenmarkt ein „Spiel" über etliche Runden. Rationale Anbieter werden daher in Betracht ziehen, wie die anderen Anbieter künftig auf die eigene Preissenkung antworten werden. Unter Umständen werden die anderen Anbieter ihrerseits mit Preissenkungen reagieren, was dann wieder auf den Initiator der Preissenkungsrunde zurückfällt. In dieser Konstellation sollte jeder einzelne Leistungsanbieter verstehen, dass eine Preissenkung allenfalls temporär ein Alleinstellungsmerkmal bringt, nämlich so lange, bis die anderen Leistungsanbieter mit eigenen Preissenkungen nachziehen. Wenn aus Sicht der einzelnen Leistungsanbieter die individuellen Vorteile einer Preissenkung die Nachteile nicht aufwiegen, bleibt das Preisniveau stabil („kooperatives Gleichgewicht").

Ob sich ein kooperatives Gleichgewicht einstellt bzw. ob es stabil ist, hängt wesentlich von den Infrastrukturinvestitionen der Leistungsanbieter ab. In einem Oligopol mit mehreren infrastrukturbasierten Anbietern geht gerade von den Infrastrukturinvestitio-

32 vgl. auch Kommission der Europäischen Gemeinschaften (November 1999), Seite 19

33 Ein Nash-Gleichgewicht ist ein Zustand, in dem jeder Spieler seine bestmögliche Strategie als Antwort auf die bestmögliche Strategie der anderen Spieler wählt. Vgl. Osborne, M. J. / Rubinstein, A. (1994), Seite 14 f.

nen eine abschreckende Wirkung aus. Aus Sicht eines einzelnen Leistungsanbieters stellen Infrastrukturinvestitionen „versunkene Kosten" („*sunk costs*") dar. Diese Kosten können nicht anders als durch das Angebot von Telekommunikationsdienstleistungen gedeckt werden. Entsprechende Preissensitivität der Nachfrager vorausgesetzt, bleibt einem infrastrukturbasierten Anbieter keine andere Wahl, als auf dauerhafte Preissenkungen eines Anbieters mit eigenen Preissenkungen zu reagieren. Netzinvestitionen haben also für ebenfalls infrastrukturbasierte Konkurrenzunternehmen, die einen Preiskrieg erwägen, eine abschreckende Wirkung.[34] Wenn jedoch der Marktzutritt für *Switched Reseller* ohne weiteres möglich ist, fällt das Ergebnis der Analyse anders aus. Ein infrastrukturbasierter Leistungsanbieter wird der Gefahr, einen allgemeinen Preisrutsch auszulösen, ein größeres Gewicht beimessen als ein *Switched Reseller*. Denn für einen infrastruktur-basierten Anbieter bedeutet ein allgemeiner Preisrutsch schlimmstenfalls erhebliche Verluste, während für einen *Switched Reseller* das schlimmstmögliche Szenario eher in der Nähe eines Nullgewinns liegt. Dabei ist unterstellt, dass bei einem *Switched Reseller* die meisten Kosten kurzfristig variabel sind, während bei einem infrastrukturbasierten Anbieter die meisten Kosten kurzfristig fix sind. Wenn zudem die Leistungsanbieter davon ausgehen, dass sie ein Abrutschen der Endkundentarife ohnehin nicht verhindern können, wird sich möglicherweise jeder Anbieter darum bemühen, bei Preissenkungen eine Vorreiterrolle zu übernehmen, um so seinen Marktanteil zu sichern oder sogar auszubauen. Bei einer nur begrenzten Anzahl von infrastrukturbasierten Anbietern im Markt werden die einzelnen Anbieter jedoch nicht unbedingt davon ausgehen, dass Preissenkungen stattfinden und sich eher kooperativ gegenüber ihren Wettbewerbern verhalten. Umgekehrt wird in einem Markt mit einer Vielzahl von kleinen Anbietern der einzelne Anbieter den Effekt seiner individuellen Preisentscheidungen auf das Marktpreisniveau außer Acht lassen. Wenn sich jeder Anbieter so verhält, wird das Preisniveau sinken.

Obwohl Infrastrukturauflagen das Preisniveau auf dem Endkundenmarkt zu stabilisieren helfen, dürfen die wohlfahrtsfördernden Effekte der Infrastrukturinvestitionen nicht aus dem Auge verloren werden. Denn ohne die glaubwürdige *Aussicht* auf ein zunächst stabiles Preisniveau auf dem Endkundenmarkt werden Infrastrukturinvestitionen überhaupt unterbleiben. Damit können sich dann auch die Vorzüge des Kostenwettbewerbs unter verschiedenen Leistungsanbietern nicht entfalten. Schließlich hängt das Preisniveau auch noch von anderen Parametern als den Infrastrukturauflagen ab. Dazu gehören etwa die Preiselastizität der Nachfrage, die Höhe der von den Nachfragern zu tragenden Transaktionskosten oder die Irreversibilität von Preissenkungen.[35] *Außerdem ist*

---

34 vgl. Tirole (1998), Seite 316. Die Situation von Leistungsanbietern, die in Infrastruktur investiert haben, ist vergleichbar mit der Situation einer Armee, die ihren Kampfeswillen dadurch unterstreicht, dass sie beim Vormarsch überquerte Brücken zerstört und sich so den Rückzugsweg selbst abschneidet.

35 Irreversibilität von Preissenkungen lässt sich im Geschäftskundensegment damit erklären, dass die Kunden bei generellen Preiserhöhungen keine längerfristigen Verträge mehr abschließen, weil sie erwarten, später wieder zu günstigeren Bedingungen kontrahieren zu können (vgl. Brandenburger, A.M. / Nalebuff, Barry, J., 1995, Seite 59). Irreversibilität von Preissenkungen kann auch daher rühren, dass eine Erhöhung des Marktpreises für eine bestimmte Leistung als Indiz für kollusives Ver-

es auch nicht unbedingt richtig, dass Infrastrukturinvestitionen stets preisstabilisierend wirken. Dies gilt zumindest dann, wenn die alternativen Anbieter nur unter der Voraussetzung ihren Marktanteil ausbauen können, dass sie in Infrastruktur investieren. Wenn ein Markteintreter einen zu hohen Marktanteil zu gewinnen droht, muss der *Incumbent* mit Preissenkungen reagieren; der Marktanteilsverlust wiegt dann für ihn stärker als der Verlust an Deckungsbeitrag pro verkaufter Leistungseinheit. Das kann den Markteintreter von Infrastrukturinvestitionen abhalten, die sich nur bei hohem Marktanteil amortisieren lassen. Indem sich nämlich der Markteintreter mit einem nur kleinen Marktanteil und geringen Infrastrukturinvestitionen zufrieden gibt, fordert er den *Incumbent* nicht dazu heraus, durch Preissenkungen seinen Marktanteil zu verteidigen. Diese Selbstbeschränkung bzw. das höhere Preisniveau ist für den Markteintreter natürlich ebenfalls von Vorteil. Während also eingangs argumentiert wurde, dass Infrastrukturinvestitionen das Preisniveau auf dem Endkundenmarkt stützen, gibt es auch einen entgegengesetzten Effekt, der dafür spricht, dass gerade eine Nischenstrategie der Markteintreter bzw. nur geringe Investitionen in alternative Infrastruktur das Preisniveau auf dem Endkundenmarkt stützen helfen.[36]

3. Unterbindung wettbewerbsverdrängender Preissetzungsstrategien

Zwei Spielarten wettbewerbsverdrängender Preissetzungsstrategien sollen hier kurz diskutiert werden: nämlich Bündelungsstrategien und das sogenannte „Cost-Price-Squeezing". Mitunter gehen solche Strategien auch Hand in Hand.

a) Bündelungsstrategien

Leistungsbündelung bedeutet, dass den Nachfragern bestimmte Leistungen nur im Paket mit anderen Leistungen angeboten werden. So werden auf dem Endkundenmarkt bestimmte Leistungen im Sinne des „*One-Stop-Shopping*" nur als Bündel angeboten, weil sich so ein höherer Erlös erzielen lässt als mit einem getrennten Leistungsangebot. Ebenfalls gebräuchlich ist die Bündelung komplementärer Güter, um die Nutzer zu Folgekäufen zu motivieren; bei den Folgekäufen ist die Gewinnspanne für den Leistungsanbieter überproportional hoch. Ein Beispiel im Bereich der Telekommunikation ist die Freischaltung bestimmter ISDN-Leistungsmerkmale für Anschlusskunden gegen margenträchtige Aufgelder. Höhere Zahlungsbereitschaft lässt sich als Ausdruck eines gesteigerten Kundennutzens interpretieren; insofern sind Bündelungsstrategien nicht pauschal als effizienzschädlich zu verurteilen.[37]

---

halten aufgefasst werden könnte und die Regulierungsinstanz auf den Plan ruft. Auch hierdurch werden die Spieler von Preissenkungen abgeschreckt, denn sie müssen davon ausgehen, dass keine zeitlich begrenzten „Vergeltungsschläge" möglich sind: Die Reaktion eines Konkurrenten auf eigene Preissenkungen kann nur in einer dauerhaften, nicht aber in einer zeitlich begrenzten Preissenkung bestehen. Für eine Darstellung von Vergeltungsstrategien vgl. Holler, M.J. / Illing, G. (1999), Seite 144 f.

36 vgl. Brandenburger, A.M. / Nalebuff, Barry, J. (1995), Seite 67

37 für eine ausführliche Diskussion vgl. Gabel, D. (2000)

Hier von Interesse sind allerdings wettbewerbsdrängende Bündelungsstrategien. Angenommen sei beispielsweise, dass ein Unternehmen auf einem Markt X über eine marktbeherrschende Stellung verfügt, und sich auf dem Markt für das komplementäre Produkt Y im Wettbewerb durchsetzen will. Wären X und Y getrennt erhältlich, wären die Nachfrager möglicherweise bereit, für das Produkt Y* eines Konkurrenten mehr als für das Produkt Y zu zahlen. Tatsächlich bietet das Unternehmen jedoch Y nur im Bündel mit Produkt X an. Da die Kunden das Produkt Y zusammen mit dem für sie ohnehin notwendigen Produkt X ohne besonderen Aufpreis erhalten, wiegt für sie der Zusatznutzen aus Y* den für Y* zusätzlich zu zahlenden Preis nicht auf. Der Konkurrent wird so aus dem Markt gedrängt. Dieses Beispiel illustriert zugleich, wie Leistungsbündelung eine Preis-Kosten-Schraube mit sich bringen kann. Dies kann sich langfristig zum Schaden der Verbraucher auswirken. Ist verbraucherschädliches Verhalten auch noch rational aus Sicht eines Anbieters, so sollte regulatorisch eingegriffen werden.[38] Durch regulatorischen Eingriff könnte dem betroffenen Leistungsanbieter die Verpflichtung auferlegt werden, X und Y entbündelt anzubieten, oder er könnte gar verpflichtet werden, seinem Konkurrenten das Produkt X entbündelt zu einem Großhandelspreis anzubieten, so dass dieser für seine Kunden ein Bündel aus X und Y* schnüren kann.

Eine beim besonderen Netzzugang bedeutsame Spielart von Bündelungsstrategien ist, Wettbewerben Produkte aufzunötigen, die sie gar nicht wollen. Ein Beispiel aus dem Bereich der Netzzusammenschaltung sind die Übertragungswege zwischen den Telekommunikationsnetzen des Incumbent und der alternativen Netzbetreiber. Wettbewerber des *Incumbent* werden möglicherweise an der Option interessiert sein, diese Übertragungswege komplett selber errichten zu können, was auch die Unterbringung von übertragungstechnischen Einrichtungen in Gebäuden des *Incumbent* voraussetzt (physikalische Kollokation). Der *Incumbent* hingegen wird möglicherweise eher ein Interesse daran haben, den Übertragungsweg vollständig in eigener Regie zu realisieren und betreiben. Bei beiden Beispielen geht es darum, ob ein bestimmtes Produkt Wettbewerbern überhaupt zugänglich gemacht wird. Das hat nicht unbedingt etwas mit einer Preis-Kosten-Schraube zu tun. Etwas anders gelagert sind Fälle, in denen Wettbewerber des *Incumbent* zwar Produkte aus einem Leistungsbündel durchaus separat nutzen können, die Leistungsbündelung jedoch als Rechtfertigung für einen höheren Preis dient. Die Wettbewerber müssen dann für Leistungsbestandteile mitbezahlen, die sie eigentlich gar nicht wollen.

Die regulatorische Konsequenz könnte die Verpflichtung des etablierten Anbieters sein, Leistungen *marktgerecht zu entbündeln*. Mit „marktgerechter" Entbündelung ist gemeint, dass die Wettbewerber nicht Leistungsbestandteile abnehmen bzw. bezahlen müssen, die sie gar nicht abnehmen wollen. Voraussetzung ist natürlich, dass die Leis-

---

38 vgl. Aron, D.J. / Wildmann, S.S. (1999), Seite 1 ff. Die Autoren führen das Beispiel des Softwareherstellers Microsoft an, der sein Betriebssystem „Windows" nur in Kombination mit seinem Internet-Browser namens „Internet-Explorer" angeboten hat. Hiergegen hatte der Hersteller Browsers „Netscape Navigotor" geklagt.

tungsentbündelung überhaupt technisch machbar ist und keine „grundlegenden Anforderungen“ wie die Sicherheit der Telekommunikationsanlagen des *Incumbent* verletzt werden.

Wettbewerber nicht für etwas zahlen zu lassen, was diese gar nicht nachfragen, bedeutet gleichzeitig, eine Mischkalkulation der Entgelte bei solchen Leistungen zu vermeiden, die von den Nutzern (bei entsprechendem Angebot) getrennt nachgefragt werden würden. Jedoch ist es – anders als es mit Blick auf die Entbündelungsdiskussion zu sein scheint – nicht immer der *Incumbent*, der mit einer Mischkalkulation beim besonderen Netzzugang ein Vorteil auf Kosten seiner Wettbewerber zu erreichen trachtet. Ebenso gut gibt es Fälle, in denen sich Wettbewerber aus einer Mischkalkulation einen Vorteil zu Lasten des *Incumbent* erhoffen. Denn eine Tarifsetzung auf der Basis von Durchschnittskosten könnte Wettbewerber zu einer Strategie des Rosinenpickens animieren, so dass der *Incumbent* dann nicht mehr in der Lage ist, die Gesamtkosten der Leistungsproduktion zu decken.[39]

Allerdings werden sich Mischkalkulationen in einem gewissen Umfang gar nicht vermeiden lassen – es ist einfach nicht praktikabel, jede Leistung nach den Umständen des konkreten Einzelfalles abzurechnen. Das Gebot der Kostenorientierung stößt hier an Grenzen. So werden für nahezu jede Verbindungsleistung andere Netzkomponenten in Anspruch genommen, die unterschiedliche Durchschnittskosten pro Nutzungsminute aufweisen; die Kosten eines Ortsgesprächs beispielsweise dürften in ländlichen Regionen höher ausfallen als in städtischen Regionen. Natürlich kann bereits aus Gründen der Handhabbarkeit des Tarifsystems nicht jede Telekommunikationsdienstleistung nach den konkreten Umständen des Einzelfalls abgerechnet werden; dies gilt auch für IC-Calls. Damit ist das Problem der Abgrenzung von IC-Calls bzw. der Strukturierung von IC-Entgelten angesprochen. Die Leistungsabgrenzung geht unvermeidlich mit der Notwendigkeit der Mischkalkulation von Leistungsentgelten einher. Grundsätzlich ist eine nachfrage- und kostenorientierte Leistungsabgrenzung um so schwieriger umzusetzen, je heterogener die in Frage stehenden Leistungen sind. Hier gilt es, eine Form der Leistungsabgrenzung zu finden, die den Zielkonflikt zwischen der Handhabbarkeit eines Tariffierungssystems auf der einen Seite und der Kostengenauigkeit der geforderten Entgelte auf der anderen Seite möglichst gut löst.

b) Cost-Price-Squeezing

Als Preis-Kosten-Schraube („*cost-price-squeeze*“) wird eine Strategie eines marktbeherrschenden Anbieters bezeichnet, auf dem Endkundenmarkt ("*Downstream*"-Markt) gezielt dort Tarifsenkungen vorzunehmen, wo Konkurrenten Marktanteile zu gewinnen drohen, und gleichzeitig die Tarife für die von den Konkurrenten benötigten Vorprodukte („*Upstream*“-Markt) zu erhöhen.[40] Dabei können die alternativen Anbieter auf

39 Mischkalkulationen sind nicht zwangsläufig im Sinne des entgeltregulierten Unternehmens, sondern mitunter auch im Interesse des leistungsnachfragenden Wettbewerber. So könnte Vgl. Oftel (November 1999), Randnummer 6.7.

40 vgl. FCC (1997), Randnummer 275

dem „*Upstream*“-Markt in Abhängigkeit von der jeweils vorhandenen eigenen Infrastruktur unterschiedliche Nachfrageschwerpunkte entwickeln:[41] Regionalnetzbetreiber beispielsweise sind in erster Linie auf überregionale Terminierungsleistungen und regionale Zuführungsleistungen angewiesen, während es für landesweit tätige Verbindungsnetzbetreiber mit gut ausgebauter Infrastruktur in erster Linie auf lokale Zuführungs- und Terminierungsleistungen ankommt. Ein Wiederverkäufer ist hingegen darauf angewiesen, die gleichen Telekommunikationsdienstleistungen, die der *Incumbent* auch auf dem Endkundenmarkt anbietet, zu einem günstigen Großhandelspreis beziehen zu können.

Der Nachweis einer wettbewerbsverdrängenden Preis-Kosten-Schraube wird erleichtert, wenn die fraglichen Produkte auf dem „*Downstream*“- und „*Upstream*“-Markt in ähnlicher Weise erstellt werden und insofern auch eine ähnliche Kostenstruktur aufweisen. Der zu IC-Calls unmittelbar korrespondierende „*Downstream*“-Markt ist der Endkundenmarkt für Sprachtelefondienst. Auf dem Endkundenmarkt können die verschiedensten Tarifparameter variiert werden – dazu zählt beispielsweise das Verhältnis der Tarife für Orts- und Fernverbindungen, das Verhältnis der Tarife in der Haupt- und in der Nebenzeit, das Verhältnis zu den Entgelten für den Teilnehmeranschluss oder die Gewährung von Laufzeit- und Volumenrabatten.[42] Zur Vermeidung einer Preis-Kosten-Schraube könnte verlangt werden, dass die Tarifstruktur bei den IC-Entgelten (etwa hinsichtlich der Abgrenzung von Haupt- und Nebenzeit) der Tarifstruktur beim Sprachtelefondienst auf dem Endkundenmarkt angeglichen wird. Problematisch ist hierbei allerdings, dass dann auch über die Struktur der IC-Entgelte alternativen Netzbetreibern die Struktur der Endkundentarife des *Incumbent* aufgenötigt wird. Allerdings ist es für das Wirksamwerden einer Preis-Kosten-Schraube nicht zwangsläufig erforderlich, dass das Vorprodukt und die dazu jeweils in Beziehung gesetzte Endkundenleistung hinsichtlich Tarifstruktur und in Anspruch genommener Netzkomponenten übereinstimmen. So wird eine Preis-Kosten-Schraube beispielsweise auch dann wirksam, wenn der etablierte Netzbetreiber andere Netzbetreiber dazu zwingt, an jedem möglichen Ort einen Netzübergang einzurichten. Denn diese zusätzlichen Netzübergänge bürden den alternativen Betreibern einen hohen Betrag an Fixkosten auf, der eine Preis-Kosten-Schraube wirksam werden lässt. Dies gilt auch dann, falls zwischen den IC-Entgelten und den korrespondierenden Endkundentarifen für Sprachtelefondienst eine hinreichende Spanne verbleiben sollte.

Eine Preis-Kosten-Schraube kann sich grundsätzlich ergeben, indem ein marktmächtiges Unternehmen die Preise auf dem für upstream-Markt (sprich: für besonderen Netzzugang) erhöht oder die Preise auf dem Endkundenmarkt senkt. Jedoch ist es mitunter schwierig zu beurteilen, ob überhaupt regulatorisches Eingreifen gerechtfertigt ist oder

---

41 Dies ist beispielsweise beim entbündelten Zugang zur Teilnehmeranschlussleitung der Fall: Hier ist beim Vergleich der Entgelte für den entbündelten Zugang zur Teilnehmeranschlussleitung und der Endkundentarife für die Teilnehmeranschlussleitung das Wirksamwerden der Preis-Kosten-Schraube offensichtlich.

42 vgl. Xavier, P. (1995), Seite 599

nicht. Denn unter Wettbewerbsbedingungen gibt es keine „Margengarantie" für Wettbewerber des *Incumbent*; vielmehr liegt es im Wesen funktionsfähigen Wettbewerbs, dass sich die Preise und Kosten aneinander abgleichen. Bei einer Erhöhung der IC-Entgelte durch den *Incumbent* ist sicher eine größere Skepsis angebracht als bei einer Senkung der Endkundentarife. Denn bei einer Erhöhung der IC-Tarife durch ein marktbeherrschendes Unternehmen ist davon auszugehen, dass aus dessen Perspektive die möglicherweise eintretende Einbusse an Erlösen aus Netzzusammenschaltung durch eine Stabilisierung der Endkundentarife wettgemacht wird. Eine Senkung der Endkundentarife hingegen ist in erster Linie durch den Druck potentieller oder tatsächlicher Konkurrenz zu erklären, und dürfte die Gewinne des *Incumbent* eher negativ beeinflussen. Zudem kann eine Einschränkung der Preissetzungsflexibilität des *Incumbent* auf dem Endkundenmarkt im Umkehrschluss auch bedeuten, dass die Endkunden nicht das Angebot erhalten, das auf ihre Bedürfnisse optimal zugeschnitten ist. Nicht bei jeder Preissenkung auf dem Endkundenmarkt wird der Vorwurf erhoben werden können, sie erfolge in der Absicht, Wettbewerber einer Preis-Kosten-Schraube auszusetzen. In diesem Zusammenhang stellt sich auch die Frage, wie Marktmacht, die notwendige Voraussetzung für die Umsetzung wettbewerbsverdrängender Strategien ist, definiert werden soll; denn obwohl das ehemalige Monopolunternehmen auch nach Marktliberalisierung zumeist den größten Marktanteil behalten wird, geht die Initiative zu Preissenkungen naturgemäß zumeist von den neu auf den Markt kommenden Wettbewerbern aus.

Klar zu befürworten ist regulatorisches Eingreifen sicherlich, wenn der *Incumbent* von seinen Wettbewerbern Netzzugangstarife verlangt, die über seinen korrespondierenden Endkundentarifen liegen. Denn in diesem Fall subventioniert der Netzbereich mit seinen Übergewinnen den Leistungsvertrieb auf dem Endkundenmarkt – dies gilt zumindest dann, wenn der Endkundenvertrieb vom Netzbereich die Netznutzung im Wege der internen Leistungsverrechnung zu den gleichen Bedingungen einkauft, zu denen auch alternative Netzbetreiber vom Netzbereich Zusammenschaltung beziehen müssen. Eine derartige Quersubventionierung wäre jedoch unter den Bedingungen eines bestreitbaren Absatzmarktes nicht durchführbar.

TEIL 1:

STRUKTUR VON IC-ENTGELTEN

III. ENTGELTDIFFERENZIERUNG NACH QUELLE UND SENKE

Terminierungs- und Zuführungsleistungen sind Kommunikationsverbindungen zwischen einer Gateway-Vermittlungsstelle und Netzabschlusspunkt beim Endkunden. Das Verhältnis zwischen diesen beiden Punkten (Quelle und Senke) lässt sich durch unterschiedliche Tariffierungsmodelle abbilden: In Betracht kommt eine Tariffierung nach Maßgabe (1.) der Netzkomponenten, die für die Leistungserstellung in Anspruch genommen werden, (2.) der überbrückten Entfernung oder (3.) geographischer Zonen. Diese Grundformen treten in der Praxis zumeist nicht in Reinkultur, sondern als Mischformen auf. Außerdem können die Tarife in Abhängigkeit vom Übergabepunkt bemessen sein, an welchem die Zusammenschaltung erfolgt. Im nachfolgenden Kapitel werden die Tarifschemata vorgestellt und anhand der eingangs definierten Regulierungsziele beurteilt. Die wichtigsten Kriterien dabei sind „Kostengenauigkeit der Tarife", „Schaffung von Anreizen für den Aufbau alternativer Infrastruktur" und „Differenzierbarkeit der Tarife nach Wettbewerbsintensität". Im gleichen Zusammenhang werden auch Vorgaben zu einer Mindestanzahl von Netzübergängen bzw. Einschränkungen des Angebots von IC-Calls auf bestimmten Strecken sowie Mindestverkehrsgarantien erörtert.

A. DARSTELLUNG

1. Kategorisierung der Tarifierungsansätze

Die Abbildung des Verhältnisses von Quelle und Senke umfasst zwei Aspekte:

- die Abbildung des räumlichen Verhältnisses vom Quelle und Senke
- die Tarifdifferenzierung nach Maßgabe des Netzzugangspunktes, an welchem Verkehr zwischen den zusammengeschalteten Netzen übergeben wird.

Bei der Abbildung des räumlichen Verhältnisses von Quelle und Senke stehen drei Grundformen zur Auswahl: Zonenmodelle, die rein entfernungsabhängige Tariffierung oder die Tariffierung anhand der jeweils in Anspruch genommenen Netzelemente.

Zonenmodelle zeichnen sich dadurch aus, dass der räumlich relevante Markt in disjunkte geographische Zonen unterteilt wird. Dabei werden für Verkehr innerhalb einer Zone und für zonenübergreifenden Verkehr gesonderte Tarife erhoben. Ausgehend von dieser Grundform sind zahlreiche Varianten denkbar. Beispielsweise kann ein besonderer Tarif für Verkehr zwischen benachbarten Zonen eingeführt werden. Auch können nach der Teilnehmerdichte verschiedene Klassen von Zonen unterschieden werden (etwa städtische und ländliche Zonen), bei denen der intrazonale Verkehr mit unterschiedlichen Tarifen versehen wird. Eine weitere Variante ist die Bildung einer Hierarchie von Zonen (z.B. „Grundeinzugsbereiche", die ihrerseits wiederum in „Standardeinzugsbereiche" unterteilt sind). Die geographischen Grenzen der Zonen können anhand unterschiedlicher Kriterien gezogen werden; dazu gehören etwa Nummerierungsbereiche oder die Einzugsbereiche von *Tandem Switches* und *Local Switches*.

Auch bei der rein entfernungsabhängigen Tariffierung wird der räumlich relevante Markt in disjunkte geographische Zonen unterteilt, die jeweils mit einem Entfernungsmesspunkt versehen sind (in der Regel ist der Entfernungsmesspunkt identisch mit dem Standort des Hauptverteilers, an welchem die Teilnehmeranschlussleitungen in einem bestimmten Gebiet zusammenlaufen). Darüber hinaus werden Entfernungsklassen gebildet (etwa 0 – 20 km, 20 – 50 km und mehr als 50 km). Alle Verbindungen, bei denen der Abstand zwischen den Entfernungsmesspunkten in den Zonen des anrufenden und des angerufenen Teilnehmers in die gleiche Entfernungsklasse fällt, werden zu einem einheitlichen Tarif abgerechnet.

Bei der dritten Tariffierungsvariante – der netzelementbezogenen Tariffierung – setzt sich das für ein *IC-Call* zu zahlende Entgelt aus den Entgelten für die Inanspruchnahme der einzelnen Netzkomponenten zusammen. Die Einzelentgelte für die Inanspruchnahme der Netzelemente können auch mit Gewichtungsfaktoren (Routing-Faktoren) in die zahlenden IC-Entgelte eingehen, die durchschnittliche Häufigkeit widerspiegeln, mit der die betreffende Netzkomponente für die jeweilige Kategorie von IC-Calls (z.B. lokale Terminierungs- oder Zuführungsleistungen) genutzt wird.

Jeder der genannten Tariffierungsansätze kann ergänzt werden durch eine Tarifdifferenzierung nach der Art der vermittlungstechnischen Hierarchieebene, auf der die Zusammenschaltung erfolgt.[1] Zur Tarifdifferenzierung nach der vermittlungstechnischen Hierarchieebene gehört zweierlei:

- Die alternativen Netzbetreiber können selbst bestimmen, auf welcher vermittlungstechnischen Hierarchieebene die Zusammenschaltung mit dem *Incumbent* erfolgt.
- Die Entgelte für Zuführungs- und Terminierungsleistungen sind nach der vermittlungstechnischen Hierarchieebene differenziert, auf der die Zusammenschaltung erfolgt.

Die Tarifdifferenzierung nach vermittlungstechnischer Hierarchieebene kommt vor allem bei einem klassischen Telekommunikationsnetz (PSTN) in Betracht, wo an vermittlungstechnischen Hierarchieebenen typischerweise *Local Switches* und *Tandem Switches* unterschieden werden. Auf einen *Local Switch* werden entweder Teilnehmeranschlussleitungen direkt geführt oder der *Local Switch* ist mit Konzentratoren verbunden, auf die die Teilnehmeranschlussleitungen geführt werden. Im Gegensatz dazu sind *Tandem Switches* nur mit *Local Switches* in einem bestimmten Einzugsbereich sowie mit anderen *Tandem Switches* vermascht. Eine solche Entgeltdifferenzierung wird sowohl von British Telecom in Großbritannien[2] als auch von den marktbeherrschenden regionalen Telefongesellschaften in den USA (*Incumbent Local Exchange Carrier*) praktiziert.[3]

---

1 Dies ist in etwa vergleichbar damit, den Tarif für ein Endkundengespräch danach zu differenzieren, ob der Endkunde das Telefonat von einem privaten oder von einem öffentlichen Telefonanschluss nachfragt.

2 BT UK Carrier Services (Feb. 1997): Annex A, para. 4.1.1.

3 Einschlägig ist Section 251.c.3 des US Telecommunications Act of 1996, demzufolge jeder *Incumbent Local Exchange Carrier* jedem nachfragenden Telekommunikationsnetzbetreiber den Zugang zu Netzelementen an jedem technisch machbaren Punkt erlauben muss.

2. Praktische Beispiele

a) Großbritannien: Mercury Determination von 1995

Ein Beispiel für die Kombination von entfernungsabhängiger Tariffierung und Tarifdifferenzierung nach vermittlungstechnischer Hierarchieebene ist die *Mercury Determination* von 1985 in *Großbritannien.* Dabei war der „*Local exchange*"-Tarif bei Zusammenschaltung auf „*Local Switch*"-Ebene einschlägig, erlaubte jedoch nur die Inanspruchnahme von Zuführungs- und Terminierungsleistungen innerhalb des Anschlussbereiches des *Local Switch,* an dem die Zusammenschaltung erfolgte. Überregionale Zuführungs- und Terminierungsleistungen wurden nur bei Zusammenschaltung auf „*Tandem Switch*"-Ebene angeboten. Die dabei relevanten Entfernungszonen waren die gleichen, die British Telecom auf dem Endkundenmarkt auch bei der Tariffierung von Sprachtelefondienst für ihre Endkunden anwendete.[4]

Bezeichnung	***Beschreibung***
Local Exchange (synonym: *Local 3L Segment*)	Die Zusammenschaltung erfolgt auf „*Local Switch*"-Ebene, wobei Quelle und Senke des *IC-calls* im Anschlussbereich des *Local Switches* liegen.
Tandem Local (synonym: *Local 3J Segment*)	Die Zusammenschaltung erfolgt auf„*Tandem Switch*"-Ebene, wobei Quelle und Senke des *IC-calls* im Anschlussbereich desjenigen *Local Switches* liegen, in dessen Anschlussbereich auch der *Tandem Switch* liegt.
Tandem Short National	Die Zusammenschaltung erfolgt auf „*Tandem Switch*"-Ebene, abgegolten wird die Überbrückung von Entfernungen unter 56,4 km (35 Meilen), sofern es sich nicht bereits um ein *Local 3L segment* oder *Local 3J segment* handelt.
Long national Segment	Die Zusammenschaltung erfolgt auf der Ebene eines *Tandem Switches*; abgegolten wird die Überbrückung von Entfernungen von 56,4 km oder mehr.

Übersicht III-1: Abgrenzung von *IC-calls* gemäß *Mercury Determination* [vgl. Oftel (1985), Seite 7 (para. 1.1), Seite 26 f. (para. 4.8.1) und Oftel (1993), Seite 9 (para. 5.6.1.)]

b) Großbritannien: Tarifstruktur von 1994/95 bis 1996/97

Bei der zum Finanzjahr 1994/95 eingeführten Tarifstruktur richtete sich das Entgelt für Zuführungs- und Terminierungsleistungen in erster Linie nach Anzahl und Art der für die Leistungserstellung in Anspruch genommenen Vermittlungseinrichtungen. Damit

---

4 Diese Struktur ist in Bezug auf den Aspekt der Entfernungsabhängigkeit an die Struktur der Endkundentarife *British Telecoms* angelehnt.

- *Local Calls* sind alle Gespräche innerhalb des gleichen Ortsnetzes (über Teilnehmeranschlüsse mit der gleichen Ortsnetzkennzahl) und in benachbarte Ortsnetzbereiche.
- *Regional Calls* sind alle Gespräche, bei denen es sich nicht um *Local Calls* handelt, und bei denen die Entfernung zwischen Tariffierungsmesspunkten, die dem Anschluss des anrufenden und des angerufenen Teilnehmers zugeordnet sind, nicht mehr als 56,4 km (35 Meilen) beträgt.
- *National Calls* sind alle Gespräche, bei denen die Entfernung zwischen den relevanten Tariffierungsmesspunkten mehr als 56,4 km beträgt.

wurde dem Umstand Rechnung getragen, dass die Vermittlungseinrichtungen und die ihnen zugeordneten Kostenstellengemeinkosten den weitaus größten Anteil an den Kosten des Verbindungsnetzes repräsentieren.

Während die Tarifposition „*DLE-interconnect*" bei Zusammenschaltung auf „*Local Switch*"-Ebene für Zuführungs- und Terminierungsleistungen im Anschlussbereich des jeweiligen Local Switch einschlägig war, kamen bei Zusammenschaltung auf „*Tandem Switch*"-Ebene der „*Single Tandem*" und der „*Double Tandem*"-Tarif zur Anwendung. Bei der Leistung „*Single Tandem*" war für die Terminierungs- bzw. Zuführungsleistung genau ein Vermittlungsvorgang durch einen *Tandem Switch* mit Gateway-Funktionalität erforderlich. „*Single Tandem*" erlaubte also die Inanspruchnahme von Zuführungs- und Terminierungsleistungen im Einzugsbereich eines *Tandem Switch.* Entsprechend kam die Tarifposition *Double Tandem* bei Zuführungs- und Terminierungsleistungen zur Anwendung, bei denen der Ursprungs- bzw. Zielort außerhalb des Einzugsbereichs der Gateway-Vermittlungsstelle lag. Dabei war der „Double-Tandem"-Tarif nach den Entfernungsklassen „*Short" (< 100 km), „Medium" (100-200 km) und „Long" (> 200 km).*

Leistung	***Beschreibung***
DLE Interconnect	***1x*** *Local Switching* + 1 x *Concentrator (Remote* oder *Host)* + ggf. Übertragung zwischen *Local Switch* und *Remote Concentrator* ["*Remote*" bedeutet, dass der Konzentrator sich an einem anderen Standort als der *Local exchange* befindet, "*Host*" bedeutet das Gegenteil.]
Single Tandem	*DLE-Interconnect* + *1 x access Tandem Switching* + Übertragung *Local Switch – Tandem Switch*
Double Tandem	*DLE-interconnect* + 1 x *Access Tandem Switching* + 1 weiteres mal oder öfter *Tandem Switching* + Übertragung *Tandem – Tandem*

Übersicht III-2: Abgrenzung Zuführungs- und Terminierungsleistungen nach Netzkomponenten (vgl. BT UK Carrier Services, Feb. 1997, Annex C, Schedules 101, 102)

c) Großbritannien: Tarifstruktur ab 1997/98

Mit der mit Beginn des Finanzjahres 1997/98 eingeführten Tarifstruktur wurden die bisherigen Tarifkomponenten noch feingliedriger unterteilt. Hintergrund dieser Umstellung der Tarifstruktur war, BRITISH TELECOM im Rahmen einer Price-Cap-Regulierung bei den Zusammenschaltungsentgelten eine nach Wettbewerbsintensität abgestufte Preissetzungsflexibilität zu geben (für eine ausführliche Darstellung der Price-Cap-Mechanismen vgl. Kapitel VII: „Ansätze zur Entgeltregulierung"). Denn während es auf Fernnetzebene mehrere Betreiber alternativer Infrastrukturen gibt, ist auf Ortsnetzebene der Wettbewerb schwieriger zu etablieren. Eine Konsequenz daraus ist, überregionale Zuführungs- und Terminierungsleistungen in zwei Einzelleistungen zu unterteilen, und zwar die Ortsnetznutzung („*Local Exchange Segment*") und die Fernnetznutzung („*Lo-*

cal Tandem Conveyance“ bzw. „*Inter-tandem conveyance*“). Auf der Fernnetzebene sollte die Preissetzungsflexibilität des *Incumbent* größer sein.

Eine unterschiedliche Wettbewerbssituation ist auch bei Zuführungs- und Terminierungsleistungen zu verzeichnen: Ein anrufender Endkunde hat die Auswahl zwischen mehreren Teilnehmernetzbetreibern und kann damit letztlich auch beeinflussen, welche Zuführungsentgelte an ihn über die Telefonrechnung weitergereicht werden. Welchen Teilnehmernetzbetreiber der angerufene Teilnehmer gewählt hat, kann der anrufende Teilnehmer hingegen nicht beeinflussen. Damit kann der anrufende Endkunde natürlich auch nicht beeinflussen, welche Kostenbelastung durch Terminierungsleistungen an ihn über die Telefonrechnung weitergereicht wird. Deshalb wird bei der 1997/98 eingeführten Tarifstruktur auch ausdrücklich zwischen lokalen Zuführungs- und Terminierungsleistungen unterschieden, und dem *Incumbent* bei den Zuführungsleistungen ein größeres Maß an Preissetzungsflexibilität zugestanden.[5]

	Leistungsabgrenzung		***Price-Cap***
	bis 1996/97	***Ab 1996/97***	
Zuführungs- und Terminierungsleistungen	*DLE interconnect*	*Call termination local exchange segment*	*Call termination basket*
		Call origination local exchange segment	*General network basket*
	Single tandem	*Call termination local exchange segment* plus *Local tandem conveyance*	*Call termination basket* *General network basket*
		Call origination local exchange segment plus *Local tandem conveyance*	*General network basket* *General network basket*
	Double tandem (*short, medium* oder *long*)	*Call termination local exchange segment* plus *local tandem conveyance* plus *Inter-tandem conveyance* (*short, medium, long*)	*Call termination basket* *General network basket* *Safeguard Cap*
		Call origination local exchange segment plus *local tandem conveyance* plus *Inter-tandem conveyance* (*short, medium, long*)	*General network basket* *General network basket* *Safeguard Cap*
Transitverbindungen	*Single Transit*	*Keine Veränderung*	General network basket
	Double Transit	*Keine Veränderung (aber nunmehr als Inter-tandem transit bezeichnet)*	Safeguard Cap
Hinweis: (1.) Transitverbindungen sind Verbindungen zwischen zwei alternativen Verbindungsnetzen über das Netz eines Dritten. (2.) Der Safeguard-Cap wurde zum Finanzjahr 1997/98 auf das Niveau der Inflationsrate festgelegt und gilt für jede einzelne Leistung. Im *General Network Basket* hingegen sind mehrere Price-Cap-regulierte Leistungen zusammengefasst.			

Übersicht IV-3: zum Finanzjahr 1997/98 eingeführte Tarifstruktur British Telecoms. Vgl. Oftel (Juli 1997), Randnummer 1.13 sowie Tabelle G.3 in Annex G. Zu den Einzelheiten der Price-Cap-Regulierung vgl. Kapitel VII: „Regulierungsansätze“

5 vgl. Oftel (Juli 1997), Annex C

d) USA: „Interstate Switched Access“ (Juli 1998)

Mit *Interstate Switched Access* sind Zusammenschaltungsleistungen gemeint, die *Local Exchange Carrier* (LEC) über bundesstaatliche Grenzen hinweg sogenannten *Interexchange Carriern* (IXC) anbieten. Bei den LEC handelt es sich um Ortsnetzgesellschaften, die aufgrund ihrer Historie über eine marktmächtige Stellung im Ortsnetzbereich verfügen.[6] Im Gegensatz dazu unterliegt die Regulierung von Verbindungsleistungen innerhalb der Bundesstaaten der Regulierung durch bundesstaatliche Regulierungsbehörden, den *Public Utility Commissions*.[7]

Durch das Telekommunikationsgesetz von 1996 wurden *Incumbent LEC* ("ILEC")[8] dazu verpflichtet, anderen Netzbetreibern den Netzzugang diskriminierungsfrei an *jedem* technisch machbaren Punkt anzubieten.[9] In der Folge wurden die ILECs verpflichtet, neben Zugang zur Teilnehmeranschlussleitung auch Vermittlungs- und Übertragungsleistungen auf dem gesamten (geographischen) Markt anzubieten.[10] Bei den vermittelten Zusammenschaltungsleistungen interessieren die Tarife für die Netzelemente *Local End Office Switching* und *Tandem Switched Transport*, da diese Tarifpositionen unmittelbar auf die Inanspruchnahme des Verbindungsnetzes der LEC Bezug nehmen.[11]

---

6 Im Zuge des sogenannten *Modified Final Judgment* (MFJ) vom Januar 1982, einem Vergleich zwischen AT&T und dem Justizministerium, mit dem eine Kartellklage des Justizministerium gegen AT&T abgeschlossen wurde, musste AT&T das Ortsnetzgeschäft in rechtlich selbstständige Unternehmen, die *Regional Bell Operating Companies* (RBOC) ausgliedern. Bei den RBOC handelte es sich um insgesamt sieben voneinander unabhängige Holding-Gesellschaften, in denen 22 örtliche Telefongesellschaften, die *Bell Operating Companies* ("*Baby Bells*"), zusammengefasst waren. Gemäß MFJ wurde das Gebiet der USA in 161 *Local Access and Transport Areas* (LATA) eingeteilt und die RBOC durften lediglich Intra-LATA-Verkehr anbieten. Mittlerweile ist durch den *Telecommunications Act of 1996* die Trennung von IXC und RBOC aufgehoben, d.h. die ehemaligen RBOC dürfen auch den Long Distance-Markt bedienen, während die ehemals reinen IXC sich auch auf dem Markt für Ortsnetzleistungen betätigen dürfen. Nach wie vor sind allerdings die ehemaligen IXC AT&T, Sprint und MCI die wichtigsten Nachfrager von *Switched Access* [vgl. Motz, O./ Zydoreck, C. (1996) sowie FCC (Mai 1997b), Paragraph 22 ff.]

7 Aufgrund des *Communications Act of 1934* obliegt die Regulierung von Diensten, die über bundesstaatliche Grenzen hinweg erbracht werden, also auch des *interstate switched access*, der *Federal Communications Commission* (FCC). Die Regulierung der Dienste, die innerhalb der Bundesstaaten erbracht werden (*Intrastate Switched Access*), obliegt den Bundesstaaten selbst, welche diesen Auftrag an ihre *Public Utility Commissions* (PUCs) übertragen haben. Nach dem Prinzip der *Federal Preemption* sind allerdings im Konfliktfall die Entscheidungen der FCC vorrangig vor denen der PUCs. Die unterschiedlichen Ansätze der FCC und der PUCs kann zu unterschiedlichen Preisen für denselben Dienst führen.

8 Die ILEC sind im wesentlichen aus den RBOCs hervorgegangen. Alternative Anbieter von Ortsnetzleistungen werden üblicherweise als CLECs (*Competetive Local Exchange Carrier*) bezeichnet.

9 Telecommunications Act of 1996, Pub. L. 104-104, 110 Stat. 56 (Feb. 8, 1996), § 251(c)(3).

10 vgl. FCC (1996), Paragraph 249 ff.

11 Hinzu kamen mit Stand Juli 1996 bei einzelnen LEC ein gesondertes Entgelt für Verbindungsaufbau (Ameritech), Entgelte zur Finanzierung des Anschlussdefizits der LEC ("*Common Carrier Line Charges*") und die sog. „*Transport Interconnection Charge (TIC)*“. Die TIC diente dem Ausgleich von Mindereinnahmen der LEC im Zuge der Einführung der netzkostenbezogenen Tarifelemente *local end office switching* und *tandem switched transport*. Die FCC hat mit ihrer *First Transport Order*, die zum 1. September 1991 in Kraft getreten ist, die Tarife für *interstate services* umstrukturiert und die *tandem switched transport transmission rate* eingeführt. Zuvor mussten die RBOCs sämtliche Leistungen entfernungsabhängig (d.h. unabhängig von den jeweils in Anspruch genom-

Durch die Tarifkomponente ***Local End Office Switching*** sind Zuführungs- und Terminierungsleistungen im Einzugsbereich eines *Local Switches* abgegolten. *Local End Office Switching* ist entsprechend bei Zusammenschaltung auf „*Local Switch*"-Ebene fällig. Der Tarif für *Local End Office Switching* richtet sich nach den angebotenen *Feature Groups.* Bei der Feature Group A ("*lineside access*") ist der IXC wie ein Endkunde an den *Local Switch* des LEC angeschlossen. Der Endkunde muss zunächst eine 7-stellige Rufnummer wählen, um den Netzknoten des IXC zu erreichen. Das Leistungsmerkmal *Automatic Number Identification* (im britischen und deutschen Sprachgebrauch *Calling Line Identity*) steht in der Regel nicht zur Verfügung. Daher muss der Endkunde, nachdem er ein weiteres Freizeichen hört, eine PIN wählen. Erst dann kann der Endkunde die Rufnummer des von ihm gewünschten Teilnehmers wählen. Zu dieser Form der Zusammenschaltung ("*Type I Interconnection*") hatten Wettbewerber AT&T's wie MCI und Sprint in der Anfangsphase der Liberalisierung in den 70-iger Jahren keine Alternative. *Lineside Access* bringt für einen *Long Distance Carrier* eine Reihe von Nachteilen mit sich:

- Der Verbindungsaufbau dauert länger und ist umständlicher.
- Der *Long Distance Carrier* hat keinen Zugang zum Signalisierungsnetz des LEC. Er erhält also weder die Signalisierungsinformation, dass der angerufene Teilnehmer antwortet ("*answer supervision*") noch die Signalisierungsinformation, dass der angerufene Teilnehmer das Gespräch beendet ("*disconnect supervision*"). Der *Long Distance Carrier* weiß daher nicht genau, wann er mit der Abrechnung eines Gespräches beginnen und wann er aufhören soll.
- Die Sprachqualität ist in der Regel schlechter als bei *trunkside access.*

Bei *Trunkside Access* kann die Zusammenschaltung entweder unmittelbar am *Local Switch* des LEC (*Type II Interconnection*) oder an einem *Tandem Switch* des LEC (*Type III Interconnection*) erfolgen. Beim *Trunkside Access* werden insgesamt drei Feature Groups unterschieden:[12]

FGB: Der Endkunde muss zunächst ein Präfix im Format 950-10XX wählen, wobei die letzten beiden Ziffern den gewünschten Betreiber kennzeichnen; nach Erhalt eines Freizeichens kann er die Rufnummer des gewünschten Teilnehmers wählen.

FGC: FGC stand in der Anfangsphase der Liberalisierung in den 70-iger Jahren nur AT&T zur Verfügung. Der Endkunde konnte nach Wählen des Präfixes 1 unmittelbar die Rufnummer des gewünschten Teilnehmers wählen.

FGD: FGD macht die *Equal Access Capability* eines *Local Switches* aus. „*Equal access*" bedeutet, dass der Kunde fallweise durch Wahl eines Präfixes (Netzbetreiberkennzahl) vor eigentlichen Rufnummer fallweise einen IXC auswählen

---

menen Netzkomponenten) tarifieren („*equal charge rule*"). Die im Rahmen der First Transport Order eingeführte *transport interconnection charge* sollte die Differenz zwischen den Erlösen ausgleichen, die die RBOCs mit den übrigen neu eingeführten Tarifpositionen erzielten und die sie mit den alten Tarifen erzielt hätten. – 1996 hat die FCC beschlossen, die TIC im Rahmen der Price-Cap-Regulierung sukzessive zu eliminieren (vgl. FCC (1997), Randnummer 229).

12 vgl. z.B. Ameritech (Stand Mai 2001), section 6.2 (D.3), Seite 138 ff.

kann; außerdem kann sich der Kunde einen IXC seiner Wahl fest voreinstellen lassen, so dass, sofern er sich nicht fallweise durch Wählen einer anderen Netzbetreiberkennzahl anders entscheidet, seine Ferngespräche über den voreingestellten IXC abgewickelt werden.

Die Tarife für *Local End Office Switching* waren danach differenziert, ob der betreffende *Local Switch* die *Equal Access Capability* (*Feature Group D*) ausweist oder nicht.[13] Sogenannte „*Premium Rates*" kamen zur Anwendung für

- bei Zuführungsleistungen der *Feature Groups* A, B, C und D (einschließlich Anrufen bei Freephone-Nummern) sowie *Shared Cost*- und *Premium Rate*-Diensten, wenn der Local Switch, dem der anrufende Endkunde angebunden ist, *Equal Access Capability* aufweist
- bei Terminierungsleistungen der *Feature Groups* A und B, wenn der Local Switch, an der angerufene Teilnehmer angebunden ist, *Equal Access Capability* aufweist.

Dem gegenüber kommen *Transitional Rates* zur Anwendung

- bei Zuführungsleistungen der *Feature Groups A und B* sowie zu Freephone-Diensten, wenn der Local Switch, den der anrufende Endkunde angebunden ist, *Equal Access Capability* aufweist.
- bei Terminierungsleistungen der *Feature Groups A* und B, wenn der *Local Switch*, an dem der angerufene Teilnehmer angebunden ist, *Equal Access Capability* aufweist.

Local End Office Switching wird gebündelt oder ungebündelt angeboten. Beim entbündelten Angebot sind die *Feature Groups* Gegenstand gesonderter Vereinbarungen, sogenannter *Basic Service Agreements* (BSA), wobei wiederum nach den zu durchlaufenden Wahlprozeduren zwischen BSA-A, BSA-B, BSA-C und BSA-D unterschieden wird.

	Bundled Local Switching Usage		***Unbundled Local Switching Usage***	
	Premium	***Transitional***	***Premium***	***Transitional***
Ameritech (LS1)	1,0380 C./min.	0,3890 C./min.	1,0380 C./min.	0,3890 C./min.
Bell South	0,7550 C./min.	0,3400 C./min.	0,7520 C./min.	0,3390 C./min.
Nynex	1,3644 C./min.	0,6140 C./min.	1,3546 C./min.	0,6096 C./min.
Southwestern	0,7709 C./min.	0,3469 C./min.	0,7695 C./min.	0,3463 C./min.
US West	0,8067 C./min.	0,3630 C./min.	0,7998 C./min.	0,3599 C./min.
FCC Proxy Rate	Die"*proxy based rates*" können von der FCC in Kraft gesetzt werden, falls eine bundesstaatlichen Aufsichtsbehörde feststellt, dass die vorgelegten Informationen nicht ausreichen, um die *forward-looking costs* eines Netzelementes abzuschätzen. Nach Vorgaben der FCC kann die "*proxy based rates for local switching*" grundsätzlich nicht mehr als 0,4 Cents/min. und nicht weniger als 0,2 Cents/min. betragen. (vgl. *Code of Federal Regulations*, § 51.513).			

Übersicht III-4: Tarife für *Local End Office Switching* verschiedener ILEC, Stand Juni 1997

13 vgl. z.B. Ameritech (Stand Mai 2001), section 6.2 (D.3), Seite 177

Bei Zusammenschaltung auf *Tandem Switch Ebene* ist zusätzlich die ***Tandem Switched Transport Charge*** fällig. Wie in Großbritannien sind die Tarife also nach der vermittlungstechnischen Hierarchieebene differenziert, auf der die Zusammenschaltung erfolgt.[14] Die *Tandem Switched Transport Charge* wird zusätzlich zur Komponente *Local End Office Switching* erhoben, wenn die Zusammenschaltung an einem *Tandem Switch* erfolgt. Anders als englische Tariffierungsmodell nimmt das amerikanische Tariffierungsmodell jedoch nicht Bezug darauf, ob zwischen dem *Tandem Switch*, an dem die Zusammenschaltung erfolgt, und dem *Local Switch*, an dem der Endkunde angebunden ist, weitere Vermittlungseinrichtungen durchlaufen werden müssen oder nicht.

Tandem Switched Transport darf seit dem 1. Juli 1998 nicht mehr zu einem einheitlichem Tarif abgerechnet werden, sondern muss in die folgenden drei Tarifkomponenten unterteilt sein:[15]

- einem verbindungsdauer-abhängig berechneten Entgelt für die für die Inanspruchnahme der Gateway-Vermittlungsstelle des LEC („*Tandem Switching*")
- einem verbindungsdauer-abgerechneten berechneten Entgelte für die Inanspruchnahme der Netzelemente zwischen Gateway-Vermittlungsstelle und teilnehmerseitigem *Local Switch* („*Tandem Transport*")
- einem verbindungsdauer-unabhängigen Entgelt für die Anbindung der Gateway-Vermittlungsstelle des LEC and den *Point of Presence* des IXC (entsprechend den *„interconnect links*" im englischen Sprachgebrauch).

Hier von Interesse sind nur die Tarifkomponenten *„Tandem Switching*" und *„Tandem Transport"*. Letztere unterteilt sich in eine entfernungssensitive Komponente ("*Tandem Switched Facility*") und ein entfernungsunabhängiges Fixum ("*Tandem Switched Termination").*[16]

	Tandem Switching	***Tandem Transport***	
		Tandem Switched Termination	***Tandem Switched Facility* pro Meile**
Ameritech Zone 1 (urban)	0,0520 c./min.	0,0227 c./min.	0,0040 c./min.
Ameritech Zone 2 (suburban)	0,0535 c./min.	0,0239 c./min.	"
Ameritech Zone 3 (rural)	0,1140 c./min.	0,0310 c./min.	"
Bell South	0,0676 c./min.	0,0360 c./min.	0,0040 c./min.
Nynex	0,0926 c./min.	0,0279 c./min.	0,0033 c./min.
Southwestern	0,1000 c./min.	0,0276 c./min.	0,0030 c./min.
US West 0 - 8 Meilen	0,1072 c./min.	0,0431 c./min.	0,0022 c./min.
US West 8 - 25 Meilen	"	0,0480 c./min.	0,0023 c./min.

14 Im Gegensatz dazu bezeichnet „*Direct-Trunked Transport*" eine Mietleitung zwischen dem Standort des Hauptverteilers („*LEC serving wire centre*") und dem Local Switch oder zwischen zwei beliebigen anderen im Netz des LEC [vgl. FCC (Mai 1997b), Paragraph 150]. Ein IXC kann mit Direct Transport an einem POP verschiedene Local Switches im Netz des LEC erreichen, so dass er an vermittelten Zuführungs- und Terminierungsleistungen nur noch Local End Office Switching nachfragen muss.

15 vgl. FCC (Mai 1997b), Paragraph 168

16 vgl. z.B. Ameritech FCC Tariff 2 Access Services (Stand Mai 2001), section 6.1.3. (A.1.c) 2nd revised page 121.5.

US West 25 - 50 Meilen	"	0,0490 c./min.	0,0023 c./min.
US West > 50 Meilen	"	0,0551 c./min.	0,0024 c./min.
FCC Proxy Rate	max. 0,15 c./min.		

Übersicht III-5: Tarife für Tandem Switched Transport verschiedener LECs, Stand Juli 1997 [zu den *FCC Proxies* siehe *Code of Federal Regulations*, § 51.513]

e) Australien (Stand 1991)

Australien liefert ein Beispiel für die Kombination von Zonenmodell, entfernungsabhängiger Tarifdifferenzierung, netzelementbasierter Tariffierung und Tarifdifferenzierung nach vermittlungstechnischer Hierarchieebene.

Das Staatsgebiet Australiens war 1991 in 204 *Inter-Carrier Charging Areas* (ICCAs) unterteilt, die sehr groß sein können und mehrere Ortsnetzbereiche umfassen können. Diese Ortsnetzbereiche sind die gleichen, die TELSTRA auch bei der Abrechnung von Sprachtelefondienst für Endkunden zugrunde legt. Aufbauend auf dieser Hierarchie von Zonen (ICCA auf der oberen und Ortsnetzbereiche auf der unteren Ebene) sind drei Fälle zu unterscheiden:

- Befinden sich Quelle und Senke des *IC-Calls* in gleichen oder unmittelbar an einander angrenzenden Ortsnetzbereichen, wird die *Single Ended Usage Charge* angewendet. Diese Systematik ist vom Endkundenmarkt übernommen: Für Gespräche innerhalb eines Ortsnetzbereichs und zwischen benachbarten Ortsnetzbereichen zahlen Telstras Endkunden den Ortsnetztarif. Die *Single Ended Usage Charge* ist nach Teilnehmerdichte räumlich differenziert – unterschieden werden die Tarifkategorien „*Central Business District*" (CBD), „*Metropolitan*" und „*Country*".
- Befinden sich Quelle und Senke des *IC-Calls* noch innerhalb der gleichen ICCA, jedoch nicht im gleichen oder in benachbarten Ortsnetzbereichen, ist zusätzlich zur *Single Ended Usage Charge* die *Trunk Transmission Usage Charge* fällig. Diese Entgeltkomponente ist nach den Entfernungszonen 0 - 50 km („Type 1"), 50 - 165 km („Type 2") und größer 165 km („Type 3") gestaffelt.[17] Für Netzübergänge in den wichtigsten Städten Australiens gibt es allerdings eine Sonderregelung: Befindet sich der Netzübergang hier im *Central Business District*, so können alle Ortsnetzbereiche in der betreffenden ICCA zum „Single Ended Usage"-Tarif erreicht werden.[18]
- Im dritten und letzten Fall befinden sich Quelle und Senke in unterschiedlichen ICCA. Hier ist Telstra grundsätzlich von der Angebotspflicht freigestellt, d.h. sie kann die Leistung für einen kommerziell vereinbarten Tarif anbieten, muss es jedoch nicht. Alternativ kann Optus die Angebotslücke auch dadurch schließen, im jeweils betroffenen ICCA einen zusätzlichen Netzübergang einzurichten.

Außerdem ist die *Single Ended Usage Charge* danach differenziert, ob die Zusammenschaltung auf „*Local Switch*"-Ebene oder auf „*Tandem Switch*"-Ebene erfolgt. Bei Zusammenschaltung auf „*Tandem Switch*"-Ebene (der 1991 unterstellte Regelfall) sollten

17 vgl. Austel (Juni 1991) – Teil 1, Seite 209, Paragraph J.11
18 vgl. Austel (Juni 1991) – Teil 1, Seite 211, Paragraph J.15

in die *Single Usage Charge* Beiträge zur Deckung der Kosten der Netzelemente „*Local Switch*", „*Junction Network*", „*Trunk Switch*" sowie ein Finanzierungsbeitrag für das Anschlussdefizit Telstras („CAN" wie „*Customer Access Network*") eingehen. Bei Zusammenschaltung auf „*Local Switch*"-Ebene hingegen sollte sich die *Single Ended Usage* Charge nur aus der CAN und einem Beitrag zu den Kosten des Netzelementes „Local Switch" zusammensetzen.[19] Dabei ist der auf die Netzkomponente „Local Switch" entfallende Kostenbeitrag in Ballungsräumen („*Central Business District*") naturgemäß größer als in dünner besiedelten Gebieten („*Metropolitan*" und „*Country*"), während es sich bei der Netzkomponente „*Trunk Switch*" genau umgekehrt verhält.[20]

B. Beurteilung

1. Abrechnungstechnische Handhabbarkeit

Möglicherweise weicht das im Hinblick auf Kostengenauigkeit und Anreizwirkungen wünschenswerte Tariffierungsschema für Zusammenschaltungsleistungen von dem Schema ab, welches das ehemalige Monopolunternehmen gerade bei der Tariffierung von Endkundenleistungen anwendet. Die Implementierung abweichender Tariffierungsschemata ist mit Kosten verbunden; es muss in neue Systeme für die Verkehrserfassung und Rechnungslegung investiert werden.

2. Kostenorientierung

Nicht jede Leistung kann nach den besonderen Umständen des Einzelfalles abgerechnet werden. Vielmehr ist es erforderlich, die denkbaren Einzelfälle zu Preiskategorien zusammenzufassen. Im Idealfall entspricht der Preis einer Telekommunikationsdienstleistung den Durchschnittskosten der Einzelfälle, die in die gleiche Preiskategorie fallen. Dabei sind die Dienstleistungen so zu definieren, dass die Abweichung von Preis und Kosten der Leistungserstellung im konkreten Einzelfall möglichst gering gehalten wird. Denn andernfalls spiegelt die Belastung alternativer Netzbetreiber mit Zusammenschaltungsentgelten nicht die tatsächliche Inanspruchnahme der Ressourcen des *Incumbent* wieder. Das führt zu einer PARETO-ineffizienten Über- oder Unternutzung des Netzes, und von den Zusammenschaltungsentgelten gehen nicht mehr die ökonomisch korrekten Signale für Investitionen in alternative Netzinfrastruktur aus ("*make or buy*"-Entscheidung alternativer Anbieter).[21]

Entsprechend wichtig ist es, sich bei der Definition von Zusammenschaltungsleistungen an den langfristigen Determinanten der Kosten der Leistungserstellung zu orientieren. Dabei ist natürlich besonderes Augenmerk auf jene Netzkomponenten zu richten, die einen hohen Anteil an den Gesamtkosten der Leistungserstellung ausmachen. Dabei sollte bei jeder einzelnen Zusammenschaltungsleistung die Inanspruchnahme dieser

---

19 vgl. Austel (Juni 1991) – Teil 2, Seite 10, Paragraph 3.10
20 vgl. Austel (Juni 1991) – Teil 2, Seite 12
21 vgl. Oftel (Dezember 1998), Randnummern 5.24 und 5.25

Netzkomponenten sollte bei jeder Zusammenschaltungsleistung möglichst wenig um den jeweiligen Mittelwert streuen. Konkret bedeutet das:

- Wenn die meisten Kosten des Verbindungsnetzes auf die Vermittlungseinrichtungen entfallen, so ist es unter dem Gesichtspunkt der Kostengerechtigkeit angezeigt, die Leistungen möglichst nach Maßgabe der in Anspruch genommenen Vermittlungseinrichtungen abzurechnen. Die geforderten Entgelte haben dann nur wenig mit der überbrückten Entfernung zu tun. So kann beispielsweise ein *Double Tandem Call* in Großbritannien sowohl ein Ferngespräch von Schottland nach England als auch ein Ortsgespräch innerhalb Londons sein.
- In Ländern, in denen nur wenige Ballungsräume äußerst dicht und das Umland nur schwach besiedelt ist (dazu zählen beispielsweise Australien oder den meisten zentral- und osteuropäischen Staaten) ist von regional sehr unterschiedlichen Netzkosten auszugehen. In den ländlichen Gebieten sind die Kosten pro Verbindungsminute höher als in den städtischen Gebieten. Daher schneidet in diesem Fall unter dem Gesichtspunkt der Kostengerechtigkeit ein Zonenmodell mit geographisch differenzierten Tarifen besser als die Leistungstarifierung nach Maßgabe der in Anspruch genommenen Netzkomponenten ab. Ein geographisch einheitliche Tarifgestaltung hingegen käme einer Quersubventionierung des Leistungsangebotes in ländlichen Gebieten aus den Erlösen in Ballungsräumen gleich.[22]

Dabei lässt sich nicht pauschal beantworten, ob eine geographische Tarifdifferenzierung aus Sicht des *Incumbent* wünschenswert ist. Möglicherweise ist der *Incumbent* eher daran interessiert, in ländlichen und städtischen Regionen einen einheitlichen Zusammenschaltungstarif zu verlangen. In Ländern mit nur wenigen Großstädten wird ein geographisch einheitlicher Tarif nur geringfügig über dem geographisch differenzierten Tarif in Ballungsräumen liegen. In ländlichen Regionen hingegen fällt die Differenz zwischen einheitlichem Tarif und geographisch differenziertem Tarif sehr viel größer aus. Dabei ist zu berücksichtigen, dass Teilnehmerdichte und Wettbewerbsintensität in einem engen Zusammenhang stehen. Alternative Netzbetreiber werden bevorzugt in Ballungsräumen investieren, weil sie dort mit einem Netzübergang einen vergleichsweise großen Teilnehmerkreis mit einer relativ hohen Zahl an wirtschaftlich attraktiven Geschäftskunden erreichen können. Ebenso wie für den *Incumbent* ist auch der Aufbau von Netzinfrastrukturen in ländlichen Gebieten (bezogen auf eine Verbindungsminute) teurer als in städtischen Regionen. Aus Sicht des *Incumbent* sind bei der Tarifdifferenzierung folgende Effekte gegeneinander abzuwägen:

(1) Gerade in ländlichen Regionen führt für alternative Netzbetreiber kein Weg daran vorbei, Zusammenschaltungsleistungen des *Incumbent* in Anspruch zu nehmen, denn dort lohnt sich die Errichtung eigener Infrastruktur in der Regel für alternative Netzbetreiber nicht. Dies spricht aus Sicht des *Incumbent* dafür, in ländlichen Regionen vergleichsweise hohe Preise für die Zusammenschaltung zu verlangen.[23]

---

22 vgl. FCC (1997b), Paragraph 72

23 vgl. dazu die Darstellung von Eingaben an die FCC in FCC (1996), Paragraph 760

(2) Bei geographischer Tarifdifferenzierung fallen die Tarife in ländlichen Regionen zwar erheblich höher aus als bei einheitlicher Tarifgestaltung, andererseits werden Zusammenschaltungsleistungen in ländlichen Regionen durch alternative Netzbetreiber auch kaum in Anspruch genommen.

(3) In städtischen Regionen verhält es sich genau umgekehrt. Im Vergleich zu einer geographisch einheitlichen Tarifgestaltung fallen bei geographischer Tarifdifferenzierung in städtischen Regionen die Tarife nur geringfügig höher aus; andererseits ist natürlich auch die Anzahl der anfallenden Kommunikationsfälle sehr viel höher als in ländlichen Regionen.

Auch muss eine geographische Tarifdifferenzierung im Licht der Universaldienstregulierung beurteilt werden. Im Wege der Universaldienstregulierung kann vom betroffenen Unternehmen verlangt werden, trotz regionaler Kostenunterschiede bestimmte Basisleistungen *sämtlichen Endkunden* zum gleichen Preis zur Verfügung zu stellen.[24]

3. Anpassung der Regulierungsintensität an die Wettbewerbsintensität

Regulierungsentscheidungen können das Marktergebnis bei Wettbewerb nur unvollkommen imitieren. Daher sollte die Regulierungsintensität um so geringer sein, je besser der Wettbewerb funktioniert. Auf der Fernnetzebene dürfte sich Wettbewerb leichter entfalten als auf der Ortsnetzebene, insbesondere weil die für den Ausbau alternativer Infrastruktur erforderlichen Investitionen geringer sind. Dies spricht dafür, überregionale Terminierungs- und Zuführungsleistungen in Teilleistungen zu zerlegen, die die Fernnetznutzung und die Ortsnetznutzung getrennt zum Gegenstand haben. Vorbild hierfür kann die gegenwärtige Struktur der Zusammenschaltungsentgelte in Großbritannien in Kombination mit der dortigen Price-Cap-Regulierung sein.

4. Nachfragegerechtigkeit der Leistungsabgrenzung

Mit diesem Beurteilungskriterium ist die Differenzierung von IC-Entgelten nach Zusammenschaltung auf „*Local Switch*"-Ebene und auf „*Tandem Switch*"-Ebene angesprochen. Für die Terminierung oder Zuführung eines *IC-Calls* mit Quelle und Senke innerhalb des Einzugsbereichs eines *Local Switches* nimmt ein alternativer Netzbetreiber die denkbar wenigsten Komponenten des Netzes des *Incumbent* in Anspruch, wenn die Zusammenschaltung am betreffenden *Local Switch* erfolgt. Geht es hingegen um Zuführungs- und Terminierungsleistungen, bei denen Quelle und Senke in den Einzugsbereichen unterschiedlicher *Local Switches* liegt, lässt sich bei streng hierarchischem Netzaufbau die Inanspruchnahme des *Incumbent*-Netzes durch Zusammenschaltung auf „*Tandem Switch*"-Ebene minimieren. Somit werden im Vergleich zu den anderen beiden denkbaren Szenarien (ausschließliche Zusammenschaltung aus „*Local Switch*"-Ebene oder auf „*Tandem Switch*"-Ebene) durch die Entgeltdifferenzierung nach Zusammenschaltungspunkten die Entgelte bzw. die Kosten für lokale und überre-

24 Für eine Diskussion geographischer Tarifdifferenzierung im Kontext der Universaldienstregulierung vgl. Weinhaus, C./ Lock, K. (1999), Seite 119

gionale Zuführungs- und Terminierungsleistungen simultan minimiert. Eine solche Tarifdifferenzierung kann als „nachfragegerecht" bezeichnet werden.

Zu betonen ist allerdings, dass die Sinnhaftigkeit einer solchen Entgeltdifferenzierung von der Netzstruktur des *Incumbent* abhängt. So unterscheidet die Deutsche Telekom AG zwar auch zwischen Bereichsvermittlungsstellen (BVSt) und Weitvermittlungsstellen (WVSt). Die BVSt sind untereinander weitgehend direkt vermascht, und die WVSt dienen nur der Abwicklung von Spitzenlast- und Überlaufverkehr. Unter diesen Umständen wäre es für die Deutsche Telekom mit zusätzlichen Investitionen (Kosten) verbunden, WVSt'en zu *Gateway*-Vermittlungseinrichtungen auszubauen und dort die entsprechenden Vermittlungskapazitäten bereitzustellen.[25]

5. Anreize für Infrastrukturinvestitionen

Zumeist bleibt es den alternativen Netzbetreibern überlassen, an wie vielen Orten sie die Zusammenschaltung mit dem oder den regulierten Unternehmen realisieren wollen und wo diese Orte gelegen sind. Typischerweise wird ein alternativer Netzbetreiber darauf aus sein, die Gesamtkosten der Netzübergänge, des eigenen Netzausbaus sowie der von ihm nachgefragten *IC-Calls* (insbesondere Zuführungs- und Terminierungsleistungen) zu minimieren. Dabei steigen mit zunehmender Anzahl von Netzzugangspunkten einerseits die vom bewältigten Verkehrsvolumen unabhängigen (Fix-) Kosten des alternativen Netzes und der zugehörigen Netzübergänge, andererseits lassen sich durch zusätzliche Netzzugangspunkte auch die Ausgaben für *IC-Calls* reduzieren.

a) Parameter von Infrastrukturinvestitionen

Abbildung III illustriert den Zusammenhang zwischen den Netzkosten eines alternativen Betreibers, den IC-Entgelten und der gewählten Anzahl von Netzübergängen. Zu den Netzkosten gehören auch die Kosten der Anbindung weiterer Zusammenschaltungspunkte an das alternative Telekommunikationsnetz. Zugleich verdeutlicht Abbildung III, dass es für die Anzahl der Zusammenschaltungspunkte nicht auf die Höhe der (Fix-) Kosten ankommt, die von der Zahl der gewählten Netzübergänge unabhängig sind: Verschiebt sich der Graph der Ausgaben für IC-Calls oder Netzkosten des alternativen Betreibers parallel zur Ordinate, ändert das an der Lage des Kostenminimums nichts. Die Lage des Kostenminimums ändert sich vielmehr, wenn sich die Steigung des Graphen der Ausgaben für IC-Calls oder des Graphen der Netzkosten des alternativen Netzbetreibers verändert. Ein Anreiz für eine höhere Anzahl von Netzübergängen wird geschaffen, wenn *die Netzkosten des alternativen Betreibers* in Abhängigkeit von

25 Gleichwohl hat die deutsche Regulierungsbehörde (RegTP) der DTAG die Verpflichtung auferlegt, Zusammenschaltung sowohl auf der Ebene der Bereichsvermittlungsstellen (BVSt) als auch auf der Ebene der Weitverkehrsvermittlungsstellen (WVSt) die Zusammenschaltung zuzulassen. Jedoch hat es die RegTP versäumt, zugleich die IC-Entgelte in Abhängigkeit von der Zusammenschaltung auf BVSt- bzw. WVSt-Ebene zu differenzieren. Vgl. Entscheidung des Bundesministeriums für Post und Telekommunikation vom 2. Oktober 1997 zum Anrufungsverfahren der o.tel.o communications GmbH & Co. gegen die Deutsche Telekom AG

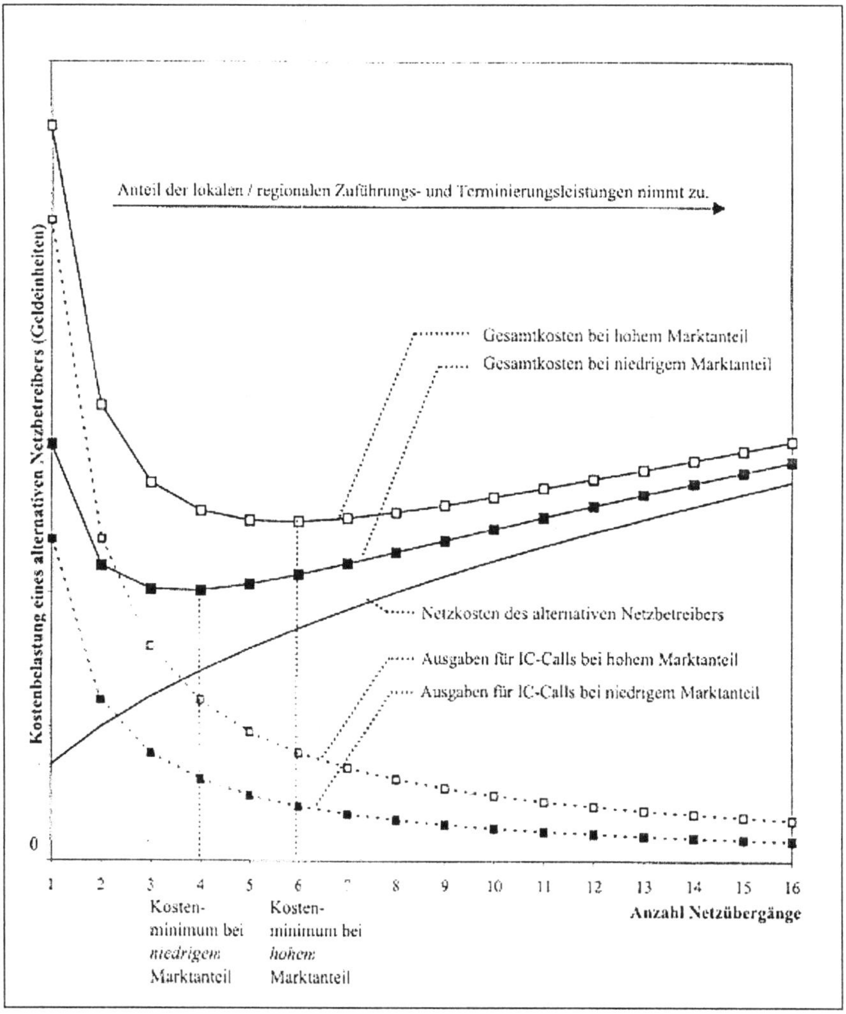

Abbildung III: Kostenminimierende Anzahl von Zusammenschaltungspunkten (*Points of Interconnect*) in Abhängigkeit vom Marktanteil

der Anzahl der Netzübergänge *langsamer zunehmen.*[26] Ebenfalls ein Anreiz für eine höhere Anzahl von Netzübergängen wird geschaffen, wenn die *Ausgaben für IC-Calls* in Abhängigkeit von der Anzahl von Netzübergängen *schneller abnehmen.*

26 Dies lässt sich beispielsweise durch entsprechende Rabattschemata bewerkstelligen. Den gleichen Effekt hätte es, wenn der *Incumbent* für die Einrichtung an wirtschaftlich besonders interessanten Standorten (d.h. in Ballungsräumen) einen höheren Preis verlangt als in wirtschaftlich weniger interessanten Regionen.

Die Reduktion der Ausgaben für *IC-Calls* bei Einrichtung weiterer Netzübergänge lässt sich anhand eines einfachen Modells analysieren. Fragt ein Endkunde innerhalb des lokalen Einzugsbereiches eines Netzzugangspunktes ein Ortsgespräch nach, so löst er damit beim alternativen Verbindungsnetzbetreiber die Nachfrage nach einer lokalen Zuführungs- und einer lokalen Terminierungsleistung aus. Fragt hingegen ein Endkunde außerhalb des lokalen Einzugsbereichs eines Netzüberganges ein Ortsgespräch nach, so löst er beim alternativen Netzbetreiber eine Nachfrage nach einer überregionalen Zuführungs- und einer überregionalen Terminierungsleistung aus. Die Endkundennachfrage nach Ortsgesprächen zieht also für den alternativen Verbindungsnetzbetreiber eine durchschnittliche Ausgabe für IC-Calls in Höhe von

$$C_L = X_L \cdot P_L + (1 - X_L) \cdot P_N$$

nach sich, wobei

P_L = Preis für lokale IC-Calls pro Verbindungsminute

P_N = Preis für überregionale IC-Calls („*national calls*") pro Verbindungsminute

X_L = Anteil der Endkunden, die bei lokalen Verbindungen innerhalb der lokalen Einzugsbereiche der Netzübergänge ansässig sind

Beim Angebot von Ferngesprächen durch einen alternativen Verbindungsnetzbetreiber sind hingegen insgesamt vier Szenarien zu unterscheiden, die in nachstehender Übersicht zusammengefasst sind.

		Angerufener Teilnehmer befindet sich *innerhalb* des lokalen Einzugsbereiches eines Zusammenschaltungspunktes		*Angerufener* Teilnehmer befindet sich *außerhalb* des lokalen Einzugsbereiches eines Zusammenschaltungspunktes	
	Häufigkeit	X_N		$1 - X_N$	
Anrufender Teilnehmer ist *innerhalb* des lokalen Einzugsbereich des POI	X_N	Preis für Terminierungsleistung:	P_L	Preis für Terminierungsleistung:	P_L
		Preis für Zuführungsleistung:	P_L	Preis für Zuführungsleistung:	P_N
Anrufender Teilnehmer ist *außerhalb* des lok. Einzugsbereich des POI	$1 - X_N$	Preis für Terminierungsleistung:	P_N	Preis für Terminierungsleistung:	P_N
		Preis für Zuführungsleistung:	P_L	Preis für Zuführungsleistung:	P_N

Übersicht III-6: Kombination lokaler und überregionaler IC-Calls bei Ferngesprächen

Die in der Übersicht dargestellte Häufigkeitsverteilung würde sich insbesondere dann einstellen, wenn jeder Teilnehmer (Endkunde) ebenso viele Minuten als Anrufer wie als Angerufener telefoniert. Die Endkundennachfrage nach Ferngesprächen zieht also für den alternativen Verbindungsnetzbetreiber eine Ausgabe für IC-Calls von durchschnittlich

$$C_N = (X_N)^2 \cdot 2 \cdot P_L + (1 - X_N)^2 \cdot 2 \cdot P_N + 2 \cdot X_N \cdot (1 - X_N) \cdot (P_L + P_N)$$

$$\Leftrightarrow \quad C_N = X_N \cdot P_L + (1 - X_N) \cdot P_N$$

wobei

$X_N =$ Anteil der Endkunden, die bei lokalen Verbindungen innerhalb der lokalen Einzugsbereiche der Netzübergänge ansässig sind

pro Verbindungsminute nach sich. Dem Grundsatz der Kostenorientierung entsprechend sollen die mit dem Verkauf von IC-Calls erzielten Erlöse einen bestimmten Kostenbetrag C decken:

$$C = C_L \cdot Y_L + C_N \cdot Y_N$$

wobei

$Y_L =$ Endkundennachfrage nach Ortsgesprächen (in Verbindungsminuten)

$Y_N =$ Endkundennachfrage nach Ferngesprächen (in Verbindungsminuten)

Bei gegebenem Marktanteil des alternativen Netzbetreibers (Y_L und Y_N) sowie gegebenen Annahmen zum Netzausbau (X_L und X_N) gibt es eine Vielzahl von Preiskombinationen, bei denen die Gesamterlöse mit den Gesamtkosten der Leistungserstellung übereinstimmen. Allerdings unterscheiden sich die Preiskombinationen hinsichtlich ihrer Anreizwirkungen. In Abhängigkeit von den Preisen für Terminierungs- und Zuführungsleistungen ist es für alternative Netzbetreiber unterschiedlich attraktiv, zusätzliche Netzübergänge einzurichten. Für einen alternativen Netzbetreiber kommt es darauf an, die Summe aus Zusammenschaltungsentgelten und eigenen Netzkosten zu minimieren. Sofern für überregionale IC-Calls ein höherer Preis als für lokale IC-Calls verlangt wird, besteht aus Sicht des alternativen Netzbetreibers eine *Trade-off*-Beziehung zwischen den Ausgaben für Zuführungs- und Terminierungsleistungen und den Fixkosten, die durch den weiteren Ausbau des Telekommunikationsnetzes entstehen: Ein gut ausgebautes alternatives Telekommunikationsnetz mit zahlreichen Zusammenschaltungspunkten verursacht hohe Fixkosten, führt aber zu einer Ersparnis an IC-Entgelten, und umgekehrt. Dies wird durch Abbildung III illustriert.[27] Die Reduktion der Ausgaben für IC-Calls bei Einrichtung zusätzlicher Netzübergänge ist durch die Gleichungen

$$\frac{\partial C_L}{\partial m} = (-1) \cdot (P_{LD} - P_L) \cdot \frac{\partial X_L}{\partial m} \qquad \frac{\partial C_N}{\partial m} = (-1) \cdot (P_N - P_L) \cdot \frac{\partial X_N}{\partial m}$$

wobei

$m =$ Anzahl der Netzübergänge

gegeben. Entscheidend hierbei ist, dass für einen alternativen Netzbetreiber der Zusatznutzen aus der Einrichtung eines weiteren Netzüberganges nicht vom absoluten Niveau der IC-Entgelte abhängt, sondern vielmehr von der *Differenz* zwischen den Tarifen für überregionale und lokale Zuführungs- und Terminierungsleistungen. Auch das lässt sich anhand von Abbildung III illustrieren. Wenn die Tarife für lokale und überregionale *IC-Calls* um den gleichen Betrag angehoben werden, so verschiebt sich der Graph der Ausgaben für *IC-Calls* parallel zur Ordinate nach oben. Die Lage des Minimums der Gesamtkosten ändert sich dadurch nicht. Den höheren Entgelten für lokale Zufüh-

27 Zum Zusammenhang zwischen den durchschnittlichen Ausgaben pro Verbindungsminute und der Anzahl POI vgl. Oftel (November 1999b).

rungsleistungen kann der alternative Netzbetreiber nicht ausweichen, egal wie viele Zusammenschaltungspunkte er wählt.

Wenn die Kunden eines alternativen Netzbetreibers völlig homogen über die Fläche verteilt sind, wird mit jedem zusätzlichen Netzübergang ein gleich hoher Betrag an Verbindungsentgelten eingespart. Dies ist allerdings nur ein rein theoretischer Fall, in der Realität sind die Endkunden heterogen verteilt. Typischerweise hat die Einrichtung eines Netzüberganges für einen alternativen Netzbetreiber eine umso höhere Priorität, je mehr Teilnehmer in seinem Einzugsbereich konzentriert sind. Attraktiv ist die Einrichtung von Zusammenschaltungspunkten vor allem in den Ballungsräumen. Entsprechend nimmt typischerweise der Anteil der Endkunden, der sich mit zusätzlichen Netzübergängen in den lokalen Einzugsbereich der Netzübergänge holen lässt, mit zusätzlicher Gesamtzahl der Netzübergänge ab:

$$\frac{\partial^2 X_L}{\partial m^2} < 0 \qquad\qquad \frac{\partial^2 X_N}{\partial m^2} < 0$$

Ist – wiederum als hypothetischer Extremfall – die gesamte Bevölkerung eines Landes in einem einzigen Ballungszentrum konzentriert, so lassen sich durch einen zusätzlichen Netzübergang kaum IC-Entgelte sparen; der Verlauf der Kurve „Ausgaben für IC-Calls“ in Abbildung III nähert sich zunehmend einer Geraden an. Entsprechend groß ist der Anreiz, es bei einem einzelnen Netzübergang bewenden zu lassen.

b) Schlussfolgerungen für die Ausgestaltung der Zusammenschaltung

Die Ausgestaltung der Zusammenschaltungsentgelte bietet verschiedene Ansätze, um alternative Anbieter trotz heterogener Bevölkerungsverteilung zum Aufbau alternativer Netzinfrastruktur zu bewegen:

- Ceteris paribus wird in Ländern mit heterogener Bevölkerungsverteilung (wenig Ballungsräume und geringe Besiedlungsdichte im Umland) eine größere Differenz zwischen lokalen und überregionalen IC-Entgelten gewählt als in Ländern mit homogener Bevölkerungsverteilung. Ein Ansatzpunkt hierfür bildet – ohne den Grundsatz der Kostenorientierung der Leistungsentgelte zu verletzen – die Differenzierung der Tarife für lokale und überregionale *IC-Calls* nach städtischen und ländlichen Zonen.
- Außerdem kann in Betracht gezogen werden, die Tarife für lokale und überregionale IC-Calls nicht einzeln zu regulieren, sondern zu lokale und überregionale IC-Calls zu einem Price-Cap-regululierten Warenkorb zusammenzufassen. Gleichzeitig können überregionale Zuführungsleistungen (Terminierungsleistungen) nach britischem Vorbild in lokale Zuführungsleistungen (Terminierungsleistungen) und überregionale Transitleistungen zerlegt werden (vgl. Abschnitt A.2.c in diesem Kapitel). Dadurch erhalten die lokalen Leistungen im Price-Cap-regulierten Warenkorb ein größeres und die überregionalen Leistungen ein geringeres Gewicht. Das entgeltregulierte Unternehmen erhält so die Möglichkeit, die Preise für überregionale IC-Calls höher anzusetzen als es bei Anwendung der gleichen Kostenallokati-

onsprinzipien auf lokale und überregionale IC-Calls der Fall sein könnte (zu den Einzelheiten vgl. Kapitel VII: „Regulierungsansätze", Abschnitt B: „Ausgestaltung der Price-Cap-Regulierung")

- Der *Incumbent* verlangt für einen Netzübergang in ländlichen Regionen weniger als in städtischen Regionen.
- Der *Incumbent* verlangt für einen Netzübergang auf „*Local Switch*"-Ebene mehr als auf „*Tandem Switch*"-Ebene.[28]

Um den Anreiz zum Aufbau alternativer Infrastrukturen weiter zu verstärken oder um der wachsenden Wettbewerbsintensität auf Fernnetzebene Rechnung zu tragen, kann der *Incumbent* auch von der Verpflichtung freigestellt werden, Terminierungs- oder Zuführungsleistungen über die Grenzen bestimmter geographischer Gebiete hinweg zu erbringen. Solche geographischen Gebiete sind die beschriebenen ICCA in Australien. In Betracht kommen aber auch die Einzugsbereiche der *Tandem Switches* im Netz des *Incumbent*. Der Anreiz zur Einrichtung zusätzlicher Netzübergänge geht also bei diesem Ansatz nicht nur von der Ersparnis an Terminierungsentgelten aus (mit zunehmender Anzahl von Netzübergängen kann ein größerer Prozentsatz der Gespräche zum lokalen Tarif terminiert werden). Hinzu kommt auch, dass ein alternativer Netzbetreiber aufgrund der fehlenden überregionalen Zuführungsleistungen zusätzliche Netzübergänge einrichten muss, um einen breiteren Kreis an Teilnehmern als Kunden gewinnen zu können.

Allerdings sind der Wirksamkeit dieser Maßnahmen Grenzen gesetzt. Denn wenn – als theoretischer Extremfall – die gesamte Bevölkerung eines Landes in nur einer Stadt konzentriert sein würde, so wären sämtliche Inlandsgespräche Ortsgespräche. Konsequenterweise wäre ein alternativer Verbindungsnetzbetreiber beim Angebot von Inlandsgesprächen überhaupt nicht mehr aus überregionale Zuführungs- und Terminierungsleistungen angewiesen.

Die Beschränkung des Angebotes an überregionalen Zuführungs- und Terminierungsleistungen scheint auf den ersten Blick aus Sicht alternativer Netzbetreiber negativ zu sein. Das ist jedoch nur bedingt richtig. Tatsächlich dürften die angesprochen Angebotsbeschränkungen aus Sicht eines alternativen Netzbetreibers mit bereits gut ausgebauter Infrastruktur selbst dann ihr Gutes haben, wenn die Bevölkerung des jeweiligen Landes tatsächlich nur auf einen einzigen Ballungsraum konzentriert wäre. Denn derartige Auflagen sorgen für eine Stabilisierung der Endkundentarife, eben gerade weil ohne derartige Auflagen Netzbetreiber mit weniger Netzübergängen kaum einen Kostennachteil in Form höherer IC-Entgelte hinnehmen müssten (vgl. Kapitel II: „Regulierungsbedarf und Regulierungsziele"). Somit steht aus Sicht eines alternativen Netzbetreibers den Zusatzkosten aus Vorgaben zur Mindestanzahl von Netzübergängen und ähnlichem durchaus auch ein Zusatznutzen gegenüber.

---

28 Eine Preisdifferenzierung nach „*Local Switch*"- und „*Tandem Switch*"-Ebene wird von France Télécom praktiziert. Vgl. France Télécom (2001).

IV. TARIFIERUNG DES VERBINDUNGSAUFBAUS

Eine Verbindungsleistung lässt sich in die Bestandteile "Verbindungsaufbau" (engl. "Call-Setup") und "Halten der Nutzkanalverbindung" unterteilen. Dabei nimmt der Verbindungsaufbau bestimmte Komponenten des Verbindungsnetzes unabhängig davon in Anspruch, ob der Verbindungsversuch erfolgreich ist und wie lange die Nutzkanalverbindung gehalten wird. In diesem Kapitel wird erläutert, welche Komponenten des Verbindungsnetzes und damit auch welche Kosten dem Verbindungsaufbau zugeordnet werden können. Außerdem wird das Für und Wider verschiedener Ausprägungen von Entgelten für den Verbindungsaufbau ("Call-Setup Charges") diskutiert. Einen Schwerpunkt dabei bildet die Frage, welche Auswirkungen die Einführung von Call-Setup Charges auf die Kostensituation alternativer Netzbetreiber und auf die Nachfrage nach Zusammenschaltung hat.

A. NETZINANSPRUCHNAHME FÜR DEN VERBINDUNGSAUFBAU

Voraussetzung für die Bestimmung kostenorientierter Entgelte für den Verbindungsaufbau ist die Identifikation jener Netzkomponenten, die für den Verbindungsaufbau in Anspruch genommen werden.

1. Signalisierungsnetz

Um eine Nutzkanalverbindung zwischen zwei Teilnehmern zu steuern – dazu gehört der Verbindungsaufbau, die Verbindungsüberwachung und der Verbindungsabbau – müssen die Elemente des Verbindungsnetzes miteinander kommunizieren. Dieser Vorgang heißt Zeichengabe. Außer für die Verbindungssteuerung ist Zeichengabe noch für weitere Zwecke erforderlich:

- Mobilfunk-Funktionalitäten wie *Roaming*, Identifizierung von Mobilfunkteilnehmern, *Personal Communications Service* (PCS);
- Rufnummernportabilität;
- Zugang zu bestimmten Mehrwertdiensten.

Die Zeichengabe erfolgt typischerweise über zentrale Zeichengabekanäle (*Common Channel Signalling*, *"out band"*-Signalisierung). Im Gegensatz zur sprechkreisgebundenen Zeichengabe (synonym: "*in band*"-Signalisierung) wird bei der Zentralkanalzeichengabe die Zeichengabe für eine Vielzahl von Sprechkreisen zusammengefasst und in einem besonderen Kanal zwischen den Vermittlungseinheiten übertragen.[1] Die Vorteile der zentralen Zeichengabe sind:

- schnellerer Verbindungsaufbau (im Vergleich zum Mehrfrequenzwahlverfahren bei "*in band*"-Signalisierung);

1 vgl. Deutsche Telekom (1993)

- bessere Nutzung der Übertragungskapazität (Bandbreite) auf physischen Verbindungen;
- Unterstützung des Zugangs zu Mehrwertdiensten (siehe unten) und
- effizienteres Fehlermanagement.

Der wichtigste Standard ("Protokoll") für die Zentrale Zeichengabe ist das von der ITU[2] definierte Zeichengabesystem Nr. 7 (*Signalling System No. 7*, SS7).[3]

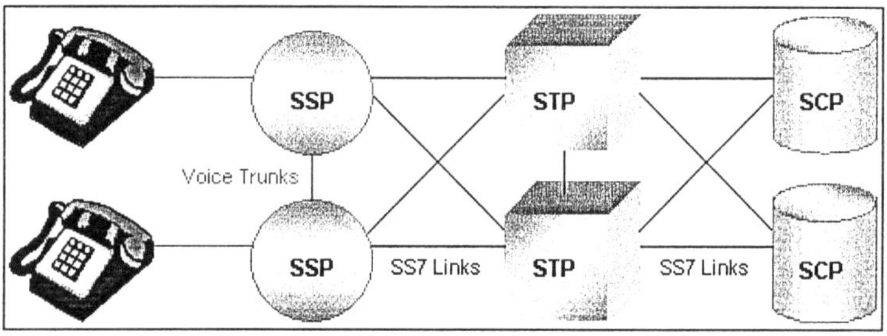

Abbildung IV-1: Signalling Points (Quelle: MicroLegend)

Wie bei jedem Netz wird auch beim Signalisierungsnetz zwischen Knoten und Kanten unterschieden. Diese Knoten heißen *Signalling Points* (SP) und die sie verbindenden Signalisierungskanäle heißen *Signalling Links*.[4]

Bei den *Signalling Points* werden drei Klassen unterschieden: *Service Switching Points* (SSP), *Service Control Points* (SCP) und *Signal Transfer Points* (STP). SSP und SCP sind notwendiger Bestandteil eines „Intelligenten Netzes“ (IN). Darunter ist ein Netz zu verstehen, das eine Trennung von (dienstneutraler) Verbindungssteuerung (durch SSP) und Dienstunterstützung (durch SCP) vorsieht.[5] Erst ein IN ermöglicht das Angebot bestimmter Mehrwertdienste; außerdem ist ein IN für die effiziente Realisierung von Nummernportabilität notwendig:

- Zu den über IN erbrachten Mehrwertdiensten gehören "*Freephone*"-, "*Shared Cost*"- und "*Premium Rate*"-Dienste. Bei diesen Diensten besteht die angerufene Nummer aus zwei Teilen: der Zugangskennzahl und der Codenummer. Die Zugangsnummer charakterisiert die Art des Mehrwertdienstes (z.B. 0800 für

---

2 *International Telecommunication Organisation*. In die Kategorie "*in band*"-Signalisierung fällt das Mehrfrequenzwahlverfahren (synonym: Tonwahl). Dabei handelt es sich um Signalisierungsverfahren von Telefonanschlüssen, bei dem die Steuerzeichen (Wahlziffern) im Gegensatz zum Impulswahlverfahren durch festgelegte Frequenzpaare dargestellt werden (vgl. Schulte 1995).

3 Bei der Signalisierung zwischen Konzentrator und übergeordneter Muttervermittlungsstelle sind die im ZGS Nr. 7 gegebenen Möglichkeiten für die Lenkung (Routing) der Datenpakete weitgehend überflüssig; außerdem sind zahlreiche Überwachungen und Fehlerbehandlungsroutinen bei weiten zu aufwendig. Deshalb kommen dort andere Protokolle als das ZGS Nr. 7 zum Einsatz (vgl. Herter, E./ Lörcher, W. 1994, Seite 398).

4 Bei Bündeln von "*Signalling links*" wird auch von einem "*Signalling Link Set*" gesprochen.

5 vgl. Schulte (1995)

Freephone-Dienste); die Codenummer kennzeichnet den angerufenen Dienstanbieter.[6]

- Außerdem ist ein IN für die effiziente Realisierung von Nummernportabilität notwendig.[7] Nummernportabilität bedeutet, dass ein Teilnehmer auch dann seine Rufnummer behalten kann, wenn er den Teilnehmernetzbetreiber wechselt.

a) Service Switching Points

Unter einem *Service Switching Point* (SSP; IN-fähige Vermittlungsstelle) wird eine Vermittlungsstelle verstanden, die über die grundlegende Vermittlungsfunktion hinaus IN-fähig ist. Die SSP hat also zwei Kategorien von Funktionen:

1. *Call Control Function* (CCF; grundlegende Vermittlungsfunktionen) und *Call Control Agent Function* (CCAF). Zu den grundlegenden Vermittlungsfunktionen (CCF) gehört beispielsweise das Aufbauen eines Nutzkanals zwischen anrufendem und angerufenem Teilnehmer, Erzeugen der anfallenden Gebührenimpulse und Beenden der Verbindung. Die CCAF bildet die Schnittstelle zwischen dem Benutzerzugang und den grundlegenden Vermittlungsfunktionen. Die grundlegenden Vermittlungsfunktionen werden entweder lokal durch die herkömmliche VSt-Software gesteuert (etwa bei gewöhnlichen Ferngesprächen) oder durch die SCF über die SSF (siehe unten) aktiviert wie im Falle der Inanspruchnahme eines IN-Dienstes.[8]
2. *Service Switching Function* (SSF). Vereinfacht ausgedrückt, handelt es sich bei der SSF um die notwenige Softwareerweiterung, um eine herkömmliche VSt IN-fähig zu machen. Die Funktionen der SSF befähigen die VSt, die Rufe zu erkennen, die in der IN-Architektur gesondert behandelt werden müssen;[9] dazu gehören Verbindungen zu portierten Rufnummern sowie zu Mehrwertdiensten. Die SSF stellt damit die funktionale Schnittstelle der SSP mit der SCP dar (siehe unten). Die SSF ist dafür verantwortlich, die Notwendigkeit eines Zugriffs auf die von den *Signal Control Points* erbrachte *Signal Control Function* (SCF) zu erkennen, die Kontrolle an diese gegebenenfalls abzugeben und auf Instruktionen derselben zu reagieren.

---

6 Auch mittels *Calling Card* bezahlte Anrufe können mit Hilfe einer *Freephone*-Nummer realisiert werden.

7 Weniger effizient, aber ebenfalls möglich ist die Realisierung von Nummernportabilität mittels Rufumleitung ("*call forwarding*"). Bei diesem Verfahren ist kein SCP-Zugriff erforderlich: Es wird zunächst durch Austausch entsprechender Signalisierungsfunktionen ein Nutzkanal zu jener VSt aufgebaut, an welchem sich der angerufene Teilnehmer angeschaltet ist, sofern er den Teilnehmernetzbetreiber (TNB) nicht gewechselt hat. Wenn sich dort herausgestellt, dass der angerufene Teilnehmer den TNB gewechselt hat, wird ein weitere Nutzkanal von dieser VSt zur dafür voreingestellten Gateway-VSt aufgebaut.

8 vgl. Bartsch, F.R./ Besier, H. et. Al. (1998), Seite 4-156

9 vgl. Bartsch, F.R./ Besier, H. et. Al. (1998), Seite 4-156

b) Service Control Points

Service Control Points (SCP) sind für die Auslagerung der dienstspezifischen Daten und Steueranweisungen aus dem SSP von Bedeutung. Der SCP realisiert die *Service Control Function* (SCF), ist aber häufig auch mit der *Service Data Function* (SDF) ausgestattet.

1. *Service Control Function* (SCF). Bei dieser Funktion geht es darum, nach Übernahme des Dienstwunsches von der SSF das zum gewünschten Dienst gehörige Dienstprogramm zu ermitteln und auszuführen. Neben allgemeinen Instruktionen zur Ablaufsteuerung umfaßt die SCF eine Bibliothek spezifischer Funktionen, die von Dienstprogrammen aufgerufen werden können. Die spezifische Ausprägung eines Dienstes ergibt sich z.B. bei den netzweiten, d.h. Rufnummer-basierten IN-Diensten in erster Linie durch das Dienstprogramm, das durch die vom Dienstnutzer gewählte Rufnummer bestimmt wird.[10]
2. *Service Data Function* (SDF). Bei der SDF geht es um die Speicherung und Verwaltung dienstspezifischer Daten. Hierbei kann es sich um Daten handeln, die das Verhalten des jeweiligen IN-Dienstes insgesamt beeinflussen, oder um Daten, die die kundenindividuelle Ausprägung des abonnierten IN-Dienstes steuern. Die SDF wird im allgemeinen von der SCF konsultiert, um die zu einem IN-Dienstaufruf gehörigen Daten abzurufen.[11]

Wählt also ein Teilnehmer beispielsweise eine *Freephone-Rufnummer*, so muss diese in eine normale Rufnummer, bestehend aus Ortsnetzkennzahl und Anschlussnummer des Diensterbringers, übersetzt werden. Deshalb fragt der SSP beim der SCP, zu welchem SSP eine Verbindung aufgebaut werden soll[12], und erst nach Erhalt der Antwort kann eine Nutzkanalverbindung zwischen dem anrufenden Teilnehmer und dem angerufenen Mehrwertdienstanbieter aufgebaut werden.[13] Bei der Realisierung von *Nummernportabilität* mittels Datenbankabfrage klärt der SSP durch Anfrage beim SCP, bei welchem Teilnehmernetzbetreiber der angerufene Teilnehmer aktuell Kunde ist.[14] Dabei kann zum einen über die Netzgrenzen hinweg auf eine zentrale Datenbank zurückgegriffen werden; Zum anderen ist aber auch eine dezentrale Lösung denkbar, bei der die Verbindungsnetzbetreiber jeweils eigene Datenbanken unterhalten.[15]

---

10 vgl. Bartsch, F.R./ Besier, H. et. Al. (1998), Seite 4-157

11 vgl. Bartsch, F.R./ Besier, H. et. Al. (1998), Seite 4-157

12 dies geschieht über die Protokollschicht INAP des ZGS Nr. 7-Protokolls

13 dies geschieht über die Protokollschicht ISUP des ZGS-7-Protokolls

14 Weniger effizient, aber ebenfalls möglich ist die Realisierung von Nummernportabilität mittels Rufumleitung ("*call forwarding*"). Bei diesem Verfahren ist kein SCP-Zugriff erforderlich: Es wird zunächst durch Austausch entsprechender Signalisierungsfunktionen ein Nutzkanal zu jener Vermittlungsstelle aufgebaut, an welcher der angerufene Teilnehmer angeschaltet ist, sofern er den Teilnehmernetzbetreiber (TNB) nicht gewechselt hat. Wenn sich dort herausgestellt, dass der angerufene Teilnehmer den TNB gewechselt hat, wird ein weitere Nutzkanal von dieser VSt zur dafür voreingestellten Gateway-VSt aufgebaut.

15 Bei der dezentralen Lösung werden wiederum die Varianten "*query on release* " und "*all call query*" unterscheiden. Bei "*query on release* " wird zunächst ein Signalisierungskanal zu jenem SEP aufgebaut, an welchem sich der angerufene Teilnehmer befinden müßte, wenn er den Teilnehmernetzbetreiber (TNB) nicht gewechselt hat. Erst wenn sich dort herausgestellt, dass der Angerufene

c) Signalling Transfer Points

Ein *Signalling Transfer Point* (STP) dient der Vermittlung von Signalisierungsnachrichten. Bei diesen Signalisierungsnachrichten handelt es sich um Datenpakete; ein STP ist also ein „*packet switch*".[16] Ein STP leitet die Signalisierungsnachrichten, die ihm über *Signalling links* zugeführt werden, aufgrund bestimmter, in der Nachricht enthaltener Informationen auf einen anderen *Signalling link* weiter. Im Rahmen von Überwachungsfunktionen können Signalisierungsnachrichten auch durch STP verworfen werden.

2. Nutzkanalnetz

Der Aufbau einer Nutzkanalverbindung vollzieht sich in folgenden Schritten:

a) Der anrufende Teilnehmer hebt den Hörer ab. Sollte der entsprechende Endpunkt des ZGS Nr-7-Signalisierungsnetzes (*Signalling End Point*; SEP freie Kapazität haben, wird ein Nutzkanal zur SEP belegt; der anrufende Teilnehmer erhält das Freizeichen und kann die gewünschte Rufnummer wählen.

b) Von SSP zu SSP wird die Zielrufnummer übertragen. Nach der Übertragung der Zielrufnummer von einer SSP zur nächsten wird – freie Kapazität im Nutzkanalnetz vorausgesetzt – eine Nutzkanalverbindung aufgebaut.

c) Sobald auf diese Art der SEP des angerufenen Teilnehmers erreicht ist, löst diese beim angerufenen Teilnehmer die Verbindung aus (beim angerufenen Teilnehmer klingelt das Telefon) und sendet die Rufbestätigung („*address complete message*", ACM) an den SEP des anrufenden Teilnehmers (woraufhin der anrufenden Teilnehmer den Rufton zu hören bekommt).

d) Sobald der angerufene Teilnehmer das Gespräch annimmt, sendet der SEP des angerufenen Teilenehmers einer weitere Nachricht („*answer message*", ANM) an den SEP des anrufenden Teilenehmers und das eigentliche Gespräch („Nachrichtenaustauschphase") beginnt.

Umgekehrt wird natürlich auch nach Auflegen des Hörers der Abbau des Nutzkanals durch Aussenden von Signalisierungsnachrichten veranlaßt bzw. quittiert. Für den Verbindungsaufbau wird also nicht nur das Signalisierungs-, sondern auch das Nutzkanalnetz in Anspruch genommen. Sobald der anrufende Teilnehmer das Freizeichen hört, ist ein Nutzkanal belegt. Ob der angerufene Teilnehmer das Gespräch annimmt, ist für die Nutzkanalbelegung unerheblich.

---

den TNB gewechselt hat, wird durch eine Datenbankabfrage festgestellt, zu welchem Betreiber der angerufene Teilnehmer gewechselt ist; so dann wird von diesem SEP ein Signalisierungskanal zur vereinbarten Netzgrenze aufgebaut. Bei "*all call query*" erfolgt zuerst die Datenbankabfrage, danach wird die Verbindung zum richtigen TNB aufgebaut.

16 Die Paketvermittlung ("*packet switching*") ist ein Vermittlungsverfahren, bei dem die Datenvermittlung paketweise geschieht. Längere Pakete werden dabei in mehrere genormte Pakete zerlegt und mit Adressen versehen. Im Gegensatz dazu wird bei der Leitungsvermittlung ("*circuit switching*") für die Dauer einer Verbindung durchgehend Übertragungskapazität zur Verfügung gestellt, unabhängig davon, ob Informationen übertragen werden oder nicht. Alle Informationen werden auf dem selben Weg und in gleichbleibender Reihenfolge übermittelt.

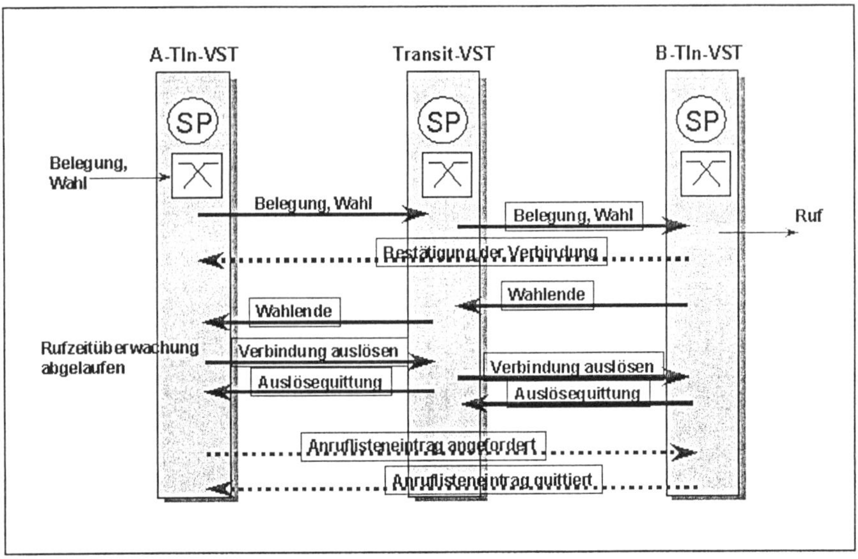

Abbildung IV-2: Signalisierungsfluss im Zeichengabesystem Nr. 7 (Quelle: Jobmann, K., Vorlesung „Nachrichtenvermittlungstechnik II", Universität Hannover, 1998)

B. Kalkulation von Call-Setup Charges

Im Vorgriff auf Teil 2 der Untersuchung, der sich ausführlich mit der Kalkulation von Leistungsentgelten befasst, wird bereits jetzt die Kalkulation von *Call-Setup Charges* erörtert. Damit soll aufgezeigt werden, dass in Bezug auf die beiden Teilleistungen „Halten einer Verbindung" und „Verbindungsaufbau" in hohem Maße Gemeinkosten anfallen. Entsprechend besteht auch bei Beachtung des Gebotes der Kostenorientierung der Leistungsentgelte ein *Trade-off* zwischen den Entgelten für den Verbindungsaufbau und den verbindungsdauerabhängigen Entgelten.

Kalkulationen unterteilen sich üblicherweise in die Ablaufschritte (1) Kostenerfassung, (2) Kostenstellenrechnung und (3) Kostenträgerrechnung. Im Rahmen der Kostenstellenrechnung werden Netzkosten auf bestimmte Netzkomponenten aufgeschlüsselt, um anschließend bei der Kostenträgerrechnung den Telekommunikationsdienstleistungen nach Maßgabe der in Anspruch genommenen Netzkomponenten zugeschlüsselt zu werden.

1. Kostenstellenrechnung

Bei der Kalkulation von Entgelten für vermittelte Leistungen empfiehlt es sich, die Hauptkostenstellen des Verbindungsnetzes anhand der Netzknoten und der sie verbindenden Übertragungswege zu definieren. Sowohl die Netzknoten als auch die Übertragungswege werden für das Halten von Nutzkanalverbindungen und die Signalisierung in Anspruch genommen. Auch diese beiden Nutzungszwecke sollten in die Abgrenzung der Hauptkostenstellen einfließen, wenn Kombinationen aus *Call-Setup Charges* und verbindungsdauerabhängigen Entgelten kalkuliert werden sollen. Eine Kostenstellenunterteilung könnte damit wie folgt aussehen (vgl. Kapitel XI: „Element Based Charging"):

A.1 „Konzentratorkomponenten als Bestandteil des Nutzkanalnetzes"	***B.1*** „Konzentratorkomponenten als Bestandteil des Signalisierungsnetzes"
A.2 „*Local Switching* als Bestandteil des Nutzkanalnetzes"	***B.2*** „*Local Switching* als Bestandteil des Signalisierungsnetzes"
A.3 „*Tandem Switching* als Bestandteil des Nutzkanalnetzes"	***B.3*** „*Tandem Switching* als Bestandteil des Signalisierungsnetzes"
A.4 „*Remote-Local Transmission*" als Bestandteil des Nutzkanalnetzes	***B.4*** „*Remote-Local Transmission*" als Bestandteil des Signalisierungsnetzes
A.5 „*Local Tandem Transmission*" als Bestandteil des Nutzkanalnetzes	***B.5*** „*Local Tandem Transmission*" als Bestandteil des Signalisierungsnetzes
A.6 „*Tandem-Tandem-Transmission*" als Bestandteil des Nutzkanalnetzes	***B.6*** „*Tandem-Tandem-Transmission*" als Bestandteil des Signalisierungsnetzes
A.7 „Netzübergänge als Bestandteil des Nutzkanalnetzes"	***B.7*** „Netzübergänge als Bestandteil des Signalisierungsnetzes"

Übersicht IV-1: Hauptkostenstellen des Verbindungsnetzes zur Bestimmung kostenorientierter *Call-Setup Charges*

Es sei unterstellt, dass die langfristigen Zusatzkosten zuzüglich eines Gemeinkostenaufschlages der für die Entgeltermittlung relevante Kostenmaßstab und das Verbindungsnetz das relevante Inkrement ist (vgl. Kapitel VI: „Entgeltmaßstäbe", Abschnitt A.: „Kostenmaßstab" und Kapitel VIII: Abgrenzung von Inkrementen). Die *Stand-Alone*-Kosten und die langfristigen Zusatzkosten des Verbindungsnetzes stellen in Bezug auf die Telekommunikationsdienstleistungen zum größten Teil Kostenträgergemeinkosten dar, denn das Verbindungsnetz wird für die Bereitstellung verschiedenster Leistungen simultan genutzt. Diese Kostenträgergemeinkosten sind auf die in Übersicht IV-1 genannten Hauptkostenstellen aufzuschlüsseln: Um die Entgeltobergrenzen für die einzelnen Verbindungsleistungen zu bestimmen, werden die *Stand-Alone*-Kosten des Verbindungsnetzes (soweit es sich um Kostenträgergemeinkosten handelt) auf die Hauptkostenstellen aufgeschlüsselt. Um die Entgeltuntergrenzen für die Verbindungsleistungen zu bestimmen, werden die langfristigen Zusatzkosten des Verbindungsnetzes (bei gegebenem Teilnehmernetz), soweit es sich um Kostenträgergemeinkosten handelt, ebenfalls auf die Hauptkostenstellen aufgeschlüsselt. Dabei ist folgendes zu beachten:

- Für *Signalling Links* und Nutzkanäle werden die gleichen physischen Übertragungswege genutzt. Entsprechend sind die Kapital- und Betriebskosten von Kabel, Leerrohre, Multiplexern und sonstiger Übertragungs- und Linientechnik in Bezug auf die Kostenstellen A.4 bis B.6 in Übersicht IV-1Kostenstellengemeinkosten. Erfolgt die Aufteilung dieser Kostenstellengemeinkosten im Verhältnis der für *Signalling Links* und Nutzkanäle jeweils reservierten Übertragungskapazität (in Mbit/s), so ist der auf die *Signalling Links* entfallende Kostenanteil verschwindend gering und kann bei der Abschätzung der *Call-Setup*-Kosten vernachlässigt werden: Grob geschätzt können mit einem *Signalling Link* in Abhängigkeit vom Nutzlastverkehr zwischen 900 und 2.000 Nutzkanäle bedient werden.[17]

- Für kostenrechnerische Zwecke können dem Signalisierungsnetz jene Komponenten von Vermittlungseinrichtungen zugeordnet werden, deren Dimensionierung von der Zahl der Verbindungsversuche in der Spitzenlaststunde (*Busy Hour Call Attempts*; BHCA) abhängt (vgl. Kostenstellen B.1 bis B.3 in Übersicht IV-1). Demgegenüber sind jene Netzkomponenten, deren Dimensionierung durch die Gesprächsdauer (*Busy Hour Minutes*, BHM) bestimmt ist, dem Nutzkanalnetz zuzurechnen (vgl. Kostenstellen A.1 bis A.3). Die Kosten der Netzkomponenten, die weder durch BHCA oder BHM determiniert sind, stellen in Bezug auf das Nutzkanal- und das Signalisierungsnetz Gemeinkosten dar.

- Ähnliches gilt für die *Signalling Points*. STP, SEP und SSP sind an den gleichen räumlichen Orten untergebracht, an denen sich auch die Netzknoten des Nutzkanalnetzes befinden. Die Kosten der Gebäude selbst und die den Gebäuden zugeschlüsselten Kosten stellen in Bezug auf das Signalisierungs- und das Nutzkanalnetz ebenfalls Gemeinkosten dar.

- In einer Multi-Carrier-Landschaft müssen auch über Netzgrenzen hinweg Signalisierungsnachrichten übertragen werden. Dies geschieht über *Signalling Links*, die die STP der zusammengeschalteten Netzbetreiber miteinander verbinden. Ein solcher *Signalling Link*[18] wird ausschließlich durch die jeweils zusammengeschalteten Betreiber genutzt wird. Entsprechend sind diese *Signalling Links* der Kostenstelle B.7 in Übersicht IV-3 zuzuordnen.[19] Gleiches gilt für die netzübergangsseitigen Portkarten jener STP zweier zusammengeschalteter Betreiber, die Verkehr auf den *Signalling Link* zwischen den Netzen geben.

2. Kostenträgerrechnung

In Analogie zu den verbindungsdauerabhängigen Entgeltkomponenten richtet sich auch die Obergrenze (bzw. die Untergrenze) für eine *Call-Setup Charge* nach dem Anteil an den *Stand-Alone*-Kosten (den langfristigen Zusatzkosten) des Verbindungsnetzes, der dem Signalisierungsnetz zugeschlüsselt wird. Im Rahmen der Kostenstellenrechnung wird ein Anteil an den *Stand-Alone*-Kosten (den langfristigen Zusatzkosten) des Verbindungsnetzes den Hauptkostenstellen A.1 bis B.6 zugeordnet. Diese müssen im Rahmen der Kostenträgerrechnung für die verschiedenen Arten vermittelter Leistungen

---

17 Durchschnittswert: 1.600 Nutzkanäle. vgl. Klußmann, Niels (1997), Seite 448

18 In der Terminologie der amerikanischen Regulierungsbehörde FCC: "*Dedicated Network Access Line*".

19 fortlaufende Überlassungsentgelte oder einmalige Bereitstellungsentgelte

getrennt auf den Aufbau und das Halten der Nutzkanalverbindung aufgeschlüsselt werden.

Anders als bei den Kostenstellen A.1 bis A.6 sind die Kostenstellen B.1 bis B.6 ausschließlich für vermittelte Leistungen relevant; für die Bereitstellung von Mietleitungen wird das Signalisierungsnetz nicht in Anspruch genommen. Welcher Anteil an den Kosten der Kostenstellen B.1 bis B.6 auf welche *Call-Setup Charge* entfällt, richtet sich nach den sogenannten Routing-Faktoren. Ein Routing-Faktor gibt für jede vermittelte Leistung (Ortsgespräche, Ferngespräche etc.) an, wie oft welche Kostenstelle für den Verbindungsaufbau in Anspruch genommen wird (vgl. Kapitel X: „Element Based Charging").

Anders als das Signalisierungsnetz wird das *Nutzkanalnetz* sowohl für Mietleitungen als auch für vermittelte Leistungen in Anspruch genommen. Dabei sind natürlich Vermittlungseinrichtungen nur für die Bereitstellung vermittelter Leistungen (nicht jedoch für Mietleitungen) erforderlich. Die den Kostenstellen A.1 bis A.3 zugeschlüsselten Kosten werden entsprechend ausschließlich auf vermittelte Leistungen aufgeschlüsselt. Bei den Kostenstellen A.4 bis A.6 hingegen ist eine Aufschlüsselung der Kosten auf Mietleitungen und vermittelte Leistungen erforderlich. Diese Kostenaufschlüsselung kann nach Maßgabe der für Mietleitungen und vermittelte Leistungen jeweils reservierten Bandbreite erfolgen. Die auf vermittelte Leistungen entfallenden Teilbeträge lassen sich wiederum mittels *Element Based Charging* auf die diversen Einzelleistungen („Ortsgespräche", „Ferngespräche", „Auslandsgespräche") aufteilen. Die dabei verwendeten Routing-Faktoren sind die gleichen wie bei der Ermittlung der *Call-Setup Charges*.

3. Relation der Entgelte für Aufbau und Halten von Verbindungen

Bei der Aufschlüsselung der Kostenstellengemeinkosten auf das Signalisierungs- und das Verbindungsnetz (Hauptkostenstellen A.1 bis A.7 bzw. B.1 bis B.7) bestehen natürlich erhebliche Freiheitsgrade. Stehen die Gemeinkostenschlüssel bei der Kostenträgerrechnung fest und steht auch fest, welcher Anteil an den *Stand-Alone*-Kosten des Verbindungsnetzes auf die Verbindungsleistungen aufgeschlüsselt werden soll, so lassen sich aufgrund der angesprochenen Freiheitsgrade bei der Kostenstellenrechnung hohe Entgelte für das Halten von Verbindungen zu Gunsten niedriger *Call-Setup Charges* kalkulieren und umgekehrt.

C. Ausgestaltung von Call-Setup Charges

1. Entgeltdifferenzierung nach Erfolg des Verbindungsversuches

Eine *Call-Setup Charge* kann entweder bei allen oder nur bei erfolgreichen Gesprächsversuchen erhoben werden. Wenn überhaupt, kommt eine *Call-Setup Charge* für erfolglose Verbindungen nur bei IC-Calls in Betracht. Auf dem Endkundenmarkt hingegen scheidet unter Wettbewerbsbedingungen ein Entgelt für erfolglose Verbindungsversuche wohl eher aus, denn die erbrachte Leistung stiftet dem Endkunden keinen Nutzen.

2. Entgeltdifferenzierung nach durchlaufenen Netzkomponenten

Bei einer Entgeltdifferenzierung nach durchlaufenen Netzkomponenten kann die *Call-Setup Charge* danach differenziert werden,

- ob eine Zuführungs- oder eine Terminierungsleistung nachgefragt wird und/oder
- ob die Zusammenschaltung auf „*Local Switch*"-Ebene oder auf „*Tandem Switch*"-Ebene erfolgt

Ein praktisches Beispiel für nach Netzkomponenten aufgeschlüsselte *Call-Setup Charges* liefert der amerikanische Netzbetreiber AMERITECH. AMERITECH unterscheidet die folgenden Tarifpositionen (vgl. hierzu die einleitende Darstellung des Signalisierungsnetzes in diesem Kapitel):[20]

- *Signal Formulation Charge.* Diese Tarifposition bezieht sich auf die Generierung von Signalisierungsnachrichten durch den *Siginal Switching Point* (SSP), der den Local Switch steuert, an den der anrufende Teilnehmer angeschaltet ist („A-seitiger SSP") Bei Terminierungsleistungen wird die Signalisierungsnachricht i.d.R. durch den zusammengeschalteten Betreiber generiert, und entsprechend fällt keine *Signal Formulation* Charge an.

- *Signal Transport Charge.* Bei Zuführungsleistungen bezieht sich diese Tarifposition auf die Übertragung von Nachrichten zwischen dem A-seitigen SSP und dem *Signal Transfer Point* („lokaler STP"), der die Signalisierungsnachricht weitervermittelt. Bei Terminierungsleistungen bezieht sich die Tarifposition auf die Übertragung von Nachrichten zwischen dem B-seitigen SPP und dem STP. Mit „B-seitigem" SSP ist derjenige SSP gemeint, der den *Local Switch* steuert, an den der angerufene Teilnehmer angeschaltet ist.

- *Signal Switching Charge.* Diese Tarifposition bezieht sich auf die Vermittlung von Nachrichten durch dem lokalen STP. Der lokale STP vermittelt Nachrichten zwischen dem A-seitigen SSP (bei Zuführungsleistungen) oder B-seitigen SPP (bei Terminierungsleistungen) und einem anderen SSP. Bei diesem „anderen" SSP kann es sich um den SSP eines anderen Netzbetreibers handeln, wenn dieser direkt auf der Ebene des teilnehmerseitigen *Local Switches* zusammengeschaltet ist. Alternativ kann es sich aber auch um den SSP handeln, der den *Tandem Switch* steuert, an welchem der andere Netzbetreiber zusammengeschaltet ist.

- *Signal Tandem Switching Charge.* Diese Tarifposition wird nur bei Zusammenschaltung auf „*Tandem Switch*"-Ebene fällig. Sie bezieht sich auf die Übertragung zwischen denjenigen SSP's, die jeweils den teilnehmerseitigen *Local Switch* und den *Gateway Tandem Switch* steuern. Außerdem ist es bei Zusammenschaltung auf der „*Tandem Switch*"-Ebene nicht mit einem Vermittlungsvorgang durch den lokalen STP getan. Hinzu kommt ein Vermittlungsvorgang durch einen weiteren STP, der die Signalisie-

20 vgl. FCC (März 1996), Paragraph 14 ff.

rungsnachrichten über die Netzgrenze hinweg vermittelt. Auch dieser weitere Vermittlungsvorgang ist mit der *Signal Tandem Switching Charge* abgegolten.

Hinzu kommen weitere, nicht nutzungssensitive Gebühren für den Signalisierungskanal zwischen den STP AMERITECHS und dem *Point of Presence* des zusammengeschalteten Netzbetreibers.

D. BEURTEILUNG VON CALL-SETUP CHARGES

1. Preis-Kosten-Schraube

Auf den ersten Blick scheint sich durch die Einführung einer *Call-Setup Charge* nichts an der Kostensituation eines alternativen Netzbetreibers zu ändern: Geht die Einführung der *Call-Setup Charge* mit einer entsprechenden Reduktion der verbindungsdauerabhängigen Entgeltkomponente einher, ändert sich an den durchschnittlichen Ausgaben pro Verbindungsminute nichts. Bei sekundengenauer Abrechnung der verbindungsdauerabhängigen Entgeltkomponente sind die durchschnittlichen Ausgaben pro IC-Call vor Einführung der *Call-Setup Charge* durch

$$\mu_{\overline{E}} = \overline{P} \cdot \overline{ACHT}$$

und nach Einführung der *Call-Setup Charge* durch

$$\mu_{\overline{\overline{E}}} = (1+\alpha) \cdot CSUC + \overline{\overline{P}} \cdot \overline{\overline{ACHT}}$$

gegeben, wobei

P =	Preis pro Verbindungsminute (sekundengenau abrechnet)
CSUC =	*Call-Setup Charge*
ACHT =	durchschnittliche Verbindungsdauer („*A*verage *C*all *H*olding *T*ime“)
α =	Verhältnis der erfolglosen zu den erfolgreichen Verbindungsversuchen

Wird der Einfachheit halber unterstellt, dass bei IC-Calls die durchschnittliche Verbindungsdauer durch das Endkundenverhalten vorgegeben ist (sich also durch Einführung einer *Call-Setup Charge* bei IC-Calls nicht ändert):

$$\overline{\overline{ACHT}} = \overline{ACHT} = ACHT$$

so bleibt bei Einführung einer *Call-Setup Charge* der Durchschnittserlös pro Verbindungsminute genau dann unverändert, wenn die Bedingung

$$\overline{\overline{P}} = \overline{P} - (1+\alpha) \cdot \frac{CSUC}{ACHT} \qquad (1)$$

erfüllt ist. Soll die *Call-Setup Charge* nur für erfolgreiche Verbindungen erhoben werden, hat die Bedingung für die Konstanz der Durchschnittsausgaben pro Verbindungsminute das gleiche Aussehen wie Bedingung (1) mit $\alpha = 0$. Natürlich gibt es eine unendliche Vielzahl von Kombinationen von *Call-Setup Charge* und verbindungsdauerabhängiger Entgeltkomponente, die diese Bedingung erfüllen: Je größer die *Call-Setup Charge* ausfällt, um so kleiner kann das verbindungsdauerabhängige Entgelt ausfallen und vice versa. Im Extremfall könnten sogar die gesamten Gesprächskosten über die

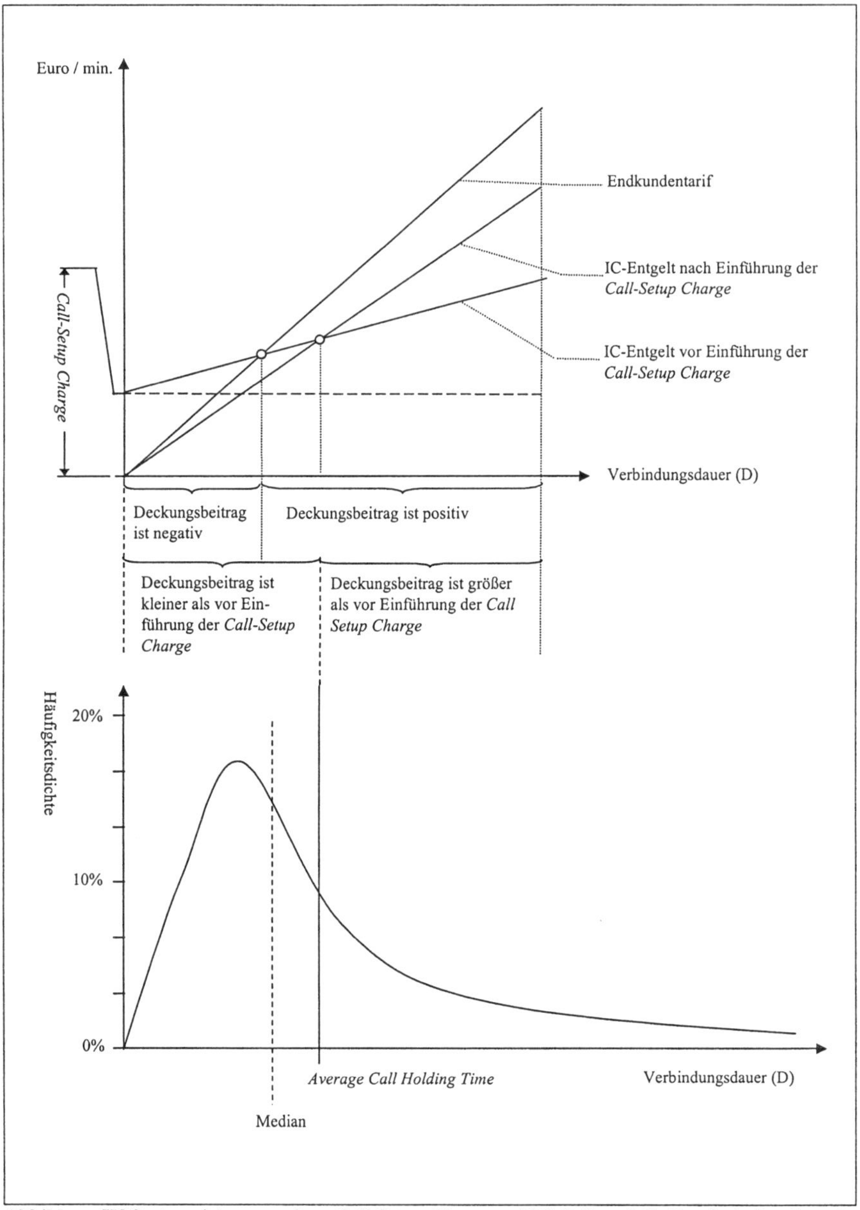

Abbildung IV-3: Auswirkungen einer *Call-Setup Charge* auf *IC-Calls* auf die Ergebnissituation alternativer Netzbetreiber

Call-Setup Charge abgedeckt werden, während das verbindungsdauerabhängige Entgelt mit null angesetzt wird.

Bei genauerem Hinsehen stellt sich allerdings heraus, dass eine *Call-Setup Charge* für alternative Netzbetreiber nicht ergebnisneutral ist, obwohl Bedingung (1) erfüllt ist. Dabei ist das Verhältnis von Ausgaben für IC-Calls und Endkundentarifen zu berücksichtigen. Typischerweise wird auf dem Endkundenmarkt keine *Call-Setup Charge* erhoben. Der *Incumbent* wird aller Voraussicht nach davon absehen, bei Einführung einer *Call-Setup Charge* für IC-Calls auch eine *Call-Setup Charge* für Endkundengespräche einzuführen. Entsprechend problematisch dürfte es für die Wettbewerber des *Incumbent* sein, selbst ihrerseits eine *Call-Setup Charge* für Endkundengespräche zu verlangen.[21] Ist auf dem Endkundenmarkt keine *Call-Setup Charge* durchsetzbar, während bei der Netzzusammenschaltung eine *Call-Setup Charge* verlangt wird, erwirtschaftet ein alternativer Netzbetreiber bei Verbindungen von kurzer Dauer einen negativen Deckungsbeitrag (das gilt zumindest dann, wenn sowohl die Endkundenleistungen als auch die verbindungsdauer-abhängige Komponente bei IC-Calls sekundengenau abgerechnet wird.). Darüber hinaus gibt es Verbindungsdauern, bei denen der Deckungsbeitrag zwar immer noch positiv ist, jedoch im Vergleich zum Szenario ohne *Call-Setup Charge* auf IC-Calls geringer ausfällt. Dem stehen anderseits Verbindungen von sehr langer Dauer gegenüber, bei denen sich der Deckungsbeitrag pro Verbindungsminute erhöht. Ohne *Call-Setup Charge* auf IC-Calls ist der Deckungsbeitrag pro Verbindungsminute jedoch stets positiv und unabhängig von der Verbindungsdauer gleich hoch. Die Schlussfolgerung hieraus lautet: Mit Einführung einer *Call-Setup Charge* hat sich für alternative Netzbetreiber die *Unsicherheit* hinsichtlich der zukünftig erwirtschafteten Deckungsbeiträge erhöht. Zwar besteht die Möglichkeit, dass ein alternativer Netzbetreiber die negativen Deckungsbeiträge bei Gesprächen von kurzer Dauer ausgleichen kann; eine Gewähr hierfür gibt es jedoch nicht. Dies gilt umso mehr, als dass auf dem Endkundenmarkt in einer Wettbewerbssituation die verbindungsdauerabhängige Entgeltkomponente erfahrungsgemäß herunterkonkurriert wird.

Hinzu kommt noch, dass die durchschnittlichen Verbindungsdauern im Netz alternativer Anbieter kürzer als im Netz des *Incumbent* sein dürfte. Deshalb wird eine *Call-Setup Charge*, die bezogen auf die durchschnittliche Verbindungsdauer *im Netz des Incumbent* ergebnisneutral ist, typischerweise für einen Einstieg der Zusammenschaltungskosten bei den alternativen Netzbetreibern sorgen. Die kürzere durchschnittliche Verbindungsdauer auf Seiten der alternativen Netzbetreiber lässt sich mit Plausi-

21 Denn im Privatkundensegment steht zu erwarten, dass sich mit Einführung einer *Call-Setup Charge* auf Endkundengespräche die durchschnittliche Gesprächsdauer verlängert und die Zahl der nachgefragten Verbindungen zurückgeht. Um die Erlöse des Leistungsanbieters auf konstantem Niveau zu halten, müssten also mit Einführung einer *Call-Setup Charge* die verbindungsdauer-abhängigen Entgelte weniger stark gesenkt werden, als es Bedingung (1) entspricht. Dies dürfte von den Endkunden als Preiserhöhung interpretiert werden. Erst recht dürfte es auf einem Wettbewerbsmarkt nicht in Betracht kommen, von den Endkunden eine *Call-Setup Charge* auch für erfolglose Verbindungsversuche zu verlangen. Denn der Endkunde müsste dann für eine Leistung – sprich: den Verbindungsaufbau bei einem erfolglosen Verbindungsversuch – zahlen, obwohl ihm diese Leistung keinen Nutzen stiftet.

bilitätsüberlegungen begründen. In vielen Fällen haben Geschäftskunden im Verhältnis zu Privatkunden im Kundenstamm eines alternativen Netzbetreibers ein größeres Gewicht als im Kundenstamm des *Incumbent.* Dabei ist erfahrungsgemäß die durchschnittliche Gesprächsdauer bei Geschäftskunden kürzer als bei Privatkunden. Außerdem ist erfahrungsgemäß der Median der Verbindungsdauern kleiner als die durchschnittliche Verbindungsdauer, das heißt es gibt zahlreiche kurze und nur wenige lange Verbindungen. Ausgehend von der Vorstellung, dass ein alternativer Netzbetreiber gewissermaßen aus der Gesamtzahl der Verbindungen eine relativ kleine Stichprobe zieht, ist es wahrscheinlich, dass die durchschnittliche Verbindungsdauer im Netz eines alternativen Betreibers kleiner als im Netz des *Incumbent* ist (vgl. Abbildung IV-3).

2. Kostengerechtigkeit und effiziente Ressourcennutzung

Bei Kreditkarten-Prüfungen, Geldabhebungen am Geldautomaten etc. ist die Verbindungsdauer unterdurchschnittlich kurz. Ohne *Call-Setup Charges* sind die Nachfrager derartiger Leistungen Nutznießer einer impliziten Subventionierung zu Lasten von Verbindungen von langer Dauer, und es lässt sich fragen, warum diese Subventionierung aufrecht erhalten werden soll.[22] Außerdem werden für den Verbindungsaufbau Netzkomponenten unabhängig davon in Anspruch genommen, ob ein Verbindungsversuch erfolgreich ist und wie lange die Nutzkanalverbindung gehalten wird. Dies spricht unter dem Gesichtspunkt der Kostengerechtigkeit zunächst dafür, eine *Call-Setup Charge* sowohl bei erfolgreichen als auch bei erfolglosen Verbindungsversuchen zu erheben.[23]

Allerdings handelt es sich bezogen auf die Einzelleistungen „Verbindungsaufbau“ und „Halten der Verbindungen“ bei einem Großteil der dem Verbindungsnetz zugeordneten Kosten um Gemeinkosten. Entsprechend groß ist die Spannbreite der Kombinationen von *Call-Setup Charge* und verbindungsdauer-abhängigem Entgelt, die für sich das Prädikat „Kostenorientierung“ beanspruchen können. Dabei ist „Kostenorientierung“ lediglich eine notwendige, nicht jedoch eine hinreichende Bedingung für die Einführung einer zusätzlichen Entgeltkomponente. Voraussetzung ist vielmehr auch, dass Verbindungsaufbau und Halten der Verbindung nicht komplementäre Leistungen sind, bei denen die Nachfrage bei allen Netzbetreibern im gleichen Verhältnis steht. Nur dann wenn diese Bedingung erfüllt ist, kann von einer *Call-Setup Charge* auch ein Anreiz zu einer effizienteren Ressourcennutzung ausgehen. An folgende Szenarien ist dabei zu denken:

- Bei Verbindungsnetzbetreiber mit kaum ausgebauter Infrastruktur („*Switched Reseller*“) konzentriert sich der gesamte Zusammenschaltungsverkehr auf ein oder zwei Netzübergänge. Wenn diese Anbietergruppe (etwa durch eine konsequente

22 vgl. FCC (1997b), Paragraph 143

23 Aus diesem Grund erlaubt die FCC den *Local Exchange Carriern* (LEC), beim *Interstate Switched Access* zusammengeschalteten *Interexchange Carriern* (IXC), Call-Setup Charges für jede Zuführungsleistung (bzw. jede Terminierungsleistung) in Rechnung zu stellen, die den Netzübergang zwischen IXC und LEC passiert, und zwar auch dann, wenn anschließend der angerufene Teilnehmer nicht erreicht werden kann. Vgl. FCC (1997b), Paragraph 138

Niedrigpreis-Politik) erfolgreich Endkundennachfrage auch sich zieht, werden einzelne Gateway-Vermittlungsstelle des *Incumbent* überlastet und Gesprächsversuche infolgedessen abgewiesen (der anrufende Endkunde hört dann ein Besetztzeichen). Von der Überlastung einer Gateway-Vermittlungsstelle sind aber nicht nur die Endkunden des *Switched Resellers*, sondern auch andere Verbindungsnetzbetreiber betroffen, deren Verkehr über die gleiche Gateway-Vermittlungsstelle abwickelt wird. Die bei andere Verbindungsnetzbetreibern verursachten externen Kosten spielen jedoch für das individuelle Optimierungskalkül des *Switched Resellers* keine Rolle.

- Ein reiner Verbindungsnetzbetreiber ist für sein Leistungsangebot darauf angewiesen, dass das k-Unternehmen sowohl Zuführungs- als auch Terminierungsleistungen erbringt. Der *Incumbent* kann tatsächlich die Zuführungsleistung erbringen, jedoch kommt es zu Blockaden im Netz des die Zusammenschaltung nachfragenden Betreibers. Auch in diesem Fall kann die Ende-zu-Ende-Verbindung zwischen anrufendem und angerufenem Endkunden nicht aufgebaut werden, und der *Incumbent* erhält für die erbrachte Zuführungsleistung kein Entgelt.

Beide Szenarien liefern Argumente dafür, bei der Netzzusammenschaltung eine *Call-Setup Charge* einzuführen, die sowohl bei erfolgreichen als auch bei erfolglosen Verbindungsversuchen erhoben wird.[24] Dem steht als Gegenargument die Gefahr einer Preis-Kosten-Schraube gegenüber (siehe oben). Zu fragen ist daher, ob es nicht auch andere Vorkehrungen gibt, die alternative Netzbetreiber zu einer effizienten Ressourcennutzung motivieren, ohne zugleich auch die Gefahr einer Preis-Kosten-Schraube in sich zu bergen. So lassen sich im Zusammenschaltungsvertrag Regeln festschreiben, die die über einen Netzübergang maximal abzuwickelnden Verbindungsminuten in Relation zur mindestens erforderlichen Kapazität der *Interconnect Links*[25] setzen. Außerdem lässt sich in der Zusammenschaltungsvereinbarung vereinbaren, dass der Anteil der erfolglosen Gesprächsversuche an der Gesamtzahl der Gesprächsversuche einen gewissen Prozentsatz nicht übersteigt.

---

24 Umgekehrt sind natürlich auch Szenarien denkbar, in denen ein Verbindungsversuch erfolglos bleibt, weil das Netz des Betreibers nicht ausreichend dimensioniert ist, der das Gespräch terminieren soll. [vgl. FCC (1997a), Paragraph 142]. Durch die Zusammenschaltungsrichtlinie (97/33/EWG) wird die Beweislast hinsichtlich der Kosten dem Netzbetreiber auferlegt. Die Empfehlung der Kommission vom 8. November 1998 zur Zusammenschaltung in einem liberalisierten Telekommunikationsmarkt (98/195/EWG), Teil 1, Anhang 1, folgert hieraus, dass die Einführung einer *Call-Setup Charge* mit dem Nachweis verbunden sein muss, dass nicht mangelnde Leistungsfähigkeit der Grund für die Nicht-Zustellung von Anrufen ist. Im Gegensatz zu Terminierungsleistungen kann der *Incumbent* bei Zuführungsleistungen ohnehin keine *Call-Setup Charge* in Rechnung stellen, wenn die Verbindung aufgrund mangelnder Netzkapazität den Netzübergang gar nicht erst erreicht.

25 „*Interconnect Links*“ (in der Terminologie der Deutschen Telekom: „Interconnection-Anschlüsse“) sind Übertragungswege, die die Verbindungsnetze zusammengeschalteter Betreiber miteinander verbinden.

V. ZEITLICHE ENTGELTDIFFERENZIERUNG

In diesem Kapitel werden verschiedene Formen der zeitlichen Entgeltdifferenzierung vorgestellt und im Hinblick auf die eingangs definierten Regulierungsziele diskutiert. Im Vordergrund steht die Kostengerechtigkeit der Leistungsentgelte bzw. die Verknüpfung der zeitlichen Entgeltdifferenzierung mit der Prämisse bestreitbarer Absatzmärkte (vgl. Kapitel II: „Regulierungsziele und Regulierungsbedarf"). Dabei geht es insbesondere um die Allokation von Gemeinkosten auf „peak"- und „off-peak"-Tarife (vgl. Kapitel IX: „Gemeinkostenallokation").

A. Dimension der Leistungseinheiten

Von *„nutzungsabhängigen" Tarifen* soll die Rede sein, wenn sich die Höhe des zu entrichtenden Entgeltes nach der tatsächlich in Anspruch genommenen Netzkapazität richtet. Die wichtigste Variante der nutzungsabhängigen Tariffierung ist die Abrechnung vermittelter Leistungen nach der Verbindungsdauer.
Nutzungsabhängige Tarife sind bei Zuführungs- und Terminierungsleistungen die Regel. Nutzungsabhängige Tarife lassen sich beliebig nach Haupt- und Nebenzeit differenzieren. Eine exponierte Lösung ist das *Peak-Load-Pricing*: Hier zahlt der Nutzer für die Netznutzung in der Spitzenlaststunde einen minutenabhängigen Tarif und für die Netznutzung außerhalb der Spitzenlaststunde nichts. Die entgegengesetzte Lösung bestünde darin, zu jeder Tageszeit den gleichen Tarif zu verlangen (*„uniform pricing"*). Zwischen diesen Extrempolen gibt es noch beliebig viele andere Kombinationen von *„peak"*- und *„off-peak"*-Tarifen, bei denen die Gesamterlöse genau den Gesamtkosten der Leistungserstellung entsprechen.

Bei einer *nutzungsunabhängigen Tariffierung* zahlt der Nutzer an den Netzbetreiber einen bestimmten fixen Betrag, egal, ob er dann Netzkapazität tatsächlich in Anspruch nimmt oder nicht. Ein nutzungsunabhängiges Entgelt bietet sich an, wenn der Nutzer an der Reservierung bestimmter Übertragungskapazitäten zwischen definierten Punkten interessiert ist (Mietleitungen) oder wenn Netzkomponenten überhaupt nur durch einen Nutzer in Anspruch genommen werden können (Teilnehmeranschlussleitungen).
Bei Mietleitungen und Teilnehmeranschlussleitungen sind die vom Nachfrager maximal nutzbaren Netzressourcen klar definiert und begrenzt. Anders sieht es bei der *Flat Rate* aus. Die *Flat Rate* ist eine Pauschale, für die der Nutzer während eines bestimmten Zeitraumes in beliebigem Umfang Verbindungsleistungen in Anspruch nehmen kann. Bei *IC-Calls* ist eine *Flat Rate* eher ungebräuchlich, kann aber wegen der *„Cost-Price-Squeezing"*-Problematik durchaus in Betracht gezogen werden, wenn das marktbeherrschende Unternehmen eine *Flat Rate* auch auf dem Endkundenmarkt (etwa beim Internet-Zugang) anbietet. Ein weiteres Beispiel für einen nutzungsunabhängigen Tarif ist das *Capacity Based Charging.* Diese Tarifvariante stellt das Pendant zum *Peak-Load-Pricing* dar. Im Gegensatz zur *Flat Rate* unterliegt der Nutzer einer Nutzungsbeschränkung – die in der *„peak"*-Zeit maximal zur Verfügung stehenden Verbindungs-

minuten sind begrenzt. Anders als bei Mietleitungen und Teilnehmeranschlussleitungen zahlt der Nutzer beim *Capacity Based Charging* für vermittelte Leistungen, d.h. dem Nutzer werden nicht rund um die Uhr, sondern nur im konkreten Bedarfsfall bestimmte Netzressourcen zur Verfügung gestellt.[1]
Zumindest theoretisch ist auch bei nutzungsunabhängigen Tarifen eine zeitliche Entgeltdifferenzierung denkbar. Dabei kann die zu entrichtende Nutzungspauschale danach differenziert sein, für welchen Zeitraum (Haupt- oder Nebenzeit) die Möglichkeit zur Netznutzung besteht.

Zwischen *Flat Rate* und rein nutzungsabhängiger Tariffierung sind sogenannte Zwei-Stufen-Tarife („*Two-Part-Tariffs*") angesiedelt. Bei einem Zwei-Stufen-Tarif zahlt der Nachfrager einen fixen (d.h. nutzungsunabhängigen Geldbetrag) und variables (nutzungsabhängiges) Entgelt. Die nutzungsabhängige Entgeltkomponente kann zeitlich differenziert sein, muss es jedoch nicht.
Im Preis-Mengen-Diagramm hat die Nachfragefunktion beim Zwei-Stufen-Tarif einen anderen Verlauf als bei der rein nutzungsabhängigen Tariffierung, da beim Zwei-Stufen-Tarif das frei verfügbare Einkommen des Nachfragers um die fixe Entgeltkomponente geringer ist. Ein gegebener Nutzer entscheidet sich möglicherweise für einen Zwei-Stufen-Tarif statt eines rein nutzungsabhängigen Entgeltes, selbst wenn beide Tarifangebote genau kostendeckend sind. Unter wohlfahrtsökonomischen Gesichtspunkten bringt der Zwei-Stufen-Tarif also einen Vorteil.[2] Wären die Präferenzen der Leistungsnachfrager bekannt, so könnten eine Vielzahl von Kombinationen von fixer und variabler Entgeltkomponente bestimmt werden, bei denen genau die Kosten der Leistungserstellung gedeckt werden könnten. Möglicherweise erweist es sich sogar als wohlfahrtsmaximierend, die gesamten Netzkosten lediglich über eine fixe Entgeltkomponente abzudecken. Allerdings ist die praktische Umsetzung dieser Idee sehr problematisch, da die Nutzerpräferenzen unbekannt sind und bei der Entgeltkalkulation erhebliche Erwartungsunsicherheiten bestehen.
Aus Sicht der Leistungsanbieter ist der Zwei-Stufen-Tarif vor allem deshalb interessant, weil sich mit seiner Hilfe angesichts heterogener Nutzerpräferenzen ein Teil der Konsumentenrente abschöpfen lässt. Dazu werden mehrere Zwei-Stufen-Tarif eingeführt, bei denen das nutzungsabhängige Entgelt jeweils umso geringer ausfällt, je höher der von den Nutzern entrichtete Fixbetrag ist. Jeder Nachfrager wird sich unter den angebotenen Tarifen für denjenigen entscheiden, der seinen individuellen Nutzen maximiert, und im Ergebnis ist der von einem Nutzer pro Verbindungsminute entrichtete Preis umso geringer, je größer die von ihm nachgefragte Leistungsmenge ist. Im Idealfall richtet sich bei jedem Nutzer der entrichtete Preis nach der individuellen Zahlungsbereitschaft („Preisdiskriminierung zweiter Ordnung"). Der Zwei-Stufen-Tarif motiviert somit die Nutzer, ihre individuellen Zahlungsbereitschaften zu offenbaren.[3]

---

1 vgl. Kommission der Europäischen Gemeinschaften (Juli 1997)
2 vgl. Spulber (1989), Seite 206
3 vgl. Train, K. E. (1997): Seite 269 ff.

B. Gemeinkostenproblematik

Während die Nachfrage nach Verbindungsleistungen zeitlichen Schwankungen unterliegt, muss das Verbindungsnetz so dimensioniert werden, dass es auch die Nachfrage während der Spitzenlastzeit („*peak*"-Periode) bewältigen kann. In der Nebenzeit („*off-peak*"-Periode) hingegen bleibt die Kapazität des Verbindungsnetzes teilweise ungenutzt. In kostenrechnerischen Kategorien bedeutet das: Ausgehend von einer Netzkapazität, die zur Befriedigung der „*off-peak*"-Nachfrage ausreichend ist, verursacht die Befriedigung der „*peak*"-Nachfrage Zusatzkosten. Hingegen ließen sich die Kosten jenes Teils der Netzkapazität, der für die Befriedigung der „*off-peak*"-Nachfrage gerade noch ausreichend ist, nur einsparen, wenn weder in der Haupt- noch in der Nebenzeit Leistungen bereitgestellt werden würden. Diese Kosten stellen somit im Hinblick auf „*peak*"- und „*off-peak*"-Nachfrage variable Gemeinkosten dar. Dabei wächst der Gemeinkostenbetrag ceteris paribus mit wachsender „*off-peak*"-Nachfrage.

Leitbild bei der Regulierung von IC-Entgelten ist die Simulation bestreitbarer Absatzmärkte. Auf einem bestreitbaren Absatzmarkt gilt:

- Die „*peak*"-Erlöse sind nicht kleiner als die langfristigen Zusatzkosten der „*peak*"-Kapazität (bei gegebener „*off-peak*"-Kapazität). Die entsprechenden Tarife werden als „subventionsfrei" bezeichnet. Zu einer Ausweitung der „*peak*"-Kapazität würde der Netzbetreiber nur dann veranlasst werden, wenn die Nutzer auch bereit wären, für die Zusatzkosten dieser Kapazitätsausweitung zu zahlen.[4]
- Die „*peak*"-Erlöse sind nicht größer als die Stand-Alone-Kosten des Netzes.
- Die „*off-peak*"-Erlöse sind nicht größer als die Stand-Alone-Kosten eines hypothetischen Netzes, das gerade für die „off-peak"-Nachfrage ausreichend dimensioniert ist.
- Die Summe aus „*peak*"- und „*off-peak*"-Erlösen entspricht den Gesamtkosten der Leistungserstellung.
- Es ist nicht möglich, mit einem niedrigeren „*peak*"-Tarif (bzw. „*off-peak*"-Tarif) den gleichen „*peak*"-Erlös (bzw. „*off-peak*"-Erlös) zu erzielen.

Es gibt eine Vielzahl von Tarifkombinationen, die alle fünf Bedingungen erfüllen. Die Bestimmung solcher Tarifkombinationen ist durch Abbildung VI-1 illustriert. Dabei ist unterstellt, dass sich „*peak*"- und „*off-peak*"-Nachfrage vollkommen kreuzpreisunelastisch zueinander verhalten.

Besonders einfach ist der Fall des *Peak-load Pricing*, bei dem die gesamten Netzkosten über die „*peak*"-Tarife gedeckt werden und die Netznutzung für die Nachfrager in der Nebenzeit umsonst ist. Die in der Hauptzeit abgesetzte Menge bestimmt sich durch den Schnittpunkt des Graphen der „*peak*"-Erlösfunktion mit dem Graphen der Gesamtkostenfunktion (Punkt B im oberen Diagramm) bzw. durch den Schnittpunkt des Graphen der „*peak*"-Nachfragefunktion mit dem Graphen der Stückkostenfunktion (Punkt m im unteren Diagramm). Hingegen ist die in der Nebenzeit abgesetzte Menge durch den

4 vgl. FCC (1996), Randnummer 755

Achsenabschnitt des Graphen der *„off-peak"*-Erlösfunktion (Punkt A im oberen Diagramm) bzw. durch den Achsenabschnitt des Graphen der *„off-peak"*-Nachfragefunktion (Punkt C im unteren Diagramm) bestimmt. Verglichen mit anderen genau kostendeckenden und subventionsfreien Tarifkombinationen sind die Netzkosten minimal, denn wegen des hohen *„peak"*-Tarifs wird natürlich in der Hauptzeit auch weniger als bei anderen genau kostendeckenden Tarifkombinationen nachgefragt und die vorzuhaltende Netzkapazität ist am geringsten.
Um andere genau kostendeckende Tarifkombinationen graphisch zu bestimmen, wird zunächst ein beliebiger *„peak"*-Tarif festgelegt (im Diagramm mit „P_{peak}" bezeichnet). Bei diesem Tarif wird eine Menge von Q_{peak} abgesetzt und es werden Erlöse in Höhe von $R_{peak} = P_{peak} \cdot Q_{peak}$ erzielt. Diese Erlöse sind oberen Diagramm abgetragen und entsprechen der Fläche „adji" im unteren Diagramm. Allerdings reichen die Erlöse nicht aus, um die Gesamtkosten der Leistungserstellung abzudecken. Die anfallenden Kosten sind im oberen Diagramm durch den Punkt C und im unteren Diagramm durch die Fläche „adnk" bezeichnet. Um Kostendeckung zu erreichen, müssen in der Nebenzeit Erlöse erzielt werden, deren Höhe im oberen Diagramm mit „$R_{off\text{-}peak}$" und im unteren Diagramm durch die Fläche „ijkn" bezeichnet ist. Die dazu gehörenden Absatzmenge „$Q_{off\text{-}peak}$" lässt sich im oberen Diagramm unmittelbar am Graphen der *„off-peak"*-Erlösfunktion ablesen. Auch anhand des unteren Diagramms lässt sich die gesuchte Preis-Mengen-Kombination in der Nebenzeit bestimmen. Dazu wird im unteren Diagramm die Isoquante zum Erlösbetrag $R_{off\text{-}peak}$ abgetragen und anschließend der Schnittpunkt mit dem Graphen der *„off-peak"*-Nachfragefunktion bestimmt.

Allerdings muss nicht jede der Tarifkombinationen, die mit den eingangs genannten Bedingungen kompatibel ist, auch pareto-effizient sein. Zu denken ist hier beispielsweise an bestimmte Formen der Leistungsbündelung (vgl. Kapitel II: „Regulierungsbedarf und Regulierungsziele") und *Two-Part-Tariffs* (siehe unten).[5]

Die subventionsfreien und genau kostendeckenden Tarifkombinationen unterscheiden sich hinsichtlich der langfristigen Zusatzkosten der *„peak"*-Kapazität; außerdem variieren die Beiträge, die *„peak"*- und *„off-peak"*-Erlöse jeweils zur Deckung der Gemeinkosten leisten. Wenn bei einer Senkung des *„peak"*-Tarifes in der *„peak"*-Periode oder – aufgrund entsprechender Kreuzpreiselastizitäten – in der Nebenzeit soviel zusätzliche Nachfrage generiert wird, dass auch noch der *„off-peak"*-Tarif gesenkt werden kann, sind natürlich alle Nutzer besser gestellt. Der Spielraum für derartige Pareto-Verbesserungen ist unter den Bedingungen eines bestreitbaren Marktes jedoch stets ausgeschöpft. Entsprechend kommen bei Simulation eines bestreitbaren Absatzmarktes nur solche Tarifkombinationen in Betracht, bei denen einem höherem *„peak"*-Tarif ein niedrigerer *„off-peak"*-Tarif gegenübersteht und vice versa. Denn die Wahl eines niedrigeren *„peak"*-Tarifes zieht zusätzliche Nachfrage in der Hauptzeit nach sich, was eine Erhöhung der Netzkapazität erforderlich macht. Die dadurch verursachten Zusatzkosten sowie der Erlösrückgang in der Hauptzeit müssen durch eine Erlössteigerung in der

5 vgl. Spulber, D.F. (1989), Seite 131

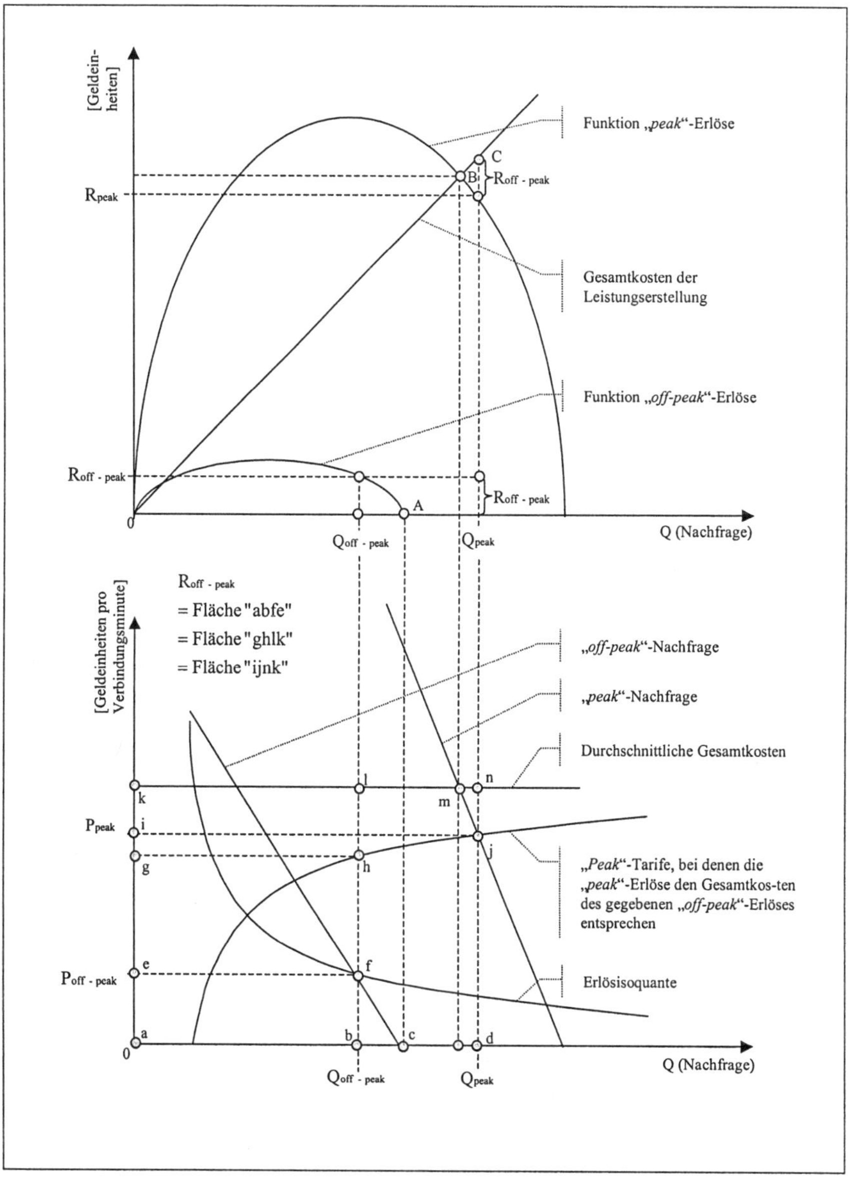

Abbildung V-1: Zeitliche Entgeltdifferenzierung bei vollkommen kreuzpreisunelastischer „*peak*"- und „*off-peak*"-Nachfrage

Nebenzeit ausgeglichen werden. Bei heterogenen Präferenzen der Nutzer gibt es keine wohlfahrtsökonomisch optimale, sondern lediglich pareto-effiziente Kombinationen von „*peak*"- und „*off-peak*"-Tarifen; das heißt eine Nutzergruppe kann nur besser gestellt werden, wenn gleichzeitig eine andere schlechter gestellt wird. So wird beispielsweise eine Senkung des Tarifes in den Morgenstunden zulasten einer Tariferhöhung in den Abendstunden diejenigen Nutzer besser stellen, die ihren Nachfrageschwerpunkt morgens haben und diejenigen Nutzer schlechter stellen, die ihren Nachfrageschwerpunkt abends haben.[6]

Darüber hinaus lässt sich auch zeigen, dass – zumindest bei vollkommen kreuzpreisunelastischer Nachfrage – der „*peak*"-Tarif unter den Bedingungen eines bestreitbaren Marktes höher als der „*off-peak*"-Tarif sein muss. Denn wird der Nutzen eines repräsentativen Nachfragers unter der Nebenbedingung maximiert, dass die Summe aus „*peak*"- und „*off-peak*"-Erlösen genau den Gesamtkosten der Leistungserstellung entspricht, so gilt als notwendige Bedingung für das Verhältnis von „*peak*"- und „*off-peak*"-Tarifen (vgl. Kapitel IX: „Gemeinkostenallokation", Abschnitt D: „Ramsey-Pricing"):

$$\frac{\left(P_{\text{peak}} - MC_{\text{peak}}\right)/P_{\text{peak}}}{\left(P_{\text{off-peak}} - MC_{\text{off-peak}}\right)/P_{\text{off-peak}}} = \frac{\varepsilon_{\text{off-peak}}}{\varepsilon_{\text{peak}}}$$

wobei

$\varepsilon_{\text{off-peak}}$ bzw. $\varepsilon_{\text{peak}}$ =	Preiselastizität der Nachfrage in der „*peak*"- bzw. „*off-peak*"-Periode
$MC_{\text{off-peak}}$ bzw. MC_{peak} =	Grenzkosten („*marginal costs*") der Leistungsbereitstellung in der „*peak*"- bzw. „*off-peak*"-Periode

Erfahrungsgemäß ist die Nachfrage in der Hauptzeit preisunelastischer als in der Nebenzeit ($\varepsilon_{peak} < \varepsilon_{off\text{-}peak}$). Dies ist auch in Abbildung V-1 so dargestellt.[7] Da die Netzkapazität in der Nebenzeit ohnehin nicht voll ausgelastet ist und sich die Netzdimensionierung nach der „peak"-Nachfrage richtet, liegen die Zusatzkosten einer weiteren Leistungseinheit in der Nebenzeit nahe bei null ($MC_{peak} > MC_{off\text{-}peak}$). Auch intuitiv ist es einleuchtend, dass unter Wohlfahrtsgesichtspunkten der „*peak*"-Tarif größer als der „*off-peak*"-Tarif sein sollte. Denn da die Grenzkosten einer zusätzlichen Leistungseinheit in der Nebenzeit null betragen, sollte in der Nebenzeit soviel Nachfrage wie möglich auf das Netz geholt werden. Das geht natürlich nur über einen niedrigeren Preis. Dabei führt eine Preissenkung in der Nebenzeit aufgrund der höheren Preiselastizität der Nachfrage zu einem ungleich größeren Mengenwachstum als eine prozentual gleiche Senkung des „*peak*"-Tarifs. Umgekehrt würde eine Erhöhung des „*off-peak*"-Tarifs keine nennenswerte Senkung des „*peak*"-Tarifs ermöglichen, denn aufgrund der hohen

6 vgl. Bergstrom, T./ MacKie-Mason, J. K. (1991), Seite 246

7 Der Betrag der Steigung der Preis-Absatzfunktion (PAF) über der Mengenachse ist in der Hauptzeit kleiner als in der Nebenzeit. Dies entspricht der Erfahrung, dass die Nachfrage in Nebenzeit preiselastischer als in der Hauptzeit ist. Außerdem ist in der Hauptzeit die Zahlungsbereitschaft der Nutzer für eine gegebene Menge an Telekommunikationsdienstleistungen größer als in der Nebenzeit.

Preiselastizität der Nachfrage in der Nebenzeit würde der *„off-peak"*-Erlös kaum zunehmen.

C. Ansätze zur zeitlichen Entgeltdifferenzierung

1. Darstellung

Ein wohlfahrtsökonomisch motivierter Ansatz zur zeitlichen Entgeltdifferenzierung ist das sogenannte Ramsey-Pricing. Dieser Ansatz ist ursprünglich für den Monopolfall entworfen worden. Bei diesem Ansatz werden die Preise so gesetzt, dass bei allen separat tariffierten Diensten die Abweichungen des Preises von den Grenzkosten invers proportional zur entsprechenden Nachfrageelastitzität sind. Dies setzt voraus, dass die Kreuzpreiselastizitäten für mehrere Dienste gleich null sind (vgl. Kapitel IX: „Gemeinallokation", Abschnitt E: „Ramsey-Pricing").[8]

Ein weiterer wohlfahrtsökonomisch motivierter Ansatz ist das bereits angesprochene *„Peak-Load Pricing"*, bei dem die gesamten Netzkosten über die Spitzenlasttarife abgedeckt werden. Zur wohlfahrtsökonomischen Begründung dieses Ansatzes kann angenommen werden, dass die Nachfrage in Haupt- und Nebenzeit sowohl völlig unelastisch als auch kreuzpreisunelastisch ist. In diesem Fall spielt es für die Ausgaben bzw. die Wohlfahrtsposition des repräsentativen Nutzers keiner Rolle, wie *„peak"*- und *„off-peak"*-Tarif bemessen sind – bei jeder genau kostendeckenden Tarifkombination sind die Ausgaben stets gleich hoch. *Peak-Load-Pricing* wäre dann aus wohlfahrtsökonomischer Sicht als Mechanismus zur Gemeinkostenallokation so gut wie jeder andere. *Peak-Load Pricing* kann aber auch ohne die Annahme einer völlig unelastischen Nachfrage wohlfahrtsökonomisch begründet werden.[9] Wird von externen Effekten abstrahiert, gehört es zu den notwendigen Bedingungen für eine statisch effiziente Allokation, dass bei allen Nachfragern der Grenznutzen eines Gutes im gleichen Verhältnis zu den Grenzkosten der Leistungserstellung steht. Da die Nachfrager ihre Güternachfrager solange ausdehnen, bis der Grenznutzern bei allen Gütern im gleichen Verhältnis zum Preis steht, müssen zur Gewährleistung einer statisch effizienten Allokation sämtliche Güterpreise mit den Grenzkosten übereinstimmen. Da die Grenzkosten einer zusätzlichen Telekommunikationseinheit in der Nebenzeit gleich null sind, wird bei wie beim *Peak-load Pricing* verlangt, dass die Nachfrager für die Netznutzung in der Nebenzeit nichts zahlen sollen. Gleichzeitig soll der *„peak"*-Tarif den Grenzkosten einer zusätzlichen Leistungseinheit in der Hauptzeit entsprechen. Damit bei dieser Form des *„Marginal Cost Pricing"* die Erlöse die gesamten Kosten der Leistungserstellung decken, werden konstante Skalenerträge bei der Leistungserstellung angenommen (d.h. es sollen keine Fixkosten anfallen und die Grenzkosten sollen von der Netzkapazität unabhängig sein).[10] Dieser spezielle Fall ist durch Abbildung V-1 dargestellt.

---

8 vgl. Rupp, H.B. (1996), Seite 38
9 vgl. Laffont, J.-J./ Tirole, J. (1998), Seite 19 f.
10 vgl. Laffont, J.-J./ Tirole, J. (1998), Seite 20 f.

Anders als *Peak-Load Pricing* und *Ramsey-Pricing* ist der von der britischen Regulierungsbehörde Oftel verwendete „*Tariff-Gradient*“-Ansatz nicht durch statische Wohlfahrtsmaximierung motiviert. Vielmehr soll dieser Ansatz wettbewerbshemmenden Effekten entgegenwirken, die sich einstellen, wenn die Endkundentarife und die Zusammenschaltungstarife des marktbeherrschenden Unternehmens voneinander abweichend zeitlich differenziert sind. Zu denken ist hier insbesondere an Bestrebungen, die Zusammenschaltung an Werktagen vormittags zu verteuern, da erfahrungsgemäß Geschäftskunden ihre größte Nachfrage entfalten und gerade diese Kundengruppe von alternativen Netzbetreibern umworben wird.[11] Beim „*Tariff Gradient*“-Ansatz werden die IC-Entgelte so bestimmt, dass für jede gegebene Kategorie von *IC-Calls* (also etwa „*local interconnect*“ oder „*single tandem*“-calls) der prozentuale Abstand zum Durchschnittserlös pro Verbindungsminute auf dem Endkundenmarkt während der verschiedenen Tarifzeiten (beispielsweise „*peak*“, „*off-peak*“, „*weekend*“) der gleiche ist. So soll der Gefahr einer Preis-Kosten-Schraube vorgebeugt werden. Der „*Tariff Gradient*“-Ansatz ist eine rekursive Regel zur Schlüsselung von Gemeinkosten auf *IC-Calls*: Aus den gegebenen Endkundentarifen werden IC-Entgelte abgeleitet. Entsprechend ist bei diesem Ansatz nur dann sichergestellt, dass die IC-Entgelte nicht unter den langfristigen Zusatzkosten bzw. über den Stand-Alone-Kosten der Leistungserstellung liegen, wenn diese Bedingungen bereits von den Endkundentarifen erfüllt werden. Gelingt die Umsetzung des „*Tariff Gradient*“-Ansatzes perfekt, stimmen der *Retail Tariff Gradient* (RTG) und der *Network Tariff Gradient* (NTG) stets überein. Der RTG ist der Vektor der prozentuale Abweichung des Durchschnitterlöses pro Verbindungsminute auf dem Endkundenmarkt während der verschiedenen Tarifzeiten vom über alle Tarifzeiten aggregierten Durchschnittserlös:

$$\mathrm{RTG} = \left(\frac{P^{\mathrm{Retail}}_{\mathrm{peak}}}{P^{\mathrm{Retail}}}, \frac{P^{\mathrm{Retail}}_{\mathrm{off\text{-}peak}}}{P^{\mathrm{Retail}}} \right)$$

mit

$$P^{\mathrm{Retail}} = \frac{R^{\mathrm{Retail}}_{\mathrm{peak}} + R^{\mathrm{Retail}}_{\mathrm{off\text{-}peak}}}{Q^{\mathrm{Retail}}_{\mathrm{peak}} + Q^{\mathrm{Retail}}_{\mathrm{off\text{-}peak}}}; \qquad P^{\mathrm{Retail}}_{\mathrm{peak}} = \frac{R^{\mathrm{Retail}}_{\mathrm{peak}}}{Q^{\mathrm{Retail}}_{\mathrm{peak}}}; \qquad P^{\mathrm{Retail}}_{\mathrm{off\text{-}peak}} = \frac{R^{\mathrm{Retail}}_{\mathrm{off\text{-}peak}}}{Q^{\mathrm{Retail}}_{\mathrm{off\text{-}peak}}}$$

wobei „Q“ für die abgesetzten Mengen und „R“ für die erzielten Erlöse steht. Die Berechnung des RTG sei anhand des folgenden Zahlenbeispiels erläutert.[12]

11 Die zeitliche Entgeltdifferenzierung ist eine typische Stoßrichtung von Tarifanpassungen („*Rebalancing*“) in der Frühphase der Marktliberalisierung. Vgl. Kommission der Europäischen Gemeinschaften (Dezember 1999), Paragraph II.F.

12 vgl. Oftel (August 1997), Seite 6

(1) Erlös pro Finanzjahr

	Tagsüber	Abend u. Nacht	Wochenende	Summe
Ortsgespräche	10 Mio. £	4 Mio. £	2 Mio. £	16 Mio. £
Ferngespräche	20 Mio. £	10 Mio. £	6 Mio. £	36 Mio. £
Summe	30 Mio. £	14 Mio. £	8 Mio. £	52 Mio. £

(2) Absatzvolumina pro Finanzjahr

	Tagsüber	Abend u. Nacht	Wochenende	Summe
Ortsgespräche	5 Mrd. Min.	4 Mrd. Min.	2 Mrd. Min.	11 Mrd. Min.
Ferngespräche	7 Mrd. Min.	5 Mrd. Min.	4 Mrd. Min.	16 Mrd. Min.
Summe	12 Mrd. Min.	9 Mrd. Min.	6 Mrd. Min.	27 Mrd. Min.

(3) Durchschnittliche Erlöse pro Minute ("call values")

	Tagsüber	Abend u. Nacht	Wochenende	Gesamt
Durchschnitt Orts- und Ferngespräche	2,50 Pence/Min.	1,56 Pence/Min.	1,33 Pence/Min.	1,93 Pence/Min.

(4) Retail Tariff Gradient (RTG)

Tagsüber	Abend u. Nacht	Wochenende
1,30	0,81	0,69

Analog zur Definition des RTG ist der NTG der Vektor der prozentualen Abweichung der „*peak*"- bzw. „*off-peak*"-Tarife für IC-Calls von den über den über alle Tarifzeiten aggregierten Durchschnittsausgaben pro Verbindungsminute:

$$\mathrm{NTG} = \left(\frac{P^{IC}_{peak}}{P^{IC}}, \frac{P^{IC}_{off\text{-}peak}}{P^{IC}} \right)$$

Als Ergebnis der Entgeltkalkulation steht fest, wie hoch der Durchschnittserlös pro Leistungseinheit bei den verschiedenen Kategorien von IC-Calls ($P^{IC(i)}$ mit i=1,...,n) sein soll. Um die gewünschte Übereinstimmung von NTG und RTG zu erzielen, wird der Durchschnittserlös der verschiedenen IC-Calls mit dem RTG multipliziert:

$$\begin{pmatrix} P^{IC(1)}_{peak} & P^{IC(1)}_{off\text{-}peak} \\ P^{IC(2)}_{peak} & P^{IC(2)}_{off\text{-}peak} \\ \vdots & \vdots \\ P^{IC(n)}_{peak} & P^{IC(n)}_{off\text{-}peak} \end{pmatrix} = \begin{pmatrix} P^{IC(1)} \\ P^{IC(2)} \\ \vdots \\ P^{IC(v)} \end{pmatrix} \cdot \mathrm{RTG}$$

Nach dem gleichen Muster lassen sich auch die aus den langfristigen Zusatzkosten bzw. Stand-Alone-Kosten des Verbindungsnetzes abgeleiteten Ober- und Untergrenzen für IC-Entgelte zeitlich differenzieren, mit denen die britische Regulierungsbehörde Oftel die Preissetzungsflexibilität des regulierten Unternehmens bei der Price-Cap-Regulierung zusätzlich einschränkt (vgl. Kapitel VII: „Regulierungsansätze).

Um dem Problem der Preis-Kosten-Schraube Rechnung zu tragen, strebt Oftel nach einer möglichst hohen Übereinstimmung des NTG mit dem jeweils aktuellen RTG. Eine Herangehensweise wäre, den RTG auf der Basis der Rechnungslegung des Vorjahres

(Erlöse und Absatzmengen des jeweils vorausgegangenen Finanzjahres) zu berechnen. Bei dieser Vorgehensweise ist der erreichte Grad der Übereinstimmung von RTG und NTG jedoch unbefriedigend.[13] Um eine bessere Annäherung von RTG und NTG zu erreichen, schreibt Oftel den am Ende des jeweils vorausgegangenen Finanzjahres ermittelte RTG auf den jeweils gegenwärtigen Zeitpunkt fort. Dazu muss die Änderungsrate der Durchschnittserlöse pro Verbindungsminute („*Average Call Values*") getrennt nach Tarifzeiten („*peak*", „*off-peak*" etc) und im Gesamtdurchschnitt festgestellt werden. Das Problem dabei ist, dass im jeweils aktuellen Zeitpunkt keine Daten über die gegenwärtigen Absatzmengen zur Verfügung stehen. Daher wird bei der Abschätzung der *Average Call Values* so getan, als ob die jeweils gegenwärtig anstehende Preisänderung bereits zu Beginn des laufenden Finanzjahres vorgenommen worden sei und als ob vom Beginn des Finanzjahres bis zum gegenwärtigen Zeitpunkt die gleichen Mengen abgesetzt worden seien wie im Vergleichszeitraum des jeweils vorausgegangenen Finanzjahres. Nimmt das regulierte Unternehmen also beispielsweise zum 1. März eine Tarifänderung für Ortsgespräche vor und beginnt das Finanzjahr zum 1. Januar, so werden die Erlöse abgeschätzt, die sich ergeben hätten, wenn das Unternehmen im Zeitraum 1. Januar bis 1. März die gleichen Mengen wie im gleichen Zeitraum des vorausgegangenen Finanzjahres abgesetzt hätte und die geänderten Tarife im Zeitraum 1. Januar bis 1. März gültig gewesen wäre.[14]

2. Diskussion

a) Tarifanpassung an die Spitzenlast

Die zeitliche Differenzierung nutzungsunabhängiger Tarife setzt detaillierte Kenntnisse sowohl der Kostenfunktion als auch der Nachfragefunktionen voraus. Beides ist problematisch. So gibt es keine netzeinheitliche Spitzenlaststunde – in zentralen Geschäftsvierteln dürfte die Spitzenlast morgens auftreten, während sie in den durch Privathaushalte dominierten Vorstädten eher in die späten Nachmittag-Stunden fallen dürfte. Auch ändert sich die Spitzenlaststunde durch die Nachfrage nach neuen Telekommunikationsdienstleistungen. Durch die wachsende Nachfrage der Privathaushalte nach Internet-Zugang im Wahlverfahren könnte sich absolute Spitzenlaststunde in den Abendstunden verlagern.[15]

Schließlich kann eine zeitliche Verlagerung der Spitzenlaststunde auch durch eine Veränderung der zeitlichen Struktur der Netzzugangstarife hervorgerufen werden. Zu einem solchen „*Peak Shifting*" kommt es immer dann, wenn „*peak*"- und „*off-peak*"-Nachfrage kreuzpreiselastisch sind.[16] Dies bedeutet, das bei einer Senkung des „*off-peak*"-Tarifes die Nachfrage in der Spitzenlast-Zeit verlagert wird, während es sich bei

---

13 vgl. Oftel (Juli 1997b), Randnummer 58

14 vgl. Oftel (Oktober 1997), Randnummer 3.16. Die so ermittelte Änderung der *Average Call Values* gegenüber dem Beginn des Finanzjahres ist zugleich maßgeblich für die *Price-Cap*-Regulierung der Endkundentarife.

15 vgl. FCC (1996), Paragraph 756

16 vgl. Laffont, J.-J./ Tirole, J. (1998), Seite 22

einer Senkung des „*peak*"-Tarifs umgekehrt verhält. Wenn also aus Sicht der Nutzer die Grenzausgaben für die Netznutzung in der Nebenzeit relativ gering sind (oder gar null betragen, wie dies beim *peak-load-pricing* der Fall ist), kann sich die Spitzenlaststunde in die bisherige Nebenzeit verlagern und dort zu Kapazitätsengpässen führen. Immerhin ist das Problem des *Peak Shifting* zumindest modelltheoretisch lösbar. Immer, wenn die Nachfrage kleiner als die zur Verfügung stehende Netzkapazität ist, werden Entgelte in Höhe der kurzfristigen variablen Kosten erhoben, wohingegen die Entgelte während der (verschiedenen) Spitzenlaststunden einen jeweils gleich hohen Anteil an den langfristigen inkrementellen Kosten der Leistungserstellung decken sollen.[17]

Die genannten Schwierigkeiten bei der Antizipation des Nachfrageverhaltens betreffen jedoch nicht nur die Tarifkalkulation bei gegebenen Tarifzeiten, sondern auch die Abgrenzung der Tarifzeiten selbst. Mit Abgrenzung der Tarifzeiten ändern sich natürlich auch die IC-Entgelte. Fällt z.B. die Wahl auf *Peak-Load-Pricing*, so fallen die Tarife anders aus, wenn die Zeit mit dem maximalen Verkehrsaufkommen nach einer Aufteilung des Tages in Abschnitte von je zwei Stunden oder nach einer Aufteilung in Abschnitte von einer Stunde identifiziert wird. Ähnliches gilt für den „*Tariff Gradient*"-Ansatz: Die Beträge der errechneten Durchschnittserlöse pro Verbindungsminute bei den diversen Kategorien von IC-Calls hängen davon ab, welche Tageszeiten zu einer Tarifzeit zusammengefasst werden. So könnte beispielsweise der „*off-peak*"-Tarif an Werktagen bereits ab 18:00 Uhr oder erst ab 21:00 Uhr gelten; am Wochenende könnte, als weiteres Beispiel, ein spezieller „*weekend*"-Tarif geschaffen werden, oder die Netznutzung am Wochenende könnte zum „*off-peak*"-Tarif abgerechnet werden. Speziell bei der zeitlichen Differenzierung von IC-Calls sind die Wechselwirkungen zur Endkundennachfrage nur schwer einzuschätzen – die IC-Entgelte beeinflussen natürlich ihrerseits das Niveau der Endkundentarife und damit auch das Aussehen der Tageslastkurve.

b) Allokation von Prognoserisiken

Bei rein nutzungsabhängigen Tarifen trägt der Leistungsanbieter grundsätzlich das Risiko, dass sich seine Prognose des künftigen Bedarfs an Netzkapazität im Nachhinein als falsch erweist. Instrumente zur Verlagerung des Prognoserisikos auf den nachfragenden Netzbetreiber sind im Bereich der Netzzusammenschaltung Mindestverkehrsgarantien, die alternative Netzbetreiber bei Nachfrage eines zusätzlichen Netzübergangs gegenüber dem *Incumbent* abgeben müssen (vgl. Kapitel III: „Entgeltdifferenzierung nach Quelle und Senke", Abschnitt B), und im Endkundenbereich der bereits diskutierte Zwei-Stufen-Tarif.

Anders sieht es hingegen bei nutzungsunabhängigen Tariffierungsansätzen aus, bei denen der Leistungsnachfrager einer Nutzungsbeschränkung unterworfen ist. Im Bereich der vermittelten Leistungen ist *Capacity Based Charging* ein Beispiel für einen derarti-

17 vgl. Mittchell, B. M./ Vogelsang, I. (1991) Seite 40 f.

gen Tariffierungsansatz. Hier hat der Leistungsanbieter nicht nur einen sicheren Einnahmestrom, sondern weiß ex ante genau, mit welcher Netznutzung er maximal zu rechnen hat. Die Prognoserisiken sind hier also auf die Leistungsnachfrager verlagert. Entsprechend kann sich der Leistungsanbieter – eben weil das Prognoserisiko bei den Nutzern liegt – bei nutzungsunabhängigen Tariffierungsmodellen mit einem geringeren Erlöserwartungswert (mit einer geringeren Risikoprämie) zufrieden geben. Auch schränkt der *Incumbent* die Preissetzungsflexibilität seiner Wettbewerber auf dem Endkundenmarkt nicht ein. Entsprechend begünstigen Tariffierungsansätze wie das *Capacity Based Charging* vor allem solche Netzbetreiber, die ihren Bedarf an Terminierungs- und Zuführungsleistungen relativ genau prognostizieren können. Durch Prognosegenauigkeit vermeiden diese Netzbetreiber die Zahlung von Pönalen für Überlaufverkehr[18] sowie für Leerkosten nicht in Anspruch genommener Netzkapazitäten.

Andererseits haben alternative Netzbetreiber auf einem erst seit kurzem liberalisierten oder noch zu liberalisierenden Markt wenig bzw. keine Erfahrungen mit dem Nachfrageverhalten der Endkunden. Entsprechend schwer dürfte es ihnen fallen, ihren künftigen Bedarf an Netzkapazitäten zu prognostizieren. Unter Prognosezwang werden sich Markteintreter tendenziell genötigt sehen, beim *Incumbent* mehr Netzkapazitäten zu bestellen als sie vermutlich benötigen, mit damit einhergehender volkswirtschaftlicher Ineffizienz.[19] Dies spricht dafür, in der Frühphase der Marktliberalisierung das Prognoserisiko eher beim *Incumbent* zu belassen und diesem im Gegenzug etwas höhere IC-Entgelte zuzugestehen.[20]

c) Preis-Kosten-Schraube

Mit „Preis-Kosten-Schraube" ist die Gefahr gemeint, dass Markteintreter vom *Incumbent* durch eine geeignete zeitliche Differenzierung der IC-Entgelte aus dem Markt gedrängt werden. Eine Preis-Kosten-Schraube ist insbesondere dann zu befürchten, wenn das *Incumbent*-Unternehmen auf dem Endkundemarkt marktbeherrschend ist und seine Endkundentarife und Zusammenschaltungsentgelte nach anderen Kriterien zeitlich differenziert.

Ob ein alternativer Netzbetreiber in eine Preis-Kosten-Schraube gerät, hängt von der Art seines Leistungsangebots ab. Ein und dasselbe Vorprodukt wird von den alternativen Netzbetreibern für unterschiedliche Endprodukte benötigt, bei denen die Wettbewerbssituation nicht miteinander zu vergleichen ist. Ein Beispiel hierfür sind Zuführungs- und Terminierungsleistungen als Vorprodukt sowohl für *Internet Service Provider* (ISP) als auch für klassische Anbieter von Sprachtelefondienst. Führt beispielsweise der Incumbent beim *Internet-Dial-In* eine *Flat Rate* ein, müssen konkurrierende ISP nachziehen, um konkurrenzfähig zu bleiben. Da eine *Flat Rate* jedoch die Endkunden sehr stark zu zusätzlicher Netznutzung animiert, besteht die Gefahr, dass den alternati-

---

18 Überlaufverkehr ist Verkehr, der über die reservierte Kapazität hinausgeht.
19 Kommission der Europäischen Gemeinschaften (Juli 1997)
20 Kommission der Europäischen Gemeinschaften (Juli 1997)

von Netzbetreibern die Kostenbelastung durch verbindungsdauer-abhängig abgerechnete IC-Entgelte aus dem Ruder läuft.[21] Eine Tarifstruktur, die dem Problem der Preis-Kosten-Schraube aus Sicht aller alternativen Netzbetreiber hinreichend Rechnung trägt, dürfte es daher nur in den seltensten Fällen geben.

Schließlich hängt die Relevanz der Preis-Kosten-Schraube auch davon ab, wie stark der Wettbewerb bei der jeweils betrachteten Kategorie von *IC-Calls* ausgebildet ist. Nur wenn der Wettbewerb nicht funktioniert, sollten die Tarife mittels „*Tariff Gradient*"-Ansatz an die Tarife für Sprachtelefondienst gebunden werden.[22] Die britische Regulierungsbehörde Oftel verlangt, dass bei allen Verbindungsleistungen (nationale und internationale Gespräche) NTG und RTG nicht wesentlich voneinander abweichen dürfen.[23] Geringfügige Abweichungen von RTG und NTG werden demgegenüber von Oftel hingenommen. Denn perfekte Übereinstimmung von RTG und NTG würde eine ständige Neuberechnung des RTG notwendig machen.[24] Jedoch lässt sich vollständige Übereinstimmung von RTG und NTG nicht erreichen: der jeweils aktuelle RTG lässt sich nur abschätzen, nicht aber präzise ermitteln, denn die für die RTG-Ermittlung notwendigen Inputdaten stehen erst zeitverzögert zur Verfügung. Aber selbst wenn sich der RTG genau ermitteln ließe, würde vollständige Übereinstimmung von RTG und NTG ständige Anpassungen des NTG voraussetzen. Dies würde für Planungsunsicherheit in Bezug auf die IC-Entgelte sorgen, und zwar nicht nur beim entgeltregulierten Unternehmen selbst, sondern auch bei den alternativen Anbietern.[25] Außerdem kann der RTG auch geographisch variieren; um RTG und NTG zur Übereinstimmung zu bringen, müsste der NTG für Regionen mit unterschiedlicher Struktur der Nachfrage nach Telekommunikationsdienstleistungen getrennt erfasst werden.[26] Zudem ändert sich der RTG im Zeitablauf auch ohne dass das regulierte Unternehmen Tarifänderungen vornimmt. Dies liegt daran, dass der RTG von der relativen Verteilung der nachge-

---

21 vgl. Neu, W. (Mai 2000), Seite 1

22 vgl. Oftel (Juli 1997b), Randnummer 57. Neben das ökonomische Argument tritt speziell im deutschen Regulierungskontext eine rechtliche Argumentation. Diese stützt sich auf die Netzzugangsverordnung (NZV). Gemäß § 7 Abs. 1 Satz 1 der Netzzugangsverordnung „dürfen durch die Entgeltmaßnahme andere Unternehmen in ihren Wettbewerbsmöglichkeiten nicht ungerechtfertigt beeinträchtigt werden" [...] "soweit Änderungen von Entgelten für Telekommunikationsdienstleistungen beantragt werden, die Kostenbestandteile enthalten, die sowohl für Leistungsangebote im Rahmen von besonderen Netzzugängen als auch für andere Telekommunikationsdienstleistungen wesentlich sind." Was für die Entgeltänderungen gilt, muss für die erstmalige Genehmigung von IC-Entgelten erst recht gelten. Auf § 7 NZV lässt sich also die Forderung ableiten, dass ausgehend von den durchschnittlichen Kosten eines *IC-Calls* die zeitliche Differenzierung der Entgelte nach dem gleichen Algorithmus vorzunehmen ist, nach dem auch ausgehend von den durchschnittlichen Kosten der Endkundenleistung die Endkundentarife zeitlich differenziert werden. Welcher Algorithmus bei den Endkundentarifen zur Anwendung kommt, kann dabei dahingestellt bleiben.

23 vgl. Oftel (November 1998), Randnummer 14

24 vgl. Oftel (Oktober 1997), Randnummer 3.16

25 vgl. British Telecom (August 1997a), Randnummer 1.31

26 vgl. Oftel (November 1998), Randnummer 10

fragten Verkehrsmengen abhängt, und diese Verteilung nicht allein durch die Endkundentarife des *Incumbent* determiniert ist.[27]

d) Behinderung von Tarifinnovationen

Ein weiteres grundsätzliches Problem ist, dass eine auf Vermeidung von Preis-Kosten-Schrauben ausgerichtete Tarifstruktur beim besonderen Netzzugang Tarifinnovationen behindert. Hier besteht ein Zielkonflikt: Einerseits wird dem Ziel der Vermeidung von Preis-Kosten-Schrauben am ehesten Rechnung getragen, wenn bei den IC-Entgelten genau die gleiche Unterteilung der Tarifzeiten zugrunde gelegt wird, die der *Incumbent* auch auf dem Endkundenmarkt anwendet. Andererseits werden durch die genaue Abbildung der Endkunden-Tarifzeiten des *Incumbent* auf die IC-Entgelte Tarifinnovationen der Wettbewerber auf dem Endkundenmarkt behindert. Während also die Vermeidung von Preis-Kosten-Schrauben eines der wesentlichen Argumente zugunsten des „*Tariff Gradient*"-Ansatzes ist, ist zugleich die Behinderung von Tarifinnovationen eines der wesentlichen Argumente dagegen: Beim „*Tariff Gradient*"-Ansatz wird es für Wettbewerber des *Incumbent* schwieriger, auf dem Endkundenmarkt eine innovative, von der Tarifstruktur des *Incumbent* abweichende Tarifstruktur umzusetzen.[28] Einen ähnlichen Zielkonflikt gibt es bei der Abgrenzung von Tarifzeiten: Mit Blick auf die Problematik von Preis-Kosten-Schrauben empfiehlt es sich, die Zeitintervalle, in denen „peak"- und „off-peak"-Tarife angewendet werden, bei IC-Entgelten ebenso gegeneinander abzugrenzen wie die Endkundentarife des *Incumbent*. Im Hinblick auf das Kriterium „Behinderung von Tarifinnovationen" kann jedoch etwas anders gelten. Auch hier wird die Analyse dadurch erschwert, dass die betriebswirtschaftlichen Auswirkungen unterschiedlicher Abgrenzungen von Tarifzeiten von Anbieter zu Anbieter unterschiedlich sein können.

---

27 vgl. Oftel (Oktober 1997), Randnummer 3.18. Umgekehrt ist Konstanz des RTG bei Änderungen der Endkundentarife kein hinreichender Beleg dafür, daß die Änderungen der Endkundentarife nicht wettbewerbsverdrängend wirkt. Wettbewerbsverdrängend könnten beispielsweise Änderung der für die Endkundenabrechnung maßgeblichen Leistungseinheiten sein, also etwa die Einführung von *Call Set-up-Charges* auf dem Endkundenmarkt oder die Einführung kapazitätsorientierter Tarifschemata auf dem Endkundemarkt. Gleichwohl ändert sich in solchen Fällen der RTG kaum; vgl. Oftel (Oktober 1997), Randnummer 3.19.

28 vgl. Oftel (Dezember 1994), Randnummer 14.3

TEIL 2:
BEMESSUNG VON IC-ENTGELTEN

VI. ENTGELTBESTANDTEILE

Weitgehend unumstritten ist, dass Zusammenschaltungsentgelte kostenorientiert sein sollten. Diese Forderung wird in aller Regel durch den Kostenmaßstab der „langfristigen Zusatzkosten der effizienten Leistungsbereitstellung zuzüglich eines angemessenen Gemeinkostenzuschlages" konkretisiert. In Abschnitt A. dieses Kapitels wird dieser Kostenmaßstab näher erläutert. Dabei geht es vor allem um den Gemeinkostenbegriff sowie um die Beurteilung des Kostenmaßstabes im Hinblick auf das Regulierungsziel einer effizienten Ressourcenallokation. Darauf aufbauend wird in Abschnitt B. der Begriff der „effizienten Leistungserstellung" interpretiert. In Abschnitt C. wird schließlich untersucht, inwieweit über die Kosten der effizienten Leistungsbereitstellung hinaus weitere Entgeltbestandteile – insbesondere „Altlasten" und „Access Deficit Contributions" in die IC-Entgelte eingehen sollten.

A. KOSTENMAßSTAB

Die langfristigen Zusatzkosten („*Long Run Incremental Costs*", LRIC) zuzüglich Gemeinkostenaufschlag sind unter anderem in Deutschland[1], Frankreich, Großbritannien (ab 1.10.1997)[2], den USA[3] und Australien[4] der für die Regulierung von IC-Entgelten vorgegebene Kostenmaßstab. Dies spiegelt die Auffassung wieder, dass dieser Kostenmaßstab besser als andere eine effiziente Ressourcenallokation gewährleistet. Als alternative Kostenmaßstäbe kommen insbesondere Vollkosten (vgl. Kapitel XIII: „Kostenrechnung auf Basis der Finanzbuchhaltung") und Opportunitätskosten (vgl. Kapitel X: „Zuschlüsselung von Gemeinkosten", Abschnitt B.4 „Efficient Component Pricing Rule") in Betracht.

---

1 Gemäß § 24 des deutschen Telekommunikationsgesetzes (TKG) haben sich Entgelte an den Kosten der effizienten Leistungsbereitstellung zu orientieren. Dies gilt sowohl für besondere wie auch für allgemeine Netzzugänge. § 3 Abs. 2 TEntgV konkretisiert, dass sich die Kosten der effizienten Leistungsbereitstellung „aus den langfristigen inkrementellen Kosten der Leistungsbereitstellung und einem angemessenen Zuschlag für leistungsmengenneutrale Gemeinkosten (...) ergeben."

2 Die Bestimmungen zum anzuwendenden Kostenmaßstab finden sich in den Lizenzen der regulierten Netzbetreiber. Ursprünglich bestimmte Paragraph 15.5A.3 der Lizenz der British Telecom (BT), dass ihre Entgelte für die Übertragung von Verkehr die historische Vollkosten abdecken sollten.

3 Der *US Telecommunications Act of 1996* verlangt, dass die Entgelte für Netzzusammenschaltung und Zugang zu entbündelten Netzelementen kostenorientiert und nichtdiskriminierend sein müssen sowie einen angemessenen Gewinn enthalten dürfen. Die FCC hat entschieden, dass die bundesstaatlichen Aufsichtsbehörden („*Public Utility Commissions*") die Entgelte für Netzzusammenschaltung und Zugang zu entbündelten Netzelementen auf der Basis der *Total Element Long Run Incremental Costs* (TELRIC) der lokalen Netzgesellschaften, zuzüglich eines angemessen Zuschlages für *joint costs* und *common costs* festsetzen sollen [vgl. FCC (1996a)].

4 vgl. AUSTEL (1991), Seite 82

1. Abgrenzung von Kosten und Aufwand

Kosten sind der bewertete Verzehr von Produktionsfaktoren, die für den betrieblichen Leistungsprozeß erforderlich sind. Aufwand ist demgegenüber die in der Finanzbuchhaltung erfaßte Verminderung des bilanziellen Nettovermögens in einer Rechnungsperiode. Dabei sind folgende Fälle zu unterscheiden:

- *Fall „Aufwand, aber nicht Kosten":* Dieser als „neutral" bezeichnete Aufwand ist nicht durch betrieblichen Leistungsprozeß in der jeweiligen Rechnungsperiode verursacht und wird in betriebsfremden, außerordentlichen und bewertungsbedingten Aufwand untergliedert.[5]
- *Fall „Aufwand und zugleich Kosten":* Dieser Ressourcenverzehr wird als „Grundkosten" oder „Zweckaufwand" bezeichnet.
- *Fall „Kosten, aber kein Aufwand":* Dieser als „kalkulatorische Kosten" bezeichnete Ressourcenverzehr untergliedert sich in Anderskosten und Zusatzkosten.[6] Anderskosten fallen an, wenn derselbe Ressourcenverzehr zu Aufwand und Kosten in unterschiedlicher Höhe führt. Ein Beispiel für Anderskosten sind der Differenzbetrag zwischen kostenrechnerischen und bilanziellen Abschreibungen. Im Falle Zusatzkosten gibt es überhaupt keinen korrespondierenden Aufwand. Beispiele hierfür sind kalkulatorische Zinsen auf das eingesetzte Eigenkapital und kalkulatorische Abschreibungen auf Anlagen, die bilanziell bereits voll abgeschrieben sind.

2. Begriff der inkrementellen Kosten

Inkrementelle (d.h. „zusätzliche") Kosten sind Kosten, die aufgrund der Bereitstellung einer bestimmten Menge eines Gutes („Inkrement") zusätzlich anfallen bzw. die ein Netzbetreiber langfristig vermeiden könnte, wenn er auf die Bereitstellung des Gutes verzichten würde („*avoided costs*" bzw. bei technisch effizienter Produktion: „*avoidable costs*").[7] Formal ausgedrückt: Kostet die simultane Bereitstellung zweier Inkremente A und B den Betrag SAC(A,B) (mit „SAC" als Abkürzung für „*Stand-Alone Costs*"), während die isolierte Bereitstellung von A jedoch nur der Betrag SAC(A,0) und die isolierte Bereitstellung von B den Betrag SAC(0,B) kostet, so betragen die inkrementellen Kosten von A bzw. B:

---

5 Ein Beispiel für bewertungsbedingten neutralen Aufwand sind die Abschreibungen auf Immobilienvermögen in Höhe von rund 2,5 Mrd. Euro, die die Deutsche Telekom AG im ersten Quartal 2001 vorgenommen hat. Dem vorausgegangen waren erhebliche Zuschreibungen auf das Immobilienvermögen im Zuge der Umwandlung der DBP Telekom in die heutige Deutsche Telekom AG und der damit verbundenen Umstellung der vormals kameralistischen Buchführung. Mit diesen Zuschreibungen wurde seinerzeit die notwendige Herabsetzung des Wertansatzes des Telekommunikationsnetzes kompensiert.

6 vgl. Gabler Wirtschaftslexikon (1993), Stichwort „kalkulatorische Kosten"

7 vgl. Europäische Kommission (1997a), Glossar

$$\mathrm{LRIC}_{(0,B)}(A) = \mathrm{SAC}(A,B) - \mathrm{SAC}(0,B)$$
$$\mathrm{LRIC}_{(A,0)}(B) = \mathrm{SAC}(A,B) - \mathrm{SAC}(A,0)$$

Der Betrag der inkrementellen Kosten variiert natürlich mit der Größe des Inkrements; beispielsweise betragen die inkrementellen Kosten eines einzelnen Telefonats über ein bereits existierendes Telekommunikationsnetz näherungsweise null.[8] Falls es sich bei dem betrachteten Inkrement um eine marginal kleine Menge handelt, so ist statt von inkrementellen Kosten üblicherweise von Grenzkosten die Rede.

Für die Kalkulation von IC-Entgelten bzw. für Deckungsbeitragsrechnungen können zwei Kategorien von Inkrementen relevant sein, nämlich Teile des Portfolios an Telekommunikationsdienstleistungen („dienstbezogene" oder „outputbezogene" Abgrenzung von Inkrementen) und Teile des Telekommunikationsnetzes („netzbezogene" oder „inputbezogene" Abgrenzung von Inkrementen) (vgl. Kapitel VIII: „Abgrenzung von Inkrementen"). Ein typisches Beispiel für eine inputbezogene Abgrenzung von Inkrementen ist die Unterteilung des Telekommunikationsnetzes in das Verbindungsnetz auf der einen und das Teilnehmernetz auf der anderen Seite.[9] Bei outputbezogener Abgrenzung geht es in der Regel um diejenigen Dienste, die das Unternehmen den Endkunden als allgemeinen Netzzugang oder anderen Anbietern von Telekommunikationsdienstleistungen als besonderen Netzzugang anbietet. In Frage kommen aber auch Dienste, die von einzelnen Unternehmensbereichen (z.B. dem Fuhrpark) lediglich innerbetrieblich bereitgestellt werden.

3. Begriff der Langfristigkeit

Ob Kosten variabel oder fix sind, hängt von der Dauer des Betrachtungszeitraumes ab. Von einem „langfristigen" Betrachtungszeitraum soll gesprochen werden, wenn das Unternehmen mindestens solange fortgeführt wird, bis alle gegenwärtig getroffenen Entscheidungen keine zusätzlichen Kosten verursachen; dazu gehört beispielsweise, dass die Laufzeit bzw. Kündigungsfrist aller bislang geschlossenen Verträge abgelaufen und sämtliche bislang gekauften Anlagen ökonomisch abgeschrieben sind (vgl. hierzu Kapitel XIV: „Abschreibungen"). „Langfristig" sind also sämtliche Kosten variabel; Fixkosten gibt es nur bei einer „kurzfristigen" Betrachtung.[10] Entsprechend wird eine kurzfristige Kostenfunktion hergeleitet, indem die Einsatzmenge der kurzfristig fixer Produktionsfaktoren als Datum angenommen wird. Jeder denkbaren Ausstattung mit kurzfristig fixen Produktionsfaktoren kann ein kurzfristige Kostenfunktion zugeordnet werden. Die langfristige Kostenfunktion hingegen ergibt sich, wenn unterstellt wird, dass jede Kombination von Inkrementen (Dienste oder Netzkomponenten) je-

---

8 vgl. FCC (1996), Randnummer 675

9 Bei der Kalkulation von Entgelten (bzw. Entgeltober- und -untergrenzen) für einzelne Telekommunikationsdienstleistungen werden die langfristigen Zusatzkosten bzw. die Stand-Alone-Kosten der jeweils betrachteten Gesamtheit von Netzkomponenten auf die mit dieser Gesamtheit erstellten Dienstleistungen aufgeschlüsselt.

10 vgl. beispielsweise FCC (1996), Randnummer 678

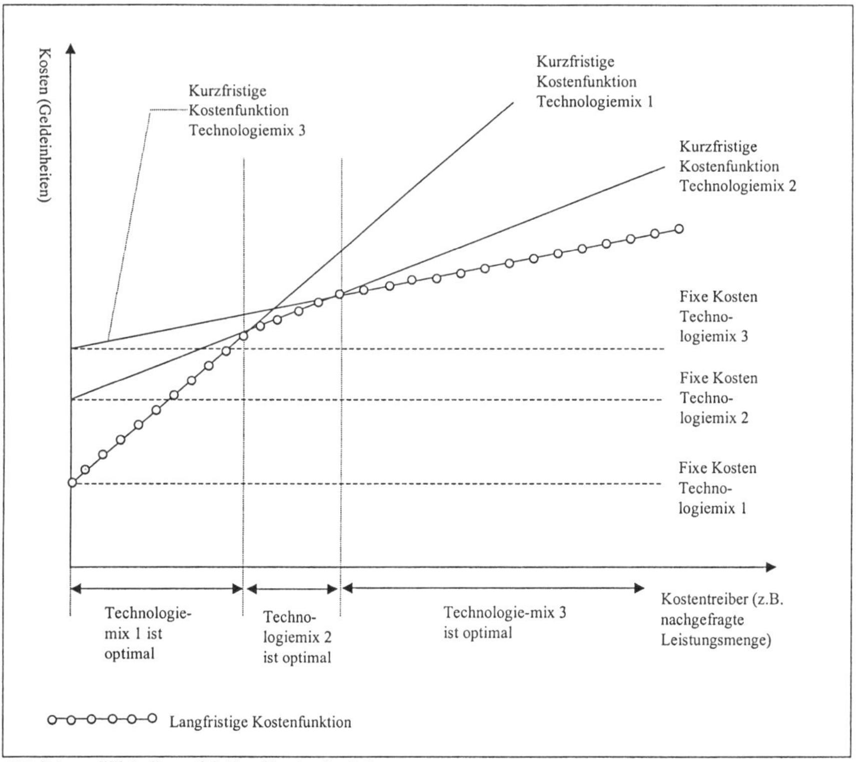

Abbildung VI-1: Langfristige Kostenfunktion

weils mit der kostenminimierenden Kombination variabler und kurzfristig fixer Produktionsfaktoren bereitgestellt wird. Die Verwendung langfristiger inkrementeller Kosten als Kostenmaßstab bei der Kalkulation von IC-Entgelten bedeutet also, dass (1.) auch kurzfristig fixe Kosten in die IC-Entgelte eingehen und (2.) die simultane Optimierung der variablen und kurzfristig fixer Produktionsfaktoren unterstellt wird (vgl. hierzu auch Abschnitt B. „Effizienzbegriff").

4. Begriff der Gemeinkosten

Gemeinkosten („*Common Costs*") fallen an, wenn die simultane Bereitstellung zweier Inkremente A und B kostengünstiger als die isolierte Bereitstellung ist:

$$CC_{(0,0)}(A,B) = [SAC(A,0) + SAC(0,B)] - SAC(A,B)$$

$$\Leftrightarrow \quad CC_{(0,0)}(A,B) = SAC(A,B) - [LRIC_{(0,B)}(A) + LRIC_{(A,0)}(B)]$$

Mit anderen Worten: Gemeinkosten entsprechen dem Kostenvorteil bei simultaner Bereitstellung mehrerer Inkremente.[11] Aus der Definitionsgleichung für Gemeinkosten geht auch hervor, dass die *Stand-Alone*-Kosten eines Inkrements der Summe aus langfristigen Zusatzkosten des Inkrementes und Gesamtbetrag der Gemeinkosten entsprechen:

$$LRIC_{(0,B)}(A) + CC_{(0,0)}(A,B) = SAC(A,0)$$

$$LRIC_{(A,0)}(B) + CC_{(0,0)}(A,B) = SAC(0,B)$$

Gemeinkosten haben ihre Ursache im Auftreten von *Economies of Scale* und *Economies of Scope*.

a) Economies of scale

Economies of Scale („Größenvorteile") treten bei simultaner Bereitstellung von Inkrementen auf, die quantitativ aggregierbar sind und daher zu einem übergeordneten Inkrement zusammengefasst werden können. Beispielsweise kann bei vermittelten Leistungen zwischen „Ortsgesprächen" (Inkrement ΔX_1) und „Ferngesprächen" (Inkrement ΔX_2) unterschieden werden. Der Absatz an Fern- und Ortsgesprächen lässt sich in Verbindungsminuten pro Jahr messen und zum Absatz an vermittelten Leistungen ($\Delta X = \Delta X_1 + \Delta X_2$) aggregieren. *Economies of Scale* können aus Nachfragewachstum oder horizontaler Integration herrühren.[12] Formal ausgedrückt, liegen *Economies of Scale* vor wenn[13]

$$SAC(X,Y) < SAC(\Delta X_1, Y) + SAC(\Delta X_2, Y)$$

Weitere Beispiele sind die Bereitstellung desselben Dienstes für verschiedene Kundengruppen, etwa Geschäftskunden (Inkrement ΔX_1) und Privatkunden (Inkrement ΔX_2) oder die Bereitstellung von Sprachtelefondienst in der „*Peak*"-Zeit und der „*Off-Peak*"-Zeit[14] (vgl. Kapitel V: „Zeitliche Entgeltdifferenzierung"). Gleichbedeutend mit dieser Definition ist, dass bei Vorliegen von Größenvorteilen die Kosten pro bereitgestellter Gütereinheit abnehmen, wenn die Bereitstellungsmenge des Gutes erhöht wird:[15]

$$\frac{\partial\left(\frac{SAC(X,Y)}{X}\right)}{\partial X} < 0$$

11 In der amerikanischen Literatur wird mitunter zwischen *Common Costs* und *Joint Costs* unterschieden. *Joint Costs* sind Gemeinkosten, deren Betrag sich nicht ändert, solange das *Verhältnis* der bereitgestellten Inkremente unverändert bleibt. *Common Costs* sind demgegenüber Gemeinkosten, deren Betrag sich auch dann ändert, wenn das Verhältnis der bereitgestellten Inkremente verändert wird. *Joint Costs* können also variabel in Bezug auf die Menge eines einzelnen Inkrements sein. *Joint Costs* treten natürlich insbesondere dann auf, wenn das Verhältnis der Inkremente überhaupt nicht frei wählbar, sondern fest vorgegeben ist (Kuppelproduktion). Die Abkürzung CC (für „*Common Costs*") wird aber im Folgenden auch für *Joint Costs* verwendet. Vgl. FCC (1996), Paragraph 676.

12 vgl. Spulber, D.F. (1989), Seite 113

13 vgl. Welfens, P.J.J./ Graack, C. (1996), Seite 100

14 vgl. Spulber, D.F. (1989), Seite 116

15 vgl. Dichtl. E./ Issing, O (1987), Stichwort: „Skaleneffekte"

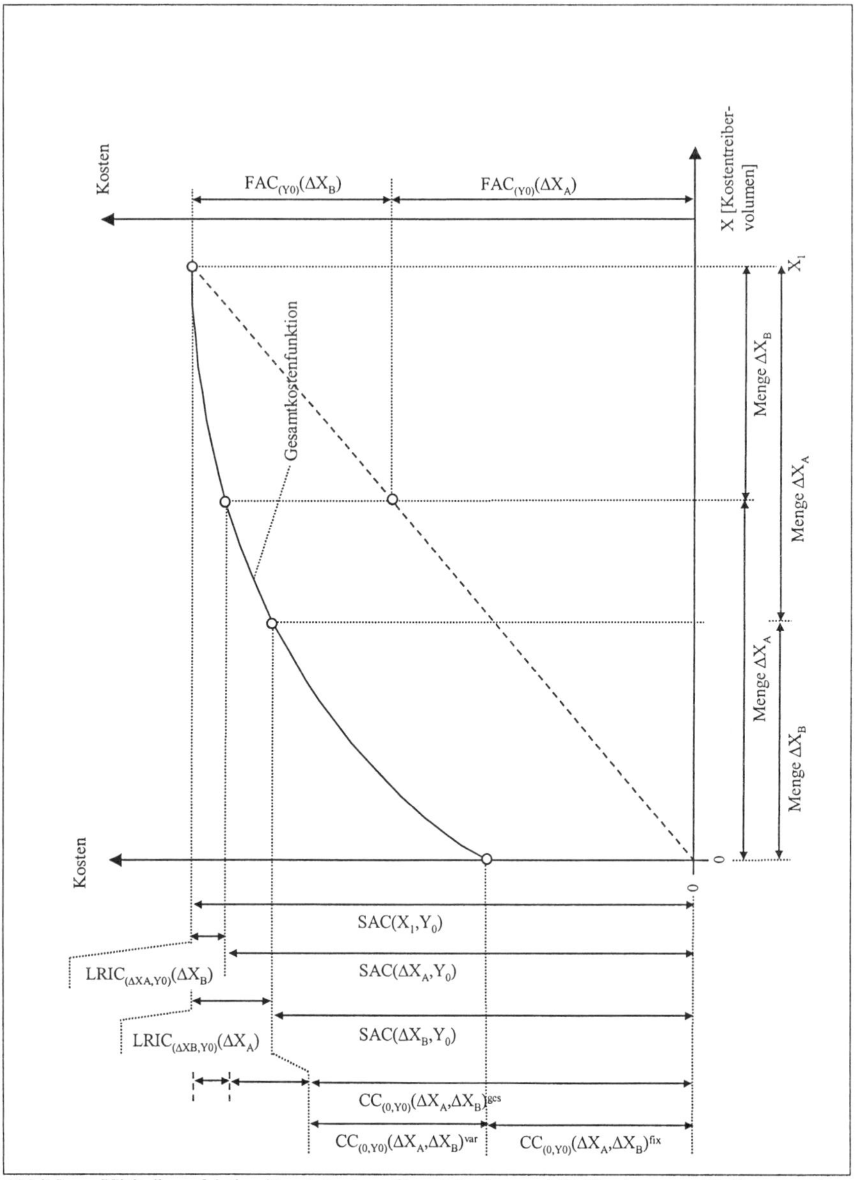

Abbildung VI-2: Langfristige Zusatzkosten, Gemeinkosten und Vollkosten quantitativ aggregierbarer Inkremente Vgl. British Telecom (November 1997b) Seite 12

Offensichtlich sind dann auch die Durchschnittskosten stets größer als die Grenzkosten. Dies bedeutet, dass bei einer Erhöhung der Ausbringungsmenge die Gesamtkosten nur unterproportional ansteigen (die *Cost Volume Elasticity* ist kleiner als eins) und die Gesamtkostenfunktion somit einen degressiv steigenden Verlauf hat. Jeweils hinreichende Bedingungen für das Auftreten von Größenvorteilen sind:

a) Die Gesamtkosten der Erstellung des jeweils betrachteten Gutes sind fix, was mit Grenzkosten von null gleichbedeutend ist:

$$\frac{\partial SAC(X,Y)}{\partial X} = 0$$

b) Die Grenzkosten der Güterbereitstellung sind positiv, nehmen jedoch mit zunehmender Ausbringungsmenge ab:

$$\frac{\partial SAC(X,Y)}{\partial X} > 0 \quad \text{und} \quad \frac{\partial^2 SAC(X,Y)}{\partial X^2} < 0$$

Würde beispielsweise die getrennte Erhöhung der Netzkapazität für Ortsgespräche in Region A (Inkrement ΔX_A) 5 Geldeinheiten und Region B (Inkrement ΔX_B) 3 Geldeinheiten kosten, während die simultane Erhöhung nur 6 Geldeinheiten kostet, so betragen die Gemeinkosten des Netzausbaus in den Regionen A und B 5 + 3 - 6 = 2 Geldeinheiten. Formal ausgedrückt: Die Kosten der Erhöhung der Ausbringungsmenge eines Gutes von X_0 auf X_1 (bei simultaner Bereitstellung der Menge Y_0 eines anderen Gutes):

$$LRIC_{(X0,Y0)}(\Delta X) = SAC(X_1, Y_0) - SAC(X_0, Y_0)$$

mit

$$\Delta X = X_1 - X_0 = \Delta X_A + \Delta X_B$$

lassen sich in langfristige Zusatzkosten und Gemeinkosten der Teilmengen ΔX_A und ΔX_B mit zerlegen:

$$LRIC_{(X0,Y0)}(\Delta X) = LRIC_{(X0,Y0)}(\Delta X_A) + LRIC_{(X0,Y0)}(\Delta X_B) + CC_{(X_0,Y_0)}(\Delta X_A, \Delta X_B)$$

wobei

$$LRIC_{(X0,Y0)}(\Delta X_A) = SAC(X_0 + \Delta X_A, Y_0) - SAC(X_0, Y_0)$$
$$LRIC_{(X0,Y0)}(\Delta X_B) = SAC(X_0 + \Delta X_B, Y_0) - SAC(X_0, Y_0)$$
$$CC_{(X0,Y0)}(\Delta X_A, \Delta X_B) = \\ = [LRIC_{(X0,Y0)}(\Delta X_A) + LRIC_{(X0,Y0)}(\Delta X_B)] - LRIC_{(X0,Y0)}(\Delta X)$$

Außerdem lassen sich die Kosten der Erhöhung der Ausbringungsmenge eines Gutes von X_0 auf X_1 (bei simultaner Bereitstellung der Menge Y_0 eines anderen Gutes):

$$LRIC_{(X0,Y0)}(\Delta X) = SAC(X_1, Y_0) - SAC(X_0, Y_0)$$

in einen *fixen und einen variablen Bestandteil* unterteilen:

variable Kosten: $SAC(X_1, Y_0) - SAC(X_0 + dX, Y_0)$

fixe Kosten: $SAC(X_0 + dX, Y_0) - SAC(X_1, Y_0)$

Fixkosten liegen mithin vor, wenn die Gesamtkostenfunktion an einer Stelle $X=X_0$ eine Sprungstelle aufweist. Diese allgemeine Darstellung umfaßt sowohl den Standardfall, dass Fixkosten bereits ab der ersten bereitgestellten Gütereinheit anfallen ($X_0=0$), als auch den Spezialfall sprungfixer Kosten ($X_0>0$). Bei den Fixkosten handelt es sich ausschließlich um Gemeinkosten; Fixkosten und fixe Gemeinkosten der Teilmengen ΔX_A und ΔX_B sind identisch:

$$CC^{fix}_{(X0,Y0)}(\Delta X_A, \Delta X_B) = SAC(X_0 + dX, Y_0) - SAC(X_0, Y_0)$$

Aus der Bedingung für die Existenz von Gemeinkosten bei simultaner Bereitstellung von ΔX_A und ΔX_B:

$$CC_{(X0,Y0)}(\Delta X_A, \Delta X_B) > 0$$

$$\Leftrightarrow \quad LRIC_{(X0,Y0)}(\Delta X_A) + LRIC_{(X0,Y0)}(\Delta X_B) > LRIC_{(X0,Y0)}(\Delta X)$$

lässt sich anhand des Spezialfalles $\Delta X_A = \Delta X_B$ als hinreichende Bedingung für die Existenz variabler Gemeinkosten ableiten, dass die Grenzkosten mit zunehmender Ausbringungsmenge abnehmen:

$$\frac{\partial^2 SAC(X, Y_0)}{\partial X^2} < 0$$

b) Economies of Scope

Verbundvorteile (synonym: *Economies of Scope,* Synergien) treten auf, wenn die simultane Bereitstellung quantitativ nicht aggregierbarer Inkremente weniger kostet als die getrennte Bereitstellung:[16]

$$SAC(X, Y) < SAC(0, Y) + SAC(X, 0)$$

Ein Beispiel für solche quantitativ nicht aggregierbaren Inkremente sind „vermittelte Leistungen" und „Mietleitungen"; der Absatz an vermittelten Leistungen wird in Verbindungsminuten pro Jahr gemessen, während der Absatz an Mietleitungen in Bandbreite (verkaufte Gbit/s pro Jahr) ausgedrückt wird. Ein weiteres Beispiel ist die simultane Bereitstellung von Teilnehmeranschlussleitungen und Verbindungsleistungen (als Oberbegriff für vermittelte Leistungen und Mietleitungen).
Keine Verbundvorteile liegen dementsprechend vor, wenn die Kostenfunktion additiv separabel, d.h. in der Form

$$SAC(X, Y) = f_X(X) + f_Y(Y)$$

darstellbar ist („*non-joint technology*").[17]

Auch die Kosten der simultanen Erhöhung der Ausbringungsmenge verschiedener Güter lassen sich in einen *fixen und einen variablen Bestandteil* unterteilen. Zur Illustration seien beispielhaft die Inkremente „Verbindungsnetz" und „Teilnehmernetz" betrachtet. Die Variablenausprägungen X und Y bezeichnen die Kapazität des Teilnehmernetzes bzw. des Verbindungsnetzes (letztere zum Beispiel ausgedrückt in Verbindungsminuten), die zur Befriedigung der tatsächlich bestehenden Leistungsnachfrage notwendig ist. Die Unterteilung der *Stand-Alone*-Kosten des Telekommunikations-

---

16 vgl. Welfens, P.J.J./Graack, C. (1996), Seite 100
17 vgl. Spulber, D.F. (1989), Seite 114

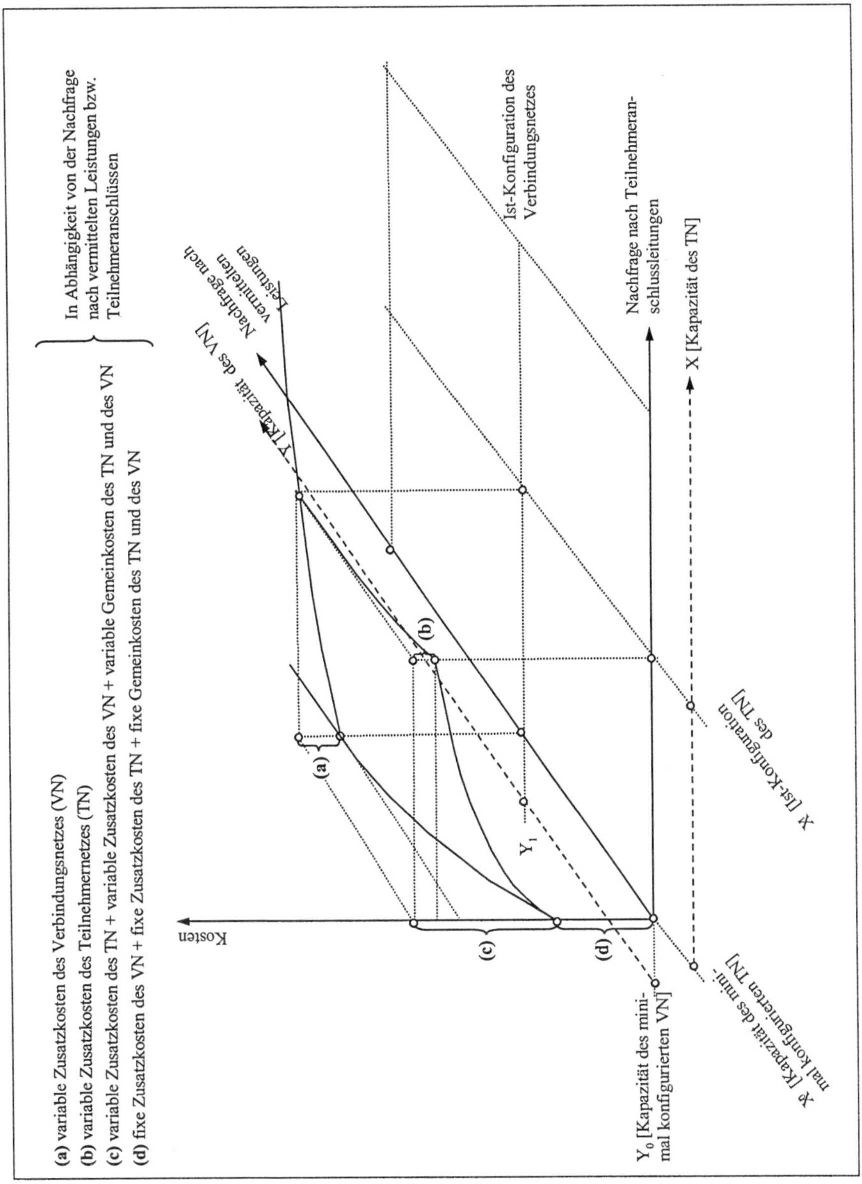

Abbildung VI-3: Zusatz- und Gemeinkosten des Verbindungs- und des Teilnehmernetzes

netzes in einen fixen und einen variablen Bestandteil:

$$SAC(X,Y) = SAC(X,Y)^{fix} + SAC(X,Y)^{var}$$

basiert auf dem Gedanken, dass die isolierte Bereitstellung eines Verbindungsnetzes ohne ein zumindest minimal konfiguriertes Teilnehmernetz keinen Sinn macht, denn ohne ein solches Teilnehmernetz könnten die Teilnehmer nicht miteinander kommunizieren.[18] Umgekehrt ist auch ein isoliert bereitgestelltes Teilnehmernetz nutzlos, wenn es nicht durch ein zumindest minimal konfiguriertes Verbindungsnetz ergänzt wird. Die Kapazität eines minimal konfigurierten Teilnehmer- bzw. Verbindungsnetzes sei durch die Variablenausprägungen X_0 bzw. Y_0 symbolisiert. Die fixen Kosten des Telekommunikationsnetzes entsprechen den *Stand-Alone*-Kosten des minimal konfigurierten Telekommunikationsnetzes:

$$SAC(X,Y)^{fix} = SAC(X_0, Y_0);$$

diese Kosten fallen bereits ab der ersten angebotenen Einheit an Telekommunikationsdienstleistungen an. Die variablen Kosten des Telekommunikationsnetzes entsprechen den *Stand-Alone*-Kosten des Telekommunikationsnetzes abzüglich der *Stand-Alone*-Kosten des hypothetischen, minimal konfigurierten Telekommunikationsnetzes:

$$SAC(X,Y)^{var} = LRIC_{(X0,Y0)}(\Delta X, \Delta Y) = SAC(X,Y) - SAC(X_0, Y_0)$$

wobei

$$\Delta X = X - X_0 \qquad \text{mit } \Delta X > 0$$

$$\Delta Y = Y_1 - Y_0 \qquad \text{mit } \Delta Y > 0$$

Sowohl die fixen als auch die variablen Kosten sind zum Teil den langfristigen Zusatzkosten und zum Teil den Gemeinkosten des Verbindungs- und des Teilnehmernetzes zuzuordnen.

(1) Aufschlüsselung der variablen Kosten in Gemein- und Zusatzkosten

Die variablen Kosten des Telekommunikationsnetzes setzen sich aus variablen Zusatzkosten und variablen Gemeinkosten des Verbindungs- und des Teilnehmernetzes zusammen:

$$SAC(X,Y)^{var} = LRIC^{var}_{(0,0)}(X) + LRIC^{var}_{(0,0)}(Y) + CC^{var}_{(0,0)}(X,Y)$$

Die variablen langfristigen Zusatzkosten des Verbindungsnetzes könnten eingespart werden, wenn ausgehend von der tatsächlich notwendigen Netzkonfiguration (X,Y) das Teilnehmernetz unverändert gelassen und das Verbindungsnetz auf die Minimalkonfiguration Y_0 zurückgeführt würde:

$$LRIC^{var}_{(0,0)}(X) = SAC(X,Y) - SAC(X_0, Y)$$

Analog hierzu entsprechen die variablen langfristigen Zusatzkosten des Teilnehmernetzes jener Kostenersparnis, die ceteris paribus bei einem Rückbau des bestehenden Teilnehmernetzes auf die Minimalkapazität X_0 erzielbar wäre:

---

18 vgl. British Telecom (November 1997), Seite 42 f. und Appendix 2, Abschnitt 2.3.2

$$LRIC_{(0,0)}^{var}(Y_1) = SAC(X_1, Y_1) - SAC(X_1, Y_0)$$

Der Teil der variablen Netzkosten, der weder dem Verbindungsnetz noch dem Teilnehmernetz zugeordnet werden kann, entspricht den variablen Gemeinkosten des Verbindungs- und des Teilnehmernetzes:

$$\begin{aligned} CC_{(0,0)}^{var}(X, Y) &= CC_{(X0,Y0)}(\Delta X, \Delta Y) \\ &= SAC(X, Y)^{var} - \left[LRIC_{(0,0)}(X) + LRIC_{(0,0)}(Y)\right] \\ &= \left[LRIC_{(X_0,Y_0)}(\Delta X) + LRIC_{(X_0,Y_0)}(\Delta Y)\right] - SAC(X, Y)^{var} \end{aligned}$$

(2) AUFSCHLÜSSELUNG DER FIXEN KOSTEN IN GEMEIN- UND ZUSATZKOSTEN

Die fixen Kosten des Telekommunikationsnetzes setzen sich aus den fixen Zusatzkosten und den fixen Gemeinkosten des Teilnehmer- und des Verbindungsnetzes zusammen:

$$SAC(X, Y)^{fix} = LRIC_{(0,0)}^{fix}(X) + LRIC_{(0,0)}^{fix}(Y) + CC_{(0,0)}^{fix}(X, Y)$$

Die fixen langfristigen Zusatzkosten des Teilnehmernetzes sind jene Kosten, die sich einsparen ließen, wenn ausgehend von einem minimal konfigurierten Gesamtnetz auf das Teilnehmernetz verzichtet werden würde:

$$LRIC_{(0,0)}^{fix}(X) = LRIC_{(0,Y0)}(X_0) = SAC(X_0, Y_0) - SAC(0, Y_0)$$

Umgekehrt entsprechen die fixen langfristigen Zusatzkosten des Verbindungsnetzes jener Kostenersparnis, die sich realisieren ließe, wenn ausgehend von der Minimalkonfiguration des Gesamtnetzes auf das Verbindungsnetz verzichtet werden würde:

$$LRIC_{(0,0)}^{fix}(Y) = LRIC_{(X0,0)}(Y_0) = SAC(X_0, Y_0) - SAC(X_0, 0)$$

Schließlich sind die variablen Gemeinkosten gleich jener Kostenersparnis, die sich bei simultanem (statt isoliertem) Aufbau des minimal konfigurierten Teilnehmer- und Verbindungsnetzes erzielen ließe:

$$\begin{aligned} CC_{(0,0)}^{fix}(X, Y) &= CC_{(0,0)}(X_0, Y_0) = \\ &= SAC(X_0, Y_0) - LRIC_{(X0,0)}(Y_0) - LRIC_{(0,Y0)}(X_0) \\ &= SAC(X_0, 0) + SAC(0, Y_0) - SAC(X_0, Y_0) \end{aligned}$$

c) Economies of Sequence

Der Begriff „*Economies of Sequence*" geht auf SPULBER zurück.[19] Damit meint er die vertikale Integration aufeinander abfolgender Stufen der Wertschöpfungskette im gleichen Unternehmen. Ein Beispiel könnte die Zusammenfassung des Leistungsvertriebs auf dem Endkundenmarkt und der Betrieb des Telekommunikationsnetzes im gleichen Unternehmen sein. Dabei verkauft der Geschäftsbereich „Telekommunikationsnetz" Leistungen sowohl an andere Netzbetreiber (Zusammenschaltung) als auch an den Ver-

19 vgl. Spulber, D.F. (1989), Seite 118 ff.

triebsbereich. Formalisiert lassen sich *Economies of Sequence* analog zu *Economies of Scope* darstellen.

d) Economies of Density

Economies of Density liegen vor, wenn mit zunehmender räumlicher Kundendichte die Stückkosten der Leistungserstellung abnehmen.[20] Um dann in ländlichen und städtischen Regionen gleichermaßen Kostendeckung zu erreichen, müsste der Erlös pro Kunde in ländlichen Gebieten höher sein. Das wird durch Abbildung VI-4 illustriert. Im Unterschied zu *Economies of Scale* und *Economies of Scope* sind *Economics of Density* allerdings keine eigenständige Ursache für Gemeinkosten. *Economies of Denisity* treten vor allem im Ortsnetzbereich und dort vor allem bei der Bereitstellung von Teilnehmeranschlussleitungen auf: Aufgrund der geringeren Nutzerzahl pro verlegtem Kabelkilometer und der größeren Länge der Anschlussleitungen sind die Anschlusskosten pro Teilnehmer in ländlichen Gebieten höher als in städtischen Gebieten.

5. Das Konzept bestreitbarer Märkte

Bei statisch effizienter Ressourcenallokation stimmt bei allen Diensten die Grenzzahlungsbereitschaft der Nutzer mit den Grenzkosten der Leistungserstellung überein und bei der Güterproduktion werden keine Produktionsfaktoren verschwendet (vgl. Kapitel II: „Regulierungsziele und Regulierungsbedarf"). Da die Nachfrager auf Telekommunikationsmärkten nur in den seltensten Fällen Einfluss auf die Preise haben (sich also meistens als Mengenanpasser verhalten) und ihre Nachfrage bei statischer Nutzenmaximierung soweit ausdehnen, bis ihre Grenzzahlungsbereitschaft für die diversen Dienste mit deren Preis übereinstimmt, muss als notwendige Bedingung für ein statisch effizientes Marktergebnis bei allen Diensten der Preis mit den jeweiligen langfristigen Grenzkosten der Leistungserstellung übereinstimmen.

Bei atomistischem Wettbewerb gibt es eine Vielzahl von Anbietern, die jeder für sich genommen den Marktpreis als Datum hinnehmen müssen; in Abhängigkeit vom Preis variieren die einzelnen Anbieter ihre Absatzmenge. Bei atomistischem Wettbewerb ist aus Sicht eines einzelnen Leistungsanbieters der Grenzerlös stets mit dem Marktpreis identisch. Ein solcher Anbieter dehnt seinen Absatz solange aus, bis die Grenzkosten dem Absatzpreis entsprechen. Insofern scheint atomistischer Wettbewerb auf den ersten Blick eine statisch effiziente Ressourcenallokation zu gewährleisten. Dies ist jedoch nicht richtig. Tatsächlich könnten die Nachfrager im Monopol besser als bei atomistischem Wettbewerb gestellt sein, wenn sich die Produktionskosten in Bezug auf die Leistungsmenge degressiv verhalten (also Größenvorteile vorliegen). Denn der Marktanteil eines Anbieters, der seine Absatzmenge nach der Regel „Preis gleich Grenzkosten" wählt, muss bei degressiver Gesamtkostenfunktion marginal klein sein (entsprechend auch der Ausdruck „atomistischer Wettbewerb"); andernfalls könnte der Anbieter nicht kostendeckend arbeiten und müsste aus dem Markt ausscheiden. Grös-

---

20 vgl. Mercury Communications (Februar 1996), Seite 27

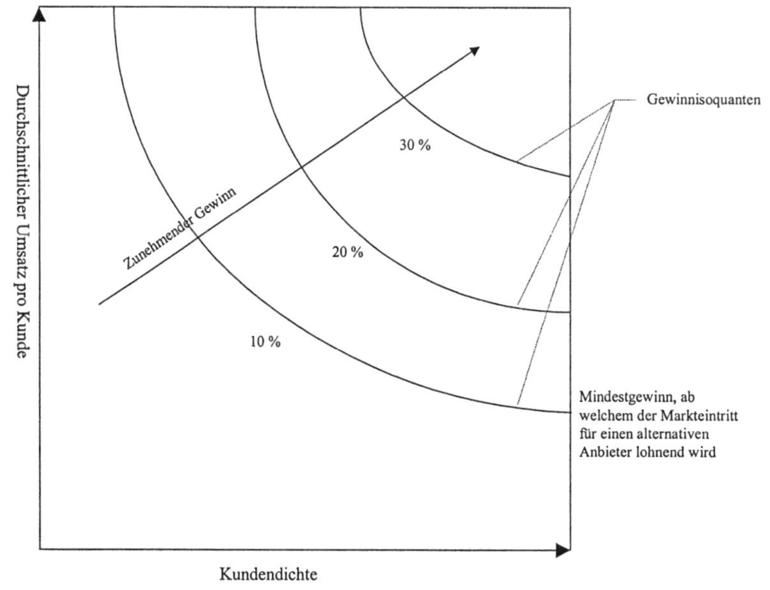

Abbildung VI-4: ***Economies of Density*** **(vgl. Mercury Communications, Februar 1996, Seite 27)**

senvorteile werden also bei atomistischem Wettbewerb nicht ausgenutzt. Im Fall von Größenvorteilen ließen sich die Produktionskosten senken, wenn die Gütererstellung nur durch einen großen Anbieter erfolgen würde. Diese geringeren Produktionskosten könnten an die Leistungsnachfrager in Form niedriger Preise weitergegeben werden.

Voraussetzung hierfür ist allerdings, dass der monopolistische Leistungsanbieter über keinerlei monopolistischen Preissetzungsspielraum verfügt. Monopolistischer Preissetzungsspielraum resultiert aus der Existenz von Markteintrittsbarrieren. Anders als bei atomistischem Wettbewerb ist im abgeschirmten Monopol der Preis für den Leistungsanbieter kein Datum. Vielmehr kann ein solcher Monopolist typischerweise das Preisniveau beeinflussen. Im Gewinnmaximum des Monopolisten wird der (mit den Grenzkosten übereinstimmende) Grenzerlös über dem Absatzpreis liegen. Ein Teil der Nachfrage bleibt unbefriedigt, obwohl die Zahlungsbereitschaft der Nachfrager für zusätzliche Einheiten über den Zusatzkosten liegt und somit kostendeckend befriedigt werden könnte. Damit verletzt auch das Monopol in der Regel eine der notwendigen Bedingungen für statische Effizienz. Außerdem hat ein durch Markteintrittsbarrieren abgeschirmter Monopolist zwar keinen Anreiz, jedoch Spielraum für Ressourcenverschwendung (sog. X-Ineffizienz).

Auf einem bestreitbaren Markt hingegen gibt es keine monopolistischen Preissetzungsspielräume. Definitionsmerkmale eines bestreitbaren Marktes sind der kostenlose und unbeschränkte Marktzutritt (für eine Erläuterung der Begrifflichkeiten siehe Kapitel II: „Regulierungsziele und Regulierungsbedarf"). Im einzelnen zeichnet sich das Marktergebnis auf einem bestreitbaren Markt durch folgende Charakteristika aus:

- Die mit dem Dienstportfolio erzielten Erlöse stimmen genau mit den *Stand-Alone*-Kosten der Leistungserstellung überein:

  $$\sum_{i=1}^{m} X_i \cdot P_i = SAC(X)$$

  wobei

  $$X = (X_1,..,X_m)$$

  Bezogen auf das gesamte Produktportfolio erzielt der Anbieter also keinen Gewinn. Dabei sind die Finanzierungskosten (d.h. die kapitalmarktgleichgewichtige Verzinsung des eingesetzten Kapitals) bereits in den Kosten der Leistungserstellung enthalten.

- Produktionseffizienz ist gewährleistet. Denn ein Anbieter i, der ein gegebenes Güterbündel X zu niedrigeren Gesamtkosten produziert als der bereits im Markt etablierte Anbieter j ($SAC^{(i)} < SAC^{(j)}$), kann den Preis des etablierten Anbieters unterbieten und dabei gleichzeitig einen Übergewinn erzielen; der etablierte Anbieter wird dann vom Markt verdrängt. Ähnliches gilt bei ungenutzten Verbund- oder Größenvorteilen: Zwei Anbieter, die zwei unterschiedliche Güterbündel mit einem Gewinn von null bereitstellen und dabei Verbund- oder Größenvorteile ungenutzt lassen, werden ebenfalls vom Markt verdrängt. Denn bei ungenutzten Größen- oder Verbundvorteilen kann ein Markteintreter zumindest einen der beiden Anbieter im Preis unterbieten und dabei gleichzeitig noch einen Übergewinn erzielen:

  $$\left.\begin{array}{ll} & X_{m+1} \cdot P_{m+1} = SAC(X_{m+1}) \\ \vee & \sum_{i=1}^{m} X_i \cdot P_i = SAC(X) \\ \vee & SAC(X_{m+1}) + SAC(X) \geq SAC(X, X_{m+1}) \end{array}\right\}$$

  $$\Rightarrow \quad \sum_{i=1}^{m+1} X_i \cdot P_i \geq SAC(X, X_{m+1})$$

- Bei keinem Dienst liegt der Absatzpreis über den durchschnittlichen *Stand-Alone*-Kosten:

  $$P_j \leq \frac{SAC(\overline{\overline{X}}_j)}{X_j} \qquad \text{für alle Dienste } j=1,...,m$$

  wobei

  $$\overline{\overline{X}}_j = (0,..,0,X_j,0,..,0)$$

  Auch können die Erlöse, die mit einer beliebigen Teilmenge an Diensten auf dem Produktportfolio erzielt werden, nicht größer als die *Stand-Alone*-Kosten der Bereitstellung dieser Teilmenge von Diensten sein. Daraus folgt im Umkehrschluss, dass der Absatzpreis bei keinem Gut kleiner als die durchschnittlichen langfristigen Zusatzkosten sein kann:

$$\begin{cases} \sum_{i=1}^{j-1} X_i \cdot P_i + \sum_{i=j+1}^{m} X_i \cdot P_i \leq SAC(\overline{X}_j) \\ \sum_{i=1}^{m} X_i \cdot P_i = SAC(X) \end{cases}$$

$$\Rightarrow \quad X_j \cdot P_j \geq SAC(X) - SAC(\overline{X}_j)$$

$$\Rightarrow \quad P_j \geq \frac{LRIC_{\overline{X}j}(X_j)}{X_j} \qquad \text{für alle Dienste } j=1,\ldots,m$$

wobei

$$\overline{X}_j = (X_1,\ldots,X_{j-1},0,X_{j+1},\ldots,X_m)$$

Diese Aussage lässt sich auch durch die Widerlegung des Gegenteils herleiten: Liegt der Erlös bei zumindest einem Dienst unterhalb der durchschnittlichen Zusatzkosten des Dienstes, muss der Erlös bei zumindest einem anderen Dienst über den *Stand-Alone*-Kosten liegen (was mit Quersubventionierung gleichbedeutend ist), denn andernfalls könnte der Anbieter seine Gemein- und damit auch seine Gesamtkosten nicht abdecken und müsste aus dem Markt ausscheiden. Jedoch ist ein über den Kosten liegender Erlös für einen Dienst mit der Bestreitbarkeit der Märkte nicht vereinbar.[21] Analog lässt sich begründen, dass der mit einer beliebigen Teilmenge an Diensten erzielte Erlös nicht kleiner als die langfristigen Zusatzkosten der simultanen Bereitstellung dieser Dienste sein kann.

Abbildung VI-5 illustriert den Wohlfahrtsgewinn, der sich bei Bestreitbarkeit des Marktes im Vergleich zu einem von Markteintrittsbarrieren abgeschirmten Monopol ergibt. Dieser Wohlfahrtsgewinn besteht unabhängig davon, ob (wie in Abbildung VI-5 dargestellt), Größenvorteile auftreten oder nicht. Die auf das Dienstportfolio (outputbezogene Abgrenzung von Inkrementen) bezogenen Aussagen zum Gleichgewicht auf einem bestreitbaren Markt lassen sich auch auf Netzteile übertragen (inputbezogene Abgrenzung von Inkrementen). So können die mit einem gegebenen Netzbestandteil erwirtschafteten Erlöse auf einem bestreitbaren Markt nicht unter den *Stand-Alone*-Kosten und nicht über den langfristigen Zusatzkosten des Netzbestandteiles liegen.

Identität von Preisen und Grenzkosten ist nur unter der sehr speziellen Bedingung mit der Bestreitbarkeit des Marktes vereinbar, dass im Marktgleichgewicht die Grenzkosten mit den Durchschnittskosten der Leistungserstellung übereinstimmen. Die Durchschnittskosten eines jeden Gutes müssten dann (bei gegebenen Ausbringungsmengen der übrigen Güter) im Marktgleichgewicht ein Minimum aufweisen. Ein Minimum der Durchschnittskosten kann natürlich nur dann zugleich der Ausbringungsmenge im Marktgleichgewicht entsprechen, wenn die Zahlungsbereitschaft der Nachfrager ausreicht, die Gesamtkosten der Leistungserstellung zu decken. Damit die Identität von

21 Allerdings bestünde bei Bestreitbarkeit der Märkte auch gar kein Anreiz, einen Preis unterhalb der durchschnittlichen Zusatzkosten der Leistungserstellung zu setzen: Der betreffende Anbieter könnte Konkurrenten nur vorübergehend vom Markt verdrängen; er kann also nicht darauf hoffen, für aufgelaufenen Verluste durch spätere Monopolgewinne entschädigt zu werden.

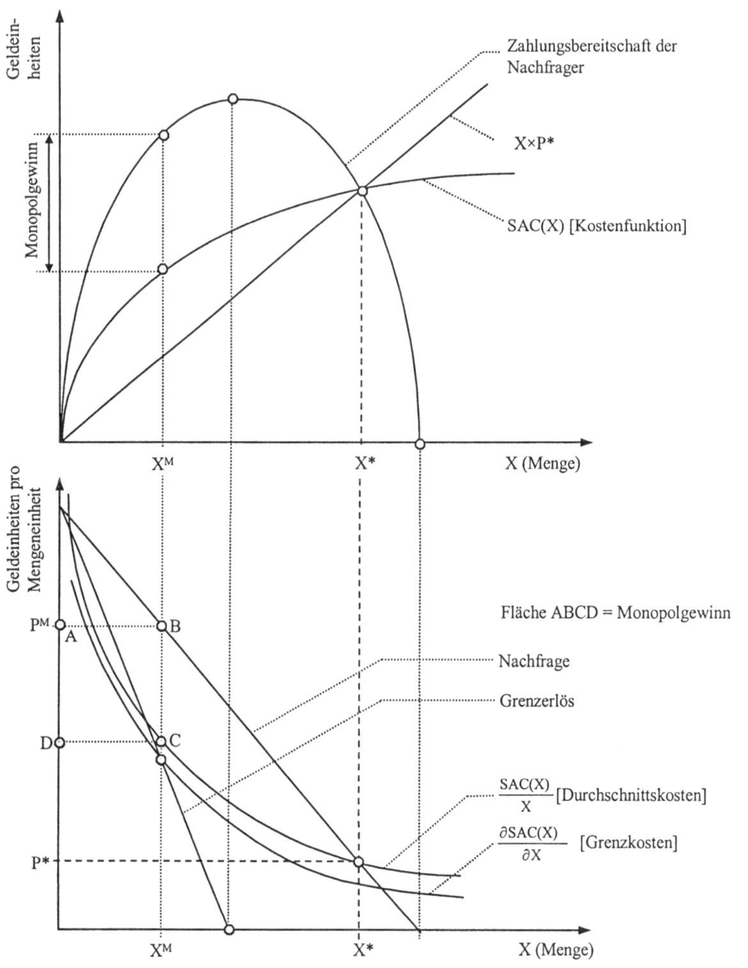

P^* = Absatzpreis, X^* = Absatzmenge: im Marktgleichgewicht bei Bestreitbarkeit des Marktes

P^M = Absatzpreis, X^M = Absatzmenge: im Falle eines durch Markteintrittsbarrieren von potentieller Konkurrenz abgeschirmten Monopols

Abbildung VI-5: Marktgleichgewicht bei *Economies of Scale* auf einem bestreitbaren und einem nicht bestreitbaren Markt

Preisen und Grenzkosten *bei jeder beliebigen* Ausbringungsmenge mit den Bedingungen eines bestreitbaren Marktes vereinbar ist, dürfen weder Verbund- noch Größenvorteile auftreten:

$$SAC(X) = \sum_{i=1}^{m} \alpha_i \cdot X_i$$

In diesem Fall macht es allerdings unter Wohlfahrtsgesichtspunkten keinen Unterschied, ob die Leistungsnachfrage von einem oder mehreren Leistungsanbietern befriedigt wird. In aller Regel ist jedoch die Orientierung der Preise an den Grenzkosten der Leistungserstellung bei der Entgeltregulierung kein gangbarer Weg, da das regulierte Unternehmen so angesichts faktisch existierender Größen- und Verbundvorteile zu einem kostenunterdeckenden Angebot gezwungen werden würde. Statt dessen ist es naheliegend, die Simulation bestreitbarer Märkte zum Leitbild der Entgeltregulierung zu machen, und zwar mit folgenden praktischen Schlussfolgerungen für die Kalkulation von Entgelten:

- Die mit einem Diensteportfolio erwirtschafteten Erlöse dürfen bei Erreichen der geplanten Absatzmengen nicht kleiner als die langfristigen Zusatzkosten und nicht größer als die *Stand-Alone*-Kosten der Leistungserstellung sein. Analog darf der mit einem Netzbestandteil (z.B. dem Verbindungsnetz) erwirtschaftete Erlös bei Erreichen der Plan-Absatzmengen nicht größer als die *Stand-Alone*-Kosten und nicht kleiner als die langfristigen Zusatzkosten des Netzteils sein.
- Da bei bestreitbaren Märkten die Markteintrittsentscheidung potentieller Wettbewerber von den erwarteten zukünftigen Kosten der Leistungserstellung abhängt, sollten auch regulatorische Kostenrechnungen „*forward-looking*" sein, also die zukünftigen Kosten der Leistungserstellung abbilden.
- Es dürfen ausschließlich die für die Leistungserstellung jeweils relevanten Kosten in die Leistungsentgelte eingehen. Irrelevante Kosten sind in diesem Zusammenhang Ressourcenverzehr, der zwar möglicherweise betriebsbedingt ist, jedoch in gleicher Höhe angefallen wäre, wenn in der jeweiligen Rechnungsperiode das betreffende Gut nicht produziert worden wäre. So dürfen beispielsweise die Kosten der Abrechnung von Endkunden, des Zahlungsausfalles, des Marketings und der Direktwerbung nicht vom *Incumbent* über IC-Entgelte auf dessen Wettbewerber abgewälzt werden.

Allerdings erweist sich bei genauerer Betrachtung die Simulation bestreitbarer Märkte auch nicht als Königsweg, wenn *Diseconomies of Scale* auftreten. Es ist unrealistisch anzunehmen, dass sich durch unbegrenztes Unternehmenswachstum die Produktionskosten immer weiter absenken ließen. Tatsächlich dürften die Durchschnittskosten der Leistungserstellung nicht mit wachsender Ausbringungsmenge nur bis zu einer bestimmten Größenordnung fallen, jenseits dieser Grenze aber wieder ansteigen. Dies lässt sich am einfachsten anhand des Ein-Güter-Falles erläutern (Verbundvorteile seien ausgeblendet). Dieser Fall ist durch Abbildung VI-6 illustriert. Der potentielle Wettbewerb zwingt den jeweils etablierten Anbieter dazu, die Durchschnittskosten unter der

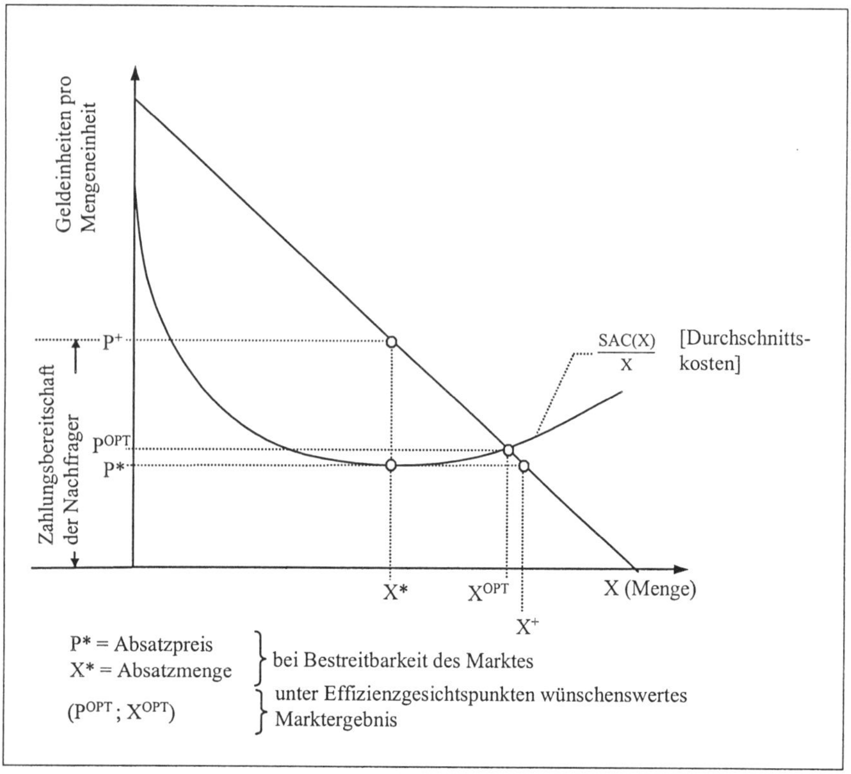

Abbildung VI-6: Diseconomies of Scale

Nebenbedingung zu minimieren, dass die Gesamterlöse nicht kleiner als die Gesamtkosten der Leistungserstellung sind. Dabei entspricht der geforderte Preis stets den Durchschnittskosten der Leistungserstellung, d.h. der Anbieter macht keinen Gewinn. Realisiert wird also die Preis-Mengenkombination (P*,X*). Dabei würde sich bei einem Preis von P* eine größere Menge absetzen lassen (nämlich X^+). Gleichzeitig ist die aggregierte Zahlungsbereitschaft für die absetzte Menge X* größer als der geforderte Preis P*. Die Preis-Mengen-Kombination (X*;P*) ist entsprechend PARETO-inferior. Unter Wohlfahrtsgesichtspunkten wäre es besser, wenn der Leistungsanbieter seine Produktionskapazität solange ausweitet, bis die Durchschnittskosten der Leistungserstellung genau der Zahlungsbereitschaft der Nachfrager entspricht. Realisiert werden würde dann die Preis-Mengenkombination (P^{OPT},X^{OPT}). Gleichwohl bleibt es bei der Preis-Mengenkombination P*,Q*. Denn würde der etablierte Anbieter eine größere Menge als Q* zu einem (aus Gründen der Kostendeckung) höheren Preis als P* anbieten, so würde er sofort von einem potentiellen Markteintreter verdrängt werden, der den Preis mit einer kleineren Angebotsmenge unterbietet.[22] Auch ist es nicht mög-

22 vgl. Spulber, D.F. (1989), Seite 146

lich, dass sich neben dem *Incumbent* ein zweiter Anbieter etabliert, der die Residualnachfrage befriedigt. Denn diesem Anbieter verbliebe nur eine kleinere Angebotsmenge als Q*, die er aus Gründen der Kostendeckung zu einem höheren Preis als P* anbieten müsste. Dies würde denjenigen Abnehmern, deren Nachfrage vom *Incumbent* befriedigt wird, Arbitragemöglichkeiten durch Wiederverkauf (*Resale*) der Leistungen des *Incumbent* eröffnen. Dabei könnten die Arbitrageure die Preisforderung des zweiten Anbieters unterbieten. Der zweite Anbieter wäre damit chancenlos und wird den Markteintritt von vornherein unterlassen.[23]

B. Begriff der effizienten Leistungserstellung

Während weitgehend unstrittig ist, dass sich Zusammenschaltungsentgelte an den Kosten der effizienten Leistungserstellung orientieren sollten, ist der Effizienzbegriff selbst auslegungsbedürftig.

1. Definition des Effizienzbegriffs

Bei der Festsetzung regulierter Entgelte kann zum einen die Auffassung vertreten werden, mit dem Begriff der „effizienten Leistungserstellung“ sei „technische Effizienz“ gemeint („klassische“ Interpretation). Von technischer Effizienz ist die Rede, wenn es nicht möglich ist (1.) eine gegebene Leistungsmenge zu geringeren Kosten zu erstellen (Minimalprinzip) oder (2.) bei gegebenen Kosten eine größere Leistungsmenge zu erstellen (Maximalprinzip) oder (3.) die Faktorproduktivität (d. h. den Quotienten aus Leistungsmenge und Kosten) zu erhöhen.[24] Zum anderen kann aber auch die Auffassung vertreten werden, dass regulierte Entgelte einen „effizienten Anpassungspfad“ vom Ist-Zustand hin zu einem erwarteten künftigen Kostenminimum nachzeichnen sollten. Eine Anpassung kann zum einen bei gleichbleibender Produktionstechnik durch *Nachfrageverschiebungen* notwendig werden. In einem Diagramm, indem die Einsatzmengen zweier Produktionsfaktoren abgetragen sind, entspricht der Anpassungspfad dann dem Expansionspfad, d.h. dem geometrischen Ort der Tangentialpunkte der Isoquanten der Produktionsfunktion mit den Isoquanten der Kostenfunktion.[25] Zum anderen kann eine Anpassung aber auch aufgrund *von Veränderungen der Produktionstechnik* bzw. der Kostenfunktion notwendig werden; letztere können ihre Ursache beispielsweise in veränderten Faktorpreisen oder Regulierungsentscheidungen haben. Die Richtung der Anpassung hängt von den erwarteten technologischen, kostenseitigen und nachfrageseitigen Veränderungen ab;[26] da sich die Erwartungen im Zeitablauf ändern, hat der Anpassungspfad keinen definierten Endpunkt, sondern bewegt sich auf ein *„moving target“* zu.

Bei der klassischen Interpretation des Effizienzbegriffs spielt die tatsächliche Kostensituation eines Unternehmens für die Entgeltregulierung keine Rolle („*Greenfield*“-

---

23 der Hinweis auf Arbitrage findet sich bei Tirole (1998), Seite 213
24 vgl. außerdem Stichwort „Effizienz“ in Dichtl E./Issing O. (Hrsg.) (1997)
25 vgl. Train, K.E. (1997), Seite 69 ff.
26 vgl. Doll, R./Wiek, R. (Juni 1998), Seite 285

Ansatz). Außerdem werden sämtliche Produktionsfaktoren als Variable behandelt, d.h. es wird zu einer gegebenen Leistungsmenge das langfristige Kostenminimum gesucht. Bei der alternativen Interpretation des Effizienzbegriffs hingegen werden die Produktionsfaktoren zum Teil als fix betrachtet. Referenzpunkt für Zusammenschaltungsentgelte sind bei diesem Interpretationsansatz also grundsätzlich die Istkosten des regulierten Netzbetreibers.

2. Diskussion des Effizienzbegriffs

Zu ungunsten des *„Greenfield"-Ansatz*es lässt sich anführen, dass das entgeltregulierte Unternehmen sein bestehendes Netz stets durch ein neues Netz mit "bester" Technologie und Topologie ersetzen müsse, um das zugestandene Kostenniveau zu erreichen. Ein fortlaufender Neuaufbau des Netzes sei jedoch unwirtschaftlich, da die Effizienzvorteile eines neuen Netzes die Kosten der Deinvestition bestehender, fast neuwertiger Technik nicht aufwögen.
Dieses Argument vermag jedoch vor dem Hintergrund des Konzepts ökonomischer Abschreibungen nicht zu überzeugen. Denn ökonomische Abschreibungen sind so bemessen, dass die Gesamtkosten einer Anlage in der Folgeperiode nicht die Gesamtkosten des dann aktuellen ‚*Modern Equivalent Asset*' (MEA) übersteigen (vgl. Kapitel XIV: „Abschreibungen"). Maßgeblich ist hierbei der *Trade-Off* zwischen gegenwärtigen Abschreibungen und zukünftig gebundenem Kapital. Bei ökonomischer Abschreibung kommt es für die Gesamtkosten der Leistungserstellung nicht darauf an, wie alt bzw. wie modern die eingesetzten Anlagen sind. Vielmehr sind die Gesamtkosten zweier unterschiedlich alter, jedoch leistungsgleicher Anlagen identisch; nur die auf die Kostenpositionen Abschreibungen, Betriebskosten und Kapitalkosten entfallenden Teilbeträge sind unterschiedlich. Bei Bestimmung von IC-Entgelten auf der Grundlage des klassischen Effizienzbegriffs wird also die Amortisation bestehender Anlagen nicht in Frage, sondern vielmehr geradezu sicher gestellt.

Gegen den *„Greenfield"-Ansatz* lässt sich weiter anführen, dass sich aufgrund der Marktdynamik die zur jeweils aktuellen Nachfrage gehörende, langfristig kostenminimierende Kombination von Produktionsfaktoren nie punktgenau erreichen lasse. Dies liege zum einen an den notwendigen Reaktionszeiten: kein Unternehmen könne neue Technologien ad hoc einführen. Als weiteren Grund für die Unerreichbarkeit des Kostenminimums komme Erwartungsunsicherheit hinzu: Selbst wenn ein Netzbetreiber in bestmöglicher Weise alle ihm jeweils gegenwärtig zur Verfügung stehenden Informationen über Nachfrage, Technologieentwicklung bei seinen Investitionsentscheidungen nutze, werde er aufgrund der Unvollkommenheit der Information nie über jene Technologie verfügen können, die sich ex post als optimal herausstellt. Schon aufgrund von Erwartungsunsicherheit würden also die tatsächlichen Zusatzkosten der Leistungserstellung von den langfristigen Zusatzkosten der im „klassischen" Sinn effizienten Leistungserstellung abweichen.[27]

---

27 vgl. Doll, R./Wiek, R. (Juni 1998), Seite 286

Auch dieses zweite Argument sticht nicht, und zwar aus dem gleichen Grund wie das erste: Zumindest nach dem Konzept ökonomischer Abschreibungen kommt es für die Kosten der Leistungserstellung gar nicht darauf an, ob ein Unternehmen tatsächlich die neuesten Anlagen einsetzt: Zwar variiert die Zusammensetzung von Betriebskosten, Abschreibungen und Kapitalkosten in Abhängigkeit vom Alter der Anlagen, jedoch bleibt die Gesamtsumme der Kosten gleich (siehe oben). Zum Aspekt der Erwartungsunsicherheit ist anzumerken, dass eine regulatorische Kostenrechnung keineswegs den Ansatz solcher Anlagen als „effizient" vorschreibt, die für die jeweils gegenwärtige Nachfrage noch gerade ausreichend dimensioniert sind. Vielmehr wird der Möglichkeit von Nachfrageverschiebungen nach den üblichen netzplanerischen Grundsätzen durch die Berücksichtigung von Redundanz bei der Netzdimensionierung Rechnung getragen. Außerdem kommt es bei der ex ante erfolgenden Festsetzung von IC-Entgelten gar nicht auf den Einsatz der in der ex post-Betrachtung kostenminimalen Technologie an. Dies ist auch schon deshalb nicht möglich, weil weder die Regulierungsinstanz noch irgendein Wirtschaftssubjekt über vollkommene Information verfügt. Entscheidend ist bei der ex-ante-Regulierung vielmehr die angesichts *der jeweils derzeit verfügbaren Informationen* optimal erscheinende Investitionstechnologie. Im Kapitalmarktgleichgewicht führt ein Unternehmen jene Investitionsstrategie durch, durch die der Barwert des zukünftigen *Cash Flows* maximiert wird. Eine solche Investitionsstrategie ist im Kapitalmarktgleichgewicht auch finanzierbar; die Finanzierungskosten entsprechen bei homogenen Erwartungen der Kapitalmarktteilnehmer dem Renditeerwartungswert der Anlagen. Hinzu kommt, dass im Kapitalmarktgleichgewicht das in einer Anlage gebundene Kapital dem Barwert des Erwartungswertes des künftigen Cash Flows entspricht (vgl. Kapitel XIII: „Kapitalkosten"). Gleichzeitig ist die ökonomische Abschreibung als Rückgang des gebundenen Kapitals definiert (vgl. Kapitel XIV: „Abschreibung"). Entsprechend haben Fehler bei der Prognose weit in der Zukunft liegender Ereignisse nur wenig Einfluss auf die Schätzung der Kosten, die jeweils gegenwärtig durch eine bestehende Anlage verursacht werden. In äquivalenter Weise lässt sich argumentieren, dass die ökonomischen Abschreibungen auf eine Anlage so bemessen sein müssen, dass die Kosten der Anlage nicht in der Folgeperiode die Kosten des dann aktuellen MEA übersteigen. Die gegenwärtigen Kosten (die darauf vorzunehmenden Abschreibungen) hängen also von den Kosten des MEA in der Folgeperiode ab, während dessen Kosten wiederum von den Kosten des MEA in der nächstfolgenden Periode abhängen, und so weiter. Ein weit in der Zukunft liegendes Ereignis hat also durchaus Einfluss auf die gegenwärtigen Kosten einer Anlage, jedoch marginalisiert sich dieser Einfluss um so stärker, je weiter das Ereignis in der Zukunft liegt.

C. Kostenneutrale Aufwendungen

Über die Kosten der Leistungserstellung hinaus kommen eventuell Finanzierungsbeiträge zu Altlasten und Verlusten aus der Bereitstellung von Teilnehmeranschlussleitungen („Anschlussdefizite") als Bestandteil von IC-Entgelten in Betracht.[28] Allerdings wären derartige Entgeltbestandteile nicht mit der Simulation bestreitbarer Märkte zu vereinbaren. Denn auf einem bestreitbaren Absatzmarkt hat ein Unternehmen keine Gelegenheit, für „Altlasten" nachträglich eine Kompensation in Form höherer Leistungsentgelte zu erhalten; ebenso wenig wäre es möglich, einen über die Nettokosten des Teilnehmernetzes hinausgehenden Subventionsbetrag für das Angebot von Teilnehmeranschlüssen aus Verbindungsentgelten aufzubringen. Daher stellt sich die Frage, ob es nicht eventuell andere Gründe gibt, die für eine Berücksichtigung von Altlasten und Anschlussdefiziten als Bestandteil von IC-Entgelten sprechen.

1. Altlasten

a) Eingrenzung des Begriffs

„Altlasten" sind gegenwärtiger Ressourcenverzehr, der seine Ursache in der Vergangenheit hat und den das betreffende Unternehmen bislang nicht durch entsprechende Einnahmen oder Kostenvorteile (etwa in Form niedrigerer Kapitalkosten aufgrund besonderer zukünftiger Wettbewerbsvorteile) kompensieren konnte. Folgende Aufwandspositionen sind typische Beispiele für von regulierten Unternehmen geltend gemachte Altlasten:

- *Aufwendungen für den Abbau überschüssigen Personals.* In den europäischen Staaten sind die etablierten Betreiber typischerweise aus Staatsunternehmen hervorgegangen, deren behördenähnliche Strukturen in einem wettbewerbsorientierten Umfeld nicht aufrecht erhalten werden können.
- *Abschreibungsbedarf aufgrund überteuerter Anschaffungen.* Unter Umständen haben die ehemaligen Staatsunternehmen überhöhte Preise für Anlagegüter gezahlt, weil sie aufgrund politischer Vorgaben faktisch darauf festgelegt waren, ausschließlich bei jeweils inländischen Herstellern zu kaufen. Sofern die von den Herstellern entsprechend durchsetzbaren Aufschläge auf die üblichen Marktpreise nicht über entsprechende Einnahmen auf dem Endkundenmarkt kompensiert werden konnten, könnten auch sie als „Altlasten" in Betracht kommen.[29]
- *Abschreibungsbedarf aufgrund der Umstellung von „Current Cost Accounting" (CCA) auf „Historic Cost Accounting" (HCA).* In diesem Zusammenhang lässt sich argumentieren, dass die Umstellung von HCA auf CCA für die Unterneh-

28 In Deutschland hat der Verordnungsgeber diese zusätzlichen Bestandteile mit dem Begriff „neutrale Aufwendungen" versehen und ihre Berücksichtigung als Bestandteil von IC-Entgelten ausdrücklich zugelassen, „soweit und solange hierfür eine rechtliche Verpflichtung besteht oder das beantragende Unternehmen eine sonstige sachliche Rechtfertigung nachweist." (§ 3 Abs. 4 TEntgV)

29 Speziell im Fall der Deutschen Telekom AG könnten als „Altlast" Mehraufwendungen in Betracht kommen, die nach der Wiedervereinigung Deutschlands angefallen sind, da die Telekommunikationsinfrastruktur in den neuen Bundesländern in weiten Teilen – nicht zuletzt aufgrund politischer Vorgaben – unter großem Zeitdruck komplett neu aufgebaut werden musste. Aufgrund des Zeitdrucks konnte unter Umständen nicht immer das Preisoptimum mit den Herstellern vereinbart werden.

menseigner zu einem „*windfall loss*" führe.[30] Dabei wird unterstellt, dass bei HCA der Kostenausweis in der Vergangenheit niedriger und in der Gegenwart höher als bei CCA ausfällt. Waren die Zusammenschaltungsentgelte in der Vergangenheit nach der HCA-Methode bemessen und orientieren sie sich in der Gegenwart an der CCA-Methode, so habe das regulierte Unternehmen keine Möglichkeit, die in der Vergangenheit Investitionen zu amortisieren (vgl. hierzu Kapitel XIII: „Abschreibungen").

Wird die Berücksichtungsfähigkeit von Altlasten als Bestandteil von IC-Entgelten nicht von vornherein aus kostensystematischen Gründen abgelehnt, stellt sich die Frage nach der sachlichen Rechtfertigung für die Berücksichtigung einzelner Altlastenpositionen als Bestandteil von IC-Entgelten. An der sachlichen Rechtfertigung dürfte es insbesondere dann fehlen, wenn die Aufwandspositionen bereits in der Vergangenheit durch zurechenbare Zusatzeinnahmen oder Kostenvorteile kompensiert worden sind (siehe oben) oder das Unternehmen zumindest die Möglichkeit hatte (nicht durch politische oder regulatorische Vorgaben daran gehindert wurde), eine Kompensation zu erhalten. Beispiele für derartige Fälle sind:

- *Das Unternehmen hat in der Vergangenheit aufgrund unternehmerischer Fehlentscheidungen mehr Ressourcen eingesetzt, als nach damaligem Kenntnisstand erforderlich gewesen wären.* Dabei dürfte allerdings die Grenze zwischen „unternehmerischen" Fehlentscheidungen und aufgrund politischer Sachzwänge erzwungener (Fehl-) Entscheidungen nur schwer zu ziehen sein.
- *Das Unternehmen hat sich in der Vergangenheit für kostenunterdeckende Preise entschieden, obwohl es dazu nicht durch politische Vorgaben gezwungen war.* So könnte beispielsweise ein gemessen an den jeweils gegenwärtigen Verhältnissen überhöhter Personalbestand zwar in der Vergangenheit durchaus erforderlich gewesen sein. Sofern jedoch bereits in der Vergangenheit erkannt werden konnte, dass bei effizienter Leistungserstellung zukünftig weniger Personal erforderlich sein würde, hätte das Unternehmen entsprechend in der Vergangenheit Rückstellungen bilden und die Einstellungen in diese Rückstellungen in die Endkundentarife einrechnen müssen.
- *Bereits in der Vergangenheit antizipierbare Risiken sind mit der Folge eingetreten, dass die tatsächlich erzielten Erlöse nicht die tatsächlichen Kosten (bzw. von den im Zeitpunkt der Preiskalkulation erwarteten Kosten) decken.* Im Gegensatz zu den beiden vorstehend genannten Fällen geht es nicht um „unternehmerische Entscheidungen" oder „politische Einflussnahme", sondern darum, dass sich andere Kostenparameter – beispielsweise Löhne oder Investitionsgüterpreise – anders entwickeln als ursprünglich erwartet und dass das Unternehmen infolgedessen Verluste erleidet. Allerdings steht ex ante dem Risiko einer unter dem Erwartungswert liegenden Rendite (Verlust) die Chance einer über dem Erwartungs-

30 Unter einem „*windfall loss*" (synonym: "Marktlagenverlust") wird allgemein ein Verlust verstanden, der auf eine unvorhersehbare Veränderung der Rahmenbedingungen und nicht auf Manage-

wert liegenden Rendite (Gewinn) gegenüber. Da Wettbewerber des regulierten Unternehmens wohl kaum an den bei positiver Umweltentwicklung anfallenden Gewinnen beteiligt worden wären, ist es auch nicht gerechtfertigt, sie über die IC-Entgelte an den eventuell eingetretenen Verlusten zu beteiligen. Umgekehrt wird das regulierte Unternehmen für das Verlustrisiko ex ante durch den Ansatz eines risikoäquivalenten Zinssatzes als Kosten- bzw. Entgeltbestandteil kompensiert.

- *Die als „Altlasten" geltend gemachten Aufwendungen erhöhen die Wettbewerbsfähigkeit des Unternehmens in der Zukunft.* Dabei ist an Ausgaben zu denken, aufgrund derer die Kosten in der Zukunft sinken; dies ist etwa bei Ausgaben für Personalabbau (Abfindungen, vorzeitige Auszahlung von Pensionen) der Fall. Als Bestandteil von IC-Entgelten kommen solche Ausgaben jedoch allenfalls dann in Betracht, wenn sie zu einer Senkung der auf die Zusammenschaltung entfallenden Kosten führen, und zwar auch nur dann, wenn der Effizienzbegriff im Sinne „pfadabhängiger Effizienz" interpretiert wird (vgl. Abschnitt B. in diesem Kapitel).[31]
- *Das Unternehmen wird für die geltend gemachten Aufwendungen bereits durch Vorteile aus seiner historisch gewachsenen Marktstellung kompensiert.* Derartige Vorteile könnten darin bestehen,
  - dass das regulierte Unternehmen in der Vergangenheit in den Genuss von Monopolgewinnen ("*Excess Returns*") gekommen ist, also in der Vergangenheit auf dem Endkundenmarkt Preise durchsetzen konnte, die in einem Wettbewerbsumfeld nicht durchsetzbar gewesen wären,
  - dass das regulierte Unternehmen seine bereits langandauernde Omnipräsenz als Marketingargument nutzen kann,
  - dass Wettbewerber die Gewinnung neuer Kunden ungleich mehr kostet als den *Incumbent* der Erhalt seines bestehenden Kundenstammes oder
  - dass umfangreiche Investitionen in der Vergangenheit die technische Hürde für den Markteintritt neuer Wettbewerber höher setzen und die Ausgangsbasis für niedrigere Investitionen in der Zukunft bilden.[32]

---

mentfehler zurückzuführen ist.

31 So hat beispielsweise die britische Regulierungsbehörde Oftel für das Finanzjahr 1995/96 die Aufwendungen für Personalabbau (hierzu gehören vor allem Abfindungen und Pensionszahlungen) nicht als Bestandteil von IC-Entgelten zugelassen. Zur Begründung wird angeführt, dass *British Telecom* den Personalabbau nicht im Interesse anderer Netzbetreiber oder zur Verbesserung der Ergebnissituation auf der Produktionsstufe (Telekommunikationsnetz), sondern zur Verbesserung der Geschäftsergebnisses auf der Vertriebsstufe (Geschäftsbereiche „*Retail*") vornehme; vgl. Oftel (Juli 1997).

32 Ein DTAG-spezifischer Aspekt in Zusammenhang mit eventuellen Altlasten aus Industrieunterstützung und „Aufbau Ost" ist die Mehrwertsteuer-Rückstattung durch den Bund in Höhe von insgesamt DM 5,2 Mrd. zu verrechnen. Hintergrund dieser Rückerstattung ist die Einführung der Mehrwertsteuer bei der DTAG zum Januar 1996. Als Behörde unterlagen die Monopolgeschäfte der Deutschen Telekom nicht der Mehrwertsteuer. Da die Deutsche Telekom die Mehrwertsteuer nicht weiterbelasten konnte, lagen ihre Investitionen in das Kerngeschäft um 15% höher. Entsprechend vielen auch die Abschreibungen höher aus. Ab 1. Januar 1996 sind alle Leistungen der

b) IC-Entgelte als Finanzierungsinstrument

Soweit eine Kompensation des *Incumbent* für eventuelle Altlasten in Betracht kommt, stellt sich die Frage, ob diese Kompensation über IC-Entgelte oder eventuell über andere Finanzierungsinstrumente (etwa Transfers der öffentlichen Hand) erfolgen sollte.

Gegen eine Kompensation über IC-Entgelte spricht natürlich das bereits eingangs erwähnte Argument, dass ein derartiger Finanzierungsmodus nicht mit der Simulation bestreitbarer Märkte (die ja die Grundidee der Verwendung des Maßstabes der langfristigen Zusatzkosten bei der Entgeltregulierung ist) vereinbart werden kann. Die Überwälzung von Altlasten wird nur in den Bereichen – also beispielsweise der Zusammenschaltung – möglich sein, in denen das Unternehmen weiterhin eine marktbeherrschende Stellung hat. Aufgrund dessen wird es danach trachten, etwa Pensionslasten in diese Bereiche zu verlagern.[33]

Darüber hinaus lässt sich argumentieren, dass Altlasten des *Incumbent* auf staatliche oder politische Eingriffe in der Vergangenheit zurückzuführen seien; daher sollte deren Finanzierung weder dem *Incumbent* noch dessen Wettbewerbern (über IC-Entgelte) angelastet werden. Vielmehr sollte der Staat für die Altlasten aufkommen, insbesondere wenn die geltend gemachten Altlasten aus der Zeit resultieren, in denen sich das *Incumbent*-Unternehmen noch in Staatsbesitz befand. Rückblickend hätte der Staat für die Altlasten insbesondere auf zweierlei Weise aufkommen können:

- Als sich das *Incumbent*-Unternehmen noch in Staatsbesitz befand, hätten die heute geltend gemachten Altlasten zu niedrigeren Ausschüttungen an den Staat als Unternehmenseigner führen müssen.
- Hätte der Staat bereits zum Zeitpunkt der Privatisierung deutlich gemacht, dass das Unternehmen Altlasten selbst zu tragen hat (anstatt etwa staatliche Zuschüsse zu erhalten oder die betreffenden Aufwendungen auf Wettbewerber abwälzen), wäre der dem Staat zufließende Privatisierungserlös niedriger ausgefallen.[34]

2. Anschlussdefizit

a) Definition

Access Deficit Contributions (ADC) sind ein Bestandteil nutzungsabhängiger Verbindungsentgelte (etwa Entgelte für Orts- und Ferngespräche oder *IC-Calls*), der speziell der Finanzierung eines Anschlussdefizits gewidmet ist.[35] In Anlehnung an das in

---

DTAG mehrwertsteuerpflichtig, und somit wurde Mehrwertsteuer auf Vermögen und Investitionen zurückerstattet. Im 1. HJ 1996 hat DTAG eine Erstattung von DM 750 Mio. erhalten, die als „sonstige Erträge" verbucht wurde.

33 vgl. Nett, L. / Neu, W. (August 1998). Seite 37

34 vgl. Nett, L. / Neu, W. (August 1998). Seite 36 Aus dieser Perspektive stellt sich eine „Altlast" als eine Überbewertung des Unternehmenswertes dar, wenn die betreffenden Aufwendungen vom Unternehmen aus dem laufenden Cash Flow (statt aus externen Transfers) kompensiert werden müssen.

35 In Großbritannien waren ADC sowohl Bestandteil der internen Verrechnungspreise, die der Geschäftsbereich „Retail" an den Geschäftsbereich „*Conveyance Network*" für die Netznutzung zu

Großbritannien bis 1996 gültige ADC-Regime soll von einem Anschlussdefizit die Rede sein, wenn die mit dem Teilnehmernetz direkt erwirtschafteten Erlöse nicht dessen Vollkosten decken.

Das ADC-Konzept unterscheidet sich damit wesentlich von dem in der EU-Zusammenschaltungsrichtlinie fixierten Universaldienstkonzept:

- Ein Universaldienst ist definiert als Mindestversorgung sämtlicher Nutzer mit Basistelefondiensten zu einem angemessenen Preis, unabhängig von ihrem geographischen Aufenthaltsort.[36] Welcher Preis für den Teilnehmeranschluss als „angemessen" und was als „Mindestversorgung" anzusehen ist, ist eine verteilungspolitische Frage. Hingegen ist es beim ADC-Konzept unerheblich, ob die Teilnehmeranschlusstarife des *Incumbent* verteilungspolitischen Ansprüchen genügen.
- Die Beteiligung anderer Telekommunikationsanbieter an den Universaldienstkosten gegebenenfalls auf ein bestimmtes Teilsegment des Marktes für Teilnehmeranschlussleitungen, also beispielsweise eine bestimmte geographische Region, bestimmte Nutzergruppen (Schulen, einkommensschwache Haushalte etc.) oder bestimmte Produkte (z.B. analoger Basisanschluss). Bei ADC hingegen handelt es sich um Transferleistungen, bei denen es nicht auf Defizite in Teilmärkten ankommt, sondern vielmehr auf den Markt für Teilnehmeranschlussleitungen als Ganzes. Kein Anschlussdefizit liegt vor, wenn nur bei einzelnen Nutzern bzw. Nutzergruppen (etwa im ländlichen Bereich) die Kosten des Teilnehmeranschlusses die Erlöse aus Bereitstellungs- und Überlassungsentgelten übersteigen, während dies im Durchschnitt nicht der Fall ist.
- Ein Unternehmen kann mit ADC mehr Geld einnehmen, als es zur Aufrechterhaltung der gegebenen Versorgung mit Teilnehmeranschlussleitungen (bei unveränderten Anschlusstarifen) benötigen würde. Damit unterscheiden sich ADC wesentlich vom Universaldienstkonzept. Denn bei der Finanzierung eines Universaldienstes kommt es darauf an, den Leistungserbringer genauso gut zu stellen wie einen Anbieter, der die Leistung nicht erbringt. Denn Zweck derartiger Trans-

---

richten hatte, als auch Bestandteil der von alternativen Netzbetreibern gezahlten IC-Entgelte (vgl. Kapitel XI: „Finanzbuchhaltung und Kostenanalyse", Abschnitt A: „Accounting Separation"). Laut BT-Lizenz (*Condition 13, Paragraph 5A.5*) konnte die Regulierungsbehörde Oftel alle Netzbetreiber mit einem Marktanteil unter 10% (auf dem jeweils relevanten Markt) von der Zahlung von ADC ausnehmen. Seit der Einführung von ADC war Mercury der einzige Netzbetreiber, der ADC gezahlt hat. BT hat der Abschaffung der ADC im Tausch gegen die Abschaffung des *Price Caps* auf der monatlichen Grundgebühren auf dem Endkundenmarkt zugestimmt. Die Lizenz der BT wurde mit Wirkung zum 07.02.1996 entsprechend modifiziert (vgl. Telecom Markets vom 15.02.1996, Seite 286). In den USA gibt es im Falle von *interstate common access* mittlerweile keine ADC mehr (dortige Bezeichnung: „*Common Carrier Line Charge*" als Bezeichnung für ADC). Auch in Australien gibt es Erfahrungen mit ADC (dortige Bezeichnung „*Customer Access Network Charge*" oder CAN).

36 Directive 97/33/EC of the European Parliament and of the Council of 30 June 1997 on interconnection in Telecommunications with regard to ensuring universal service and interoperability through application of the principles of Open Network Provision (ONP), Official Journal L 199, 26/07/1997, Seiten 32 –52

fers ist es, den Wettbewerbsnachteil aus der Erbringung von Universaldienstleistungen möglichst genau auszugleichen (d.h. ihn weder zu über- noch zu unterkompensieren). Nach diesem Konzept sind dem Leistungserbringer die Nettokosten, d.h. die Differenz zwischen den Zusatzerlösen und den Zusatzkosten, zu erstatten, die aufgrund der Bereitstellung des Universaldienstes anfallen.

b) Verteilungspolitische Fragestellungen

Dem *Incumbent*-Unternehmen überhaupt Zahlungen zukommen zulassen, damit es ein bestimmtes Niveau der Anschlussgebühren aufrecht erhält, setzt immer auch eine verteilungspolitische Entscheidung zur Angemessenheit der Anschlusstarife voraus. Gegen die verteilungspolitische Entscheidung für eine Subventionierung der Anschlusstarife lassen sich natürlich grundsätzliche allokationspolitische Argumente ins Feld führen. So werden auch bei Lebensmittel und Medikamenten – also Güter, die unter verteilungspolitischen Gesichtspunkten sicher als mindestens ebenso wichtig einzustufen sind wie Telefonie – zu Marktpreisen verkauft; zum Erwerb dieser Güter erhalten nur tatsächlich bedürftige Personen zweckgebundene Zuwendungen. Im übrigen verhält sich eine Subventionierung von Anschlusstarifen inkonsistent zum Regulierungsziel, das Marktergebnis unter Wettbewerbsbedingungen zu simulieren.[37]

c) Nettokosten als Maßstab für den Subventionsbedarf

Sind die Nettokosten der Leistungsbereitstellung negativ, ist die Bedienung der Teilnehmergruppe für das betreffende Unternehmen wirtschaftlich lohnend und es besteht keine Notwendigkeit für externe Transfers. Das kann sogar trotz eines Anschlussdefizits der Fall sein. Der Grund hierfür ist, dass die mit dem Teilnehmernetz erwirtschafteten Erlöse über die reinen Entgelte für Überlassung- und Bereitstellung von Teilnehmeranschlüssen hinausgehen. Für den Mehrbetrag – die sogenannten „indirekten" Zusatzerlöse – gibt es zwei Ursachen:

1. Offensichtlich ist der Verkauf bestimmter Leistungen gar nicht möglich, wenn für eine bestimmte Gruppe keine Teilnehmeranschlüsse mehr bereitgestellt werden; hierbei ist zu denken an
   - Anrufe, die eine nicht mehr länger bediente Teilnehmergruppe von ihren bisherigen Anschlüssen getätigt hätte (wodurch bei der Netzzusammenschaltung auch dem Einnahmen aus Zuführungsleistungen verloren gehen können) und
   - Anrufe, die bei einer nicht mehr länger bedienten Teilnehmergruppe angekommen wären (wodurch bei der Netzzusammenschaltung Einnahmen aus Terminierungsleistungen verloren gehen können).

   Die entsprechenden Erlöse gehören neben den entgangenen Anschlussentgelten (Einnahmen aus Bereitstellung und Überlassung von Teilnehmeranschlussleitungen) zu den *direkten Zusatzerlösen* aus der Bereitstellung von Anschlüssen an die

37 vgl. NERA (National Economic Research Associates) (März 1997), Seite 7f.

betrachtete Gruppe. Geschmälert wird des Gesamtbetrag der direkten Zusatzerlöse, wenn die jeweilige Teilnehmergruppe, sobald sie nicht mehr mit Anschlüssen versorgt wird, eine substitutive Nachfrage nach Telekommunikationsdienstleistungen entfaltet (also etwa verstärkt von öffentlichen Telefonzellen aus telefoniert).[38]

2. Darüber hinaus gibt es nicht unmittelbare Erlöseinbussen („*intangible benefits*") bei „Abschaltung" bestimmter Teilnehmergruppen:
   - zusätzliche Zahlungsbereitschaft der bereits angeschlossenen Teilnehmer für ihren Anschluß, wenn weitere (auch „unwirtschaftliche") Teilnehmer ans Netz angeschlossen werden (der Anschluß jedes weiteren Teilnehmer erhöht den Nutzen des Anschlusses für die bereits angeschlossenen Teilnehmer, wobei die Zusatzkosten allein für den Anschluß der „unwirtschaftlichen Teilnehmer relativ gering sein können),[39]
   - zusätzliche Nachfrage nach komplementären Telekommunikationsdienstleistungen, die günstige Anschlußtarife mit sich bringt („*Cross Selling*"-Effekte),[40]
   - verstärkte Marketingpräsenz durch positive Wahrnehmung der eigenen Marke („*brand recognition*"), auch in der Fläche[41]
   - Aussicht, dass derzeit noch nicht-wirtschaftliche Kunden in der Zukunft zu profitablen Kunden werden (der Barwert des durch diese Kunden insgesamt generierten Cash Flows entsprechend positiv ist),
   - Marketing-Vorteile aufgrund einer überlegener Datenbasis zum Telefonieverhalten der Kunden,
   - ersparter Verlust an Reputation und politischem Goodwill, den eine Erhöhung der Anschlußtarife mit sich bringt (was wiederum zu einem Rückgang des Marktwertes des Unternehmens bzw. zu einem Ansteigen der Finanzierungskosten führt).

Es kann betriebswirtschaftlich Sinn machen, etwa in ländlichen Gebieten vermeintlich „unwirtschaftliche" Teilnehmergruppen, bei denen die Zusatzkosten des Anschlusses die Anschlussgebühren übersteigen, mit Teilnehmeranschlussleitungen zu versorgen, denn die Bereitstellung von Teilnehmeranschlüssen bringt dem jeweiligen Unternehmen mehr als die reinen Anschlussgebühren. Selbstverständlich können sich diese indirekten Zusatzerlöse in Folge der Marktliberalisierung ändern: So könnte beispielsweise ein Großkunde mit margenträchtiger Nachfrage nach Verbindungsleistungen zu einem Konkurrenten des ehemaligen Monopolunternehmens abwandern (so dass dieser eine Finanzierungsquelle für das Anschlussdefizit verliert), mit seinem kostenun-

---

38 vgl. WIK (Oktober 1997), Seite 71

39 vgl. Gabel, D. (1999), Seite 150

40 Ein prominentes Beispiel ist die Preisgestaltung beim Mobilfunk, wo das Telefon zu einem kostenunterdeckenden Preis abgegeben und aus den Gesprächsgebühren quersubventioniert wird.

41 Zu diesem und den nachfolgenden beiden Punkten vgl. Clearnet Communcation Inc. (Juli 2000), Seite 39

terdeckenden Teilnehmeranschluss jedoch beim ehemaligen Monopolunternehmen verbleiben. Als Zwischenergebnis ist jedenfalls festzuhalten, dass ein Unternehmen nach dem ADC-Konzept mehr Geld als nach dem Universaldienstkonzept bekommen würde. Diese Mehreinnahmen aus dem ADC-Konzept fallen um so höher aus, desto mehr die Zusatzerlöse aus der Bereitstellung von Teilnehmeranschlussleitungen die reinen Anschlusstarife übersteigen.

d) Unfreiwilligkeit des Anschlussdefizits

Wie bereits mehrfach betont, kann eine Teilnehmergruppe zwar einen individuellen Beitrag zum Anschlußdefizit leisten, gleichwohl aber aus Sicht jeweiligen Netzbetreibers profitabel sein und von ihm freiwillig mit Teilnehmeranschlussleitungen bedient werden. Ein Indiz für ein *freiwilliges* Anschlussdefizit ist, dass die (direkten und indirekten) Zusatzerlöse aus der Bereitstellung von Teilnehmeranschlüssen die langfristigen Zusatzkosten übersteigen. Damit ist ein weiterer wichtiger Unterschied zwischen Transfers nach dem ADC-Konzept und dem Universaldienstkonzept angesprochen: Beim ADC-Konzept fließen dem jeweiligen Netzbetreiber Transfers zu, gleichgültig, ob er das Anschlußdefizit nun freiwillig in Kauf nimmt oder nicht.

Umgekehrt wird deutlich, dass unterhalb der langfristigen Zusatzkosten des Teilnehmernetzes liegende Erlöse aus Anschlußentgelten nicht automatisch ein Indiz für ein unfreiwilliges Anschlußdefizit sind. Vielmehr können trotz Wettbewerbsdruck auf dem Markt für Teilnehmeranschlußleitungen die mit den Anschlußentgelten erwirtschafteten Erlöse *unterhalb* der langfristigen Zusatzkosten des Teilnehmernetzes liegen. Dieses Ergebnis ist bemerkenswert, denn bei oberflächlicher Betrachtung liegt es nahe, dass unter Wettbewerbsbedingungen

- die mit Anschlußentgelten erwirtschafteten Erlöse mindestens die langfristigen Kosten des Teilnehmernetzes decken müssen und
- das die von der Nutzungsintensität unabhängigen Kosten des Teilnehmernetzes ausschließlich durch nutzungsunabhängige Anschlussentgelte gedeckt werden müssen.

Daraus ergeben sich auch Konsequenzen für die Forderung nach einem Re-balancing der Verbindungsentgelte und der Anschlußtarife: Wettbewerbsbedingter Abbau der Quersubventionierung der Teilnehmeranschlußleitungen bedeutet nicht *zwangsläufig*, dass die mit Bereitstellungs- und Überlassungsentgelten erwirtschafteten Erlöse mindestens die langfristigen Zusatzkosten des Teilnehmernetzes decken müssen.[42] Gleichwohl richtig bleibt jedoch die Aussage, dass eine Quersubventionierung des Teilnehmernetzes unter Wettbewerbsbedingungen nicht aufrecht erhalten werden kann; allerdings ist der Subventionsbedarf um so kleiner, desto höher die über die reinen Anschlußtarife hinausgehenden direkten und indirekten Zusatzerlöse ausfallen. Ein Re-balancing der Anschlußtarife ist unter Wettbewerbsbedingungen mindestens bis zu dem Punkt notwendig, ab dem die Summe mit dem Teilnehmernetz direkt und

---

42 vgl. Gabel, D (1999), Seite 135 ff.

indirekt erwirtschafteten Zusatzerlöse (einschließlich Cross-Selling-Effekten etc., siehe oben) den langfristigen Zusatzkosten des Teilnehmernetzes entspricht.

Sind umgekehrt die *Nettokosten* des Teilnehmernetzes *positiv* (so dass das betroffene Unternehmen die bisherige Versorgung mit Teilnehmeranschlußleitungen nicht ohne externe Transfers aufrecht erhalten kann), so stellt sich die Frage, ob das betreffende Unternehmen an einem Re-balancing seiner Tarife durch regulatorische oder administrative Auflagen gehindert ist. Sollte das nicht der Fall sein, ist ebenfalls von einem freiwilligen Anschlussdefizit auszugehen, das nicht durch externe Transfers finanziert werden sollte.
Regulatorische oder administrative Vorgaben, die ein Unternehmen an den unter Wettbewerbsbedingungen eigentlich notwendigen Re-balancing der Anschlußtarife hindern, können durch verteilungs- oder allokationspolitische Überlegungen motiviert sein. Zu denken ist hier vor allem an die Vorgabe, dass allen Endkunden zu den gleichen Konditionen ein Basis-Telefonanschluss angeboten werden soll, gleichgültig wo sie sich befinden (in ländlichen oder städtischen Gebieten), wie viel Umsatz sie generieren oder welches Telefonieverhalten sie haben („Tarifeinheit im Raum"). Dabei wäre „Tarifeinheit im Raum" nicht unbedingt die Strategie eines gewinnmaximierenden Teilnehmernetzbetreibers. Für ihn könnte es gewinnmaximierend sein, nach Kundengruppen differenzierte Pakete aus Anschlußtarifen und Verbindungsentgelten anzubieten. Dies könnte in der Tat bedeuten, dass die Anschlußkunden des *Incumbent* in ländlichen Gebieten mehr für den Teilnehmeranschluß zahlen als in städtischen Gebieten, zumal sich, wenn überhaupt, ein gewisser Wettbewerbsdruck durch alternative Teilnehmernetzbetreiber vor allem in städtischen Gebieten entfalten dürfte. Dies könnte jedoch verteilungspolitisch unerwünscht sein. Auch könnte es für das *Incumbent* gewinnmaximierend sein, Teilnehmeranschlußleitungen in Kombination mit Verbindungsleistungen anzubieten (z.B. Anschluß inklusive einer bestimmten Anzahl von Freiminuten pro Monat), wobei alternative Verbindungsnetzbetreiber, die bei den Teilnehmeranschlüssen nur einen kleinen Marktanteil haben, dann nicht mehr mithalten können. Hier könnten allokationspolitische Gründe dagegen sprechen, derartige Preisstrategien des *Incumbent* zuzulassen.

e) IC-Entgelte als Finanzierungsinstrument

Wird bejaht, dass einem Unternehmen externe Subventionen zur Finanzierung des Teilnehmernetzes zufließen sollten, so stellt sich die Frage nach dem geeigneten Finanzierungsinstrument. Bereits herausgearbeitet wurde, dass ein Unternehmen zur Aufrechterhaltung einer bestimmten Versorgung mit Teilnehmeranschlußleitungen nur auf eine Erstattung der Nettokosten (langfristige Zusatzkosten minus direkte und indirekte Zusatzerlöse) angewiesen ist, und beim ADC-Konzept mehr als nur die Nettokosten erstattet werden. Jetzt geht es darum, ob die Nettokosten durch einen Aufschlag auf die IC-Entgelte (wie es dem ADC-Konzept entspricht) oder durch einen Universaldienstfond gedeckt werden sollen.

(1) *Argumente für die Einführung von ADC*

Die Befürworter von ADC machen geltend, dass durch diese ein Anreiz für Investitionen in alternative Teilnehmernetze geschaffen werde, denn soweit die Wettbewerber des Incumbent-Unternehmens eigene Teilnehmernetze nutzen, vermeiden sie ADC-Zahlungen.[43]

Weiter wird zugunsten von ADC auf die *Efficient Component Pricing Rule* (ECPR) verwiesen. Die EPCR verlangt, dass Wettbewerbern des *Incumbent* für die Zusammenschaltung über die langfristigen Zusatzkosten der Zusammenschaltung hinaus auch die Opportunitätskosten in Rechnung gestellt werden sollen, die dem *Incumbent* aufgrund der Zusammenschaltung seines Netzes mit den Netzen seiner Wettbewerber entstehen. Diese Opportunitätskosten sind identisch mit dem Rückgang des Deckungsbetrages, den der *Incumbent* auf dem Endkundenmarkt aufgrund der Zusammenschaltung hinnehmen muss (für eine ausführliche Darstellung der ECPR vgl. Kapitel IX: „Gemeinkostenallokation"). Da die Zusammenschaltung eine Grundvoraussetzung für den Marktzutritt von Wettbewerbern zum Endkundenmarkt darstellt, wird der *Incumbent* durch Zusammenschaltung in seinen Möglichkeiten zur Quersubventionierung des Teilnehmernetzes eingeschränkt. Sollte die Möglichkeit zur Quersubventionierung für den *Incumbent* zu einer Gewinneinbuße führen, so sollten die entsprechenden Opportunitätskosten nach der Logik der *Efficient Component Pricing Rule (EPCR)* in die IC-Entgelte einbezogen werden. Dabei kann aus der theoretische Fundierung der EPCR abgeleitet werden, dass ein *IC-Call* mit einer umso höheren ADC belastet werden sollte, je höher für den *Incumbent* die Opportunitätskosten der betreffenden Leistung sind. Eine solche Differenzierung wurde in Großbritannien praktiziert. In der Fassung vom Dezember 1991 bestimmte die Lizenz *British Telecoms*, dass bei Verwendung des Kostenmaßstabes der historischen Vollkosten das Anschlussdefizit wie folgt auf die Verbindungsleistungen aufzuteilen sei:[44]

- ADC pro Verbindungsminute bei Verbindungen bei Ortsgesprächen:

$$ADC_{LC} = \frac{G_{LC} \cdot \dfrac{\text{Access Deficit}}{G_{LC} + G_{NC} + G_{IC} + G_S}}{2 \cdot D_{LC}}$$

- ADC pro Verbindungsminute bei Ferngesprächen:

$$ADC_{NC} = \frac{G_{NC} \cdot \dfrac{\text{Access Deficit}}{G_{LC} + G_{NC} + G_{IC} + G_S}}{2 \cdot D_{NC}}$$

- ADC pro Verbindungsminute bei *International Calls* (bei Zuführung von Verkehr in internationale Netze oder Terminierung von Verkehr aus internationalen

43 vgl. Strickland, P. (1994), Seite 13
44 Condition 13, Paragraph 5A.4 der Lizenz

Netzen wird das Teilnehmernetz pro Gespräch nur einmal in Anspruch genommen):[45]

$$ADC_{IC} = \frac{G_{IC} \cdot \frac{\text{Access Deficit}}{G_{LC} + G_{NC} + G_{IC} + G_S}}{D_{IC}}$$

wobei

LC = Ortsgespräche („*Local Calls*")
NC = Ferngespräche („*National Calls*")
IC = Gespräche aus dem Ausland oder ins Ausland („*International Calls*")
S = sonstige vermittelte Leistungen (z.B. Zugang zu Mehrwertdiensten)
G = jährlicher Gewinn, ermittelt auf Basis historischer Vollkosten
D = Verkehrsaufkommen (in Minuten pro Jahr)

(2) Argumente gegen die Einführung von ADC

Genau wie gegen die Einführung eines Finanzierungsbeitrages für eventuelle Altlasten des *Incumbent* als Bestandteil von IC-Entgelten läßt sich auch bei ADC argumentieren, dass ADC nicht mit dem Marktergebnis auf bestreitbaren Absatzmärkten (somit auch mit dem Grundgedanken der Verwendung des Maßstabes der langfristigen Zusatzkosten) unvereinbar seien. Unter Wettbedingungen müssen die direkten und indirekten Zusatzerlöse aus der Bereitstellung von Teilnehmeranschlußleitungen mindestens den Zusatzkosten entsprechen; ist dies nicht der Fall, wäre das Unternehmen zu einem Re-balancing seiner Tarife gezwungen und müßte die Quersubventionierung der Teilnehmeranschlußleitungen zumindest teilweise aufgeben.

Ein weiteres Argument gegen ADC stellt darauf ab, dass die Finanzierung eventueller Nettokosten des Teilnehmernetzes durch steuerfinanzierte Regierungssubventionen der Finanzierung durch ADC vorzuziehen sei:[46]

- Die Finanzierungsbeiträge dienen dazu, ein verteilungspolitisches Ziel zu erreichen. Bei anderen verteilungspolitischen Zielen ist eine Finanzierung durch Steuern die Norm.
- Die Steuerfinanzierung würde die relative Wettbewerbsposition der miteinander konkurrierenden Telekommunikationsanbieter nicht verzerren.
- Steuerfinanzierte Regierungssubventionen können mit geringem administrativem Aufwand durch Steuergutschriften erfolgen.

Falls jedoch die Finanzierung eventueller Nettokosten des Teilnehmernetzes durch Steuern nicht durchsetzbar sein sollte, schneidet eine Finanzierung mittels ADC immer noch schlechter ab als eine Finanzierung nach dem Universaldienstkonzept. Ist

45 Aus dem Grundsatz der Nichtdiskriminierung ergibt sich, dass bei der Berechnung der Abgaben, die von den Betreibern in einem Mitgliedsstaat zum Ausgleich der Kosten des Universaldienstes oder von Zugangsdefiziten zu leisten sind, der aus anderen Mitgliedsstaaten kommende Verkehr unberücksichtigt bleiben sollte. Vgl. Kommission der Europäischen Gemeinschaften (1998), Gliederungspunkt 5.2

46 vgl. Clearnet Communcation Inc. (Juli 2000), Seite 55 f.

ein Unternehmen durch administrative oder regulatorische Vorgaben daran gehindert, ein *Re-Balancing* seiner Anschlusstarife vorzunehmen, so ist zumeist schon aufgrund gesetzlicher Vorgaben ein Universaldienstfond das angezeigte Mittel zur Finanzierung der notwendigen Transfers.

Davon abgesehen, sprechen jedoch auch wohlfahrtsökonomische Argumente für die Abwicklung der Transfers über einen Universaldienstfonds (anstelle von ADC). Bevor nach dem Universaldienstkonzept Transfers an den Leistungserbringer gezahlt werden, ließe sich zunächst im Rahmen einer Auktion feststellen, welcher Anbieter die Universaldienstleistungen zu den günstigsten Bedingungen erbringt. Derjenige Anbieter, der die niedrigste Kompensation (im Idealfall: überhaupt keine Zahlungen aus einem Universaldienstfonds) verlangt, erhält den Zuschlag. Die Durchführung einer derartigen Auktion kommt beim ADC-Konzept hingegen überhaupt nicht vor. Dabei wäre eine Auktion auch eine Methode, mit der sich die „indirekten“ Zusatzerlöse (wie verstärkte Marketingpräsenz) aus dem Universaldienstkonzept bewerten lassen.[47]

Aber auch wenn durch Universaldienstfonds und ADC-Zahlungen der genau gleiche Geldbetrag aufzubringen wäre, schneidet die Fondslösung unter Wohlfahrtsgesichtspunkten besser ab als das ADC-Konzept. Dies liegt daran, dass ADC einseitig Vorprodukte verteuern, die alternative Netzbetreiber vom *Incumbent* beziehen, während die Preise für die übrigen Produktionsfaktoren konstant bleiben. Dies führt zu Substitutionseffekten.[48] Im Gegensatz dazu werden die alternativen Netzbetreiber bei einer Finanzierung über einen Universaldienstfonds vergleichsweise besser gestellt, ohne den *Incumbent* schlechter zu stellen. Zur Illustration sei angenommen, dass eine Universaldienstabgabe durch eine ADC ersetzt werde, die bei *unveränderter Nachfrage* der alternativen Netzbetreiber das gleiche Mittelaufkommen generieren würde, so dass sich die alternativen Netzbetreiber bei unveränderter Nachfrage nach Zusammenschaltung mit der ADC genauso gut stellen würden wie mit der Universaldienstabgabe. Da jedoch sich bei Einführung der ADC die Zusammenschaltung relativ zur eigenen Infrastruktur verteuert, haben die alternativen Netzbetreiber einen Anreiz, weniger Zusammenschaltung nachzufragen. Um das Mittelaufkommen auf dem ursprünglichen Niveau zu halten, müßte also die ADC weiter erhöht bzw. Zusammenschaltung weiter verteuert werden. Aufgrund dieser zusätzlich notwendigen Erhöhung der ADC bzw. aufgrund der Substituierbarkeit von Zusammenschaltung durch alternative Infrastruktur gilt: Ein alternativer Netzbetreiber kann mit gegebenem Finanzmitteln nach Einführung einer ADC weniger Einheiten Zusammenschaltung kaufen als nach Einführung einer Universaldienstabgabe, die das gleiche Mittelaufkommen wie die ADC bringt.

47 vgl. Clearnet Communcation Inc. (Juli 2000), Seite 37
48 vgl. NERA (März 1997), Seite 7f.

VII. ANSÄTZE ZUR ENTGELTREGULIERUNG

Mit „Regulierungsansatz" ist die Art der Vorgaben und Mechanismen gemeint, durch die die Preissetzungsflexibilität eines regulierten Unternehmens eingeschränkt wird. Die wichtigsten Varianten solcher Regulierungsansätze sind die Kostenregulierung, die Price-Cap-Regulierung und die „Rate-of-Return"-Regulierung. Diese Varianten werden den eingangs formulierten Regulierungszielen in unterschiedlichem Ausmaß gerecht. Außerdem beeinflussen die Ansätze in unterschiedlichem Ausmaß Gewinnerzielungsmöglichkeiten und Risikoposition des regulierten Unternehmens. Schwerpunktmäßig wird in diesem Kapitel die Price-Cap-Regulierung erörtert. Dieser Regulierungsansatz zeichnet sich dadurch aus, dass die dem betroffenen Unternehmen belassene Preissetzungsfreiheit flexibel an die Wettbewerbsintensität angepasst werden kann. Dabei steht eine breite Palette von Stellschrauben zur Verfügung. Hierzu gehören die Laufzeit des Price-Caps, die Bemessung des als angemessen erachteten Produktivitätsfortschritts, die Zusammensetzung der Warenkörbe, in denen durch einen gemeinsamen Price Cap regulierte Telekommunikationsdienstleistungen zusammengefasst sind, sowie das Gewicht, das dem Zeitpunkt einer Tarifänderung bei der Erfüllung der Price-Cap-Vorgabe beigemessen wird.

A. Überblick über die Verfahren der Entgeltregulierung

1. Darstellung

a) Begriffsdefinitionen

Die wichtigsten alternativen Ansätze zur Entgeltregulierung sind (1.) die Kostenregulierung, (2.) die *Price-Cap*-Regulierung und (3.) die „*Rate of Return*"-Regulierung.

Bei der *Kostenregulierung* wird dem Unternehmen für jede regulierte Leistung ein absolutes Entgeltniveau vorgegeben, von dem es für eine bestimmte Periode nicht abweichen darf. Dieses Entgeltniveau kann sowohl mit kostenrechnerischen Methoden als auch anhand von Vergleichsmarktdaten bestimmt werden.

Im Gegensatz zur Kostenregulierung werden bei der *„Rate of Return"-Regulierung* nicht das absolute Entgelte bzw. Entgeltober- und -untergrenzen für eine bestimmte Zeitperiode festgeschrieben, sondern es wird die maximal zulässige Verzinsung des eingesetzten Kapitals begrenzt. Das Kapital selbst und damit auch der Absolutbetrag der Kapitalkosten, der als Bestandteil von Leistungsentgelten geltend gemacht werden kann, unterliegt bei der „*Rate of Return*"-Regulierung keinen Beschränkungen.

Ein „*Price Cap*" ist demgegenüber – entsprechend dem englischen Wortsinn – eine Begrenzung eines Entgeltes für eine einzelne Leistung oder eines gewichteten Durchschnitts von Entgelten für einen Warenkorb von Leistungen. Zwei Varianten solcher Begrenzungen sind vorstellbar:

- Zum einen kann das *absolute Niveau* der Leistungsentgelte begrenzt werden. Damit ist nichts darüber ausgesagt, wie sich die Entgelte unterhalb der vorgegebenen Obergrenzen entwickeln werden.
- Zum anderen kann aber auch – ausgehend von einem bestimmten Ausgangsentgeltniveau – die *Änderungsrate* der Entgelte pro Zeitperiode begrenzt werden.

Im folgenden wird der Begriff des *Price Caps* entsprechend der zweiten Variante verwendet. Typischerweise wird die maximale Änderungsrate der Entgelte in einer Rechnungslegungsperiode t als Differenz zwischen der tatsächlichen Entwicklung eines Referenzpreisindexes und dem sogenannten „X-Faktor" dargestellt:[1]

$$e_t \leq \pi_t - X \qquad \text{mit } t = 1,..,T$$

mit

$t =$	Index der Rechnungslegungsperioden, wobei	
	$t=0$	Beginn der Laufzeit des *Price-Caps*
	$t=T$	Ende der Laufzeit des *Price-Caps*
$e_t =$	Abweichung des *tatsächlichen Leistungsentgeltes* am Ende der Rechnungslegungsperiode t *vom maximal zulässigen Entgelt* zu Beginn der Rechnungslegungsperiode	
$\pi_t =$	Änderungsrate eines Referenz-Preisindexes	
$X =$	X-Faktor	

Das *Entgeltniveau* zu Beginn der Laufzeit des *Price-Caps* wird dem regulierten Unternehmen vorgegeben. Während der Laufzeit des *Price-Caps* wird das zu Beginn einer Rechnungslegungsperiode jeweils maximal zulässige Entgeltniveau nach Maßgabe des *Price-Caps* fortgeschrieben.[2] Die maximale Preisänderung in einer Rechnungslegungsperiode richtet sich also nicht unmittelbar nach dem tatsächlichen, sondern dem maximal zulässigen Preisniveau zu Beginn der Vorgängerperiode. Damit vergrößert sich für das regulierte Unternehmen der Preissetzungsspielraum in einer Rechnungslegungsperiode, wenn es in der Vorgängerperiode nicht das maximal mögliche Entgeltniveau ausgeschöpft hat.[3]

Der *X-Faktor* wird ex ante für die gesamte Laufzeit des *Price-Caps* festgeschrieben. Er gibt an, in welchem Maße die Erhöhung des Preises für den Korb *Price-Cap*-regulierter Dienstleistungen unter dem *Referenz-Preisindex* bleiben muss. Als Referenz-Preisindex kommen zum Beispiel der Index der Konsumentenpreise oder der Faktorpreise in Betracht. Die Änderungsrate des Referenz-Preisindexes ist ex ante unbekannt. Ist die Änderungsrate des Referenz-Preisindex größer als der X-Faktor ($\pi_t > X$), kann das regulierte Unternehmen die Leistungsentgelte maximal um die Quote π_t - X erhö-

---

1 Diese Konzeption wird auch in § 4 Abs. 2 der deutschen Telekommunikations-Entgeltregulierungsverordnung vom 1. Oktober 1996 aufgegriffen. Danach sollen die Maßgrößen bei der Price-Cap-Regulierung die gesamtwirtschaftliche Preissteigerungsrate und die zu erwartende Produktivitätsfortschrittsrate des regulierten Unternehmens umfassen.

2 vgl. Bundesministerium für Post und Telekommunikation (1993), Seite 37

3 vgl. Oftel (Februar 1996), Paragraph 4.30

hen; im umgekehrten Fall ($X > \pi_t$) sind die Entgelte mindestens um die Quote $X - \pi_t$ zu senken.

b) Regulierungsansätze aus kapitalmarkttheoretischer Sicht

Der Kostenregulierung, der *Price-Cap*-Regulierung und der „*Rate of Return*"-Regulierung ist gemeinsam, dass ex ante dem regulierten Unternehmen eine bestimmte Rendite des eingesetzten Kapitals zugestanden wird. Diese stimmt bei der Kostenregulierung im Idealfall mit den Finanzierungskosten eines effizienten Anbieters überein. Die Finanzierungskosten sind derjenige Mindest-Erwartungswert der Rendite auf das eingesetzte Kapital, ab dem die Kapitalmarktteilnehmer bereit sind, das Unternehmen zu finanzieren. Umgekehrt beeinflusst jedoch auch der gewählte Regulierungsansatz seinerseits die Finanzierungskosten und damit auch die Gesamtkosten der Leistungserstellung.

Bei der Kostenregulierung und bei der *Price-Cap*-Regulierung kann die tatsächliche Verzinsung des eingesetzten Kapitals von den Finanzierungskosten abweichen. Aus Sicht des regulierten Unternehmens steht dem Risiko einer Kostenunterdeckung (die tatsächlich erzielte Rendite liegt dann unter den Finanzierungskosten) die Chance einer Kostenüberdeckung (die tatsächlich erzielte Rendite liegt dann über den Finanzierungskosten) gegenüber. Dies entspricht auch der Situation, die ein Kapitalgeber üblicherweise am Kapitalmarkt vorfindet („Ausgangsszenario").

Vorstellbar ist auch, dass das regulierte Unternehmen *Nachforderungen* an die zusammengeschalteten Netzbetreiber stellen kann, wenn sich im nachhinein herausstellt, dass die genehmigten Entgelte nicht ausreichend waren, um die regulatorisch ex ante zugestandene Rendite zu erreichen; im umgekehrten Fall müsste das regulierte Unternehmen an die zusammengeschalteten Netzbetreiber eine *Rückerstattung* leisten. Die Risikoposition des Unternehmens ist dann vergleichbar mit der Risikoposition des Inhabers eines Finanzierungstitels, der sich gegen die Renditeunsicherheit (das Risiko von Kursschwankungen) durch den Verkauf eines *Terminkontraktes* abgesichert hat. Der Verkauf eines Terminkontraktes stellt sich ex post als gutes Geschäft heraus, wenn der tatsächliche Marktwert des *Underlying* am Fälligkeitstag unter dem ex ante vereinbarten Verkaufspreis liegt und umgekehrt. Bezogen auf das regulierte Unternehmen entspricht der Marktwert des *Underlying* dem Marktwert der künftigen Einzahlungsüberschüsse aus dem Verkauf von Leistungen auf dem Absatzmarkt; der ex ante vereinbarte Verkaufskurs entspricht dem Einzahlungsüberschuss, der nach dem Finanzausgleich mit dem zusammengeschalteten Unternehmen beim regulierten Unternehmen verbleibt und der dem Unternehmen genau die ex ante regulatorisch zugestandene Rendite bringt. Durch den Finanzausgleich mit den zusammengeschalteten Betreibern generiert die Zusammenschaltung für das regulierte Unternehmen einen sicheren Zahlungsstrom. Damit sinken auch die Finanzierungskosten des regulierten Unternehmens, was sich in niedrigeren Zusammenschaltungsentgelten niederschlagen dürfte.

Schließlich kann die Regulierung die vom Unternehmen erreichbare Rendite auf einen *Maximalwert* begrenzen. Liegt die tatsächlich erwirtschaftete Rendite über dieser Maximalrendite, so wird der Renditeüberschuss ex post durch regulatorische Maßnahmen absorbiert; liegt die tatsächlich erwirtschaftete Rendite jedoch unter der Maximalrendite, so unterbleiben weitere korrigierende Eingriffe. Dieses Vorgehen entspricht der *„Rate of Return"-Regulierung*. Die Risikoposition des regulierten Unternehmens entspricht in diesem Szenario derjenigen des *Verkäufers einer Kaufoption*. Der Inhaber einer Kaufoption hat das Recht (nicht jedoch die Pflicht), das *„Underlying"* zu einem ex ante vereinbarten Preis zu kaufen. Ebenso wie die Regulierungsbehörde eingreift, wenn die tatsächlich vereinbarte Rendite über der zulässigen Maximalrendite liegt, wird der Inhaber einer Kaufoption von seinem Optionsrecht Gebrauch machen, wenn der tatsächliche Marktwert des *Underlying* am Fälligkeitstag über dem ex ante vereinbarten Kaufpreis liegt. Bezogen auf das regulierte Unternehmen entspricht der Marktwert des *Underlying* am Fälligkeitstag dem künftigen Marktwert des Einzahlungsstroms aus dem Verkauf von Leistungen auf dem Absatzmarkt; der vereinbarte Ausübungskurs entspricht dem Marktwert des Unternehmens, der sich am Fälligkeitstag einstellen würde, wenn das regulierte Unternehmen genau die regulatorisch zugestandene Maximalrendite erreicht. Der Wert der Option spiegelt den Effekt der Renditebegrenzung auf den gegenwärtigen Marktwert des Unternehmens wieder. Um in der Zukunft die Einzahlungsüberschüsse an die Kapitalgeber ausschütten zu können, die ohne regulatorische Begrenzung der Rendite erzielbar wären, müsste das Unternehmen die Kaufoption gewissermaßen zurückkaufen. Dies führt zu höheren Kosten, die höhere Zusammenschaltungsentgelte als im Ausgangsszenario rechtfertigen. Ausführlicher erläutert wird diese Theorie in Kapitel XIV („Abschreibungen").

c) Rabattierung von Zusammenschaltungsentgelten

Die *Price-Cap*-Regulierung und die *„Rate-of-Return"*-Regulierung belassen dem regulierten Unternehmen Preissetzungsflexibilität. Es stellt sich die Frage, in wieweit das regulierte Unternehmen bei der Netzzusammenschaltung die Preissetzungsflexibilität zur Gewährung von Volumen- und Laufzeitrabatten nutzen darf, um so zu Lasten unrabattierter Leistungen einen *Price-Cap* nicht zu überschreiten bzw. eine nachträgliche Beschneidung der Rendite im Rahmen einer *„Rate-of-Return"*-Regulierung" zu vermeiden.

Laufzeitrabatte dürften von den miteinander konkurrierenden alternativen Netzbetreibern weniger kontrovers als Volumenrabatte beurteilt werden, da alternative Netzbetreiber unabhängig von ihrer Größe von Laufzeitrabatten profitieren. Unter dem Gesichtspunkt der Kostenorientierung lassen sich Laufzeitrabatte mit dem Hinweis rechtfertigen, dass mit zunehmender Vertragslaufzeit die Planungssicherheit hinsichtlich der erreichten Fixkostendeckung zunehme und die Finanzierungskosten somit zurückgingen.[4] Außerdem reduzieren sich mit zunehmender Vertragslaufzeit die Kosten des Vertragsmanagements.[5]

---

4 vgl. FCC (September 1993), Paragraph 116
5 vgl. FCC (Oktober 1992), Paragraph 192

Bei Volumenrabatten besteht die Gefahr, dass kleine gegenüber größeren Leistungsnachfragern diskriminiert werden. Demgegenüber lässt sich argumentieren, dass ein Verbot von Volumenrabatten großen Netzbetreibern Kostenvorteile vorenthielte ohne gleichzeitig die kleineren Netzbetreiber besser zu stellen.[6] Unter dem Gesichtspunkt der Kostenorientierung lassen sich Volumenrabatte auf wettbewerblich angebotene Leistungen insoweit rechtfertigen, als dass sie für die Leistungsnachfrager einen Anreiz schaffen, ihre Leistungsnachfrage auf nur einen Anbieter zu bündeln; entsprechend sinken für den Anbieter (angesichts weitgehend fixer Netzkosten) die Stückkosten pro abgesetzter Leistungseinheit. Insofern können Volumenrabatte als der gesamtwirtschaftlichen Effizienz zuträglich dargestellt werden.[7]

2. Beurteilung

a) Statische Effizienz

Die *„Rate of Return"-Regulierung* schneidet in Bezug auf das Kriterium statischer Effizienz denkbar schlecht ab. Denn im Gegensatz zur Kostenregulierung ist durch die *„Rate of Return"*-Regulierung nicht der Absolutbetrag der Kapitalrendite, sondern lediglich das Verhältnis von Kapitalrendite zum Betrag des eingesetzten Kapitals begrenzt. Damit hat das regulierte Unternehmen einen Anreiz, überflüssige Anlagen anzuschaffen und Abschreibungen auf die im Bestand befindlichen Anlagen vorzunehmen, die hinter dem tatsächlichen Wertverlust der Anlagen zurückbleiben. So vergrößert das Unternehmen den ausgewiesenen Kapitalstock und damit auch das den Kapitalgebern zufließende Einkommen.[8] Eine Übereinstimmung der erwarteten Erlöse mit den erwarteten Kosten wird also bei der *„Rate of Return"*-Regulierung nicht gewährleistet. Stattdessen besteht Spielraum für Ressourcenverschwendung und Preisüberhöhung zu Lasten der Verbraucher.

Die *Kostenregulierung* schneidet im Hinblick auf statische Effizienz besser als die *„Rate of Return"*-Regulierung ab. Denn die Kostenregulierung erfaßt nicht nur die Rendite des eingesetzten Kapitals, sondern auch den Kapitalstock selbst bzw. die auf den Kapitalstock vorzunehmenden Abschreibungen. Dabei ist zu berücksichtigen, dass es eine *Trade-off*-Beziehung zwischen Kapitalkosten und Abschreibungen gibt – je höher die in einer Periode ausgewiesenen Abschreibungen sind, desto geringer ist in der Folgeperiode das ausgewiesene Kapital. Weist also das Unternehmen einen überhöhten Kapitalstock bzw. dazu korrespondierend überhöhte Kapitalkosten mit dem Ziel aus, hohe Leistungsentgelte zu begründen, so wird dies mit dem Ausweis niedrigerer Abschreibungen erkauft, was wiederum preisdämpfend wirkt. Allerdings wird bei der Kostenregulierung eine statische effiziente Ressourcenallokation nur unter der unrealis-

---

6 vgl. FCC (September 1993), Paragraph 117

7 vgl. FCC (Oktober 1992), Paragraph 199. Die FCC hat Volumen- und Laufzeitrabatte nach der Maßgabe für zulässig erklärt, daß die mit Volumen- und Laufzeitrabatten angebotenen Dienste als eigenständige Leistungen behandelt werden. [vgl. FCC (September 1993), Paragraph 118]

8 vgl. FCC (Mai 1997), Paragraph 74

tischen Voraussetzung erreicht, dass bereits zum Zeitpunkt der Entgeltfestsetzung das Nachfrageverhalten zutreffend antizipiert wird.

Die *Price-Cap-Regulierung* kann so ausgestaltet werden, dass das Ausgangsentgeltniveau mit den Kosten der regulierten Leistungen übereinstimmt und dass dem Unternehmen Preissenkungen abverlangt werden, die dem erwarteten Rückgang der Kosten der effizienten Leistungserstellung entsprechen. Allerdings sind auch *Price-Cap*-Regimes denkbar, die nicht auf die Kosten der effizienten Leistungserstellung Bezug nehmen. Im Extremfall liegt das nach dem Price Cap maximal zulässige Entgeltniveau noch über den Entgelten, die ein gewinnmaximierendes Unternehmen ohnehin verlangen würde. Der Price Cap hat dann keinen Einfluss auf das Marktpreisniveau.[9]
Wird der Price Cap auf einen Warenkorb von Leistungen angewendet, kann das Entgelt für eine Leistung nur erhöht werden, wenn gleichzeitig das Entgelt für eine andere Leistung gesenkt wird. Bei der *Price-Cap*-Regulierung verfügt das regulierte Unternehmen also über ein größeres Maß an Preissetzungsflexibilität als bei der Kostenregulierung. Diese Preissetzungsflexibilität ist umso größer, je länger die Laufzeit des *Price-Caps* gewählt wird und desto mehr Leistungen zum gleichen Warenkorb zusammengefasst sind. Dieser Spielraum kann das Unternehmen nutzen, um mit Rabattprogrammen, Bündelangeboten etc. besser auf Kundenbedürfnisse einzugehen. Andererseits bringt die größere Preissetzungsflexibilität bei der *Price-Cap*-Regulierung die Gefahr des Missbrauchs von Marktmacht mit sich. Entsprechend sollte das Ausmaß der Preissetzungsflexibilität, das dem regulierten Unternehmen zugestanden wird, dem Grad der Wettbewerbsintensität auf dem jeweiligen Markt angepasst sein; mit zunehmendem Wettbewerb kann der Umfang regulatorischer Eingriffe zurückgeführt werden.[10] Entsprechend dürfte die *Price-Cap*-Regulierung erst dann der Kostenregulierung vorzuziehen sein, wenn funktionsfähiger Wettbewerb zumindest schon in Ansätzen gegeben ist (vgl. Kapitel II: „Regulierungsbedarf und Regulierungsziele“).

b) Dynamische Effizienz

Während sich die Kostenregulierung in erster Linie am Ziel statischer Effizienz orientiert, steht bei der *Price-Cap*-Regulierung das Ziel dynamischer Effizienz im Vorder-

---

9 vgl. Abel, J.R. (September 1999), Seite 4 ff. Abel erläutert den Sachverhalt für den Fall monopolistischer Preisführerschaft durch das regulierte Unternehmen.

10 Dieser Aspekt war auch in Großbritannien entscheidend für die Ablösung der Kostenregulierung durch eine *Price-Cap*-Regulierung mit Beginn des Geschäftsjahres 1997/ 98. Nach wie vor muss *British Telecom* für jedes Geschäftsjahr eine Kosten- und Leistungsrechnung ("*Financial Results By Services*", FRBS) veröffentlichen, die nach Geschäftsbereichen und den von ihnen erbrachten Leistungen differenziert; diese beinhaltet Aussagen zum Betriebsergebnis (Differenz zwischen den jährlichen Erlösen und den jährlichen Kosten). Bis zum Geschäftsjahr 1997/98 setzte die Regulierungsbehörde Oftel für die erste Hälfte eines Geschäftsjahres vorläufige IC-Entgelte auf der Basis der FRBS für das jeweils vorausgegangene Geschäftsjahr fest; in der zweiten Hälfte eines Geschäftsjahres wurden vorläufige IC-Entgelte auf der Basis der FRBS für die erste Hälfte des gleichen Geschäftsjahres festgelegt. Die endgültige Festlegung der IC-Entgelte erfolgte nach Ablauf des Finanzjahres; bei eventuellen Abweichungen zwischen den vorläufigen IC-Entgelten und den endgültigen IC-Entgelten mußten die jeweils begünstigten Netzbetreiber Ausgleichszahlungen leisten, die die Abweichungen und Zinsen abdecken.

grund. Bei der *Price-Cap*-Regulierung profitiert das Unternehmen von Effizienzsteigerungen, die bei der Festsetzung des X-Faktors noch nicht antizipiert worden sind (Prozeßinnovationen) sowie von seiner Fähigkeit, auf Kundenbedürfnisse besonders gut einzugehen (Produktinnovationen). Dabei mag es für ein gewinnmaximierendes Unternehmen durchaus sinnvoll sein, nicht im voraus antizipierte Effizienzsteigerungen in Form von Preissenkungen an die Leistungsnachfrager weiter zu geben, denn mit einer Verschiebung der Kostenfunktion verändert sich für das Unternehmen auch die gewinnmaximale Preis-Mengen-Kombination.[11]

Bei einer „*Rate of Return*"-Regulierung muss ein Anstieg der Erlöse des Unternehmens bei gegebenem Kapitaleinsatz unmittelbar zu einer Reduktion der Preise führen.[12] Dies ist bei der *Price-Cap*-Regulierung nicht der Fall – einen Erlösanstieg aufgrund unvorhergesehenen Nachfragewachstums kann das regulierte Unternehmen für sich verbuchen. Denn im Gegensatz zur „*Rate of Return*"-Regulierung ist durch die *Price-Cap*-Regulierung nicht die ex post tatsächlich erreichte Verzinsung des eingesetzten Kapitals begrenzt. Daraus ergibt sich zugleich auch einer der wesentlichen Kritikpunkte an der „*Rate of Return*"-Regulierung: Ist erst einmal die maximal mögliche Verzinsung des eingesetzten Kapitals erreicht, besteht für das regulierte Unternehmen kein Anreiz mehr, nach Möglichkeiten für Effizienzsteigerungen zu suchen und diese umzusetzen.

Umgekehrt fällt bei der *Price-Cap*-Regulierung der „*Regulatory Lag*" länger aus.[13] Mit „*Regulatory Lag*" ist der Zeitraum gemeint, innerhalb dessen Effizienzsteigerungen in Form günstigerer Preise an die Leistungsnachfrager weitergegeben werden. Je kürzer dieser „*Regulatory Lag*" ist, desto geringer ist natürlich für das regulierte Unternehmen der Anreiz, nach Effizienzverbesserungen zu suchen und diese umzusetzen.[14] Allerdings hängen die Dauer des „*Regulatory Lag*" und die mögliche Abweichung von tatsächlicher und ex ante erwarteter Kapitalverzinsung von der Ausgestaltung des *Price-Caps* ab:

- *Variante 1:* Das Ausgangsentgeltniveau, das zu Beginn der Laufzeit des *Price-Caps* festgelegt wird, kann sich nach der unter dem jeweils vorherigen *Price-Cap* erzielten Kapitalverzinsung richten – je höher die in der Vergangenheit tatsächlich erreichte Kapitalverzinsung ist, desto niedriger ist das Ausgangsentgeltniveau und umgekehrt.
- *Variante 2:* Das Ausgangsentgeltniveau zu Beginn der *Price-Cap*-Periode entspricht dem Entgeltniveau, dass bei Fortschreibung des alten *Price-Caps* zulässig gewesen wäre, jedoch wird der X-Faktor so festgesetzt, dass sich über die aggregierte Laufzeit des alten und des neuen *Price-Caps* eine "angemessene" Verzinsung des eingesetzten Kapitals einstellt.

---

11 vgl. Elsenbast. W. (März 1999), Seite 10

12 vgl. FCC (Mai 1997), Paragraph 74

13 vgl. Xavier, P. (1995), Seite 599

14 Die FCC hat die „Rate of Return"-Regulierung 1990 aufgegeben, da sie zum Schluß kam, daß diese keine hinreichenden Anreize für Effizienzsteigerungen schaffe. vgl. FCC (Mai 1997), Paragraph 3

- *Variante 3:* Das Ausgangsentgeltniveau wird wie bei Variante 3 festgelegt, jedoch wird der X-Faktor so bestimmt, dass er dem voraussichtlichen Entwicklung der Kosten der effizienten Leistungserstellung während der Laufzeit des *Price-Caps* entspricht. Die in der Vergangenheit tatsächlich erreichte Kapitalverzinsung spielt in diesem Zusammenhang keine Rolle.

Die erste Variante der *Price-Cap*-Regulierung ist am stärksten, die dritte am wenigsten an die "*Rate of Return*"-Regulierung angelehnt, denn bei der ersten Variante ist "*regulatory lag*" am kürzesten.[15] Außerdem sind bei der ersten Variante starke Preissprünge zu Beginn der Laufzeit eines neuen *Price-Caps* möglich.[16]

B. Ausgestaltung der Price-Cap-Regulierung

Bei der *Price-Cap*-Regulierung lässt sich die dem Unternehmen belassene Preissetzungsflexibilität anhand zahlreicher Stellschrauben beeinflussen. Dazu gehören:

- der X-Faktor und der Referenz-Preisindex,
- die Leistungsentgelte zu Beginn der Laufzeit des *Price-Caps*;
- die Laufzeit des *Price-Caps*,
- die Art der zu einem *Price-Cap*-regulierten Warenkorb zusammengefaßten Leistungen,
- den Gewichtungen der im Warenkorb zusammengefaßten Leistungen.

1. Kostenorientierung des Price-Caps

Grundgedanke bei der Festlegung eines „kostenorientierten“ *Price-Caps* ist, dass die nominale Veränderung der Leistungsentgelte der nominalen Veränderung der Kosten der Leistungserstellung entsprechen soll:

$$e_t = k_t^{nom}$$

wobei

$$k_t^{nom} = \frac{K_t^{nom} - K_{t-1}^{nom}}{K_{t-1}^{nom}}$$

$$e_t^{nom} = \frac{P_t - P_{t-1}}{P_{t-1}}$$

wobei

P_t = Preis einer normierten Leistungseinheit im Zeitpunkt t (bei diesem Preis handelt es sich um ein gewichtetes Mittel der Preise der Leistungen, die zum *Price-Cap*-regulierten Warenkorb zusammengefasst sind)

K_t^{nom} = Stückkosten der Bereitstellung einer normierten Leistungseinheit im Zeitpunkt t

Die Stückkosten der Leistungserstellung entsprechen dem Produkt aus Faktorproduktivität (Relation von Output und Input) und Inputpreis entsprechen:

15 vgl. Oftel (Februar 1996), Paragraph 4.34
16 vgl. Oftel (Februar 1996), Paragraph 4.32

$$K_t^{nom} = \frac{Y_t \cdot \widetilde{P}_t}{Q_t} = \frac{\widetilde{P}_t}{TFP_t}$$

mit

$Y_t =$	Anzahl der normierten Inputeinheiten (Produktionsfaktoren), die im Produktionsprozeß im Zeitpunkt t eingesetzt werden
$Q_t =$	Anzahl der normierten Gütereinheiten (Output), deren Preise der *Price-Cap-* Regulierung unterliegt
$\widetilde{P}_t =$	Preis einer normierten Inputeinheit Zeitpunkt t
$TFP_t =$	Faktorproduktivität (*Total Factor Productivity*) im Zeitpunkt t

Die nominale Zunahme der Stückkosten, die nominale Zunahme der Faktorpreise und der reale Rückgang der Stückkosten sind durch tautologische Gleichung:

$$1 + k_t^{nom} = (1 + \widetilde{p}_t) \cdot (1 - tfp_t)$$

bzw. näherungsweise durch

$$k_t^{nom} = \widetilde{p}_t - tfp_t$$

verknüpft, wobei

$$\widetilde{p}_t = \frac{\widetilde{P}_t - \widetilde{P}_{t-1}}{\widetilde{P}_{t-1}}$$

$$tfp_t = \frac{TFP_t - TFP_{t-1}}{TFP_{t-1}}$$

Die Faktorproduktivität ist das Verhältnis des gesamten Outputs eines Unternehmens (oder einer Volkswirtschaft oder eines Industriezweiges) zum gesamten Input an Produktionsfaktoren (Kapital, Arbeit und Materialien). Ein Anstieg des Index der Faktorproduktivität zeigt an, dass die gleiche Leistungsmenge mit einem geringeren Einsatz an Produktionsfaktoren oder mit dem gleichen Einsatz an Produktionsfaktoren eine größere Leistungsmenge bereitgestellt wird oder eine Kombination aus beidem vorliegt.[17] Der Index der Faktorproduktivität entspricht dem Quotienten aus *Total Input Index* und *Total-Output-Index.*

Der *Total Output Index* repräsentiert die Veränderung der Gesamtmenge an abgesetzten Telekommunikationsdienstleistungen („Outputmenge“, in obiger Notation „Q_t“ abgekürzt). Die Leistungsmengen lassen sich durch physikalische Größen wie Anzahl der Anschlussleitungen, Gesprächsversuche oder Minuten messen. Die Veränderung der Leistungsmengen wird zunächst in Einzelindizes umgesetzt und anschließend zum *Total Output Index* aggregiert. Dabei richten sich die Gewichte der Teilindizes nach dem Anteil, den der Erlös aus der jeweiligen Telekommunikationsdienstleistung am Gesamterlös des Unternehmens hat.[18]

Beim *Total Input Index* repräsentiert die Veränderung des Verbrauchs an Produktionsfaktoren (in obiger Notation mit „Y_t“ bezeichnet). Der *Total Input Index* ist – ähnlich

17 vgl. FCC (Mai 1997), Paragraph 9
18 vgl. FCC (Mai 1997), Paragraph 92

wie der *Total Output Index* – ein gewichtetes Mittel von Teilindizes für den Verbrauch an einzelnen Produktionsfaktoren wie Material, Arbeit oder Kapital.[19] Dabei wird angenommen, dass die Preise für die Produktionsfaktoren selbst unverändert bleiben. Eine Veränderung des *Total Input Index* deutet also auf eine Veränderung der verbrauchten Mengen, nicht aber auf eine Veränderung der Faktorpreise hin.

Als Fazit ist festzuhalten: Bei kostenorientierter Festsetzung des *Price-Caps* muss der X-Faktor entsprechend dem Erwartungswert des über die Laufzeit des *Price-Caps* (geometrisch) gemittelten *Total Productivity Factors* festgesetzt werden. Gleichzeitig muss als Referenzindex der Index der Faktorpreise gewählt werden:

$$e_t \leq \tilde{p}_t - E_0(tpf)$$

wobei

$$tfp = \left(\prod_{t=1}^{T} 1 - tfp_t \right)^{1/T}$$

mit

$E_0(tfp) =$ Zu Beginn der Laufzeit des *Price-Caps* (d.h. im Zeitpunkt 0) herrschender Erwartungswert der durchschnittlichen Zunahme der Faktorproduktivität während der Laufzeit des *Price-Caps*

		1997	1998	1999	2000	2001
(1)	Nachfragewachstum pro Jahr		5 %	5 %	5 %	5 %
(2)	Q_t/Q_{1997} = *Total Output Index* = Index des produzierten *Outputs*, bezogen auf den Beginn der Laufzeit des *Price-Caps*	100,0	105,0	110,3	115,8	121,6
(3)	$(Y_t \cdot \tilde{P}_{1997}) / (Y_{1997} \cdot \tilde{P}_{1997})$ = *Total Input Index* = Index der Gesamtkosten, die bei unveränderten Inputpreisen anfallen würden	100,0	99,1	98,1	97,1	96,1
(4)	*Index der Faktorproduktivität* = Index der Stückkosten, die bei unveränderten Inputpreisen anfallen würden = Zeile 3 / Zeile 2	100,0	94,4	89,0	83,9	79,1
(5)	tfp_t = reale Zunahme der Faktorproduktivität pro Jahr		5,7 %	5,7 %	5,7 %	5,7 %
(6)	Durchschnittliche Zunahme der Faktorproduktivät im Betrachtungszeitraum = geometrisches Mittel der Werte aus Zeile 5	5,7 %				

Übersicht VII-1: Zahlenbeispiel zur Berechnung eines *Price-Caps* (vgl. Oftel, Dezember 1996b, Seite 44 ff.)

Wenn das Unternehmen in der betreffenden Rechnungslegungsperiode seine Produktivität über das regulatorisch geforderte Maß steigert, kann es die zusätzlichen Gewinne für sich vereinnahmen. Bleibt umgekehrt die Effizienz des Unternehmens hinter dem

19 vgl. FCC (Mai 1997), Paragraph 32

durch den *Price-Cap* vorgegebenen Maß zurück, erreicht es nicht die regulatorisch zugestandene Verzinsung des eingesetzten Kapitals. Die durch den X-Faktor vorgegebene Produktivitätssteigerung kann bei *Ende-zu-Ende*-Verbindungen (allgemeiner Netzzugang) eine andere sein als bei *IC-Calls*, da den *Ende-zu-Ende*-Verbindungen auch Vertriebskosten zuzuschlüsseln sind.

2. Festlegung des Referenz-Preisindexes

Als Referenz-Preisindex kommen insbesondere der Index der Faktorpreise auf den Telekommunikationsmärkten und der Preisindex für Lebenshaltung („Inflationsrate") in Betracht. Bei der Auswahl des Referenz-Preisindexes muss eine Abwägung zwischen zwei einander widersprechenden Zielen vorgenommen werden:

- Einerseits soll der *Price-Cap* möglichst genau die Steigerung der Effizienz widerspiegeln, der sich während der Laufzeit des *Price-Caps* erzielen läßt.
- Andererseits sollte der Referenz-Preisindex aus Sicht des regulierten Unternehmens möglichst exogen sein.

Dem ersten Kriterium wird natürlich der Index der Faktorpreise in besonderer Weise gerecht. Andererseits schneidet der Index der Faktorpreise im Hinblick auf das zweite Kriterium schlecht ab. Denn das Unternehmen die Faktorpreise selbst beeinflussen kann, kann der *Price-Cap* wesentliche Funktionen nicht erfüllen; dazu zählt etwa die Schaffung von Anreizen für das regulierte Unternehmen, die Effizienz der Leistungserstellung zu erhöhen.[20]

Die Kritik an der Verwendung der Inflationsrate als Referenz-Preisindex ist genau spiegelbildlich. Denn bei dieser Vorgehensweise wird der Preissetzungsspielraum des entgeltregulierten Unternehmens durch die Preisentwicklung von Gütern beeinflußt, die in keinerlei Zusammenhang mit Telekommunikationsmärkten. Anderseits kann die Inflationsrate (obwohl auch Telekommunikationsdienstleistungen in die allgemeine Inflationsrate eingehen) nicht wesentlich durch das regulierte Unternehmen manipuliert werden;[21] außerdem ist ein Index der Faktorpreise weniger transparent als die Inflationsrate.[22]

3. Festlegung des X-Faktors

Der X-Faktor kann sowohl „analytisch" als auch „nicht-analytisch" bestimmt werden.

„Nicht analytische" Ansätze sind beispielsweise die Festlegung des X-Faktors als Ergebnis einer Verhandlung zwischen der Regulierungsbehörde und dem regulierten Unternehmen. Auch mit einer Erhebung von Vergleichsdaten über die Produktivitätsentwicklung („*Benchmarking*") kann versucht werden, den X-Faktor so zu bestimmen, dass er den bei effizienter Leistungserstellung erzielbaren Produktivitätsfortschritt wi-

20 vgl. Braeutigam, Ronald R. (April 1996), Seite 2
21 vgl. Bundesministerium für Post und Telekommunikation, März 1993, Seite 18
22 vgl. Oftel (September 1997), Paragraph 4.6 – 4.8

derspiegelt.[23] Da originäre Kostendaten für einen internationalen Vergleich nicht zur Verfügung stehen oder ungeeignet sind, bietet sich ein Vergleich der Endkundentarife auf internationalen Vergleichsmärkten an. Dahinter steckt, soweit es die Festsetzung des X-Faktors für Netzzusammenschaltung angeht, implizit die Annahme, dass die Effizienz bei der Erstellung von Endkundenleistungen und beim Betrieb des Telekommunikationsnetzes bei allen verglichenen Unternehmen im gleichen Verhältnis steht.[24]

Bei analytischen Ansätzen hingegen wird die Effizienz des regulierten Unternehmens unmittelbar untersucht. Dazu können beispielsweise die in der Vergangenheit tatsächlich erzielten Produktivitätsfortschrittsraten ausgewertet werden. Denkbar ist auch der Einsatz von Kostenmodellen zur Prognose der zukünftigen Entwicklung der Kosten der effizienten Leistungserstellung.

Dabei kann zum einen die Entwicklung der Kosten der effizienten Leistungserstellung bzw. der X-Faktor mit einem „*Bottom-up*"- oder „*Top-down*"-Kostenmodell hergeleitet werden (vgl. Kapitel XII: „Bottom-up- versus Top-down-Modelle"). Dabei wird eine Kostenprognose für die einzelnen Rechnungslegungsperioden (z.B. Finanzjahre) versucht, die in die *Price-Cap*-Periode fallen. Inputs für solche Kostenmodelle sind Annahmen über die Entwicklung der Endkundennachfrage, der Finanzierungskosten, des Lohnniveaus, der Produktionstechnik (abgebildet durch Produktionsfunktionen) und der Wiederbeschaffungspreise des betriebsnotwendigen Anlagevermögens.

Alternativ können auch Kostenmodelle angewendet werden, die nicht die Kosten pro Rechnungsperiode in Absolutbeträgen, sondern *unmittelbar die Änderungsrate der Stückkosten* abbilden. Dazu ist sind folgende Schritte erforderlich:

1. *Definition von Indizes für die durch den Einsatz der verschiedenen Produktionsfaktoren (Arbeit, Kapital und Material) verursachten Kosten.* Die Bestimmung solcher Indizes ist jedoch nicht unproblematisch:
   - Die Schwierigkeit bei der Bestimmung des *Kapitalindexes* besteht in der Abschätzung des notwendigen Kapitalstocks bzw. in der Abschätzung der Güter (Outputs), die sich mit einem gegebenen Kapitalstock produzieren lassen.[25] Tatsächlich kann das entgeltregulierte Unternehmen mehr Kapital einsetzen, als zur Produktion der jeweils betrachteten Outputs erforderlich ist. Die Herleitung eines aggregierten Kapitalindexes setzt voraus:[26] (1.) Informationen über die Höhe des betriebsnotwendigen Kapitalstocks, (2.) Informationen über die Leistungsabgabe durch diesen Kapitalstock und (3.) die Festlegung der Gewichte, die die verschiedenen Kategorien von Anlagen im aggregierten Kapitalindex haben sollen.

---

23 vgl. Elsenbast. W. (März 1999), Seite 1. „Benchmarking" entspricht der Auflage des § 4 Abs. 4 TEntgV, wonach bei Vorgabe von Maßgrößen im Rahmen des Price-Cap-Verfahrens „die Produktivitätsfortschrittsraten von Unternehmen auf vergleichbaren Märkten mit Wettbewerb zu berücksichtigen" sind.

24 vgl. Oftel (September 1997), Randnummer 5.21

25 vgl. FCC (Mai 1997), Randnummer 33

26 vgl. FCC (Mai 1997), Randnummer 49

- Bei der Indexierung des *Arbeitseinsatzes* ist zu bedenken, dass Arbeitseinsatz kein homogenes Gut ist. Arbeit kann nach der Ausbildung und Berufserfahrung oder nach leitenden und ausführenden Tätigkeiten kategorisiert werden. Ausdrücken lässt sich die Veränderung des Arbeitseinsatzes durch die Anzahl der im jeweiligen Rechnungsjahr notwendigen Arbeitskräfte zur Anzahl der in einem Basisjahr notwendigen Arbeitskräfte.[27]
- Unter dem Begriff „*Material*" wird das Residuum aus den Betriebskosten und der Kompensation für Arbeit zusammengefaßt. Für den Materialeinsatz gibt es kein unmittelbares Maß. Jedoch können die Materialausgaben indirekt hergeleitet werden, indem von den Gesamtausgaben des Unternehmens der Teil der Ausgaben subtrahiert wird, der unmittelbar den Produktionsfaktoren Arbeit (Löhne, Gehälter, Pensionen etc.) und Kapital (Abschreibung und Amortisation) zugeordnet werden kann.[28]

2. *Aggregation der Indizes zu den einzelnen Produktionsfaktoren zum Total Input Index:* Um die Kosten des Einsatzes der Produktionsfaktoren Arbeit, Kapital und Material in den *Total Input Index* zu konvertieren, müssen Gewichte bestimmt werden, die sich nach der jeweiligen relativen Bedeutung der verschiedenen Produktionsfaktoren für die Output-Erstellung bemessen. Ein pragmatischer Ansatz besteht darin, jeden Produktionsfaktor nach Maßgabe des Verhältnisses zu gewichten, den die Ausgaben für den Produktionsfaktor zu den Gesamtausgaben des regulierten Unternehmens haben.
3. *Prognose der Entwicklung des Total Input Indexes bzw. der durch die verschiedenen Produktionsfaktoren verursachten Kosten:* Die Herleitung von Indizes über die Entwicklung der Kosten der Produktionsfaktoren Arbeit, Material und Kapital kann mittels Annahmen zur *Cost Volume Elasticity* (CVE) und der *Asset Volume Elasticity* (AVE) erfolgen. Dabei ist mit *Cost Volume Elasticity* die prozentuale Veränderung der Betriebskosten und mit *Asset Volume Elasticity* die prozentuale Veränderung des Marktwertes des betriebsnotwendigen Anlagevermögens bei einer Erhöhung der Nachfrage um jeweils ein Prozent gemeint.[29]

Das Zahlenbeispiel in Übersicht VII-2 illustriert die Prognose der realen Kostenveränderung mittels AVE und CVE.[30]

---

27 vgl. FCC (Mai 1997), Randnummer 91

28 vgl. FCC (Mai 1997), Randnummer 91

29 vgl. Oftel (Mai 1997). Eine CVE von eins zeigt an, dass die Durchschnittskosten der Leistungserstellung unabhängig vom Output sind (keine Größenvorteile) (economies of scale). Eine CVE von nahezu null würde anzeigen, dass die Gesamtkosten im Verhältnis zum Output unterlinear ansteigen und Größenvorteile gegeben sind. CVE und AVE werden aus den *Cost-Volume Relationships* (CVR) und *Asset-Volume Relationships* (AVR) abgeleitet. Die CVR (bzw. die AVR) bildet die Kosten (bzw. das betriebsnotwendige Anlagevermögen) in Abhängigkeit von der zu bewältigenden Nachfrage ab (vgl. Kapitel XI: " Finanzbuchhaltung und Kostenanalyse").

30 Oftel hat das Zahlenbeispiel in anderer Aufbereitung veröffentlicht, vgl. Oftel (Dezember 1996b), Annex F.

Übersicht VII-2: Zahlenbeispiel zur Kostenprognose

Hinweis: Modellannahmen sind grau unterlegt gedruckt.

		1995	1996	1997 (Basisjahr)	1998	1999	2000	2001
(1a)	Inflationsrate	3,5%	3,5%	3,5%	3,5%	3,5%	3,5%	3,5%
(2a)	Outputwachstum pro Jahr	5,0%	5,0%	5,0%	5,0%	5,0%	5,0%	5,0%
(2b)	**Total Output Index**, bezogen auf das Basisjahr			1,000	1,050	1,103	1,158	1,216
(2c)	Outputwachstum bezogen auf das Basisjahr				5,0%	10,3%	15,8%	21,6%

Lohnkosten

		1995	1996	1997	1998	1999	2000	2001
(3a)	**Cost Volume Elasticity** = prozentualer Anstieg des Bedarfs an Arbeitskräften pro Prozent zusätzlichen Outputs			0,25				
(3b)	Index der eingesetzten Arbeitseinheiten für 1998 ff. bei Arbeitsproduktivität auf dem Niveau des Basisjahres = (3a) in 1997 x (2c) + 1			1,000	1,013	1,026	1,039	1,054
(3c)	Anstieg des Outputs pro eingesetzter Arbeitseinheit aufgrund technischen Fortschritts bezogen auf 1997				3,0%	3,0%	3,0%	3,0%
(3d)	Index der Arbeitsproduktivität, abgeleitet aus (3c)			1,000	1,030	1,061	1,093	1,126
(3e)	Index der eingesetzten Arbeitseinheiten = (3b) / (3d)			1,000	0,983	0,967	0,951	0,936
(3f)	Anstieg der Lohnkosten pro eingesetzter Arbeitseinheit				1,00%	1,00%	1,00%	1,00%
(3g)	Index der Lohnkosten pro eingesetzter Arbeitseinheit, abgeleitet aus (3f)			1,000	1,010	1,020	1,030	1,041
(3h)	**Total Labour Index** (Index der Lohnkosten)			1,000	0,993	0,986	0,980	0,974
(3i)	Lohnkosten, ausgedrückt in der Kaufkraft des Basisjahres = Lohnkosten in 1997, fortgeschrieben gemäß Index in (3h)			£ m 274	£ m 272	£ m 270	£ m 269	£ m 267

Sonstige Betriebskosten ("Materials")

		1995	1996	1997	1998	1999	2000	2001
(4a)	**Cost Volume Elasticity** = prozentualer Anstieg des Bedarfs an sonstigen Produktionsfaktoren pro Prozent zusätzlichen Outputs			0,25				
(4b)	Index des Bedarfs an sonstigen Produktionsfaktoren pro Prozent zusätzlichem Output = (4a) in 1997 x (2c) + 1			1,000	1,013	1,026	1,039	1,054
(4c)	Anstieg des Outputs pro eingesetzter Arbeitseinheit aufgrund technischen Fortschritts bezogen auf 1997				2,0%	2,0%	2,0%	2,0%
(4d)	realer Anstieg der sonstigen Betriebskosten pro Arbeitseinheit				0,0%	0,0%	0,0%	0,0%

Übersicht VII-2 (Fortsetzung)

		1995	1996	1997	1998	1999	2000	2001
(4e)	realer Anstieg der sonstigen Betriebskosten pro produzierter Einheit = (4d) - (4c)				-2,0%	-2,0%	-2,0%	-2,0%
(4f)	Index der sonstigen Betriebskosten pro produzierter Einheit, bezogen auf 1997			1,000	0,980	0,960	0,941	0,922
(4g)	**Index der sonstigen Betriebskosten**, ausgedrückt in der Kaufkraft des Basisjahres, bezogen auf das Basisjahr = (4b) x (4f)			1,000	0,992	0,985	0,978	0,972
(4h)	sonstige Betriebskosten, ausgedrückt in der Kaufkraft von 1997 = sonstige Betriebskosten in 1997 x (4g)			£ m 274	£ m 272	£ m 270	£ m 268	£ m 266

Abschreibungen

		1995	1996	1997	1998	1999	2000	2001
(5a)	**Asset Volume Elasticity** = Zusätzlicher Kapitalbedarf pro Prozent zusätzlichen Outputs, bezogen auf 1995		0,25					
(5b)	Index des Bedarfs an Kapital pro Prozent zusätzlichem Output = (5a) in 1997 x (2c) + 1		1,000	1,013				
(5c)	Betriebsnotwendiges Vermögen am Jahresanfang zu Preisen von 1995. Annahme: Der Kapitalstock steigt jedes Jahr um denselben Absolutbetrag wie von 1997 bis 1996		£ m 5700	£ m 5771	£ m 5843	£ m 5914	£ m 5985	£ m 6056
(5d)	durchschnittliches betriebsnotwendiges Anlagevermögen zu Preisen von 1995		£ m 5736	£ m 5807	£ m 5878	£ m 5949	£ m 6021	
(5e)	***Realer*** Anstieg der Wiederbeschaffungspreise des Anlagevermögens		-2,5%	-2,5%	-2,5%	-2,5%	-2,5%	
(5f)	Index der Wiederbeschaffungspreise des Anlagevermögens zum Jahresende, bezogen auf 1995	1,000	0,975	0,951	0,927	0,904	0,881	
(5g)	Index der Wiederbeschaffungspreise des Anlagevermögens zur Jahresmitte, bezogen auf 1995		0,988	0,963	0,939	0,915	0,892	
(5h)	durchschnittlich betriebsnotwendiges Anlagevermögen zu aktuellen Wiederbeschaffungspreisen = (5d) x (5g)		£ m 5664	£ m 5591	£ m 5518	£ m 5445	£ m 5373	
(5i)	angenommene durchschnittliche Lebensdauer		16 Jahre	16 Jahre	16 Jahre	16 Jahre	16 Jahre	
(5j)	Abschreibungen = (5h) / (5i)		£ m 354	£ m 349	£ m 345	£ m 340	£ m 336	

Kapitalkosten

		1995	1996	1997	1998	1999	2000	2001
(6a)	Anlagebestand in 1996 [£ m 5700 (vgl. Zeile 5c) x (5g)] ohne Nachfragewachstum, bewertet zu Wiederbeschaffungspreisen zur Jahresmitte		£ m 5629	£ m 5488	£ m 5351	£ m 5217	£ m 5087	

Übersicht VII-2 (Fortsetzung)

	1995	1996	1997	1998	1999	2000	2001
(6b) tatsächlicher Anlagenbestand, bewertet zu Wiederbeschaffungspreisen zur Jahresmitte, vgl. Zeile (5h)		£ m 5664	£ m 5591	£ m 5518	£ m 5445	£ m 5373	
(6c) Zuwachs des Anlagenbestandes aufgrund von Nachfragewachstum ohne zusätzliche Abschreibungen		£ m 35	£ m 103	£ m 167	£ m 228	£ m 286	
(6d) aufgrund des Nachfragewachstums zusätzlich erforderliche Abschreibungen		£ m 2	£ m 6	£ m 10	£ m 14	£ m 18	
(6e) aufgrund von Nachfragewachstum zusätzlich eintretende Verminderung des Anlagevermögens (kumulierte zusätzliche Abschreibungen)			£ m 9	£ m 17	£ m 25	£ m 32	
(6f) Netto-Zuwachs des Anlagenbestandes aufgrund von Nachfragewachstum		£ m 33	£ m 94	£ m 150	£ m 204	£ m 254	
(7a) **Marktwert** des Anlagevermögens zum Jahresanfang ohne Nachfragewachstum seit 1995. Annahme: Der Marktwert des Anlagevermögens sinkt im gleichen Verhältnis wie die Wiederbeschaffungspreise, vgl. Zeile (5f)	£ m 3500	£ m 3413	£ m 3327	£ m 3244	£ m 3163	£ m 3084	
(7b) Marktwert des Anlagevermögens im Jahresdurchschnitt = (7a) + (6f)		£ m 3445	£ m 3421	£ m 3394	£ m 3366	£ m 3338	
(7c) Working Capital, ausgedrückt in der Kaufkraft von 1995		£ m 200	£ m 200	£ m 200	£ m 200	£ m 200	£ m 200
(7d) Durchschnittlich betriebsnotwendiges Vermögens = (7b) + (7c)		£ m 3645	£ m 3621	£ m 3594	£ m 3566	£ m 3538	
(8a) nominale Finanzierungskosten p.a.		12,5%	12,5%	12,5%	12,5%	12,5%	12,5%
(8b) reale Finanzierungskosten p.a. = (1 + 9a) / (1+ 1a) - 1		8,7%	8,7%	8,7%	8,7%	8,7%	8,7%
(8c) Kapitalkosten = (7d) x (9b)		£ m 317	£ m 315	£ m 313	£ m 310	£ m 308	

Ableitung Price-Cap

	1995	1996	1997	1998	1999	2000	2001
(3i) Lohnkosten			£ m 274	£ m 272	£ m 270	£ m 269	
(4h) sonstige Betriebskosten			£ m 274	£ m 272	£ m 270	£ m 268	
(5j) Abschreibungen			£ m 349	£ m 345	£ m 340	£ m 336	
(8c) Kapitalkosten			£ m 315	£ m 313	£ m 310	£ m 308	
(9a) Gesamtkosten			***£ m 1212***	***£ m 1201***	***£ m 1191***	***£ m 1180***	
(9b) Index der Gesamtkosten, ausgedrückt in der Kaufkraft von 1995, bezogen auf das Basisjahr			1,000	0,991	0,982	0,973	
(9c) Index der Kosten pro produzierter Einheit, ausgedrückt in der Kaufkraft von 1995, bezogen auf das Basisjahr = (9b)/(2b)			1,000	0,944	0,891	0,841	
(9d) Price-Cap = geschätzter realer Rückgang der Kosten pro produzierter Einheit, bezogen auf das jeweils vorausgegangene Jahr				-5,6%	-5,6%	-5,6%	

Zur Abschätzung der Veränderung des betriebsnotwendigen Kapitalstocks mittels *Asset Volume Elasticities* gibt es auch Alternativen. Die FCC verwendet zur Bestimmung des in den diversen Anlagenkategorien gebundenen Kapitals ein zweistufiges Verfahren („*perpetual inventory method*"). Zur Abschätzung des Kapitalstocks in der ersten Rechnungslegungsperiode („*benchmark stock*") wird der Buchwert der tatsächlich vorhandenen Anlagen mit der Relation aus dem andernorts (z.B. bei anderen Unternehmen) festgestellten Verhältnis aus Buchwert und Kapitalstock multipliziert. Für die zweite und die nachfolgende Rechnungslegungsperiode wird der Nominalwert des Kapitalstocks fortgeschrieben. Dies geschieht durch Subtraktion der auf den Kapitalstock vorzunehmenden Abschreibungen und Addition der notwendigen Ersatzinvestitionen. Dabei werden die Ersatzinvestitionen auf das Niveau der Güterpreise zu Beginn der *Price-Cap*-Periode deflationiert. Die Kapitalproduktivität wird als Konstante behandelt, d.h. es wird angenommen, das sich die Anzahl der erstellten Leistungseinheiten proportional zum Kapitalstock verhält. Bei Gültigkeit dieser Annahme wäre die Veränderung der Kapitalleistung identisch mit der Veränderung des Kapitalstocks.[30]

4. Zusammensetzung Price-Cap-regulierter Warenkörbe

Gegenstand der *Price-Cap*-Regulierung können sowohl Einzelleistungen als auch Warenkörbe von Leistungen sein. Letztere Möglichkeit belässt dem regulierten Unternehmen ein größeres Maß an Preissetzungsflexibilität.

a) Leistungsabgrenzung nach Nachfragergruppen

Zu entscheiden ist zunächst, ob die Leistungen, die *Wettbewerber* des *Incumbent* bei dessen Netzbereich nachfragen, einem anderen *Price-Cap* unterzogen werden sollen als die Leistungen, die die Vertriebsstufe des *Incumbent* intern beim Netzbereich nachfragt. Selbstverständlich sollten der Vertriebsbereich und alternative Netzbetreiber vom Netzbereich des *Incumbent* diskriminierungsfrei bedient werden. Allerdings haben die internen Transferzahlungen des Vertriebsbereichs an den Netzbereich keine Auswirkungen auf das Betriebsergebnis des *Incumbent*; nur die von den Wettbewerbern an den Netzbereich gezahlten Entgelte für besonderen Netzzugang sind ergebnisrelevant. Entsprechend besteht der Verdacht, dass der *Incumbent* seine Preissetzungsflexibilität zu lasten seiner Wettbewerber ausnutzt, wenn für die von Wettbewerbern nachgefragten Leistungen des besonderen Netzzugangs kein gesonderter *Price-Cap* eingeführt wird.[31]

b) Leistungsabgrenzung nach Art der Dienstleistung

Festzulegen ist auch, welche Art von Dienstleistungen jeweils zu *Price-Cap*-regulierten Warenkörben zusammengefasst werden sollen. Dabei soll möglichst verhindert werden, dass das regulierte Unternehmen Entgelte durchsetzt, die nur aufgrund einer marktmächtigen Stellung durchsetzbar sind, und dass es mit Monopolgewinnen sein Leistungsangebot auf wettbewerblichen Märkten quersubventioniert. Entsprechend sollten

30 vgl. FCC (Mai 1997), Randnummer 91
31 vgl. Mercury Communications (Februar 1996), Seite 25

entweder für wettbewerbliche Leistungen und Monopolleistungen völlig getrennte *Price-Caps* oder es sollten *Sub-Caps* für Monopolleistungen eingeführt werden. Dabei sollte möglichst für jede einzelne Monopolleistungen ein *Price-Cap* definiert werden. Bei eher wettbewerblichen Leistungen hingegen ist ein *Price-Cap* auf einen Warenkorb ausreichend.[32] Das bedeutet konkret:

- Endkundenleistungen und *IC-Calls* dürfen nicht im gleichen Warenkorb zusammengefasst werden. Ansonsten könnte das regulierte Unternehmen durch Preisreduzierungen auf dem Endkundenmarkt und Preiserhöhungen auf dem Markt für *IC-calls* unter Einhaltung des *Price-Caps* Wettbewerber aus dem Markt verdrängen.[33]
- Leistungen, die über alternative Telekommunikationsnetze erbracht werden können, sollten in anderen Warenkörben zusammengefasst werden als Leistungen, die ausschließlich über das Telekommunikationsnetz des *Incumbent* erbracht werden können. Außerdem sollten bei Leistungen, die nahezu ausschließlich über das Telekommunikationsnetz des *Incumbent* erbracht werden können, die Warenkörbe enger als bei anderen Leistungen gefasst sein (d.h. nur wenige Leistungen enthalten), um dem Missbrauch der marktbeherrschenden Stellung vorzubeugen. Preiserhöhungen, die der *Incumbent* bei den übrigen Leistungen vornimmt, können mit Blick auf die Anreizwirkungen für den Aufbau alternativer Netzinfrastruktur eher in Kauf genommen werden.

In *Großbritannien* unterteilt die Regulierungsbehörde OFTEL die Leistungen des besonderen Netzzugangs nach vier verschiedene Stufen der Wettbewerbsintensität.

Wettbewerbsintensität	Regulierungsintensität
1. *Competitive services* (wettbewerbliche Leistungen)	Abgesehen von allgemeinen Grundsätzen wie Nicht-Diskriminierung unterliegt *British Telecom* keinerlei Preissetzungsrestriktionen.
2. *Prospectively competitive services:* Leistungssegmente, bei denen sich eine Zunahme der Wettbewerbsintensität abzeichnet	Für jede einzelne dieser Leistungen gilt ein sogenannter *Safeguard Cap* von RPI - 0%; *British Telecom* darf also den realen Preis der Leistungen nicht erhöhen. Falls bei diesen Leistungen die Wettbewerbsintensität tatsächlich zunimmt, sorgt der Wettbewerbsdruck ohnehin für einen realen Rückgang der Leistungsentgelte; insofern ist der angewendete *Price-Cap* als Sicherung ("*safeguard*") zu verstehen.
3. *Non-competitive services:* Leistungssegmente, bei denen kein funktionsfähiger Wettbewerb herrscht.	Für den Korb dieser Leistungen (*'General Network' Basket*) gilt ein *Price-Cap* von RPI-X%. Dabei entspricht der Faktor X der Senkung der realen Netzkosten (der Effizienzsteigerung), die von BT erreicht werden soll.
4. *Bottleneck services:* Leistungssegmente, bei denen nahezu ausschließlich der *Incumbent* über die zur Leistungserstellung notwendi-	Jede einzelne als "*bottleneck service*" klassifizierte Leistung wird durch einen getrennten *Price-Cap* reguliert, der einen *Sub-Cap* zum *General Network Basket* darstellt. Ebenso wie der *Price-Cap* auf den *General Network Basket* bemessen sich auch die

32 vgl. Elsenbast. W. (März 1999), Seite 9

33 Allgemeiner verlangt § 7 Abs. 2 der deutschen TEntgV, dass "Leistungsangebote im Rahmen von besonderen Netzzugängen [...] nicht mit anderen Dienstleistungen in einem Korb zusammengefasst werden" dürfen.

ge Infrastruktur verfügt.	*Sup-Caps* nach der Formel PI-X %. a) *„Call Termination Basket":* Zu diesem „Korb" gehört als einzige Leistung *„Call Termination Local Exchange Segment"*. b) *„Connection Services Basket":* Zu diesem „Korb" gehören Netzübergänge, die Implementierung von Teilnehmerrufnummern alternativer Netzbetreiber im Netz der BT sowie das Entgelt für *Product management, Policy and Planning* (PPP). PPP fließt als Bestandteil in die IC-Entgelte ein (vgl. Kapitel X: „Element Based Charging").

Leistung	Wettbewerbsintensität	*Price-Cap*
Call termination local exchange segment	*Bottleneck Service*	*Call termination basket RPI–X*
Call origination local exchange segment	*Non-competitive*	*General network basket RPI–X*
Local–tandem conveyance	*Non-competitive*	*General network basket RPI–X*
Single transit	*Non-competitive*	*General network basket RPI–X*
Inter-tandem conveyance	*Prospectively competitive*	*Safeguard cap RPI–0%*
Inter-tandem transit	*Prospectively competitive*	*Safeguard cap RPI–0%*

Übersicht VII-2: Unterteilung von *IC-Calls* nach Regulierungsintensität (vgl. Oftel, Juli 1997, Seite 7); RPI = *"Retail Price Index"* (Inflationsrate)

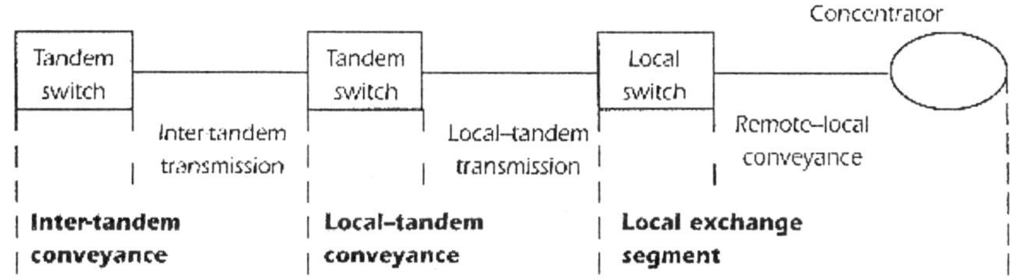

Abbildung VII-2: Abgrenzung von *IC-Calls* (vgl. Oftel, Dezember 1996, Fig. 2.1)

Bei den lokalen Terminierungsleistungen (*"Call termination local exchange segment"*) belässt OFTEL dem Incumbent ein größeres Maß an Preissetzungsflexibilität als bei den lokalen Zuführungsleistungen (*"Call origination local exchange segment"*) (vgl. Übersicht VIII-2), und zwar (sinngemäß) aufgrund folgender Argumentation:[34]

1. Die meisten Endkunden haben die Auswahl zwischen mehreren Teilnehmernetzbetreibern.[35] Diese Teilnehmernetzbetreiber sind zugleich auch Verbindungsnetzbetreiber. Sie erbringen für andere Verbindungsnetzbetreiber (lokale) Zuführungs-

---

34 vgl. Oftel (Dezember 1996), Randnummern 2.26 und 2.31 bis 2.33

35 1999 konnten 50 % der britischen Haushalte zwischen einem Teilnehmeranschluss durch British Telecom oder einen Kabelnetzbetreiber wählen. 3,4 Mio. britische Haushalte haben sich für den Anschluss durch einen Kabelnetzbetreiber entschieden; dies entspricht einem Marktanteil von 13,4 % (Quelle: Oftel).

leistungen. Wird diesen dritten Verbindungsnetzbetreibern für *Zuführungsleistungen* ein überhöhtes Entgelt in Rechnung gestellt, so können sie es an den anrufenden Endkunden weiterreichen. Der anrufende Endkunde hat es sich somit selbst zuzuschreiben, wenn er aufgrund der überhöhten Entgelte für Zuführungsleistungen auch höhere Entgelte für von ihm getätigte Anrufe zahlen muss. Entsprechend kann der Marktmechanismus (zumindest in Ansätzen) auch den Preis für Zuführungsleistungen regulieren.

2. Anders verhält es sich bei *Terminierungsleistungen*. An welchen Verbindungsnetzbetreiber das Entgelt für Terminierungsleistungen zu zahlen sei, richtet sich danach, von welchem Teilnehmernetzbetreiber der *angerufene* (und nicht der anrufende) Endkunde seinen Teilnehmeranschluss bezieht. Der anrufende Endkunde, der zugleich auch die Kosten des Telefongespräches trägt, kann nicht beeinflussen, für welchen Teilnehmernetzbetreiber sich der angerufene Endkunde entscheidet. Im ungünstigen Fall entscheidet sich der angerufene Endkunde für einen Teilnehmernetzbetreiber, der für die Terminierungsleistung überhöhte Entgelte verlangt. Insofern muss bei lokalen Terminierungsleistungen die Preissetzungsflexibilität des entgeltregulierten *Incumbent* stärker als bei lokalen Zuführungsleistungen eingeschränkt werden.

Bei „*inter-tandem conveyance*" wird der Grad der Wettbewerbsintensität von OFTEL höher eingeschätzt („*prospectively competitive service*") als bei den lokalen Zuführungs- und Terminierungsleistungen. Entsprechend wird BRITISH TELECOM bei dieser Leistung auch ein höheres Maß an Preissetzungsflexibilität zugestanden. Dort, wo solche alternative Fernnetze existieren, haben Verbindungsnetzbetreiber, die auf die Inanspruchnahme von „*inter-tandem conveyance*" angewiesen sind, grundsätzlich die Möglichkeit, den *Incumbent* zu „bypassen". Insofern besteht immerhin die Möglichkeit, dass sich durch den Marktmechanismus ein Preis für „*inter-tandem conveyance*" herausbildet, der den gesamtwirtschaftlichen Effizienzzielen gerecht wird.

5. *Leistungsgewichtung in Price-Cap-regulierten* Warenkörben

Wird ein *Price-Cap* für einen Warenkorb von Leistungen definiert, richtet sich die Menge der möglichen Tarifkombinationen bzw. die dem regulierten Unternehmen zugestandene Preissetzungsflexibilität wesentlich nach der Gewichtung der Einzelleistungen. Die Gewichte können entweder für die gesamte Laufzeit eines *Price-Caps* festgeschrieben sein oder sie können sich während der Laufzeit des *Price-Caps* von Rechnungslegungsperiode zu Rechnungslegungsperiode ändern. Dabei steht eine Vielzahl von Möglichkeiten zur Auswahl, von denen hier lediglich zwei skizziert werden.

Variante 1

Die Leistungen werden nach Maßgabe der *Umsätze* gewichtet, die die einzelnen Leistungen in der jeweils vorausgegangenen Rechnungslegungsperiode zum Gesamtumsatz beigetragen haben, der mit dem Warenkorb erwirtschaftet worden ist. Bei dieser Variante sind die Gewichte der Leistungen variabel: Ist der Umsatz bei einer bestimmen

Leistung in zwei aufeinander folgenden Rechnungslegungsperioden während der Laufzeit des *Price-Caps* rückläufig, reduziert sich das Gewicht, das eine betragsmäßig gleiche Preisänderung für die Einhaltung des *Price-Caps* hat.
Allerdings sind zu Beginn der Laufzeit eines *Price-Caps* die Umsätze der Vorperiode für die Leistungsgewichtung untauglich, da diese Umsätze unter anderen Rahmenbedingungen – etwa einem anderen *Price-Cap* – zustande gekommen sein können. Bei der Regulierung von IC-Entgelten versucht die britische Regulierungsbehörde OFTEL diesem Problem Rechnung zu tragen, indem sie die Leistungen zu Beginn der Laufzeit des *Price-Caps* mit fiktiven Umsätzen gewichtet. Die fiktiven Umsätze sind gleich dem Produkt aus Absatzmengen der Vorperiode und Ausgangsentgeltniveaus zu Beginn der Laufzeit des neuen *Price-Caps*.[36] Außerdem gehen in die Leistungsgewichtung nicht nur die Umsätze ein, die alternative Netzbetreiber mit dem regulierten Unternehmen tätigen, sondern auch die Transferzahlungen, die die Vertriebsstufe des regulierten Unternehmen intern für die Netznutzung leistet.[37]

Variante 2

Die Leistungen werden nach Maßgabe der *Mengen* gewichtet, die von den Leistungen in der jeweils vorausgegangen Rechnungsperiode abgesetzt wurden. Bei dieser Variante läßt sich die *Price-Cap*-Bedingung in der Form:

$$\frac{\sum_{i=1}^{m} Q_{t-1}^{(i)} \cdot P_{t-1}^{(i)} - \sum_{i=1}^{m} Q_{t-1}^{(i)} \cdot \hat{P}_{t-1}^{(i)}}{\sum_{i=1}^{m} Q_{t-1}^{(i)} \cdot \hat{P}_{t-1}^{(i)}} \leq \pi_t - X$$

mit

$Q_t^{(i)}$ = Menge, die von Leistung i im Zeitpunkt t abgesetzt wird

$\hat{P}_{t-1}^{(i)}$ = maximal zulässiges Entgelt für Leistung i am Anfang der Rechnungslegungsperiode

$P_t^{(i)}$ = Preis der Leistung i im Zeitpunkt t

schreiben, d.h. durch den *Price-Cap*-Bedingung wird die durch den LASPEYRES-Index gemessene Preisänderung limitiert;[38] der LASPEYRES-Index wird ermittelt, indem die Preise zu Beginn und am Anfang mit einer Rechnungsperiode mit den am Anfang der Rechnungsperiode abgesetzten Mengen bewertet werden. Normalerweise nehmen bei sinkenden Preisen die abgesetzten Leistungsmengen zu. Bei einer Preissenkung ist daher der prozentuale Umsatzrückgang größer als die Veränderung des LASPEYRES-Indexes.
Ein niedriger Preis in einer Rechnungslegungsperiode sorgt also für eine Zunahme des Gewichts, das die betreffende Leistung in der Folgeperiode für die Einhaltung des *Price-Caps* hat. Bei einem nicht-myopischen Unternehmen, das den Gegenwartswert sei-

36 vgl. Oftel (Oktober 1997), Randnummer 3.6
37 vgl. Oftel (Oktober 1997), Randnummer 3.6
38 vgl. Nett, L./ Neu, W. (Juni 1996), Seite 5

ner Gewinne maximiert, ist durch dieses Verfahren sichergestellt, dass die Konsumentenrente im Zeitablauf monoton wächst.[39]

6. Absolute Entgeltober- und -untergrenzen

Der durch den *Price-Cap* vorgegebene Mindestrückgang des Entgeltes für einen Warenkorb von Leistungen kann mit weiteren Nebenbedingungen verknüpft werden, die das *absolute Niveau* der Leistungsentgelte betreffen. Dabei ist sowohl an Begrenzungen des Entgeltes für den jeweils betrachteten Warenkorb als auch an Begrenzungen der Entgelte für einzelne im Warenkorb enthaltene Leistungen zu denken. Auch können Entgeltobergrenzen für die gesamte Laufzeit eines *Price-Caps* beibehalten werden oder während der Laufzeit modifiziert werden (etwa zu Beginn einer neuen Rechnungslegungsperiode). Dadurch wird die Preissetzungsflexibilität des regulierten Unternehmens zusätzlich eingeschränkt.

Variante 1

Eine naheliegende Variante ist, für einzelne Leistungen Entgeltobergrenzen festzulegen, die den beobachteten Preisen auf (ausländischen) Vergleichsmärkten entsprechen.[40] Dieser Ansatz korrespondiert zur Festlegung des X-Faktors auf der Grundlage der Preisentwicklung auf internationalen Vergleichsmärkten („Benchmarking").

Variante 2

Alternativ kann verlangt werden, dass die *mit den Absatzmengen* der Vorperiode gewichteten Leistungsentgelte für einen Warenkorb kleiner als die Kosten sein müssen, die in der Vorperiode dem gleichen Warenkorb zugeschlüsselt wurden:[41]

$$\sum_{i=1}^{m} Q_{t-1}^{(i)} \cdot P_t^{(i)} < K^{nom}\left(Q_{t-1}^{(1)}, Q_{t-1}^{(2)}, \ldots, Q_{t-1}^{(m)}\right) \qquad \text{für alle } t=1,\ldots,T$$

Bei diesem Verfahren wächst die Konsumentenrente im Zeitablauf kontinuierlich, wenn sich das regulierte Unternehmen myopisch verhält.[42] Denn um keine Verluste zu machen, muss gelten:

$$K^{nom}\left(Q_{t-1}^{(1)}, Q_{t-1}^{(2)}, \ldots, Q_{t-1}^{(m)}\right) \leq \sum_{i=1}^{m} Q_{t-1}^{(i)} \cdot P_{t-1}^{(i)} \qquad \text{für alle } t=1,\ldots,T$$

woraus in Kombination mit der obigen Nebenbedingung folgt, dass der LASPEYRES-Index der Absatzpreise nicht positiv sein darf:

$$\sum_{i=1}^{m} Q_{t-1}^{(i)} \cdot \frac{P_t^{(i)} - P_{t-1}^{(i)}}{P_{t-1}^{(i)}} \leq 0 \qquad \text{für alle } t=1,\ldots,T$$

---

39 vgl. Brauetigam, R. (April 1996), Seite 26

40 vgl. Brauetigam, R. (April 1996), Seite 26

41 vgl. Vogelsang, I. / Finsinger, J. (1979)

42 Ein myopisches Unternehmen maximiert den Gewinn in der jeweils laufenden Rechnungslegungsperiode, d.h. es ignoriert den Einfluss, den seine Handlungen auf die Gewinnsituation in künftigen Rechnungslegungsperioden haben könnten.

Allerdings ist diese Form der Entgeltbegrenzung nicht unproblematisch, denn angesichts des permanenten Zwangs zu Preisreduktionen muss das Unternehmen ständig auch die Gesamtkosten der Leistungserstellung reduzieren. Gegen eine solche Reduktion der Gesamtkosten spricht, dass die Faktorpreise im Zeitablauf steigen. Die Kostenreduktion dürfte nur bis zu einem bestimmten Punkt möglich sein, danach kann das Unternehmen in die Verlustzone geraten.[43]

Variante 3

Der *Price-Cap* kann auch – entsprechend dem britischen Vorbild – um eine Festlegung von Obergrenzen und Untergrenzen der Einzelpreise („*Floors*" und „*Ceilings*") erweitert werden, die für die einzelnen zu einem Warenkorb zusammengefassten Leistungen eingehalten werden müssen. Die Kombination von *Price-Cap* und absoluten Entgeltober- und Entgeltuntergrenzen dient dazu, wettbewerbsverdrängendem Preisdumping oder überhöhten Monopolpreisen vorzubeugen.[44] Die von der britischen Regulierungsbehörde OFTEL für IC-Calls festgelegten Entgeltunter- und -obergrenzen richten sich nach dem Anteil an den langfristigen Zusatzkosten (den *Stand-Alone*-Kosten) des Verbindungsnetzes, die den einzelnen Leistungen zugeschlüsselt werden. Die Preisober- und -untergrenzen werden von OFTEL für jede Rechnungslegungsperiode (für jedes Finanzjahr) neu berechnet, während der X-Faktor für die gesamte Laufzeit des *Price-Caps* unverändert bleibt. Die Preissetzungsfreiheit des regulierten Unternehmens reduziert sich beim OFTEL-Ansatz darauf, den Teilbetrag der Gemeinkosten des Verbindungs- und des Teilnehmernetzes, der zuvor dem *Price-Cap*-regulierten Warenkorb zugeschlüsselt worden ist, auf die im Warenkorb befindlichen Leistungen zu verteilen.[45] Unter diesen Bedingungen ist die Preissetzungsflexibilität des regulierten Unternehmens um so größer

- je mehr Leistungen in einem *Price-Cap*-regulierten Warenkorb zusammengefasst werden und
- je größer der Anteil an den Gemeinkosten des Verbindungs- und des Teilnehmernetzes ist, der den im Warenkorb zusammengefassten Leistungen zugeschlüsselt wird.

7. Laufzeit des Price-Caps

In Bezug auf die Laufzeit eines *Price-Caps* gibt es eine *Trade-Off*-Beziehung zwischen statischer Effizienz und dynamischer Effizienz.[46] Eine kurze Laufzeit führt zu stärkerer Kostenkontrolle und somit zu höherer statischer Effizienz, denn mit zunehmender Laufzeit wächst die Wahrscheinlichkeit, dass sich die Kosten der Leistungserstellung

43 vgl. Brauetigam, R. (April 1996), Seite 26
44 vgl. Oftel (Juli 1997).
45 Abgesehen von *Floors* und *Ceilings* wird die Preissetzungsfreiheit des *Incumbent* auch durch das allgemeine das Verbot der -Diskriminierung zwischen internen und externen Leistungsnachfragern begrenzt.
46 vgl. Elsenbast, W. (März 1999), Seite 11

und die Absatzmengen anders entwickeln als ursprünglich prognostiziert.[47] Umgekehrt nähert sich mit abnehmender Laufzeit die *Price-Cap*-Regulierung mehr und mehr der Kostenregulierung an, da die Preissetzungsflexibilität des regulierten Unternehmens zunehmend eingeschränkt wird. Somit vermindert eine kurze Laufzeit auch den Anreiz für das entgeltregulierte Unternehmen zur Durchführung von Investitionen, die erst in Zukunft zu einer Kostensenkung oder zu Qualitätsverbesserungen führen, aber aktuell die Möglichkeit höherer Kosten implizieren. Eine kurze Laufzeit der *Price-Caps* geht also auf Kosten der dynamischen Effizienz.[48]

Außerdem ist zu berücksichtigen, dass bei kurzen Laufzeiten der *Price-Caps* nur wenig Informationen darüber gesammelt werden können, wie sich ein bestimmter *Price-Cap* in der Realität auf das Marktgeschehen auswirkt.[49] Dieser Nachteil ist besonders bedeutsam, wenn sich das Gewicht der in einem *Price-Cap*-regulierten Warenkorb zusammengefassten Leistungen nach den Umsätzen in der jeweils vorausgegangenen Rechnungslegungsperiode richtet.[50]

Schließlich ist noch zu bedenken, dass das Unternehmen bei einer schnellen Abfolge von *Price-Caps* mit jeweils nur kurzer Laufzeit seine Umsatzerlöse nur schwer planen kann. Die Planung der Umsatzerlöse determiniert jedoch die Investitionsentscheidungen des Unternehmens. Durch eine Verkürzung der Laufzeit des *Price-Caps* können aktuell nicht profitable Investitionsprojekte profitabel werden.[51]

8. Gewichtung der Zeitpunkte von Entgeltänderungen

In der in den vorstehenden Abschnitten diskutierten Form wäre durch den *Price-Cap* die Preissetzungsflexibilität des regulierten Unternehmens nur hinsichtlich des Verhältnisses des Preises einer normierten Leistungseinheit zu Beginn und am Ende der Rechnungslegungsperiode eingeschränkt. Jedoch sind noch weitere Vorkehrungen nötig, damit das regulierte Unternehmen seine Preissetzungsflexibilität *im Verlauf* der Rechnungslegungsperiode nicht zu Lasten der Nachfrager ausnutzen kann. Eröffnet nämlich die *Price-Cap*-Regulierung Spielraum für Preiserhöhungen (weil die Änderungsrate des Referenz-Preisindex π_t größer als die geforderte Produktivitätssteigerung X), hat das entgeltregulierte Unternehmen einen Anreiz, die Preiserhöhungen sofort zu Beginn der jeweiligen Rechnungslegungsperiode vorzunehmen. Sind umgekehrt aufgrund des *Pri-*

47 vgl. Oftel (September 1997), Randnummer 4.23

48 vgl. Elsenbast. W. (März 1999), Seite 11

49 vgl. Oftel (September 1997), Randnummer 4.23

50 Im ersten Finanzjahr einer *Price-Cap*-Periode hängen die Gewichte von den Entgelten ab, die der *Incumbent* vor Beginn der *Price-Cap*-Periode gefordert hat. Auch im zweiten Finanzjahr lassen sich die Auswirkungen des *Price-Caps* nicht unverzerrt beobachten, da die Umsätze bzw. die Preissetzungsflexibilität im ersten Finanzjahr durch die Umsätze vor Beginn der *Price-Cap*-Periode determiniert sind. Entsprechend lassen sich bei einer *Price-Cap*-Periode von vier Jahren die Auswirkungen des *Price-Caps* nur während der letzten beiden Finanzjahre beobachten.

51 vgl. Elsenbast, W. (März 1999), Seite 11

ce-Caps Preissenkungen erforderlich ($\pi_t < X$), hat das Unternehmen einen Anreiz, diese bis zum Ende der jeweiligen Rechnungslegungsperiode hinauszuzögern.[52]

Eine Herangehensweise ist, die *Price-Cap*-Periode in Unterperioden zu unterteilen. Angenommen, die Differenz $\pi_t - X$ entspricht dem geforderten Mindestrückgang der Preise in einem Finanzjahr. Das Finanzjahr könnte beispielsweise in n = 12 Monate unterteilt werden. Der bis zum i-ten Monat geforderte Preisrückgang entspräche dann der Inflationsrate seit Beginn des Finanzjahres abzüglich des (i/n)-ten Anteils am X-Faktor.

Eine andere Herangehensweise ist, einer Entgeltsenkung ein umso geringes Gewicht zuzuweisen, je länger sie hinausgezögert wird. Analog sollte eine Preiserhöhung um einen gegebenen Betrag ein umso größeres Gewicht haben, je früher sie vorgenommen wird. Gleichzeitig soll natürlich das Gewicht einer Preisänderung vom Gewicht der betreffenden Leistung im *Price-Cap*-regulierten Warenkorb abhängen. So muss sich der *Price-Cap* im Fall $\pi_t < X$ eher einhalten lassen, wenn eine Preissenkung bei einer Leistung mit hohem Gewicht schon bald nach Beginn der Rechnungslegungsperiode vorgenommen wird und dafür eine Preissenkung bei einer Leistung mit geringem Gewicht hinausgezögert wird.

Diesen Forderungen trägt OFTEL durch einen Vergleich von „Ist-Durchschnittspreisen" mit „Soll-Durchschnittspreisen" Rechnung. Im Falle $\pi_t < X$ (Erfordernis von Entgeltsenkungen) darf der Ist-Durchschnittspreis nicht größer als der Soll-Durchschnittspreis sein; im Falle $\pi_t > X$ (*Price-Cap* lässt Entgelterhöhungen zu) verhält es sich umgekehrt. Dabei ist der *Ist-Durchschnittspreis* während der Rechnungslegungsperiode durch die Bestimmungsgleichung

$$\overline{P}_t^{Ist} = P_{t,0} \cdot D_{t,0} + P_{t,1} \cdot (D_{t,2} - D_{t,1}) + \ldots + P_{t,n-1} \cdot (D_{t,n} - D_{t,n-1}) + P_{t,n} \cdot (360 - D_{t,n})$$

definiert, mit

$j =$	Index der Entgeltänderungen in der Rechnungslegungsperiode t (j=1,...,n)
$D_{t,j} =$	Tag der j-ten Entgeltänderung in der Rechnungslegungsperiode t ($1 \leq D_t \leq 360$)
$P_{t,j} =$	Preis, der ab der j-ten bis zur (j+1)-ten Entgeltänderung in der Rechnungslegungsperiode t Gültigkeit hat

Der *Soll-Durchschnittspreis* ist der hypothetische Durchschnittspreis, der sich einstellen würde, wenn das regulierte Unternehmen die durch den *Price-Cap* geforderte Preisreduktion bzw. die maximal zulässige Preiserhöhung (von P_{t-1} auf P_t) am „gewogenen Durchschnittsdatum" („*Weighted Average Date*", WAD) vornähme:

$$\overline{P}_t^{Soll} = \hat{P}_{t-1} \cdot WAD_t + P_t \cdot (360 - WAD_t)$$

wobei

$$0 \leq WAD_t \leq 360$$

52 vgl. Oftel (Oktober 1997), Randnummer 3.7

Das *gewogene Durchschnittsdatum* ergibt sich dabei durch Gewichtung der tatsächlichen Daten, an denen das Unternehmen Preisänderungen vornimmt, mit dem Anteil am Umsatzerlös, der mit dem jeweils geänderten Entgelt erzielt wurde:

$$WAD_t = \sum_{j=1}^{n} \frac{P_{t,j-1} \cdot Q_{t,j-1}}{\sum_{j=1}^{n} P_{t,j-1} \cdot Q_{t,j-1}} \cdot D_{t,j}$$

mit

$Q_{t,j}$ = Output, den das regulierte Unternehmen in der Rechnungslegungsperiode zwischen der j-ten und der (j+1)-ten Entgeltänderung absetzt

Als weiteren Schutz gegen die Ausnutzung der Preissetzungsflexibilität zu Lasten der Nachfrager im Verlauf der Rechnungslegungsperiode kann – wiederum entsprechend dem britischen Vorbild – verlangt werden:[53]

- Sind dem Unternehmen durch den *Price-Cap* wegen $\pi_t < X$ Preissenkungen auferlegt, so muss das gewichtete Durchschnittsdatum in die erste Hälfte der Rechnungslegungsperiode fallen:

$$WAD_t \overset{!}{\leq} 180$$

- Sind umgekehrt wegen $\pi_t > X$ Preiserhöhungen zulässig, so müssen diese im Durchschnitt in die zweite Hälfte der Rechnungslegungsperiode fallen:

$$WAD_t \overset{!}{\geq} 180$$

53 vgl. Oftel (Oktober 1997), Randnummer 3.7

VIII. ABGRENZUNG VON INKREMENTEN

Die Entgeltkalkulation auf Basis langfristiger Zusatzkosten setzt die Definition eines Inkrementes voraus, also jenes Gutes, dessen langfristige Zusatzkosten kalkuliert und anschließend auf die bereitgestellten Telekommunikationsdienstleistungen umgelegt werden sollen. Dabei kommen als Inkremente sowohl Teile des Telekommunikationsnetzes (inputbezogene Abgrenzung) als auch Teile des Diensteportfolios (outputbezogene Abgrenzung) in Betracht. Auch zur Identifikation der Ursachen des Unternehmenserfolgs und für Projektentscheidungen muss die Gesamtheit der Produktionsfaktoren in Inkremente unterteilt werden, bei denen Zusatzerlöse und Zusatzkosten gegenübergestellt werden können. In diesem Kapitel wird die Unterteilung des Diensteportfolios bzw. des Telekommunikationsnetzes als hierarchisch strukturierter Prozess dargestellt (Abschnitt A). Auf dieser Grundlage wird die Relation von Tarifunter- und -obergrenzen in Abhängigkeit auf bestreitbaren Märkten (Abschnitt B), die Relation der Deckungsbeiträge auf verschiedenen Hierarchieebenen der Inkremente (Abschnitt C) sowie die Relation von Tarifober- und –untergrenzen bei der Tarifkalkulation (Abschnitt D) erörtert.

A. Hierarchien von Inkrementen

Eine Variante der inputbezogenen Abgrenzung von Inkrementen besteht in der Unterteilung des Telekommunikationsunternehmens in die Geschäftsbereiche „Telekommunikationsnetz“, „Leistungsvertrieb auf dem Endkundenmarkt“ und „sonstige Aktivitäten“. Für diese Geschäftsbereiche könnten dann auch getrennte Rechnungslegungskreise angelegt werden (vgl. hierzu die Ausführungen zu „Acounting Seperation“ in Kapitel XI: „Finanzbuchhaltung und Kostenanalyse“). Die Geschäftsbereiche repräsentieren dann die erste Hierarchieebene der Inkremente. Der Produktionsfaktor „Telekommunikationsnetz“ lässt sich dann weiter in das „Verbindungsnetz“ und das „Teilnehmernetz“ aufteilen, die die zweite Hierarchieebene der Inkremente repräsentieren. Auf der dritten Hierarchieebene der Inkremente lassen sich jene Komponenten des Verbindungsnetzes unterscheiden, deren Dimensionierung von der Nachfrage nach Verbindungsleistungen abhängt. Diese Netzkomponenten bezeichnen zugleich auch die Hauptkostenstellen beim *Element Based Charging* (vgl. Kapitel X), also Konzentratoren, *Local Switches*, *Tandem Switches*, *Local-Tandem-Transmission*, *Tandem-Tandem-Transmission* etc.. Auf der Ebene der *Local Switches* ließen sich beispielsweise die Komponenten „Prozessor“ und „Ports“ unterscheiden (vierte Hierarchieebene der Inkremente).

Ganz ähnlich sieht es bei der dienstebezogenen Abgrenzung von Inkrementen aus. So mag sich das Diensteportfolio eines Telekommunikationsunternehmens in die Inkremente „Teilnehmeranschlussleitungen“, „vermittelte Leistungen“ und „Mietleitungen“ unterteilen lassen (erste Hierarchieebene der Inkremente). Bei den „vermittelten Leistungen“ böte sich beispielsweise eine Unterteilung in „Kommunikationsverbindungen für Endkunden“ und „IC-Calls“ an (zweite Hierarchieebene der Inkremente). Bei den

IC-Calls ließe sich dann weiter zwischen Terminierungs-, Zuführungs- und Transitverbindungen unterscheiden (dritte Hierarchieebene der Inkremente). Bei den Terminierungsleistungen könnte schließlich zwischen Orts- und Fernverbindungen unterschieden werden (vierte Hierarchieebene der Inkremente).

Bei der Unterteilung des Unternehmens in Inkremente bestehen erhebliche Freiheitsgrade. So lassen sich beispielsweise die angebotenen Telekommunikationsdienstleistungen nicht nur in funktionaler Hinsicht, sondern auch nach angesprochener Kundengruppe (Privat- und Geschäftskunden) sowie geographischer Region (städtisch, vorstädtisch, ländlich) abgrenzen. Auch gibt es keine eindeutige hierarchische Struktur der Inkremente. So könnte auf einer übergeordneten Hierarchieebene der Inkremente zwischen geographischen Regionen unterschieden werden, wohingegen die Unterscheidung zwischen Geschäfts- und Privatkunden erst auf der nächstniedrigeren Hierarchiestufe der Inkremente, d.h. getrennt nach geographischen Regionen, erfolgt. Ebenso ist natürlich auch die umgekehrte Vorgehensweise denkbar, bei der zuerst nach Privat- und Geschäftskunden und dann erst nach geographischer Region differenziert wird.[1]

Gemeinkosten fallen an, wenn bei simultaner Bereitstellung mehrerer Inkremente Größen- oder Verbundvorteile realisiert werden können. Ob eine gegebene Kostenposition den langfristigen Zusatzkosten oder den Gemeinkosten zuzurechnen ist, hängt von der jeweils betrachteten Hierarchieebene der Inkremente ab. Bei netzbezogener Abgrenzung von Inkrementen stellt sich die Situation wie folgt dar:

1. Der Gesamtbetrag der auf der ersten Hierarchieebene aufzuschlüsselnden Kosten entspricht sowohl bei dienst- als auch bei netzbezogener Abgrenzung den Gesamtkosten des Unternehmens.

   Die Gemeinkosten der Geschäftsbereiche „Leistungsvertrieb auf dem Endkundenmarkt", „Telekommunikationsnetz" und „sonstige Aktivitäten" sind im wesentlichen deckungsgleich mit den Kosten der zentralen Verwaltung („*Corporate Overheads*"), dazu zählt beispielsweise der Vorstand sowie das Berichtswesen gegenüber den Aktionären. Es gilt:

   Stand-Alone-Kosten des Telekommunikationsnetzes
   \+ *Stand-Alone*-Kosten des Leistungsvertriebs auf dem Endkundenmarkt
   \+ *Stand-Alone*-Kosten der sonstigen Aktivitäten
   – *Stand-Alone*-Kosten des gesamten Unternehmens
   = *Stand-Alone*-Kosten des gesamten Unternehmens
   – langfristige Zusatzkosten des Telekommunikationsnetzes
   – langfristige Zusatzkosten des Leistungsvertriebs auf dem Endkundenmarkt
   – langfristige Zusatzkosten der sonstigen Aktivitäten
   = *Corporate Overheads*

1 vgl. Kloock, J./ Sieben, G./ Schildbach, T. (1990), Seite 206

2. *Corporate Overheads* sind ebenso Bestandteil der *Stand-Alone*-Kosten des Teilnehmernetzes (TN) und des Verbindungsnetzes (VN) wie auch Bestandteil der *Stand-Alone*-Kosten des Gesamtnetzes. Wenn das Verbindungs- und das Teilnehmernetz nicht isoliert, sondern simultan bereitgestellt werden, lässt sich ein Betrag in Höhe der *Corporate Overheads* einsparen. Hinzu kommt außerdem die Einsparung der inkrement-spezifischen Gemeinkosten des Teilnehmer- und des Verbindungsnetzes:

	Stand-Alone-Kosten des VN
+	*Stand-Alone*-Kosten des TN
–	*Stand-Alone*-Kosten des Telekommunikationsnetzes
=	*Stand-Alone*-Kosten des Telekommunikationsnetzes
–	langfristige Zusatzkosten des VN
–	langfristige Zusatzkosten des TN
=	*Corporate Overheads*
+	inkrement-spezifische Gemeinkosten des VN und des TN

Entsprechend setzen sich die Zusatzkosten des Telekommunikationsnetzes aus den Zusatzkosten und den inkrement-spezifischen Gemeinkosten des Teilnehmer- und des Verbindungsnetzes zusammen:

	langfristige Zusatzkosten des Telekommunikationsnetzes
–	langfristige Zusatzkosten des VN
–	langfristige Zusatzkosten des TN
=	inkrement-spezifische Gemeinkosten des VN und des TN

Die inkrement-spezifischen Gemeinkosten ließen sich nur einsparen, wenn auf das Telekommunikationsnetz insgesamt, nicht aber lediglich auf das Verbindungs- oder das Teilnehmernetz verzichtet werden würde. Konkret werden diese inkrement-spezifischen Gemeinkosten vor allem durch Netzkomponenten verursacht, die sowohl für die Bereitstellung von Teilnehmeranschlussleitungen als auch für die Bereitstellung von Verbindungsleistungen benötigt werden. Insbesondere gehören zu den Gemeinkosten des TN und des VN:[2]

- die direkten Kosten der Leerrohre, in denen Teilnehmeranschlussleitungen ebenso wie Kabel zwischen Vermittlungseinrichtungen verlegt sind,
- die direkten Kosten jener Teilkomponenten der Konzentratoren, deren Dimensionierung weder von der Nachfrage nach Verbindungsleistungen noch von der Nachfrage nach Teilnehmeranschlussleitungen abhängt, und
- die direkten Kosten der Gebäude, in denen Konzentratoren und Vermittlungseinrichtungen untergebracht sind und andere fixe indirekte Kostenstellengemeinkosten.

(zur Abgrenzung direkter und indirekter Kosten vgl. Kapitel XI: „Finanzbuchhaltung und Kostenanalyse“). Demgegenüber lassen sich als ausschließliche Bestand-

2 vgl. Nera (Dezember 1996), Seite 34

teile des Teilnehmernetzes diejenigen Netzkomponenten identifizieren, bei denen notwendige Investitionen bzw. die Dimensionierung ausschließlich von der Nachfrage nach Teilnehmeranschlussleitungen abhängt. Dazu gehören vor allem die Kabel zwischen dem Netzabschluss am Standort des Nachfragers und Konzentrator, einschließlich der Netzabschlüsse selbst und den teilnehmerseitigen Anschlüssen („Ports") an den Konzentratoren. Als ausschließliche Bestandteile des Verbindungsnetzes hingegen lassen sich alle diejenigen Netzkomponenten identifizieren, bei denen die notwendigen Investitionen bzw. die Dimensionierung ausschließlich von der Nachfrage nach Verbindungsleistungen abhängt. Dazu zählen vor allem vermittelte Leistungen (wobei sich die Nachfrage in Verbindungsminuten oder Verbindungsversuchen ausdrücken lässt) und Mietleitungen (wobei sich die Nachfrage anhand der Bandbreite quantifizieren lässt).[3]

3. Auf der dritten Ebene der Inkremente lässt sich das Verbindungsnetz in Netzkomponenten unterteilen, die zugleich den Hauptkostenstellen des Geschäftsbereiches „Verbindungsnetz" entsprechen („Konzentratoren", „*Local Switches*", „*Tandem Switches*", „*Local-Tandem Transmission*", „*Tandem-Tandem-transmission*" etc.). Auch hier gibt es inkrement-spezifische Gemeinkosten, die in der englisch-sprachigen Literatur als „*Intra-Core Common Costs*" bezeichnet werden (angelehnt an den Begriff „*core network*" als Übersetzung für „Verbindungsnetz"). Die Bestimmungsgleichung für diese „*Intra-Core Common Costs*" ist analog zur Bestimmungsgleichung für die inkrement-spezifischen Gemeinkosten auf der zweiten Hierarchieebene der Inkremente aufgebaut. Es gilt:

    Stand-Alone-Kosten des VN
  – Σ langfristige Zusatzkosten der Hauptkostenstellen des VN
  = *Corporate Overheads*
  + inkrement-spezifische Gemeinkosten des VN und des TN
  + *Intra-Core Common Costs*

bzw.

3 Es gibt auch andere Möglichkeiten der Abgrenzung. So ist im Abschlußbericht des Expertengremiums für Nummerierungsfragen beim Bundesministerium für Post und Telekommunikation vom 4. Dezember 1995 (Seite 61) ein Teilnehmernetz als ein Telekommunikationsnetz definiert, das durch eine Netzkennzahl oder eine Ortskennzahl eindeutig gekennzeichnet ist und das Teilnehmeranschlüsse aufweist. Dabei ist eine Ortskennzahl eine Nummer, die die Anschlüsse eines Ortsnetzes kennzeichnet; ein Ortsnetz ist die Summe aller Anschlüsse, die unter derselben Ortsnetzkennzahl zu erreichen sind. Denkbar ist es schließlich auch, Teilnehmernetz in funktionaler Hinsicht abzugrenzen. Teilnehmernetz erlaubt den Zugang zu allen sonstigen Telekommunikationsdienstleistungen. Außerdem gewährleistet ein Teilnehmeranschluss die Erreichbarkeit an einem Netzabschlusspunkt. Ein Teilnehmeranschluss wird also auch dann entfaltet, wenn ansonsten keine Telekommunikationsdienstleistungen in Anspruch genommen werden.

langfristige Zusatzkosten des Verbindungsnetzes
– Σ langfristige Zusatzkosten der Hauptkostenstellen des VN
= *Intra-Core Common Costs*

Zu den *Intra-Core Common Costs* zählen beispielsweise die Kapitalkosten eines Leerrohres, das ausschließlich für *Local-Tandem*-Verbindungen und *Tandem-Tandem*-Verbindungen genutzt wird. Diese Kapitalkosten lassen sich aber weder der Hauptkostenstelle „*Local-Tandem-Transmission*" noch der Hauptkostenstelle „*Tandem-Tandem-Transmission*" verursachungsgerecht zuordnen. Ähnliches gilt beispielsweise für die Kosten eines Gebäudes, in welchem gleichzeitig *Local Switches* und *Tandem Switches* untergebracht sind.

B. Inkrementabgrenzung und Bestreitbarkeit der Märkte

Mitunter hängt die Nachfrage nach einem Gut von der Verfügbarkeit anderer Güter ab. Für eine formalisierte Darstellung lasse sich das Diensteportfolio eines Unternehmens in die Leistungskategorien A und B unterteilen, wobei Bündel A wiederum in die Leistungen a_1 und a_2 und Bündel B in die Leistungen b_1 und b_2 unterteilt werden kann. Bei Interdependenz der Erlöse für a_1, a_2, b_1 und b_2 gilt:

$$R(a_1,a_2,b_1,b_2) > R(a_1)+R(a_2)+R(b_1)+R(b_2)$$

Eine ähnliche Eigenschaft weisen Kostenfunktionen bei Vorliegen von Verbundvorteilen ("economies of scope") auf:

$$SAC(a_1,a_2,b_1,b_2) < SAC(a_1)+SAC(a_2)+SAC(b_1)+SAC(b_2)$$

(wobei „SAC" für „Stand-Alone-Kosten" steht).

1. Unabhängige Erlöse

Um die Analyse in einem ersten Schritt einfach zu halten, soll zunächst Unabhängigkeit der Erlösfunktionen unterstellt werden:

$$R(a_1,a_2,b_1,b_2) = R(a_1)+R(a_2)+R(b_1)+R(b_2)$$

Bei Bestreitbarkeit der Absatzmärkte müssen die Gesamterlöse mit den Gesamtkosten der Leistungserstellung übereinstimmen:

$$R(a_1)+R(a_2)+R(b_1)+R(b_2) = SAC(a_1,a_2,b_1,b_2)$$

Außerdem könnten bei Bestreitbarkeit der Absatzmärkte die mit einem Netzteil oder Dienst erwirtschafteten Erlöse nicht kleiner als dessen langfristige Zusatzkosten und nicht größer als die Stand-Alone-Kosten sein. Für die Erlöse auf der ***ersten Hierarchieebene*** der Inkremente bedeutet das:

$$LRIC_{(0,0,b1,b2)}(a_1,a_2) \le R(a_1)+R(a_2) \le SAC(a_1,a_2,0,0)$$
$$LRIC_{(a1,a2,0,0)}(b_1,b_2) \le R(b_1)+R(b_2) \le SAC(0,0,b_1,b_2)$$

mit

$$LRIC_{(0,0,b1,b2)}(a_1,a_2) = SAC(a_1,a_2,b_1,b_2) - SAC(0,0,b_1,b_2)$$

$$LRIC_{(a1,a2,0,0)}(b_1,b_2) = SAC(a_1,a_2,b_1,b_2) - SAC(a_1,a_2,0,0)$$
$$CC_{(0,0,0,0)}(A,B) = SAC(a_1,a_2,0,0) + SAC(0,0,b_1,b_2) - SAC(a_1,a_2,b_1,b_2)$$

wobei

$CC_{(0,0,0,0)}(A,B) =$ Gemeinkosten bei Zusammenlegung der Bereitstellung von Leistungsbündel A (bestehend aus den Leistungsmengen a_1 und a_2) und Leistungsbündel B (bestehend aus den Leistungsmengen b_1 und b_2)

Die Summe der Erlösobergrenzen für das Leistungsbündel (A,B) auf der ersten Hierarchieebene liegt also um den Betrag der Gemeinkosten von A und B über den Gesamtkosten des Unternehmens, während die Summe der Erlösuntergrenzen um den gleichen Betrag darunter liegt. Würde das Unternehmen auf der ersten Hierarchieebene der Inkremente bei beiden Leistungsbündeln A und B lediglich die Erlösuntergrenze ausschöpfen, so wäre die Folge ein Verlust in Höhe der Gemeinkosten von A und B; würde das Unternehmen hingegen bei beiden Leistungsbündeln die Erlösobergrenze ausschöpfen, so würde es einen Übergewinn in Höhe der Gemeinkosten von A und B erwirtschaften.[4] Für die Erlöse auf der ***zweiten Hierarchieebene*** der Inkremente muss auf einem bestreitbaren Markt schließlich gelten:

$$LRIC_{(0,a2,0,0)}(a_1) \le R(a_1) \le SAC(a_1,0,0,0)$$
$$LRIC_{(a1,0,0,0)}(a_2) \le R(a_2) \le SAC(0,a_2,0,0)$$

wobei

$$LRIC_{(0,a2,0,0)}(a_1) = SAC(a_1,a_2,0,0) - SAC(0,a_2,0,0)$$
$$LRIC_{(a1,0,0,0)}(a_2) = SAC(a_1,a_2,0,0) - SAC(a_1,0,0,0)$$
$$CC_{(0,0,0,0)}(a_1,a_2) = SAC(0,a_2,0,0) + SAC(a_1,0,0,0) - SAC(a_1,a_2,0,0)$$

wobei

$CC_{(0,0,0,0)}(a_1,a_2) =$ Gemeinkosten bei simultaner Bereitstellung der Leistungsmengen a_1 und a_2 (bei Verzicht auf Bereitstellung von Leistungsbündel B)

Würde das Unternehmen bei sämtlichen Inkrementen auf der zweiten Hierarchieebene lediglich gerade die Erlösuntergrenze erreichen, so könnte es weder die Gemeinkosten auf der ersten Hierarchieebene (d.h. die Gemeinkosten von A und B) noch die inkrement-spezifischen Gemeinkosten auf der zweiten Hierarchieebene decken. Damit würde sich der Verlust im Vergleich zur simultanen Ausschöpfung der Erlösuntergrenzen auf der ersten Hierarchieebene genau um die Summe der inkrement-spezifischen Gemeinkosten von A und B auf der zweiten Hierarchieebene, d.h. um den Betrag

$$[CC_{(0,0,0,0)}(a_1,a_2) - CC_{(0,0,0,0)}(A,B)] + [CC_{(0,0,0,0)}(b_1,b_2) - CC_{(0,0,0,0)}(A,B)]$$

4 Ein Übergewinn ist eine über die Finanzierungskosten hinausgehende Verzinsung des eingesetzten Kapitals; von Verlust soll gesprochen werden, wenn der Rendite-Erwartungswert des eingesetzten Kapitals unter den Finanzierungskosten liegt. Mit Finanzierungskosten ist in diesem Zusammenhang jener Rendite-Erwartungswert der Kapitalrendite gemeint, von dem die Kapitalgeber des Unternehmens bei Kapitalmarktgleichgewicht und Bestreitbarkeit der Märkte ausgehen.

erhöhen. Der Gesamtverlust entspräche der Summe des Gemeinkosten auf der zweiten Hierarchieebene der Inkremente *abzüglich* der Gemeinkosten auf der ersten Hierarchieebene:

$$CC_{(0,0,0,0)}(a_1,a_2)+CC_{(0,0,0,0)}(b_1,b_2)-CC_{(0,0,0,0)}(A,B)$$

Würde das Unternehmen hingegen bei sämtlichen Leistungen auf der zweiten Hierarchieebene die Erlösobergrenze ausschöpfen, so beliefe sich der erzielte Übergewinn auf:

$$\begin{aligned}&[SAC(a_1,0,0,0)+SAC(0,a_2,0,0)+SAC(0,0,b_1,0)+SAC(0,0,0,b_2)]\\&\quad-(SACa_1,a_2,b_1,b_2)\end{aligned}$$

d.h. im Vergleich zur simultanen Ausschöpfung der Erlösobergrenzen auf der ersten Hierarchieebene würde sich der Übergewinn um die Summe der Gemeinkosten auf der zweiten Hierarchieebene erhöhen:

$$\begin{aligned}&[SAC(a_1,0,0,0)+SAC(0,a_2,0,0)-SAC(a_1,a_2,0,0)]\\&\quad-[SAC(0,0,b_1,0)+SAC(0,0,0,b_2)-SAC(0,0,b_1,b_2)]\\&=CC_{(0,0,0,0)}(a_1,a_2)+CC_{(0,0,0,0)}(b_1,b_2)\end{aligned}$$

Der Gesamtgewinn beliefe sich damit auf die Gemeinkosten auf der zweiten Hierarchieebene *zuzüglich* der Gemeinkosten auf der ersten Hierarchieebene:

$$CC_{(0,0,0,0)}(a_1,a_2)+CC_{(0,0,0,0)}(b_1,b_2)+CC_{(0,0,0,0)}(A,B)$$

Für eine *Deckungsbeitragsrechnung* folgt daraus: Um unter den Bedingungen eines bestreitbaren Marktes genau kostendeckend arbeiten zu können, muss die Summe der Deckungsbeiträge auf der ersten Hierarchieebene der Inkremente den Gemeinkosten auf der ersten Hierarchieebene entsprechen:

$$\begin{aligned}&[R(a_1)+R(a_2)-LRIC_{(0,0,b1,b2)}(a_1,a_1)]+[R(a_1)+R(a_2)-LRIC_{(a1,a2,0,0)}(b_1,b_1)]\\&\quad=CC_{(0,0,0,0)}(A,B)\end{aligned}$$

Gleichzeitig darf auf der zweiten Hierarchieebene der Inkremente die Summe der produktspezifischen Deckungsbeiträge bei keinem der beiden Leistungsbündel A und B kleiner als die inkrement-spezifischen Gemeinkosten des jeweiligen Leistungsbündels sein:

$$[R(a_1)-LRIC_{(0,a2,0,0)}(a_1)]+[R(a_2)-LRIC_{(a1,0,0,0)}(a_2)]\geq CC_{(0,0,0,0)}(a_1,a_2)$$
$$[R(b_1)-LRIC_{(0,0,0,b2)}(b_1)]+[R(b_2)-LRIC_{(0,0,b1,0)}(b_2)]\geq CC_{(0,0,0,0)}(b_1,b_2)$$

während die Summe der produktspezifischen Deckungsbeiträge auf der zweiten Hierarchieebene der Summe der Gemeinkosten der ersten Hierarchieebene und den inkrement-spezifischen Gemeinkosten der zweiten Hierarchieebene entsprechen muss:

$$\begin{aligned}&[R(a_1)-LRIC_{(0,a2,0,0)}(a_1)]+[R(a_2)-LRIC_{(a1,0,0,0)}(a_2)]\\+\;&[R(b_1)-LRIC_{(0,0,0,b2)}(b_1)]+[R(b_2)-LRIC_{(0,0,b1,0)}(b_2)]\\=\;&CC_{(0,0,0,0)}(a_1,a_2)+CC_{(0,0,0,0)}(b_1,b_2)-CC_{(0,0,0,0)}(A,B)\end{aligned}$$

2. Interdependente Erlöse

Die Erlöse aus dem Angebot der Gütermengen a_1, a_2, b_1 und b_2 werden hier als „interdependent“ bezeichnet, wenn sich bei simultanem Angebot dieser Güter ein größerer Erlös erzielen lässt als bei isoliertem Angebot:

$$R(a_1,a_2,b_1,b_2) > R(a_1)+R(a_2)+R(b_1)+R(b_2)$$

Ein bereits häufig diskutiertes Beispiel für dieses Phänomen aus dem Bereich der Festnetztelephonie ist, dass die Umsätze eines Anbieters aus dem Verkauf von Verbindungsleistungen in der Regel zurückgeht, wenn er das Angebot von Teilnehmeranschlussleitungen einstellt, und das umgekehrt die Umsätze aus dem Angebot von Teilnehmeranschlussleitungen zurückgehen, wenn das Angebot von Verbindungsleistungen eingestellt wird.

a) Bestreitbare Absatzmärkte

Wenn die Absatzmärkte für die Gütermengen a_1, a_2, b_1 und b_2 bestreitbar sind, fallen definitionsgemäß auf Seiten der Leistungsnachfrager keine Transaktionskosten an:[5] Die Leistungsnachfrager können kostenlos herausfinden, von welchem Anbieter gerade welches Gut am günstigsten angeboten wird und den Leistungsanbieter wechseln. Auf einem bestreitbaren Markt bringt es daher für die Leistungsanbieter auch nicht unbedingt etwas, Leistungsangebote zu bündeln. Vielmehr kommt es bei Bestreitbarkeit der Absatzmärkte für den Erlös aus bestimmten Leistungen darauf an, in welchen Mengen *andere Leistungen* angeboten bzw. konsumiert werden. Welchen Erlös beispielsweise die Leistungsmenge a_1 bringt, mag von Angebot bzw. Konsum der Leistungsmenge b_1 abhängen. Angenommen sei beispielsweise, die Märkte für Mobiltelefone und Prepaid-Telefonkarten seien bestreitbar (was sie in der Realität selbstverständlich nicht sind). Was die Leistungsnachfrager für ein Mobiltelefon zu zahlen bereit sind, hängt von der Nachfrage nach Prepaid-Telefonkarten ab, und die Zahlungsbereitschaft für Prepaid-Telefonkarten hängt von der Nachfrage nach Mobiltelefonen ab. Wichtig ist, dass die Bündelung des Leistungsangebots durch einen bestimmten Anbieter bei Bestreitbarkeit der Märkte keine Auswirkungen auf die erwirtschafteten Erlöse hat. Vielmehr könnten die Telefonkarten und die Mobiltelefone durchaus durch verschiedene Anbieter angeboten werden. Der Erlös des Mobiltelefonanbieters und des Telefonkartenanbieters sind dann interdependent. Würde der Mobiltelefonanbieter auch noch das Telefonkartenangebot übernehmen, hätte das keine Auswirkungen auf den erwirtschafteten Gesamterlös, denn aufgrund der fehlenden Transaktionskosten ist es den Leistungsnachfragern gleich, ob sie das Produkt von einem oder zwei getrennten Anbietern beziehen.

Was aber wäre, wenn der Telefonkartenanbieter sein Leistungsangebot überhaupt einstellen würde? In diesem Fall ginge nicht nur der Erlös aus dem Telefonkartenverkauf auf null zurück, sondern es würden auch weniger Mobiltelefone abgesetzt werden. Zu den Zusatzerlösen aus dem Telefonkartenverkauf gehört also auch ein Anteil den Erlö-

5 Zur Definition des Begriffs „bestreitbarer Märkte“ vgl. Kapitel I: „Gegenstand der Untersuchung“

sen aus dem Mobiltelefon-Verkauf (sogenannte indirekte Zusatzerlöse). Umgekehrt ginge selbstverständlich auch der Telefonkartenverkauf auf null zurück, wenn keine Mobiltelefone mehr angeboten werden würden. Kann deshalb nicht doch der Preis der Mobiltelefone unterhalb der langfristigen Zusatzkosten der Mobiltelefone abgesenkt werden, solange die langfristigen Zusatzerlöse (einschließlich der Zusatzerlöse aus dem Telefonkartenverkauf) die langfristigen Zusatzkosten der Mobiltelefone decken? Bei Bestreitbarkeit der Absatzmärkte ist das zu verneinen. Denn wenn die direkten Zusatzerlöse aus dem Mobiltelefonverkauf nicht an das Niveau der langfristigen Zusatzkosten der Mobiltelefone heranreichen, müssen zwangsläufig die direkten Erlöse aus dem Telefonkartenverkauf über den Stand-Alone-Kosten der Telefonkarten liegen. Das ist jedoch mit der Annahme bestreitbarer Märkte nicht zu vereinbaren.

Bei Bestreitbarkeit der Absatzmärkte bleibt es dabei, dass die Bündelung des Angebotes verschiedener Güter nur durch *ausgabenseitige Synergien* erklärt werden kann. Das bedeutet – um im Beispiel zu bleiben –, dass die Betriebsausgaben bei gemeinsamer Bereitstellung von Mobiltelefonen und Telefonkarten geringer sind als die Betriebskosten bei getrennter Bereitstellung. Diese geringeren Betriebskosten schlagen auch auf die Kapitalkosten und den Abschreibungsbedarf durch (vgl. Kapitel XIII: „Kapitalkosten", Abschnitt C.: „Gemeinkostenproblematik"). Wenn also Mobiltelefone und Telefonkarten durch ein Unternehmen zu geringeren Gesamtausgaben bereitgestellt werden kann als durch zwei getrennte Unternehmen, dann wird das bei Bestreitbarkeit des Mobiltelefon- und des Telefonkartenmarktes auch geschehen (vgl. Kapitel VI: „Kostenmaßstab"). Wenn solche ausgabenseitigen Synergien hingegen nicht bestehen, können Telefonkarten und Mobiltelefone trotz interdependenter Erlöse auch durchaus von unterschiedlichen Unternehmen bereitgestellt werden.

b) Bündelungsgewinne

In der Realität gibt es zahlreiche Beispiele für Bündelungsstrategien, die unter den hypothetischen Bedingungen eines bestreitbaren Marktes nicht realisiert werden könnten. So kann beispielsweise ein ehemals monopolistischer Anbieter von Festnetztelephonie („*Incumbent*") von alternativen Netzbetreibern eine Garantie über ein bestimmtes Mindestaufkommen an IC-Calls pro installiertem Netzübergang verlangen. Diese Mindestverkehrsgarantie soll die alternativen Netzbetreiber davon abhalten, an den Netzübergängen mehr Übertragungskapazität (Bandbreite) zu bestellen, als sie tatsächlich brauchen. Auch eine solche Mindestverkehrsgarantie lässt sich als Bündelungsstrategie verstehen: Der alternative Netzbetreiber zahlt einen fixen Betrag für Bündel aus Bandbreite am Netzübergang und eine bestimmte Mindestmenge an Verbindungsminuten. Im Ergebnis kann der Preis für einen Netzübergang über die Stand-Alone-Kosten der Leistungserstellung klettern, was mit dem Konzept bestreitbarer Märkte nicht zu vereinbaren ist. Die Leistungsnachfrager – d.h. die alternativen Netzbetreiber – müssen den geforderten Preis natürlich trotzdem entrichten, denn aus ihrer Sicht gibt es in der Regel zur Zusammenschaltung mit dem *Incumbent* keine Alternative. Aber auch im Endkundenbereich gibt es Beispiele für Bündelungsstrategien, die auf bestreitbaren Märkten nicht realisiert werden könnten:

- Mobilfunkanbieter bieten ihren Kunden Mobiltelefone und im vorausbezahlte Telefonkarten als günstiges Paket an, und verkaufen anschließend weitere Telefonkarten zu einem vergleichsweise hohen Preis. Unter Umständen werden die später verkauften Telefonkarten sogar zu einem Preis angeboten, der – gemessen an den Preisen, die reine Wiederverkäufer für die Netznutzung zu zahlen haben – über den Stand-Alone-Kosten der Leistungserstellung liegt. Das funktioniert, weil die Kundenmobilität durch einen „Lock-in"-Mechanismus eingeschränkt wird: Die Telefonkarte eines bestimmten Mobilfunkdienstleisters funktioniert nur in Kombination mit einem nur für diese Telefonkarten „freigeschalteten" Mobiltelefon.[6]
- Digitale Teilnehmeranschlussleitungen werden als Basispaket (mit einigen grundlegenden ISDN-Leistungsmerkmalen) angeboten, während der Kunde für die „Freischaltung" weiterer Leistungsmerkmale („Komplettpaket") ein beträchtliches Entgelt entrichten muss. Dabei sind die Kosten für diese „Freischaltung" marginal. Auch hier ist die Kundenmobilität eingeschränkt, weil die „Freischaltung" der Komfortmerkmale nur von denjenigen Kunden in Anspruch genommen werden kann, die beim gleichen Netzbetreiber auch das ISDN-Basispaket kaufen.[7]

Diesen Fällen ist gemeinsam, dass es *einnahmenseitige Synergien* gibt: Der erzielte Gesamterlös ist höher, wenn ein einzelner Anbieter verschiedene Leistungen aus einer Hand anbietet. Das ist ein wichtiger *Unterschied zum Fall bestreitbarer Absatzmärkte*: Dort können zwar die Erlöse aus dem Verkauf verschiedener Leistungen interdependent sein, jedoch spielt es für die Höhe des *Gesamterlöses* keine Rolle, ob die verschiedenen Leistungen von einem einzigen oder jeweils unterschiedlichen Unternehmen angeboten werden. Möglich werden einnahmeseitige Synergien, wenn die Bedingungen eines bestreitbaren Marktes verletzt sind. Wenn es für die Kunden kostspielig ist, den Anbieter zu wechseln, dann kann dieser Anbieter ein Aufgeld für ein komplettes Leistungsangebot „aus einer Hand" verlangen. Das gleiche gilt, wenn die Kunden eine Präferenz für einen ganz bestimmten Leistungsanbieter haben. Auch kann ein Anbieter bei einzelnen Leistungen Monopolrenten verlangen, wenn der Markteintritt für potentielle Wettbewerber nicht kostenlos ist. Anders als auf einem bestreitbaren Markt ist es den Leistungsanbietern auch möglich, einzelne Leistungsbestandteile querzusubventionieren. Im Telefonkartenbeispiel kann der Preis für ein „Starterset" aus Mobiltelefon und Telefonkarte unter den langfristigen Zusatzkosten des Sets liegen. Das kann sich für den Anbieter unter der Voraussetzung rechnen, dass die direkten Zusatzerlöse aus dem Verkauf des Startersets *zuzüglich* der „indirekten" Zusatzerlöse aus dem Folgeverkauf weiterer Telefonkarten mindestens genauso groß wie die langfristigen Zusatzkosten des Startersets sind. In diesem Fall ist der mit dem Starterset erwirtschaftete Deckungsbeitrag positiv. Bei Bestreitbarkeit der Märkte für Mobiltelefone und Telefonkarten hingegen müssten allein die direkten Zusatzerlöse aus dem Verkauf des Sets mindestens dessen langfristige Zusatzkosten decken; eine teilweise Deckung der langfristigen Zusatzkosten durch „indirekte Zusatzerlöse" wäre nicht möglich. Bezogen auf das formalisier-

---

6 vgl. Gabel, D. (2000), Seite 8 f.
7 vgl. Gabel, D. (2000), Seite 6 ff.

te Beispiel mit den Inkrementen A und B bedeutet das: Der Gesamterlös aus der Bereitstellung beider Inkremente kann in den Zusatzerlös (im folgenden mit „IR" für „*Incremental Revenue*" abgekürzt) und in den „Gemeinerlös" (im folgenden mit „CR" für „*Common Revenue*" abgekürzt). Dieser Gemeinerlös lässt sich nicht verursachungsgerecht den Inkrementen A und B zuordnen:

$$R(a_1, a_2, b_1, b_2) = IR_{(0,0,b1,b2)}(a_1, a_2) + IR_{(a1,a2,0,0)}(b_1, b_2) + CR_{(0,0,0,0)}(A, B)$$

mit

$$IR_{(0,0,b1,b2)}(a_1, a_2) \quad = R(a_1, a_2, b_1, b_2) - R(0,0, b_1, b_2)$$
$$IR_{(a1,a2,0,0)}(b_1, b_2) \quad = R(a_1, a_2, b_1, b_2) - R(a_1, a_2, 0,0)$$
$$CR_{(0,0,0,0)}(A, B) \quad = R(a_1, a_2, b_1, b_2) - R(a_1, a_2, 0,0) - R(0,0, b_1, b_2)$$

Auf der ersten Hierarchieebene der Inkremente sind die Voraussetzungen für ein wirtschaftlich vorteilhaftes Leistungsangebot, dass die Deckungsbeiträge aus dem Verkauf von A und B positiv sind und die erwirtschafteten Gesamterlöse mindestens das Niveau der Gesamtkosten der Leistungserstellung erreichen:

$$LRIC_{(0,0,b1,b2)}(a_1, a_2) \leq IR_{(0,0,b1,b2)}(a_1, a_2)$$
$$LRIC_{(a1,a2,0,0)}(b_1, b_2) \leq IR_{(a1,a2,0,0)}(b_1, b_2)$$
$$SAC(a_1, a_2, b_1, b_2) \leq R(a_1, a_2, b_1, b_2)$$

während auf der zweiten Ebene der Inkremente die erwirtschafteten Deckungsbeiträge bei sämtlichen Teilleistungen ebenfalls positiv sein müssen:

$$LRIC_{(0,a2,0,0)}(a_1) \leq IR_{(0,a2,0,0)}(a_1)$$
$$LRIC_{(a1,0,0,0)}(a_2) \leq IR_{(a1,0,0,0)}(a_2)$$

Die einnahmeseitigen Synergien bei nicht-bestreitbaren Märkten haben selbstverständlich auch Auswirkungen auf den Marktwert des Unternehmens und damit auf die Kapitalkosten und Abschreibungen (vgl. auch hierzu Kapitel XIII: „Kapitalkosten", Abschnitt C. „Gemeinkostenproblematik"). Entsprechend können einnahmeseitige Synergien auch Gemeinkosten begründen, während auf bestreitbaren Absatzmärkten nur ausnahmeseitige Synergien als Ursache für Gemeinkosten in Frage kommen. Wiederum bezogen auf das Mobilfunkbeispiel bedeutet das: Obwohl bei der Bereitstellung von Telefonkarten und Mobilfunktelefonen durch das gleiche Unternehmen keine ausgabenseitigen Synergien anfallen, dürften einnahmeseitige Synergien anfallen. Entsprechend wird der Marktwert eines Unternehmens, das gleichzeitig Mobiltelefone und Telefonkarten verkauft, größer sein als der Gesamtmarktwert zweier Unternehmen, die beide Geschäfte jeweils voneinander getrennt betreiben.

C. Inkrementabgrenzung und Deckungsbeitragsrechnung

Aus der individuellen Perspektive eines Netzbetreibers ist die Bereitstellung eines Dienstes oder eine Netzinvestition vorteilhaft, wenn die *Zusatzerlöse* die *langfristigen Zusatzkosten* übersteigen. Der als Differenz zwischen Zusatzerlösen und langfristigen Zusatzkosten definierte Deckungsbeitrag ist somit ein Maß für die wirtschaftliche Vorteilhaftigkeit einer Netzinvestition oder eines Dienstangebotes. Die Verknüpfung von Deckungsbeitragsrechnung und hierarchischer Strukturierung von Inkrementen ist das von RIEBEL entwickelte Konzept der „mehrstufige Deckungsbeitragsrechnung mit relativen Einzelkosten“.[8] Bei dieser Form der Deckungsbeitragsrechnung werden auf jeder Stufe einer zuvor definierten Hierarchie von Inkrementen Zusatzkosten und Zusatzerlöse miteinander verglichen. Dies wird durch Abbildung VIII-1 illustriert.

Demgegenüber werden bei der einstufigen Deckungsbeitragsrechnung nur auf *einer* Hierarchieebene der Inkremente die Deckungsbeiträge untersucht. Dadurch kann sich ein unvollständiges oder möglicherweise sogar falsches Bild von der Vorteilhaftigkeit bestimmter Investitionen oder Leistungsangebote ergeben. So kann der Fall eintreten, dass die produktspezifischen Deckungsbeiträge der Leistungen a_1 und a_2 zwar positiv sind:

$$R(a_1) - LRIC_{(0,a2,0,0)}(a_1) > 0$$

$$R(a_2) - LRIC_{(a1,0,0,0)}(a_2) > 0$$

gleichzeitig die mit a_1 und a_2 erwirtschafteten Erlöse jedoch nicht ausreichen, um die Zusatzkosten des Leistungsbündels aus a_1 und a_2 zu decken:

$$[R(a_1) + R(a_2)] - LRIC_{(0,0,b1,b2)}(a_1, a_1) < 0$$

Bei einer einstufigen Deckungsbeitragsrechnung, die sich lediglich auf die Ebene der Einzelleistungen (a_1 und a_2) beschränkt, fällt gar nicht auf, dass das Leistungsbündel A zum Vorteil des Unternehmens aus dem Sortiment gestrichen werden sollte.

Alternativ zur Deckungsbeitragsrechnung auf Basis von Zusatzerlösen und Zusatzkosten können auch Erlöse und variable Kosten miteinander verglichen werden. Das entsprechende Pendant zur mehrstufigen Deckungsbeitragsrechnung auf Basis relativer Einzelkosten ist das auf MELLOROVIC zurückende Konzept der „mehrstufigen Deckungsbeitragsrechnung auf Basis variabler Kosten“. Dabei handelt es sich um eine Fortentwicklung des „*Direct Costing*“.[9] Allerdings kann es auch bei diesem Konzept zu Fehleinschätzungen der wirtschaftlichen Vorteilhaftigkeit einzelner Investitionsprojekte bzw. Leistungsangebote kommen. Denn bei Bereitstellung zweier Inkremente a_1 und a_2, deren Volumina aggregierbar sind ($A = a_1 + a_2$), sind Gemeinkosten und fixe Kosten bzw. Zusatzkosten und variable Kosten nur dann identisch, wenn die Kostenfunktion die Form

$$SAC(A) = SAC(0) + \alpha \cdot A$$

hat. Bei Bereitstellung zweier Inkremente A und B, deren Volumina nicht aggregiert werden können, setzt Identität von Gemeinkosten und Fixkosten (bzw. von Zusatzkosten und Fixkosten) voraus, dass die Kostenfunktion in der Form

8 Die Bezeichnung „relative Einzelkosten“ soll andeuten, dass es von der Wahl des Bezugsobjektes (des Inkrements) abhängt, ob eine Kostenposition den Zusatzkosten oder den Gemeinkosten zuzurechnen ist.

9 vgl. Plinke, W. (2000), Seite 220. Beim *Direct Costing* werden die gesamten Fixkosten des Betriebs als Block behandelt und nicht nach Bezugsobjekten (Inkrementen) wie beispielsweise Produkte oder Produktgruppen differenziert.

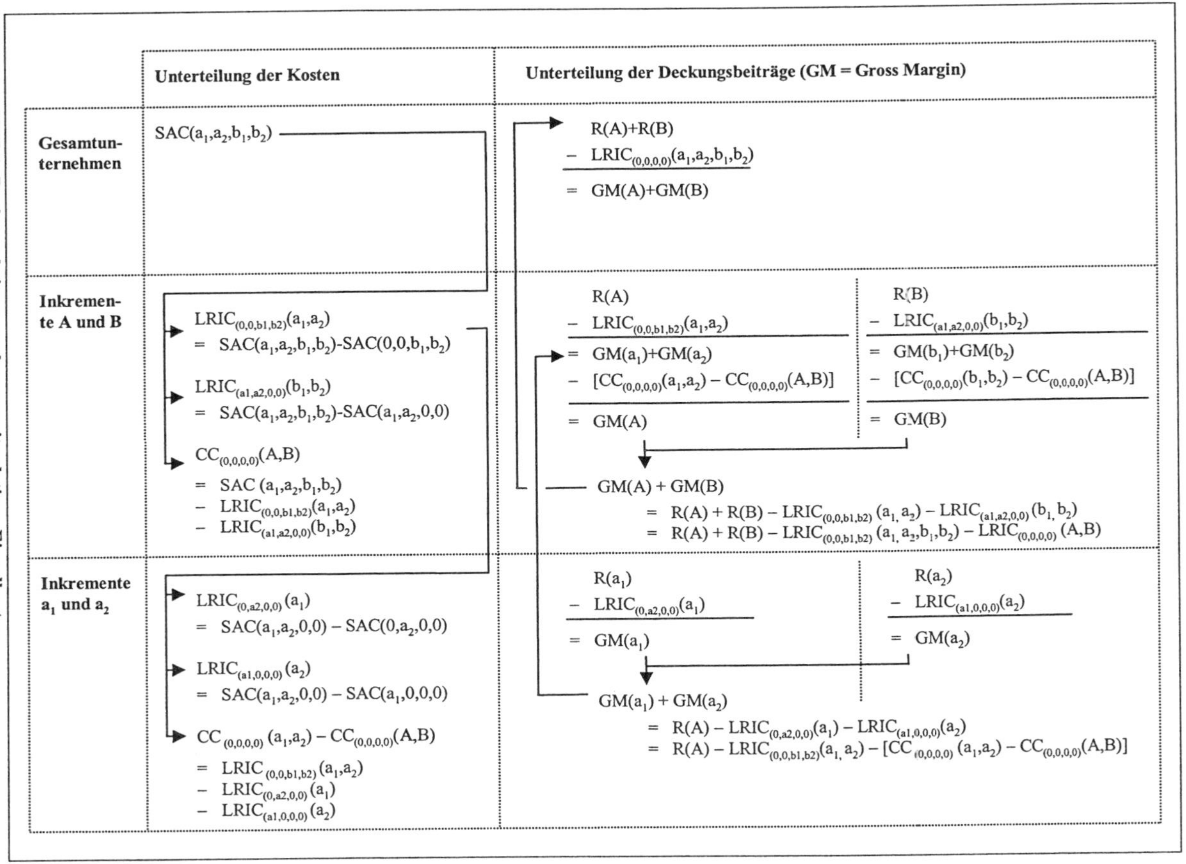

Abbildung VIII-1: Deckungsbeitragsrechnung mit relativen Einzelkosten

$$\mathrm{SAC}(A,B) = \mathrm{SAC}(0,0) + f_A(A) + f_B(B)$$

darstellbar ist. In diesem Fall wäre es für das Unternehmen wirtschaftlich von Nachteil, a_1 und a_2 im Produktsortiment zu belassen.

Allerdings ist auch die Deckungsbeitragsrechnung mit relativen Einzelkosten nicht frei von Schwächen. Deckungsbeiträge werden für einen bestimmten Zeitraum (z.B. 12 Monate) ermittelt oder ex ante geschätzt. Dabei wird nicht in Betracht gezogen, wann innerhalb dieses Zeitraumes Erlöse bzw. Kosten anfallen. Jedoch kann es für die Vorteilhaftigkeit eines Projektes von erheblicher Bedeutung sein, ob beispielsweise Erlöse sofort nach Beginn der Rechungslegungsperiode kontinuierlich oder in einem Betrag am Ende der Rechnungslegungsperiode anfallen.[10] Außerdem kann ein an sich vorteilhaftes Projekt bei der Deckungsbeitragsrechnung gar nicht weiter auffallen, wenn die Hierarchie der Inkremente nicht entsprechend aufgebaut ist. Dabei ist zu bedenken, dass bei der Unterteilung des Diensteportfolios oder der Produktionsfaktoren zahlreiche alternative Unterteilungen in Inkremente möglich sind (vgl. hierzu Abschnitt A).

D. Inkrementabgrenzung und Entgeltkalkulation

Im Rahmen von Entgeltregulierungsverfahren können für die verschiedenen Leistungen Entgeltober- und -untergrenzen festgelegt werden, die – etwa in Kombination mit einer Price-Cap-Regulierung – die Preissetzungsflexibilität des regulierten Unternehmens einschränken. Dies entspricht der Praxis der britischen Regulierungsbehörde OFTEL.[11] Dabei richten sich die Untergrenzen (bzw. Obergrenzen) für die einzelnen Leistungstarife nach dem Anteil an den langfristigen Zusatzkosten (bzw. Stand-Alone-Kosten) des Verbindungsnetzes, der den Leistungen jeweils zugeordnet wird. Bei der Entgeltkalkulation kann es aber auch darum gehen, für eine bestimmte Zeitperiode einzelne Tarife punktgenau festzuschreiben.

In der Realität hängt die Anzahl der verkauften Leistungseinheiten selbstverständlich vom Verkaufspreis ab, wohingegen bei der Kalkulation der Ober- und Untergrenzen für die Leistungstarife jeweils identische Absatzmengen unterstellt werden. Damit wird implizit so getan, als sei die Nachfrage preisunelastisch. Als grundsätzlich kritischer Punkt bei der Entgeltkalkulation kommt hinzu, dass „indirekte" Erlöseffekte außer acht gelassen werden – ein bestimmter Kostenbetrag wird einer bestimmter Einzelleistung zugeschlüsselt, und es wird nicht berücksichtigt, dass der so kalkulierte Preis auch den Absatz anderer Leistungen beeinflussen kann. Beispielsweise beeinflussen die Preise für Verbindungsleistungen auch den Absatz von Teilnehmeranschlussleitungen, während die Anschlusstarife ihrerseits den Absatz von Verbindungsleistungen beeinflussen.

Unter Ausklammerung dieser grundsätzlichen Schwierigkeiten soll der Einfluss des gewählten Inkrements auf das Tarifniveau untersucht werden.

---

10 vgl. Kloock, J./ Sieben, G./ Schildbach, T. (1990), Seite 245
11 vgl. Oftel (Mai 1997), Randnummer 6.28 ff.

1. Gewählte Hierarchieebene des Inkrements

Die Kalkulation von Leistungsentgelten vollzieht sich typischerweise in den Schritten (1.) Kostenerfassung, (2.) Kostenstellenrechnung und (3.) Kostenträgerrechnung.

Bei der *Kostenstellenrechnung* werden die Kostenstellengemeinkosten auf zuvor definierte Hauptkostenstellen des Verbindungsnetzes aufgeteilt. Die britische Regulierungsbehörde Oftel verwendet als Hauptkostenstellen Netzkomponenten, deren Dimensionierung unmittelbar von der Nachfrage nach Verbindungsleistungen abhängt, nämlich „Konzentratoren“, „*Local Switches*“, „*Tandem Switches*“, „*Local-Tandem Transmission*“, „*Remote-Local Transmission*“ und „*Tandem Tandem Transmission*“[12] (für eine detaillierte Darstellung siehe Kapitel X: „Element Based Charging“, Übersicht X-1).

Die *Kostenträgerrechnung* baut auf die Kostenstellenrechnung auf. Im Rahmen der der Kostenträgerrechnung werden die Kostenträgergemeinkosten den Telekommunikationsdienstleistungen zugeordnet. Bei den vermittelten Leistungen richtet sich der zugeordnete Kostenbetrag nach den durchschnittlichen Häufigkeiten (den Routing-Faktoren) mit der die Leistungen die Hauptkostenstellen des Verbindungsnetzes in Anspruch nehmen. Beträgt zum Beispiel bei Ferngesprächen der Routing-Faktor für *Local Switching* 1,9, so kommen auf eine Minute Ferngespräche im Schnitt 1,9 Minuten an Belegung von „*Local Switches*“. Entsprechend geht „*Local Switching*“ mit dem 1,9-fachen des Verrechnungspreises für eine Minute „*Local Switching*“-Nutzung in den Tarif für Ferngespräche ein (zu den näheren Einzelheiten vgl. Kapitel X: „*Element Based Charging*“).

Dieser grundsätzliche Aufbau der Entgeltkalkulation ist von der Wahl des Inkrements unabhängig. Im einzelnen beeinflusst die Wahl der Hierarchieebene des Inkrements das Ergebnis der Kostenrechnung wie folgt:

- Ist das relevante Inkrement das Telekommunikationsnetz (1. Hierarchieebene der Inkremente), werden zur Bestimmung von Entgeltuntergrenzen (Entgeltobergrenzen) für vermittelte Leistungen im Rahmen der Kostenstellenrechnung zunächst die langfristigen Zusatzkosten (*Stand-Alone*-Kosten) des Telekommunikationsnetzes auf Teilnehmeranschlussleitungen und Verbindungsleistungen aufgeschlüsselt. Anschließend wird der die Verbindungsleistungen entfallende Anteil auf die Hauptkostenstellen (Konzentrator, *Local Switch, Tandem Switch, Local-Tandem-Transmission* etc.) aufgeschlüsselt. In formalisierter Schreibweise gilt für die Ober- und -untergrenzen der Tarife der für eine gegebene vermittelte Leistung i:

$$\overline{P}_i^{\text{Gesamtnetz}} = \sum_{j=1}^{m} RF_{ij} \cdot \frac{\alpha_j \cdot \beta_j \cdot \gamma \cdot LRIC(\text{Gesamtnetz})}{Q_j}$$

$$\overline{\overline{P}}_i^{\text{Gesamtnetz}} = \sum_{j=1}^{m} RF_{ij} \cdot \frac{\alpha_j \cdot \beta_j \cdot \gamma \cdot SAC(\text{Gesamtnetz})}{Q_j}$$

12 vgl. beispielsweise Oftel (Juli 1997), Annex F

mit

$$\sum_{j=1}^{m} \alpha_j = 1 \quad \text{und} \quad \{\gamma, \alpha_j, \beta_j\} \in [0;1]$$

wobei

γ =	Anteil an den langfristigen Zusatzkosten bzw. *Stand-Alone*-Kosten des Telekommunikationsnetzes, der den Verbindungsleistungen [so dass (1-γ) dem Kostenanteil entspricht, der der Bereitstellung von Teilnehmeranschlussleitungen zugeordnet wird]
α_j =	Anteil an den Kosten der Verbindungsleistungen, der der Hauptkostenstelle j zugeschlüsselt wird
β_j =	Anteil an den der Hauptkostenstelle j zugeschlüsselten Kosten, der den vermittelten Leistungen [bzw. den Mietleitungen] zugeschlüsselt wird (so dass (1-ß$_j$) dem Kostenanteil entspricht, der der Bereitstellung von Mietleitungen zugeordnet wird)
Q_j =	Auslastung der Hauptkostenstelle j durch vermittelte Leistungen (in Verbindungsminuten)
RF_{ij} =	Routing-Faktor (durchschnittliche Inanspruchnahme der Hauptkostenstelle j durch die vermittelte Leistung i)

- Ist das relevante Inkrement das Verbindungsnetz, werden im Rahmen der Kostenstellenrechnung die langfristigen Zusatzkosten (die *Stand-Alone*-Kosten) des Verbindungsnetzes auf die Hauptkostenstellen des Verbindungsnetzes aufgeschlüsselt. Für die Unter- bzw. Obergrenzen der Tarife für die vermittelten Leistungen gilt dann:

$$\overline{P}_i^{\text{Verbindungsnetz}} = \sum_{j=1}^{m} RF_{ij} \cdot \frac{\alpha_j \cdot \beta_j \cdot LRIC(\text{Verbindungsnetz})}{Q_j}$$

$$\overline{\overline{P}}_i^{\text{Verbindungsnetz}} = \sum_{j=1}^{m} RF_{ij} \cdot \frac{\alpha_j \cdot \beta_j \cdot SAC(\text{Verbindungsnetz})}{Q_j}$$

- Sind die relevanten Inkremente die Hauptkostenstellen des Verbindungsnetzes, so werden im Rahmen der Kostenstellenrechnung die langfristigen Zusatzkosten bzw. die Stand-Alone-Kosten der Netzkomponenten ermittelt, die zugleich die Hauptkostenstellen des Verbindungsnetzes bezeichnen (Konzentratoren, *Local Switches* etc.). Für die Ober- und -untergrenzen der Tarife für vermittelte Leistungen gilt:

$$\overline{P}_i^{\text{Netzkomponenten}} = \sum_{j=1}^{m} RF_{ij} \cdot \frac{\beta_j \cdot LRIC(\text{Netzkomponente j})}{Q_j}$$

$$\overline{\overline{P}}_i^{\text{Netzkomponenten}} = \sum_{j=1}^{m} RF_{ij} \cdot \frac{\beta_j \cdot SAC(\text{Netzkomponente j})}{Q_j}$$

Der letztgenannte Ansatz ist dem „*Total Element Long Run Incremental Cost*"-(TELRIC-) Ansatz ähnlich, der von der FCC angewendet wird. Bei der Zusammenschaltung eines *Interexchange Carrier* (IXC) mit einem *Local Exchange Carrier* (LEC) auf „*Tandem Switch*"-Ebene werden bei Zuführungs- und Terminierungsleistungen für Inanspruchnahme gemeinschaftlich genutzter Netzkomponenten die folgenden Tarifpositionen fällig:[13]

- „*Local Switching*" (diese Tarifposition kann neben einer verbindungsdauerabhängigen Komponente auch ein Entgelt für den Verbindungsaufbau mit einschließen),
- „*Tandem Switching*" für den Vermittlungsvorgang durch die Gateway-Vermittlungsstelle des LEC und
- „*Tandem Transport*" für die Verbindung zwischen dem teilnehmerseitigen Local Switch und der Gateway-Vermittlungseinrichtung des LEC.

(zu den näheren Einzelheiten vgl. auch Kapitel III: „Tarifdifferenzierung nach Quelle und Senke"). Beim TELRIC-Ansatz der FCC setzt beispielsweise der Tarif für Terminierungsleistungen bei Zusammenschaltung auf „*Tandem Switch*"-Ebene aus den LRIC der besagten Netzkomponenten zuzüglich eines Gemeinkostenaufschlages zusammen:

$$P^{\text{TELRIC}}_{\text{TS-Terminierung}} =$$

$$= \frac{\beta_{LS} \cdot [\text{LRIC}(LS) + \varphi_{LS} \cdot \text{CC}(LS;\text{ONE})]}{Q_{LS}}$$

$$+ \quad \frac{\beta_{TT} \cdot [\text{LRIC}(TT) + \varphi_{TT}\text{CC}(TT;\text{ONE})]}{Q_{TT}}$$

$$+ \quad \frac{\beta_{ATS} \cdot [\text{LRIC}(ATS) + \varphi_{ATS} \cdot \text{CC}(ATS;\text{ONE})]}{Q_{ATS}}$$

wobei „LS" für „*Local Switches*", „ATS" für „*Access Tandem Switches*", „TT" für „*Tandem Transport*" und „ONE" für „*Other Network Elements*" steht. Der Begriff „*total*" im Kontext mit „TELRIC" deutet an, dass die langfristigen Zusatzkosten der *Gesamtheit* von Netzelementen (also z.B. *Local Switches* oder *Tandem Switches*) für die Entgeltkalkulation maßgeblich sind, und nicht etwa nur jene Netzkomponenten, die konkret für IC-Calls benötigt werden. Diese Netzelemente werden zum Teil auch für nicht-vermittelte Leistungen in Anspruch genommen. Zu diesen „nicht-vermittelten" Leistungen zählen vor allem Mietleitungen. In Analogie zu den Symbolen, die bereits zur Beschreibung der OFTEL-Methodik verwendet wurden, symbolisiert β_i den Kostenanteil, der vermittelten Leistungen zugeschlüsselt wird, während Q_i für die Gesamtauslastung des Netzelements i (gemessen in Minuten) durch vermittelte Leistungen steht. Offensichtlich ist für eine Terminierungsleistung bei Zusammenschaltung auf „*Tandem Switch*"-Ebene beim TELRIC-Ansatz die Preisuntergrenze durch

$$\overline{P}^{\text{TELRIC}}_{\text{TS-Terminierung}} =$$

$$= \frac{\beta_{LS} \cdot \text{LRIC}(LS)}{Q_{LS}} + \frac{\beta_{TT} \cdot \text{LRIC}(TT)}{Q_{TT}} + \frac{\beta_{ATS} \cdot \text{LRIC}(ATS)}{Q_{ATS}}$$

und die Entgeltobergrenze durch

13 vgl. FCC (Mai 1997b), Randnummer 123 ff. and 168

$$\overline{\overline{P}}^{TELRIC}_{TS\text{-}Terminierung} =$$

$$= \frac{\beta_{LS} \cdot SAC(LS)}{Q_{LS}} + \frac{\beta_{TT} \cdot SAC(TT)}{Q_{TT}} + \frac{\beta_{ATS} \cdot SAC(ATS)}{Q_{ATS}}$$

gegeben. Die grundlegenden Unterschiede zwischen dem Ansatz OFTELs und dem von der FCC verwendeten TELRIC-Ansatz bestehen also

1. in der Verwendung eines anderen Inkrements (Netzkomponenten bei der FCC, das gesamte Verbindungsnetz bei Oftel) und
2. in der anderen Abgrenzung von Netzkomponenten, die dazu führt, dass die impliziten Routing-Faktoren für Zuführungs- und Terminierungsleistungen beim TELRIC-Ansatz eins betragen.

Eine Synthese des OFTEL- und des FCC-Ansatzes bestünde darin, wie OFTEL das Verbindungsnetzes als Ganzes als relevantes Inkrement zu betrachten und gleichzeitig wie beim FCC-Ansatz LS, TS und ATS als Hauptkostenstellen zu verwenden. Die Entgeltunter- bzw. -obergrenzen für Terminierungsleistungen bei Zusammenschaltung auf „*Tandem Switch*"-Ebene wären dann durch die Bestimmungsgleichungen:

$$\overline{P}^{Verbindungsnetz}_{TS\text{-}Terminierung} =$$

$$= \left(\frac{\alpha_{LS} \cdot \beta_{LS}}{Q_{LS}} + \frac{\alpha_{TT} \cdot \beta_{TT}}{Q_{TT}} + \frac{\alpha_{ATS} \cdot \beta_{ATS}}{Q_{TT}} \right) \cdot LRIC(Verbindungsnetz)$$

$$\overline{\overline{P}}^{Verbindungsnetz}_{TS\text{-}Terminierung} =$$

$$= \left(\frac{\alpha_{LS} \cdot \beta_{LS}}{Q_{LS}} + \frac{\alpha_{TT} \cdot \beta_{TT}}{Q_{TT}} + \frac{\alpha_{ATS} \cdot \beta_{ATS}}{Q_{TT}} \right) \cdot SAC(Verbindungsnetz)$$

gegeben.

Bei allen Ansätzen hat die Allokation von Gemeinkosten (einschließlich „*Intra-Core Common Costs*") einen wichtigen Einfluss auf die Höhe der kalkulierten Tarife. Je mehr *Intra-Core Common Costs* beispielsweise dem „*Local Switch*"-Element zugeordnet werden, desto teurer werden lokale im Verhältnis zu überregionalen Zuführungs- und Terminierungsleistungen. Während der absolute Preis für lokale Zuführungs- und Terminierungsleistungen zunimmt, nimmt gleichzeitig der Preis für überregionale Leistungen ab, da weniger Gemeinkosten auf das „*Tandem Switching*"-Element und das „*Inter-Tandem Transmission*"-Element entfallen.[14] Aus Sicht des regulierten Unternehmens bedeutet das einen Interessenkonflikt: Einerseits hat ein *Incumbent*-Unternehmen typischerweise ein Interesse daran, dass der Tarif für lokale Zuführungs- und Terminierungsleistungen möglichst hoch ist. Andererseits ist das *Incumbent*-Unternehmen aber auch an einer möglichst großen Preisdifferenz bei lokalen und überregionalen Zuführungs- und Terminierungsleistungen interessiert, denn so schafft es bei alternativen Anbietern einen Anreiz für Investitionen in eigene Netzinfrastruktur und gebietet dem rapiden Abschmelzen der Endkundentarife durch *Switched Reseller*

---

14 vgl. Nera (Dezember 1996), Seite 31 f.

Einhalt (für eine Erörterung der Anreiz-Thematik vgl. Kapitel II: „Regulierungsziele und Regulierungsbedarf" sowie Kapitel III: „Tarifdifferenzierung nach Quelle und Senke").

Auf der Grundlage dieser Vorüberlegungen kann nun auch das absolute Niveau der Entgeltunter- und -obergrenzen in Abhängigkeit vom gewählten Tarifniveau verglichen werden. Um subventionsfreie Tarife zu erhalten, muss der dem Verbindungsnetz zugeschlüsselte Anteil an den Zusatzkosten des Telekommunikationsnetzes (1. Hierarchieebene der Inkremente) mindestens so groß sein wie die langfristigen Zusatzkosten des Verbindungsnetzes bei gegebenem Teilnehmernetz (2. Hierarchieebene der Inkremente):

$$\gamma \cdot \mathrm{LRIC}(\mathrm{Gesamtnetz}) \geq \mathrm{LRIC}(\mathrm{Verbindungsnetz})$$

Andererseits darf der dem Verbindungsnetz zugeschlüsselte Anteil an den Stand-Alone-Kosten des Telekommunikationsnetzes (1. Hierarchieebene der Inkremente) nicht größer als die Stand-Alone-Kosten des Verbindungsnetzes (2. Hierarchieebene der Inkremente) sein:

$$\gamma \cdot \mathrm{SAC}(\mathrm{Gesamtnetz}) \leq \mathrm{SAC}(\mathrm{Verbindungsnetz})$$

Gleichzeitig sind die langfristigen Zusatzkosten des Verbindungsnetzes (2. Hierarchieebene der Inkremente) größer als die langfristigen Zusatzkosten der Gesamtheiten einzelner Komponenten des Verbindungsnetzes wie *Local Switches*, *Tandem Switches*, *Local-Tandem-Transmission* etc. (3. Hierarchieebene der Inkremente):

$$\left.\begin{array}{l} \mathrm{LRIC}(\mathrm{Verbindungsnetz}) \geq \mathrm{LRIC}(\mathrm{Netzkomponente\ j}) \\ \mathrm{SAC}(\mathrm{Verbindungsnetz}) \leq \mathrm{SAC}(\mathrm{Netzkomponente\ j}) \end{array}\right\} \quad \text{für alle } j=1,\ldots,m$$

Entsprechend fällt die Differenz zwischen der kalkulierten Entgeltobergrenze und der Entgeltuntergrenze um so größer aus, je niedriger die Hierarchieebene angesiedelt ist, auf der sich das relevante Inkrement befindet – Ober- und Untergrenze eines IC-Entgeltes liegen weiter auseinander, wenn statt des gesamten Telekommunikationsnetzes das Verbindungsnetz als Inkrement gewählt wird. Nochmals größer fällt die Differenz zwischen Ober- und Untergrenze aus, wenn statt des gesamten Verbindungsnetzes lediglich dessen Hauptkostenstellen als relevante Inkremente gewählt werden:

$$\overline{P}_i^{\,\mathrm{Gesamtnetz}} \geq \overline{P}_i^{\,\mathrm{Verbindungsnetz}} \geq \overline{P}_i^{\,\mathrm{Netzkomponenten}}$$

$$\overline{\overline{P}}_i^{\,\mathrm{Gesamtnetz}} \leq \overline{\overline{P}}_i^{\,\mathrm{Verbindungsnetz}} \leq \overline{\overline{P}}_i^{\,\mathrm{Netzkomponenten}}$$

2. Netz- versus dienstbezogene Abgrenzung der Inkremente

Zu analogen Ergebnissen führt es, wenn statt Netzelementen Teile des Diensteportfolios als relevante Inkremente herangezogen werden. Sind beispielsweise lediglich vermittelte Leistungen das relevante Inkrement, so richten sich die Entgeltobergrenzen für vermittelte Leistungen nach den Stand-Alone-Kosten eines (hypothetischen) Verbindungsnetzes, das lediglich für die Nachfrage nach vermittelten Leistungen ausreichend dimensioniert ist. Gleichzeitig richten sich die Entgeltuntergrenzen nach den langfristigen Zusatzkosten, die vermittelte Leistungen bei gegebenem Angebot an sonstigen Leistungen (Mietleitungen, Teilnehmeranschlüsse etc.) verursachen.

Die Entgeltobergrenzen und Entgeltuntergrenzen lassen sich mit den Entgeltuntergrenzen und Entgeltobergrenzen vergleichen, die sich ergeben, wenn nicht vermittelte Leistungen, sondern das Gesamtportfolio der Verbindungsleistungen als relevantes Inkrement betrachtet wird. Bei kostenorientierter Tarifgestaltung kann den vermittelten Leistungen kein Anteil an den langfristigen Zusatzkosten des realen Verbindungsnetzes zugeordnet werden, der unter den langfristigen Zusatzkosten der isoliert betrachteten vermittelten Leistungen liegt:

$$\sum_{j=1}^{m} \beta_j \cdot \text{LRIC}(\text{Verbindungsnetz}) \geq \text{LRIC}\left(\overline{\text{Verbindungsnetz}}\right)$$

Umgekehrt kann den vermittelten Leistungen kein Anteil an den Stand-Alone-Kosten des realen Verbindungsnetzes zugeschlüsselt werden, der über den Stand-Alone-Kosten der isolierten Bereitstellung von vermittelten Leistungen liegt:

$$\sum_{j=1}^{m} \beta_j \cdot \text{SAC}(\text{Verbindungsnetz}) \leq \text{SAC}\left(\overline{\text{Verbindungsnetz}}\right)$$

Entsprechend ist die Differenz zwischen den Entgeltobergrenzen und Entgeltuntergrenzen für vermittelte Leistungen größer, wenn statt des Korbs von Verbindungsleistungen lediglich vermittelte Leistungen als relevantes Inkrement betrachtet werden:

$$\overline{P}_i^{\text{Verbindungsnetz}} \geq \overline{P}_i^{\overline{\text{Verbindungsnetz}}}$$
$$\overline{\overline{P}}_i^{\text{Verbindungsnetz}} \leq \overline{\overline{P}}_i^{\overline{\text{Verbindungsnetz}}}$$

wobei

$$\overline{P}_i^{\overline{\text{Verbindungsnetz}}} = \sum_{j=1}^{m} RF_{ij} \cdot \frac{\alpha_j \cdot \text{LRIC}(\text{Verbindungsnetz})}{Q_j}$$

$$\overline{\overline{P}}_i^{\overline{\text{Verbindungsnetz}}} = \sum_{j=1}^{m} RF_{ij} \cdot \frac{\alpha_j \cdot \text{SAC}\left(\overline{\text{Verbindungsnetz}}\right)}{Q_j}$$

3. Bewertung der Alternativen

Die australische Regulierungsbehörde ACCC verwendet den TSLRIC-Ansatz. Als Vorzüge bewertet sie dabei die Signalwirkung TSLRIC-basierter Tarife

- für volkswirtschaftlich effiziente Marktein- und -austritte,
- für volkswirtschaftlich effiziente Investitionen in alternative Netzinfrastruktur und
- für eine volkswirtschaftlich effiziente Nutzung der bestehenden Infrastruktur.[15]

Die FCC zieht demgegenüber den TELRIC-Ansatz vor. Sie argumentiert, dass die regulierten Unternehmen (*Incumbent Local Exchange Carrier*) durch das Telekommunikationsgesetz nicht zum Angebot von Telekommunikationsdienstleistungen, sondern

15 vgl. ACCC (Juli 1997), Seite 22, ff.

zum Angebot eines entbündelten Zugangs zu *Netzelementen* verpflichtet seien. In der Tat setzt sich das für eine Terminierungs- oder Zuführungsleistung zu zahlende Entgelt ja auch aus den Entgelten für die Inanspruchnahme einzelner Netzelemente („*Local Switching*", „*Tandem Switching*", „*Tandem Transport*") zusammen (siehe oben).[16] Die FCC verweist auf den Umstand, dass Netzkosten in Bezug auf die bereitgestellten Telekommunikationsdienstleistungen größtenteils Gemeinkosten sind. So werden beispielsweise *Local Switches* sowohl für Orts- als auch Ferngespräche genutzt. Wenn Dienste, so wie beispielsweise Orts- und Ferngespräche, als relevante Inkremente definiert werden, ist der Betrag der zuschlüsselnden Gemeinkosten größer als wenn Netzelemente als relevante Inkremente definiert werden.[17]

Die Position der britischen Regulierungsbehörde OFTEL ist im Mittelfeld zwischen den Positionen der FCC und der ACCC angesiedelt. OFTEL zieht bei der Regulierung der Tarife für vermittelte Leistungen das Verbindungsnetz als relevantes Inkrement heran. OFTELs Argumentation fußt auf einem Vergleich der Spannbreiten zwischen Tarifobergrenzen und Tarifuntergrenzen, die sich mit dem Verbindungsnetz und einzelnen Netzelementen als relevantes Inkrement ergeben. Wie bereits aufgezeigt wurde, würden die Tarifuntergrenzen niedriger ausfallen, wenn Netzelemente als relevante Inkremente betrachtet werden, während für die Tarifobergrenzen das Gegenteil gilt. Entsprechend müsste mit Netzelementen als relevanten Inkrementen die Preissetzungsfreiheit des regulierten Unternehmens durch Zusatzbedingungen eingeschränkt werden. Durch diese Zusatzbedingungen ist sicherzustellen, dass die Summe der Erlöse aus Verbindungsleistungen nicht größer als die *Stand-Alone*-Kosten und nicht kleiner als die langfristigen Zusatzkosten des Verbindungsnetzes ist. Formal ausgedrückt, müssten die Preise für Verbindungsleistungen die folgenden Bedingungen erfüllen:[18]

$$\overline{\overline{P}}_i^{\text{Netzkomponenten}} \geq P_i \geq \overline{P}_i^{\text{Netzkomponenten}}$$

$$\text{LRIC}(\text{Verbindungsnetz}) \leq \sum_{j=1}^{m} P_j \cdot Q_j \leq \text{SAC}(\text{Verbindungsnetz})$$

Wird hingegen das Verbindungsnetz unmittelbar als das für die Entgeltkalkulation relevante Inkrement herangezogen, ist ohne besondere Zusatzbedingung bereits automatisch sichergestellt, dass die Erlöse aus Verbindungsleistungen zwischen den langfristigen Zusatzkosten und den *Stand-Alone*-Kosten des Verbindungsnetzes liegen. Dies spricht zweifellos dafür, das Verbindungsnetz insgesamt – und nicht einzelne Komponenten des Verbindungsnetzes – als für die Entgeltkalkulation relevantes Inkrement heranzuziehen. Andererseits hat dieses Vorgehen auch den Nachteil, dass die Tarifuntergrenzen höher und die Tarifuntergrenzen niedriger ausfallen als es eigentlich der Fall sein müsste. Tatsächlich gibt es noch nämlich noch weitere Tarifkombinationen, bei denen der Gesamterlös aus Verbindungsleistungen zwischen den langfristigen Zusatzkosten und den *Stand-Alone*-Kosten des Verbindungsnetzes liegt:

---

16 vgl. FCC (1997), Paragraph 288
17 vgl. FCC (1996), Paragraph 678
18 vgl. Oftel (Mai 1997), Annexes, Paragraph III.16

$$\overline{\overline{P}}_i^{\,\text{Netzkomponenten}} < P_i \qquad \text{oder} \qquad \overline{P}_i^{\,\text{Netzkomponenten}} > P_i \qquad \text{für bestimmte Leistungen } i=1,\ldots,m$$

wobei

$$\text{LRIC}(\text{Verbindungsnetz}) \leq \sum_{j=1}^{m} P_j \cdot Q_j \leq \text{SAC}(\text{Verbindungsnetz})$$

Diese Tarifkombinationen sollten ebenfalls zulässig sein, werden aber gleichwohl durch den Ansatz OFTELs ausgeschlossen.[19] Dieses Argument gilt analog auch für den Vergleich der Tarifober- und -untergrenzen, die sich einstellen, wenn anstelle des Gesamtportfolios der Verbindungsleistungen einzelne vermittele Leistungen (Ortsgespräche etc.) als relevantes Inkrement gewählt werden.

19 vgl. Oftel (Mai 1997), Annex, Paragraph III.18 f.

IX. GEMEINKOSTENALLOKATION

Gemeinkosten entsprechen der Kostenersparnis, die sich bei simultaner Bereitstellung mehrerer Inkremente aufgrund von Größenvorteilen (Economies of Scale) oder aufgrund von Verbundvorteilen (Economies of Scope) realisieren lassen (vgl. Kapitel VI: „Entgeltbestandteile"). „Inkremente" können in diesem Zusammenhang insbesondere Telekommunikationsdienstleistungen und Netzteile sein. Entsprechend lassen sich Gemeinkosten keinem Inkrement verursachungsgerecht zuordnen; jede Methode der Zuschlüsselung von Gemeinkosten auf die Inkremente ist willkürlich („arbiträr"). Gleichwohl ist die Zuschlüsselung von Gemeinkosten bei der Kalkulation von Leistungsentgelten (Kostenträgerstückrechnung) unumgänglich (vgl. Kapitel VIII: „Abgrenzung von Inkrementen"). In diesem Kapitel werden Methoden der Gemeinkostenschlüsselung und mögliche Anwendungsbereiche vor wohlfahrtsökonomischem Hintergrund erläutert.

A. Relative Output Method

Allgemein setzt sich ein auf Basis langfristiger Zusatzkosten kalkulierter Tarif aus den durchschnittlichen langfristigen Zusatzkosten der effizienten Leistungserstellung und einem Gemeinkostenzuschlag zusammen:

$$P_i = \frac{LRIC_i + \beta_i \cdot CC}{X_i} \qquad \text{für alle Inkremente } i=1,...,n$$

wobei

$$\sum_{i=1}^{n} \beta_i = 1 \qquad \text{und } 0 \leq \beta_i \leq 1$$

$$SAC = \sum_{i=1}^{n} LRIC_i + CC$$

mit

P_i =	Preis (bzw. Verrechnungspreis) für die Inanspruchnahme einer Telekommunikationsdienstleistung oder eines Netzteils („Inkrement i")
$LRIC_i$ =	langfristige Zusatzkosten der Bereitstellung des Inkrementes i
CC_i =	bei der Bereitstellung des Inkrements i anfallende Gemeinkosten
X_i =	Menge eines Inkrementes i
β_i =	Inkrement i zugeschlüsselter Gemeinkostenanteil

Bestehen bei simultaner Bereitstellung von Teilmengen eines Größenvorteile, so bietet es sich an, die entsprechenden nach Maßgabe der Bereitstellungsmengen auf die Inkremente (= Teilmengen) aufzuschlüsseln:

$$\beta_i = \frac{X_i}{\sum_{j=1}^{n} X_i} \qquad \text{für alle Inkremente } i=1,..,n$$

so dass sich die Bestimmungsgleichung für den Preis zu

$$P_i = \frac{LRICi}{X_i} + \frac{CC}{\sum_{i=1}^{n} X_i} \qquad \text{für alle Inkremente i=1,..,n}$$

vereinfacht. Lassen sich die so kalkulierten Preise auch am Markt durchsetzen, stimmen die Deckungsbeiträge bei sämtlichen Leistungen überein, was wegen des Vergleichs mit der auf wohlfahrtsökonomischen Überlegungen fußenden Ramsey-Regel (vgl. Abschnitt E: „Ramsey-Pricing") von Interesse ist:[1]

$$\frac{P_i - LRIC_i/X_i}{P_j - LRIC_j/X_j} = 1 \qquad \text{für alle Inkremente i,j=1,..,n}$$

B. Equal Proportional Mark-up Rule

Die *Equal Proportional Mark-up Rule* (EPMUR) ist eine universell einsetzbare Methode zur Gemeinkostenschlüsselung; sie kann unter anderem bei der Zuschlüsselung der Gemeinkosten des Verbindungs- und des Teilnehmernetzes verwendet werden. Nach der EPMUR werden die Gemeinkosten so auf die jeweiligen Inkremente aufgeschlüsselt, dass der prozentuale Gemeinkostenaufschlag auf die langfristigen Zusatzkosten bei sämtlichen Inkrementen identisch ist. Dieser prozentuale Aufschlag entspricht dem Verhältnis des Gesamtbetrages der aufzuschlüsselnden Gemeinkosten zum Gesamtbetrag der langfristigen Zusatzkosten:

$$\beta_i \cdot CC \overset{!}{=} g \cdot LRIC_i \qquad \text{für alle Inkremente i=1,..,n}$$

$$\Rightarrow \quad g = \frac{CC}{\sum_{i=1}^{n} LRIC_i} \qquad \text{für alle Inkremente i=1,..,n}$$

$$\Rightarrow \quad \beta_i = \frac{LRIC_i}{\sum_{i=1}^{n} LRIC_i} \qquad \text{für alle Inkremente i=1,..,n}$$

wobei

$g =$ Gemeinkostenaufschlag auf die langfristigen Zusatzkosten

Der einer Leistung i zugeschlüsselte Gemeinkostenanteil entspricht dem Anteil der langfristigen Zusatzkosten einer Leistung i an der Gesamtsumme der langfristigen Zusatzkosten; aus diesem Grund bietet sich für die EPMUR auch die Bezeichnung „*attributable costs method*" an.[2] Sind Übergewinne ausgeschlossen, so stehen bei Anwendung der EPMUR bei sämtlichen Gütern die Deckungsbeiträge im gleichen Verhältnis zu den langfristigen Zusatzkosten:[3]

---

1 vgl. Braeutigam, Ronald R. (1980), Seite 188
2 vgl. Braeutigam (1980), Seite 184
3 vgl. Braeutigam, Ronald R. (1980), Seite 188

$$\frac{P_i - LRIC_i/X_i}{P_j - LRIC_j/X_j} = \frac{LRIC_i/X_i}{LRIC_j/X_j}$$

Die britische Regulierungsbehörde Oftel wendet die EPMUR auf die fixen Gemeinkosten des Verbindungs- und des Teilnehmernetzes an.[4] Die Vorgehensweise Oftels ist zweistufig:[5]

1. Zuerst wird die Summe der fixen Gemeinkosten so auf das Teilnehmer- und das Verbindungsnetz aufgeteilt, dass das Verhältnis von zugeschlüsselten Gemeinkosten und langfristigen Zusatzkosten beim Teilnehmer- und Verbindungsnetz identisch ist.
2. Anschließend wird die Summe der dem Verbindungsnetz zugeschlüsselten fixen Gemeinkosten auf jene Komponenten des Verbindungsnetzes aufgeteilt, die für das Verbindungs- und das Teilnehmernetz gemeinsam genutzt werden. Dabei handelt es sich um Konzentratoren und Leerrohre; folglich werden die Gemeinkosten auf die Hauptkostenstellen *„Local Exchange"*, *„Junction length"* und *„Trunk Length"* aufgeschlüsselt (vgl. Kapitel X: „Element Based Charging", Übersicht X-1).

British Telecom lehnt die EPMUR mit dem Argument ab, sie sei nicht konsistent mit der Regulierung der Endkundentarife. Dem Geschäftsbereich „Teilnehmernetz" werde durch die EPMUR so viel Kapital zugeschlüsselt, dass die dort ausgewiesene Kapitalrendite kleiner als die durchschnittlichen Finanzierungskosten des Gesamtunternehmens sei. Umgekehrt werde dem Geschäftsbereich „Verbindungsnetz" so wenig Kapital zugeschlüsselt, so dass sich dort eine über den durchschnittlichen Finanzierungskosten liegende Kapitalrendite ergebe.[6] OFTEL hat diesen Einwand allerdings mit dem Hinweis zurückgewiesen, dass es ihr weder bei der Regulierung der Endkundentarife noch bei der Regulierung der IC-Entgelte um eine Angleichung der für die Geschäftsbereiche Verbindungs- und Teilnehmernetz ausgewiesenen Kapitalrenditen gehe.[7]

	Teilnehmernetz	Verbindungsnetz	TK-Netz insgesamt
Kapitalkosten			
LRIC	£ 200	£ 400	£ 600
Gemeinkostenaufschlag bei Anwendung der EPMU	£ 100	£ 200	£ 300
Summe	***£ 300***	***£ 600***	***£ 900***

4 vgl. Oftel (Dezember 1995), Seite 36

5 vgl. British Telecom (Januar 1997), Seite 17 f.

6 Nicht nur Zusammenschaltungstarife, sondern auch Endkundentarife unterliegen in Großbritannien einem *Price-Cap*. Dabei gibt es einem *Sub-Cap* für Leistungen, die an die sogenannten „Bottom-80"-Kunden verkauft werden (*„Bottom 80% Residential Basket"*). Diese Kunden generieren einen geringeren Pro-Kopf-Umsatz als die verbleibenden Top-20-Kunden und machen zusammengenommen 80 % des Gesamtumsatzes aus. Gleichzeitig werden die Umsätze im Teilnehmeranschlussbereich hauptsächlich mit Bottom-80-Kunden erwirtschaftet.

7 Oftel stellt fest, daß ihre Regulierung der Endkundentarife gerade darauf abziele, daß das endgeltregulierte Unternehmen mit den Bottom-80-Kunden eine niedrigere Rendite (bzw. einen niedrigeren Deckungsbeitrag als bei Top-20-Kunden erwirtschaftet [vgl. Oftel (Juli 1997), Randnummer 3.19]

Gemeinkostenaufschlag gemessen an LRIC	*50,0 %*	*50,0 %*	*50,0 %*
zu den Kapitalkosten korrespondierendes betriebsnotwendiges Vermögen bei durchschnittlichen Finanzierungskosten von ***12,5 % p.a***			
langfristige Zusatzkosten	£ 1600	£ 3200	£ 7200
zugeschlüsselte Gemeinkosten	£ 800	£ 1600	£ 2400
Summe	£ 2400	£ 4800	£ 7200
tatsächlich erreichte absolute Kapitalverzinsung = Erlöse (durch die Price-Cap-Regulierung der Endkundentarife vorgegeben) abzüglich Abschreibungen und Betriebskosten	£ ***250***	***£ 650***	***£ 900***
erreichte Kapitalverzinsung gemessen am zugeschlüsselten Kapital	*10,4 %*	*13,6 %*	*12,5 %*

Übersicht IX-1: Kompatibilität von EPMU und *Price-Cap*-Regulierung der Endkundentarife [vgl. British Telecom (August 1997b)]

C. Gemeinkostenschlüsselung auf der Basis von Erlösen

Die Gemeinkostenschlüsselung auf der Basis von Erlösen kommt bei den Leistungen in Betracht, die der Netzbereich des regulierten Unternehmens an den Vertriebsbereich und an konkurrierende Unternehmen abgibt. Zu den wichtigsten Leistungen gehört in diesem Zusammenhang natürlich die Netzzusammenschaltung. Zwei Spielarten der Gemeinkostenschlüsselung auf der Basis von Umsatzerlösen gibt es, nämlich die „*Gross Revenue*"-Methode und die „*Net Revenue*"-Methode.

Bei der „*Gross Revenue*"-Methode erfolgt die Gemeinkostenschlüsselung im Verhältnis zu den Umsatzerlösen, die mit den jeweils betrachteten Leistungen erwirtschaftet werden:

$$\beta_i = \frac{P_i \cdot X_i}{\sum_{j=1}^{n} P_j \cdot X_j}$$

Bei der „*Net Revenue*"-Methode werden Gemeinkosten im Verhältnis zum Deckungsbeitrag der jeweils betrachteten Leistung aufgeschlüsselt:[8]

$$\beta_i = \frac{P_i \cdot X_i - LRIC_i}{\sum_{j=1}^{n} \left(P_j \cdot X_j - LRIC_j\right)}$$

Die Preise für Vorprodukte, die der Geschäftsbereich „Telekommunikationsnetz" an den Geschäftsbereich „Vertrieb auf dem Endkundenmarkt" abgibt, können auch nach Maßgabe der beim Endkundenvertrieb erwirtschafteten Deckungsbeiträge aufgeschlüsselt werden:

8 vgl. Arthur Andersen (Oktober 1997), Seite 11

$$\beta_i = \frac{P_i^V \cdot X_i - LRIC_i^N - LRIC_i^V}{\sum_{j=1}^{n}\left(P_j^V \cdot X_j - LRIC_j^N - LRIC_j^V\right)}$$

mit

$LRIC_i^V$ = langfristige Zusatzkosten des Vertrieb von Produkt i auf dem Endkundenmarkt

$LRIC_i^N$ = langfristige Zusatzkosten der Bereitstellung von Vorprodukt i durch den Netzbereich des regulierten Unternehmens

Die Gemeinkostenschlüsselung auf der Basis von Erlösen setzt voraus, dass Absatzmengen bzw. Absatzpreise bereits bekannt sind. Sie eignet sich damit nur für eine „ex post"-, nicht jedoch für eine „ex ante"-Regulierung von Leistungsentgelten. Die „*Net Revenue*"-Methode sorgt für eine Angleichung der ausgewiesenen Kapitalrenditen, wie das nachstehende Zahlenbeispiel illustriert. Sind das Teilnehmer- und das Verbindungsnetz die relevanten Inkremente, führt die „*Net Revenue*"-Methode zu höheren IC-Entgelten als die EPMU-Regel.

	Teilnehmernetz	Verbindungsnetz	TK-Netz insgesamt
tatsächlich erreichte absolute Kapitalverzinsung (vgl. Übersicht IX-1)	£ 50	£ 650	£ 900
langfristige zusätzliche Kapitalkosten (vgl. Übersicht IX-1)	£ 200	£ 400	£ 600
Aufschlag für Gemeinkosten, wenn die Rendite beim Teilnehmer- und beim Verbindungsnetz den durchschnittlichen Finanzierungskosten entsprechen soll	£ 50	£ 250	£ 300
Gemeinkostenaufschlag gemessen an langfristigen Zusatzkosten	*25,0 %*	*62,5 %*	*50,0 %*

Übersicht IX-2: Zahlenbeispiel zur Gemeinkostenschlüsselung nach der *Net-Revenue*-Methode (in Abwandlung des Zahlenbeispiels in Übersicht XI-1)

Allerdings dürften die Aktivitäten auf beiden Geschäftsfeldern Verbindungs- und Teilnehmernetz einen unterschiedlichen Risikogehalt haben, der sich in unterschiedlichen Finanzierungskosten niederschlägt (vgl. Kapitel XIII: „Kapitalkosten", Abschnitt B: „Finanzierungskosten"); insofern scheint es nicht sachgerecht, die Gemeinkosten so zuzuschlüsseln, dass sich die ausgewiesenen Kapitalrenditen angleichen.

D. Efficient Component Pricing Rule

Nach der auf Baumol und Willig zurückgehenden *Efficient Component Pricing Rule* (EPCR)[9] sollen sich die Preise für Vorprodukte, die alternative Anbieter von Tele-

---

9 Ursprünglich wurde die EPCR von Willig (1979) vorgeschlagen; von Baumol (1983) wurde erstmals ihre praktische Anwendung auf die Eisenbahnindustrie vorgestellt.

kommunikationsdienstleistungen vom *Incumbent* beziehen, an den Endkundentarifen des *Incumbent* abzüglich der langfristigen Zusatzkosten der Vorprodukte orientieren. Im folgenden wird die Kompatibilität der EPCR mit der Forderung nach Kostenorientierung der IC-Entgelte und mit verschiedenen Methoden der Aufschlüsselung von Gemeinkosten auf den Produktions- und den Vertriebsbereich des *Incumbent* untersucht.

1. Herleitung der ECPR

Um die Herleitung der ECPR einfach zu halten, sei angenommen, dass auf dem Endkundenmarkt nur eine Leistung abgesetzt und für deren Erstellung nur ein Vorprodukt benötigt werde. Außerdem wird angenommen, dass Preis und Absatzmenge auf dem Endkundenmarkt vor dem Markteintritt eines Wettbewerbers der Preis-Mengen-Kombination auf einem *bestreitbaren Absatzmarkt* entspricht. Das bedeutet:

- Vor dem Markteintritt des Wettbewerbers entsprechen die Erlöse den *Stand-Alone*-Kosten der Leistungserstellung:

$$P^{VInc} \cdot X_0 = SAC(X_0, Y_0) \tag{1a}$$

  wobei

  $X_0 =$ Absatzmenge auf dem Endkundenmarkt

  $Y_0 =$ produzierte Menge Vorprodukt

  $P^{VInc} =$ Endkundentarif des *Incumbent* vor Markteintritt eines Wettbewerbers

- Der Markteintritt eines potentiellen Wettbewerbers kann nicht zu einem Preisrückgang auf dem Endkundenmarkt führen:

$$P^{VInc} = \text{const.}$$

- Die auf dem Endkundenmarkt insgesamt abgesetzte Menge ändert sich nicht, wenn ein zusätzlicher Anbieter den Markt betritt.

Außerdem soll die Menge an Vorprodukt mit der auf dem Endkundenmarkt abgesetzten Menge übereinstimmen:

$$\left.\begin{matrix} X_0 = Y_0 \\ X_1 = Y_1 \end{matrix}\right\} \Rightarrow |\Delta X| = |\Delta Y|$$

mit

$X_1 =$ Endkundennachfrage, die dem regulierten Unternehmen nach dem Markteintritt potentieller Wettbewerber verbleibt

$Y_0 =$ Menge Vorprodukt, die der Geschäftsbereich „Telekommunikationsnetz" an den Leistungsvertrieb auf dem Endkundenmarkt (im Wege der internen Leistungsverrechnung) und an alternative Netzbetreiber (z.B. im Rahmen der Netzzusammenschaltung) verkauft

$Y_1 =$ Menge an Vorprodukt, die der *Incumbent* nach dem Markteintritt von Wettbewerbern zur Befriedigung der ihm noch verbliebenen Endkundennachfrage benötigt

$|\Delta Y| =$ Menge an Vorprodukt, die der *Incumbent* an seine Wettbewerber abgibt

Aufgrund des Markteintritts eines Konkurrenten geht die vom *Incumbent* auf dem Endkundenmarkt erzielte Absatzmenge zurück:

$$\Delta X = X_1 - X_0 < 0$$
$$\Rightarrow \quad |\Delta X| = X_0 - X_1 > 0$$

Wenn sowohl der Endkundenmarkt als auch der Markt für das Vorprodukt bestreitbar ist, muss beim *Incumbent auch nach Markteintritt des Wettbewerbers* die Summe der Erlöse auf dem Endkundenmarkt und aus dem Verkauf des Vorproduktes an den Wettbewerber mit den Gesamtkosten der Leistungserstellung übereinstimmen:

$$P^{VInc} \cdot X_1 + P^{NInc} \cdot |\Delta X| = SAC(X_1, Y_0) \tag{1b}$$

Aus den Bedingungen (1a) und (1b) folgt, dass gleichzeitig auch der Rückgang des Umsatzes des entgeltregulierten Unternehmens mit dem Rückgang der Gesamtkosten übereinstimmen muss:

$$P^{VInc} \cdot X_0 - \left(P^{VInc} \cdot X_1 + P^{NInc} \cdot |\Delta X|\right) = SAC(X_0, Y_0) - SAC(X_1, Y_0)$$

Diese Gleichung ist äquivalent mit einer der beiden möglichen Formulierung der ECPR:

$$P^{NInc} = P^{VInc} - \frac{LRIC_{(X1,Y0)}(|\Delta X|)}{|\Delta X|} \tag{1c}$$

Sie besagt, dass der Abgabepreis für das Vorprodukt gleich dem *Endkundentarif* des *Incumbent* abzüglich der (Endkundenmarkt-spezifischen) Kosten sein soll, die der *Incumbent* pro abgegebener Leistungseinheit durchschnittlich vermeidet.

Eine alternative Formulierung der EPCR lässt sich herleiten, indem in Gleichung (1c) die Definitionsgleichungen:

$$LRIC_{(X1,Y0)}(|\Delta X|) = SAC(X_0, Y_0) - SAC(X_1, Y_0)$$
$$LRIC_{(X0,Y1)}(|\Delta Y|) = SAC(X_0, Y_0) - SAC(X_0, Y_1)$$
$$CC_{(X1,Y1)}(|\Delta X|, |\Delta Y|) = SAC(X_0, Y_0) - LRIC_{(X1,Y0)}(|\Delta X|) - LRIC_{(X0,Y1)}(|\Delta Y|)$$

eingesetzt werden. Es ergibt sich dann:

$$P^{NInc} = \frac{LRIC_{(X0,Y1)}(|\Delta Y|)}{|\Delta Y|} + \frac{P^{VInc} \cdot |\Delta X| - LRIC_{(X1,Y0)}(|\Delta X|) - LRIC_{(X0,Y1)}(|\Delta Y|)}{|\Delta X|}$$

Diese Gleichung besagt, dass der Preis für das Vorprodukt mit der Summe aus durchschnittlichen langfristigen Zusatzkosten und durchschnittlichen *Opportunitätskosten* der Leistungserstellung übereinstimmen soll. Die Opportunitätskosten sind gleich dem Rückgang des Deckungsbeitrages der Endkundenleistungen, den der *Incumbent* hinnehmen muss, weil er Konkurrenten durch das Angebot besonderen Netzzugangs den Zugang zum Endkundenmarkt ermöglicht.[10] Anders ausgedrückt: Unter den getroffenen Annahmen entspricht der Preis des Vorproduktes der Summe aus durchschnittlichen langfristigen Zusatzkosten und eines Gemeinkostenaufschlages, der betragsmäßig

10 vgl. Economides, N. / White, L. J. (Februar 1996), Seite 2

mit den Opportunitätskosten der Leistungserstellung übereinstimmt.[11] Der ökonomische Wert des Vorproduktes variiert natürlich von in Abhängigkeit von der Nachfrageintensität der jeweils betrachteten Nutzergruppe bzw. in Abhängigkeit von der geographischen Region der Leistungsnachfrage (attraktive Nutzergruppen konzentrieren sich auf bestimmte geographische Regionen). Eine strikte Anwendung der ECPR würde daher eine Differenzierung der Tarife für die Vorprodukte nach geographischen Regionen bzw. Nachfragegruppen nach sich ziehen, was praktisch nicht machbar ist.[12]

2. Gemeinkostenallokation auf Vertrieb und Leistungserstellung

Bei Bestreitbarkeit des Endkundenmarktes und des Marktes für das Vorprodukt kann sowohl auf der Netz- als auch auf der Vertriebsstufe der erwirtschaftete Umsatz nicht kleiner als die langfristigen Zusatzkosten und nicht größer als die Stand-Alone-Kosten der Leistungserstellung sein:

$$P^{NInc} \cdot X_0 = LRIC_{(X1,0)}(Y_0) + (1-\alpha) \cdot CC_{(0,0)}(X_1, Y_0)$$

$$P^{VInc} \cdot X_1 = LRIC_{(0,Y0)}(X_1) + \alpha \cdot CC_{(0,0)}(X_1, Y_0) + P^{NInc} \cdot X_1$$

mit

$$0 \leq \alpha \leq 1$$

und

$CC_{(0,0)}(X_1, Y_0) =$ „*Corporate Overheads*“

Wird eine dieser beiden Bedingungen in die Bestimmungsgleichung zur ECPR eingesetzt, so zeigt sich: Wenn die Preissetzung beim besonderen Netzzugang und auf dem Endkundenmarkt mit den Prämissen eines bestreitbaren Marktes vereinbar sind, wird auch stets das durch die ECPR beschriebene Verhältnis von Endkundentarifen und Tarifen für den besonderen Netzzugang eingehalten. Die ECPR lässt sich bei Gültigkeit der Prämisse bestreitbarer Absatzmärkte als eine Beschreibung des Verhältnisses von Endkundentarifen zu IC-Entgelten interpretieren, die unabhängig davon gilt, ob *Corporate Overheads* anfallen und wie sie auf die Vertriebs- und die Netzstufe aufgeschlüsselt werden – die Differenz zwischen den IC-Entgelten und den Endkundentarifen entspricht nach der ECPR stets den durchschnittlichen langfristigen Zusatzkosten des Vertriebs. Je mehr *Corporate Overheads* allerdings dem Telekommunikationsnetz zugeschlüsselt werden, desto höher sind die Entgelte für besonderen Netzzugang und damit der Anteil an den *Corporate Overheads*, der von den Wettbewerbern des *Incumbent* gezahlt wird.

3. Wohlfahrtsökonomische Würdigung der ECPR

Die ECPR gewährleistet nur dann Preise für besonderen Netzzugang, die dem Leitbild bestreitbarer Absatzmärkte entsprechen, wenn *bereits die Endkundentarife des Incumbent* mit Prämisse bestreitbarer Absatzmärkte in Einklang stehen. Dies ist jedoch nicht realistisch. Eventuelle Monopolaufschläge des *Incumbent* auf dem Endkundenmarkt

11 vgl. Oftel (Mai 1997), Randnummer 5.2
12 vgl. Oftel (November 1999), Randnummer 6.4 f.

ziehen über die ECPR überhöhte Tarife für besonderen Netzzugang nach sich. Durch die EPCR wird das Problem der Bestimmung kostenorientierter Preise nicht gelöst, sondern nur auf die Ebene der Endkundentarife verlagert.[13] Die allokative Ineffizienz bei Anwendung der ECPR beruht auf der Vertauschung von „sozialen“ mit „privaten“ Opportunitätskosten. Die „sozialen Opportunitätskosten“ reflektieren den Zusatzverbrauch an volkswirtschaftlichen Ressourcen, wenn der *Incumbent* eine Telekommunikationsdienstleistung nicht mehr unmittelbar selbst den Endkunden anbietet, sondern stattdessen das korrespondierende Vorprodukt an alternative Anbieter abgibt. Ein Beispiel illustriert den Unterschied: Angenommen, zwei identische Unternehmen X und Y konkurrieren um den selben Endkunden, der ihnen einen Zusatzgewinn von jeweils 10 Geldeinheiten bringen würde. „Besitzt“ Unternehmen X den Kunden, so betragen für X die „privaten“ Opportunitätskosten der Abwanderung des Kunden an Y 10 Geldeinheiten – die sozialen Opportunitätskosten der Migration des Kunden wären jedoch gleich null, da X und Y annahmegemäß gleichermaßen effizient sind. Im Falle eines Unternehmens, das sich aufgrund von Markteintrittsbarrieren eine monopolistische Preissetzung erlauben kann, ist die Abweichung von „privaten“ und „sozialen“ Opportunitätskosten besonders offensichtlich. Entsprechend liefert die ECPR die falschen Signale für den Markteintritt alternativer Leistungsanbieter.[14] Außerdem führt die Verknüpfung von IC-Entgelten und Endkundentarifen tendenziell dazu, dass den Markteintretern die Tarifstruktur des etablierten Betreibers aufgenötigt wird. Dies behindert Markteintreter bei der Einführung neuer, eigener Tarifstrukturen, die speziell auf bestimmte Kundenbedürfnisse zugeschnitten sind.[15]

E. Ramsey-Pricing

Die Ramsey-Formel beschreibt das wohlfahrtsmaximale Verhältnis zwischen den Zusatzkosten der Leistungserstellung und den Endkundentarifen auf einem bestreitbaren Monopolmarkt; dabei entspricht die Summe der über die langfristigen Zusatzkosten hinausgehenden Erlöse genau den Gemeinkosten. Wie die ECPR sind auch beim Ramsey-Pricing die IC-Entgelte abhängig von den Endkundentarifen, den Zusatzkosten der Leistungserstellung und den anfallenden Gemeinkosten.[16]

1. Monopolfall

Im Monopolfall besteht naturgemäß keine Notwendigkeit, über IC-Entgelte nachzudenken. Gleichwohl ist es sinnvoll, die Ramsey-Regel zunächst für den Monopolfall

---

13 vgl. Schwandt, F. (1995), Seite 1 ff und Economides, N. / White, L. J. (Februar 1996), Seite 3 - 4. Baumol, Ordover und Willig, die die ECPR maßgeblich entwickelt haben, erklären übrigens selbst, dass die ECPR nicht auf Zusammenschaltung und entbündelte Netzkomponenten anwendbar ist. Dies liege daran, dass die beobachtbaren Endkundentarifen der etablierten Unternehmen auf Quersubventionen beruhten. Die Anwendung der ECPR würde somit Monopolrenten konservieren und den Marktzutritt ineffizienter Anbieter begünstigen; vgl. FCC (1996): Randnummer 662

14 vgl. Economides, N. (Dezember 1997): Seite 5 f.

15 vgl. Kommission der Europäischen Gemeinschaften (Juli 1997), Seite 18

16 vgl. British Telecom (Dezember 1994), Section 4

herzuleiten. Auf dieser Grundlage kann die RAMSEY-Regel dann für den Wettbewerbsfall modifiziert werden.

Auf einem bestreitbaren Markt erzielt kein Anbieter Übergewinne, d.h. die im Marktgleichgewicht erzielten Erlöse sind identisch mit den *Stand-Alone*-Kosten des von ihm produzierten Leistungsbündels. Gleichzeitig kann unter der Nebenbedingung nichtnegativer Gewinne kein Nachfrager bessergestellt werden, ohne einen anderen schlechter zu stellen (PARETO-Effizienz). Der Beweis besteht in der Widerlegung des Gegenteils: Wird bei genau kostendeckenden Erlösen eine statisch ineffiziente Preis-Mengen-Kombination realisiert, so muss es zugleich eine andere Allokation geben, die mindestens einen Nutzer besser stellt und gleichzeitig noch für den Anbieter einen Übergewinn abwirft. Ein Übergewinn würde jedoch sofort einen potentiellen Konkurrenten auf den Markt locken, der durch Unterbietung der Preise des *Incumbent* die gesamte Nachfrage auf sich zieht. Haben sämtliche Nutzer (Endkunden) die gleiche Präferenzordnung, so wird bei Bestreitbarkeit der Absatzmärkte die Nutzenposition eines beliebigen Endkunden unter der Nebenbedingung maximiert, dass die Gesamterlöse die Gesamtkosten der effizienten Leistungserstellung abdecken:[17]

$$k \cdot V^0(P, P_{m+1}, .., P_{m+n}) \rightarrow \max_P!$$

unter den Nebenbedingungen

$$\sum_{i=1}^{m} P_i \cdot X_i(P) - \sum_{i=1}^{m} LRIC_{(0)}(X_i(P)) = CC_{(0)}(X(P))$$

$$k \cdot X^0{}_i = X_i \qquad \text{für alle Leistungen } i=1,...,m$$

wobei

$k =$	Anzahl Endkunden
$X_i^0 =$	Nachfrage des repräsentativen Endkunden nach Leistungen i
$X = (X_1,...,X_m)$	Vektor der Gesamtnachfrage nach Telekommunikationsdienstleistungen
$Y^0 =$	Vektor der Nachfrage des repräsentativen Endkunden nach Nicht-Telekommunikationsdienstleistungen
$V^0(P) = U^0(X^0; Y^0) =$	Nutzenindexfunktion des repräsentativen Endkunden

Bei der Herleitung der Ramsey-Formel werden folgende Annahmen getroffen:

1. Sämtliche Endkunden haben die gleiche Präferenzordnung.
2. Die Gesamtkostenfunktion hat die Form:

$$SAC(X(P)) = C_{FIX} + \sum_{i=1}^{m} \alpha_i \cdot X_i(P)$$

17 Die Ramsey-Regel lässt sich auch herleiten, indem statt der Nutzenindexfunktion eines repräsentativen Endkunden unter den genannten Nebenbedingungen und unter der Annahme einer völlig kreuzpreisunelastischen Endkundennachfrage die MARSHALL'sche Konsumentenrente maximiert wird.

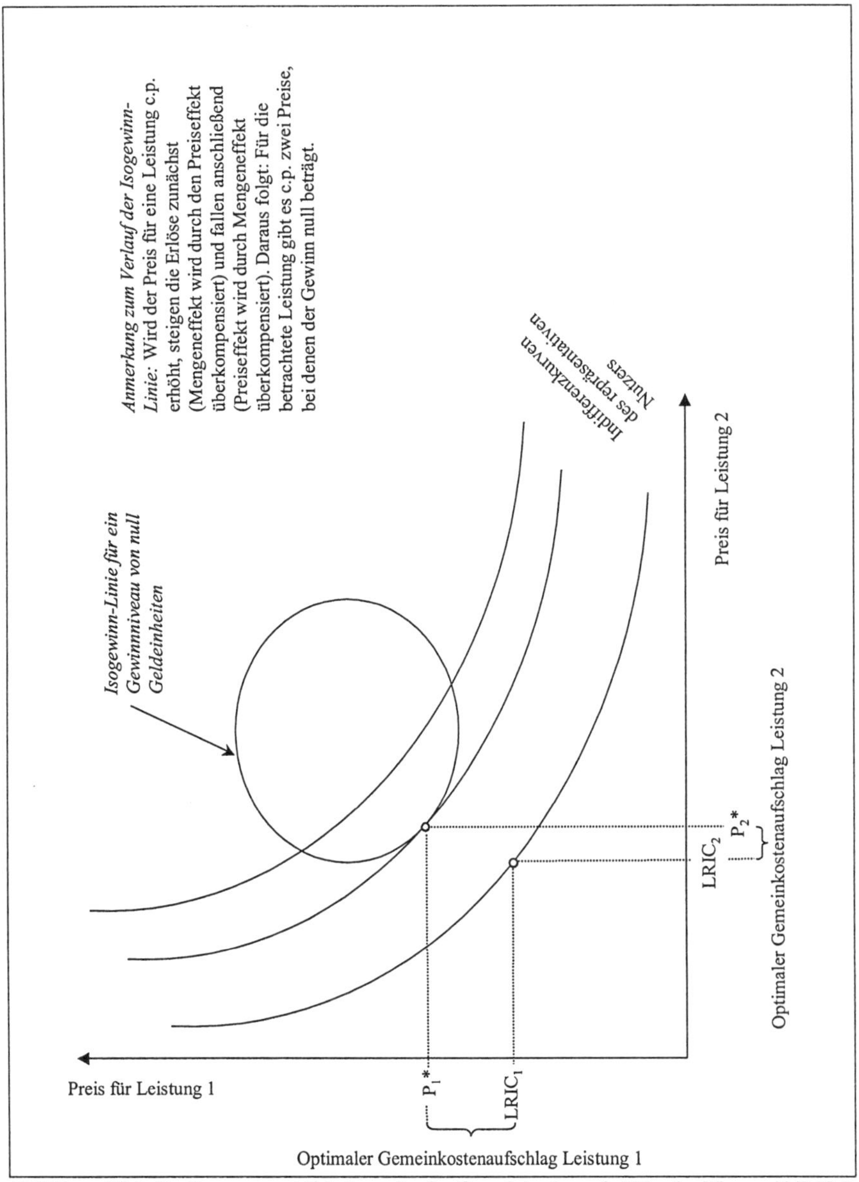

Abbildung IX-1: Bestimmung wohlfahrtsmaximaler Gemeinkostenaufschläge im Monopolfall. Vgl. Train (1997), Seite 131

Bei dieser Funktion sind die Gemeinkosten und Fixkosten (C_{FIX}) der verschiedenen Leistungen identisch, und die durchschnittlichen langfristigen Zusatzkosten der Leistungserstellung (α_i) sind von der Leistungsmenge unabhängig.

3. Die Nachfrage nach sämtlichen Telekommunikationsdienstleistungen ist völlig kreuzpreisunelastisch, so dass aus der Budgetrestriktion des repräsentativen Nachfragers:

$$\sum_{i=1}^{m} P_i \cdot X_i^0(P) = E^0$$

mit

$E^0 =$ Ausgaben („*Expenses*“) des repräsentativen Endkunden für Telekommunikationsdienstleistungen

folgt:

$$\frac{\partial X^0{}_i}{\partial P_i} \cdot P_i = X^0{}_i \qquad \text{für alle Leistungen i=1,...,m}$$

4. Die Endkunden dehnen ihre Nachfrage solange aus, bis der Zusatznutzen einer zusätzlichen marginalen Leistungseinheit bei sämtlichen Leistungen im gleichen Verhältnis zum Preis steht:

$$\frac{\partial U^0}{\partial X^0{}_i} = \lambda \cdot P_i \qquad \text{für alle Leistungen i=1,...,m}$$

Aus der Ableistung der Nutzenindexfunktion V^0:

$$\frac{\partial V^0}{\partial P_i} = \frac{\partial U^0}{\partial X^0 i} \cdot \frac{\partial X^0{}_i}{\partial P_i}$$

und der nach dem Preis abgeleiteten Budgetrestriktion lässt sich damit als hinreichende Bedingung für die nutzenmaximale Nachfrage:

$$\frac{\partial V_0}{\partial P_i} = (-\lambda) \cdot X_i^0 \qquad \text{für alle Leistungen i=1,...,m}$$

herleiten.

Mit diesen Vorüberlegungen ist der Weg frei für die Herleitung der Ramsey-Formel durch Anwendung des LAGRANGE-Verfahrens auf das eingangs beschriebene Maximierungsproblem:

$$k \cdot \frac{\partial V^0}{\partial P_i} + \eta \cdot \left[P_i \cdot \frac{\partial X_i}{\partial P_i} - \alpha_i \cdot \frac{\partial X_i}{\partial P_i} + X_i \right] = 0 \qquad \text{für alle Leistungen i=1,...,m}$$

$$\Rightarrow \quad \frac{P_i - \alpha_i}{P_i} = \frac{\lambda - \eta}{\eta} \cdot \frac{1}{\varepsilon_i} \qquad \text{für alle Leistungen i=1,...,m} \quad (2)$$

mit

$$\varepsilon_i(P) = \frac{\partial X_i / \partial P_i}{X_i / P_i}$$

Das Gleichungssystem (2) ist die bekannte RAMSEY-Regel: Der Gemeinkostenanteil am Endkundenpreis soll bei allen Leistungen im gleichen Verhältnis zum Kehrwert der Preiselastizität der Nachfrage stehen; dabei ist der Gemeinkostenanteil am Endkundenpreis um so höher, je preisunelastischer die Nachfrage nach der jeweiligen Leistung ist. Dabei ist der Betrag des sogenannten RAMSEY-Faktors

$$\frac{\lambda - \eta}{\eta} < 0$$

um so größer, je größer der Betrag der aufzuschlüsselnden Fixkosten ist.[18] Es zeigt sich, dass die Ramsey-Regel mit den in den vorausgegangenen Absätzen diskutierten Regeln der Gemeinkostenschlüsselung nur in Spezialfällen kompatibel ist. So sind notwendige Bedingungen für die Kompatibilität der Ramsey-Regel mit der *Relative Output Method*:

$$\frac{P_i}{P_j} = \frac{\varepsilon_i}{\varepsilon_j}$$

und für die Kompatibilität mit der *Equal Proportional Mark-up Rule*:

$$\frac{P_i \cdot X_i / LRIC_i}{P_j \cdot X_j / LRIC_j} = \frac{\varepsilon_i}{\varepsilon_j}$$

Sofern der Endkundenmarkt bestreitbar ist, wird das Unternehmen die Gemeinkostenaufschläge wohlfahrtsmaximierend (d.h. der RAMSEY-Regel entsprechend) wählen;[19] allerdings kann die Anwendung der Ramsey-Regel zu Ergebnissen führen, die sich konfliktär zu den Zielen der Universaldienstregulierung verhalten.

2. Wettbewerbsfall

Befindet sich der *Incumbent* in einer Konkurrenzsituation und muss Wettbewerbern besonderen Netzzugang anbieten, so sehen die wohlfahrtsmaximalen Gemeinkostenaufschläge anders aus als im Monopolfall. Dabei stellt sich das Problem der Gemeinkostenschlüsselung für das regulierte Unternehmen zweifach:

- Der Gesamtbetrag der auf den Netzbereich des *Incumbent* entfallenden Fixkosten ist auf die Vorprodukte aufzuschlüsseln, die der Netzbereich des regulierten Unternehmens an dessen Vertriebsbereich und an Konkurrenzunternehmen abgibt.

- Die Zusatzkosten des Vertriebsbereich des *Incumbent* sind auf die Leistungen aufzuschlüsseln, die das regulierte Unternehmen an seine Endkunden abgibt.

18 Beweisführung: Ableiten der über alle Nutzer aggregierten Ableitung der Budgetrestriktion nach einem Preis Pi und anschließendes Einsetzen in die Ramsey-Formel.

19 vgl. Gideon, C. (April 1999)

Betrachtet werden soll hier die Regulierung des Vorproduktes, wobei es wiederum um die Maximierung der Nutzenposition eines repräsentativen Endkunden geht.[20] Dabei sind wiederum verschiedenste Zusammenstellungen von Modellannahmen denkbar, die zu unterschiedlichen Aussagen über die wohlfahrtsoptimale Struktur von Gemeinkostenaufschlägen führen. Die im folgenden getroffenen Annahmen sind so gewählt, dass sich eine einfache Regel zwischen den Gemeinkostenanteilen ergibt, die in die Vorprodukt- und in die Endkundentarife eingehen:

1. Die Kostenfunktionen des entgeltregulierten Unternehmens und die Gesamtkostenfunktion des Wettbewerbers sind linear:

$$SAC(X)^{Inc} = C_{FIX}^{Inc} + \sum_{i=1}^{m} \alpha_i^{NInc} \cdot \left(X_i^{NInc} + X_i^{Ent}\right) + \sum_{i=1}^{m} \alpha_i^{VInc} \cdot X_i^{NInc}$$

$$SAC(X)^{Ent} = C_{FIX}^{Ent} + \sum_{i=1}^{m} \left(P_i^{NInc} + \alpha_i^{Ent}\right) \cdot X_i^{Ent}$$

mit

X_i^{Inc} bzw. X_i^{Ent} =	Menge der Leistung i, die der *Incumbent* bzw. der Markteintreter auf dem Endkundenmarkt absetzt
P_i^{NInc} =	Preis des Vorproduktes, das der *Incumbent* dem Markteintreter anbietet
C_{FIX}^{Inc} bzw. C_{FIX}^{Ent} =	Fixkosten des *Incumbent* bzw. des Markteintreters
α_i^{NInc} bzw. α_i^{VInc} =	variable Stückkosten des *Incumbent* bei Erstellung bzw. Vertrieb von Leistung i („N" steht für die Fixkosten des Netzbereichs und „V" für die Fixkosten des Vertriebsbereichs)
α_i^{Ent} =	variable Stückkosten des Markteintreters

2. Hinsichtlich der Kreuzpreiselastizität der Nachfrage nach Telekommunikationsdienstleistungen und sonstigen Gütern gelten die gleichen Annahmen wie bei der Herleitung der Ramsey-Regel (siehe oben).

3. Die Nutzenposition der Endkunden hängt nicht nur von den Güterpreisen, sondern auch vom Einkommen ab. Das Einkommen wird wiederum unter anderem durch die Gewinne determiniert, die Telekommunikationsunternehmen abwerfen. Im Budgetoptimum des repräsentativen Endkunden gilt:[21]

$$\frac{\partial V^0}{\partial G} = \lambda \cdot k$$

wobei G den aggregierten Gewinn des *Incumbent* und des Markteintreters bezeichnet:

20 Die Idee zu dieser Betrachtung ist aus Neu, W. (1996). Seite 87 f. entnommen. Neu maximiert jedoch die Summe aus Produzenten- und Konsumentenrente unter anderen Nebenbedingungen und kommt zu anderen Aussagen.

21 Beweisführung: Budgetrestriktion des repräsentativen Haushaltes nach dem Einkommen ableiten (beachte: Die Nachfrage nach den verschiedenen Gütern wird durch das Einkommen determiniert; Ableiten der Nutzenindexfunktion V(P) = U(X;Y) nach dem Einkommen; Kombination dieser Bedingungen mit der Bedingung $\partial U_i/\partial X_i = \lambda \cdot P_i$, die im Haushaltsoptimum erfüllt sein muss.

$$G(P)=\sum_{i=1}^{m}P_i\cdot X_i-\sum_{i=1}^{m}\left(\alpha_i^{NInc}+\alpha_i^{VInc}\right)\cdot X_i^{Inc}-\sum_{i=1}^{m}\left(\alpha_i^{NInc}+\alpha_i^{Ent}\right)\cdot X_i^{Ent}-\left(C_{FIX}^{Inc}+C_{FIX}^{Ent}\right)$$

$$X_i=\left(X_i^{Inc}+X_i^{Ent}\right)$$

Wie im Monopolfall geht es um die Maximierung des Konsumentennutzens. Dabei dürfen die Erlöse, die der Netzbereich des Incumbent erwirtschaftet, nicht kleiner als die langfristigen Zusatzkosten und nicht größer als die Stand-Alone-Kosten des Netzbereiches sein:

$$V^0\left(P,P_{m+1},\dots,P_{m+n},\frac{G(P)}{k}\right)\to\max_P!$$

unter den Nebenbedingungen:

$$\sum_{i=1}^{m}P_i^{NInc}\cdot X_i\geq\sum_{i=1}^{m}\alpha_i^{NInc}\cdot X_i+CC^{NInc}$$

$$\sum_{i=1}^{m}P_i^{NInc}\cdot X_i\leq\sum_{i=1}^{m}\alpha_i^{NInc}\cdot X_i+CC^{NInc}+CC^{COInc}$$

mit

CC^{COInc} = „*Corporate Overheads*“ (Gemeinkosten des Netzbereichs und des Vertriebsbereiches des *Incumbent*)

Durch Ableiten der LAGRANGE-Funktion ergeben sich folgende notwendige Bedingungen für das Wohlfahrtsoptimum:

$$(-\lambda)\cdot X_i+\lambda\cdot\frac{\partial G}{\partial P_i}+\eta\cdot\left[\left(P_i^{NInc}-\alpha_i^{NInc}\right)\cdot\frac{\partial X_i}{\partial P_i}\right]=0$$ Für alle Leistungen i=1,...,m

Daraus folgt als notwendige Bedingung für ein Wohlfahrtsoptimum:

$$\varepsilon_i^{VInc}\cdot DB_i^{VInc}+\varepsilon_i^{Ent}\cdot DB_i^{Ent}=\frac{\lambda}{\eta}\cdot\varepsilon_i^{NInc}\cdot DB_i^{NInc}$$

wobei

$$DB_i^{VInc}=\left(P_i-\alpha_i^{VInc}-P_i^{NInc}\right)\cdot X_i^{VInc}$$

$$DB_i^{Ent}=\left(P_i-\alpha_i^{Emt}-P_i^{NInc}\right)\cdot X_i^{Ent}$$

$$DB_i^{NInc}=\left(P_i^{NInc}-\alpha_i^{NInc}\right)\cdot\left(X_i^{VInc}+X_i^{Ent}\right)$$

mit

DB_i^{VInc} = Deckungsbeitrag, den der Vertriebsbereich des *Incumbent* der Leistung i erzielt.

DB_i^{Ent} = Deckungsbeitrag, den der Markteintreter mit dem Vertrieb der Leistung i erzielt

DB_i^{NInc} = Deckungsbeitrag, den der Netzbereich des *Incumbent* mit dem Verkauf der Leistung i an den Netzbereich und an den Markteintreter erzielt

Für den Netzbereich des *Incumbent* wurde gefordert, dass die erwirtschafteten Erlöse nicht die Stand-Alone-Kosten der Leistungserstellung überschreiten dürfen. Deshalb kann im Netzbereich die Summe der Zusatzkosten der einzelnen Leistungen und der erwirtschafteten Deckungsbeiträge auch nicht größer als die Stand-Alone-Kosten des Telekommunikationsnetzes sein:

$$CC^{NInc} \leq \sum_{i=1}^{m} DB_i^{NInc} \leq CC^{NInc} + CC^{COInc}$$

X. ELEMENT BASED CHARGING

Element Based Charging ist ein Verfahren der Kostenträgerrechnung, das unter anderem von der britischen Regulierungsbehörde OFTEL *angewendet wird. Die Kostenträgerrechnung ist nach der Kostenartenrechnung und der Kostenstellenrechnung der dritte und abschließende Ablaufschritt bei der Kalkulation von Zusammenschaltungsentgelten. Bei der Kostenträgerrechnung werden die Kostenträgergemeinkosten, die zuvor auf die Hauptkostenstellen des Verbindungsnetzes verteilt wurden, auf die erbrachten Verbindungsleistungen aufgeschlüsselt. Beim Element Based Charging werden als Hauptkostenstellen des Verbindungsnetzes Netzkomponenten gewählt, deren Dimensionierung von der Nachfrage nach Verbindungsleistungen abhängt. Die so kalkulierten Entgelte für vermittelte Leistungen richten sich nach der durchschnittlichen Häufigkeit, mit der die besagten Netzkomponenten für die Leistungserstellung in Anspruch genommen werden.*[1] *Obwohl es für Element Based Charging eine breite Akzeptanz gibt, ist das Verfahren nicht frei von methodischen Schwierigkeiten.*

A. BESCHREIBUNG DER KALKULATIONSMETHODIK

Die Ermittlung von Leistungsentgelten mittels *Element Based Charging* vollzieht sich in folgenden Schritten:

1. **Definition des Inkrements.** Ein Telekommunikationsnetz wird typischerweise simultan für die Bereitstellung verschiedenster Telekommunikationsdienstleistungen genutzt. Dabei gibt es Verbund- und Größenvorteile, die zu Gemeinkosten führen und im Vergleich zu isolierter Leistungsbereitstellung die direkt zurechenbaren Kosten pro Leistungseinheit zurückgehen lassen. Für die Höhe der IC-Entgelte ist es daher von Bedeutung, in welchem Umfang Leistungen in die Kalkulation einbezogen werden (vgl. Kapitel VIII: „Abgrenzung von Inkrementen"). Das bedeutet:
   - Bei „*Bottom-up*"-Kalkulationen ist festzulegen, welche Telekommunikationsdienstleistungen in welcher Quantität und Qualität das zu modellierende hypothetische Telekommunikationsnetz bewältigen soll (vgl. Kapitel XII: „Bottom-up- versus Top-down-Modelle"). Die britische Regulierungsbehörde OFTEL betrachtet bei der „*Bottom-up*"-Kalkulation der Verbindungsentgelte BRITISH TELECOMS ein Telekommunikationsnetz, über das nicht nur die Nachfrage nach Sprachtelefondienst, sondern auch die Nachfrage nach Mietleitungen befriedigt werden kann. OFTEL vertritt dabei die Auffassung, dass bei der Einbeziehung weiterer Telekommunikationsdienstleistungen in die Kalkulation keine signifikanten Synergien zu erwarten seien.

---

1 Gleichzeitig *Element Based Charging* bezeichnet auch die Abgrenzung von *IC-Calls* nach jeweils in Anspruch genommenen Netzkomponenten (*DLE-interconnect, single tandem, double tandem* etc.; vgl. Kapitel IV: "Entgeltdifferenzierung nach Quelle und Senke").

- Bei einer „*Top-down*“-Kalkulation ist aus Gründen der Konsistenz mit dem „*Bottom-up*“-Ansatz zu überlegen, welche Leistungen aus dem realen Leistungskatalog des entgeltregulierten Unternehmens nicht in die Kalkulation eingehen sollen. Das bedeutet: Wenn bei der „*Bottom-up*“-Kalkulation lediglich die Gesamtheit aus Sprachtelefondienst und Mietleitungen als relevantes Inkrement betrachtet wird, sollten bei der entsprechenden „*Top-down*“-Kalkulation alle übrigen Verbindungsleistungen unberücksichtigt bleiben.[2]

2. **Definition der Leistungen.** Bereits in Kapitel III wurde die Abgrenzung von Terminierungs- und Zuführungsleistungen nach Quelle und Senke ausführlich dargestellt. Zur Definition des in die Kalkulation einbezogenen Leistungskataloges gehört auch die Frage, wie Leistungen gegeneinander abgegrenzt werden sollen. Kritisch ist insbesondere die Abgrenzung von Sprachtelefondienst für Endkunden und *IC-Calls*:
   - Eine Möglichkeit ist, *IC-Calls* und Sprachtelefondienst auf dem Endkundenmarkt als getrennte Leistungen zu behandeln.
   - Die alternative Möglichkeit ist, die interne Leistungsnachfrage des Vertriebsbereichs des regulierten Unternehmens, der den Endkunden selbst Sprachtelefondienst anbietet, als Summe von *IC-Calls* darzustellen.[3] So lässt sich beispielsweise eine Ende-zu-Ende-Verbindung, die zunächst vom Abschlusspunkt des Anschlusses („*network termination*” oder „NT”) des anrufenden Teilnehmers über einen *Local Switch* („LS”), dann über einen *Tandem Switch* („TS”) und schließlich über einen weiteren *Local Switch* zum Abschlusspunkt beim angerufenen Teilnehmer aufgebaut wird (Routing NT–LS–TS–LS–NT), in die Leistungen „*DLE interconnect*“ und „*single tandem*“ zerlegen.[4] Der Vertriebsbereich kauft dann vom Netzbereich (gegen Zahlung eines internen Verrechnungspreises) vom Vertriebsbereich genau die gleichen Leistungen wie ein zusammengeschalteter Netzbetreiber. Das bedeutet auch, das intern und extern nachgefragte Leistungen den gleichen *Price-Caps* unterworfen sind (vgl. Kapitel VII: „Regulierungsansätze“).[5]

3. **Abschätzung der Leistungsnachfrage.** Im Verhältnis zu einer Erhöhung der Nachfrage nach Telekommunikationsdienstleistungen steigen die Kosten eines Telekommunikationsnetzes unterproportional an. Aufgrund von Größenvorteilen fällt das pro Leistungseinheit zu zahlende Entgelt um so geringer aus, je größer die ex

---

2 vgl. British Telecom (Mai 1997a), Seite 7

3 Dieser Ansatz wird von Oftel bei der Regulierung British Telecoms angewandt. Vgl. Oftel (Oktober 1997), Randnummer 2.36

4 vgl. Oftel (Mai 1997), Randnummer 3.72

5 Bei der von British Telecom seit dem Geschäftsjahr 1997/98 angewandten Leistungsabgrenzung (vgl. Übersicht III-4 in Kapitel III) würde die Ende-zu-Ende-Verbindung in die Leistung „*Call Origination Local Exchange Segment*“ (Routing-Abschnitt „NT–LS”), „*Call termination Local Exchange Segment*“ (Routing-Abschnitt „LS–NT”) und „*Local tandem Conveyance* (Routing-Abschnitt „TS–”) zerlegt werden.vgl. Oftel (Mai 1997), Annex B, Randnummer 57

ante vermutete Nachfrage ist. Für ein hohes Nachfragewachstum sprechen die folgenden Thesen:[6]

- Ein zunehmender Anteil von Privatkunden entscheidet sich für einen Zweitanschluss (etwa für Telefaxgeräte und Modems);
- Bei breitbandigen Diensten wie Internet, E-mail und Videokonferenz gibt es ein starkes Nachfragewachstum;
- Der Preisverfall bei Auslandsgesprächen generiert auch im Privatkundensegment zusätzliche Nachfrage;
- Der Wachstum des Mobilfunkmarktes zieht eine verstärkte Nutzung des Festnetzes nach sich (durch Verbindungen Funk - Draht und Draht - Funk);
- Die Liberalisierung ausländischer Telekommunikationsmärkte hat zur Folge, dass mehr Gespräche aus dem Ausland in inländischen Telekommunikationsnetzen terminiert werden.

4. **Abgrenzung der Hauptkostenstellen.** Im Fall des Verbindungsnetzes handelt es sich bei den Hauptkostenstellen um die nach vermittlungstechnischer Hierarchieebene gegeneinander abgegrenzten Netzknoten sowie um die sie verbindenden Übertragungswege („Kanten"). Bei den Komponenten des Übertragungsnetzes unterscheidet die britische Regulierungsbehörde OFTEL zwischen „*link*" und „*length*". Der Begriff „*link*" bezeichnet die Komponenten der Kanten eines Telekommunikationsnetzes, deren Gesamtkosten von der Zahl der Übertragungswege abhängen (z.B. Multiplexer, *Cross Connects*). Der Begriff „*length*" steht für die Komponenten der Kanten, deren Gesamtkosten primär durch die Länge der Übertragungswege determiniert sind (z.B. Zwischenregenaratoren, Leerrohre, Glasfaser).

Bis zum Geschäftsjahr 1997/98	bis zum Geschäftsjahr 1997/98
Local Exchange	*concentrator*
	local switch
Main & Digital Junction Switching	*Tandem Switch*
junction transmission link	*remote – local transmission link*
	local – tandem transmission link
junction transmission length	*remote – local transmission length*
	local – tandem transmission length
trunk transmission link	*tandem – tandem transmission link*
trunk transmission length	*tandem – tandem transmission length*

Übersicht X-1: Hauptkostenstellen des Verbindungsnetzes der British Telecom [vgl. Oftel (Juni 1997), Annex G, Table G.1]

6 vgl. ACC Telecom (June 1997)

Neben die Komponenten des Verbindungsnetzes tritt als weitere Hauptkostenstelle des Verbindungsnetzes das Managements der Lieferbeziehungen mit internen und externen Leistungsnachfragen. Diese Hauptkostenstelle wird in der Kostenrechnung British Telecoms "*Product management, Policy and Planning*" (kurz: "PPP") bezeichnet.

5. **Abschätzung der Auslastung der Netzkomponenten.** Die zu Hauptkostenstellen zusammengefassten Netzkomponenten werden durch Verbindungsleistungen unterschiedlich stark in Anspruch genommen: Beispielsweise ist die Auslastung der Gesamtheit der *Tandem Switches* pro Finanzjahr eine andere als die Auslastung der Gesamtheit der *Local Switches*.

   Um die Auslastung der Hauptkostenstellen durch vermittelte Leistungen (in Mrd. Minuten) zu ermitteln, müssen die jährlich zu befriedigende Nachfrage nach Verbindungsleistungen (ebenfalls in Mrd. Minuten) und die sogenannten Routing-Faktoren bekannt sein.

   Ein Routing-Faktor gibt an, mit welcher durchschnittlichen Häufigkeit eine Hauptkostenstelle (präziser: jene Kategorie Netzkomponente, die zugleich auch eine Hauptkostenstelle bezeichnet) pro Verbindungsminute in Anspruch genommen wird. Werden beispielsweise für ein Ortsgespräch durchschnittlich zwei Konzentratoren in Anspruch genommen, so hat der Routing-Faktor für die Inanspruchnahme der Hauptkostenstelle „*Local Switch*“ den Wert 2; auf ein 1-minütiges Ortsgespräch kommen dann zwei Minuten Konzentrator-Nutzung. Ein „*Link*“-Routing-Faktor gibt darüber Auskunft, wie viele logische Verbindungen zwischen Netzknoten durch die jeweilige Leistung durchschnittlich in Anspruch genommen werden. Wenn sich die Konzentratoren (als „*Remote Concentrating Units*") bei Ortsgesprächen mit einer Häufigkeit von 65 % an einem anderem Ort als der übergeordnete *Local Switch* befinden, so beträgt – in Fortsetzung des obigen Beispiels – der entsprechende Routing-Faktor für die Hauptkostenstelle "*remote – local transmission link*" $2 \cdot 0{,}65 \cdot (1-0{,}65) \cdot 1 + 0{,}65^2 \cdot 2 = 1{,}3$. Der „*Length*“-Routing-Faktor ist gleich dem Produkt aus dem „*Link*“-Routing-Faktor und durchschnittlicher Entfernung. Wird zwischen RCU und *Local Switch* – wiederum in Fortsetzung des Beispiels – bei Ortsgesprächen eine Distanz von durchschnittlich 15 km überbrückt, so beläuft sich der Routing-Faktor für die Hauptkostenstelle „*remote – local transmission length*“ auf $1{,}3 \cdot 15 = 19{,}5$.

   Durch Multiplikation des Vektors der Nachfrage nach vermittelten Leistungen mit der Matrix der Routing-Faktoren ergibt sich der Vektor der Auslastung der Hauptkostenstellen durch Verbindungsleistungen:

$$\begin{pmatrix} RF_1^{(1)} & RF_2^{(1)} & RF_3^{(1)} \ldots RF_n^{(1)} \\ RF_1^{(2)} & RF_2^{(2)} & RF_3^{(2)} \ldots RF_n^{(2)} \\ \vdots & \vdots & \vdots \quad \vdots \\ RF_1^{(m)} & RF_2^{(m)} & RF_3^{(m)} \ldots RF_n^{(m)} \end{pmatrix} \cdot \begin{pmatrix} L_1 \\ L_2 \\ L_3 \\ \vdots \\ L_n \end{pmatrix} = \begin{pmatrix} A^{(1)} \\ A^{(2)} \\ \vdots \\ A^{(m)} \end{pmatrix}$$

wobei

$L_i =$ jährliche Nachfrage (in Mrd. Minuten) nach der vermittelten Leistung i (i=1,...,n)

$A^{(j)} =$ jährliche Auslastung (in Mrd. Minuten), die Hauptkostenstelle j (j=1,...,m) aufgrund der Nachfrage nach vermittelten Leistungen zu bewältigen hat

$RF_i^{(j)} =$ durchschnittliche Häufigkeit, mit der Hauptkostenstelle j für die Leistung i in Anspruch genommen wird

6. **Ermittlung der Verrechnungspreise für die Nutzung der Hauptkostenstellen.** Im Rahmen der Kostenstellenrechnung werden die dem Verbindungsnetz zugeordneten Kosten auf die einzelnen Hauptkostenstellen aufgeschlüsselt. Die Summe der den Hauptkostenstellen zugeordneten Kosten kann dabei unter anderem den historischen Vollkosten des Verbindungsnetzes, den langfristigen Zusatzkosten des Verbindungsnetzes bei gegebenem Teilnehmernetz oder den *Stand-Alone*-Kosten des Verbindungsnetzes entsprechen.
Die den Übertragungswegen entsprechenden Hauptkostenstellen („*remote-local-transmission link*", „*remote-local-transmission length*", „*local-local-transmission link*", usw.) werden sowohl durch Mietleitungen als auch durch vermittelte Leistungen in Anspruch genommen. Daher sind in einem weiteren Zwischenschritt die diesen Hauptkostenstellen zugeordneten Kosten auf Mietleitungen und vermittelte Leistungen aufzuschlüsseln. Anschließend ist der Verrechnungspreis für die Inanspruchnahme einer Hauptkostenstelle („*component charge*"; ausgedrückt in Geldeinheiten pro Minute) durch vermittelte Leistungen zu ermitteln. Dies geschieht im Wege der Divisionskalkulation:

$$k^{(j)} = \frac{\left(1-\alpha^{(j)}\right) \cdot K^{(j)}}{A^{(j)}} \qquad \text{für alle Hauptkostenstellen } j=1,..,m$$

wobei

$K^{(j)} =$ der Hauptkostenstelle j zugeschlüsselten Kosten

$\alpha^{(j)}$ (bzw. $1-\alpha^{(j)}$) = Anteil an den Kosten der Hauptkostenstelle j, der der Bereitstellung von Mietleitungen (bzw. der Bereitstellung vermittelter Leistungen) zugeordnet wird

$k^{(j)} =$ Verrechnungspreis pro Minute für die Inanspruchnahme der Hauptkostenstelle (j) durch vermittelte Leistungen

Neben der Inanspruchnahme von Netzkomponenten soll auch „*Product management, Policy and Planning*" (PPP) in die Tarife für vermittelte Leistungen einge-

	Local exchange	Main and DJ switching	Junction link	Junction length 1 unit = 1 km	Trunk link	Trunk length 1 unit = 1 km	Total costs	
	Inland conveyance network components							
FAC 1994/95 after regulatory decision	£ m 836	£ m 118	£ m 196	£ m 267	£ m 54	£ m 107	£ m 1.577	LRIC of conveyance
Component floor (total)	**£ m 610**	**£ m 84**	**£ m 174**	**£ m 243**	**£ m 53**	**£ m 102**	**£ m 1.266**	CC of conveyance & access
CC atttributed (total)	£ m 626			£ m 138		£ m 75	£ m 839	SAC of conveyance
Component ceiling (total)	**£ m 1.236**	**£ m 84**	**£ m 174**	**£ m 381**	**£ m 53**	**£ m 177**	**£ m 2.105**	CC attributed to conveyance
CC mark-up on floor (total)	£ m 133			£ m 53		£ m 22	£ m 208	
Component floor + CC mark-up (total	£ m 743	£ m 84	£ m 174	£ m 296	£ m 53	£ m 124	£ m 1.474	
Comonent usage 1994/1995 in min (tc	222.191 m	100.152 m	210.149 m	2.961.823 m	66.522 m	6.378.083 m		
FAC 1994/1995 per unit	0,3761 p./min	0,1176 p./min	0,0930 p./min	0,0090 p./min	0,0806 p./min	0,0017 p./min		
Component floor per unit	**0,2745 p./min**	**0,0839 p./min**	**0,0830 p./min**	**0,0082 p./min**	**0,0790 p./min**	**0,0016 p./min**		
Component ceiling per unit	0,5563 p./min	0,0839 p./min	0,0830 p./min	0,0129 p./min	0,0790 p./min	0,0028 p./min		
Component foor + CC mark-up per	**0,3343 p./min**	**0,0839 p./min**	**0,0830 p./min**	**0,0100 p./min**	**0,0790 p./min**	**0,0019 p./min**		

Standard inland conveyance services	**routing factors (average 1994/1995)** (Oftel Interim Determination of Charges 1996/1997, November 1996)						Element Based Charge FAC 1994/95*)	**floor**	**ceiling**	floor + CC-mark-up
Call Origination / Call Termination Serices										
local interconnect	1,0160		0,5803	9,3938			0,5209 p./min	**0,4041 p./min**	**0,7341 p./min**	0,4817 p./min
single tandem	1,2267	0,7893	1,0631	13,8429	0,2046	11,1109	0,8132 p./min	**0,6387 p./min**	**1,0618 p./min**	0,7406 p./min
double tandem (< 100 km)	1,2931	1,7228	1,1622	15,4210	1,0761	59,0434	1,1222 p./min	**0,9019 p./min**	**1,4075 p./min**	1,0273 p./min
double tandem (100 - <200 km)	1,2931	1,7228	1,1622	15,4210	1,0761	139,2214	1,2571 p./min	**1,0302 p./min**	**1,6301 p./min**	1,1836 p./min
double tandem (200+ km)	1,2931	1,7228	1,1622	15,4210	1,0761	282,1474	1,4974 p./min	**1,2589 p./min**	**2,0268 p./min**	1,4621 p./min
Transit Serices										
single transit	0,0224	0,9777					0,1234 p./min	**0,0882 p./min**	**0,0945 p./min**	0,0895 p./min
double tandem (< 100 km)	0,0846	1,9155	0,5601	9,8180	0,4331	23,7105	0,4725 p./min	**0,3830 p./min**	**0,4805 p./min**	0,4139 p./min
double tandem (100 - <200 km)	0,0846	1,9155	0,5601	9,8180	0,4331	63,3717	0,5392 p./min	**0,4465 p./min**	**0,5906 p./min**	0,4912 p./min
double tandem (200+ km)	0,0846	1,9155	0,5601	9,8180	0,4331	134,0721	0,6581 p./min	**0,5596 p./min**	**0,7868 p./min**	0,6289 p./min

*) before regulatory decision

Übersicht XI-3: IC-Entgelte laut regulatorischer Rechnungslegung British Telecoms für das Geschäftsjahr 1994/95

Routing-Faktoren für Netzknoten	Interpretation
Der Leistung „*Single Tandem*“ ist für die Inanspruchnahme der Hauptkostenstelle „*Tandem Switching*“ der Routing-Faktor 0,7893 zugeordnet.	Bei der Leistung „*Single Tandem*“ wird die „*Tandem*“-Funktionalität pro Verbindungsminute im Durchschnitt • in 78,93 % aller Fälle durch einen *Tandem Switch* und • in 21,07 % aller Fälle durch einen *Local Switch* wahrgenommen. „*Tandem*“-Funktionalität ist die Vermittlung einer Verbindung zwischen zwei anderen Vermittlungseinrichtungen.
Der Leistung „*Single Tandem*“ ist für die Inanspruchnahme der Hauptkostenstelle "*Local Exchange*" der Routing-Faktor 1,2267 zugeordnet.	Die Leistung „*Single Tandem*“ lässt sich gedanklich in die Leistung „*Local Interconnect*“ auf der einen Seite und die Segmente „*local-tandem-transmission*“ und „*tandem switching*“ auf der anderen Seite zerlegen. Entsprechend gilt: Routing-Faktor, der der Leistung „*Single Tandem*“ für die Inanspruchnahme der Hauptkostenstelle „*Local Exchange*“ zugeordnet ist: 1,2267 – Anteil der Fälle, in denen die „*Tandem*“-Funktionalität durch einen *Local Switch* wahrgenommen wird: 0,2107 = Routing-Faktor, der der Leistung „*Local Interconnect*" für die Inanspruchnahme der Hauptkostenstelle „*Local Exchange*“ zugeordnet ist 1,0160
Der Leistung „*Local Interconnect*“ ist für das „*Local Exchange*“-Segment der Routing-Faktor 1,0160 zugeordnet.	Die 1994 im Netz der British Telecom noch vorhandenen analogen Vermittlungseinrichtungen (ALE = *Analogue Local Exchange*) sind ausschließlich mit DLE (*Digital Local Exchange*) verbunden; alternativen Netzbetreibern ist die Zusammenschaltung nur an DLE möglich. Entsprechend gehen in die Ermittlung des *Routing*-Faktors für *Local Exchange* nicht nur „DLE–NT“-Verbindungssegmente, sondern „DLE–ALE–NT“-Segmente ein. Der Routing-Faktor von 1,0160 bedeutet, dass ein ALE bei 1,6 % aller Verbindungen mit einem „*Local Interconnect*“-Segment zum Einsatz kommt. Mit fortschreitender Digitalisierung konvergiert der Routing-Faktor für die Inanspruchnahme der Hauptkostenstelle „*Local Exchange*“ durch die Leistung „*Local Interconnect*“ gegen eins.
Routing-Faktoren für Netzkanten	Interpretation
Der Leistung „*Local Interconnect*“ ist für die Inanspruchnahme der Hauptkostenstelle „*Junction Link*“ der Routing-Faktor 0,5803 zugeordnet.	Bei der Leistung „*Local Interconnect*“ kommt in 58,3% der Fälle ein *Remote Concentrator* zum Einsatz.
Der Leistung „*Local Interconnect*“	Bei der Leistung „*Local Interconnect*“ beträgt die durch-

ist für die Inanspruchnahme der Hauptkostenstelle "*junction length*"der Routing-Faktor 9,3938 zugeordnet.	schnittliche Entfernung zwischen einem *Local Switch* und einem *Remote Concentrator* 9,3938 / 0,5803 = 16,2 km.
Der Leistung *Single Tandem* ist für die Inanspruchnahme der Hauptkostenstelle "*junction link*"der Routing-Faktor 1,0631 zugeordnet.	Daraus folgt in Kombination mit dem "*junction link*"-Routing-Faktor der Leistung „*Local Interconnect*": Für die Leistung „*Single Tandem*" werden in 1,0631 - 0,5803 = 48,28 % aller Fälle Übertragungswege zwischen DLE und DMSU in Anspruch genommen werden, die unter die Rubrik „*junction transmission*" fallen.
Der Leistung „*Single Tandem*" ist für die Inanspruchnahme der Hauptkostenstelle "*trunk link*"der Routing-Faktor 0,2046 zugeordnet.	Zur Rubrik „*Trunk Transmission*" gehören nicht nur Übertragungswege zwischen *Digital Main Switching Units* (DMSU) untereinander sowie zwischen DMSU und *International Switching Centres* (ISC), sondern auch bestimmte, besonders lange Übertragungswege zwischen DMSU und DLE. Der Routing-Faktor entspricht der durchschnittlichen Inanspruchnahme der als „*trunk transmission*" klassifizierten Übertragungswege. In Kombination mit dem „*junction-link*"-Routing-Faktor geschlossen werden, dass bei der Leistung „*Single Tandem*" in 0,4828 + 0,2046 = 68,74 % der Fälle ein Übertragungsweg zwischen DMSU und DLE in Anspruch genommen wird. In den verbleibenden 31,26 % der Fälle befinden sich DMSU und DLE im selben Gebäude.
Der Leistung „*Single Tandem*" ist für die Inanspruchnahme der Hauptkostenstelle "*trunk length* "der Routing-Faktor 1,0631 zugeordnet.	In Kombination mit dem "*trunk link*"-Routing-Faktor kann geschlossen werden, dass bei der Leistung „*Single Tandem*" auf den als „*trunk transmission*" klassifizierten Übertragungswegen eine Entfernung von durchschnittlich 11,1109 / 0,2046 = 54,3 km zurückgelegt wird.
Der "*junction length*"-Routing-Faktor beträgt bei *single tandem* 13,8429.	In Kombination mit dem „*junction-link*"-Routing-Faktor bei der Leistung „*Single Tandem*" und dem „*junction length*"-Routing-Faktor bei der Leistung „*Local Interconnect*" kann geschlossen werden, dass auf den als „*junction link*" klassifizierten Übertragungswegen zwischen DLE und DMSU im Falle der Leistung *single tandem* eine Entfernung von x = 9,21 km zurückgelegt wird; dieser Wert ergibt sich durch Auflösen der Gleichung $0{,}4828 \cdot x + 9{,}3938 = 13{,}8429$ Daraus folgt, dass die durchschnittliche überbrückte Entfernung zwischen DLE und DMSU [48,28 %·9,21 km + 20,46 % ·54,3 km]/ 68,74 % = 24 km beträgt.

Übersicht XI-2: Interpretation der Routing-Faktoren in der regulatorischen Rechnungslegung British Telecoms für das Geschäftsjahr 1994/95

hen. Die Hauptkostenstelle PPP spielt eine Sonderrolle, denn ihre Inanspruchnahme kann im Gegensatz zu den Komponenten des Verbindungsnetzes nicht kardinal gemessen werden. In der regulatorischen Kostenrechnung *British Telecoms* gehen die der Hauptkostenstelle „PPP" zugeschlüsselten Kosten in alle EBC mit dem gleichen Teilbetrag ein. Dies bedeutet, dass der Verrechnungspreis für PPP durch Division der PPP zugeschlüsselten Kosten durch die Gesamtnachfrage nach Verbindungsleistungen dividiert wird (einfache Divisionskalkulation):

$$k^{(m+1)} = \frac{K^{(m+1)}}{\sum_{i=1}^{n} L_n}$$

7. ***Multiplikation von Routing-Faktoren und Component Charges:*** Der einer vermittelten Leistung zugeschlüsselte Anteil an den Netzkosten ergibt sich durch Multiplikation der jeweiligen Routing-Faktoren mit den *Component Charges* und anschließendes Aufsummieren über alle Hauptkostenstellen:

$$\begin{pmatrix} RF_1^{(1)} & RF_1^{(2)} & \dots & RF_1^{(m)} & 1 \\ RF_2^{(1)} & RF_2^{(2)} & \dots & RF_2^{(m)} & 1 \\ RF_3^{(1)} & RF_3^{(2)} & \dots & RF_3^{(m)} & 1 \\ \vdots & \vdots & & \vdots & \vdots \\ RF_n^{(1)} & RF_n^{(2)} & \dots & RF_n^{(m)} & 1 \end{pmatrix} \cdot \begin{pmatrix} K^{(1)} \\ K^{(2)} \\ \vdots \\ K^{(m)} \\ K^{(m+1)} \end{pmatrix} = \begin{pmatrix} p_1 \\ p_2 \\ \vdots \\ p_n \end{pmatrix}$$

Durch einige einfache Umformungen lässt sich zeigen, dass bei Tarifen in Höhe der EBC (und richtiger Prognose der nachgefragten Mengen) die erzielten Erlöse genau mit dem Anteil an den Kosten des Verbindungsnetzes übereinstimmen, der den vermittelten Leistungen zugeschlüsselt wurde:

$$\sum_{i=1}^{n} p_i \cdot L_i = \sum_{j=1}^{m+1} K^{(j)}$$

B. Methodische Schwierigkeiten

Die für eine Verbindungsleistung ermittelte *Element Based Charge* bildet nicht die Umstände des konkreten Einzelfalles ab. Vielmehr kann die EBC gemessen an den durch eine bestimmte Verbindung in Anspruch genommenen Netzkomponenten zu hoch oder zu niedrig sein. Hierfür gibt es im wesentlichen Ursachen:

- die Bündelung von nicht proportional genutzten Netzkomponenten zu Hauptkostenstellen,
- die Mischkalkulation intern (vom Vertriebsbereich des regulierten Unternehmens) und extern (von zusammengeschalteten alternativen Netzbetreibern) nachgefragter Leistungen und
- die unvollständige Abrechnung intern genutzter Leistungen.

Dies ist auch der Grund für die Neudefinition der Hauptkostenstellen British Telecoms zum Finanzjahr 1997/98 (vgl. Übersicht XI-1).[7]

1. Bündelung von Netzkomponenten zu Hauptkostenstellen

Normalerweise sind verschiedene Netzkomponenten zu einer Hauptkostenstelle zusammengefasst. Gleichwohl richtet sich der Betrag, mit dem die Inanspruchnahme einer Leistung in die Entgelte eingeht, nach der Inanspruchnahme nur einer ganz bestimmten Netzkomponente. Bei vermittelten Leistungen wird die Inanspruchnahme dieser Netzkomponente durch die Routing-Faktoren ausgedrückt. So sind zum Beispiel in Übersicht X-2 die Netzkomponenten „*Local Switch*“ und „Konzentrator“ zur Hauptkostenstelle „*Local Exchange Segment*“ zusammengefasst. Dabei richtet sich der Routing-Faktor, der auf die Hauptkostenstelle „*Local Exchange Segment*“ angewendet wird, allein nach der Inanspruchnahme der *Local Switches*. Tatsächlich ist jedoch das Verhältnis von Konzentratornutzung und „*Local Switch*“-Nutzung bei verschiedenen Telekommunikationsdienstleistungen unterschiedlich. Bei einigen Telekommunikationsdienstleistungen kommt auf eine Minute „*Local Switch*“-Nutzung eine überdurchschnittlich lange Konzentratornutzung, während es sich bei anderen Leistungen umgekehrt verhält. Die Konsequenz hieraus: Die kalkulierten Tarife spiegeln nicht korrekt die Konzentratornutzung wider; einige Telekommunikationsdienstleistungen werden mit einem zu hohen, andere mit einem zu niedrigen Anteil an den Konzentratorkosten belastet. Wird das „*Local Exchange*“-Segment in zwei separate Hauptkostenstellen „*Local Switching*“ und „Konzentrator“ entbündelt, ändert sich der implizite *Verrechnungspreis* für die Konzentratornutzung.[8] Dieses Beispiel illustriert eine allgemeingültige Aussage: Wenn die Inanspruchnahme der Netzkomponenten, die zu einer Hauptkostenstelle zusammengefasst sind, nicht bei allen Telekommunikationsdienstleistungen im gleichen Verhältnis zueinander steht, spiegeln die kalkulierten Tarife nicht die durchschnittliche Netznutzung durch die verschiedenen Leistungen wider.

Diese „Kostenungenauigkeit“ der Tarife bei mangelnder Entbündelung der Hauptkostenstellen kann sich sowohl zulasten als auch zugunsten des regulierten Unternehmens auswirken. Ein Beispiel hierfür liefert wiederum die Zusammenfassung von *Local Switches* und Konzentratoren zur Hauptkostenstelle „*Local Exchange*“. Bei Ortsgesprächen, die das regulierte Unternehmen seinen Endkunden anbietet, können sich in Einzelfällen der anrufende und der angerufene Teilnehmer im Einzugsbereich des gleichen *Local Switches* befinden. In diesen Fällen kommen auf eine Minute „*Local Switch*“-Nutzung zwei Minuten Konzentratornutzung. Maßgeblich für den internen Verrechnungspreis, der vom Netzbereich dem Vertriebsbereich des regulierten Unternehmens in Rechnung gestellt wird, ist jedoch nur die „*Local Switch*“-Nutzung. Gemessen an der tatsächlichen Konzentratornutzung ist also der interne Verrechnungs-

---

7 Der Zusammenhang zwischen dem Grad der Entbündelung und der Höhe der IC-Entgelte wird in Abschnitt B näher diskutiert.

8 vgl. Oftel (Dezember 1996), Randnummer 3.37

preis für Ortsgespräche zu niedrig. Diese „Mindereinnahmen“ müssen letztendlich wieder über die Leistungsentgelte „hereingespielt“ werden, die alternative Netzbetreiber für die Netzzusammenschaltung an den Netzbereich des regulierten Unternehmens zu entrichten haben.[9] Genauso gibt es aber auch den umgekehrten Fall, in dem alternative Netzbetreiber von der fehlenden Entbündelung der Hauptkostenstellen profitieren. Ein Beispiel hierfür liefern Endkundengespräche mit dem Routing „C–LS–LS–LS–C“, wobei „C“ für Konzentrator und „LS“ für „*Local Switch*“ steht. Bei diesem Routingszenario kommt auf die Inanspruchnahme des mittleren *Local Switch* überhaupt keine Konzentratornutzung. Gemessen an der tatsächlichen Konzentratornutzung wird dem Vertriebsbereich des regulierten Unternehmens also ein zu hoher Verrechnungspreis in Rechnung gestellt. Ähnliche Beispiele liefert die Bündelung von „*Local-Tandem-Transmission*“ und „*Tandem-Tandem-Transmission*“ zur Hauptkostenstelle „*Junction Transmission*“ (vgl. Übersicht X-2).

2. Mischkalkulation von interner und externer Leistungsnachfrage

Die Zusammenfassung verschiedener Netzkomponenten zu Hauptkostenstellen ist nicht die einzige Ursache für die „Kostenungenauigkeit“ von Leistungsentgelten. Problematisch kann auch die Zusammenfassung grundsätzlich unterschiedlicher Routingszenarien zu einheitlich abgerechneten Telekommunikationsdienstleistungen sein. In der Folge können der Netzbereich des regulierten Unternehmens und alternative Netzbereiche trotz grundsätzlich unterschiedlicher Netznutzung mit den gleichen Leistungsentgelten belegt werden.

Als Beispiel mögen wiederum Endkundenverbindungen mit dem Routing „C–LS–LS–LS–C” dienen. Für diese Verbindungen soll der Vertriebsbereich im Rahmen der internen Leistungsverrechnung den „*Single Tandem*“-Tarif („LS–LS–C”-Segment) sowie den „*Local Interconnect*“-Tarif („LS–C”-Segment) entrichten. Wird einem alternativen Netzbetreiber hingegen der „*Single Tandem*“-Tarif in Rechnung gestellt, verbirgt sich dahinter immer das Routingszenario „TS–LS–C“. Dabei steht „TS“ für den *Tandem Switch* mit Gateway-Funktionalität (vgl. Kapitel III: „Leistungsabgrenzung nach Quelle und Senke“). Weiter sei angenommen, dass die Routingszenarien „LS–LS–C” und „TS–LS–C” als „*Single Tandem*“ zu einem einheitlichen Tarif abgerechnet werden. Der Routing-Faktor für die „*Local Switch*“-Nutzung ist dann größer als eins, während er bei der „*Tandem Switch*“-Nutzung unter eins liegt (vgl. Übersicht X-1).
Bei Trennung zwischen interner und externer Leistungsnachfrage sähe das anders aus. In das Entgelt, das alternative Netzbetreiber für die Leistung „*Single Tandem*“ zu zahlen haben, würden „*Local Switch*“- und „*Tandem Switch*“-Nutzung mit einem Routing-Faktor von jeweils eins eingehen. Dadurch würde sich auch die Kostenbelastung für alternative Netzbetreiber verringern.[10] Dies liegt daran, dass die Inanspruchnahme eines *Local Switches* pro Nutzungsminute teurer als die Inanspruchnahme eines *Tandem*

9 vgl. Oftel (Dezember 1996), Randnummer 3.37
10 vgl. Oftel (Dezember 1996), Randnummer 3.37

Switches ist.[11] Entsprechend zahlen die alternativen Netzbetreiber in diesem Beispiel ohne die Trennung von externer und interner Leistungsnachfrage gemessen an den tatsächlich in Anspruch genommenen Netzkomponenten ein zu hohes Entgelt. Umgekehrt wird dem Vertriebsbereich des regulierten Unternehmens gemessen an der tatsächlichen Netznutzung ein zu niedriges Leistungsentgelt in Rechnung gestellt.[12]

Mit diesem Beispiel soll jedoch nicht einseitig eine konsequente Entbündelung von interner und externer Leistungsnachfrage vorgeschlagen werden. Grundlegend für die Argumentation ist ja, dass sich die Leistungsentgelte *immer* nach der tatsächlichen durchschnittlichen Leistungsnachfrage richten sollen. Die Ursachen einer unterschiedlichen Netzinanspruchnahme durch alternative Netzbetreiber und den Vertriebsbereich des regulierten Unternehmens spielen dabei keine Rolle. Ursache für die Nutzung von *Local Switches* als „*Tandems*" bei Endkundengesprächen könnte beispielsweise sein, dass aufgrund der Zusammenschaltung mit anderen Netzbetreibern in großem Umfang Kapazitäten auf „*Tandem Switch*"-Ebene blockiert werden und so nicht mehr für Endkundengespräche zur Verfügung stehen. Allerdings gibt es natürlich auch hier ein Gegenargument. Demnach hat ein regulierter Netzbetreiber sein Netz eben nicht nur im Hinblick auf die Nachfrage seiner Endkunden zu optimieren, sondern vielmehr im Hinblick auf die Summe aus Endkundennachfrage und Nachfrage zusammengeschalteter Netzbetreiber. Die Nutzung von *Local Switches* als „*Tandems*" käme in einem derart optimierten Netz gar nicht vor. Wenn der regulierte Netzbetreiber diese Optimierung nicht vornimmt, so wäre das nach dieser Argumentation sein Problem; in jedem Fall sei interne und externe Leistungsnachfrage so zu entbündeln, dass bei der Leistung „*Single Tandem*" alternative Netzbetreiber nur mit jeweils einfacher „*Local Switch*" und „*Tandem Switch*"-Nutzung belastet würden.[13]

3. Unvollständige Abrechnung der internen Leistungsnachfrage

Eine dritte Ursache für Probleme mit der Kostenorientierung der Leistungsentgelte kann schließlich auch die unvollständige Abrechnung der Netznutzung für Endkundengespräche sein. Ein Beispiel hierfür bieten die bereits zitierten „*Own Exchange*"-Calls mit dem Routing „C–LS–C". Wenn hierfür dem Vertriebsbereich des regulierten Unternehmens nur der „Local Interconnect"-Tarif in Rechnung gesellt wird, ist die Inanspruchnahme des „–C"-Segmentes (Konzentratornutzung plus Inanspruchnahme des Übertragungsweges zwischen *Local Switch* und Konzentrator) für den Vertriebsbereich gewissermaßen umsonst. Ähnliches gilt, wenn dem Vertriebsbereich des regulierten Unternehmes für Ende-zu-Ende-Verbindungen mit dem Routing „C–LS–LS–LS–C" oder „C–LS–TS–LS–C" nur der „*Single Tandem*" und der „*Local Interconnect*"-Tarif

11 Zwar ist ein *Local Switch* in der Regel auf eine geringere Kapazität als ein *Tandem Switch* ausgelegt (in *Busy Hour Call Attempts* oder *Busy Hour Minutes*) und kostet daher absolut gesehen weniger als *Tandem Switch*. Allerdings ist ein *Tandem Switch* stärker ausgelastet als ein *Local Switch*, so dass die Kosten pro Nutzungsminute beim *Local Switch* letztendlich niedriger sind.

12 vgl. Oftel (Dezember 1996), Randnummer 3.37

13 vgl. Oftel (Mai 1997), Randnummern 5.12 f.

Annahmen:

(a) Anteil der Konzentrator-Kosten an den jährlichen Kosten des *„Local Exchange"* -Segmentes: 25,0%
(b) Verhältnis Nutzung der *Local Switches* als *Tandems* zur Gesamtnutzung der *Local Switches* : 3,9%
(c) Verhältnis der *„Own-Exchange-Calls"* zur Gesamtnutzung der *Local Switches* : 13,40%

	Ausgangsszenario (vgl. Übersicht X-2)			Entbündelung des *„Local Exchange"*-Segmentes und Entbündelung von interner und externer Leistungsnachfrage				
	„Local Exchange" -Segment	*Tandem Switching*		Konzentrator	*Local Switching*	*Tandem Switching*		
FAC	£ m 836	£ m 118		£ m 209	£ m 627	£ m 118		
Jährliche Gesamtnutzung	222.191 m min	100.152 m min		**251.965 m min**	**213.485 m min**	100.152 m min		
FAC pro Nutzungsminute	0,3763 p./min	0,1176 p./min		0,0829 p./min	0,2937 p./min	0,1176 p./min		
Routing-Faktoren								
Local Interconnect	1,0160			**1,0000**	**1,0000**			
Single tandem	1,2267	0,7893		**1,0000**	**1,0000**	**1,0000**		
Double tandem short	1,2931	1,7228		**1,0000**	**1,0000**	**2,0000**		
Double tandem medium	1,2931	1,7228		**1,0000**	**1,0000**	**2,0000**		
Double tandem long	1,2931	1,7228		**1,0000**	**1,0000**	**2,0000**		
Anteil am IC-Entgelt			IC-Entgelt insgesamt				IC-Entgelt insgesamt	**Prozentuale Veränderung IC-Entgelt**
Local Interconnect	0,3823 p./min		0,5209 p./min	0,0829 p./min	0,2937 p./min		0,5153 p./min	-1,08%
Single tandem	0,4615 p./min	0,0928 p./min	0,8132 p./min	0,0829 p./min	0,2937 p./min	0,1176 p./min	0,7531 p./min	-7,39%
Double tandem short	0,4865 p./min	0,2026 p./min	1,1222 p./min	0,0829 p./min	0,2937 p./min	0,2351 p./min	1,0449 p./min	-6,89%
Double tandem medium	0,4865 p./min	0,2026 p./min	1,2571 p./min	0,0829 p./min	0,2937 p./min	0,2351 p./min	1,1798 p./min	-6,15%
Double tandem long	0,4865 p./min	0,2026 p./min	1,4974 p./min	0,0829 p./min	0,2937 p./min	0,2351 p./min	1,4201 p./min	-5,16%

Übersicht X-3: Entbündelung des "Local Exchange"-Segmentes und der internen und externen Leistungsnachfrage

in Rechnung gestellt wird. Bei diesem Beispiel muss der Vertriebsbereich nichts für die Inanspruchnahme eines Übertragungsweges zwischen Local Switch und Tandem Switch zahlen.[14] Wenn dem Vertriebsbereich des regulierten Unternehmens trotz intensiverer Netznutzung die gleichen Leistungsentgelte wie alternativen Netzbetreibern in Rechnung gestellt werden, wirkt sich das natürlich zuungunsten der alternativen Netzbetreiber aus: Was der Vertriebsbereich gemessen an der tatsächlichen Netznutzung zu wenig zahlt, muss bei gegebenen Netzkosten über die Zusammenschaltungsentgelte der alternativen Netzbetreiber natürlich zusätzlich aufgebracht werden.

Die Ursache diese Problems ist wiederum, dass bei der internen Leistungsabrechnung Endkundenverbindungen in Zusammenschaltungsleistungen wie „*Local Interconnect*", „*Single Tandem*" etc. zerlegt werden. Stattdessen sollten Endkundenverbindungen und Zusammenschaltungsleistungen besser grundsätzlich getrennt abgerechnet werden. Für Endkundenverbindungen wie Ortsgespräche, Ferngespräche und Auslandsgespräche wird dem Vertriebsbereich dann ein Entgelt in Rechnung gestellt, dass sich nach der durchschnittlichen Netzinanspruchnahme eben durch diese Leistungen richtet.

---

14 vgl. Oftel, Mai 1997, Tabelle 3.2

XI. FINANZBUCHHALTUNG UND KOSTENANALYSE

Dieses Kapitel beschäftigt sich mit der Einrichtung getrennter Rechnungslegungskreise für die Geschäftsbereiche „Vertrieb", „Verbindungsnetz" und „Teilnehmernetz" und deren Verknüpfung mit der Unterteilung eines regulierten Unternehmens in Inkremente (vgl. Kapitel VIII: „Abgrenzung von Inkrementen"). Ebenfalls dargestellt wird die Entgeltkalkulation auf Vollkostenbasis sowie die „Top-down"-Entgeltkalkulation auf Basis langfristiger Zusatzkosten. Zentrale Aspekte dabei sind die Verrechnung indirekter Kostenstellengemeinkosten anhand von Kostentreiberhierarchien und mittels Activity Based Costing. Ebenfalls dargestellt wird die Herleitung von Sollkostenfunktionen, die der zu befriedigenden Nachfrage nach Telekommunikationsdienstleistungen ein ex ante prognostiziertes Kostenniveau zuordnen.

A. „ACCOUNTING SEPARATION"

Bei marktbeherrschenden Telekommunikationsanbietern sind typischerweise der Betrieb des Telekommunikationsnetzes sowie der Leistungsvertrieb auf dem Endkundenmarkt im selben Unternehmen integriert.[1] Das Telekommunikationsnetz stellt dabei sowohl dem Vertriebsbereich (im Rahmen der internen Leistungsverrechnung) als auch konkurrierenden Telekommunikationsanbietern Netzkapazitäten zur Verfügung. Daraus resultieren bestimmte wettbewerbspolitische Probleme (vgl. Kapitel II: „Regulierungsbedarf und Regulierungsziele"). Eine Konsequenz aus diesem Problem könnte sein, das betreffende Unternehmen zwangsweise in rechtlich und ökonomisch selbständige Teilunternehmen zu zerlegen („*vertical separation*"), und zwar in ein (Teil-) Unternehmen, das Leistungen auf dem Endkundenmarkt anbietet („Dienstgesellschaft"), und in weitere (Teil-) Unternehmen, die das Verbindungs- und das Teilnehmernetz voneinander unabhängig betreiben („Netzgesellschaften"). Die Netzgesellschaften würden ihre jeweiligen Netzkapazitäten autonom festlegen und allen miteinander konkurrierenden Anbietern von Telekommunikationsdienstleistungen (einschließlich der Dienstgesellschaft) diskriminierungsfrei Netzzugang anbieten.[2] Ein derartig radikaler Ansatz dürfte jedoch nicht nur auf erheblichen politischen Widerstand stoßen, sondern wäre auch mit einem Verzicht auf Kostenvorteile aus vertikaler Integration verbunden.

Im Telekommunikationsbereich realistischer und auch sinnvoller ist es hingegen, Kosten und Erlöse nach Geschäftsbereichen getrennt zu erfassen, um so

1 Ein Unternehmen heißt „integriert", wenn es eine Reihe von verschiedenen Produkten herstellt, oder wenn es das gleiche Produkt auf verschiedenen Märkten bereitstellt, ohne dass dies durch technische Zwänge begründet wäre. Ein vertikal integriertes Unternehmen nimmt verschiedene, aufeinander aufbauende Funktionen im Produktions- oder Vertriebsprozess wahr. Ein horizontal integriertes Unternehmen stellt das gleiche Produkt in verschiedenen Organisationseinheiten her. Geographische Integration ist somit ein Spezialfall horizontaler Integration. Vgl. Kahn, A. E. (1995), Seite 251

2 vgl. Kessides, N. / Baumol, R.D. (Oktober 1995), Seite 3

- eine Grundlage für die ex-ante-Regulierung von Entgelten zu haben, d.h. jenes Preisniveau bzw. jene Preisentwicklung abschätzen zu können, bei denen die Gesamterlöse in einer bestimmten Planungsperiode voraussichtlich mit den Gesamtkosten übereinstimmen,[3]
- eventuelle Quersubventionsbeziehungen und Preisdiskriminierung zwischen internen und externen Leistungsnachfragern offen zu legen, und
- die Ursachen von Abweichungen von Plankosten und Istkosten (Beschäftigungsabweichungen oder Ineffizienzen) analysieren zu können und eventuell Nachzahlungs- oder Rückforderungsbeträge festzulegen, bei denen die Ist-Erlöse mit den Ist-Kosten der effizienten Leistungserstellung übereinstimmen.[4]

Insbesondere empfiehlt sich die Einrichtung getrennter Rechnungslegungskreise für folgende Geschäftsbereiche:[5]

- *Geschäftsbereich „Teilnehmernetz" („Access"):* Dieser Geschäftsbereich beschäftigt sich mit der Bereitstellung von Teilnehmeranschlüssen. Ihm zugerechnet werden jene Netzkomponenten, deren Dimensionierung von der Nachfrage nach Teilnehmeranschlussleitungen abhängt. Dazu gehören beispielsweise Kabelverbindungen zwischen den teilnehmerseitigen Netzabschlusspunkten und den teilnehmerseitigen Portkarten der Konzentratoren. Auf den Konten dieses Geschäftsbereichs werden die Kapitalkosten und Betriebskosten der Teilnehmeranschlussleitungen erfasst. Erlöse stammen aus den internen Transferzahlungen des Geschäftsbereichs „Endkunden" und gegebenenfalls aus Zahlungen anderer Anbieter von Telekommunikationsdienstleistungen.[6] Weitere Erlöse können aus internen Transferzahlun-

---

3 Zu Kostenplanung und Kostenkontrolle als innerbetriebliche Funktionen der Kostenrechnung vgl. Schierenbeck (2000), Seite 680

4 Als praktisches Beispiel mag Großbritannien gelten. Dort muss BRITISH TELECOM eine Kosten- und Leistungsrechnung („*Financial Results By Services*", FRBS) veröffentlichen, die nach Geschäftsbereichen und den von ihnen erbrachten Leistungen differenziert. Vor Einführung der *Price-Cap*-Regulierung von IC-Entgelten zum Finanzjahr 1997/98 setzte die Regulierungsbehörde OFTEL zunächst für die erste Hälfte eines Finanzjahres vorläufige IC-Entgelte auf der Basis der FRBS für das jeweils vorausgegangene Finanzjahr fest; für die zweite Hälfte des Finanzjahres wurden vorläufige IC-Entgelte auf der Basis der FRBS für die erste Hälfte des gleichen Finanzjahres festgelegt. Die endgültige Festlegung der IC-Entgelte erfolgte nach Ablauf des Finanzjahres; bei eventuellen Abweichungen zwischen den vorläufigen IC-Entgelten und den ex post ermittelten Kosten musste die jeweils begünstigte Partei (d.h. der *Incumbent* oder die von ihm Zusammenschaltung nachfragenden alternativen Netzbetreiber) Ausgleichszahlungen leisten, die die Abweichungen zwischen Kosten und Erlösen und die auf diese Abweichungen bis zum Ausgleichsstichtag anfallenden Zinsen abdecken. Mit Einführung der *Price-Cap*-Regulierung zum Finanzjahr 1997/98 dient die FRBS dazu, für jedes Finanzjahr die Entgeltober- und -untergrenzen („*floors*" und „*ceilings*") für die verschiedenen IC-Leistungen festzusetzen, die der *Incumbent* zusätzlich zum Price-Cap einhalten muss (die *Price-Cap*-Periode umfasst bei Leistungen der Netzzusammenschaltung in Großbritannien derzeit vier Finanzjahre).

5 Die Einführung getrennter Rechnungslegungskreise für die Geschäftsbereiche „Teilnehmernetz" und „Verbindungsnetz" korrespondiert mit der Auswahl des Teilnehmer- und Verbindungsnetzes als für die Entgeltregulierung relevante Inkremente. Zur Abgrenzung der Geschäftsbereiche vgl. beispielsweise Arthur Andersen Consulting (Oktober 1997), Seite 4 ff.

6 Beispiel: Der Geschäftsbereich „Teilnehmernetz" bietet anderen Netzbetreibern „entbündelten" Zugang zur Teilnehmeranschlussleitung an. Beim „entbündelten" Teilnehmerzugang werden die übertragungstechnischen Einrichtungen vom nachfragenden Netzbetreiber selbst betrieben.

gen des Geschäftsbereiches „Verbindungsnetz“ in Form von *Access Deficit Contributions* stammen (vgl. Kapitel VI: „Entgeltbestandteile“, Abschnitt C.: „Neutrale Aufwendungen“).

- *Geschäftsbereich „Verbindungsnetz“ („Conveyance network“):* Dieser Geschäftsbereich betreibt das Verbindungsnetz und stellt vor allem vermittelte Leistungen (einschließlich IC-Calls) und Mietleitungen bereit. Erlöse erwirtschaftet dieser Geschäftsbereich intern mit dem Geschäftsbereich „Endkunden“ (siehe unten) sowie extern mit alternativen Netzbetreibern.
- *Geschäftsbereich „Endkunden“ („Retail“):* Dieser Geschäftsbereich deckt alle Aktivitäten ab, die mit dem Vertrieb von Festnetz-Telekommunikationsdienstleistungen (wie zum Beispiel Teilnehmeranschlussleitungen, öffentliche Fernsprecher, Rufnummernauskunft oder Mietleitungen) an Endkunden in Zusammenhang stehen. Dabei sollten für separat regulierte Tarife (Beispiele: vermittelte Leistungen und Mietleitungen) auch getrennte Kosten- und Erlöskonten eingerichtet werden. Zu den Kosten des Geschäftsbereiches gehören vor allem interne Transferzahlungen an die Geschäftsbereiche „Verbindungsnetz“ und „Teilnehmernetz“, Marketingkosten und die Kosten des Inkasso bei den Endkunden.
- *Geschäftsbereich „Sonstige Aktivitäten“:* Dazu gehören alle Aktivitäten, die nicht Festnetztelefonie zum Gegenstand haben, wie beispielsweise Unternehmensbeteiligungen im Ausland, Aktivitäten im Mobilfunkbereich oder der Betrieb von Kabelfernsehnetzen.

Allerdings vermag die getrennte Rechnungsführung ihren wesentlichen Funktionen – Kostenplanung und Kostenkontrolle – ohne detaillierte Regelungen zur Kostenzuordnung nicht gerecht werden. Denn ansonsten würde ein vertikal integriertes Unternehmen vermutlich dem Anreiz nachgeben, für besonderen Netzzugang überhöhte Preise anzusetzen. Dadurch würde es im Außenverhältnis die Kostenbelastung für seine Mitwettbewerber erhöhen können, im Innenverhältnis jedoch lediglich Gewinne vom Geschäftsbereich „Endkunden“ auf die Geschäftsbereiche „Verbindungsnetz“ bzw. „Teilnehmernetz“ verlagern.

B. Aufbau der Entgeltkalkulation

Die Entgeltkalkulation untergliedert sich in die Ablaufschritte (1.) Kostenartenrechnung, (2.) Kostenstellenrechnung und (3.) Kostenträgerstückrechnung.

Die ***Kostenartenrechnung*** dient der buchhalterischen Erfassung und Gliederung der angefallenen Kosten nach Art und Höhe. Zweckmäßigerweise sind die Kostenkonten nach Art der verbrauchten Produktionsfaktoren gegliedert.

A. BESTANDSKONTEN
1. *Current Assets*
1.1 *Debtors*
1.2 *Liquid funds*
1.3 *Creditors*
2. *Current liabilities & provisions*

2.1 *Creditors*
2.2 *Provisions*

3. *Fixed Assets*
   - 3.1 *Access (Fibre & Radio, Copper)*
   - 3.2 *Duct*
   - 3.3 *Local Exchanges*
   - 3.4 *Main Exchanges*
   - 3.5 *International Exchanges*
   - 3.6 *Core Transmission*
   - 3.7 *International Transmission*
   - 3.8 *Telex Exchanges*
   - 3.9 *Accommodation Plant*
   - 3.10 *Network Plant*
   - 3.11 *Capital Miscellaneous*
   - 3.12 *Other-Non-Voice Plant*
   - 3.13 *Private Circuits*
   - 3.14 *Public Payphones*
   - 3.15 *Intelligent Network*
   - 3.16 *Apparatus*
   - 3.17 *Motor Transport*
   - 3.18 *Lands and Buildings*
   - 3.19 *Office Machines*
   - 3.20 *Non Core*

B. KOSTENKONTEN

4. *Capital Expenditure* („Capex")
   - 4.1 *Non Pay* (→ keine Zahlungen zwischen Unternehmen und Umwelt)
     - 4.1.1 *Access (Fibre & Radio, Copper)*
     - 4.1.2 *Duct*
     - 4.1.3 *Local Exchanges*
     - :
     - 4.1.11 *Capital Miscellaneous*
     - 4.1.12 *Other-Non-Voice Plant*
     - 4.1.13 *Private Circuits*
     - :
   - 4.2 *Pay* (→ Zahlungen zwischen Unternehmen und Umwelt)
     - 4.1 *Access (Fibre & Radio, Copper)*
     - 4.2 *Duct*
     - 4.3 *Local Exchanges*
     - :
     - 4.2.11 *Capital Miscellaneous*
     - 4.2.12 *Other-Non-Voice Plant*
     - 4.2.13 *Private Circuits*
     - :

5. *Operational Expenditure* („Opex")
   - 5.1 *Opex Non Pay* (→ keine Zahlungen zwischen Unternehmen und Umwelt)
     - 5.1.1 Depreciation
       - 5.1.1.1 *Access (Fibre & Radio, Copper)*
       - 5.1.1.2 *Duct*
       - 5.1.1.3 *Local Exchanges*
       - :
       - 5.1.11 *Capital Miscellaneous*
       - 5.1.12 *Other-Non-Voice Plant*
       - 5.1.13 *Private Circuits*
       - :
     - 5.1.2 *Supply of Service transfers*
     - 5.1.3 *Provision and Installation*
     - 5.1.4 *Maintenance*
       - 5.1.4.1 *Accommodation plant network*
       - 5.1.4.2 *Apparatus*
       - 5.1.4.3 *Core transmission cable*
       - 5.1.4.4 *Core transmission equipment*
       - 5.1.4.5 *Digital Main Switching Units*
       - 5.1.4.6 *DSN & Cashless*
       - :
       - 5.1.4.7 *International plant*
       - 5.1.4.8 *Kilostream*
       - 5.1.4.9 *Local exchanges*
       - 5.1.4.10 *Megastream*
       - 5.1.4.11 *Private circuits*
       - 5.1.4.12 *Submarine Cable*
       - :
     - 5.1.5 *Systems Support*
       - 5.1.5.1 *Accommodation plant network*
       - 5.1.5.2 *Apparatus*
       - 5.1.5.3 *Core transmission cable*
       - 5.1.5.4 *Core transmission equipment*
       - 5.1.5.5 *Digital Main Switching Units*
       - 5.1.5.6 *DSN & Cashless*
       - 5.1.5.7 *International plant*
       - 5.1.5.8 *Kilostream*
       - 5.1.5.9 *Local exchanges*
       - 5.1.5.10 *Megastream*
       - 5.1.5.11 *Private circuits*
       - 5.1.5.12 *Submarine Cable*
       - :
     - 5.1.6 *Planning & Development*
     - 5.1.7 *Operator Services*
     - 5.1.8 *Supplies*
     - 5.1.9 *Transport*
     - 5.1.10 *Marketing & Sales*

5.1.11 *Finance & Billing*
5.1.12 *Computing*
5.1.13 *Customer Service*
5.1.14 *Accommodation*
5.1.15 *Personnel & Administration*
5.1.16 *General Management & Other*
:
5.1.17 *Transfer Charges* (→ Unternehmensinterne Leistungsverrechnung)
5.1.17.1 *In*
5.1.17.1.1 *Provisions and Installation*
5.1.17.1.2 *Maintenance*
5.1.17.1.3 *Systems Support*
5.1.17.1.4 *Planning & Development*
5.1.17.1.5 *Supplies*
5.1.17.1.6 *Transport*
5.1.17.1.7 *Marketing & Sales*
5.1.17.1.8 *Finance & Billing*
5.1.17.1.9 *Computing*
5.1.17.1.10 *Customer Service*
5.1.17.1.11 *Accommodation*
5.1.17.1.12 *Personnel & Administration*
5.1.17.1.13 *General Managemt. & Other*
:
5.1.17.1.17 <u>*Network Usage Transfers Out*</u>
5.1.17.2 *Out*
5.1.17.2.1 *Provisions and Installation*
5.1.17.2.2 *Maintenance*
5.1.17.2.3 *Systems Support*
5.1.17.2.4 *Planning & Development*
5.1.17.2.5 *Supplies*
5.1.17.2.6 *Transport*
5.1.17.2.7 *Marketing & Sales*
5.1.17.2.8 *Finance & Billing*
5.1.17.2.9 *Computing*
5.1.17.2.10 *Customer Service*
5.1.17.2.11 *Accommodation*
5.1.17.2.12 *Personnel & Administration*
5.1.17.2.13 *General Management & Other*
:
5.1.17.2.17 <u>*Network Usage Transfers In*</u>
5.2 *Opex Pay* (→ Zahlungen zwischen Unternehmen und Umwelt)
5.2.1 *Provision & Installation*
5.2.2 *Maintenance*
5.2.3 *Systems Support*
5.2.4 *Planning & Development*
5.2.5 *Operator Services*
5.2.6 *Supplies*
5.2.7 *Transport*
5.2.8 *Marketing & Sales*
5.2.9 *Finance & Billing*
5.2.10 *Computing*
5.2.11 *Customer Service*
5.2.12 *Accommodation*
5.2.13 *Personnel & Administration*
5.2.14 *General Management & Other*
:
<u>C. ERLÖSKONTEN</u>
6. *Income*
6.1 *Sales*
6.2 *Connection Charges*
6.3 *Rentals*
6.4 *Enhanced Maintenance*
6.5 *Calls*
6.6 *Receipts*
6.7 *Other turnover*
:

Übersicht XI-1: Hauptkostengruppen British Telecoms. Der vollständige Kontenplan ist in British Telecom (November 1997), Appendix 4 abgedruckt.

In der Regel werden Netzkomponenten und andere Ressourcen gleichzeitig für die Bereitstellung verschiedenartiger Telekommunikationsdienstleistungen genutzt. So nehmen beispielsweise Mietleitungen und vermittelte Leistungen die gleichen Übertragungswege in Anspruch. Die gemeinschaftliche Nutzung von Ressourcen durch verschiedene Telekommunikationsdienstleistungen verursacht Kostenträgergemeinkosten. Andere Ressourcen hingegen werden nur exklusiv für eine bestimmte Kategorie von Telekommunikationsdienstleistungen genutzt. Natürlich hängt die Einstufung von Kosten als Kostenträgereinzel- und Kostenträgergemeinkosten von der Abgrenzung der Telekommunikationsdienstleistungen ab. So stellen beispielsweise die Kosten eines *Call Centers*, das ausschließlich für die Rufnummernauskunft genutzt wird, in Bezug auf die Dienstleistung „Rufnummernauskunft" Kostenträgereinzelkosten dar. Wird jedoch beispielsweise zwischen „Anrufen mit Ursprung im Teilnehmernetz des regulierten Unternehmens" und „Anrufen mit Ursprung in Teilnehmernetzen anderer Netzbetreiber" unterschieden, so sind die Kosten des gleichen *Call Centers* als Kostenträgergemeinkosten einzustufen. Ähnlich gelagerte Beispiele finden sich im Bereich der Mehrwert- und Notrufdienste.

An die Kostenartenrechnung schließt sich die ***Kostenstellenrechnung*** an. Die Kostenstellenrechnung widmet sich speziell den *Kostenträgergemeinkosten* und schlüsselt diese auf Kostenstellen auf. Kostenstellen sind als Orte der Kostenentstehung funktionell, nach Verantwortungsbereichen oder nach speziellen abrechnungs- oder leistungstechnischen Gesichtspunkten abgegrenzte institutionelle Teile des Gesamtbetriebes, für die Kosten separat erfasst werden.[7] Ebenso wie die Kostenartenkonten lassen sich auch die Kostenstellen hierarchisch untergliedern:

- Auf der höchsten Hierarchieebene der Kostenstellen stehen die *Geschäftsbereiche* „Endkunden", „Teilnehmernetz", „Verbindungsnetz" und „Sonstige Aktivitäten" (vgl. hierzu die Ausführungen zu „Accounting Seperation" in Abschnitt A).
- Auf der zweiten Hierarchiestufe stehen die *Hauptkostenstellen* (synonym: Endkostenstellen). Eine Hauptkostenstelle dient unmittelbar der Erstellung der Leistungen, die der Geschäftsbereich an andere Geschäftsbereiche oder an externe Leistungsnachfrager abgibt.[8] Entsprechend werden die auf Hauptkostenstellen entfallenden Kosten nicht auf andere Kostenstellen, sondern direkt auf die Kostenträger (Telekommunikationsdienstleistungen) weiterverrechnet.[9] Die wesentlichen Hauptkostenstellen des Geschäftsbereichs „Verbindungsnetz" sind durch Netzkomponenten bezeichnet, deren Dimensionierung unmittelbar von der Nachfrage nach Telekommunikationsdienstleistungen abhängt, z.B.
  - Konzentratoren,
  - *Local Switches,*
  - *Tandem Switches,*

---

7 vgl. Plinke, W. (2000), Seite 127

8 Auf die sonst übliche Unterscheidung zwischen Haupt- und Nebenkostenstellen wird hier verzichtet. Nebenkostenstellen sind Kostenstellen, die der Erstellung von Nebenprodukten dienen.

9 vgl. Haberstock (1987), Seite 125

- *Remote-Local Transmission,*
- *Local-Tandem Transmission,*
- *Tandem-Tandem Transmission*

(vgl. Kapitel X: „Element Based Charging", Übersicht X-1). Daneben tritt als weitere Hauptkostenstelle des Verbindungsnetzes „*Product Management, Policy and Planning*", die sich mit der Planung der Netzzusammenschaltung und Leistungsabrechnung mit internen und externen Leistungsnachfragern befasst.

- Auf der untersten Hierarchiestufe der Kostenstellen stehen die *Hilfskostenstellen* (synonym: Vorkostenstellen). Hilfskostenstellen erbringen für andere Kostenstellen Vorleistungen.[10] Entsprechend werden die auf die Hilfskostenstellen entfallenden Kosten im Wege der innerbetrieblichen Leistungsverrechnung auf andere Hilfs- oder Hauptkostenstellen umgelegt.[11]

Bei der Ausgestaltung des Kostenstellenplans bestehen erhebliche Freiheitsgrade, was Auswirkungen auf die kalkulierten Leistungsentgelte haben kann (vgl. Kapitel X: „Element Based Charging", Abschnitt B.1: „Bündelung von Netzkomponenten zu Hauptkostenstellen").

Im dritten und letzten Ablaufschritt der Kostenrechnung, der ***Kostenträgerstückrechnung***, werden die den Hauptkostenstellen zugeordneten Kosten auf die Telekommunikationsdienstleistungen aufgeschlüsselt (vgl. Kapitel X: „Element Based Charging", Abschnitt A.: „Beschreibung der Kalkulationsmethodik").

C. Kategorisierung der Kostenträgergemeinkosten

1. Unterteilung nach Zurechenbarkeit zu Kostenstellen

Die Kostenträgergemeinkosten lassen sich nach dem Zusammenhang zwischen Kostenbetrag und Nachfrage nach Telekommunikationsdienstleistungen in Kostenstelleneinzel- und Kostenstellengemeinkosten unterteilen. Kostenstelleneinzelkosten können jeweils genau einer Hauptkostenstelle zugeordnet werden.[12] Ein Beispiel sind die Kapitalkosten der *Local Switches*, die sich natürlich eindeutig der Hauptkostenstelle „*Local Switch*" zuordnen lassen. Bei den Kostenstellengemeinkosten hingegen fehlt es gerade an der direkten Zuordnungsmöglichkeit zu genau einer Hauptkostenstelle.

2. Unterteilung nach Abhängigkeit vom Kostentreibervolumen

Je nachdem, ob der Betrag einer Kostenposition vom Volumen eines Kostentreibers abhängig ist oder nicht, wird von „variablen" oder „fixen" Kosten gesprochen. Ein Kostentreiber ist eine kardinal messbare Variable, mit deren Ausprägung auch der Kostenbetrag schwankt. Bei den Abschreibungen auf Technikgebäude könnten beispielsweise die Investitionen in Vermittlungs- und Übertragungstechnik als Kostentreiber

10 vgl. Gabler Wirtschaftslexikon (1993), Stichwort „Hilfskostenstelle"
11 vgl. Haberstock (1987), Seite 125
12 Die Begriffe „Einzelkosten" und „direkte Kosten" sind synonym.

identifiziert werden. Der wichtigste Kostentreiber ist natürlich die Nachfrage nach Telekommunikationsdienstleistungen. In der langfristigen Betrachtung sind, wie bereits einleitend dargestellt, sämtliche Kosten variabel (vgl. Kapitel VI: „Entgeltbestandteile“, Abschnitt A.3: „Begriff der Langfristigkeit“). Der Begriff „fixe Kosten“ ist hier so zu verstehen, dass diese Kosten bereits ab der ersten bereitgestellten Leistungseinheit anfallen. Wird das Leistungsangebot überhaupt eingestellt, gehen langfristig auch diese Kosten auf null zurück.

Zwischen variablen und fixen Bestandteilen lässt sich sowohl bei den Kostenstelleneinzelkosten als auch bei den Kostenstellengemeinkosten unterscheiden.

Je nachdem, ob bei den variablen Kostenstellengemeinkosten ein unmittelbarer oder nur ein mittelbarer Zusammenhang zwischen dem Kostenbetrag und der Dimensionierung der Hauptkostenstellen besteht, ist von *„indirekten“* oder *„direkten Kostenstellengemeinkosten“* die Rede. Ein Beispiel für einen mittelbaren Zusammenhang zwischen Kostenbetrag und Auslastung der Hauptkostenstellen ist die Kausalkette „Kosten der Instandhaltung von Technikgebäuden“ (als indirekte Kostenstellengemeinkosten) – „Investitionen in Technikgebäude“ – „Platzbedarf für vermittlungs- und übertragungstechnische Einrichtungen – „Investitionen in vermittlungs- und übertragungstechnische Einrichtungen“ – „Nachfrage nach Verbindungsleistungen“. Indirekte Kostenstellengemeinkosten können unmittelbar Nebenkostenstellen zugeschlüsselt werden, von dort aus werden sie auf die Hauptkostenstellen weiterverrechnet.

3. Unterteilung nach Art des Kostentreibers

Bestimmte Kostenpositionen variieren mit der Leistungsmenge, die ein Geschäftsbereich an andere Geschäftsbereiche oder an externe Leistungsnachfrager abgibt.; bei anderen ist dies nicht der Fall. Letztere werden hier als *Corporate Overheads* bezeichnet.[13] *Corporate Overheads* sind ein Sammelbegriff für geschäftsbereichsübergreifende Zentralfunktionen mit Synergiepotential. Entsprechend lassen sich *Corporate Overheads* als „geschäftsbereichsbezogene Gemeinkosten“ charakterisieren. Typische Beispiele sind „Informationstechnik“, „Fuhrpark für Führungskräfte“, „Verwaltungsgebäude“, „Rechnungswesen“, „Personalwesen“ und *„General Management“*. Offensichtlich gehören die *Corporate Overheads* zu den fixen Kostenstellengemeinkosten.

Bei den Kosten, die mit der Leistungsabgabe des Geschäftsbereiches „Verbindungsnetz“ variieren, lassen sich als mittelbare oder unmittelbare Kostentreiber die Auslastung der sogenannten

1. *„Support Functions“* (ohne *Corporate Overheads*),
2. der *„Support Plant Groups“* und
3. der *„Primary Plant Groups“*

13 vgl. British Telecom (November 1998), Seite 27

identifizieren.[14]

Primary Plant Groups sind Netzkomponenten, deren Dimensionierung unmittelbar von der Nachfrage nach Telekommunikationsdienstleistungen abhängt. Zu den *Primary Plant Groups* des Verbindungsnetzes gehören vor allem Vermittlungseinrichtungen (Konzentratoren, *Local Switches* und *Tandem Switches*) sowie Kabel und Übertragungstechnik.[15] Bei diesen Netzkomponenten besteht ein funktionaler Zusammenhang zwischen dem Kostenbetrag und der zu Nachfrage nach Verbindungsleistungen. Bei den Abschreibungen auf *Local Switches* und *Tandem Switches* handelt es sich offensichtlich um Kostenstelleneinzelkosten, denn diese Kosten lassen sich den Hauptkostenstellen „*Local Switch*" und „*Tandem Switch*" eindeutig zuordnen. Jedoch kann es sich bei den Kosten der *Primary Plant Groups* auch um Kostenstellengemeinkosten handeln. Ein Beispiel hierfür sind die direkten Kosten eines Kabels, dessen Glasfasern zum Teil für „*local-tandem*"- als auch für „*tandem-tandem*"-Verbindungen genutzt werden. Die direkten Kosten eines solchen Kabels sind weder der Hauptkostenstelle „*local-tandem transmission*" noch der Hauptkostenstelle „*tandem-tandem-transmission*" exklusiv zuzurechnen und gehören mithin zu den Kostenstellengemeinkosten.

Support Plant Groups sind Netzkomponenten, bei denen sich die Kapazität der *Primary Plant Groups* mittelbar oder unmittelbar als Kostentreiber identifizieren lässt. Die Kosten der *Support Plant Groups* hängen entsprechend nur mittelbar von der Dimensionierung der Hauptkostenstellen ab und sind deshalb als *indirekte Kostenstellengemeinkosten* einzustufen. Zu den *Support Plant Groups* gehören unter anderem Leerrohre und Technikgebäude zur Unterbringung übertragungs- und vermittlungstechnischer Einrichtungen einschließlich Notstromversorgung. Als Treiber der Leerrohrkosten lässt sich beispielsweise die benötige Kabelkapazität identifizieren; die Kosten der Technikgebäude hingegen sind durch den Platzbedarf für übertragungs- und vermittlungstechnische Einrichtungen determiniert, während der Platzbedarf seinerseits wiederum von den Investitionen in übertragungs- und vermittlungstechnische Einrichtungen abhängt. Typischerweise lassen sich die direkten Kosten einer *Support Plant Group* nicht genau einer Hauptkostenstelle allein zuordnen und gehören deshalb zu den Kostenstellengemeinkosten. Möglicherweise lassen sich aber auch Beispiele für *Support Plant Groups* konstruieren, die genau einer Hauptkostenstelle zurechenbar und deshalb als Kostenstelleneinzelkosten einzustufen sind.

Mit *„Support Functions"* sind vor allem das Beschaffungswesen für Netztechnik (einschließlich aller damit verbundenen logistischen Fragen) sowie *Corporate Overheads* angesprochen. Anders als die Kosten des Beschaffungswesens hängen die *Corporate Overheads* nicht vom Output eines Geschäftsbereichs ab.

---

14 vgl. British Telecom (November 1998), Seite 12 ff.

15 In der Rechnungslegung British Telecoms werden die Kosten der Abschlusseinrichtungen den Hauptkostenstellen „*junction transmission link*" und „*trunk transmission link*" zugeordnet. Hingegen werden die Kosten der Zwischenregeneratoren den Hauptkostenstellen „*junction transmission length*" und „*trunk transmission length*" zugeordnet.

Grundsätzlich handelt es sich den direkten Kosten der *Support Functions* um Kostenstellengemeinkosten. In Einzelfällen kann jedoch einer „*Support Function*" auch eine eigene Hauptkostenstelle gewidmet sein. Ein Beispiel hierfür ist ein gesonderter Bereich innerhalb des Geschäftsbereichs „Verbindungsnetz", der die Leistungsbeziehungen mit den anderen Netzbetreibern im Rahmen der Netzzusammenschaltung abwickelt. Einer entsprechenden Kostenstelle „*Carrier Management*" ließen sich bestimmte Kostenpositionen als Kostenstelleneinzelkosten zuordnen.

4. Unterteilung nach Zurechenbarkeit zum Verbindungs- und Teilnehmernetz

Die (variablen oder fixen) Kostenstellengemeinkosten können ebenso wie die (variablen oder fixen) Kostenstelleneinzelkosten sowohl zu den langfristigen Zusatzkosten als auch zu den Gemeinkosten des Verbindungs- bzw. des Teilnehmernetzes gehören.

Abschreibungen auf *Local Switches, Tandem Switches* sowie die durch diese Netzkomponenten verursachten Kapitalkosten liefern Beispiele für Kostenstelleneinzelkosten, die zu den langfristigen Zusatzkosten des Verbindungsnetzes gehören, denn die Dimensionierung der genannten Netzkomponenten hängt ausschließlich von der Nachfrage nach Verbindungsleistungen ab. Gleichzeitig liefern die Konzentratoren aber auch ein Beispiel für Kostenstelleneinzelkosten, die teilweise zu den langfristigen Zusatzkosten des Verbindungsnetzes und teilweise zu den Gemeinkosten des Verbindungs- und des Teilnehmernetzes gehören. Denn zu den Konzentratoren gehören auch bestimmte Teilkomponenten, deren Dimensionierung weder von der Nachfrage nach Verbindungsleistungen noch von der Nachfrage nach Teilnehmeranschlussleitungen abhängt. Die Abschreibungen auf diese Teilkomponenten sowie die durch die Komponenten verursachten Kapitalkosten sind Bestandteil der Gemeinkosten des Verbindungs- und Teilnehmernetzes.

Ein Beispiel für Kostenstellengemeinkosten, die zu den langfristigen Zusatzkosten des Verbindungsnetzes gehören, sind Abschreibungen auf Kabel, denn ein Kabel wird entweder für Übertragungswege im Verbindungsnetz oder im Teilnehmernetz, nicht aber für beides gleichzeitig genutzt. Leerrohre hingegen liefern ein Beispiel für Kostenstellengemeinkosten, die zu den Gemeinkosten des Verbindungs- und des Teilnehmernetzes gehören können, denn im gleichen Leerrohr können sowohl Kabel des Verbindungsnetzes als des Teilnehmernetzes untergebracht sein. Soweit sich direkte Leerrohrkosten einsparen lassen, wenn ceteris paribus auf die Erbringung von Verbindungsleistungen oder die Bereitstellung von Teilnehmeranschlussleitungen verzichtet wird, gehören die Leerrohrkosten zu den langfristigen Zusatzkosten des Teilnehmer- bzw. des Verbindungsnetzes. Der verbleibende Teilbetrag der direkten Leerrohrkosten gehört zu den Gemeinkosten des Verbindungs- und des Teilnehmernetzes. Ähnlich liegt der Fall bei Technikgebäuden, in denen vermittlungs- und übertragungstechnische Einrichtungen untergebracht sind. Denn in diesen Gebäuden befinden sich sowohl Einrichtungen, die eindeutig dem Verbindungsnetz zuzurechnen sind (dazu gehören beispielsweise die Prozessoren und verbindungsnetzseitigen Portkarten der Konzentratoren sowie *Local Switches* und *Tandem Switches*) als auch Einrichtungen, die eindeutig dem

Teilnehmernetz zuzurechnen sind (wie etwa die netzseitigen Portkarten der Konzentratoren oder die teilnehmernetzseitigen Hauptverteiler). Würde einseitig auf die Bereitstellung von Teilnehmeranschlussleitungen verzichtet, ließe sich ein Teil der Gebäudekosten einsparen, gleiches gilt bei einem einseitigen Verzicht auf die Bereitstellung von Verbindungsleistungen. Entsprechend gehören die direkten Kosten der Technikgebäude zum Teil zu den langfristigen Zusatzkosten des Verbindungs- und des Teilnehmernetzes. Der verbleibende Restbetrag der Gebäudekosten gehört zu den Gemeinkosten des Teilnehmer- und des Verbindungsnetzes. Diese Beispiele illustrieren gleichzeitig, dass auch die direkten Kosten der *Support Plant Groups* sowohl zu den langfristigen Zusatzkosten als auch zu den Gemeinkosten des Verbindungs- und des Teilnehmernetzes gehören können.

D. Kostentreiberhierarchien und Einflussgrößenrechnung

Kostentreiberhierarchien und Einflussgrößenrechnung gehören thematisch zur Kostenstellenrechnung. Bei der Einflussgrößenrechnung geht es darum, die indirekten Kostenstellengemeinkosten den Hauptkostenstellen eines Geschäftsbereichs zuzuordnen.[16]

Kostentreiberhierarchien sind das zentrale Element der Einflussgrößenrechnung; an ihnen orientiert sich die Aufschlüsselung der variablen Kostenstellengemeinkosten auf die Hauptkostenstellen eines Geschäftsbereichs. Mit „Kostentreiber" ist eine kardinal messbare Variable gemeint, von deren Ausprägung der Betrag einer Kostenposition abhängt. Eine Kostentreiberhierarchie zeichnet den Zusammenhang zwischen dem Betrag einer Kostenposition und der Dimensionierung der Hauptkostenstellen nach. Zur Kalkulation von Entgelten für vermittelte Leistungen muss ein Zusammenhang zwischen den diversen indirekten Kostenstellengemeinkosten und den Investitionen in die *Primary Plant Groups* des Verbindungsnetzes konstruiert werden. Im Falle der Kostenposition „Gebäudeinstandhaltung" könnte eine derartige Kostentreiberhierarchie wie folgt aussehen:

- *Unmittelbarer Kostentreiber:* Die Kosten der Instandhaltung von Technik- und Verwaltungsgebäuden sind durch den für die Gebäudeinstandhaltung aufgewendeten Zeitbedarf (gemessen in Mannstunden) determiniert.
- *Dritte Hierarchieebene der Kostentreiber:* Der Zeitbedarf für die Instandhaltung der Technikgebäude wird durch die Investitionen in Technikgebäude getrieben.
- *Zweite Hierarchieebene der Kostentreiber:* Die Investitionen in Gebäude für Netztechnik hängen vom Platzbedarf der dort unterzubringenden vermittlungs- und übertragungstechnischen Einrichtungen ab.
- *Erste Hierarchieebene der Kostentreiber (Investitionen in Primary Plant Groups):* Der Platzbedarf für vermittlungs- und übertragungstechnische Einrichtungen ist von den Investitionen in vermittlungs- und übertragungstechnische Einrichtungen abhängig.

---

16 abstrakt formuliert z.B. bei Lücke, W. (1997), Seite 132

Die Investitionen in *Primary Plant Groups* bzw. die ihnen zugeordneten indirekten Kostenstellengemeinkosten werden auf die Hauptkostenstellen des Verbindungsnetzes („*Konzentrator*", „*Local Switch*", „*Tandem Switch*", „*Remote-Local Transmission*" etc.) aufgeschlüsselt. Die Auslastung der Hauptkostenstellen hängt natürlich ihrerseits von der Nachfrage nach Telekommunikationsdienstleistungen ab. Die Nachfrage nach einer Telekommunikationsdienstleistung wird deshalb auch als „*externer Kostentreiber*" bezeichnet. Externe Kostentreiber determinieren die Investitionen in die *Primary Plant Groups*.[17] Nach Aufschlüsselung auf die Hauptkostenstellen des Verbindungsnetzes können die indirekten Kostenstellengemeinkosten im Rahmen der Kostenträgerrechnung mittels *Element Based Charging* auf die vermittelten Leistungen aufgeschlüsselt werden (zu den Einzelheiten vgl. Kapitel X: „*Element Based Charging*").

Das Beispiel illustriert zugleich auch die Reihenfolge bzw. Systematik, mit der Kostenstellengemeinkosten in der Kostenrechnung auf die Hauptkostenstellen des Verbindungsnetzes aufgeschlüsselt werden:[18] Zuerst werden die Kosten der *Support Functions* auf die *Primary Plant Groups*, *Support Plant Groups* sowie Aktivitäten in den Geschäftsbereichen „Verbindungsnetz" und „Teilnehmernetz" aufgeschlüsselt, anschließend werden die Kosten der *Support Plant Groups* auf die *Primary Plant Groups* umgelegt. Dabei fällt die „Instandhaltung von Technikgebäuden" fällt in die Kategorie „*Support Function*", das Technikgebäude in die Kategorie „*Support Plant*" und die Vermittlungs- und Übertragungstechnik gehört zu den „*Primary Plant Groups*". Natürlich gehören zur Kostenposition „Instandhaltung von Technikgebäuden" ihrerseits wieder eine Reihe weiterer „*Support Functions*" wie Fuhrpark, Logistik und Wartungspersonal, was auch einen entsprechenden Prozess der Kostenschlüsselung notwendig macht (vgl. hierzu auch den nachfolgenden Abschnitt F: „Activity Based Costing").

E. Entgeltkalkulation auf Voll- und Teilkostenbasis

Je nachdem, welche Teilbeträge der Kostenstellengemeinkosten den Hauptkostenstellen bei der Kostenstellenrechnung zugeschlüsselt werden, wird zwischen Kalkulationen auf Vollkostenbasis und Kalkulation auf Basis langfristiger Zusatzkosten unterschieden.

1. Vollkostenrechnung

Vollkostenrechnungen zeichnen sich dadurch aus, dass die Gesamtkosten der Leistungserstellung – d.h. auch sämtliche Gemeinkosten – vollständig auf die Telekommunikationsdienstleistungen aufgeschlüsselt werden. Entsprechend wird der Gesamtbetrag der Kostenträgergemeinkosten vollständig auf die Kostenstellen des Verbindungsnetzes verteilt. Auch eine Trennung von fixen und variablen Kostenbestandteilen findet nicht

17 vgl. British Telecom (November 1998), Seite 36
18 vgl. British Telecom (November 1998), Seite 27 ff.

statt.[19] Als Ergebnis der Entgeltkalkulation ergibt sich dann für jede Telekommunikationsdienstleistung eine *absolute Preisforderung.*

Die Verrechnung der indirekten Kostenstellengemeinkosten (als Bestandteil der Kostenträgergemeinkosten) auf die Hauptkostenstellen des Verbindungsnetzes erfolgt typischerweise als *Einflussgrößenrechnung.* Dabei geschieht die Weiterverrechnung von Kosten von einer Hierarchiestufe der Kostentreiber zur nächsten mittels *Divisions-* oder *Zuschlagskalkulation.* Ein Beispiel für eine Zuschlagskalkulation ist die in Kapitel IX („Gemeinkostenallokation“) diskutierte *Equal Proportionate Mark-up Rule.* Bei der Divisionskalkulation wird der Kostenbetrag, der zuvor einer Hierarchiestufe von Kostentreibern zugeordnet wurde, im Verhältnis der Kostentreibervolumina auf der nächsthöheren Hierarchiestufe aufgeschlüsselt. Voraussetzung hierfür ist natürlich, dass die Kostentreibervolumina auf der jeweils nächsthöheren Hierarchiestufe aggregierbar sind.[20] Ein Beispiel für aggregierbare Kostentreibervolumina sind die Investitionen in Konzentratoren, *Local Switches* und *Tandem Switches.* Das stufenweise Vorgehen bei der Aufschlüsselung der indirekten Kostenstellengemeinkosten auf die Hauptkostenstellen lässt sich anhand des bereits zitierten Beispiels „Kosten der Gebäudeinstandhaltung“ illustrieren:

- *Unmittelbaren Kostentreiber (4. Hierarchieebene):* Der sogenannte Plankostenverrechnungssatz pro Mannstunde ergibt sich durch die Division der geplanten Kosten der Gebäudeinstandhaltung [$C^{(4)}$] durch die Anzahl der Mannstunden [$X^{(4)}$]:

  $$\frac{C^{(4)}}{X^{(4)}}$$

  Die den Technik- bzw. Verwaltungsgebäuden zugeschlüsselten Anteile an den Instandhaltungskosten ergeben sich durch Multiplikation des Plankostenverrechnungssatzes mit der Anzahl der Mannstunden, die mit der Instandhaltung von Technikgebäuden [$X^{(51)}$] bzw. Verwaltungsgebäuden [$X^{(52)}$] verbracht werden:

  $$C^{(41)} = \frac{C^{(4)}}{X^{(4)}} \cdot X^{(41)} \quad \Big\}$$ Anteil an den Instandhaltungskosten, der den Technikgebäuden zugeschlüsselt wird

  $$C^{(42)} = \frac{C^{(4)}}{X^{(4)}} \cdot X^{(42)} \quad \Big\}$$ Anteil an den Instandhaltungskosten, der den Verwaltungsgebäuden zugeschlüsselt wird

  wobei

  $$X^{(4)} = X^{(41)} + X^{(42)}$$
  $$C^{(4)} = C^{(41)} + C^{(42)}$$

- *Dritte Hierarchieebene der Kostentreiber:* Da der Zeitbedarf für die Instandhaltung der Technikgebäude [$X^{(41)}$] annahmegemäß ausschließlich durch die Investitionen in Technikgebäude [$X^{(3)}$] getrieben ist:

---

19 vgl. Däumler, K.D. /Grabe, J. (1998), Seite 182
20 vgl. Plinke, W. (2000), Seite 116

$$X^{(41)} = X^{(41)}\left(X^{(3)}\right)$$

werden die Kosten der Instandhaltung von Technikgebäuden vollständig auf die Investitionen in Technikgebäude umgelegt:

$$C^{(41)}_{(3)} = C^{(41)} \quad \Big\} \quad \text{Anteil an den Instandhaltungskosten, der den Investitionen in Technikgebäude zugeschlüsselt wird}$$

- *Zweite Hierarchieebene der Kostentreiber:* Annahmegemäß sind die Investitionen in Technikgebäude [$X^{(3)}$] ausschließlich durch den Platzbedarf für vermittlungs- und übertragungstechnische Einrichtungen [$X^{(2)}$] (gemessen in Quadratmeter) determiniert. Die Kosten der Gebäudeinstandhaltung, die auf die Technikgebäude entfallen, werden entsprechend vollständig auf den Platzbedarf für Vermittlungs- und Übertragungstechnik umgelegt:

  $$C^{(41)}_{(2)} = C^{(41)}_{(3)}$$

  Der Plankostenverrechnungssatz pro Quadratmeter Platzbedarf entspricht dem Quotienten aus Instandhaltungskosten und aggregiertem Platzbedarf für vermittlungs- und übertragungstechnische Einrichtungen:

  $$\frac{C^{(41)}_{(2)}}{X^{(2)}}$$

  Damit entfallen auf die einzelnen Kategorien von vermittlungs- und übertragungstechnischen Einrichtungen im einzelnen folgende Anteile an den Instandhaltungskosten:

  $$C^{(41)}_{(CU)} = \frac{C^{(41)}_{(2)}}{X^{(2)}} \cdot X^{(2CU)} \quad \Big\} \quad \text{Anteil an den Instandhaltungskosten, der dem Platzbedarf für Konzentratoren zugeschlüsselt wird}$$

  $$C^{(41)}_{(LS)} = \frac{C^{(41)}_{(2)}}{X^{(2)}} \cdot X^{(2LS)} \quad \Big\} \quad \text{Anteil an den Instandhaltungskosten, der dem Platzbedarf für \textit{Local Switches} zugeschlüsselt wird}$$

  $$C^{(41)}_{(TS)} = \frac{C^{(41)}_{(2)}}{X^{(2)}} \cdot X^{(2TS)} \quad \Big\} \quad \text{Anteil an den Instandhaltungskosten, der dem Platzbedarf für \textit{Tandem Switches} zugeschlüsselt wird}$$

  $$C^{(41)}_{(MUX)} = \frac{C^{(41)}_{(2)}}{X^{(2)}} \cdot X^{(2MUX)} \quad \Big\} \quad \text{Anteil an den Instandhaltungskosten, der dem Platzbedarf für Übertragungstechnik zugeschlüsselt wird}$$

  wobei

  $$X^{(2)} = X^{(2CU)} + X^{(2LS)} + X^{(2TS)} + X^{(2MUX)}$$

- *Erste Hierarchieebene der Kostentreiber (Investitionen in Primary Plant Groups):* Annahmegemäß ist der Platzbedarf für Konzentratoren ausschließlich durch die Investitionen in Konzentratoren getrieben. Deshalb werden dem Platzbedarf für Konzentratoren und den Investitionen in Konzentratoren auch die gleichen Anteile an den Instandhaltungskosten zugeschlüsselt. Analoges gilt für *Local Switches*, *Tandem Switches* und Multiplexer.

Nachdem die Instandhaltungskosten auf die *Primary Plant* Groups aufgeteilt sind, können sie zusammen mit den anderen indirekten Kostenstellengemeinkosten auf die

Hauptkostenstellen des Verbindungsnetzes aufgeschlüsselt werden. Während die Teilbeträge

$$C_{(LS)}^{(41)} \quad \text{und } C_{(TS)}^{(41)}$$

unmittelbar der Hauptkostenstelle *„Local Switch"* bzw. *„Tandem Switch"* des Verbindungsnetzes zugeordnet werden können, ist dies beim Kostenbetrag

$$C_{(CU)}^{(41)}$$

nicht der Fall. Denn dic Investitionen in Konzentratoren hängen sowohl der Nachfrage nach Teilnehmeranschlussleitungen als auch von der Nachfrage nach Verbindungsleistungen ab. Bei dieser Kostenposition geht nur ein Teilbetrag

$$\alpha \cdot C_{(CU)}^{(41)} \qquad \text{mit } 0 \leq \alpha \leq 1$$

in die vollkostenbasierten Tarife für vermittelte Leistungen ein, wohingegen der Restbetrag

$$(1-\alpha) \cdot C_{(CU)}^{(41)}$$

in die Tarife für Teilnehmeranschlussleitungen eingerechnet wird. Bei den auf die Multiplexer entfallenden Kostenanteilen ist das Vorgehen ähnlich. Physische Übertragungswege werden mitunter für verschiedene Kategorien von logischen Verbindungen genutzt. Entsprechend müssen die Investitionen in Übertragungstechnik bzw. der auf sie entfallende Anteil an den Kosten der Gebäudeinstandhaltung auf die entsprechenden Hauptkostenstellen des Verbindungsnetzes *„Remote-Local Transmission"* („RL"), *„Local-Tandem Transmission"* („LT") und *„Tandem-Tandem Transmission"*) („TT") aufgeschlüsselt werden:

$$C_{(RL)}^{(41)} = \beta_{(RL)} \cdot C_{(MUX)}^{(41)} \qquad \text{und } 0 \leq \beta_{(RL)} \leq 1$$

$$C_{(LT)}^{(41)} = \beta_{(LT)} \cdot C_{(MUX)}^{(41)} \qquad \text{und } 0 \leq \beta_{(LT)} \leq 1$$

$$C_{(TT)}^{(41)} = \beta_{(TT)} \cdot C_{(MUX)}^{(41)} \qquad \text{und } 0 \leq \beta_{(TT)} \leq 1$$

mit

$$\beta_{(RL)} + \beta_{(LT)} + \beta_{(TT)} = 1$$

Damit ist jeder Hauptkostenstelle des Verbindungsnetzes ein Anteil an den Kosten der Gebäudeinstandhaltung zugeordnet. Die Kostenbeträge

$$\alpha \cdot C_{(CU)}^{(41)},\ C_{(LS)}^{(41)},\ C_{(TS)}^{(41)},\ C_{(RL)}^{(41)},\ C_{(LT)}^{(41)} \text{ und } C_{(TT)}^{(41)}$$

können anschließend im Rahmen der *Kostenträgerrechnung* mittels *Element Based Charging* auf vermittelte Leistungen und Mietleitungen aufgeschlüsselt werden. *Element Based Charging* ist ebenfalls ein Verfahren der Vollkostenrechnung: Die den Hauptkostenstellen „RL", „LT" und „TT" zugeschlüsselten Kostenträgergemeinkosten werden vollständig auf vermittelte Leistungen und Mietleitungen aufgeschlüsselt (z.B. nach benötigter Bandbreite), und die auf vermittelte Leistungen entfallenden Kostenbeträge werden mit Hilfe von Routing-Faktoren auf die diversen vermittelten Leistungen aufgeschlüsselt.

Wesentliche Mängel der Vollkostenrechnung resultieren daraus, dass *alle* Kosten auf die bereitgestellten Telekommunikationsdienstleistungen abgewälzt werden, und zwar ohne Rücksicht auf die Beschäftigung. Die Vollkostenrechnung suggeriert, dass Produkte nicht ins Sortiment aufgenommen werden sollten, bei denen der kalkulierte Preis („Selbstkostenpreis") kleiner als der am Markt durchsetzbare Preis ist.[21] Dies ist jedoch falsch. Tatsächlich ist die Bereitstellung eines Gutes vorteilhaft, solange damit ein positiver Deckungsbeitrag erwirtschaftet wird. Ein positiver Deckungsbeitrag liegt vor, wenn die aufgrund eines Produktangebotes erwirtschafteten Zusatzerlöse größer als die Zusatzkosten der Leistungserstellung sind. Wird ein Produkt mit positivem Deckungsbeitrag aus dem Sortiment gestrichen, so geht der Gewinn des Unternehmens zurück und wird unter Umständen sogar negativ (vgl. Kapitel VIII: „Abgrenzung von Inkrementen"). Denn zwar reduzieren sich einerseits die Gesamtkosten des Unternehmens um die langfristigen Zusatzkosten des gestrichenen Produktes, jedoch ist der Erlösrückgang größer: Er entspricht den langfristigen Zusatzkosten des Produktes *zuzüglich entgangenem Deckungsbeitrag*. Über die Gewinnreduktion um den Deckungsbeitrag hinaus setzt eine Kettenreaktion ein, wenn das Unternehmen davon ausgeht, die ihm verbleibende Nachfrage auch weiterhin bedienen zu können (angenommene Planbeschäftigung in der Zukunft = gegenwärtige Istnachfrage). Denn bei konstanter Beschäftigung fallen nach Streichung eines Produktes die Selbstkostenpreise der verbleibenden Produkte höher aus als bisher. Die *Preisuntergrenze* eines Produktes wird also nicht richtig berechnet; das Unternehmen kalkuliert sich in die Unterbeschäftigung.[22]

2. Entgeltkalkulation auf Basis langfristiger Zusatzkosten

Im Folgenden wird die Entgeltkalkulation am Beispiel des Inkrements „Verbindungsnetz" erläutert. Diese Erläuterungen lassen sich jedoch ohne weiteres auch auf andere denkbare Inkremente übertragen (vgl. Kapitel VIII: „Abgrenzung von Inkrementen").

Ist das Verbindungsnetz das relevante Inkrement, richtet sich die Entgeltobergrenze (Entgeltuntergrenze) für eine vermittelte Leistung nach dem Anteil an den *Stand-Alone*-Kosten (den langfristigen Zusatzkosten) des Verbindungsnetzes, die der betreffenden Leistung zugeschlüsselt werden. Die Kalkulation der Tarife für Verbindungsleistungen auf Basis langfristiger Zusatzkosten umfasst also zwei Ablaufschritte:

1. Ermittlung der langfristigen Zusatzkosten bzw. der *Stand-Alone*-Kosten des Verbindungsnetzes und
2. Aufschlüsselung der langfristigen Zusatzkosten bzw. der *Stand-Alone*-Kosten auf vermittelte Leistungen und Mietleitungen.

---

21 vgl. Plinke, W. (2000), Seite 118
22 vgl. Hahn, H. (1982), Seite 234

a) LRIC bzw. SAC des Verbindungsnetzes

Zur „*Top-down*"-Kalkulation von IC-Entgelten müssen zunächst die in der Finanzbuchhaltung erfassten Kosten um eventuelle Ineffizienzen bereinigt werden sowie um die Kosten derjenigen Aktivitäten, die nichts mit den Geschäftsbereichen „Teilnehmernetz" und „Verbindungsnetz" zu tun haben. Anschließend wird analysiert, wie sich die Gesamtkosten verändern würden, wenn entweder keine Verbindungsleistungen oder keine Teilnehmeranschlussleitungen mehr angeboten werden würden. Der Kostenrückgang bei Einstellung des Angebots von Verbindungsleistungen entspricht den langfristigen Zusatzkosten des Verbindungsnetzes. Die *Stand-Alone*-Kosten des Verbindungsnetzes sind gleich den Gesamtkosten des Telekommunikationsnetzes abzüglich der langfristigen Zusatzkosten des Teilnehmernetzes (vgl. Kapitel VIII: „Abgrenzung von Inkrementen").

Natürlich lässt sich der Kostenrückgang bei Einstellung des Angebots von Verbindungsleistungen nicht unmittelbar ermitteln. Vielmehr muss bei sämtlichen direkten und indirekten Kostenstellengemeinkosten die Kostenveränderung in Folge des rückläufigen Kapazitätsbedarfs analysiert werden. Dabei kommen die gleichen Kostentreiberhierarchien wie bei der Vollkostenrechnung ins Spiel. Im Unterschied zur Vollkostenrechnung wird aber bei jeder Kostenposition ein funktionaler Zusammenhang zwischen dem Kostentreibervolumen auf einer Hierarchieebene mit den Kostentreibervolumina auf der nächsthöheren Hierarchieebene hergeleitet. Daraus lässt sich dann auch ein funktionaler Zusammenhang zwischen dem Betrag der jeweils betrachteten Kostenart und der Auslastung der Hauptkostenstellen herleiten. Im Falle des bereits zitierten Beispiels „Gebäudeinstandhaltung" müssen also ermittelt werden:

- *auf der Ebene des unmittelbaren Kostentreibers:* die Kosten der Gebäudeinstandhaltung [$C^{(4)}$] als Funktion des Zeitbedarf für Gebäudeinstandhaltung[$X^{(4)}$]:

  $$C^{(4)} = f^{(4)}\left(X^{(4)}\right)$$

- *auf der dritten Hierarchieebene der Kostentreiber:* der Zeitbedarf für die Gebäudeinstandhaltung [$X^{(4)}$] als Funktion der Investitionen in Technikgebäude [$X^{(31)}$] und Verwaltungsgebäude [$X^{(32)}$]:

  $$X^{(4)} = f^{(4)}\left(X^{(31)}, X^{(32)}\right)$$

- *auf der zweiten Hierarchieebene der Kostentreiber:* die Investitionen in Technikgebäude [$X^{(31)}$] als Funktion des Platzbedarfs für übertragungs- und vermittlungstechnische Einrichtungen [$X^{(2)}$]:

  $$X^{(31)} = f^{(31)}\left(X^{(2)}\right)$$

- *auf der ersten Hierarchieebene der Kostentreiber:* der Platzbedarf für übertragungs- und vermittlungstechnische Einrichtungen [$X^{(2CU)}$, $X^{(2LS)}$, $X^{(2TS)}$, $X^{(2MUX)}$] als Funktion der Investitionen in übertragungs- und vermittlungstechnische Einrichtungen [$X^{(CU)}$, $X^{(LS)}$, $X^{(TS)}$, $X^{(MUX)}$]:

  $$X^{(2CU)} = f^{(2CU)}\left(X^{(CU)}\right)$$

$$X^{(2LS)} = f^{(2LS)}\left(X^{(LS)}\right)$$
$$X^{(2TS)} = f^{(2TS)}\left(X^{(TS)}\right)$$
$$X^{(2MUX)} = f^{(2MUX)}\left(X^{(MUX)}\right)$$

Wenn diese funktionalen Zusammenhänge bekannt sind, lassen sich die Kosten der Gebäudeinstandhaltung als Funktion der Investitionen in Konzentratoren, *Local Switches*, *Tandem Switches* und Multiplexer darstellen:

$$C^{(4)} = C^{(4)}\left(X^{(CU)}, X^{(LS)}, X^{(TS)}, X^{(MUX)}\right)$$

In gleicher Weise wird auch bei den anderen Arten indirekter Kostenstellengemeinkosten ein funktionaler Zusammenhang zwischen Kostenbetrag und Investitionen in *Primary Plant Groups* hergestellt.

Damit ist jedoch der erste Berechnungsschritt noch nicht abgeschlossen. Vielmehr muss noch ermittelt werden, welcher Anteil an den indirekten Kostenstellengemeinkosten zu den langfristigen Zusatzkosten des Verbindungsnetzes und welcher Anteil zu den *Stand-Alone*-Kosten des Verbindungsnetzes gehört. Dazu müssen die Investitionen in Übertragungs- und Vermittlungstechnik als Funktion der Nachfrage nach Verbindungsleistungen (vermittelte Leistungen plus Mietleitungen) und Teilnehmeranschlussleitungen dargestellt werden:

$X^{(CU)} = f^{(CU)}\left(Q_{(AL)}, Q_{(SS)}\right)$	} Investitionen in Konzentratoren in Abhängigkeit von der Nachfrage nach vermittelten Leistungen („*Switched Services*“) und Teilnehmeranschlussleitungen („*Access Lines*“)
$X^{(LS)} = f^{(CU)}\left(Q_{(SS)}\right)$	} Investitionen in *Local Switches* in Abhängigkeit von der Nachfrage nach vermittelten Leistungen
$X^{(TS)} = f^{(TS)}\left(Q_{(SS)}\right)$	} Investitionen in *Tandem Switches* in Abhängigkeit von der Nachfrage nach vermittelten Leistungen
$X^{(MUX)} = f^{(MUX)}\left(Q_{(SS)}, Q_{(LL)}\right)$	} Investitionen in Multiplexer in Abhängigkeit von der Nachfrage nach vermittelten Leistungen und Mietleitungen („*Leased Lines*“)

Damit können auch die indirekten Kostenstellengemeinkosten als Funktion der Nachfrage nach Teilnehmeranschlussleitungen, Mietleitungen und vermittelten Leistungen dargestellt werden:

$$C^{(4)} = C^{(4)}\left(Q^{(AL)}, Q^{(SS)}, Q^{(LL)}\right)$$

Der Betrag an indirekten Kostenstellengemeinkosten, der sich ohne Nachfrage nach Teilnehmeranschlussleitungen aber mit bestehender Nachfrage nach Verbindungsleistungen ergibt. gehört zu den *Stand-Alone*-Kosten des Verbindungsnetzes:

$C^{(4)}\left(0, Q^{(SS)}, Q^{(LL)}\right)$	} ist Bestandteil der Stand-Alone-Kosten des Verbindungsnetzes

Der Betrag an indirekten Kostenstellengemeinkosten, der sich bei bestehender Nachfrage nach Teilnehmeranschlussleitungen aber ohne Nachfrage nach Verbindungsleistungen ergibt, gehört zu den langfristigen Zusatzkosten des Verbindungsnetzes:

$$C^{(4)}\left(Q^{(AL)}, Q^{(SS)}, Q^{(LL)}\right) - C^{(4)}\left(Q^{(AL)}, 0, 0\right) \quad \Big\} \text{ ist Bestandteil der langfristigen Zusatzkosten des Verbindungsnetzes}$$

b) Kostenaufschlüsselung auf Verbindungsleistungen

Zur Ermittlung von Leistungsentgelten müssen jetzt noch die langfristigen Zusatzkosten und die *Stand-Alone*-Kosten des Verbindungsnetzes auf die *Verbindungsleistungen* aufgeschlüsselt werden. Dazu werden in einem ersten Schritt die langfristigen Zusatzkosten bzw. die *Stand-Alone*-Kosten auf die Hauptkostenstellen des Verbindungsnetzes aufgeschlüsselt. So könnten die Gebäudeinstandhaltungskosten beispielsweise im Verhältnis der Investitionen in Konzentratoren, *Local Switches*, *Tandem Switches* und Multiplexer aufgeschlüsselt werden. Die auf Konzentratoren, *Local Switches*, *Tandem Switches* entfallenden Gebäudekosten werden den gleichnamigen Hauptkostenstellen direkt zugeordnet. Der auf die Multiplexer entfallende Kostenanteil könnte dann auf die Hauptkostenstellen „*remote-local transmission*", „*local-tandem transmission*" und „*tandem-tandem transmission*" im Verhältnis der auf diesen Verbindungen jeweils benötigten Bandbreite (Übertragungskapazität) aufgeschlüsselt werden.

Die auf die Hauptkostenstellen aufgeschlüsselten Kosten werden anschließend im Rahmen der Kostenträgerrechnung mittels *Element Based Charging* auf die vermittelten Leistungen und Mietleitungen weiterverrechnet (vgl. Kapitel X: „Element Based Charging").

F. Activity Based Costing

Im vorausgegangen Abschnitt E. wurden mit der Divisions- und Zuschlagskalkulation traditionelle Verfahren der Allokation indirekter Kostenstellengemeinkosten diskutiert. Bei beiden Verfahren zieht eine niedrige Ausprägung der Bezugsgröße (also beispielsweise ein niedriger Zeitbedarf für eine bestimmte Tätigkeit oder geringe Maschinenlaufzeiten) einen niedrigen Gemeinkostenaufschlag nach sich. So wird ein verzerrtes Bild von den mit der Produkterstellung verbundenen Kosten gezeichnet.[23] Das Vorgehen ist naturgemäß um so ungeeigneter, je größer der Anteil der Kostenstellengemeinkosten an den Gesamtkosten des Unternehmens ist.[24]

Activity Based Costing (ABC) bringt hier einen Fortschritt. Es konzentriert sich auf die indirekten Kostenstellengemeinkosten, also auf jene Kosten, bei denen sich nur ein mittelbarer Zusammenhang zwischen der Auslastung der Hauptkostenstellen bzw. den bereitgestellten Produktmengen und dem Kostenbetrag herstellen lässt. Das zentrale Definitionsmerkmal von ABC ist die Identifikation von *Aktivitäten* als Ressourcentreiber,

---

23 vgl. Plinke, W. (2000), Seite 116
24 vgl. Andrade, M.C. / Pessanha Filho, R.C. et.al. (1999)

d.h. die Kausalkette zwischen Ressourcenverzehr und Output wird über die Unternehmensaktivitäten geführt: Die Aktivitäten des Unternehmens determinieren den Ressourcenverbrauch, während die Produkte wiederum die Aktivitäten determinieren. „Aktivitäten“ können alle Tätigkeiten sein, die zur Bereitstellung eines Produktes notwendig sind, also etwa Materialtransporte oder Überwachungs- und Planungstätigkeiten.[25] Für das nun bereits mehrfach zitierte Beispiel „Gebäudewartung“ wird Arbeitskraft und Reparaturmaterial benötigt, der Fuhrpark wird in Anspruch genommen, und es bedarf einer Arbeitsplanung. Entsprechend ist Kostenallokation beim ABC aufgebaut: Der erste Ablaufschritt umfasst die Zuordnung der Ressourcen (Arbeitskräfte, Materialien wie Werkzeuge, Autos etc.) auf die Aktivitäten, im zweiten Ablaufschritt werden die den Aktivitäten zugeordneten Kosten auf die Produkte bzw. Produktgruppen aufgeschlüsselt.

Activity Based Costing ist als Ergänzung zu dem im vorausgegangenen Abschnitt gemachten Ausführungen zu Kostentreiberhierarchien zu sehen. Eine Aktivität „Wartungstätigkeiten an netztechnischen Einrichtungen“ lässt sich im Rahmen des ABC vielleicht anhand eines Kostentreibers wie „Zeitansatz“ auf die Produktgruppen „Verbindungsleistungen“ und „Teilnehmeranschlussleitungen“ zuordnen. Allerdings werden die Netzressourcen für eine Vielzahl von Produkten gleichzeitig genutzt, das heißt die Wartungstätigkeiten lassen sich nicht sinnvoll konkreten Produkten wie „analoge Teilnehmeranschlussleitungen“, „Mietleitungen“ oder „Ortsgesprächen“ zuschlüsseln. Hier stößt – zumindest soweit es die Entgeltkalkulation angeht – ABC an seine Grenzen. Wenn indirekte Kostenstellengemeinkosten wie beispielsweise Wartungsaufwand bei der Entgeltkalkulation auf einzelne Produkte heruntergebrochen werden sollen, helfen die in Abschnitt E. beschriebenen Kostentreiberhierarchien weiter.

Die Kosten jener Kostenstellen, die Aktivitäten zum Produktionsprozess beisteuern, werden beim ABC *vollständig* auf die der Aktivitäten umgelegt. Insoweit ist *Activity Based Costing* eine Variante der Vollkostenrechnung.[26] So mögen zu den Aktivitäten einer Abteilung „*Customer Care & Billing*“ „Entgegennehmen von Kundenbeschwerden und -anfragen“ (gemessen in der Anzahl der Kundenkontakte), „Rechnungserstellung“ (gemessen in der Anzahl der erstellten Rechnungen) und das „Veranlassen von Reparaturmaßnahmen“ (gemessen in der Anzahl der Reparaturfälle) gehören. Die Aktivität „Leiten der Abteilung“ lässt sich jedoch nicht quantifizieren und wird daher auf die anderen drei Aktivitäten aufgeschlüsselt.[27] Schematisierte, sich wiederholende Teilprozesse, deren Output sich mengenvariabel zum Leistungsoutput einer Kostenstelle verhält, werden als *leistungsmengenindiziert* bezeichnet. Sie sind gekennzeichnet durch Routine-Tätigkeiten, so ist z.B. in der Kostenstelle „Einkauf“ der die Aktivität „Bestellung durchführen“ abhängig von der Anzahl der Bestellungen. Vom Leistungsoutput unabhängige, mengenfixe Kosten werden als *leistungsmengenneutral* bezeichnet. Dazu gehören zum Beispiel die Kosten einer Abteilungsleitung. Das Leiten einer Abteilung

25 vgl. Andrade, M.C. / Pessanha Filho, R.C. et.al. (1999)
26 vgl. Vogelsang (Mai 1996), Seite XVI
27 vgl. Schierenbeck (2000)

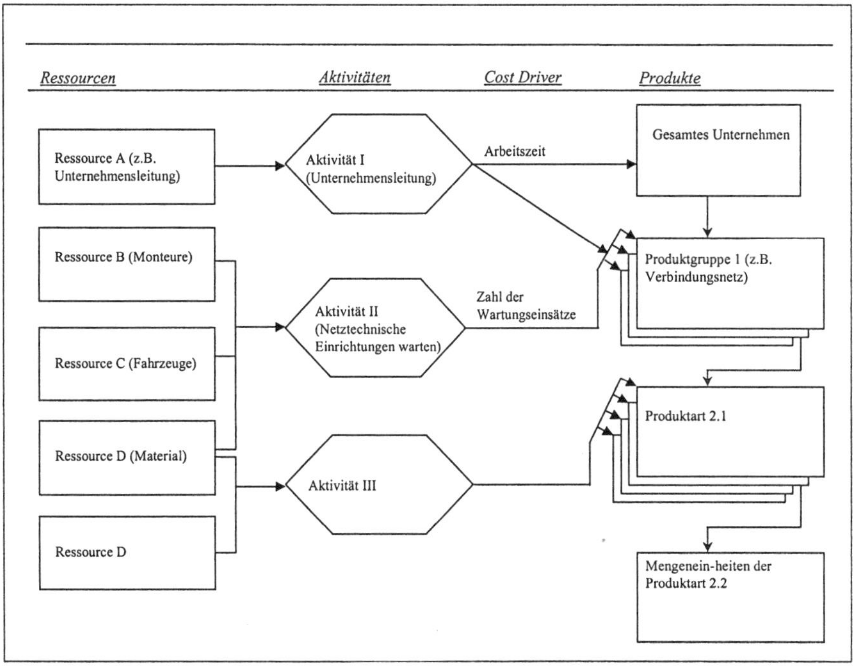

Abbildung XI-1: Activity Based Costing (basierend auf Andrade, M.C. et. al. (1999), Seite 178)

ist gekennzeichnet durch geringe Routine, Kreativität und fallweises Entscheiden; sie ist nicht abhängig von der von Periode zu Periode schwankenden Leistung der Kostenstelle, z.B. der Anzahl ausgeführter Bestellungen.[28]

Bei den *frühen ABC-Versionen* werden die Aktivitäten unmittelbar auf die Produkte anhand einer einzigen Maßgröße zugerechnet, d.h. als Aktivitätentreiber werden die abgesetzten Produktmengen angesehen. Die Maßgröße kann in Zusammenhang mit den abgesetzten Produktmengen stehen (z.B. Maschinenlaufzeiten) oder auch nicht (z.B. Rüstzeiten, Anzahl der bearbeiteten Aufträge etc.).[29]

Verfeinerte ABC-Versionen berücksichtigen, dass sich das Produktportfolio (hier: das Portfolio der erstellten Telekommunikationsdienstleistungen) hierarchisch untergliedern lässt. Entsprechend werden die Aktivitäten hierarchisch strukturiert, und zwar nach

- Aktivitäten, die von der Anzahl der bereitgestellten Produkteinheiten abhängen,
- Aktivitäten, die auf die Bereitstellung von Produktgruppen (Produktgruppe = Gesamtheit von Produkten) zurückzuführen sind,
- Aktivitäten, die auf die Bereitstellung von Produktkategorien (Produktkategorie = Gesamtheit von Produktgruppen) zurückzuführen sind und

28 vgl. Däumler, K.D. / Grabe, J. (1998), Seite 225 f.

• Aktivitäten, die nur dem Unternehmen als Ganzes zugeordnet werden können.

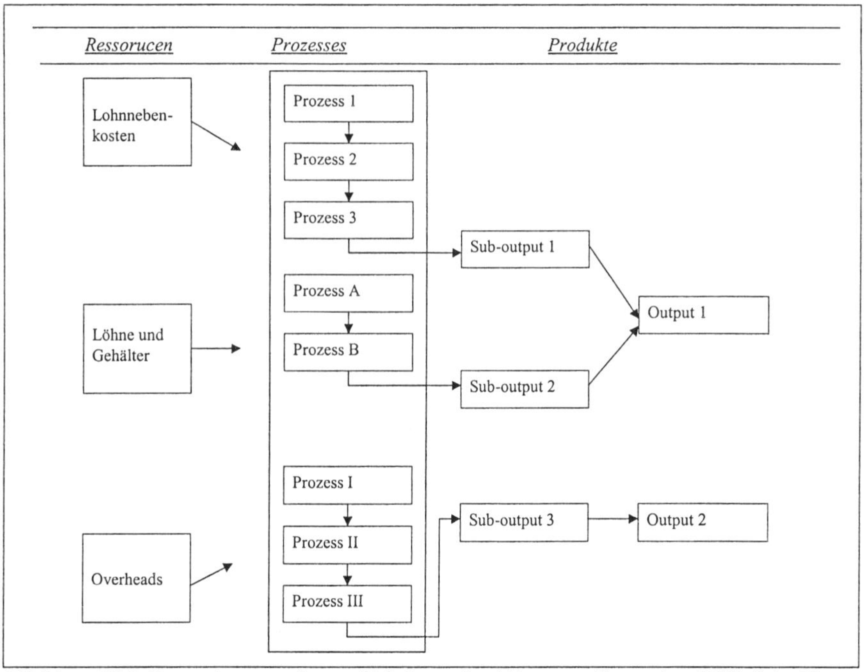

Abbildung XI-2: Prozesskostenrechnung. Vgl. Queensland Treasury (September 1998), Seite 22

Die dritte und am weitesten fortgeschrittene Variante des ABC ist die *Prozesskostenrechnung*. Ihr Hauptziel ist es, Methoden zur Verrechnung der Kostenträgergemeinkosten in den indirekten Dienstleistungsbereichen wie Beschaffung, EDV, Verwaltung und Vertrieb zu entwickeln. Allen Ansätzen zur Prozesskostenrechnung gemeinsam ist der Grundgedanke, dass die Leistungserstellung in Prozessform gesehen wird. Das betriebliche Geschehen wird als eine Verkettung einzelner Tätigkeiten verstanden. Mit der Analyse der Tätigkeiten innerhalb der Kostenstellen des indirekten Bereiches (z.B. Verwaltung) sollen Teilprozesse identifiziert werden. Diesen Teilprozessen werden anschließend Kosten zugeordnet. Ein Teilprozess ist definiert als Bearbeitung eines Vorgangs in einer Kostenstelle, der mit einem Arbeitsergebnis abschließt.[30] Die Anwendung der Prozesskostenrechnung setzt voraus, dass die Bereitstellung eines Produktes in klar gegeneinander abgrenzbare Schritte unterteilt werden kann. Bezogen auf das Beispiel einer Mietleitung könnten derartige Prozessschritte etwa „Auftrag entgegennehmen", „verfügbare Übertragungskapazität prüfen", „Mietleitung schalten" und „Rechnung schreiben" sein. Bei einer vermittelten Leistung (z.B. einem Ortsgespräch)

29 vgl. Goebel, D.J. / Marshall, G.W. / Locander, W.B. (1998), Seite 500
30 vgl. Däumler, K.D. / Grabe, J. (1998), Seite 225 f.

hingegen könnten etwa die Prozessschritte „Verbindung aufbauen", „Nutzkanal bereithalten" und „Rechnung schreiben" unterschieden werden. Logisch zusammenhängende Teilprozesse werden *kostenstellenübergreifend* zu Hauptprozessen zusammengefasst. Hauptprozesse können wiederum zu Prozessbereichen verdichtet werden. Teilprozesse, Hauptprozesse und Prozessbereiche bilden dann eine *Prozesshierarchie*.

G. Plankostenrechnung

1. Formen der Plankostenrechnung

Die Ausführungen zur Entgeltkalkulation auf Basis langfristiger Zusatzkosten bilden das Fundament für die Darstellung der Plankostenrechnung. Zweck der Plankostenrechnung ist die Durchführung von *Sensitivitätsanalysen* und *Kostenkontrollen*.

Zentrales Element der *flexiblen* Plankostenrechnung ist die Herleitung sogenannter Sollkostenfunktionen. Eine Sollkostenfunktion bildet die *geplanten* Kosten in Abhängigkeit von der Ausprägung einer bestimmten Bezugsgröße ab.[31] Durch eine Sollkostenfunktion können zum Beispiel die Instandhaltungskosten für Technikgebäude in Abhängigkeit von den Investitionen in Übertragungs- und Vermittlungstechnik abgebildet werden (vgl. Abschnitt E.2: „Entgeltkalkulation auf Basis langfristiger Zusatzkosten in diesem Kapitel). Abbildung VI-2 in Kapitel VI („Entgeltbestandteile") illustriert das mögliche Aussehen einer solchen Sollkostenfunktion. Wenn für jede einzelne Kostenposition eine Sollkostenfunktion bekannt ist, ist es natürlich auch kein Problem, die Gesamtkosten der Leistungserstellung in Abhängigkeit von Nachfrage nach Telekommunikationsdienstleistungen abzubilden. Das mögliche Aussehen einer solchen Sollkostenfunktion wird durch Abbildung VI-3 (vgl. Kapitel VI: „Entgeltbestandteile") illustriert. Mit der Einführung von Sollkostenfunktionen bringt die flexible Plankostenrechnung einen bedeutenden Fortschritt gegenüber der *starren* Plankostenrechnung. Bei der starren Plankostenrechnung werden Plankosten nur für die Planbeschäftigung, nicht aber für andere ebenfalls mögliche Beschäftigungsgrade ermittelt.[32] Mit Hilfe der flexiblen Plankostenrechnung können die Ursachen für Unterschiede zwischen Plankosten und Istkosten analysiert werden:

- Zum einen ist es möglich, dass die Planbeschäftigung (also beispielsweise die geplante Nachfrage nach Telekommunikationsdienstleistungen) genau mit der Istbeschäftigung übereinstimmt, jedoch gleichwohl Plankosten und Istkosten voneinander abweichen. Bei der Ursachenforschung wäre dann zu hinterfragen, ob für den Produktionsprozess – etwa aufgrund ineffizienter Arbeitsweise – mehr Produktionsfaktoren gebraucht wurden als erwartet („Verbrauchsabweichung") oder ob sich die Faktorpreise anders entwickelt haben als erwartet („Preisabweichung").

31 vgl. Plinke, W. (2000), Seite 165
32 vgl. Dichtl. E. / Issing, O. (Hrsg.) (1987), Stichwort „Plankostenrechnung"

- Zum anderen ist es möglich, dass die Istbeschäftigung von der Planbeschäftigung abweicht, obwohl die für die Istbeschäftigung prognostizierten Sollkosten genau mit den Istkosten übereinstimmen („Beschäftigungsabweichung").

Je nachdem, ob die Plankosten in Abhängigkeit von der Auslastung der Hauptkostenstellen oder unmittelbar in Abhängigkeit von der Nachfrage nach Telekommunikationsdienstleistungen abgebildet werden, ist von *Plankostenstellenrechnung* oder *Plankostenträgerrechnung* die Rede.

2. Plankostenstellenrechnung

Zwei exponierte Formen der flexiblen Plankostenrechnung sind die *flexible Plankostenrechnung auf Vollkostenbasis* und die *Grenzplankostenrechnung.* Bei beiden Formen sind die Sollkostenfunktionen *linear.* Im Gegensatz zur flexiblen Plankostenrechnung auf Vollkostenbasis ist es jedoch bei der Grenzplankostenrechnung möglich, dass ein bestimmter Teilbetrag der Sollkosten *fix* ist. Bei der Grenzplankostenrechnung wird also nicht so getan, als sei der Betrag der Sollkosten durch die in der Funktion identifizierten Kostentreiber vollständig erklärt.[33]

Ein zutreffendes Bild vom Kostenverlauf würde die Grenzplankostenrechnung nur dann zeichnen, wenn das Volumen eines Kostentreibers stets eine lineare Funktion des Kostentreibers auf der jeweils vorausgegangenen Hierarchieebene ist. Bezogen auf das in diesem Kapitel bereits öfter angeführte Beispiel „Gebäudeinstandhaltung" würde das bedeuten:

- *auf der Ebene des unmittelbaren Kostentreibers:* Kosten der Gebäudeinstandhaltung [$C^{(4)}$] als lineare Funktion des Zeitbedarfs für die Gebäudeinstandhaltung [$X^{(4)}$]:

  $$C^{(4)} = X^{(4)}_{FIX} + \alpha^{(4)} \cdot X^{(4)}$$

- *auf der dritten Ebene der Kostentreiber:* Zeitbedarf für Instandhaltung der Technikgebäude [$X^{(41)}$] als lineare Funktion der Investitionen in Technikgebäude [$X^{(3)}$]:

  $$X^{(41)} = X^{(3)}_{FIX} + \alpha^{(3)} \cdot X^{(3)}$$

  (Der Zeitbedarf für die Gebäudeinstandhaltung setzt sich aus dem Zeitbedarf für die Instandhaltung der Technikgebäude [$X^{(41)}$] und dem Zeitbedarf für die Instandhaltung der Verwaltungsgebäude [$X^{(42)}$] zusammen.)

- *auf der zweiten Ebene der Kostentreiber:* Investitionen in Technikgebäude [$X^{(3)}$] als lineare Funktion des Platzbedarfs für Vermittlungs- und Übertragungstechnik [$X^{(2)}$]:

  $$X^{(3)} = X^{(2)}_{FIX} + \alpha^{(2)} \cdot X^{(2)}$$

- *auf der ersten Ebene der Kostentreiber (Investitionen in Primary Plant Groups):* Platzbedarf für Vermittlungs- und Übertragungstechnik [$X^{(2)}$] als lineare Funktion

33 vgl. Plinke, W. (2000), Seite 173

der Investitionen in Vermittlungs- und Übertragungstechnik [$X^{(CU)}$, $X^{(LS)}$, $X^{(TS)}$, $X^{(MUX)}$]:

$$X^{(2)} = X_{FIX}^{(2)} + \alpha^{(CU)} \cdot X^{(CU)} + \alpha^{(LS)} \cdot X^{(LS)} + \alpha^{(TS)} \cdot X^{(TS)} + \alpha^{(MUX)} \cdot X^{(MUX)}$$

- *auf der Ebene der externen Kostentreiber (Nachfrage nach Telekommunikationsdienstleistungen):* Investitionen in Vermittlungs- und Übertragungstechnik als lineare Funktion der Auslastung durch Teilnehmeranschlussleitungen, vermittelte Leistungen und Mietleitungen:

$$X^{(CU)} = X_{FIX}^{(CU)} + \alpha_{(AL)}^{(CU)} \cdot Q_{(AL)} + \alpha_{(SS)}^{(CU)} \cdot Q_{(SS)}$$

$$X^{(LS)} = X_{FIX}^{(LS)} + \alpha_{(SS)}^{(LS)} \cdot Q_{(SS)}$$

$$X^{(TS)} = X_{FIX}^{(TS)} + \alpha_{(SS)}^{(TS)} \cdot Q_{(SS)}$$

$$X^{(MUX)} = X_{FIX}^{(MUX)} + \alpha_{(SS)}^{(MUX)} \cdot Q_{(SS)} + \alpha_{(LL)}^{(MUX)} \cdot Q_{(LL)}$$

Entsprechend lassen sich die Kosten der Gebäudeinstandhaltung auch als lineare Funktionen der Auslastung der Hauptkostenstellen darstellen:

$$C^{(4)} = C_{FIX}^{(4)} + \alpha_{(AL)}^{(4)} \cdot Q_{(AL)} + \alpha_{(SS)}^{(4)} \cdot Q_{(SS)} + \alpha_{(LL)}^{(4)} \cdot Q_{(LL)}$$

Bei der Grenzplankostenrechnung haben die Sollkostenfunktionen stets dieses Aussehen. Entsprechend wird der anfallende Kostenbetrag überschätzt (unterschätzt), wenn die Grenzkosten der Leistungserstellung tatsächlich abnehmen und die Istbeschäftigung unter (über) der Planbeschäftigung liegt.[34]

Bei der flexiblen Plankostenstellenrechnung auf Vollkostenbasis werden auf den diversen Ebenen der Kostentreiberhierarchie die fixen Kostenbestandteile gar nicht gesondert identifiziert. Statt dessen werden auch die fixen Kostenbestandteile vollständig auf die jeweils betrachteten Bezugsgrößen umgelegt. Bei der Vollkostenvariante der Plankostenrechnung hätte die Sollkostenfunktion zur Gebäudeinstandhaltung also die Form:

$$C^{(4)} = \tilde{\alpha}_{(AL)}^{(4)} \cdot Q_{(AL)} + \tilde{\alpha}_{(SS)}^{(4)} \cdot Q_{(SS)} + \tilde{\alpha}_{(LL)}^{(4)} \cdot Q_{(LL)}$$

Entsprechend wird der anfallende Kostenbetrag überschätzt (unterschätzt), wenn tatsächlich Größenvorteile bestehen (abnehmende Grenzkosten oder Existenz von Fixkosten) und die Istbeschäftigung unter (über) der Planbeschäftigung liegt.[35]

3. Herleitung des funktionalen Zusammenhangs zwischen Kostentreibern

Im bereits mehrfach angeführten Beispiel „Gebäudeinstandhaltung“ wird angenommen, dass die Kosten der Gebäudeinstandhaltung vom Zeitbedarf für die Gebäudeinstandhaltung abhängen, während der Zeitbedarf seinerseits wiederum von den Investitionen in Technikgebäude abhängt, etc. Damit ist jedoch nur ausgesagt, dass zwischen bestimmten Einflussgrößen ein funktionaler Zusammenhang besteht. Wie dieser funk-

34 vgl. Plinke, W. (2000), Seite 173
35 vgl. Plinke, W. (2000), Seite 173

tionale Zusammenhang aussieht, ist eine andere Frage. Zur Herleitung des funktionalen Zusammenhangs stehen verschiedene Verfahren zur Auswahl.

a) Statistische Verfahren

Charakteristisch für statistische Verfahren ist die Ableitung der Sollkosten aus den *Istkosten früherer Abrechnungsmethoden* mit Hilfe von graphischen oder mathematischen Verfahren. Dabei werden die Istkosten früherer Perioden gesammelt und um Schwankungen der Faktorpreise bereinigt. Statistische Methoden bieten sich beispielsweise bei den Ausgaben für Forschung und Entwicklung an.[36] Die weitere Auswertung dieses statistischen Ausgangsmaterials unterscheidet sich dann bei den einzelnen Methoden. Wichtige Spielarten sind die *Regressionsanalyse mittels der Methode der kleinsten Quadrate* und das *Hoch-Tiefpunkt-Verfahren*.[37]

Beim Hoch-Tiefpunkt-Verfahren wird in einem Diagramm, in welchen der Kostenbetrag in Abhängigkeit vom Kostentreibervolumen abgetragen ist, eine Gerade durch die beiden Punkte gelegt, die die höchste und die niedrigste beobachtete Ausprägung des Kostentreibers beschreiben. Die praktische Anwendung des Hoch-Tiefpunkt-Verfahrens wird durch Abbildung XI-3 anhand von Leerrohrkosten illustriert. Dabei wird unterstellt, dass die Leerrohrkosten (als Bestandteil der langfristigen Zusatzkosten und der *Stand-Alone*-Kosten des Verbindungsnetzes bzw. der Übertragungsleistungen) in Abhängigkeit von der vorgehaltenen Bandbreite ansteigen.[38] Wichtig ist in diesem Zusammenhang, dass sich die langfristigen Zusatzkosten des Verbindungsnetzes aus einem variablen und einem fixen Bestandteil zusammensetzen. Die fixen Zusatzkosten entsprechen den Kosten eines minimal konfigurierten Teilnehmernetzes, ohne das ein Angebot vermittelter Leistungen nicht sinnvoll möglich wäre (vgl. Kapitel VI: „Entgeltbestandteile“, Abschnitt A.: „Kostenmaßstab“). Um die Leerrohrkosten, die Bestandteil der Zusatzkosten des Verbindungsnetzes („inkrementelle Leerrohrkosten) sind, in Abhängigkeit von der Übertragungskapazität im Verbindungsnetz abzubilden, wird durch die Ist-Kombination von Übertragungskapazität und inkrementellen Leerrohrkosten und dem fixen Sockelbetrag eine Gerade gelegt.

Bei einer zusammenfassenden Beurteilung der statistischen Methoden muss auf folgende Kritikpunkte hingewiesen werden:[39]

- Relativ große Bezugsgrößenschwankungen sind Voraussetzung für eine sinnvolle statistische Auswertung des Zahlenmaterials. In der Regel bemühen sich die Unternehmen aber um eine möglichst gleichmäßige Beschäftigung.
- Auch wird für eine sinnvolle statische Auswertung eine große Mengen an Stichproben benötigt. Um diese zu erhalten, muss auf Istwerte zurückgegriffen werden, die zum Teil schon weit in der Vergangenheit liegen. In der Zwischenzeit kann sich

36 vgl. British Telecom (November 1997), Seite 26

37 vgl. Haberstock, L. (1987b), Seite 228

38 vgl. British Telecom (November 1997), Appendix 2, Darstellung der *Cost Volume Relationship* CV025 („Duct: Core“)

39 vgl. Haberstock, L. (1987b), Seite 230

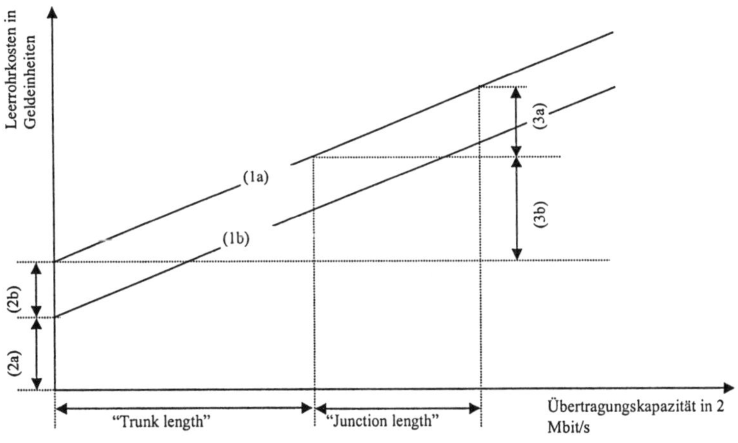

(1a) *Stand-Alone*-Kosten des ***Telekommunikationsnetzes*** (Verbindungsnetz ***und*** Teilnehmernetz)
(1b) *Stand-Alone*-Kosten des ***Verbindungsnetzes***

(2a) „*Intra-Core-Common Costs*" (Gemeinkosten des „*Junction length*"- und des „*Trunk length*"-Segmentes, die zugleich Bestandteil der inkrementellen Kosten des Verbindungsnetzes sind)
(2b) (Leerrohr-) Gemeinkosten des Verbindungs- und des Teilnehmernetzes

(3a) Inkrementelle Leerrohrkosten des "*Junction length*"-Segments
(3b) Inkrementelle Leerrohrkosten des "*Trunk length*"-Segments

Abbildung XI-3: „*Cost-Volume-Relationship*" zu den Leerrohrkosten des Verbindungsnetzes

aber das Aussehen der *Cost-Volume-Relationships* durch technischen Fortschritt etc. stark verändert haben.

- Die Bereinigung der Istwerte der Vergangenheit von störenden Einflüssen anderer Kostentreiber ist äußerst schwierig. Das gilt insbesondere bei Datenmaterial aus einem längeren Zeitraum zur Auftragszusammensetzung, die Faktorqualitäten und die Fertigungsverfahren.
- Permanente Unwirtschaftlichkeiten können nicht aus den Istwerten eliminiert werden, ohne zusätzliche Überlegungen über den zukünftigen Sollzustand anzustellen.

b) Synthetische Verfahren

Die synthetischen Verfahren kommen ohne Bezug auf Vergangenheitswerte aus. Es werden Verbrauchsdiagramme an Produktionsfaktoren mit Hilfe technischer und betriebswirtschaftlicher Studien (Ingenieursmodelle, Interviews mit den Kostenstellenverantwortlichen) geplant, mit Planpreisen versehen und daraus werden anschließend die Sollkosten abgeleitet.[40] Mit Ingenieursmodellen wird typischerweise der Zusammenhang zwischen externer Nachfrage nach Telekommunikationsdienstleistungen und Investitionen in *Primary Plant Groups* abgebildet; Interviews mit den Kostenstellen-

40 vgl. Haberstock, L. (1987b), Seite 226

verantwortlichen können beispielsweise die Herstellerrabatte zum Gegenstand haben, die das Unternehmen in Abhängigkeit von den Abnahmemengen erzielen kann.[41]

c) Cost Weighted Dependencies

Die Bestimmung von Sollkostenfunktionen mittels *Cost Weighted Dependencies* (CWD) bietet sich an, wenn das Unternehmen bereits eine *Vollkostenrechnung* durchgeführt hat und der gesuchte funktionale Zusammenhang zwischen den Kostentreibervolumen auf einer Hierarchieebene und den Kostentreibervolumina auf der nächsthöheren Hierarchieebene *linear* ist (vgl. hierzu auch die Ausführungen zur Grenzplankostenrechnung in diesem Abschnitt). Ist der Fixbetrag des Kostentreibers bekannt, lassen sich die variablen Stückkosten leicht ermitteln, denn die variablen Stückkosten müssen im gleichen Verhältnis zueinander wie die Selbstkosten bei der Vollkostenrechnung zueinander stehen. Das folgende Zahlenbeispiel illustriert den Zusammenhang.[42]

Vollkosten-Rechnung - Aufschlüsselung von Gebäudekosten auf Wartungs- und Büropersonal	Wartungspersonal	Büropersonal	Summe	
Gegeben:				
Kostentreibervolumina (Gehaltssummen)	600 GE	600 GE		
Kostentreibern zugeschlüsselte Kosten.....	50 GE	950 GE		
Gesamtbetrag der Kosten.........................				1000 GE
Gesucht: Plankostenverrechnungssatz (Verhältnis Kosten: Kostentreibervolumina......	0,083	1,583		
Top-Down-LIRC-Rechnung	Wartungspersonal	Büropersonal	Fixe Gemeinkosten	Summe
Gegeben:				
Kostentreiber-Volumina...........................	480 GE	480 GE		
Gesamtbetrag der Kosten (s. oben)..........				1000 GE
Gesucht:				
Inkrementelle Kosten und fixe Gemeinkosten..	$0{,}083 \cdot 480GE = 40$ GE	$1{,}583 \cdot 480GE = 760$ GE	1000 GE - 40 GE - 760 GE = 200 GE	
Gesuchte Sollkostenfunktion.........................	$C = 1000 + 0{,}083 \cdot X_1 + 1{,}583 \cdot X_2$ mit X_1 = Gehaltsstumme Wartungspersonal, X_2 = Gehaltssumme Büropersonal			

Übersicht XI-2: Berechnungsbeispiel zu *Cost Weighted Dependencies* (GE = Geldeinheiten)

4. Zusammenfassende Kritik an der Plankostenrechnung

Die hergeleiteten funktionalen Zusammenhänge zwischen dem Betrag einer Kostenposition und der Nachfrage nach Telekommunikationsdienstleistungen sind mitunter fragwürdig. Damit sind auch die Vergleiche von Soll- und Istkosten nicht frei von Kritik.

---

41 vgl. British Telecom (November 1997), Seite 26
42 vgl. British Telecom (November 1997), Seite 32 ff.

- *In vielen Fällen lässt sich der Kostentreiber nicht eindeutig identifizieren.* Ein Beispiel hierfür sind die Leerrohre des Verbindungsnetzes: Treiber der Leerrohrkosten könnten einerseits die verlegten Kabel sein (etwa gemessen in Faserpaaren); andererseits käme als Kostentreiber ebenso gut auch die benötigte Übertragungskapazität (in 2 Mbit/s) in Betracht.
- *Es gibt zirkuläre Abhängigkeiten zwischen den Kostentreibern.* Die Zuordnung indirekter Kostenpositionen zur Nachfrage nach Telekommunikationsdienstleistungen erfolgt anhand von Kostentreiberhierarchien. Mitunter sind die Abhängigkeiten zwischen den Kostentreibern jedoch gar nicht hierarchisch, sondern zirkulär. Eine zirkuläre Abhängigkeit läge beispielsweise vor, wenn ein Kostentreiber A den Betrag eines Kostentreibers B determiniert, der Betrag des Kostentreibers B von Kostentreiber C abhängt und C schließlich wiederum den Betrag von A beeinflusst.[43]

43 vgl. British Telecom (November 1997)

XII. „BOTTOM-UP"- VERSUS „TOP-DOWN"-MODELLE

Zur Abschätzung der langfristigen Zusatzkosten bzw. der Stand-Alone-Kosten eines Inkrementes (z.B. des Verbindungsnetzes) können unterschiedliche Datenbasen herangezogen werden: Als Datenlieferant kommt zum einen die Finanzbuchhaltung des Unternehmens in Betracht („Top-down"-Ansatz); zum anderen kann ausgehend von Annahmen über die Beschaffungspreise für Netztechnik und die Relationen von Beschaffungspreisen und Betriebskosten überlegt werden, mit welchem hypothetischen Telekommunikationsnetz sich eine gegebene Nachfrage nach Telekommunikationsdienstleistungen zu geringstmöglichen Kosten bewältigen ließe („Bottom-up"-Ansatz). Als Ergebnis des Vergleiches der Stärken und Schwächen des „Top-down"- und des „Bottom-up"-Ansatzes zeigt sich, dass beide Ansätze parallel verfolgt werden sollten.

A. ABGRENZUNG DER ANSÄTZE

1. Darstellung

Den ersten Ablaufschritt sowohl bei der Kalkulation von Leistungsentgelten als auch bei periodenbezogenen Kostenrechnungen bildet die Kostenartenrechnung (Kostenerfassung). Dabei werden bei „*Top-down*"- und „*Bottom-up*"-Modellen unterschiedliche Datenbasen herangezogen.

Beim „*Top-down*"-Ansatz wird ausgehend von der bestehenden Kostenstruktur des Unternehmens bestimmt, welche Zusatzkosten bzw. Stand-Alone-Kosten die Bereitstellung eines gegebenen Inkrementes in einer definierten Zeitperiode verursacht. Grundlage hierfür ist die Finanzbuchhaltung des betreffenden Unternehmens. Da es bei einer regulatorischen Kostenrechnung üblicherweise auf die Kosten der effizienten Leistungserstellung ankommt, sind

- die in der Finanzbuchhaltung erfaßten Istkosten um eventuelle Ineffizienzen zu bereinigen,
- die für die Bereitstellung des jeweils betrachteten Inkrementes irrelevanten Kosten zu ignorieren und
- die eingesetzten Anlagen mit ihrem aktuellen Marktwert (Wiederbeschaffungspreisen) und nicht mit historischen Anschaffungspreisen zu bewerten.

Beim „*Bottom-up*"-Ansatz (synonym: „Ingenieurs-Ansatz") hingegen wird ausgehend von Annahmen zu den Marktpreisen für Netztechnik und zum Verhältnis der Betriebskosten zu den Investitionen in Netztechnik die Beschaffenheit eines hypothetischen Telekommunikationsnetzes beschrieben. Das hypothetische Netz soll „effizient" sein, d.h. es soll eine gegebene Nachfrage nach Telekommunikationsdienstleistungen unter Einhaltung bestimmter Vorgaben zu Verkehrsgüte und Redundanz[1] (und gegebenenfalls weiterer Vorgaben zur Lage der Netzknoten) zu geringstmöglichen Kosten bewältigen können.

Spielarten des „*Bottom-up*"-Ansatzes sind der „*Scorched Earth*"-Ansatz (synonym: „*Greenfield*"-Ansatz) und der „*Scorched Node*"-Ansatz. Beim „*Scorched Earth*"-Ansatz wird ein effizientes Telekommunikationsnetz ausgehend von der Hypothese eines vollständigen Netzneuaufbaus beschrieben. Beim „*Scorched Node*"-Ansatz hingegen werden die Standorte der Netzknoten (Konzentratoren und Vermittlungsstellen) als gegeben angenommen. Der „*Scorched Node*"-Ansatz bildet somit die Entscheidungssituation eines realen Netzbetreibers ab: Ein realer Netzbetreiber wird in seinem Optimierungskalkül unter Kostengesichtspunkten insbesondere die Standorte der Zugangsnetzknoten (in aller Regel Standorte mit besonders hoher Teilnehmerdichte) als gegeben betrachten.[2] Für den „*Scorched Node*"-Ansatz bzw. gegen den „*Scorched Earth*"-Ansatz spricht, dass Ersterer eher dem wohlfahrtsökonomischen Hintergrund der Verwendung langfristiger Zusatzkosten als Kostenmaßstab entspricht (permanente Bedrohung des *Incumbent* durch tatsächliche oder potentielle Wettbewerber auf einem bestreitbaren Markt, vgl. Kapitel I: „Gegenstand der Untersuchung").[3] Umgekehrt geht der „*Scorched Node*"-Ansatz implizit von der Annahme aus, dass die gegenwärtige Lage der Netzknoten effizient ist (also zur Minimierung der Gesamtkosten der Leistungserstellung beiträgt). Tatsächlich kann die jeweils gegenwärtige Lage der Netzknoten effizient sein, sie muß es aber nicht. Der „*Scorched Node*"-Ansatz baut damit auf der „klassischen" Interpretation des Effizienzbegriffs auf (Befriedigung einer gegebenen Nachfrage zu geringstmöglichen Kosten), während der „*Scorched Earth*"-Ansatz eher der Interpretation von „Effizienz" als „effizientem Anpassungspfad" vom Ist-Zustand zum Kostenminimum entspricht (zum Effizienzbegriff vgl. Kapitel VI: „Entgeltmaßstäbe", Abschnitt B). Gleichwohl gibt es zugkräftige Gründe, die für den „*Scorched Node*"-Ansatz sprechen.[4] So wäre die Bestimmung eines „optimalen" Netzes eine enorme Aufgabe. Außerdem ist die Lage der Netzknoten in gewissem Masse durch historische Gründe auferlegt (sie ist zum Beispiel durch ein altes, hierarchisches Netzdesign vorgegeben). Es ist nicht unbedingt vernünftig (oder auch nur kostenwirksam), davon auszugehen, dass Netzknoten in nächster Zeit umorganisiert werden können.

2. Vergleichbarkeit der Ergebnisse

Um Vergleichbarkeit der mittels „*Top-down*"- und „*Bottom-up*"-Kalkulationen zu gewährleisten, müssen verschiedene Bedingungen erfüllt sein:

---

1 Die Nachfrage nach Telekommunikationsdienstleistungen kann nicht mit Sicherheit prognostiziert werden. Es besteht vielmehr die Möglichkeit, dass die tatsächliche Nachfrage über dem Erwartungswert liegt. Auch können Netzkomponenten aufgrund technischer Defekte oder ähnlichem ausfallen. Deshalb werden zusätzliche (redundante) Netzkapazitäten vorgehalten.

2 vgl. Großkopf, B., u.a. (1994), Seite 33

3 ähnlich: Vogelsang (1997)

4 vgl. Nera (Juli 1997), Seite 2

- Es muss das gleiche Inkrement gewählt werden (zum Einfluss der Wahl des Inkrements auf die Entgelthöhe siehe Kapitel VIII: „Abgrenzung von Inkrementen"). Wird zum Beispiel bei der „Top-down"-Kalkulation das Gesamtportfolio der Verbindungsleistungen (im wesentlichen bestehend aus vermittelten Leistungen und Mietleitungen) als relevantes Inkrement gewählt, dürfen bei der „*Bottom-up*"-Kalkulation nicht lediglich vermittelte Leistungen als relevantes Inkrement betrachtet werden.[5]
- Da bei der Netzoptimierung im Rahmen eines „*Bottom-up*"-Modells die jeweils aktuellen Anschaffungspreise neuer Anlagen zugrunde gelegt werden, müssen auch in „*Top-down*"-Modellen die jeweils vorhandenen Investitionsgüter mit ihrem (hypothetischen) Marktwert bewertet werden. Das Bewertungsinstrumentarium liefert dabei das Konzept „ökonomischer Abschreibungen" (vgl. Kapitel XIII: „Abschreibungen"). So bleiben historisch überhöhte Anschaffungspreise ohne Einfluss auf die „*Top-Down*"-Ergebnisse. Preisnachlässe, die das regulierte Unternehmen aufgrund seiner Einkaufsmacht erwarten kann, sind konsequenterweise ebenfalls bei der Bewertung der Investitionsgüter zu berücksichtigen.[6]
- Bei der Kostenstellenrechnung müssen die Kostenträgergemeinkosten auf die gleichen Hauptkostenstellen umgelegt werden (also z.B. „*Local Switching*", „*Tandem Switching*", „*Local-Tandem-Transmission*" etc.).
- Die den Hauptkostenstellen zugeschlüsselten Kostenträgergemeinkosten müssen mit dem gleichen Verfahren auf die Telekommunikationsdienstleistungen umgelegt werden. Das bedeutet beim „*Element Based Charging*" insbesondere, dass die gleiche Nachfrage nach Telekommunikationsdienstleistungen und die gleichen Routing-Faktoren zugrunde gelegt werden (vgl. Kapitel X: „Element Based Charging").

Während also die Kostenträgerrechnung bei „*Top-Down*"- und „*Bottom-up*"-Modellen gleich ausgestaltet werden kann (und sollte), unterscheiden sich die beiden Modellansätze bei der Kostenstellenrechnung bzw. bei der Modellierung der Betriebskosten wesentlich. Darüber hinaus können sich Ergebnisunterschiede ergeben, weil das reale Netz der regulierten Unternehmens anders als das beim „*Bottom-up*"-Ansatz modellierte Netz beschaffen ist.[7]

3. Modellierung von Betriebskosten

Die korrekte Berücksichtigung von anlagenbezogenen Betriebskosten im Rahmen eines „*Bottom-up*"-Modells ist schwierig, denn die anfallenden Arbeitsprozesse sind komplex und von Unternehmen zu Unternehmen unterschiedlich: Während die Regeln für den Aufbau eines Telekommunikationsnetzes aufgrund internationaler technischer Standardisierung in weiten Bereichen gut dokumentiert sind, gilt dies nicht für die Be-

5 vgl. Mercury Communications (Februar 1996), Seite 55 f.
6 vgl. Mercury Communications (Februar 1996), Seite 55 f.
7 vgl. Nera (Dezember 1996), S. 3 f.

triebsabläufe, die einzelne Betreiber etabliert haben. In Analogie zur Ermittlung der Netzstruktur müssten Betriebsprozesse grundsätzlich im Sinne einer Prozesskostenrechnung beschrieben werden, die die relevanten Kostentreiber angemessen abbildet (vgl. hierzu die Ausführungen zum *Activity Based Costing* in Kapitel XI: „Finanzbuchhaltung und Kostenanalyse“).[8] Dies kann nur ein „*Top-Down*“-Modell leisten.

Detailliert modelliert werden durch „*Bottom-up*“-Modelle lediglich die Investitionen in bestimmte Komponenten des Telekommunikationsnetzes bzw. die mit ihnen verbundenen Abschreibungen und Kapitalkosten. Typischerweise handelt es sich bei diesen modellierten Netzkomponenten um Vermittlungs-, Übertragungs- und Linientechnik sowie um Technikgebäude. Zielvorgabe bei der Modellierung des hypothetischen Telekommunikationsnetzes ist zumeist die Minimierung der Investitionssumme unter Einhaltung von Vorgaben zur Netzkapazität und -qualität. Nicht explizit modelliert werden demgegenüber die durch anderes betriebsnotwendiges Vermögen[9] verursachten Kapitalkosten sowie die Betriebskosten. Der Betrag des sonstigen betriebsnotwendigen Vermögens sowie der Betriebskosten wird vielmehr aus *Annahmen* zur *Relation* der Betriebskosten bzw. des sonstigen betriebsnotwendigen Vermögens zu den Investitionen in ausgesuchte Netzkomponenten abgeleitet. Implizit wird damit unterstellt, dass die Betriebskosten linear im Verhältnis zu den Investitionen in die genannten Netzkomponenten ansteigen. Zudem werden bei „*Bottom-up*“-Kalkulationen keine separaten Abschätzungen der diversen Arten von Betriebskosten vorgenommen; vielmehr werden zahlreiche Kostenpositionen zu grob abgrenzten Kostenkategorien zusammengefasst, deren Betrag summarisch geschätzt wird. Abgeleitet werden können die Annahmen zur Relation von Investitionsvolumina und Betriebskosten durch Befragung von Netzbetreibern[10] oder öffentlichen Quellen wie den von der FCC veröffentlichten „*Statistics of Common Carriers (SOCC)*“.

B. Stärken und Schwächen der Ansätze

Sowohl der *Top-down-* wie auch der *Bottom-up-*Ansatz haben ihre spezifischen Stärken und Schwächen.

Wesentliche Stärken des „*Bottom-Up*“-Ansatzes sind Transparenz für Außenstehende sowie die schnelle und einfache Implementierbarkeit. Dass real existierende Ineffizienzen des regulierten Unternehmens bei einer „*Bottom-up*“-Kalkulation in die IC-Entgelte einbezogen werden, ist unwahrscheinlicher als bei einer „*Top-down*“-Kalkulation. Zudem wird ein entgeltreguliertes Unternehmen tendenziell bestrebt sein, detaillierte Angaben über die Höhe einzelner Kostenpositionen und das Volumen der Kostentreiber unter Verschluss zu halten. Beim „*Top-down*“-Ansatz bestehen also *In-*

8 vgl. WIK (April 1999), Seite 50

9 z.B. den durchschnittlichen Bestand an Forderungen aus Lieferungen und Leistungen

10 Die britische Regulierungsbehörde Oftel hat für ihr „*Bottom-up*“-Modell einen Durchschnitt aus den Angaben verschiedener Netzbetreiber gebildet. Dabei sind die Oftel getroffenen Annahmen öffentlich zugänglich, nicht jedoch die in die Durchschnittsbildung eingegangen Angaben der einzelnen Netzbetreiber.

formationsasymmetrien zwischen dem *Incumbent* auf der einen Seite und den alternativen Netzbetreibern und der Regulierungsbehörde auf der anderen Seite. Beim *„Bottom-up"*-Ansatzes ist im Vergleich zum *„Top-down"*-Ansatz die Abhängigkeit von Informationen des *Incumbent* geringer; Überlegungen zur Struktur eines effizienten Telekommunikationsnetzes können auch von Außenstehenden angestellt werden. Dies wird von alternativen Netzbetreibern als Vorteil empfunden, denn einen Einblick in die tatsächliche Kostensituation des *Incumbent* erhält allenfalls die Regulierungsbehörde.[11] Auch kann bei „*Top-down*"-Kalkulationen die Konstruktion der funktionalen Zusammenhänge zwischen Kostenbeträgen und Kostentreibern („*Cost-Volume Relationships*") mitunter zweifelhaft sein. Zu denken ist hier insbesondere an Fälle, in denen Kosten von einer Vielzahl von Kostentreibern abhängen und zwischen dem Volumen verschiedener Kostentreiber zirkuläre Abhängigkeiten bestehen (zu den Einzelheiten siehe Kapitel IX: „Finanzbuchhaltung und Kostenanalyse").[12]

Andererseits erlaubt der *„Top-down"*-Ansatz eine detaillierte Analyse der Kostenzuordnung auf die entsprechenden Kostenkonten. Entsprechend lässt sich anhand eines „*Top-Down*"-Modells genauer untersuchen, wie die Kosten auf Veränderungen des Outputs (der befriedigten Nachfrage nach Telekommunikationsdienstleistungen) reagieren. [13] Demgegenüber ist insbesondere die Modellierung der Betriebskosten bei *„Bottom-up"*-Modellen fragwürdig:

- Die bei *„Bottom-up"*-Modellen getroffenen Annahmen über das Verhältnis von Betriebskosten und Netzkosten implizieren einen linearen Anstieg der Betriebskosten im Verhältnis zur Investitionssumme. Ein solcher linearer Zusammenhang ist jedoch in vielen Fällen nicht plausibel:
  - Es lassen sich Beispiele für Netzkomponenten finden, bei denen Investitionssumme und Betriebskosten kaum miteinander korreliert sind. So dürften beispielsweise die Betriebskosten eines Leerrohres davon unabhängig sein, ob es an gleicher Stelle in 80 cm oder in 20 cm Tiefe verlegt ist.
  - Es ist zu vermuten, dass die Betriebskosten einer Netzkomponente im Verhältnis zur Kapazität nur unterproportional ansteigen.
  - Zwischen der Höhe der Betriebskosten und den Kapitalkosten (bzw. den Investitionen) in eine Netzkomponente kann eine *trade-off*-Beziehung bestehen.

---

11 Dabei wird sich das entgeltregulierte Unternehmen darauf berufen, dass die der Regulierungsbehörde vorgelegten Kostenunterlagen Betriebs- und Geschäftsgeheimnisse darstellten. Je weniger Informationen das entgeltregulierte Unternehmen in einem Entgeltgenehmigungsverfahren oder Anordnungsverfahren preisgibt, um so schwieriger wird es für die Wettbewerber, zu den Anliegen des regulierten Unternehmens und den vorgebrachten Argumenten Stellung zu nehmen. Auch mag es durchaus im Interesse der Regulierungsbehörde liegen, einen nur möglichst geringen Teil der vom regulierten Unternehmen beigebrachten Kostennachweise gegenüber den anderen Wettbewerben offen zu legen. Denn so bietet auch die Behörde nur wenig Angriffsfläche für eventuelle Kritik an ihren Entscheidungen durch die Wettbewerber (die womöglich noch in die Öffentlichkeit bzw. Presse getragen wird oder in einer Anordnung der Gerichte mündet).

12 vgl. Nera (März 1996), Seite ii f.

13 vgl. Nera (März 1996), Seite i

- Das Verhältnis von Betriebskosten und gebundenem Kapital lässt sich nur schwer zwischen verschiedenen Unternehmen vergleichen:
  - Die Netzbetreiber kategorisieren ihre Betriebskosten in ihrer öffentlichen Rechnungslegung unterschiedlich. So können etwa Ausgaben, die von einem Netzbetreiber kapitalisiert und abgeschrieben werden, von einem anderen den Betriebsausgaben zugerechnet werden. [14]
  - Beim *„Bottom-up"*-Ansatz wird das in der Netztechnik gebundene Kapital auf Basis aktueller Marktpreise geschätzt. Um aus öffentlich zugänglichen Kostendaten anderer Netzbetreiber für ein *„Bottom-up"*-Ansatz valide Angaben über das Verhältnis von Betriebskosten und gebundenem Kapital abzuleiten, müssten diese Netzbetreiber – als Minimalanforderung – ihre Netztechnik ebenfalls zu aktuellen Marktpreisen bewerten. Davon ist jedoch nicht auszugehen; tatsächlich werden in der öffentlich zugänglichen Rechnungslegung von den Netzbetreibern vielfach die historischen Anschaffungspreise der Netzkomponenten linear über eine angenommene Nutzungsdauer abgeschrieben. [15]
  - Kapitalkosten unterliegen in hohem Maße Größenvorteilen (*economies of scale*) und Verbundvorteilen (*economies of scope*). Das bedeutet, dass mit zunehmender Netzkapazität die Betriebskosten einen zunehmend größeren Anteil an den Netzkosten ausmachen. Auch dadurch werden Vergleiche der Verhältniszahlen zwischen unterschiedlichen Netzbetreibern erschwert, denn die Netzkapazität ist natürlich von Betreiber zu Betreiber unterschiedlich. [16]
  - Die Betriebsausgaben vergangener Perioden liefern nicht immer vernünftige Indizien zur Höhe der Betriebsausgaben, die jeweils gerade aktuellen *Modern Equivalent Assets* in der Zukunft verursachen werden.[17]
  - Die ausgewiesenen Betriebsausgaben, etwa aufgrund eines monopolbedingt zu hohen Personalbestandes, können höher sein als die Ausgaben, die ein effizienter Netzbetrieb verursacht [18]
  - Die Altersstruktur der eingesetzten Anlagen ist von Netzbetreiber zu Netzbetreiber unterschiedlich, und die Höhe der Betriebsausgaben für eine Anlage ist in hohem Maße von deren Alter abhängig. Werden die Betriebskosten eines Netzbetreibers mit vorwiegend älteren Anlagen anhand der bei neuen Anlagen zu beobachtenden Relation von Marktwert und Betriebskosten geschätzt, so dürften die geschätzten Betriebskosten in der Regel unter den tatsächlichen Betriebskosten liegen; werden hingegen die Betriebskosten eines Netzbetreibers mit vorwiegend neuen Anlagen anhand der bei alten Anlagen zu beobachtenden Relation von Marktwert und Betriebskosten geschätzt, so verhält es sich umgekehrt.[19]

---

14 vgl. Flanigan, B. et. al. (July 1999)
15 vgl. Flanigan, B. et. al. (Juli 1999)
16 vgl. Flanigan, B. et. al. (July 1999)
17 vgl. WIK (April 1999), Seite 50
18 vgl. WIK (April 1999), Seite 50
19 vgl. Europe Economics (April 2000), Seite 15

- Die Netzbetreiber stellen unterschiedliche Ansprüche an die Qualität der von ihnen angebotenen Telekommunikationsdienstleistungen (und damit an die Netzsicherheit).
- Kleinere Netzbetreiber werden tendenziell mehr Tätigkeiten extern in Auftrag geben (*Outsourcing*) als große Netzbetreiber (um die fixen Betriebskosten gering zu halten).
- Werden die Relationen zwischen Investitionssumme und Betriebskosten aus ausländischem Datenmaterial gewonnen, so ist neben dem Aspekt der Unterschiedlichkeit der Netzstrukturen auch der Hinweis auf das im internationalen Vergleich hohe deutsche Lohnniveau naheliegend.[20]

Zusammenfassend lässt sich feststellen: Einerseits stellen *„Bottom-up"*-Modelle aufgrund ihrer relativen Einfachheit und Transparenz ein gutes Instrument dar, um die Ergebnisse der *„Top-down"*-Berechnungen des *Incumbent* kritisch zu hinterfragen. Andererseits lassen sich mit einem *„Top-down"*-Modell genauer die Verhältnisse auf dem jeweiligen Telekommunikationsmarkt abbilden.

---

20 Andererseits läßt sich argumentieren, dass die Regulierung von IC-Entgelten zukunftsgerichtet sein und infolgedessen nicht auf das gegenwärtigen Lohngefälle zwischen Deutschland und seinen europäischen Nachbarn geschaut werden sollte. Im Verlauf der europäischen Integration dürfte es zu einer gewissen Angleichung der Löhne in Deutschland und den anderen europäischen Staaten kommen.

XIII. KAPITALKOSTEN

Kapitalkosten werden hier als das Produkt aus Marktwert des gebundenen Kapitals und Finanzierungskosten verstanden. Die Finanzierungskosten sind jener Erwartungswert der Verzinsung, mit der Kapitalgeber im Kapitalmarktgleichgewicht rechnen können.[1] *Dargestellt wird in diesem Kapitel die Abschätzung des Kapitals, das in einem Geschäftsfeld oder einem Investitionsprojekt durchschnittlich gebunden ist, sowie die Abschätzung der anfallenden Finanzierungskosten. Hervorzuheben ist dabei unter anderem die Feststellung, dass die Finanzierungskosten eines Unternehmens ein gewichtetes Mittel der Finanzierungskosten der einzelnen Aktivitäten eines Unternehmens sind, und dass sich die Aktivitäten in ihrem Risikogehalt unterscheiden. Gleichzeitig bestehen zwischen den unterschiedlichen Aktivitäten Synergien. Entsprechend stellt sich bei der Entgeltkalkulation sowohl bei der Zuordnung des gebundenen Kapitals zu Geschäftsfeldern als auch bei der Abschätzung von Finanzierungskosten das Problem der Gemeinkostenschlüsselung (vgl. Kapitel IX: „Gemeinkostenallokation").*

A. BETRIEBSNOTWENDIGES KAPITAL

Üblicherweise wird das in einem Geschäftsbereich oder Investitionsprojekt gebundene Kapital durch eine Abschätzung des Marktwertes des gebundenen Vermögens bestimmt. Dieses Vorgehen basiert auf folgenden Überlegungen:

1. Im Kapitalmarktgleichgewicht stimmt der Marktwert des Kapitals (zuzüglich eventueller Steuerverbindlichkeiten) eines Unternehmens mit dem Markwert des Vermögens (einschließlich eventueller Steuerguthaben) überein.
2. Der Marktwert der Finanzierungstitel (Aktien, Anleihen etc.) spiegelt nicht das Risiko spezifischer Geschäftsbereiche oder Investitionsprojekte wieder, sondern das Risiko des Unternehmens als Ganzes. Am Marktwert der Finanzierungstitel lässt sich der Marktwert einzelner Investitionsprojekte oder Geschäftsfelder nicht unmittelbar ablesen. Hingegen lassen sich die Vermögensgegenstände des Unternehmens relativ genau einzelnen Investitionsprojekten oder Geschäftsfeldern zuordnen.
3. Auch lässt sich der aktuelle Marktwert des Unternehmens als Ganzes nicht unmittelbar am Kapitalmarkt beobachten, denn nicht alle Kapitalbestandteile werden auch am Kapitalmarkt gehandelt. Beispiele für solche Kapitalbestandteile sind Aktienkapital in Staatsbesitz, Rückstellungen und Verbindlichkeiten auf den Beschaffungsmärkten (also gegenüber Arbeitnehmern, Lieferanten, Vermietern etc.).

---

1 Gelegentlich wird auch die Summe aus erwarteter Verzinsung des eingesetzten Kapitals und Abschreibungen als Kapitalkosten bezeichnet.

Schließlich ist auch der Hinweis wichtig, dass das betriebsnotwendige Kapital (bzw. Vermögen) aufgrund von Ineffizienzen kleiner als das tatsächlich vorhandene Kapital (bzw. Vermögen) sein kann.

A. Vermögensgegenstände	
1. Anlagevermögen (*Fixed Assets*)	
a) *Tangible fixed assets*)	6.339 £m
b) *Fixed Assets investments*	107 £m
2. Umlaufvermögen (*Current Assets*)	
a) Finanzanlagen (*Stocks*)	-
b) Forderungen (*Debtors*)	1.168 £m
c) Kurzfristige Anlagen (*short term Investment*)	640 £m
d) Barmittel (*Cash at bank in hand*)	15 £m
B. Innerhalb des Finanzjahres fällige Verbindlichkeiten (ohne Unternehmenssteuern und auszuschüttende Dividenden)	
1. kurzfristige Anleihen (*short term loans*)	111 £m
2. Verbindlichkeiten gegenüber Arbeitnehmern, Vermietern, Verpächtern und Lieferanten (*other creditors*)	1.464 £m
C. *Provisions for liabilities less charges*	167 £m
Mean Capital Employed = A minus B minus C	6.527 £m
D. Reduzierung des *Mean Capital Employed* durch regulatorische Entscheidungen	
1. *Capital employed excluded*	455 £m
2. *Reduction of turnover*	11 £m
Mean Capital Employed after Regulatory Decision used for charging purposes	**6.061 £m**

Übersicht XIII-1: Betriebsnotwendiges Kapital des Geschäftsbereichs „Network" der British Telecom im Geschäftsjahr 1994/95. Vgl. British Telecom (Oktober 1995), Seite 18 und British Telecom (Juli 1996), Seite 17.

Nicht immer können Vermögensgegenstände eindeutig einem bestimmten Geschäftsbereich zugeordnet werden. Zu denken ist hier beispielsweise an Leerrohre, die gleichzeitig sowohl für Leistungen des Verbindungsnetzes als auch für Teilnehmeranschlussleitungen genutzt werden. Die Finanzierung derartiger Vermögensgegenstände verursacht Kapitalkosten, die zu den Gemeinkosten des Verbindungs- und des Teilnehmernetzes gehören. Gleichwohl ist eine Aufschlüsselung dieser Gemeinkosten bzw. des betriebsnotwendigen Kapitals bei der Entgeltkalkulation unumgänglich. Dies gilt auch bei der Entgeltkalkulationen auf Basis langfristiger Zusatzkosten (vgl. Kapitel VIII: „Abgrenzung von Inkrementen"). Die nachstehende Übersicht enthält Hinweise zur Allokation ausgesuchter Vermögens- bzw. Kapitalbestandteile (zur Erläuterung der Begriffe „*Primary Plant Groups*" bzw. „*Plant Groups*" vgl. Kapitel XI: „Finanzbuchhaltung und Kostenanalyse").

Bestandteil des gebundenen Kapitals	Zuschlüsselungsmethode
Sachanlagen („*tangible fixed assets*")	Leerrohre, Stromversorgung, Fahrzeuge, Computer, Grundstücke und Gebäude etc. werden *Primary Plant Groups* wie beispielsweise Teilnehmeranschlussleitungen, Vermittlungstechnik und Übertragungstechnik zugeschlüsselt.
Wertpapiere *(Stocks)*	Der Bestand an Wertpapieren wird ausschließlich dem Geschäftsbereich „*Retail*" zugeordnet und ist somit bei der Ermittlung von Zusammenschaltungsentgelten irrelevant.
Forderungen aus Lieferungen und Leistungen *(Debtors)*	Forderungen an Endkunden („*Trade debtors*") werden ausschließlich dem Geschäftsbereich „*Retail*" zugeordnet. Forderungen an andere Netzbetreiber („*Income Debtors*") werden direkt auf Aktivitäten und *Plant Groups* nach Maßgabe des generierten Umsatzes aufgeschlüsselt. Forderungen an die Belegschaft („*Payroll and related debtors*"), zum Beispiel aus Lohnvorauszahlungen, werden nach Maßgabe der geleisteten Lohn- und Gehaltszahlungen (einschl. Sozialversicherung) auf Aktivitäten und *Plant Groups* aufgeschlüsselt.
Kurzfristige Anlagen (*Short term Investment)*	Kurzfristige Geldanlagen, zum Beispiel Termingelder, werden in der Regel im Hinblick auf anstehende Realinvestitionen getätigt. Entsprechend wird der Bestand an solchen Geldanlagen nach Maßgabe der jeweils getätigten Realinvestitionen auf Aktivitäten und *Plant Groups* aufgeschlüsselt. Die übrigen kurzfristigen Geldanlagen werden nach Maßgabe des operativen Gewinnes *(before costs of redundancy and restructuring*) aufgeschlüsselt. Dienste mit operativen Verlusten bleiben bei der Kostenzuschlüsselung unberücksichtigt.
Barmittel *(Cash at bank in hand)*	Barmittel werden nach Maßgabe des operativen Gewinnes *(before costs of redundancy and restructuring*) aufgeschlüsselt. Dienste mit operativen Verlusten bleiben bei der Kostenzuschlüsselung unberücksichtigt.
Anleihen *(loans and other borrowings*	Begebene Anleihen (*Bank Overdrafts* und *Commercial Paper*) werden nach Maßgabe des operativen Gewinnes *(before costs of redundancy and restructuring*) aufgeschlüsselt. Dienste mit operativen Verlusten bleiben bei der Kostenzuschlüsselung unberücksichtigt. Ausleihungen zur Finanzierung von Überseeaktivitäten werden ausschließlich *BT Retail* zugeordnet.
Sonstige Verbindlichkeiten *(Other creditors)*	Verbindlichkeiten gegenüber Lieferanten („*Trade Creditors*") werden Aktivitäten und *Plant Groups* auf der Basis der Betriebskosten der beschafften Güter (ohne Abschreibungen) zugeordnet. Verbindlichkeiten gegenüber Vermietern u.ä. („*Capital Creditors*") werden Aktivitäten und *Plant Groups* nach Maßgabe des jeweiligen Zuwachses an *Fixed Assets* zugeschlüsselt. Verbindlichkeiten gegenüber der Belegschaft („*Payroll Creditors*") werden Aktivitäten und *Plant Groups* nach Maßgabe der

	jeweils zu leistenden Ausgaben zugeordnet. Gezahlte Umsatzsteuer (= Forderung gegenüber dem Fiskus) und in Rechnung gestellte Umsatzsteuer (= Verbindlichkeiten gegenüber dem Fiskus) werden nach getrennten Erlös- und Kostenschlüsseln zugeordnet. Verbindlichkeiten des Geschäftsbereichs *„BT Retail“* an die Geschäftsbereiche *„BT Network“* und *„BT Access“* werden auf der Basis der nachgefragten Mengen o.ä. zugeordnet.

Übersicht XIII-2: Aufschlüsselung des gebundenen Kapitals auf die Geschäftsbereiche BRITISH TELECOMS. Vgl. British Telecom (September 1996), Seite 27 ff. (para. 5.38 – 5.48)

Unter den Prämissen (1.) sichere Erwartungen, (2.) Bestreitbarkeit der Absatzmärkte und (3.) Kapitalmarktgleichgewicht müssen die auf dem Absatzmarkt erzielten Erlöse jederzeit mit der Summe aus Kapitalkosten, ökonomischen Abschreibungen und Betriebskosten übereinstimmen (vgl. Kapitel XIV: „Abschreibungen“). Natürlich ist eine solche zeitpunktbezogene Betrachtung für die praktische Entgeltregulierung unbrauchbar. Denn Entscheidungen zur Entgeltregulierung decken *Zeiträume* ab, und die Kosten der Leistungserstellung sind im Zeitablauf Schwankungen unterworfen. Entsprechend geht es bei der regulatorischen Kostenrechnung auch darum, für definierte Zeiträume jene Erlöse abzuschätzen, die den erwarteten Kosten der Leistungserstellung entsprechen. *Jederzeitige* Übereinstimmung der Erlöse mit den Kosten wird hingegen *nicht* verlangt. Entsprechend muss bei der Entgeltregulierung prognostiziert werden, wie hoch die Kosten der Leistungserstellung im *Durchschnitt* während einer Zeitperiode sind. Ein Parameter dieser durchschnittlichen Kosten ist das während der Rechnungslegungsperiode durchschnittlich gebundene Kapital. Das durchschnittlich gebundene betriebsnotwendige Kapital (bzw. Vermögen) wird aus drei Größen hergeleitet:

- dem durchschnittlich gebundene Anlagevermögen,
- dem durchschnittlich gebundene *Working Capital* und
- dem durchschnittlichen Bestand an Barmitteln und geldnahen Mitteln (z.B. Termingeldern)

Bei den genannten drei Vermögenskategorien werden zur Ermittlung des Durchschnittsbestandes verschiedene Hypothesen über die zeitliche Verteilung von Veränderungen während des Finanzjahres zugrunde gelegt.

1. Durchschnittlicher Bestand an Anlagevermögen

Im Kapitalmarktgleichgewicht und/oder bei Bestreitbarkeit des Absatzmarktes müssen die mit einer Investition erzielten Erlöse mit der Summe aus Kapitalkosten, Betriebskosten und ökonomischer Abschreibung übereinstimmen (vgl. Kapitel XIV: „Abschreibungen“):

$$R_t = A_t + AV_{t-1} \cdot r_t + AB_t$$

wobei

$R_t =$ Erlös, der im Zeitpunkt t erzielt wird

$A_t =$ Betriebskosten im Zeitpunkt t, die auch im Zeitpunkt t unmittelbar zahlungswirksam werden

$AV_{t-1} =$ Anlagevermögen im Zeitpunkt t-1

$r_t =$ Finanzierungskosten

$AB_t =$ Abschreibungen in der Periode t auf das im Zeitpunkt t-1 notwendige Anlagevermögen

Beim Beweis dieser Aussage wird unterstellt, dass alle Ein- und Auszahlungen jeweils nur zu Beginn eines Finanzjahres stattfinden. Diese Annahmen werden nun wie folgt modifiziert:

- Eine gerade Anzahl von Zahlungsterminen (n) sei in gleichen zeitlichen Abständen über das ganze Jahr verteilt.
- Die ökonomische Abschreibung für das gesamte Rechnungsjahr verteilt sich gleichmäßig auf die n Erlöstermine. Mit anderen Worten: Die ökonomische Abschreibung während des Finanzjahres wird durch eine lineare Abschreibung approximiert.

Nach wie vor sollen aber die Kosten und Erlöse jederzeit übereinstimmen. Formal ausgedrückt:

$$R_{t1} = A_{t1} + \frac{AB_t}{n} + [AV_{t-1}] \cdot \frac{r_t}{n}$$

$$R_{t2} = A_{t2} + \frac{AB_t}{n} + \left[AV_{t-1} - \frac{AB_t}{n}\right] \cdot \frac{r_t}{n}$$

$$R_{t3} = A_{t3} + \frac{AB_t}{n} + \left[AV_{t-1} - \frac{AB_t}{n} - \frac{AB_t}{n}\right] \cdot \frac{r_t}{n}$$

$$\vdots \qquad \vdots \qquad \vdots$$

$$R_{tn} = A_{tn} + \frac{AB_t}{n} + \left[AV_{t-1} - (n-1) \cdot \frac{AB_t}{n}\right] \cdot \frac{r}{n}$$

wobei:

$n =$ Anzahl der Zahlungszeitpunkte in der Periode t

$R_{ti} =$ Erlös, der im Zeitpunkt i während der Periode t erzielt wird

$A_{ti} =$ Betriebskosten im Zeitpunkt i während der Periode t, die auch im Zeitpunkt i unmittelbar zahlungswirksam werden

Für die Summe der Erlöse bzw. Kosten gilt:[2]

$$R_t = A_t + AB_t + \frac{AV_{t-1} + \left[AV_{t-1} - AB_t + \frac{1}{n} \cdot AB_t\right]}{2} \cdot r$$

mit

2 Zur Herleitung der Bestimmungsgleichung die Summen Rt1 + Rtn, Rt2 + Rtn-1, Rt3 + Rtn-2 etc. addieren.

$$R_t = \sum_{i=1}^{n} R_{ti} \qquad \text{und} \qquad A_t = \sum_{i=1}^{n} A_{ti}$$

Daraus folgt bei einer unendlich großen Zahl von Zahlungsterminen ($n \rightarrow \infty$):

$$R_t = A_t + AB_t + \frac{AV_{t-1} + AV_t}{2} \cdot r$$

Verbal ausgedrückt: Die Summe der im Verlauf des Finanzjahres erzielten Erlöse muss mit der Summe aus Abschreibungen, Betriebskosten und Verzinsung des im Finanzjahres *durchschnittlich* gebundenen Anlagevermögens übereinstimmen.

2. Durchschnittlicher Bestand an Working Capital

Working Capital ist der Saldo der Forderungen (also einem Vermögensbestandteil) und Verbindlichkeiten (also einem Kapitalbestandteil) auf den Beschaffungs- und Absatzmärkten, also gegenüber Endkunden, Arbeitnehmern, Vermietern und Verpächtern.

a) Ermittlung des Ist-Bestandes an durchschnittlichem Working Capital

Der durchschnittliche Bestand an Forderungen und Verbindlichkeiten ermittelt sich nach der Formel[3]

$$\frac{\begin{pmatrix}\text{Durchschnittlicher Betrag der}\\ \text{Forderungen bzw. Verbindichkeiten}\end{pmatrix}}{360} \cdot \begin{pmatrix}\text{durchschnittliche}\\ \text{Laufzeit in Tagen}\end{pmatrix}$$

Besonders einfach ist die durchschnittliche Laufzeit bei Dauerschuldverhältnissen mit kontinuierlich wiederkehrenden Zahlungen festzustellen. Ein Beispiel hierfür sind Mieten, die typischerweise einmal pro Monat im voraus gezahlt werden. Wenn das Unternehmen beispielsweise Mieten jeweils monatlich im voraus zu zahlen hat, geht der Forderungsbestand gegenüber dem Vermieter zu Beginn des Monats sprunghaft nach oben und baut sich dann kontinuierlich ab (die Mietzahlung wird im Verlauf des Monats kontinuierlich abgebaut). Die durchschnittliche Laufzeit der Mietforderung beträgt 15 Tage. Ein umgekehrtes Beispiel: Bezahlt das Unternehmen seine Angestellten im nachhinein, so baut sich während des Monats kontinuierlich eine Gehaltsverbindlichkeit gegenüber den Angestellten auf, die dann sprunghaft auf null abgebaut wird (wenn die Angestellten ihre Gehaltsüberweisung erhalten). Die durchschnittliche Laufzeit der Gehaltsverbindlichkeit beträgt dann wiederum 15 Tage.

b) Bestand an Working Capital und Marktgleichgewicht

Bei der regulatorischen Kostenrechnung muss geschätzt werden, welcher Bestand an *Working Capital* für eine bestimmte Aktivität (wie zum Beispiel die Aufrechterhaltung des Geschäftsbereichs „Verbindungsnetz“) notwendig ist. Bei einer „*Top-Down*“-Berechnung, das heißt mit Zugriff auf die Daten der Finanzbuchhaltung, lässt sich unter

---

3 vgl. Perridon, L. / Steiner, M. (1999), Seite 160

Umständen aus Einnahmen und Ausgaben der durchschnittliche Ist-Bestand an Forderungen und Verbindlichkeiten und damit auch an *Working Capital* ableiten. Um jedoch der Regulierungsinstanz eine Kostenkontrolle oder auch eine „*Bottom-up*“-Berechnung zu ermöglichen, muss eine Aussage zum „effizienten“ Bestand in Relation zu den übrigen Kosten wie Kapitalkosten des Anlagevermögens, Betriebsausgaben etc. hergeleitet werden. Dazu die folgende Überlegung.

Bei Kapitalmarktgleichgewicht, Bestreitbarkeit des Absatzmarktes und sofortiger Begleichung von Forderungen und Verbindlichkeiten gilt für die Erlöse, die zu einem Zeitpunkt i (i = 1,...,n) innerhalb einer Periode t erzielt werden:

$$R_{ti} = A_{ti} + \frac{AB_t}{n} + \left[AV_{t-1} - (i-1) \cdot \frac{AB_t}{n} \right] \cdot \frac{r}{n}$$

Wird die Voraussetzung der sofortigen Begleichung von Forderungen und Verbindlichkeiten aufgegeben, so muß der Barwert der Einzahlungen aufgrund von Forderungen, die im Zeitpunkt i erworben werden, identisch sein mit

- den Kosten, die für die im Zeitpunkt i verkauften Leistungen angefallen wären, wenn alle Verbindlichkeiten sofort beglichen werden würden,
- abzüglich des Zinsvorteils, der aufgrund der nicht sofortigen Begleichung von Verbindlichkeiten aus Lieferungen und Leistungen entsteht.

Wird vereinfachend unterstellt, dass die Laufzeit von Lieferantenverbindlichkeiten konstant ist, so setzt sich der Zinsvorteil aus nicht sofortiger Begleichung von Verbindlichkeiten im einzelnen wie folgt zusammen:

- Werden Lieferantenverbindlichkeiten vom Unternehmen nicht sofort beglichen, sind die anfallenden Kosten kleiner als der Auszahlungsbetrag A_{ti}. Bereinigt um den Zinsvorteil aus nicht sofortiger Begleichung von Verbindlichkeiten betragen die Kosten:

  $$A_{ti} - A_{ti} \cdot \frac{LZ_V}{360} \cdot r$$

  mit

  A_{ti} = Rechnungsbetrag (im Zeitpunkt i geleistete Auszahlung)

  LZ_V = Laufzeit von Lieferantenverbindlichkeiten in Zinstagen

- Bei der Anschaffung von Anlagegütern ist der tatsächliche Investitionsbetrag ebenfalls kleiner als der aktivierte Anschaffungspreis des Anlagevermögens. Wird jedoch der Zinsvorteil aus nicht sofortiger Rechnungsbegleichung berücksichtigt, beläuft sich die im Zeitpunkt t getätigte Investition nur auf

  $$I_t = AV_t - AV_t \cdot \frac{LZ_V}{360} \cdot r$$

  mit

  AV_t = Rechnungsbetrag (im Zeitpunkt i geleistete Auszahlung)

Wird bei Anschaffung neuer Anlagen der Rechnungsbetrag nicht sofort beglichen, so reduziert sich der Vorteil, den ein später startender Investor bei Neuanschaffungen hat, auf:

$$I_0 - I_t = (AV_t - AV_0)\cdot\left(1-\frac{LZ_V}{360}\cdot r\right)$$

Ebenso reduziert sich der Vorteil, den ein in t startender Investor in Bezug auf den Barwert aller ab t anfallenden Auszahlungen hat, auf:

$$\left(BA_t^0 - BA_t^t\right)\cdot\left(1-\frac{LZ_V}{360}\cdot r\right)$$

Somit entsprechen die ökonomischen Abschreibungen bei nicht sofortiger Begleichung von Verbindlichkeiten dem Ausdruck:[3]

$$\overline{AB}_t = AB_t\cdot\left(1-\frac{LZ_V}{360}\cdot r\right)$$

mit

$\overline{AB}_t$ = tatsächlicher Abschreibungsbetrag

AB_t = Abschreibungsbetrag, der sich ergeben würde, wenn sämtliche Lieferantenverbindlichkeiten sofort beglichen werden würden

Damit läßt sich die Marktgleichgewichtsbedingung auch wie folgt schreiben:

$$\frac{R_{ti}}{\left(1+\frac{LZ_F}{360}\cdot r\right)} = \left[A_{ti} + \frac{AB_t}{n} + \left(AV_{t-1} - (i-1)\cdot\frac{AB_t}{n}\right)\cdot\frac{r}{n}\right]\cdot\left(1-\frac{LZ_V}{360}\cdot r\right)$$

wobei

R_{ti} = Erlös aus den im Zeitpunkt i verkauften Leistungen

LZ_F = Laufzeit von Forderungen aus Lieferungen und Leistungen in Zinstagen

Da

$$\frac{LZ_V}{360}\cdot\frac{LZ_F}{360}\cdot r^2 \approx 0$$

muss für die Summe der innerhalb einer Zeitperiode erzielten Erlöse

---

3 Sofern die erzielten Verkaufserlöse unabhängig vom Alter der eingesetzten Anlagen sind und Verbindlichkeiten aus Lieferungen und Leistungen sofort beglichen werden, sind die ökonomischen Abschreibungen im Zeitpunkt t auf im Zeitpunkt 0 angeschafftes Anlagevermögen durch die Gleichung

$$AB_t^0 = \left[(I_0 - I_t) + \left(BA_t^0 - BA_t^t\right)\right] - \left[(I_0 - I_{t-1}) + \left(BA_{t-1}^0 - BA_{t-1}^{t-1}\right)\right]$$

definiert (vgl. Kapitel XIV: „Abschreibungen"). Der Ausdruck in der ersten eckigen Klammer misst dabei den Vorteil, den ein in Zeitpunkt t startender Investor gegenüber einem im Zeitpunkt 0 startenden Investor hat; dieser Vorteil setzt sich zusammen aus niedrigeren Anschaffungsanzahlungen für die Anlagen (AV_0-AV_t) und einem niedrigeren Barwert zukünftiger Auszahlungen (BA^0_t - BA^t_t).

$$R_t = \sum_{i=1}^{n} R_{ti}$$

bei kontinuierlich aufeinander folgenden Zahlungsterminen ($n \rightarrow \infty$) approximativ gelten:

$$R_t = A_t + AB_t + \left(\frac{AV_{t-1} + AV_t}{2} + \overline{WC}_t \right) \cdot r$$

wobei der in der Rechungsperiode durchschnittlich erforderliche Bestand an *Working Capital* (des Saldos aus Forderungen aus Lieferungen und Leistungen und Lieferantenverbindlichkeiten) durch

$$\overline{WC}_t = \left(A_t + AB_t + \frac{AV_{t-1} + AV_t}{2} \cdot r \right) \cdot \left(\frac{LZ_F}{360} - \frac{LZ_V}{360} \right)$$

gegeben ist.[4] Verbal ausgedrückt: Der in einer Periode t betriebsnotwendige Bestand an *Working Capital* ergibt sich durch Multiplikation der Summe

- der Lieferantenverbindlichkeiten, die unmittelbar durch die Leistungserstellung in t bedingt sind,
- der kalkulatorischen Abschreibungen auf das Anlagevermögen sowie
- der kalkulatorischen Zinsen auf das durchschnittlich gebundene Anlagevermögen

mit dem

$$\text{Working Capital Surcharge Factor} = \frac{LZ_F}{360} - \frac{LZ_V}{360}$$

Praktisch anwenden lässt sich der *Working Capital Surcharge Factor* im Rahmen von „*Bottom-up*"-Kostenmodellen (vgl. Kapitel XII: „Bottom-up- versus Top-down-Modelle"). Sofern die Laufzeit von Forderungen größer ist als die Laufzeit von Verbindlichkeiten ($WC_t > 0$), steigt der Kapitalbedarf des Unternehmens verglichen mit dem Szenario, dass Verbindlichkeiten und Forderungen jeweils sofort beglichen werden; ist die Laufzeit von Forderungen kürzer als die von Verbindlichkeiten ($WC_t < 0$), so geht der Kapitalbedarf des Unternehmens zurück.

		Durchschnittliche Laufzeit
Forderungen aus Lieferungen und Leistungen • Rechnung kann frühestens am 1. des Folgemonats gestellt werden, d.h. im Schnitt liegen zwischen Entstehen der Forderung und Rechnungsstellung 15 Tage • Rechnung geht dem Kunden im Durchschnitt am 14. des Folgemonates zu		59,0 Tage

4 Der *Working Capital Surcharge Factor* taucht in dieser Form in der Softcopy im „Bottom-up"-Kostenmodell der britischen Regulierungsbehörde OFTEL auf. In den schriftlichen Begleitmaterialien ist die Herleitung des *Working Capital Surcharge Factors* jedoch nicht näher erläutert. Vgl. Oftel (März 1997b).

• bis Eingang des Geldes vergehen im Durchschnitt weitere 30 Tage		
Lieferantenverbindlichkeiten (Relatives Gewicht der Einzelpositionen = Verhältnis Nennwert / Σ Nennwerte Einzelpositionen)	Relatives Gewicht	
Löhne und Gehälter werden monatlich einmal im nachhinein bezahlt.	34%	15 Tage
Mieten werden monatlich einmal im voraus bezahlt; dadurch entsteht eine Forderung gegenüber dem Vermieter	27%	-45 Tage
Sonstige Zulieferer; Bezahlung im nachhinein	40%	15 Tage
	100%	-0,9 Tage
Laufzeit-Saldo		59,9 Tage
Working Capital Surcharge Factor = Laufzeit-Saldo / 360		16,64%

Übersicht XIII-2: Zahlenbeispiel zur Berechnung des *Working Capital Surcharge Factor*

3. Durchschnittlicher Bestand an kurzfristigen Finanzanlagen

Neben dem Anlagevermögen und dem *Working Capital* sind schließlich noch kurzfristige Finanzanlagen als Bestandteil des betriebsnotwendigen Vermögens zu berücksichtigen.

Ist für die Leistungserstellung eine gewisse Kassenhaltung erforderlich, so muss bei Übereinstimmung von Kosten und Erlösen zu jedem beliebigen Zeitpunkt i innerhalb der Periode t

$$\frac{R_{ti}}{\left(1+\frac{LZ_F}{360}\cdot r\right)}=\left[A_{ti}+\frac{AB_t}{n}+\left(AV_{t-1}-(i-1)\cdot\frac{AB_t}{n}\right)\cdot\frac{r}{n}\right]\cdot\left(1-\frac{LZ_V}{360}\cdot r\right)+C_{ti}\cdot\frac{r}{n}$$

gelten, wobei

C_{ti} = Kassenhaltung („Cash“) zum Zeitpunkt i in der Periode t

Unter Kassenhaltung werden dabei freie Bankguthaben sowie der Nettobestand an geldnahen Finanzanlagen (kurzfristige Terminanlagen minus kurzfristige Terminverbindlichkeiten) verstanden. Wird unterstellt, dass sich die Kassenhaltung nur einmal täglich ändert, so ergibt sich für die Summe der Erlöse mit n→∞ (vgl. Abschnitt „Durchschnittlich gebundenes Anlagevermögen“):

$$E_t=A_t+AB_t+\left(\frac{AV_{t-1}+AV_t}{2}+\overline{WC}_t+\sum_{j=1}^{360}\frac{C_{tj}}{360}\right)\cdot r$$

wobei

C_{tj} = Kassenhaltung am j-ten Zinstag des Jahres t

Allerdings ist nicht unumstritten, ob überhaupt ein gewisser Teilbetrag der Kassenhaltung des marktbeherrschenden Anbieters von Zusammenschaltung im Rahmen der getrennten Rechnungsführung dem Geschäftsbereich „Verbindungsnetz“ zugeschlüsselt werden sollte. Oftel hat *British Telecom* für das Finanzjahr 1995/96 die Zuschlüsselung von kurzfristigen Finanzanlagen sowie der zugehörigen Kapitalkosten nicht gestattet. Zur Begründung führt Oftel an, dass *British Telecom* keine Barmittel benötige um Anlagenkäufe zu tätigen. Üblicherweise werde beim Kauf von Anlagen ein Zahlungsziel vereinbart; der vollständige Anschaffungsbetrag der Anlagen gehe bereits unter der Kategorie „Anlagevermögen" in das geltend gebundene Kapital ein.[5]

B. Finanzierungskosten

1. Begriff

Mit Finanzierungskosten eines Investitionsprojektes ist der *Erwartungswert* der Kapitalrendite gemeint, den das Investitionsprojekt aus Sicht der Kapitalgeber mindestens aufweisen muss, damit es finanzierbar ist. Die von den Kapitalmarktteilnehmern erworbenen Ansprüche heißen *Finanzierungstitel.* Die Verzinsung des eingesetzten Kapitals in einer Zeitperiode zwischen zwei Zahlungsterminen setzt sich zusammen aus der Ausschüttung an die Kapitalgeber und dem Anstieg des Marktwertes der vom Unternehmen emittierten Finanzierungstitel im Verhältnis zum am Periodenanfang eingesetzten Kapital.

Die Abschätzung von Finanzierungskosten basiert auf Prämissen über das Verhalten der Kapitalmarktteilnehmer. Die hier getroffenen grundlegenden Prämissen sind:

1. Die Kapitalmarktteilnehmer streben nach *Vermögensmaximierung.*
2. Die Kapitalmarktteilnehmer sind *risikoscheu.*

Die Konsequenz aus dieser Risikoscheu ist: Weisen zwei Anlageformen den gleichen Renditeerwartungswert auf, wobei die eine Anlage im Gegensatz zur anderen sicher ist, so ist die Zahlungsbereitschaft der Kapitalmarktteilnehmer für die unsichere Anlage höher. Mit „sicherer" Anlage ist dabei eine Anlage gemeint, die unabhängig von der künftigen Umweltentwicklung eine stets gleiche hohe Rendite bringt. Anders herum ausgedrückt: Risiken gehen die Kapitalmarktteilnehmer nur ein, wenn sie hierfür durch einen Risiko-Erwartungswert entschädigt werden, der über der Rendite sicherer Anlagen liegt. Die Finanzierungskosten unsicherer Investitionsprojekte liegen also über denen einer sicheren Anlage. Andernfalls bestünde für die Kapitalmarktteilnehmer kein Anreiz, die unsicheren Finanzierungstitel zu halten. Infolgedessen würde deren Marktwert fallen, bis im Kapitalmarktgleichgewicht der Renditeerwartungswert höher als bei der sicheren Anlage ist. Die Differenz zwischen dem sicheren Zinssatz und dem kapitalmarktgleichgewichtigen Rendite-Erwartungswert einer unsicheren Anlage heißt *Risikoprämie.*[6]

---

5 vgl. Oftel (Juli 1997)
6 vgl. Serfling, K./ Pape, U. (November 1995), Seite 944

2. Methodische Probleme bei der Abschätzung von Finanzierungskosten

Die Abschätzung von Finanzierungskosten ist trotz ausgefeilter theoretischer Konzepte problematisch. Die Finanzierungskosten eines Unternehmens sind nicht ohne weiteres zu beobachten. Ein naheliegender Ansatz könnte daher sein, aus den in der *Vergangenheit* tatsächlich erzielten Renditen abzuleiten, welche Renditeanforderungen die Kapitalmarktteilnehmer an ein Unternehmen stellen. Ist jedoch zulässig, aus Vergangenheitswerten auf die Zukunftserwartungen zu schließen? Wenn man es tut: Wessen Finanzierungskosten sollen überhaupt gemessen werden? Sollen es die Finanzierungskosten des jeweils zu regulierenden Unternehmens oder einer repräsentativen Gruppe von Unternehmen sein? Falls Letzteres der Fall ist: Welche Unternehmen konstituieren eine repräsentative Gruppe?[7] Wie erklärt sich die Höhe der in der Vergangenheit erzielten Renditen? Hat das Management eines Unternehmens mit nur unterdurchschnittlicher Kapitalrendite die aus der „ex ante"-Perspektive Entscheidungen getroffen und dann später einfach nur Pech gehabt? Oder ist das Unternehmen unverantwortliche Risiken eingegangen und hat dann Glück gehabt? Sollen die Finanzierungskosten zu einem bestimmten Zeitpunkt oder über einen bestimmten Zeitraum gemessen werden? Wenn Ersteres der Fall ist: Zu welchem Zeitpunkt? Wenn Letzteres der Fall ist: Über welchen Zeitraum? Wie sollen bei einer Vergangenheitsbetrachtung die jeweils zukünftigen Finanzierungskosten gemessen werden? Schließlich haben sich die Erwartungen der Kapitalmarktteilnehmer möglicherweise nicht erfüllt, d.h. die ex-post tatsächlich erreichte Verzinsung des eingesetzten Kapitals kann über oder unter der ex-ante erwarteten Rendite liegen. Zudem können sich die Erwartungen der Kapitalmarktteilnehmer auch im Zeitablauf ändern, d.h. selbst wenn bekannt wäre, welche Renditeerwartungen die Kapitalmarktteilnehmer in der Vergangenheit ex-ante gehabt haben, so ist damit noch nicht gesagt, welche Erwartungen sie in Zukunft an das regulierte Unternehmen stellen werden.

Schließlich wird die Abschätzung von Finanzierungskosten auch dadurch erschwert, dass die Bewertung von Finanzierungstiteln (insbesondere Beteiligungstiteln) mitunter *nur noch wenig mit der Leistungsfähigkeit (dem Cash Flow) des emittierenden Unternehmens* zu tun hat. In diesem Zusammenhang sind unter anderem spieltheoretisch erklärbare Verhaltensweisen der Kapitalmarktteilnehmer angesprochen. Um im Markt Geld zu verdienen, versuchen die Kapitalmarktteilnehmer herauszufinden, welche Aktien *nach Ansicht der anderen Akteure* steigen. Wenn alle Akteure diesem Kalkül folgen, ist alles möglich. Aktienkurse können absurde Höhen erreichen und dann steil abstürzen. Das Gleichgewicht kann durch eine vorübergehende Laune oder Mode bestimmt sein, und es gibt keine Fundamentalfaktoren, die sicherstellen, dass die „beste" Aktie am schnellsten steigt.[8] Noch viel grundlegender sind die Schwierigkeiten mit der Rationalitätsannahme als solcher. Verhalten sich die Kapitalmarktteilnehmer tatsächlich rational in dem Sinne, dass sie beispielweise von zwei gleichermaßen risikobehaf-

7 vgl. Kahn, Alfred E. (1995), Seite 45/I f.
8 vgl. Dixit, A.K. / Nalebuff, B. J. (1997), Seite 244

teten Anlagen diejenige mit dem höheren Renditeerwartungswert vorziehen? Gerade an Kapitalmärkten sind menschliche Denk- und Verhaltensweisen zu beobachten, die nicht in Einklang mit der Rationalitätsannahme stehen. Zu denken ist hier beispielsweise an das Phänomen, dass eine Handlungsoption nur deshalb bevorzugt wird, weil sie als Status Quo definiert ist. So werden Kapitalmarktteilnehmer bei gleicher Datenlage möglicherweise eher in Telekommunikationsaktien investiert bleiben als dass sie in solche Aktien neu einsteigen würden, wenn sie kein Portfolio an Telekommunikationsaktien besitzen würden.[9]

3. Kapitalwertkriterium und Marktgleichgewicht

Die Bedingung für die Finanzierbarkeit eines Investitionsprogramms lässt sich auf verschiedene Weise umformulieren:

- Der Erwartungswert der Erlöse (abgekürzt mit „R“ wie „*Revenue*“) ist mindestens so groß wie der Erwartungswert der Summe aus Betriebskosten, ökonomischen Abschreibungen[10] und Kapitalkosten ist (nicht-negativer Gewinn-Erwartungswert):

$$E_{t-1}\left(R_t^0\right) \geq E_{t-1}\left(A_t^0\right) + E_{t-1}\left(AB_t^0\right) + MW_{t-1}^0 \cdot r_t^* + E_{t-1}\left(T_t^0\right)$$

$$E_{t-1}\left(R_t^0\right) \geq E_{t-1}\left(A_t^0\right) + E_{t-1}\left(AB_t^0\right) + MW_{t-1}^0 \cdot r_t$$

  wobei

$$r_t^* = r_t + \frac{E_{t-1}\left(T_t^0\right)}{MW_{t-1}^0}$$

  mit

  $E(\bullet) =$ Erwartungswert im Zeitpunkt t-1 zu einer Zahlung im Zeitpunkt t

  $r_t =$ Finanzierungskosten nach Steuern (Erwartungswert der Netto-Rendite, die von den Kapitalmarktteilnehmern im Kapitalmarktgleichgewicht erzielt wird)

  $r_t^* =$ Finanzierungskosten vor Steuern

  Diese Bedingung kann selbst dann erfüllt sein, wenn der Erwartungswert der Erlöse kleiner als der Erwartungswert der Ausgaben ist. Voraussetzung hierfür ist, dass die Summe aus Ausgabenüberschuss (negativem *Cash Flow*) und Kapitalkosten durch entsprechende Zuschreibungen kompensiert wird. Eine Zuschreibung drückt aus, dass der Marktwert des Investitionsprojektes steigt, etwa weil auf der Zeitachse die Perioden mit positivem Erwartungswert des *Cash Flow* näher rücken.

- Der Erwartungswert der Brutto-Rendite (der Netto-Rendite) des Investitionsprogramms liegt über den Brutto-Finanzierungskosten (den Netto-Finanzierungskosten) des Unternehmens:

---

9 vgl. Heinemann, F. (2001)

10 Der Begriff der ökonomischen Abschreibungen wird in Kapitel XIV („Abschreibungen“) eingeführt.

$$\left.\begin{aligned} &\frac{E_{t-1}\left(R_t^0 - A_t^0 - T_t^0\right) + \left[E_{t-1}\left(MW_t^0\right) - MW_{t-1}^0\right]}{MW_{t-1}^0} \geq r_t \\ \text{bzw.}\quad &\frac{E_{t-1}\left(R_t^0 - A_t^0\right) + \left[E_{t-1}\left(MW_t^0\right) - MW_t^0\right]}{MW_{t-1}^0} \geq r_t^* \end{aligned}\right\}$$

- Der Barwert der mit einer Anlage erzielten Einzahlungsüberschüsse ist nicht kleiner als der Anschaffungspreis der Anlage:

$$\left.\begin{aligned} &I_0 \leq \sum_{t=1}^{T0} \frac{E_{t-1}\left(R_t^0 - A_t^0 - T_t^0\right)}{1 + r_t} \\ \text{bzw.}\quad &I_0 \leq \sum_{t=1}^{T0} \frac{E_{t-1}\left(R_t^0 - A_t^0\right)}{1 + r_t^*} \end{aligned}\right\}$$

Im Kapitalmarktgleichgewicht stimmen die Finanzierungskosten eines Investitionsprojektes mit dem Renditeerwartungswert überein.

$$\left\{\begin{aligned} r_t &= \frac{E_t^0 - A_t^0 - T_t^0 + \left(MW_t^0 - MW_{t-1}^0\right)}{MW_{t-1}^0} \\ r_t^* &= \frac{E_t^0 - A_t^0 + \left(MW_t^0 - MW_{t-1}^0\right)}{MW_{t-1}^0} \end{aligned}\right.$$

Denn andernfalls bestünden Arbitragemöglichkeiten: Die Kapitalmarktteilnehmer müssten *bei gleichen künftigen Zahlungen* entweder für das Investitionsprogramm des Unternehmens oder für ein Portfolio alternativer Kapitalmarktanlagen weniger zahlen. Derartige Arbitragemöglichkeiten bewirken eine Veränderung der Finanzierungskosten und / oder des Marktwertes des fraglichen Investitionsprojektes.

Damit stimmt im Kapitalmarktgleichgewicht auch der Marktwert eines Investitionsprojektes mit dem Barwert des Erwartungswertes des künftigen *Cash Flows* überein; die Abdiskontierung erfolgt dabei mit dem risikoäquivalenten Zinssatz.[11] Mit anderen Worten: Im Kapitalmarktgleichgewicht hat sich das Zinsniveau so eingestellt, dass der Erwartungswert der Rendite bei Investition von Kapital in das Unternehmen und in risikoäquivalente Anlagen gleich ist.

$$\left\{\begin{aligned} MW_t^0 &= \sum_{t=0} E_{t-1}\left(\frac{R_t^0 - A_t^0 - T_t^0}{1 + r_t}\right) \\ MW_t^0 &= \sum_{t=0} E_{t-1}\left(\frac{R_t^0 - A_t^0}{1 + r_t^*}\right) \end{aligned}\right.$$

Außerdem stimmen im Kapitalmarktgleichgewicht Kosten und Erlöse überein:

---

11 vgl. beispielsweise Serfling, K./ Pape, U. (November 1995), Seite 941. Zwei Anlagen heißen „risikoäquivalent", wenn die künftigen Zahlungen aus beiden Anlagen in jedem Umweltzustand im gleichen Verhältnis zueinander stehen.

$$E_{t-1}(R_t^0) = E_{t-1}(A_t^0) + E_{t-1}(AB_t^0) + MW_{t-1}^0 \cdot r_t^* + E_{t-1}(T_t^0)$$
$$E_{t-1}(R_t^0) = E_{t-1}(A_t^0) + E_{t-1}(AB_t^0) + MW_{t-1}^0 \cdot r_t$$

Dass sich allein durch die Prämisse vollkommenen Kapitalmarktgleichgewichts Übereinstimmung von Kosten und Erlösen sicherstellen lässt, mag vielleicht auf den ersten Blick überraschen: Bislang wurde stets die Bestreitbarkeit der Absatzmärkte als hinreichende Bedingung für Übereinstimmung von Kosten und Erlösen diskutiert. Bei vollkommenem Kapitalmarktgleichgewicht stimmen jedoch auch bei einem Monopolisten, der von potentieller Konkurrenz abgeschirmt ist, Erlöse und Kosten überein. Dies ergibt sich aus der Analyse des entgegengesetzten Falles: Angenommen, ein von Konkurrenz abgeschirmter Monopolist verschwendet zwar keine Ressourcen, verlangt jedoch von seinen Kunden Preise, bei denen die erwarteten Erlöse größer als die erwarteten Kosten sind. Ist der Erwartungswert der Kosten jedoch kleiner als der Erwartungswert der Erlöse (Fallkonstellation „Übergewinne“), so müssen die Finanzierungskosten des Unternehmens kleiner als der tatsächliche Rendite-Erwartungswert sein. Die Konsequenz hieraus ist eine Neubewertung des Unternehmens am Kapitalmarkt: Die Finanzierungskosten des Unternehmens sinken solange bzw. der Marktwert des Unternehmens steigt solange, bis das Kapitalmarktgleichgewicht erreicht ist. Im Kapitalmarktgleichgewicht haben sich dann die Kapitalkosten den Erlösen angeglichen. Gleichzeitig erfahren die Unternehmenseigner natürlich im Zeitpunkt der Neubewertung des Unternehmens am Kapitalmarkt einen Vermögenszuwachs, der sie für den Wegfall künftiger Übergewinne entschädigt.

Wie mehrfach beschrieben, ist auch die Prämisse bestreitbarer Absatzmärkte eine hinreichende Bedingung für Übereinstimmung von Kosten und Erlösen. Während bei einem von potentieller Konkurrenz abgeschirmten Monopol die Finanzierungskosten die Stellschraube sind, die für eine Angleichung von Kosten und Erlösen sorgen können, ist beim bestreitbaren Absatzmarkt die entscheidende Stellschraube der Preis für die verkauften Waren und Dienstleistungen. Wären auf einen bestreitbaren Absatzmarkt (unter sicheren Erwartungen) die Erlöse größer als die Kosten, bestünde Spielraum für Preissenkungen. Dieser Spielraum würde nicht ungenutzt bleiben. Zu den Bedingungen eines bestreitbaren Absatzmarktes gehört, dass der Markteintritt und der Marktaustritt für alle potentiellen Konkurrenten des *Incumbent* gleichermaßen kostenlos sind (für eine ausführliche Darstellung vgl. Kapitel I: „Gegenstand der Untersuchung“). Das impliziert, dass alle Akteure, die mit der gleichen Technologie und dem gleichen Konzept auf dem bestreitbaren Markt tätig werden könnten, auch die gleichen Finanzierungskosten vorfinden. Allerdings müssen diese „diskriminierungsfrei“ bemessenen Finanzierungskosten nicht zwangsläufig auch einem vollkommenen Kapitalmarktgleichgewicht entsprechen.

Typischerweise wird auf einem nicht-bestreitbaren Absatzmarkt von einem höheren Niveau der Absatzpreise auszugehen sein als auf einem bestreitbaren Markt. Dabei sind die *Erlöse* höher als auf einem bestreitbaren Markt. Gleichzeitig wird aufgrund der höheren Preise aber auch weniger verkauft. Entsprechend dürften die mengensensitiven (d.h. variablen) Betriebsausgaben geringer sein als sie auf einem bestreitbaren Markt wären, vorausgesetzt, das Unternehmen verschwendet keine Ressourcen. Das auf einem abgeschotteten Monopolmarkt agierende Unternehmen hat damit auch einen höheren *Cash Flow* (dieser entspricht vereinfachend der Differenz zwischen Umsatzerlösen und Betriebsausgaben) als ein hypothetisches Vergleichsunternehmen, das auf einem bestreitbaren Markt dem Druck tatsächlichen oder potentiellen Wettbewerbs ausgesetzt ist. Damit dürfte auch der Marktwert des von Konkurrenz abgeschotteten Unternehmens höher sein, was wiederum mit höheren Kapitalkosten einhergeht.

Aus diesen Überlegungen ergeben sich praktische Schlussfolgerungen für die Entgeltregulierung: Ein auf einem abgeschotteten Monopolmarkt agierendes Telekommunikationsunternehmen wird trotz vergleichsweise überhöhter Zusammenschaltungsentgelte Übereinstimmung von Kosten und Erlösen nachweisen können. Dabei muss sich das Monopolunternehmen noch nicht einmal auf hohe Finanzierungskosten berufen; die ausgewiesenen Finanzierungskosten können im Vergleich mit ausländischen Telekommunikationsmärkten sogar moderat sein. Auch müssen die insgesamt hohen Kosten eines Unternehmens nichts mit Ressourcenverschwendung (X-Ineffizienz) zu tun haben. Dass das Unternehmen gleichwohl Kostenorientierung seiner Tarife nachweisen kann, liegt an der Bewertung des im Unternehmen gebundenen Kapitals.[12] Der hohe Marktwert des gebundenen Kapitals erklärt sich durch die Monopolstellung des Unternehmens auf dem Absatzmarkt. Die Regulierung wird in der Regel die Tarife für besonderen Netzzugang auf ein Niveau herunterzwingen, auf das sich das regulierte Unternehmen freiwillig nicht eingelassen hätte. Die damit verbundenen Umsatzeinbussen führen in der bisherigen Argumentationslogik zu einem Nachgeben der Unternehmensbewertung am Kapitalmarkt.[13]

4. Weighted Average Cost of Capital (WACC)

Zwei Arten von Finanzierungstiteln werden unterschieden: Schuldtitel (Fremdkapital) und Beteiligungstitel (Eigenkapital). Zwischen Schuld- und Beteiligungstiteln bestehen grundsätzlich folgende Unterschiede:

- Den Inhabern von Schuldtiteln (Gläubigern) wird eine feste Verzinsung des überlassenen Kapitals versprochen. Hingegen fließt den Unternehmenseignern (Eigenkapitalgebern) die Differenz („Residuum“) zwischen den Einzahlungsüberschüssen und den Zahlungen an die Gläubiger zu. Das Residualeinkommen der Unternehmenseigner steht ex ante nicht fest.
- Das Eigenkapital haftet für die Verbindlichkeiten des Unternehmens, d.h. es kann zur Befriedigung der Gläubigeransprüche aufgezehrt werden.

12 Indizien für das Vorliegen einer solchen Konstellation können ein vergleichsweise ungewöhnlich hoher *Cash Flow* und im Vergleich mit liberalisierten Märkten hohe Endkundentarife bei relativ niedriger Absatzmenge sein.

13 In der Realität lassen sich allerdings auch Gegenbeispiele finden. Der Börsenwert der British Telecom hat in den ersten Jahren nach Marktöffnung in Großbritannien erheblich zugelegt und das von der britischen Regierung abgeschöpfte Steueraufkommen ist gestiegen. Als Grund hierfür könnte der Abbau von X-Ineffizienz (im wesentlichen der Abbau überschüssigen Personals) unter dem Druck des Wettbewerbs angeführt werden.

- Da die Einlage von Eigenkapital für das Unternehmen nicht zwangsläufig zu einer Ausgabe führt (die Unternehmenseigner erwerben keinen feststehenden Zahlungsanspruch), stellen die Eigenkapitalkosten kalkulatorische Kosten (bzw. Opportunitätskosten) und entsprechend keinen Aufwand dar. Bei den Fremdkapitalzinsen hingegen handelt es sich um Aufwand und, soweit die aufgenommenen Mittel zur Finanzierung der effizienten Leistungserstellung dienen, auch Kosten.
- In der Regel wird Fremdkapital einem Unternehmen für eine im voraus feststehende, Eigenkapital hingegen für eine unbestimmte Laufzeit zur Verfügung gestellt.

Im Kapitalmarktgleichgewicht sind die Finanzierungskosten eines Unternehmens gleich dem gewichteten Durchschnitt der von den Eigenkapitalgebern und der von Fremdkapitalgebern erwarteten Rendite (*Weighted Average Cost of Capital*, kurz WACC). Gewichtungsfaktoren sind der Marktwert der Beteiligungs- bzw. der Schuldtitel in Relation zum Marktwert sämtlicher Finanzierungstitel.

a) Für den Erwartungswert der von den Gläubigern erzielten Netto- bzw. Brutto-Rendite gilt im Kapitalmarktgleichgewicht:

$$\left.\begin{array}{ll} & \dfrac{\left(i_t \cdot D_{t-1} - T_t^{FK}\right) + \left(K_t^{FK} - K_{t-1}^{FK}\right)}{K_{t-1}^{FK}} = r_t^{FK} \\ \text{bzw.} & \dfrac{i_t \cdot D_{t-1} + \left(K_t^{FK} - K_{t-1}^{FK}\right)}{K_{t-1}^{FK}} = r_t^{FK*} \end{array}\right\}$$

wobei

$$r_t^{FK*} = r_t^{FK} + \frac{T_t^{FK}}{K_{t-1}^{FK}}$$

mit

r_t^{FK}	=	Fremdkapitalkosten nach Steuern
r_t^{FK*}	=	Fremdkapitalkosten vor Steuern
K_t^{FK}	=	Marktwert der Schuldtitel im Zeitpunkt t
D_t	=	Nennwert der Schuldtitel im Zeitpunkt t
i_t	=	Nominalverzinsung der Schuldtitel im Zeitpunkt t
T_t^{FK}	=	Steuern, die im Zeitpunkt t das Einkommen der Gläubiger schmälern

b) Den Unternehmenseignern fließt der vom Unternehmen erwirtschaftete *Cash Flow* zu. Für den Erwartungswert der von den Eigenkapitalgebern erzielte Netto- bzw. Brutto-Rendite gilt damit:

$$\left.\begin{array}{ll} & \dfrac{\left(E_t - A_t - I_t - T_t^{EK} - D_{t-1} \cdot i_t\right) + \left(K_t^{EK} - K_{t-1}^{EK}\right)}{K_{t-1}^{EK}} = r_t^{EK} \\ \text{bzw.} & \dfrac{\left(E_t - A_t - I_t - D_{t-1} \cdot i_t\right) + \left(K_t^{EK} - K_{t-1}^{EK}\right)}{K_{t-1}^{EK}} = r_t^{EK*} \end{array}\right\}$$

wobei

$$r_{t-1}^{EK*} = r_t^{EK} + \frac{T_t^{EK}}{K_{t-1}^{EK}}$$

mit

$r_t^{EK} =$ Eigenkapitalkosten nach Steuern

$r_t^{EK*} =$ Eigenkapitalkosten vor Steuern

$K_t^{EK} =$ Marktwert der Beteiligungstitel im Zeitpunkt t

c) Die Gesamtkapitalrendite ist definiert als

$$\left.\begin{array}{l} \dfrac{(E_t - A_t - I_t - T_t) + (K_t - K_{t-1})}{K_{t-1}} = r_t \\ \text{bzw.} \quad \dfrac{(E_t - A_t - I_t) + (K_t - K_{t-1})}{K_{t-1}} = r_t^* \end{array}\right\}$$

wobei

$$r_t^* = r_t + \frac{T_t}{K_{t-1}}$$

$$K_t = K_t^{EK} + K_t^{FK}$$

$$T_t = T_t^{EK} + T_t^{FK}$$

mit

$K_t =$ Marktwert aller Finanzierungstitel im Zeitpunkt t

Aus den Gleichungen a) bis c) folgt die Darstellung der Netto- bzw. der Brutto-Finanzierungskosten als *Weighted Average Cost of Capital:*

$$\left.\begin{array}{l} r_t = (1 - x_t) \cdot r_t^{EK} + x \cdot r_t^{FK} \\ \text{bzw.} \quad r_t^* = (1 - x_t) \cdot r_t^{EK*} + x \cdot r_t^{FK*} \end{array}\right\}$$

wobei

$$1 - x_t = \frac{K_t^{EK}}{K_t} \quad \text{(„Eigenkapitalquote“)}$$

$$x_t = \frac{K_t^{FK}}{K_t} \quad \text{(„Verschuldungsgrad“)}$$

Der Verschuldungsgrad (bzw. die Eigenkapitalquote) ist in Zusammenhang mit den WACC also nicht als das im Jahresabschluss ausgewiesene Verhältnis der Buchwerte, sondern als Verhältnis *des Marktwertes* des Fremdkapitals (bzw. des Eigenkapitals) zum Marktwert des Gesamtkapitals zu interpretieren. Buch- und Marktwert können erheblich voneinander abweichen. Der Marktwert des *Eigenkapital* ergibt sich bei Aktiengesellschaften durch Multiplikation der Anzahl der emittierten Aktien mit dem jeweils gegenwärtigen Marktwert. Liegt der Marktwert des Eigenkapital über dem Nennwert des Eigenkapitals (Stammkapital plus bilanzierte Rücklagen plus Gewinnvortrag bzw. minus Verlustvortrag), so kann dies ein Indiz für die Existenz stiller Reserven sein. Das *Fremdkapital* eines Unternehmens setzt sich typischerweise aus Anleihen, Buchkrediten und Rückstellungen zusammen. Nur bei den Anleihen ist der

Marktwert unmittelbar am Kapitalmarkt ersichtlich. Ist der Marktwert der Anleihen größer als der Buchwert, so deutet dies daraufhin, dass seit der Kreditaufnahme das Zinsniveau zurückgegangen ist. Der Marktwert der Buchkredite muss durch Abdiskontierung der vom Unternehmen zukünftig zu leistenden Zahlungen mit den vermuteten Fremdkapitalkosten (d.h. den von den Gläubigern derzeit erwarteten Rendite) abgeleitet werden.

Allerdings liegen ex ante keine Kenntnisse über den periodenspezifischen Wert von x_t vor. Der WACC-Ansatz stößt hier auf Implementierungsprobleme. Eine mögliche Reaktionsweise ist, mit einem „stellvertretenden" WACC zu arbeiten, der den durchschnittlichen Verschuldungsgrad repräsentiert. Dies kann natürlich bei Schwankungen des (geplanten) Verschuldungsgrades zu mehr oder weniger großen Fehlern führen.[14]

5. Finanzierungskosten und Steuern

Damit die Kapitalgeber die von ihnen erwartete Nettorendite (Nachsteuerrendite) erzielen können, muss das Unternehmen eine höhere Bruttorendite (Vorsteuerrendite) erwirtschaften. Dabei spielt es keine Rolle, ob die Steuerzahlungen vom Unternehmen (Beispiel: Gewerbesteuer) oder von den Kapitalgebern (Beispiel: persönliche Einkommenssteuer) an den Fiskus abgeführt werden müssen.

Die Differenz zwischen Brutto- und Nettorendite eines Investitionsprojektes kann sowohl durch die Grenzsteuerbelastung als auch durch die durchschnittliche Steuerbelastung determiniert sein. Dieser Unterschied ist für eine regulatorische Kostenrechnung von großer Bedeutung, denn bei progressivem Steuertarif ist der Durchschnittssteuersatz erheblich kleiner als der Grenzsteuersatz. Entsprechend sind bei gegebenen Netto-Finanzierungskosten die angenommenen Brutto-Finanzierungskosten eines Unternehmens größer, wenn auf den Grenz- und nicht auf den Durchschnittssteuersatz abgestellt wird.

a) Steuern und Vorteilhaftigkeit von Investitionsprojekten

Die Einführung von Steuern aus Sicht der Kapitalgeber wirkt sich in zweierlei Weise auf die Vorteilhaftigkeit von Investitionsprojekten aus:[15]

- Die den Kapitalgebern aus dem Investitionsprojekt zufließenden Zahlungen werden geschmälert.
- Die mit einer risikoäquivalenten Alternativanlage erzielbare Nettorendite wird verringert.

Entsprechend lässt sich die steuerbedingte Veränderung der Zahlungsbereitschaft für ein Investitionsprojekt:

$$\sum_{t=1}^{T0} \frac{E_{t-1}\left(R_t^0 - A_t^0 - T_t^0\right)}{\left(1+r_t\right)^t} - \sum_{t=1}^{T0} \frac{E_{t-1}\left(R_t^0 - A_t^0\right)}{\left(1+\bar{r}_t\right)^t}$$

---

14 vgl. Drukarczyk, J. (2001), Seite 275

15 vgl. hierzu z.B. Schneider, D. (1980), Seite 266 ff.

mit

$\bar{r}_t$ = Finanzierungskosten in einer hypothetischen Welt ohne Steuern

in den sogenannten Volumeneffekt und den Zinseffekt zerlegen:

1. Der Gegenwartswert der Zahlungen vor Steuern, ist auf Basis der Finanzierungskosten vor Steuern größer als bei auf Basis der durch Steuern reduzierten Nettorendite:

$$\text{Zinseffekt} = \sum_{t=1}^{T0} \frac{E_{t-1}\left(R_t^0 - A_t^0\right)}{\left(1 + r_t\right)^t} - \sum_{t=1}^{T0} \frac{E_{t-1}\left(E_t^0 - A_t^0\right)}{\left(1 + \bar{r}_t\right)^t} > 0$$

wegen

$$\bar{r}_t > r_t$$

2. Auf Basis der durch Steuern reduzierten Nettorendite ist der Marktwert der Zahlungen nach Steuern kleiner als der Marktwert der Zahlungen vor Steuern:

$$\text{Volumeneffekt} = \sum_{t=1}^{T0} \frac{E_{t-1}\left(R_t^0 - A_t^0 - T_t^0\right)}{\left(1 + r_t\right)^t} - \sum_{t=1}^{T0} \frac{E_{t-1}\left(R_t^0 - A_t^0\right)}{\left(1 + r_t\right)^t} = -\sum_{t=1}^{T0} \frac{E_{t-1}\left(T_t^0\right)}{\left(1 + r_t\right)^t} - < 0$$

Wenn der Volumeneffekt betragsmäßig kleiner als der Zinseffekt ist, nimmt durch die Einführung von Steuern die Zahlungsbereitschaft für ein Investitionsprojekt zu (sog. Steuerparadoxon);[16] kann umgekehrt der Zinseffekt den Volumeneffekt nicht überkompensieren, so nimmt der Marktwert des Investitionsprojektes durch die Einführung von Steuern ab.

b) Grenzsteuersatz versus Durchschnittssteuersatz

Ein kapitalnachfragendes Unternehmen steht vor der Aufgabe, aus verschiedenen Investitionsprojekten das optimale Investitionsprogramm zusammenzustellen. Dazu müsste es für jedes denkbare Investitionsvolumen den maximal erzielbaren Ertragswert bestimmen. Jedes Investitionsvolumen entspricht einem Portfolio aus Einzelinvestitionen; wird das Investitionsvolumen erhöht, kann sich die Zusammensetzung des Investitionsprogramms ändern.

Bei einem Planungshorizont von einer Rechnungsperiode (2-Zeitpunkt-Modell) wird das Unternehmen sein Investitionsvolumen solange erhöhen, bis die Grenzrendite der jeweils zuletzt investierten Geldeinheit über den Finanzierungskosten des Unternehmens liegt. Das optimale Investitionsvolumen ist erreicht, wenn sich bei einer weiteren marginalen Erhöhung des Investitionsvolumens gerade soviel an künftigen Einzahlungsüberschüssen erzielen läßt, wie die Kapitalgeber als Ausgleich für den zusätzlichen Kapitaleinsatz mindestens verlangen. Formal ausgedrückt gilt für das optimale Investitionsvolumen:

---

16 Im Extremfall kann sogar durch die Einführung von Steuern ein ursprünglich nicht vorteilhaftes Investitionsprojekt (Marktwert des Investitionsprojektes ist vor Einführung von Steuern negativ) vorteilhaft werden (Marktwert des Investitionsprojekts wird durch Einführung von Steuern positiv).

$$\left.\begin{aligned}&\frac{\partial E_t(\hat{I}_{t-1})}{\partial I_{t-1}}-\frac{\partial A_t(\hat{I}_{t-1})}{\partial I_{t-1}}-\frac{\partial T_t}{\partial I_{t-1}}-\frac{\partial K_t(\hat{I}_{t-1})}{\partial I_{t-1}}-\frac{\partial K_{t-1}(\hat{I}_{t-1})}{\partial I_{t-1}}=r_t\\ \text{bzw.}\quad&\frac{\partial E_t(\hat{I}_{t-1})}{\partial I_{t-1}}-\frac{\partial A_t(\hat{I}_{t-1})}{\partial I_{t-1}}-\frac{\partial K_t(\hat{I}_{t-1})}{\partial I_{t-1}}-\frac{\partial K_{t-1}(\hat{I}_{t-1})}{\partial I_{t-1}}=r_t^*\end{aligned}\right\}$$

mit

$\hat{I}_t =$ Optimales Investitionsvolumen im Zeitpunkt t

Daraus folgt für das Verhältnis der vom Unternehmen zu erwirtschaftenden Bruttorendite zur von den Kapitalgebern verlangten Nettorendite:

$$r_t^* = r_t + \frac{\partial T_t}{\partial \hat{I}_{t-1}}$$

Insofern scheint die Grenzsteuerbelastung des investierten Kapitals die für die Brutto-Finanzierungskosten relevante Bestimmungsgröße zu sein.

Allerdings ist diese Betrachtungsweise nicht mit der Annahme eines vollkommenen Kapitalmarktgleichgewichts vereinbar. Denn wenn das Unternehmen das Investitionsvolumen solange ausdehnt, bis die Rendite der zuletzt investierten Geldeinheit den als Datum angenommenen Finanzierungskosten entspricht, muss die Gesamtrendite des Investitionsprogramms des Unternehmens über den Finanzierungskosten liegen:

$$\left.\begin{aligned}&\frac{E_t(\hat{I}_{t-1})-A_t(\hat{I}_{t-1})-T_t(\hat{I}_{t-1})-K_t(\hat{I}_{t-1})-K_{t-1}(\hat{I}_{t-1})}{\hat{I}_{t-1}}>r_t\\ \text{bzw.}\quad&\frac{E_t(\hat{I}_{t-1})-A_t(\hat{I}_{t-1})-K_t(\hat{I}_{t-1})-K_{t-1}(\hat{I}_{t-1})}{\hat{I}_{t-1}}>r_t^*\end{aligned}\right\}$$

d.h. beliebige Kapitalmarktteilnehmer könnten sich durch den Aufkauf aller Finanzierungstitel des Unternehmens den Alleinanspruch auf den *Cash Flow* sichern und so einen risikolosen Arbitragegewinn erzielen.[17] Entsprechend steigt der Marktwert der Finanzierungstitel des Unternehmens solange, bis das Kapitalmarktgleichgewicht erreicht ist bzw. bis risikolose Arbitragegewinne ausgeschlossen sind. Wird darüber hinaus noch Bestreitbarkeit der Absatzmärkte angenommen, so ist es für den Initiator eines Investitionsprogramms nicht möglich, für die Finanzierungstitel, mit denen das Investitionsprogramm finanziert werden soll, einen Verkaufserlös zu erzielen, der über dem Investitionsvolumen liegt:

$$K_{t-1} = \hat{I}_{t-1}$$

Entsprechend stimmt im Kapitalmarktgleichgewicht die Rendite des Investitionsprogramms des Unternehmens mit dessen Finanzierungskosten überein, wobei speziell bei Bestreitbarkeit der Absatzmärkte gilt:

---

17 Arbitrage ist der Kauf eines Gutes bei gleichzeitigem Verkauf auf einem anderen Markt bzw. an andere Abnehmer. Als Ergebnis von Arbitrage ist der Preisunterschied auf den beiden Märkten in der Regel geringer als die bei Kauf und anschließendem Verkauf anfallenden Transaktionskosten. Vgl. Samuelson, P. A. / Nordhaus, W. D. (1998), Seite 190

$$\left.\begin{array}{l} \dfrac{E_t(\hat{I}_{t-1}) - A_t(\hat{I}_{t-1}) - T_t(\hat{I}_{t-1}) - K_t(\hat{I}_{t-1})}{\hat{I}_{t-1}} - 1 = r_t \\ \text{bzw.} \quad \dfrac{E_t(\hat{I}_{t-1}) - A_t(\hat{I}_{t-1}) - K_t(\hat{I}_{t-1})}{\hat{I}_{t-1}} - 1 = r_t^* \end{array}\right\}$$

Daraus folgt für die vom Unternehmen zu erwirtschaftende Bruttorendite:

$$r_t^* = r_t + \frac{T_t}{\hat{I}_{t-1}}$$

Unter der Annahme des Kapitalmarktgleichgewichts ist also die durchschnittliche Steuerbelastung des investierten Kapitals die für die Brutto-Finanzierungskosten relevante Bestimmungsgröße. Da bei der Abschätzung der Netto-Finanzierungskosten ebenfalls Kapitalmarktgleichgewichtsmodelle (wie beispielsweise das CAPM) herangezogen werden, ist es konsistent, die Brutto-Finanzierungskosten auf der Basis von Durchschnittssteuersätzen zu berechnen.

c) Modifikation der WACC-Formel im Steuerfall

Die Rendite der Kapitalgeber kann durch die verschiedensten Steuerarten geschmälert werden. Wichtige Steuerarten sind die Gewerbe-, die Einkommensteuer, die Vermögensteuer, die Körperschaftsteuer und die Kapitalverkehrsteuern. Dabei kann das Verhältnis von Eigen- zur Fremdfinanzierung für die Höhe der Steuerbelastung von entscheidender Bedeutung sein. Auch die Rechtsform des Unternehmens kann eine Rolle spielen.

Um einen brauchbaren Input für die Kostenrechnung zu haben, müssen die verschiedenen Steuerarten mit ihren unterschiedlichen Bemessungsgrundlagen zu einer möglichst einfachen Formel zusammengefasst werden, die das Verhältnis von Brutto- und Netto-Finanzierungskosten beschreibt. Das Vorgehen sei hier anhand eines fiktiven, sehr einfach gehaltenen Steuersystems illustriert.[18]

Die den *Gläubigern (Fremdkapitalgebern)* eines Unternehmens zufließenden Zahlungen werden durch die Einkommensteuer geschmälert. Bilden die Zinszahlungen an die Fremdkapitalgeber die Bemessungsgrundlage für die von den Fremdkapitalgebern zu zahlende Einkommensteuer:

$$T_t^{FK} = D_{t-1} \cdot i_t \cdot t_t^{FK}$$

mit

t_t^{FK} = Einkommensteuersatz des repräsentativen Gläubigers

so folgt daraus für die Relation von Brutto- und Nettokosten des Fremdkapitals:

18 für eine ausführliche Diskussion vgl. z.B. v. Hinten, P./ Neuss, W. (1991)

$$r_t^{FK*} = r_t^{FK} + \frac{T_t^{FK}}{K_{t-1}^{FK}}$$

$$= r_t^{FK} + t_t^{FK} \cdot \frac{i_t \cdot D_t}{K_{t-1}^{FK}}$$

Sofern die Zinszahlungen an die Kapitalgläubiger und Fremdkapitalkosten nach Steuern im Zeitablauf konstant sind, bleibt auch der Marktwert des Fremdkapitals im Zeitablauf konstant, wobei:

$$K^{FK} = \frac{i \cdot D}{r^{FK*}}$$

Aus den beiden letzten Gleichungen folgt als Relation von Brutto- und Netto-Fremdkapitalkosten:

$$r^{FK*} = \frac{1}{1 - t^{FK}} \cdot r^{FK}$$

Die Zahlungen an die *Eigenkapitalgeber* werden durch die Gewerbeertragssteuer und durch die persönliche Einkommensteuer geschmälert:

$$T_t^{EK} = T_t^E + T_t^G$$

mit

$T_t^E =$ Gewerbeertragsteuer

$T_t^G =$ Einkommensteuer der Eigenkapitalgeber

Die vom Unternehmen gezahlte Körperschaftsteuer stellt lediglich eine Vorauszahlung auf die persönliche Einkommensteuer der Eigenkapitalgeber dar. Die Unternehmenseigner erhalten nämlich bei der Dividendenausschüttung einen Teil der Körperschaftssteuer als Gutschrift ausgezahlt, und diese Steuergutschrift gehört zur Bemessungsgrundlage der Einkommensteuer. Somit gilt:

  Gewinn vor Steuern
– Gewerbeertragssteuer
= Ausschüttung einschließlich Körperschaftssteuer-Gutschrift
– Einkommenssteuer
= Einkommen der Gesellschafter

Bemessungsgrundlage der Gewerbeertragsteuer ist der Gewerbeertrag, der sich weitgehend mit dem Gewinn vor Steuern[19] *zuzüglich* der halben Zinsen auf Dauerschulden deckt.[20] Wird vereinfachend unterstellt, dass das Betriebsergebnis mit dem in der Steuerbilanz ausgewiesenen Gewinn übereinstimmt, so läßt sich schreiben:

$$T_t^G = \left[\left(E_t - A_t - AB_t - i_t \cdot D_{t-1}\right) + 0{,}5 \cdot i_t \cdot D_{t-1}\right] \cdot t_t^G$$

$$\Leftrightarrow \quad T_t^G = \left(E_t - A_t - AB_t - i_t \cdot D_{t-1}\right) \cdot t_t^{G*}$$

wobei

---

19 Vor Abschaffung der Gewerbekapitalsteuer war die Bemessungsgrundlage der Gewerbeertragsteuer um die Gewerbekapitalsteuer zu vermindern.

20 vgl. Franke/Hax (1995), Seite 213

$$t_t^{G*} = \left(1 + \frac{0{,}5 \cdot i_t \cdot D_{t-1}}{E_t - A_t - AB_t - i_t \cdot D_{t-1}}\right) \cdot t_t^G$$

mit

$t_t^G =$ Gewerbeertragsteuersatz

Bemessungsgrundlage für die Einkommensteuer der Unternehmenseigner ist die ausgeschüttete Dividende:

$$T_t^E = \left(E_t - A_t - AB_t - i_t \cdot D_{t-1} - T_t^G\right) \cdot t_t^E$$

mit

$t_t^E =$ Einkommensteuersatz des repräsentativen Unternehmenseigners

Daraus folgt für die Gesamt-Steuerbelastung des Eigenkapitals:

$$\begin{aligned} T_t^{EK} &= T_t^G + T_t^E = \\ &= \left(E_t - A_t - AB_t - i_t \cdot D_{t-1}\right) \cdot \left(1 - t_t^{G*}\right) \cdot t_t^E \end{aligned}$$

bzw. für die Relation von Brutto- und Nettoeigenkapitalkosten:

$$\begin{aligned} r_t^{EK*} &= r_t^{EK} + \frac{T_t^{EK}}{K_{t-1}^{EK}} \\ &= r_t^{EK} + \left(1 - t_t^{G*}\right) \cdot t_t^E \cdot \frac{E_t - A_t - AB_t - i_t \cdot D_{t-1}}{K_{t-1}^{EK}} \end{aligned}$$

Sofern das Ergebnis nach Abschreibungen und Fremdkapitalzinsen konstant bleibt, bleibt auch der Marktwert des Eigenkapitals im Zeitablauf unverändert, wobei

$$K^{EK} = \frac{E - A - AB - i \cdot D}{r^{EK*}}$$

Auf den beiden letzten Gleichungen folgt die Relation von Brutto- und Netto-Eigenkapitalkosten:

$$r^{EK*} = \frac{1}{\left(1 - t^E\right) \cdot \left(1 - t^{G*}\right)} \cdot r^{EK}$$

6. Abschätzung des „sicheren" Zinssatzes und der Risikoprämie

Die Risikoprämie wurde bereits eingangs definiert: Sie ist der Differenzbetrag zwischen einer sicheren Anlage und dem kapitalmarktgleichgewichtigen Rendite-Erwartungswert. Bei einer sicheren Anlage handelt es sich typischerweise um einen Schuldtitel, die von einem Gläubiger einwandfreier Bonität emittiert wird (kein Ausfallrisiko), der auf heimische Währung lautet (kein Wechselkursrisiko) und bei dem Zinszahlungs- und Tilgungstermin mit dem individuellen Planungshorizont übereinstimmt (kein Zinsänderungsrisiko). Als Schuldner einwandfreier Bonität wird in wichtigen Industrienationen der Staat gelten können. Geht es also beispielsweise darum, den sicheren Zinssatz für ein Jahr Laufzeit abzuschätzen, so käme eine Zero-Bond-Anleihe der Regierung mit einer Restlaufzeit von einem Jahr als Abschätzungsgrundlage in Betracht.

Ein Unternehmen – und das gilt natürlich auch für ein entgeltreguliertes Telekommunikationsunternehmen – wird sich typischerweise nicht zum sicheren Zinssatz mit Kapital eindecken können. Zumindest beim Beteiligungskapital, in den meisten Fällen aber auch dem Fremdkapital liegen die Finanzierungskosten über dem sicheren Zinssatz.

Ein Indikator für die auf *Fremdkapital* zu zahlende Risikoprämie ist die Bonität, die dem Unternehmen von unabhängigen Analysten (z.B. Rating-Agenturen wie MOODY'S) beigemessen wird. Für wichtige europäischen Telekommunikationsunternehmen mit (ehemaliger) Staatsbeteiligung dürfte die „*too-big-to-fail*"-Hypothese gelten: Sollten vom *Incumbent* eingegangene Verbindlichkeiten tatsächlich notleidend werden, wird der Staat (bzw. der Steuerzahler) aufgrund der gesamtwirtschaftlichen Bedeutung des Unternehmens stützend eingreifen. Wesentliche weitere Determinanten der Bonität der Schuldtitel ist der Verschuldungsgrad des Unternehmens und der voraussichtliche weitere Geschäftserfolg (die weitere Entwicklung des Cash Flows). Einige Stichworte bei der Abschätzung des Geschäftserfolgs sind Marktmacht im Ortsnetzbereich, Abschmelzen der Tarife für Ferngespräche und Verlust von Marktanteilen in diesem Segment und Auslandsengagements. Keine Risikoprämie dürfte fällig sein, soweit die Verbindlichkeiten durch den Staat verbürgt sind (vorausgesetzt natürlich, dass der Staat selbst als Schuldner einwandfreier Bonität gilt). Solche Verbindlichkeiten stellen aus Sicht der Kapitalgeber ein Substitut für Staatsanleihen dar. Im Telekommunikationsbereich sind es insbesondere die *Incumbents* aus ehemaligem Staatsbesitz, die als Kandidaten für Staatsbürgschaften in Frage kommen.[21]

Beim Eigenkapital ist die Risikoprämie schwieriger abzuschätzen als beim Fremdkapital, denn anders als bei Schuldtiteln gibt es bei Beteiligungstiteln keine Zinsvereinbarungen. Wenn der Kurs einer Aktie plötzlich ein Rekordniveau erreicht, soll dann daraus geschlossen werden, dass die Eigenkapitalkosten des betreffenden Unternehmens nur noch minimal sind bzw. dass sich die Kapitalgeber mit minimalen Renditeaussichten zufrieden geben? Oder steigt der Kurs an, weil die Kapitalmarktteilnehmer sich plötzlich Hoffnung auf einen rasanten Dividendenanstieg machen? Oder stecken hinter Kursveränderungen Phänomene und Verhaltensweisen wie Mode oder Irrationalität? Jedenfalls ist es kaum möglich, aus den Aktienkursen eines Unternehmens genaue Rückschlüsse auf die Renditeerwartungen der Kapitalgeber bzw. auf die Eigenkapitalkosten zu ziehen. Sicher liefert bei der Abschätzung von Eigenkapitalkosten die Aktienkursentwicklung ein Indiz, aber sie ist auch nicht das Maß aller Dinge.

Ein möglicher Ansatz zur Abschätzung der Eigenkapitalkosten wäre der Rückgriff auf *Studien* über die Eigenkapitalkosten vergleichbarer ausländischer Telekommunikationsunternehmen. Natürlich enthalten Studien immer auch ein gutes Stück subjektive

---

21 Staatsbürgschaften stellen eine Form der Subventionierung des Unternehmens durch den Staat dar. Gemäß Postreform II sind alle Verbindlichkeiten, die die Deutsche Telekom bis zu ihrer Eintragung des Unternehmens in das Handelsregister eingegangen ist (Stichtag: 2.1.1995), durch die Bundesrepublik Deutschland garantiert. Alle nach diesem Stichtag eingegangenen Verbindlichkeiten sind nicht durch den Staat verbürgt. Aufgrund der Staatsbürgschaften konnte die Telekom Fremdkapital zu sehr günstigen Konditionen aufnehmen.

Bewertung durch Analysten. Von Informationsasymmetrien zwischen Analyst und zu bewertendem Unternehmen abgesehen, ist auch die Unabhängigkeit von Analystenmeinungen fragwürdig. Vielfach arbeiten Analysten für Investmentbanken, die wiederum ihr Geld mit der Platzierung von Anleihen und Aktien der beurteilten Unternehmen verdienen. Außerdem lässt sich stets darüber diskutieren, was als „vergleichbares" Telekommunikationsunternehmen gelten kann. Die Vergleichbarkeit wird durch eine ganze Reihe von Faktoren erschwert. Hierzu gehören der unterschiedliche Verschuldungsgrad der untersuchten Unternehmen, die im internationalen Vergleich unterschiedliche Risikoscheu bzw. -freude der Kapitalmarktteilnehmer und die spezifisch nationalen Konjunkturentwicklungen, die die von ausländischen *Incumbents* erzielten Aktienrenditen beeinflussen.

Eine grundsätzlich andere Herangehensweise ist der Rückgriff auf *Modelle*, die die Renditeerwartungen der Kapitalmarktteilnehmer erklären, um anschließend die Ausprägung der Inputvariablen dieser Modelle abzuschätzen. Angesprochen sind hier insbesondere das *Dividend Growth Model* und das *Capital Asset Pricing Model*. Die offensichtlichen Ansatzpunkte für Kritik sind natürlich die getroffenen Modellannahmen und die Abschätzung der Inputvariablen.

Das *Dividend Growth Model* (DGM) basiert auf der Annahme, dass der Kurswert einer Aktie dem Barwert der für die Zukunft erwarteten Dividenden entspricht. Außerdem wird unterstellt, dass die Kapitalmarktteilnehmer davon ausgehen, dass die Dividenden ewig mit einer konstanten Rate wachsen. Formal ausgedrückt:

$$K_0^{EK} = \frac{E_0(Z_1)}{\left[1+E_0\left(r^{EK}\right)\right]} + \frac{E_0(Z_1)\cdot\left[1+E_0(g)\right]}{\left[1+E_0\left(r^{EK}\right)\right]^2} + \frac{E_0(Z_1)\cdot\left[1+E_0(g)\right]^2}{\left[1+E_0\left(r^{EK}\right)\right]^3} + \ldots$$

wobei

$Z_1 =$	Dividendenzahlung an die Aktionäre nach Abzug aller Steuern (einschließlich Einkommensteuer der Aktionäre)
$g =$	Dividendenwachstum ab dem Zeitpunkt 1
$E_0(\bullet) =$	Erwartungswert im Zeitpunkt 0

Daraus folgt nach einigen einfachen Umformungen die Bestimmungsgleichung der Eigenkapitalkosten:

$$E_0\left(r^{EK}\right) = \frac{E_0(Z_1)}{K_0^{EK}} + E_0(g)$$

Die Kritikpunkte am DGM selbst sind offensichtlich. Konstante Eigenkapitalkosten und die Erwartung eines konstanten prozentualen Dividendenwachstums sind mutige Annahmen. Auch ist es fraglich, ob das gegenwärtige Kurs-Gewinn-Verhältnis tatsächlich immer etwas mit dem Angebots- und Nachfrageverhalten der Kapitalmarktteilnehmer zu tun hat. Wenn die gegenwärtigen Dividenden im Verhältnis zum Kurs sehr gering sind, so ist es natürlich naheliegend, dass die Kapitalmarktteilnehmer künftiges Dividendenwachstum vorwegnehmen. Nur: Wie hoch sind die Dividendenerwartungen der Kapitalmarktteilnehmer? Das erwartete Dividendenwachstum ist eine Modellstellschraube, die sehr anfällig für Manipulationen ist. Ohnehin deckt eine seriöse Prognose typischerweise einen Zeitraum von nicht mehr als zwei bis drei Jahren ab; über diesen Zeitraum hinausgehende Prognosen wären sehr spekulativ.[22] Daher sollte das DGM nicht die einzige Methode zur Abschätzung der Eigenkapitalkosten sein, sondern parallel zu anderen Methoden zur Anwendung kommen.

Methodisch ausgefeilter, aber ebenfalls in mancher Beziehung kritikwürdig ist auch die Abschätzung von Eigenkapitalkosten mittels *Capital Asset Pricing Model* (CAPM). Wesentlich für die Herleitung des CAPM ist die Annahme, dass alle Kapitalmarktteilnehmer homogene Erwartungen aufweisen. Das bedeutet, dass bei einer gegebenen Anlage die Kapitalmarktteilnehmer stets die gleiche Wahrscheinlichkeitsverteilung zugrunde legen. Auf die Herleitung des CAPM soll hier verzichtet werden.[23] In seiner einfachsten Form besagt das CAPM, dass die von Eigenkapitalgebern erwartete Verzinsung des eingesetzten Kapitals der Bedingung

$$E_{t-1}\left(\tilde{r}_t^{EK}\right) = \tilde{r}_t^0 + \beta^{EK} \cdot \left[E_{t-1}\left(\tilde{r}_t^M\right) - \tilde{r}_t^0\right]$$

mit

$$\beta^{EK} = \frac{COV\left(\tilde{r}_t^M, \tilde{r}_t^{EK}\right)}{VAR\left(\tilde{r}_t^{EK}\right)}$$

genügt, wobei

$\tilde{r}_t^{EK} =$	Rendite der Beteiligungstitel des Unternehmens (Zufallsvariable)
$\tilde{r}_t^M =$	Rendite des Marktportfolios unsicherer Wertpapiere (Zufallsvariable)
$r_t^0 =$	Rendite risikoloser Anlagen
$\beta^{EK} =$	Wertpapier-Beta
$E_{t-1}(\bullet) =$	Erwartungswert aus der Perspektive des Zeitpunktes t-1
$E_{t-1}\left(\tilde{r}_t^{EK}\right) - r_t^0 =$	Risikoprämie, die im Kapitalmarktgleichgewicht für die betrachteten Beteiligungstitel verlangt wird
$E_{t-1}\left(r_t^M\right) - r_t^0 =$	Risikoprämie, die im Kapitalmarktgleichgewicht für das Marktportfolio unsicherer Wertpapiere verlangt wird
$COV\left(\tilde{r}_t^M, \tilde{r}_t^{EK}\right) =$	Kovarianz der Rendite des Marktportfolios und der Rendite des betrachteten Beteiligungstitels
$VAR\left(\tilde{r}_t^{EK}\right) =$	Varianz der Rendite des betrachteten Beteiligungstitels

definiert. Die Risikoprämie für einen Beteiligungstitel hängt also nicht von der Varianz der Rendite des Beteiligungstitels ab, sondern von dessen Beitrag zum Risiko des Marktportfolio unsicherer Wertpapiere.[24] Dieser Beitrag wird durch die Kovarianz der Rendite des Marktportfolios mit der Rendite des Marktportfolios bzw. durch das Wert-

22 vgl. Oftel (Dezember 1995), Randnummer E.17

23 für eine ausführliche Diskussion vgl. beispielsweise Copeland, T./Weston, J.F. (1988), Seite 192 ff.

24 Finanzierungstitel, die bei gleichem Risiko (Varianz der künftigen Rendite) einen niedrigeren Renditeerwartungswert oder bei gleichem Renditeerwartungswert ein höheres Risiko als andere unsichere Finanzierungstitel aufweisen, sind nicht Bestandteil des Marktportfolios unsicherer Wertpapiere.

papier-Beta gemessen.[25] Ein Wertpapier-Beta unter eins deutet darauf hin, dass der betreffende Beteiligungstitel ein kleineres Risiko als das Marktportfolio unsicherer Erwartungen aufweist. Das bedeutet: Wenn das Marktportfolio unsicherer Wertpapiere im Wert fällt (etwa aufgrund von Rezessionsängsten), dann steigen die Eigenkapitalkosten des Unternehmens nur unterproportional an.[26]

Bei der *praktischen Anwendung* des CAPM zur Abschätzung von Eigenkapitalkosten geht es im Kern um die Abschätzung des Wertpapier-Betas der Aktien des jeweiligen Unternehmens. Das Marktportfolio unsicherer Wertpapiere wird dabei durch das Portfolio der in einem Aktienindex (wie zum Beispiel dem deutschen Aktienindex DAX) vertretenen Papiere approximiert. Die Beschreibung des stochastischen Zusammenhangs zwischen der Eigenkapitalrendite (r^{EK}) und der Marktportfoliorendite (r^{M}) erfolgt mit Hilfe einer *Regressionsgeraden.* Diese wird so bestimmt, dass die Summe der quadrierten Abweichungen der historischen ($r^{EK} - r^0$; $r^M - r^0$)-Kombinationen von der Geraden minimal ist. Die Regressionsgerade beschreibt die Tendenz des Zusammenhangs zwischen den beiden Zufallsvariablen. Die Steigung der Regressionsgeraden ist mit dem Wertpapier-Beta identisch. Das so geschätzte Wertpapier-Beta kann mit Annahmen über den Rendite-Erwartungswert des sicheren Zinssatzes und des Portfolios unsicherer Wertpapiere kombiniert werden.

Um die Brauchbarkeit einer solchen Schätzung des Wertpapier-Betas zu prüfen, wird angenommen, dass für die ex ante erwartete Risikoprämie das CAPM gilt:

$$E_{t-1}\left(\tilde{r}_t^{EK}\right) - \tilde{r}_t^0 = \beta^{EK} \cdot \left[E_{t-1}\left(\tilde{r}_t^M\right) - \tilde{r}_t^0\right] \quad (1)$$

Weiter wird angenommen, dass

$$\tilde{r}_t^{EK} - E_{t-1}\left(\tilde{r}_t^{EK}\right) = \beta^{EK} \cdot \left[\tilde{r}_t^M - E_{t-1}\left(\tilde{r}_t^M\right)\right] + \varepsilon_t \quad (2)$$

wobei

- die Abweichung der Rendite vom ursprünglichen Renditeerwartungswert
  $$\tilde{r}_t^{EK} - E_{t-1}\left(\tilde{r}_t^{EK}\right)$$
- sowie die Störvariable ε_t

normalverteilte Zufallsvariablen mit dem Erwartungswert null sind.[27] Aus der Addition der Gleichungen (1) und (2) folgt, dass die erzielten *Excess Returns* bei der betrachteten Aktie und beim Marktportfolio unsicherer Wertpapiere durch die Beziehung

$$\tilde{r}_t^{EK} - \tilde{r}_t^0 = \beta^{EK} \cdot \left[\tilde{r}_t^M - \tilde{r}_t^0\right] + \varepsilon_t$$

25 vgl. Franke, G. /Hax, H. (1995), Seite 344

26 Eine der wesentlichen Implikationen des CAPM ist die sogenannte TOBIN-Separtion: Die Kapitalanleger können ihre Anlageentscheidung separieren in (1.) die Zusammensetzung ihres Portfolios unsicherer Anlagen und (2.) die Mischung des Portfolios unsicherer Anlagen mit der sicheren Anlage. Die Zusammensetzung des Portfolios unsicherer Anlagen ist dabei bei allen Marktteilnehmern gleich, lediglich die Mischung des Portfolios unsicherer Anlagen mit der sicheren Anlage hängt von den individuellen Präferenzen der Kapitalmarktteilnehmer ab. Vgl. beispielsweise Hug, P. (1993), Seite 460

27 Für eine ausführliche Diskussion vgl. Fischer, B./ Jensen, M.C., Scholes, M. (1972), Seite 79 ff.

miteinander verknüpft sein müssen. Gleichzeitig hat die Regressionsgerade, die durch die historischen ($r^{EK} - r^0$; $r^M - r^0$)-Kombinationen gelegt wird, die Form:

$$r_t^{EK} - r_t^0 = \alpha^{EK} + \beta^{EK} \cdot \left[r_t^M - r_t^0\right] + \varepsilon_t$$

Wenn die Modellannahmen gültig wären, müsste in der Gleichung der Regressionsgeraden α=0 sein. Somit kann das Modell dadurch getestet werden, ob bei der aus den historischen ($r^{EK} - r^0$; $r^M - r^0$)-Kombinationen hergeleiteten Regressionsgeraden α signifikant von null abweicht.[27] Wenn dies nicht der Fall sein sollte, wäre das ein Indiz für die Brauchbarkeit der β-Schätzung. Allerdings haben empirische Tests ergeben, dass Aktien mit einem hohen β in der Regel ein negatives α aufweisen, während das α bei Aktien mit einem niedrigen β in der Regel positiv ist. Dies spricht dafür, dass das CAPM in seiner klassischen Form (trotz seines unbestrittenen Erkenntniswertes) nicht unbedingt mit der Realität in Einklang steht.

7. Zeithorizont bei der Abschätzung von Finanzierungskosten

Die durchschnittliche jährliche Rendite eines Finanzierungstitels ist abhängig von der Dauer des Zeitraumes, über den der Finanzierungstitel gehalten wird. Dies gilt für Schuld- und Beteiligungstitel gleichermaßen. Entsprechend beeinflusst die der regulatorischen Kostenrechnung zugrunde gelegte Zeithorizont die Finanzierungskosten und damit die Höhe der regulierten IC-Entgelte.

Idealerweise sind die regulierten Entgelte so bemessen, dass die Gesamtkosten der effizienten Leistungserstellung jederzeit den Gesamterlösen entsprechen. Theoretisch müsste also für jeden (zukünftigen) Zeitpunkt während der Preiskontroll-Periode der jeweils in diesem Zeitpunkt gültige Zinssatz für eine infinitesimal kurze Laufzeit herangezogen werden. Jedoch werden Entscheidungen zur Entgeltregulierung immer für bestimmte Zeiträume getroffen (z.B. ein Finanzjahr). Sinnvollerweise kann nur gefordert werden, dass die für einen solchen *Zeitraum* erwarteten Erlöse mit den erwarteten Kosten übereinstimmen (vgl. einleitende Ausführungen zu Abschnitt A in diesem Kapitel). Angenommen beispielsweise, es sollen Entgelte auf der Basis der voraussichtlichen durchschnittlichen Kosten während der nächsten 12 Monate kalkuliert werden, so ist zu fragen, welche Renditeerwartungen die Kapitalmarktteilnehmer für die nächsten 12 Monate haben.

Diese Argumentation birgt bei den Fremdkapitalkosten Konfliktpotential. Denn anders als bei Aktien ist der Renditeerwartungswert bei Schuldtiteln nicht nur vom Betrachtungszeitpunkt abhängig, sondern auch von der Laufzeit des Titels. Der Graph des Zinssatzes in Abhängigkeit von der Laufzeit wird als *Zinsstrukturkurve* bezeichnet. In der Regel wird für längere Laufzeiten (d.h. spätere Fälligkeiten) ein höherer Zinssatz gezahlt als für kürzere Laufzeiten; die Zinsstrukturkurve hat also normalerweise einen steigenden Verlauf.[28]

---

27 vgl. Fischer, B./ Jensen, M.C., Scholes, M. (1972), Seite 84
28 vgl. Deutsch, H.-P. (2001), Seite 225

Verschuldungszeiträume von nur zwölf Monaten sind in der Praxis der Unternehmensfinanzierung wohl eher die Ausnahme. Um sich gegen das Zinsänderungsrisiko abzusichern, wird ein Unternehmen in der Regel eine längere Kreditlaufzeit mit einem höheren Zinssatz bevorzugen. Entsprechend wird sich ein entgeltreguliertes Unternehmen bei normaler Zinsstrukturkurve unter Umständen dagegen wehren, wenn bei der Entgeltregulierung so getan wird, als hätte es sich im Schnitt nur mit einer Laufzeit von 12 Monaten verschuldet. Vielmehr wird es dafür plädieren, bei der Abschätzung von Fremdkapitalkosten eine längere Laufzeit zugrunde zu legen. So könnten beispielsweise die Fremdkapitalkosten mit der erwarteten durchschnittlichen Fremdkapitalrendite über die durchschnittliche ökonomische Lebensdauer der eingesetzten Maschinen und Anlagen gleichgesetzt werden. Eine andere Idee wäre, die Laufzeit des vom regulierten Unternehmen tatsächlich aufgenommenen Fremdkapitals gleichzusetzen. Je länger die angesetzte Laufzeit ist, desto höher sind normalerweise die über die Laufzeit (geometrisch) gemittelten Fremdkapitalkosten.[29]

Diese Argumentation ist jedoch kritisch, denn sie setzt die Finanzierungskosten in der jeweils bevorstehenden Preiskontrollperiode mit der *durchschnittlichen* Rendite gleich, die die Schuldtitel bis zum Ende ihrer Restlaufzeit erzielen. Sichere Erwartungen vorausgesetzt, muss jedoch ein Schuldtitel mit mehrjähriger Laufzeit im Kapitalmarktgleichgewicht die gleiche Rendite bringen wie eine Abfolge von Schuldtiteln mit jeweils einjähriger Laufzeit. Liegt die Durchschnittsrendite bei einem Schuldtitel mit mehrjähriger Laufzeit über der Rendite von Titeln mit einjähriger Laufzeit, so deutet dies darauf hin, dass am Kapitalmarkt langfristig mit einem Renditeanstieg gerechnet wird.[30]

8. Prognose von Finanzierungskosten

Bei der Entgeltregulierung muss die weitere Entwicklung der Kosten der effizienten Leistungserstellung prognostiziert werden, und dazu gehört auch eine Prognose der Finanzierungskosten. Dabei unterliegen Finanzierungskosten Veränderungen. Zum einen können sich die *Erwartungen* der Kapitalmarktteilnehmer im Zeitablauf ändern. Die Erwartungen für das Jahr 2002 mögen aus Sicht des Jahres 2000 andere sein als aus Sicht des Jahres 2001. Die möglichen Ursachen hierfür sind vielfältig. Ein besonders offensichtlicher Punkt ist, dass sich die Umwelt stets weiterentwickelt, und sich damit die Wahrscheinlichkeiten für die weiteren Entwicklungsszenarien der Umwelt verändern. Aber auch andere Ursachen können hinzukommen. Erwartungsbildung hat immer auch ein subjektives Element, und die Art und Weise, wie ein bestimmter Tatbestand wahrgenommen wird, kann Veränderungen unterworfen sein. Diese Dimension von Erwartungsänderungen ist jedoch für eine regulatorische Kostenrechnung nicht relevant. Soll beispielsweise im Jahr 2000 eine Entgeltfestsetzung für die nächsten zwei

---

29 vgl. Oftel (Dezember 1995b), Seite 26

30 In einer hypothetischen Welt mit sicheren Erwartungen würde eine steigende Zinsstrukturkurve bedeuten, dass mit voranschreitendem Betrachtungszeitpunkt t die einjährigen Renditen mit Sicherheit steigen.

Jahre getroffen werden, macht es wenig Sinn, in 2000 darüber zu spekulieren, welche Zinsen die Kapitalmarktteilnehmer in 2001 für das Jahr 2002 erwarten werden. Die bei der Entgeltregulierung interessierende Frage lautet vielmehr, welche Renditen die Kapitalmarktteilnehmer *aus der Perspektive des Jahres 2000* für die Jahre 2001 und 2002 erwarten. Eine Auseinandersetzung mit derartigen Fragestellungen ist insbesondere bei der Price-Cap-Regulierung erforderlich, denn die Laufzeit eines Price-Caps umfasst üblicherweise mehrere Jahre. Bei einer Price-Cap-Periode von beispielsweise vier Jahren müssen also Renditeerwartungen für die nächsten vier Jahre formuliert werden.

Welche Erwartungen aber hegen die Kapitalmarktteilnehmer hinsichtlich der künftigen Renditeentwicklung?

Eine mögliche Herangehensweise an diese Frage sind *Modelle zur Erwartungsbildung*. Es lassen sich verschiedenste Hypothesen dazu aufstellen, wie die Kapitalmarktteilnehmer ihre Erwartungen bilden. Ein solche Hypothese könnte sein, dass die Kapitalmarktteilnehmer aus der bis dahin tatsächlich eingetretenen Umweltentwicklung ihre Prognosen ableiten. Zu denken ist hier vor allem an Durchschnittsbildungen, Regressionsanalysen und adaptive Erwartungsbildung.[31] Natürlich laden diese Ansätze schon deshalb zu Kritik ein, weil die zurückliegenden Ausprägungen der zu prognostizierenden Zufallsvariablen die einzigen verarbeiteten Informationen sind. Alle anderen („fundamentalen") Informationen werden bei vergangenheitsorientierter Erwartungsbildung ignoriert. Den Gegenpol zu diesen Ansätzen bildet die rationale Erwartungsbildung. Von rationaler Erwartungsbildung ist die Rede, wenn alle zukunftsrelevanten Informationen einschließlich der theoretischen Vorstellungen über die zentralen Einflussfaktoren der Erwartungsvariablen in die Erwartungsbildung eingehen.[32] Bei rationaler Erwartungsbildung wird also darüber nachgedacht, welche fundamentalen Informationen für die Entwicklung der Rendite eines Finanzierungstitels in eine bestimmte Richtung sprechen. Zu diesen fundamentalen Information können beispielsweise die in den Jahresabschlüssen ausgewiesenen Erfolge, die Kapitalstruktur oder die Entwicklung von Marktanteilen und Wettbewerbspositionen gehören.[33]
Die Einschätzung von Renditeerwartungen mit Hilfe von Modellen zur Erwartungsbildung ist nicht unkritisch. Es ist weder klar, ob die Kapitalmarktteilnehmer tatsächlich Informationen so zu Erwartungen verarbeiten, wie es unterstellt wird, noch ob sie bei der Erwartungsbildung auch tatsächlich von den unterstellten Inputdaten ausgehen.

Besser und eindeutiger ist es daher, aus der *Differenz zwischen den Marktpreisen unterschiedlicher Finanzierungstitel* auf die Renditeerwartungen der Kapitalmarktteilnehmer zurückzuschließen. Dies geht nicht ohne Annahmen darüber, wie sich aus den

---

31 Eine weitere, für die Renditeprognose jedoch kaum bedeutsame Spielart vergangenheitsorientierter Erwartungsbildung ist die adaptive Erwartungsbildung. Von adaptiver Erwartungsbildung ist die Rede, wenn allein zurückliegende Ausprägungen der zu prognostizierenden Variablen Berücksichtigung finden:

$$E_t(X_{t+1}) = X_t + \Theta \cdot (E_{t-1}(X_t) - X_t) \qquad \text{mit } 0 \leq \Theta \leq 1$$

Für $\Theta > 0$ ist adaptive Erwartungsbildung mit mechanistischen Irrtums-Lernprozessen verbunden.

32 vgl. Stichwort „Erwartungsbildung" in: Dichtl, E./ Issing, O. (1987)

33 vgl. Franke, G. /Hax, H. (1995), Seite 395

Renditeerwartungen die Marktpreise der Finanzierungstitel ableiten. Ob diese Annahmen stimmen, ist natürlich keineswegs sicher. Die wesentlichen Modellannahmen sind, dass die Kapitalmarktteilnehmer risikoneutral sind und dass sich der Kapitalmarkt im Gleichgewicht befindet. Unter diesen Voraussetzungen gilt folgendes:

- Der Kauf eines Terminkontraktes auf eine Aktie mit einer Laufzeit von T Perioden plus anschließendes Halten der Aktie für eine Zeitperiode hat den gleichen Rendite-Erwartungswert wie der Kauf eines Terminkontraktes mit einer Laufzeit von T+1 Perioden. Daraus lässt sich dann der Renditeerwartungswert der Aktie für den Zeitraum von T bis T+1 aus heutiger Sicht ableiten.

  $$E_0\left(r_{t-1,t}\right)=\frac{T_{0,t-1}-T_{0,t}}{T_{0,t}}$$

  wobei

  $E_0\left(r_{t-1,t}\right)=$ im Zeitpunkt 0 gebildeter Erwartungswert der Rendite eines Finanzierungstitels, der ab dem Zeitpunkt t-1 bis zu seiner Endfälligkeit im Zeitpunkt t gehalten wird

  $T_{0,t}=$ Terminkurs eines im Zeitpunkt 0 gekauften Terminkontraktes mit einer Laufzeit von T Perioden

  Nach dem gleichen Verfahren lässt sich auch der Erwartungswert sicherer Renditen aus Futures auf Staatsanleihen ableiten.[34]

- Aus heutiger Sicht ist es gleichgut, einen gegebenen Geldbetrag in den Kauf eines Zerobonds mit einer Laufzeit von T-1 Perioden mit anschließender Wiederanlage des Geldes für eine Periode oder in den Kauf eines Zerobonds mit einer Laufzeit von T Perioden zu investieren:

  $$\left(1+r_{0,t-1}\right)^{t-1}\cdot\left[1+E_0\left(r_{t-1,t}\right)\right]=\left(1+r_{0,t}\right)^{t}$$

  $$\Leftrightarrow \quad E_0\left(r_{t-1,t}\right)=\frac{\left(1+r_{0,t}\right)^{t}}{\left(1+r_{0,t-1}\right)^{t-1}}-1$$

  wobei

  $r_{0,t-1}=$ durchschnittliche Rendite, die ein ab dem Zeitpunkt 0 bis zu seiner Endfälligkeit im Zeitpunkt t-1 gehaltener Finanzierungstitel bringt

  Nach dieser Theorie lässt sich aus einer positiven Steigung der Zinsstrukturkurve die Erwartung ablesen, dass die Kapitalmarktteilnehmer mit steigenden Zinsen rechnen; bei negativer Steigung der Zinsstrukturkurve verhält es sich umgekehrt.

Diese beiden Ansätze zur Abschätzung von Renditeerwartungen sind miteinander verknüpft, denn der Verkauf eines Terminkontraktes lässt sich als Kassaverkauf des *Un-*

---

34 Ein Future ist ein standardisiertes Termingeschäft zwischen einem Verkäufer oder Käufer und einem Clearinghaus, bei dem sich der Käufer bzw. Verkäufer verpflichtet, eine bestimmte Menge eines Finanzwertes zu einem bestimmten Zeitpunkt abzunehmen bzw. zu verkaufen. So beinhaltet beispielsweise der EUREX-Bund-Future die vertragliche Vereinbarung, eine synthetische 10-jährige Bundesanleihe mit einem Nominalzinssatz von 6 Prozent zu einem im voraus gehandelten Kurs an einem späteren, standardisierten Fälligkeitstag zu kaufen bzw. zu verkaufen. Vgl. Deutsch, (2001), Seite 604

derlying[35] mit anschließendem Kauf eines Zerobonds mit der gleichen Laufzeit des Terminkontraktes darstellen. Im Kapitalmarktgleichgewicht müssen beide Strategien dem Portfolioinhaber bei Ablauf der Laufzeit des Terminkontraktes die gleiche Einzahlung bringen. Dies gilt übrigens unabhängig davon, ob die Kapitalmarktteilnehmer risikoscheu oder risikoneutral sind.

Die Annahme der Risikoneutralität der Kapitalmarktteilnehmer ist natürlich höchst fragwürdig. Denn bei Risikoneutralität wären die Kapitalmarktteilnehmer indifferent zwischen Verkauf eines Terminkontraktes und sofortigem Verkauf des *Underlying* und Anlage des Verkaufserlöses zum *sicheren* Zinssatz. Der heutige Wert eines Terminkontraktes ließe sich damit als eine Funktion des heutigen Marktwertes des *Underlying* und des risikolosen Zinssatzes darstellen.[36] Die erwartete mittlere Rendite des Terminkontraktes kommt in der Bewertungsfunktion gar nicht vor. Realistisch ist dies selbstverständlich nicht. Der Verkäufer eines Terminkontraktes geht ein Risiko ein, denn bei Fälligkeit des Terminkontraktes kann der aktuelle Kassakurs des *Underlying* vom Terminkurs abweichen. Analoges gilt für die Ableitung von Rendite-Erwartungswerten aus den durchschnittlichen Renditen von Zerobonds mit einer Laufzeit von T bzw. T+1 Perioden. Auch hier geht ein Kapitalmarktteilnehmer mit einem Planungshorizont von T+1 Perioden ein Risiko ein, wenn er einen Zerobond mit einer Laufzeit von T Perioden kauft um im Zeitpunkt T den freiwerdenden Geldbetrag zum dann herrschenden Zinssatz neu anzulegen. In der Realität sind die Kapitalmarktteilnehmer risikoscheu, und entsprechend wollen sie ein Risiko auch mit der Aussicht auf einen höheren Ertrag belohnt haben. Immerhin lässt sich aber mit Hilfe der Annahme der Risikoneutralität die Untergrenze des Erwartungswertes künftiger Finanzierungskosten bestimmen; angesichts der Risikoaversion der Kapitalmarktteilnehmer muss in der Realität

$$E_0\left(r_{t-1,t}\right) > \frac{T_{0,t-1} - T_{0,t}}{T_{0,t}}$$

bzw.

$$E_0\left(r_{t-1,t}\right) > \frac{\left(1 + r_{0,t}\right)^t}{\left(1 + r_{0,t-1}\right)^{t-1}} - 1$$

gelten.

9. Verschuldungsgrad und Finanzierungskosten

Unter bestimmten Prämissen ist der Marktwert eines Unternehmens unabhängig von der Finanzierungsform. Diese Prämissen lauten:

1. Der Marktwert des Investitionsprogramms des Unternehmens stimmt stets mit dem Marktwert der vom Unternehmen emittierten Finanzierungstitel überein, d.h. durch Aufkauf sämtlicher Finanzierungstitel und somit Erwerb des Alleinanspruches auf

35 Das „*Underlying*" ist das Gut, dass dem Termingeschäft zugrunde liegt. Bei einem Terminkontrakt auf Aktien sind also Aktien das „*Underlying*".

36 vgl. Deutsch, H.-P. (2001), Seite 97

den durch das *gegebene Investitionsprogramm* generierten *Cash Flow* lässt sich kein Arbitragegewinn erzielen.
2. Das Investitionsprogramm des Unternehmens ist gegeben und unabhängig von der Finanzierung, d.h. durch Aufkauf von Finanzierungstiteln des Unternehmens und anschließende Durchsetzung eines *anderen Investitionsprogramms* lässt sich niemals ein Arbitragegewinn erzielen.
3. Der Marktwert aller vom Unternehmen emittierten Finanzierungstitel ist gleich der Summe der Marktwerte der einzelnen Finanzierungstitel (Wertadditivität der Finanzierungstitel), d.h. durch Aufkauf von Finanzierungstiteln des Unternehmens und Durchsetzung einer *anderen Finanzierungsform* lässt sich kein Arbitragegewinn erzielen.

Speziell die Irrelevanz des Verschuldungsgrades für den Marktwert eines Unternehmens wird als „MODIGLIANI-MILLER"-Theorem (oder kurz „MM"-Theorem) bezeichnet. Jedoch auch mit Hilfe anderer Finanzierungsformen (z.B. Wandelschuldverschreibungen, Vorzugsaktien, Gewinnobligationen) lässt sich der Marktwert des Unternehmens nicht beeinflussen.[37] Die regulatorische Schlussfolgerung: Allein die Veränderung des Verschuldungsgrades liefert dem regulierten Unternehmen noch keine Begründung für den Ansatz höherer Finanzierungskosten in der regulatorischen Kostenrechnung. Zwar nimmt mit einem Abbau des Verschuldungsgrades in der Tat das Gewicht ab, das die Eigenkapitalkosten in der WACC-Formel haben, während das Gewicht des Fremdkapitals zunimmt. Jedoch wird die Veränderung des relativen Gewichts von Eigen- und Fremdkapitalkosten durch eine Veränderung der Eigen- bzw. Fremdkapitalkosten genau so kompensiert, dass die Finanzierungskosten insgesamt unverändert bleiben. Im einzelnen sind zwei Fälle zu unterscheiden:[38]

1. Der Verschuldungsgrad wird erhöht, wobei jedoch die mit dem Investitionsprogramm des Unternehmens erzielten Einzahlungsüberschüsse in jedem Fall ausreichen, um die Gläubigeransprüche zu befriedigen. In diesem Fall bleibt die von den Gläubigern geforderte Risikoprämie trotz Erhöhung des Verschuldungsgrades unverändert. Allerdings steigen die Eigenkapitalkosten des Unternehmens an, d.h. der Renditeerwartungswert des Unternehmens steigt („*Leverage-Effekt*").[39] Gleichzeitig wird die Position der Eigentümer mit der Veränderung der Kapitalstruktur riskanter:[40]

$$r_t = x \cdot r_t^{EK} + (1 - x) \cdot r_t^{FK}$$

$$\Leftrightarrow \quad r_t^{EK} = r_t + \frac{K_{t-1}^{FK}}{K_{t-1}^{EK}} \cdot \left(r_t - r_t^{EK}\right)$$

$$\Rightarrow \quad \frac{\partial r_t^{EK}}{\partial x} > 0$$

wobei

37 vgl. Franke, G./Hax, H. (1995), Seite 332
38 vgl. Drucarczyk, J. (1986), Seite 107
39 vgl. Hax, H. (1984), Seite 413
40 vgl. Drularczyk, J. (2001), Seite 179

$\frac{\partial r_t}{\partial x} = 0$ (Irrelevanz des Verschuldungsgrades für den Marktwert des Unternehmens)

$\frac{\partial r_t^{FK}}{\partial x} = 0$ (von Fremdkapitalgebern geforderte Risikoprämie bleibt bei Anstieg des Verschuldungsgrades unverändert)

2. Übersteigt der Verschuldungsgrad des Unternehmens einen bestimmten Schwellenwert, so können Umweltzustände eintreten, in denen der mit dem Investitionsprogramm des Unternehmens erwirtschaftete Einzahlungsüberschuss nicht mehr ausreicht, um die Gläubigeransprüche voll zu befriedigen. Mit Überschreiten dieses Schwellenwertes verlangen auch die Gläubiger eine Risikoprämie, und die Fremdkapitalkosten steigen an.

In der Realität ist der Marktwert eines Unternehmens allerdings sehr wohl abhängig von der Finanzierungsform, d.h. durch Wahl bestimmter Finanzierungsformen lassen sich die Finanzierungskosten eines Unternehmens beeinflussen. Dies ist auf verschiedene Ursachen zurückzuführen:

- Aufgrund der unvollkommenen Information der Kapitalgeber gibt es möglicherweise nicht am Kapitalmarkt bewertete Forderungen an das Unternehmen (Widerspruch zu Prämissen 1 und 3).
- Bei Konkurs durch Überschuldung wird der auf die Kapitalgeber entfallende Zahlungsstrom durch die Wahl einer bestimmten Finanzierungsform beeinflusst (Konkurskosten). Mit andern Worten: Die Wahl einer Finanzierungsform, die ein Konkursrisiko mit sich bringt, hat Auswirkungen auf den Marktwert des Unternehmens (Widerspruch zu Prämisse 3).
- Zwischen dem Management („*Agents*") und den Kapitalgebern des Unternehmens („*Principals*") besteht Informationsasymmetrie hinsichtlich der Wahrscheinlichkeitsverteilung des mit dem Investitionsprogramm zukünftig erzielten Cash Flows (möglicher Widerspruch zu Prämisse 1). Insbesondere kann das Konkursrisiko von den Kapitalgebern nicht genau eingeschätzt werden. Daher sind die Kapitalgeber darauf angewiesen, die Finanzierungswürdigkeit eines Unternehmens anhand von Signalen zu beurteilen, die nicht durch das Management manipuliert werden können. Ein solches Signal ist der Verschuldungsgrad des Unternehmens. Je höher c.p. der Verschuldungsgrad des Unternehmens ist, desto geringer ist auch das Vermögen, das bei einer weiteren Aufnahme von Fremdkapital als *Kreditsicherheit* dienen kann.[41] Da im Konkursfall oder Vergleichsfall die Gläubigeransprüche nicht oder nicht vollständig befriedigt werden, verlangen die Kapitalgeber bei Anstieg des Verschuldungsgrades eine höhere Risikoprämie. Bei extrem hohem Verschuldungsgrad des Unternehmens glauben potentielle Fremdkapitalgeber nicht, dass der Erwartungswert der künftigen Zahlungen bei Erwerb des angebotenen Schuldtitels positiv ist. Die Fremdkapitalgeber sind dann nicht bereit, die Schuldtitel zu kaufen. Daran würde auch eine sehr hohe Risikoprämie (Strategie der *Risikoabgeltung*) nichts ändern, denn eine hohe Risikoprämie nutzt den Fremdkapitalgebern

41 vgl. Swoboda (1991), Seite 214

nichts, wenn die erworbenen Zahlungsansprüche in keinem Fall vom Unternehmen befriedigt werden können (Strategie der *Risikobegrenzung*). Die Betrachtung dieses Extremfalles verdeutlicht, dass bei asymmetrischer Informationsverteilung die von den Fremdkapitalgebern tatsächlich geforderte Risikoprämie über jener Risikoprämie liegt, die sie bei symmetrischer Informationsverteilung verlangen würden. Mit anderen Worten: Ein Anstieg des Verschuldungsgrades kann auch dann als Signal für einen Anstieg des Verschuldungsgrades aufgefasst werden, wenn das Konkursrisiko objektiv gar nicht gestiegen ist; gleichwohl würde eine Erhöhung des Verschuldungsgrades zu einem Anstieg der Finanzierungskosten führen (Widerspruch zu Prämisse 3).

- Da Informationen nicht kostenlos zur Verfügung stehen und die verschiedenen *Principals* die Risikoarten unterschiedlich beurteilen können, lassen sich die Finanzierungskosten senken, wenn jeder Kapitalgeber die Risiken trägt, bei denen er komparative Vorteile gegenüber anderen Kapitalgebern hat. So ist zu erklären, warum Unternehmen nicht unmittelbar selbst Anleihen emittieren, sondern sich einer Hausbank als Kreditgeber bedienen.[42]
- Gelangt das Unternehmen in den Genuss von Staatsbürgschaften, so lassen sich durch einen Anstieg des Verschuldungsgrades die durchschnittlichen Finanzierungskosten senken – bei durch Bürgschaften abgesicherter Kreditaufnahme tragen die Fremdkapitalgläubiger kein Risiko, die Eigenkapitalgeber profitieren von der Chance, mit dem geliehenen Geld eine überdurchschnittliche Rendite zu erzielen, während das den Gewinnchancen gegenüberstehende Risiko auf den Staat abgewälzt ist (Widerspruch zu Prämisse 3).
- Die Steuerbelastung, die die den Kapitalgebern zufließenden Zahlungen schmälert, steigt typischerweise mit sinkendem Verschuldungsgrad. Das Steuersystem kann die Fremdfinanzierung auf verschiedene Weisen begünstigen:
  - Der eigenfinanzierte Teil des Betriebsvermögens unterliegt zweimal der Vermögensteuer – zum einen in den Unternehmen selbst und zum anderen bei den Kapitalgebern;[43]
  - die vom Unternehmen abzuführenden Ertragsteuern werden nur teilweise auf die Einkommensteuer der Eigenkapitaleigner angerechnet;
  - Fremdkapitalzinsen mindern die Bemessungsgrundlage für die vom Unternehmen abzuführenden Ertragsteuern (genauer: der Gewerbeertragssteuer).

Die regulatorische Schlussfolgerung hieraus: Das betrachtete Unternehmen muss jene Finanzierungsform wählen, durch die die Finanzierungskosten minimiert werden. Denn bei Bestreitbarkeit der Absatzmärkte muss ein Unternehmen, das aufgrund einer subop-

---

42 Auf die gleiche Weise lässt sich die Einschaltung von Versicherungsgesellschaften als Finanzintermediär erklären: Versicherungsgesellschaften haben komparative Vorteile bei der Überwachung von Sicherungs- und Wartungsstandards. Auch die Projektfinanzierung lässt sich so erklären: Die Risiken werden denjenigen zugeordnet, die sie am ehesten beurteilen können – technologische Risiken den Anlagenlieferanten, Absatzrisiken den Kunden in Form von langfristigen Abnahmeverträgen etc. Vgl. Swoboda, P. (1991), Seite 217.f

43 vgl. Hax, H. (1984), Seite 416

timalen Finanzierung höhere Finanzierungskosten hat, aufgrund der dann im Vergleich zur potentiellen Konkurrenz insgesamt höheren Produktionskosten aus dem Markt ausscheiden. Mit einer Erhöhung des Verschuldungsgrades sind sowohl Effekte verbunden, die einen Anstieg der Finanzierungskosten bewirken („*Principal-Agent*"-Problematik), als auch Effekte, die für einen Rückgang der Finanzierungskosten sorgen (steuerliche Begünstigung des Fremdkapitals, Staatsbürgschaften für Fremdkapital). Mithin gibt es einen Verschuldungsgrad, durch den die Finanzierungskosten des Unternehmens minimiert werden. Wenn das Unternehmen also etwa in der Regulierungsdiskussion die Auffassung vertritt, seine Finanzierungskosten würden aufgrund des Abbaus des Verschuldungsgrades steigen, so belegt das nur die Wahl eines betriebswirtschaftlich suboptimalen Verschuldungsgrades.

C. Gemeinkosten und Marktgleichgewichtsbedingungen

1. „Inkrementeller Marktwert"

Gemeinkosten resultieren aus Größen- und Verbundvorteilen (vgl. Kapitel VI: „Entgeltmaßstäbe"). Dass im Kapitalmarktgleichgewicht Größen- und/oder Verbundvorteile nicht ungenutzt bleiben können, ergibt sich aus der Widerlegung des Gegenteils. Denn im Fall von Größen- oder Verbundvorteilen lässt sich durch Zusammenfassung bisher getrennt durchgeführter Investitionsprojekte ein risikoloser Arbitragegewinn erzielen. Dies ist jedoch im Marktgleichgewicht nicht möglich. Wie viel ist aber im Kapitalmarktgleichgewicht ein Investitionsprojekt wert, das zum bestehenden Investitionsprogramm einen positiven Wertbeitrag leistet? Dazu die folgende Überlegung:

- Die untere Wertgrenze des Investitionsprojekts ist der Wertbeitrag zum Investitionsprogramm:

  $$MW_t^{LRIC(i)} = MW_t - MW_t^{OHNE(i)}$$

  wobei

$MW =$	Marktwert des Investitionsprogramms
$MW_t^{OHNE(i)} =$	Marktwert des Investitionsprogramms ohne Investitionsprojekt i

- Wenn bei einem Investitionsprogramm mit m Investitionsprojekten genau m-1 Projekte entsprechend ihrer Wertuntergrenze bewertet werden, muss die Zahlungsbereitschaft für das verbleibende Investitionsprojekt dem Betrag:

  $$MW_t - \sum_{j=1}^{i-1} MW_t^{LRIC(j)} - \sum_{j=i+1}^{m} MW_t^{LRIC(j)}$$

  entsprechen. Dieser Betrag bildet zugleich die obere Wertgrenze für ein Investitionsprojekt.

- Konsequenterweise kann der Anteil

$$MW_t^{CC} = MW_t - \sum_{j=1}^{m} MW_t^{LRIC(j)}$$

am Marktwert des Investitionsprogramms keinem Projekt direkt zugeordnet werden. Somit lässt sich die obere Wertgrenze für ein Investitionsprojekt i auch durch den Term

$$MW_t^{LRIC(i)} + MW_t^{CC}$$

ausdrücken.

- Natürlich ist es nicht möglich, dass sich im Kapitalmarktgleichgewicht die Zahlungsbereitschaften für sämtliche Investitionsprojekte an der oberen oder an der unteren Wertgrenze befinden; ansonsten würden sich Arbitragegewinne erzielen lassen. Tatsächlich muss im Kapitalmarktgleichgewicht die Summe der Marktwerte der einzelnen Investitionsprojekte dem Marktwert des Investitionsprogramms entsprechen:

  $$MW_t = \sum_{i=1}^{m} MW_t^{(i)}$$

  mit

  $$MW_t^{(i)} = MW_t^{LRIC(i)} + \alpha_i \cdot MW_t^{CC}$$

  $$\sum_{i=1}^{m} \alpha_i = 1$$

  $$0 \leq \alpha_i \leq 1 \qquad \text{für alle } i = 1,\ldots, m$$

Notwendige Bedingung für effizientes Investitionsverhalten ist, dass das Unternehmen nur diejenigen Investitionsprojekte durchführt, die den Marktwert des Gesamtportfolios aller Investitionsprojekte erhöhen:

$$MW_t^{LRIC(i)} > 0$$

Gleichwohl werden sich in der Realität immer wieder auch Projekte mit negativem Wertbeitrag zum Investitionsprogramm finden lassen. Das in derartigen Projekten gebundene Vermögen gehört aber nicht zum betriebsnotwendigen Vermögen und darf entsprechend nicht in der regulatorischen Kostenrechnung berücksichtigt werden. Auch die durch derartige Investitionsprojekte verursachten inkrementellen Finanzierungskosten dürfen für die regulatorische Kostenrechnung keine Rolle spielen.

Falls bei simultaner Durchführung mehrerer Investitionsprojekte keine Größen- oder Verbundvorteile wirksam werden:

$$MW_t^{CC} = 0$$

bzw.

$$MW_t^{LRIC(j)} = MW_t^{(j)}$$

ist *Wertadditivität* der Investitionsprojekte gegeben. Wertadditivität von Investitionsprojekten bedeutet, dass die Summe der Marktwerte getrennt durchgeführter Investitionsprojekte genauso groß ist wie der Marktwert des Portofolios dieser Aktivitäten. Voraussetzung hierfür ist, dass nach der Zusammenlegung (Fusion) der Investitionsprojekte die erwirtschafteten Einzahlungsüberschüsse genau der *Summe der Einzahlungsüberschüsse aus den Einzelprojekten* entsprechen. Bei Wertadditivität bringt also die Fusion von Investitionsprojekten *keine Größen- oder Verbundvorteile*; vielmehr bleibt die Summe der erwirtschafteten Einzahlungsüberschüsse unverändert. In dieser Formulierung ist eine Verallgemeinerung des bereits diskutieren Theorems von MODIGLIANI / MILLER zu sehen, wonach die Summe der Marktwerte der Beteiligungs- und Finanzierungstitel unabhängig vom Verschuldungsgrad konstant ist.[45] Die Risikoreduzierung, die durch die Zusammenlegung von Investitionsprojekten erreicht wird, wird bei Wertadditivität von den Kapitalmarktteilnehmern nicht durch einen höheren Preis honoriert.[46] Dies liegt daran, dass die Kapitalmarktteilnehmer das Ergebnis der Fusion auch selbst nachbilden können, in dem sie die Finanzierungstitel erwerben, die den Investitionsprojekten gegenüberstehen. Die praktische Konsequenz aus Wertadditivität bei Investitionsprojekten lautet, dass alle Investitionsprojekte mit positivem Marktwert in das Investitionsprogramm aufgenommen werden sollten. Auch sind alle Investitionsprojekte mit positivem Marktwert finanzierbar. Die Wertadditivität ermöglicht somit eine Zerlegung der Entscheidung über das Investitionsprogramm in Einzelentscheidungen über Investitionsprojekte.[47]

2. Projektbezogene Differenzierung der Finanzierungskosten

Die Tätigkeiten eines Unternehmens umfassen ein Portfolio aus Aktivitäten mit unterschiedlichem Risikogehalt. Daher wäre es verfehlt, bei der Regulierung von IC-Entgelten auf die Finanzierungskosten des Gesamtunternehmens abzustellen. Vielmehr müssen bei der Regulierung von IC-Entgelten jene Finanzierungskosten abgeschätzt werden, die dem spezifischen Risikogehalt der Unternehmensaktivität „Netzzusammenschaltung" Rechnung tragen.

Die inkrementelle Rendite eines Investitionsprojektes i ist definiert als:

$$\frac{\left(IR_t^{(i)} - A_t^{LRIC(i)}\right) + \left(MW_t^{LRIC(i)} - MW_{t-1}^{LRIC(i)}\right)}{MW_{t-1}^{LRIC(i)}} = r_t^{LRIC(i)}$$

wobei

$IR_t^{(i)}$ = Zusatzerlös („*Incremental Revenue*") aus Projekt i

$A_t^{LRIC(i)}$ = Inkrementelle ausgabenwirksame Kosten des Projektes i

Die Durchführung eines Investitionsprojektes mit positivem inkrementellem Marktwert ist für das Unternehmen positiv, denn bei einem solchen Investitionsprojekt sind die Zusatzerlöse größer als die langfristigen Zusatzkosten (vgl. Kapitel VIII: „Abgrenzung von Inkrementen"):

---

45 vgl. Hax, H. (1982), Seite 57
46 vgl. Franke, G./ Hax, H. (1990), Seite 270
47 vgl. Franke, G./ Hax, H. (1990), Seite 272

$$r_t^{LRIC(i)} > 0$$

$$\Leftrightarrow \quad IR_t^{(i)} > A_t^{LRIC(i)} + MW_{t-1}^{LRIC(i)} \cdot r_t^{LRIC(i)} + AB_t^{LRIC(i)}$$

mit

$$AB_t^{LRIC(i)} = MW_t^{LRIC(i)} - MW_{t-1}^{LRIC(i)}$$

wobei

$IR_t^{(i)} =$ Inkrementelle Abschreibung auf Projekt i

Handelt es sich bei dem Investitionsprojekt um die Einführung eines neuen Produktes, so gehören zu den Zusatzerlösen nicht nur die mit dem Produkt selbst erwirtschafteten Erlöse, sondern auch die aufgrund entsprechender Kreuzpreiselastizitäten bei anderen Produkten zusätzlich erwirtschafteten Erlöse. So stimuliert beispielsweise ein erweitertes Angebot an Teilnehmeranschlussleitungen in der Regel auch die Nachfrage nach Verbindungsleistungen (vgl. Kapitel VIII: „Abgrenzung von Inkrementen").

Die keinem Investitionsprojekt direkt zurechenbaren Finanzierungskosten sind definiert als:

$$\frac{\left(R_t - \sum_{i=1}^{m} IR_t^{(i)}\right) - \left(A_t - \sum_{i=1}^{m} A_t^{LRIC(i)}\right) + \left(MW_t^{CC} - MW_{t-1}^{CC}\right)}{MW_{t-1}^{CC}} = r_t^{CC}$$

Die Stand-Alone-Rendite eines Investitionsprojektes entspricht der Rendite des Investitionsprogramms, wenn auf die Durchführung aller übrigen Investitionsprojekte verzichtet werden würde. Logischerweise müssen sich im Kapitalmarktgleichgewicht die Finanzierungskosten eines Investitionsprojektes zwischen der inkrementellen Rendite und der Stand-Alone-Rendite bewegen:

$$r_t^{(i)} = r_t^{LRIC(i)} + \alpha_i \cdot r_t^{CC}$$

$$\sum_{i=1}^{m} \alpha_i = 1$$

$$0 \leq \alpha_i \leq 1 \qquad \text{für alle } i = 1, \ldots, m$$

Entsprechend können im Kapitalmarktgleichgewicht auch die Erlöse aus einem Investitionsprojekt nicht kleiner als die langfristigen Zusatzkosten und nicht größer als die Stand-Alone-Kosten sein. Allerdings können die dabei die Beträge der langfristigen Zusatzkosten und der Stand-Alone-Kosten andere sein als bei Bestreitbarkeit der Absatzmärkte des Unternehmens (vgl. Seite 253 ff. in Abschnitt B.3: „Kapitalwertkriterium und Marktgleichgewicht" in diesem Kapitel).

Die Finanzierungskosten eines *Investitionsprogramms*:[48]

48 Aus dieser Definitionsgleichung lässt sich ableiten, dass bei Bestreitbarkeit der Absatzmärkte und Kapitalmarktgleichgewicht die Erlöse aus dem Investitionsprogramm mit dessen *Stand-Alone*-Kosten übereinstimmen müssen (vgl. Kapitel "Entgeltmaßstäbe", Abschnitt "Kostenmaßstab")

$$\frac{(R_t - A_t) + (MW_t - MW_{t-1})}{MW_{t-1}} = r_t$$

lassen sich damit als gewichtetes Mittel der Finanzierungskosten der einzelnen Investitionsprojekte darstellen. Die Gewichte sind die inkrementellen Steigerungen des Marktwertes des Investitionsprogramms durch die einzelnen Investitionsprojekte sowie der keinem Investitionsprojekt direkt zurechenbare Anteil am Marktwert des Investitionsprogramms im Verhältnis zum Marktwert des Investitionsprogramms:

$$r_t = \sum_{i=1}^{m} \frac{MW_{t-1}^{LRIC(i)}}{MW_{t-1}} \cdot r_t^{LRIC(i)} + \frac{MW_{t-1}^{CC}}{MW_{t-1}} \cdot r_t^{CC}$$

$$\Leftrightarrow \quad r_t = \sum_{i=1}^{m} \frac{MW_{t-1}^{(i)}}{MW_{t-1}} \cdot r_t^{(i)}$$

Die letztere der beiden Gleichungen entspricht der bereits diskutieren WACC- („*Weighted Average Cost of Capital*")-Formel (vgl. Abschnitt B.4 in diesem Kapitel). Bei Wertadditivität der Investitionsprojekte gilt natürlich wegen

$$MW_{t-1}^{CC} = 0$$

bzw. $MW_{t-1}^{LRIC(i)} = MW_{t-1}^{(i)}$

auch

$$r_t^{CC} = 0$$

bzw. $r_{t-1}^{LRIC(i)} = r_{t-1}^{(i)}$

Zusammenfassend ergeben sich für die Entgeltregulierung folgende Schlussfolgerungen:

- Die Finanzierungskosten von Investitionsprojekten, die keine *economies of scale* und/oder *economies of scope* bei simultaner Erstellung entgeltregulierter Leistungen auftreten, dürfen in der regulatorischen Kostenrechnung keine Beachtung finden. In der Praxis ist hier beispielsweise an die Auslandsinvestitionen eines *Incumbent* zu denken: Diese sollten ohne Einfluss auf die Finanzierungskosten sein, die etwa bei der Regulierung von IC-Entgelten angesetzt werden. Hierzu sollten aus den Finanzierungskosten des *Incumbent* die Finanzierungskosten der Auslandsinvestments herausgerechnet werden. Typischerweise weisen diese Auslandsinvestments einen höheren Risikogehalt bzw. höhere Finanzierungskosten als der Gesamtdurchschnitt der Investitionsprojekte auf. Würden die Finanzierungskosten der Auslandsinvestments in der Regulierung der IC-Entgelte einfließen, wären die Konkurrenten des *Incumbent* gezwungen, diese über die an den *Incumbent* gezahlten IC-Entgelte querzusubventionieren.
- Die inkrementellen Finanzierungskosten der Netzzusammenschaltung sowie die Finanzierungskosten der für Netzzusammenschaltung und andere Aktivitäten gemeinschaftlich genutzten Anlagen müssen gesondert identifiziert werden.
- Die inkrementellen Finanzierungskosten der Netzzusammenschaltung dürften unter den Finanzierungskosten des um Auslandsaktivitäten und ähnliches bereinigten

Investitionsprogramms liegen. Der Grund: Bei der Netzzusammenschaltung hat der *Incumbent* eine marktbeherrschende Stellung; folglich ist die Unsicherheit bezüglich des mit Netzzusammenschaltung erwirtschafteten *Cash Flows* und damit auch die von den Kapitalgebern verlangte Risikoprämie geringer als bei anderen Aktivitäten.

XIV. ABSCHREIBUNGEN

In diesem Kapitel wird aufgezeigt, dass allein ökonomische Abschreibungen mit der Annahme eines Kapitalmarktgleichgewichts vereinbar sind. Erfolgt also bereits die Bestimmung von Kapitalkosten mit Hilfe von Bewertungsmodellen, die auf der Annahme eines Kapitalmarktgleichgewichts beruhen, sind die Vermögensgegenstände des Unternehmens konsequenterweise ökonomisch abzuschreiben. Außerdem wird in diesem Kapitel ein Verfahren vorgestellt, mit dem sich der Betrag ökonomischer Abschreibungen in der Praxis abschätzen lässt. Schließlich wird untersucht, von welchen Bedingungen es abhängt, ob bei ökonomischer Abschreibung oder bei linearer Abschreibung höhere Gesamtkosten ausgewiesen werden.

A. Begriffsdefinitionen

Allgemein lassen sich Abschreibungen als Verminderung des Wertansatzes von Gütern definieren. Lässt sich die Nutzungsabgabe eines Investitionsgutes messen (z.B. Zahl der Vermittlungsvorgänge bei einer Vermittlungseinrichtung), kann auch die Abschreibung auf die entsprechenden Maßeinheiten Bezug nehmen. Üblicherweise – und das auch der im Folgenden verfolgte Ansatz – wird das gesamte Nutzungspotential einer Anlage jedoch in Zeiteinheiten ausgedrückt (zeitbedingte Abschreibung).[1]

Traditionell wird der *kostenrechnerischen* Abschreibung die Aufgabe zugeschrieben, den durch effiziente Leistungserstellung bedingten Werteverzehr von Gütern verursachungsgerecht auf deren Nutzungsdauer aufzuteilen.[2] Mit „Güterverzehr" ist die Veränderung des Vermögenswertes gemeint, den ein Investitionsgut repräsentiert. Verlieren die installierte Netztechnik und andere Investitionsgüter im Lauf der Zeit an Wert, so ist der Betrieb nur dann wirtschaftlich tragbar, wenn sich der Wertverlust durch entsprechende Erlöse aus Telekommunikationsdienstleistungen kompensieren lässt. So gesehen ist die Abschreibung der Teilbetrag der ursprünglichen Anschaffungsinvestition, der im Verlauf der betreffenden Rechnungslegungsperiode zurückverdient werden muss. Während die kostenrechnerischen Abschreibungen synonym mit der Verminderung des gebundenen Kapitals sind (*Return of Capital*), entsprechen die Kapitalkosten (*Return on Capital*) der von den Kapitalgebern erwarteten Verzinsung des Kapitals. Insgesamt kostendeckend arbeitet ein Unternehmen, wenn die Erlöse mindestens den Betrag der Summe aus Abschreibungen, Kapitalkosten und Betriebsausgaben decken.
Der Wertansatz von Gütern in der Kostenrechnung ist ein grundsätzlich anderer als in der Bilanz. Der Betrag, um den die kostenrechnerische Abschreibung die betriebsbedingte bilanzielle Abschreibung übersteigt, wird als kalkulatorische Abschreibung be-

---

1 vgl. Plinke, W. (1999), Seite 68
2 vgl. WIK (Dezember 1998), Seite 3

zeichnet.[3] Zur Abweichung von kostenrechnerischen und bilanziellen Abschreibungen kommt es vor allem aus folgenden Gründen:

- Kostenrechnerische Abschreibungen erfolgen so lange, wie eine Anlage tatsächlich in Gebrauch ist. Idealerweise stimmt die tatsächliche Nutzungsdauer mit der betriebswirtschaftlich optimalen Nutzungsdauer überein. Die bilanzielle Abschreibungsdauer ist hingegen durch Bilanzierungsregeln vorgegeben; sie kann kürzer oder länger als die tatsächliche Nutzungsdauer sein.[4] Die bei der Bilanzierung verwendeten betriebsgewöhnlichen Nutzungsdauern dürfen also nicht einfach ungeprüft in die Kostenrechnung übernommen werden.[5]
- Die Ausfüllung bestehender Freiheitsgrade bei der Bemessung bilanzieller Abschreibungen (z.B. Wahlmöglichkeit zwischen linearer und arithmetisch-degressiver Abschreibung) hängt von bilanzpolitischen Überlegungen (z.B. Ausweis eines „ausgeglichenen“ Ergebnisses trotz angespannter Ertragslage oder Bildung stiller Reserven) sowie von steuerlichen Überlegungen (Minimierung der Belastung durch Gewinnsteuern) ab. Solche Überlegungen spielen bei der Bemessung kostenrechnerischer Abschreibung keine Rolle.

Die beiden gebräuchlichsten Abschreibungsmethoden sind die lineare und die geometrisch-degressive Abschreibung. Bei der linearen Abschreibung („*straight-line depreciation*“) wird unterstellt, dass eine Anlage ihr Nutzungspotential in immer gleichen Raten abgibt; entsprechend reduziert sich die Bewertung der Anlage von Jahr zu Jahr um einen gleichbleibenden Betrag und der Abschreibungsbetrag bleibt während der Abschreibungsdauer konstant.[6] Bei der geometrisch-degressiven Abschreibung („*decling balance depreciation*“) hingegen wird der Restwert mit einem konstanten Prozentsatz abgeschrieben. Um den historischen Anschaffungspreis vollständig auf die angenommene Nutzungsdauer zu verteilen, wird üblicherweise bei Erreichen der Abschreibungsdauer eine Totalwertabschreibung vorgenommen oder es erfolgt ein Wechsel zur linearen Abschreibungsmethode in dem Zeitpunkt, in welchem die Abschreibungsbeträge erstmals kleiner als bei linearer Abschreibung sind. Bei beiden Abschreibungsmethoden hängt der Abschreibungsbetrag vom historischen Anschaffungspreis der betroffenen Anlagen („*Historic Cost Accounting*“) sowie von der modellexogen vorgegebenen Abschreibungsdauer ab. Dabei soll die Abschreibungsdauer im Idealfall die tatsächliche durchschnittliche Nutzungsdauer der Anlagen widerspiegeln. Aussagen hierzu lassen sich aus steuerlichen Vorschriften, Branchenstandards und sogenannten Überlebenskurven („*survival functions*“) ableiten.

---

3 Kalkulatorische Abschreibungen können entweder Zusatzkosten oder Anderskosten sein: Zusatzkosten liegen vor, wenn der kostenrechnerischen Abschreibung überhaupt keine bilanziellen Abschreibungen gegenüberstehen, Anderskosten liegen vor, wenn die Beträge der bilanziellen und der kostenrechnerischen Abschreibung voneinander abweichen. Vgl. Stichwort „kalkulatorische Kosten“, in Gabler Wirtschaftslexikon (1993)

4 Die nach Ablauf der bilanziellen Abschreibungsdauer anfallenden kalkulatorischen Abschreibungen stellen Zusatzkosten dar. Vgl. Haberstock, L. (1987), Seite 91

5 vgl. WIK (Dezember 1998), Seite 3

6 vgl. WIK (Dezember 1998), Seite 3 f.

Ist die Nutzungsdauer einer Anlage eine gleichverteilte Zufallsvariable, so liegt bei einer maximal möglichen Nutzungsdauer von zwanzig Jahren die durchschnittliche Nutzungsdauer bei zehn Jahren. Wird alternativ unterstellt, dass die Nutzungsdauer einer Anlage normalverteilt um einen bestimmten Erwartungswert ist, so bildet dieser Erwartungswert die Grundlage für die Bemessung des Abschreibungsbetrages.[7]

	BT	Telenor (Norwegen)	Tele Denmark	Telia (Schweden)	Telefonica (Spanien)	Telecom Eireann	Telefonica Argentina
Gebäude	40	25,33	20	25,5	40	60	50
Vermittlungstechnik	11-13	5-10	10	10	10-20	10-20	10
Übertragungstechnik	4-25	5-10	10	10	5-15	11-35	10
Linientechnik	10-37	12-17	10-14	8-20	8-25	10-40	15

Übersicht XIV-1: Internationaler Vergleich von Abschreibungszeiträumen in Jahren (vgl. Oftel, März 1996b, Seite 28)

Zwar haben die lineare und die degressive Abschreibung historischer Anschaffungspreise den Vorzug einer relativ leichten Umsetzbarkeit[8], bilden aber gleichwohl den betriebsbedingten Güterverzehr nur unvollkommen ab. Dafür muss vielmehr auf die Marktgegebenheiten Bezug genommen werden, die zu den jeweiligen Rechnungslegungszeitpunkten anzutreffen sind („*Current Cost Accounting*" oder „CCA"). Im Idealfall ist der Maßstab für den tatsächlichen Güterverzehr der Rückgang des Marktwertes des abzuschreibenden Investitionsgutes. Allerdings gibt es kaum einen funktionsfähigen Markt für gebrauchte Netztechnik, d.h. es läßt sich kein aktueller Wiederbeschaffungs- bzw. Marktwert gebrauchter Anlagen beobachten. In einem solchen Fall ist zu fragen, welchen Preis das betrachtete Investitionsgut auf einem funktionsfähigen Sekundärmarkt haben würde. Hierzu können verschiedene *Bewertungsmodelle* herangezogen werden. Eine denkbare Variante ist, eine im Gebrauch befindliche Anlage zum gegenwärtigen Anschaffungspreis einer neuen Anlage multipliziert mit einem Korrekturfaktor zu bewerten, wobei der Korrekturfaktor dem Verhältnis der Leistungsabgabe der neuen Anlage zur Leistungsabgabe der alten Anlage pro Zeiteinheit entspricht.[9] Die im Folgenden diskutierte *ökonomische Abschreibung* basiert auf der Bewertung von Anlagen zum Gegenwartswert (auch „*Net Present Value*" oder NPV) des mit den Anlagen jeweils erwirtschafteten Cash Flows (Einzahlungsüberschuss):

7 vgl. OECD (Dezember 1992), Seite 7 ff.
8 vgl. Jackson, P. / Lodge, D. (Juni 2000), Seite 198
9 vgl. Plinke, W. (1999), Seite 75

	E_t^0	Betriebseinzahlungen (ohne Zinseinnahmen) im Zeitpunkt t, die mit einer im Zeitpunkt 0 erworbenen Anlage erzielt werden
–	A_t^0	Betriebsauszahlungen (ohne Zinsausgaben), die bei einer im Zeitpunkt 0 erworbenen Anlage zu leisten sind
=		Cash Flow vor Zinsen und Steuern (Brutto-Cash Flow)
–	T_t^0	Steuerzahlungen, die das Residualeinkommen aus der mit im Zeitpunkt 0 erworbenen Anlage schmälern
–	I_t	Investitionen (Ersatz- und Erweiterungsinvestitionen in das Anlagevermögen und Erhöhungen des langfristigen Umlaufvermögens bzw. des *Working Capitals*)
=	S_t^0	(Freier) Cash Flow (vor Zinsen, Dividenden und Tilgungszahlungen)

Beim Cash Flow handelt sich um jenes Finanzmittelpotential, das für Auszahlungen an die Kapitalgeber des Unternehmens (etwa in Form von Zinsen, Kredittilgung oder Dividendenzahlungen) zur Verfügung steht. Damit ist der Cash Flow eine Erfolgsgröße, die aus Sicht der Kapitalgeber den Wert eines Unternehmens bzw. eines Anlagegutes determiniert.[10] Im Gegensatz zur linearen Abschreibung des historischen Anschaffungspreises werden bei ökonomischer Abschreibung die Abschreibungszeiträume für die diversen Anlagegüter nicht exogen vorgegeben, sondern ist vielmehr das Ergebnis eines betriebswirtschaftlichen Optimierungskalküls – die Abschreibung erfolgt über jene Nutzungsdauer, bei der der Barwert des künftigen *Cash Flows* maximiert wird. Darüber hinaus sind bei CCA die Abschreibungsbeträge im Zeitablauf nicht konstant, sondern richten sich

- nach dem Rückgang des Marktwertes des MEA,
- dem technischen Fortschritt im jeweiligen Finanzjahr und
- dem Nachteil, den das abzuschreibende Anlagegut im Vergleich zu der zu Beginn des Finanzjahres jeweils modernen Technologie hat.

Wie gut (oder schlecht) sich der Käufer eines Investitionsgutes stellt, bemisst sich nach dem Überschuß des Barwertes des künftig zu erzielenden Cash Flows über die Anschaffungsinvestition. Je größer dieser Überschuss ist, desto größer ist der Vermögenszuwachs, den die Anlage ihrem Eigentümer bringt. Wie bereits ausgeführt, handelt es sich bei den Abschreibungen um jenen Teil der Anschaffungsinvestition, der in der Rechnungslegungsperiode über die Erlöse „zurückverdient" werden muss. Damit ist es auch nicht überraschend, dass bei einem wirtschaftlich tragfähigen Projekt der Barwert der Abschreibungen und Kapitalkosten mindestens der Anschaffungsinvestition entspricht; zum Zeitpunkt der Anschaffung des Investitionsprojektes stimmt dann der Barwert des künftigen Cash Flows mit dem Barwert der künftigen Kosten überein. Bei ausgeglichenem Ergebnis (Übereinstimmung von Kosten und Erlösen) ist der Cash-Flow-Betrag bzw. der maximal mögliche Ausschüttungsbetrag an die Kapitalgeber des Unternehmens mit der Summe aus Abschreibungen und Kapitalkosten identisch. Der

10 vgl. Serfling, K./ Pape, U. (Januar 1996), Seite 60

tatsächliche Ausschüttungsbetrag kann hinter dem maximal möglichen Ausschüttungsbetrag zurückbleiben, wenn das Unternehmen Ersatzinvestitionen tätigt.[11]

Bei funktionsfähigem Sekundärmarkt wäre ein gebrauchtes Anlagegut gerade so teuer, dass sich ein Käufer des abzuschreibenden Investitionsgutes genauso gut stellen würde wie ein Käufer des jeweils aktuellen *Modern Equivalent Asset* (MEA). In der Regel handelt es sich beim MEA um die jeweils modernste Technologie bzw. um das Anlagegut, das ein potentieller Markteintreter für den fraglichen Zweck einsetzen würde. So wäre zum Beispiel das MEA der analogen Vermittlungstechnik die digitale Vermittlungstechnik.[12] Sinnvollerweise ist davon auszugehen, dass sowohl der Eigentümer des MEA als auch der Eigentümer der gebrauchten Anlage die jeweils optimale Investitionsreihe wählen. Mit „Investitionsreihe" ist in diesem Zusammenhang die zeitliche Abfolge des Kaufs von Neu- und Ersatzanlagen gemeint; mit dem Attribut „optimal" wird diejenige Investitionsreihe versehen, bei der bei unendlichem Planungshorizont der Barwert des künftigen Cash Flows maximiert wird. Entsprechend ist auch die „optimale Nutzungsdauer" einer Anlage diejenige, bei der der Barwert des künftigen Cash Flows im Vergleich zu allen anderen Investitionsreihen maximiert wird.[13] Formal ausgedrückt, stellt sich der Eigentümer einer gebrauchten Anlage genau dann genauso gut wie der Eigentümer des MEA, wenn gilt:

$$\left.\begin{aligned} -MW_t^0 + BS_t^0 &= -I_t + BS_t^t \\ MW_t^0 &= I_t - \left(BS_t^t - BS_t^0\right) \end{aligned}\right\} \text{für alle } t > 0 \qquad (1a)$$

wobei

$t =$	aktueller Betrachtungszeitpunkt
$MW_t^0 =$	aktueller Marktwert der im Zeitpunkt 0 optimalen Investitionsreihe
$BS_t^0 =$	aktueller Barwert des Cash Flows, der künftig bei Fortsetzung der im Zeitpunkt 0 optimalen Investitionsreihe erzielt wird
$BS_t^t =$	Barwert des Cash Flows aus der aktuell optimalen Investitionsreihe

Nicht verlangt wird durch die Kapitalmarktgleichgewichtsbedingung (1a), dass der Anschaffungspreis für eine Investition dem Barwert des zukünftigen Cash Flows entspricht. Vielmehr entspricht im Kapitalmarktgleichgewicht der Barwert des zukünftigen Cash Flows der Steigerung des Unternehmenswertes.[14]

Unter Umständen liegt bei Durchführung eines Investitionsprojektes die Steigerung des Unternehmenswertes über dem Anschaffungspreis des Investitionsprojektes. Das In-

11 Dem Gedanken der Substanzerhaltung entspräche es, wenn der Betrag der Ersatzinvestitionen mit dem Abschreibungsbetrag übereinstimmt; auf diese Weise bleibt das in den Investitionsgütern des Unternehmen gebundene Vermögen im Zeitablauf konstant, während die Kapazität der im Gebrauch befindlichen Anlagen im Zeitablauf wächst (LOHMANN-RUCHTI-Effekt bei Finanzierung aus Abschreibung).

12 vgl. Oftel (Dezember 1996), Randnummer 3.4

13 vgl. Dörsam, P. (1998), Seite 63

14 Mit Unternehmenswert ist der Marktwert aller vom Unternehmen emittierten Finanzierungstitel gemeint.

vestitionsprojekt bringt den Kapitalgebern des Unternehmens dann einen Vermögenszuwachs. Dieser Fall ist gegeben, wenn das Unternehmen über einen exklusiven Zugang zur abzuschreibenden Anlage verfügt.[15] Ist hingegen sowohl der Beschaffungsmarkt (d.h. der Markt für die abzuschreibende Anlage) als auch der Absatzmarkt bestreitbar, so werden tatsächliche oder potentielle Konkurrenten die Absatzpreise für die mit dem Investitionsgut hergestellten Güter auf ein Niveau herunterzwingen, bei dem der Barwert des künftigen Cash Flows dem Anschaffungspreis der Investition entspricht. Ein Investitionsprojekt ist dann zwar am Kapitalmarkt finanzierbar, jedoch aus Sicht der Kapitalgeber des Unternehmens vermögensneutral.

Auf diesen Überlegungen aufbauend läßt sich die ökonomische Abschreibung auf eine im Zeitpunkt t erworbene Anlage in verschiedenen äquivalenten Varianten definieren:

Variante 1

Die ökonomische Abschreibung auf ein Investitionsgut entspricht dem Rückgang des Marktwertes des Investitionsgutes auf einem funktionsfähigen Sekundärmarkt:

$$AB_t^0 = MW_{t-1}^0 - MW_t^0 \qquad (1b)$$

„Marktwert eines Investitionsprojektes" ist in diesem Zusammenhang zu verstehen als Barwert des zukünftig mit dem Investitionsprojekt und den Folgeinvestitionen erwirtschafteten Cash Flows. Die ökonomische Abschreibung trägt damit – im Gegensatz zu den Abschreibungsmodellen bei *Historic Cost Accounting* – dem Tatbestand Rechnung, dass von den Herstellern laufend neue Anlagen angeboten werden. Diese „*Modern Equivalent Assets*" (MEA) haben die gleiche Funktion wie die bereits in Gebrauch befindliche Netztechnik. Darüber hinaus erfordern sie – etwa aufgrund technischen Fortschritts oder aufgrund von natürlichem Verschleiß der in Gebrauch befindlichen Anlagen – geringere Wartungsausgaben und/oder ermöglichen eine bessere Produktqualität (sprich: höhere Umsätze mit Telekommunikationsdienstleistungen).

Sofern der Barwert des zusätzlichen Cash Flows größer als der Anschaffungspreis des Investitionsprojektes ist, muss aus kostenrechnerischer Sicht auf den Anschaffungspreis eine Zuschreibung in Höhe des Differenzbetrages vorgenommen werden. Der Abschreibungsbetrag am Ende der ersten Rechnungslegungsperiode ist dann durch

$$AB_t^0 = \left[I^0 + \left(MW_{t-1}^0 - I^0\right)\right] - MW_t^0$$

gegeben. Bei der bilanziellen Abschreibung wäre ein derartiges Vorgehen unzulässig – in der Bilanz sind Investitionsgüter entweder maximal zum historischen Anschaffungspreis oder zum aktuellen Marktwert zu bewerten. Dabei bildet der niedrigere der beiden Wertansätze die Bewertungsobergrenze.

---

15 Mit „exklusivem Zugang" ist gemeint, dass ein bestimmtes Unternehmen aus einer Anlage höhere Einzahlungsüberschüsse herausholen kann als seine potentiellen Konkurrenten. Erklärung hierfür können Skalenvorteile und Synergien sein.

Variante 2

Durch Einsetzen der Marktgleichgewichtsbedingung (1a) in Gleichung (1b) ergibt sich:

$$AB_t^0 = \left[(I_{t-1} - I_t) + \left(BS_t^t - BS_{t-1}^{t-1} \right) \right] + \left[BS_{t-1}^0 - BS_t^0 \right] \quad (1c)$$

Der Ausdruck in der *ersten eckigen Klammer* (d.h. die vom Alter der Anlage unabhängige Komponente) misst den Unterschied zwischen den Barwerten der Cash Flows, die sich mit dem zu Beginn und am Ende der Rechnungslegungsperiode jeweils aktuellen MEA erzielen lassen. Normalerweise ist davon auszugehen, dass die Hersteller von Netztechnik im Zeitablauf immer mehr Leistung für immer weniger Geld bieten. Je stärker der Rückgang des Anschaffungspreises für das MEA ist, um so höher ist auch der Abschreibungsbetrag. Der technische Fortschritt lässt zudem erwarten, dass der Barwert der nach der Anschaffung eines MEA erzielten Cash Flows im Zeitablauf größer wird: Zum einen lässt sich mit dem aktuellen MEA eine breitere Produktpalette oder eine bessere Produktqualität realisieren (die ihren Niederschlag in höheren Umsätzen des Unternehmens auf dem Absatzmarkt findet) und zum anderen dürften auch die Betriebsausgaben von MEA-Generation zu MEA-Generation abnehmen. Technischer Fortschritt und Rückgang des Anschaffungspreises des MEA beeinflussen jedoch nicht die Differenz zwischen den Abschreibungen auf unterschiedlich alte Investitionsgüter. Die Höhe dieses Unterschiedsbetrages hängt vielmehr vom Ausdruck in der *zweiten eckigen Klammer* ab. Dieser Ausdruck gibt an, um welchen Betrag der Barwert des Cash Flows, der mit der abzuschreibenden Anlage künftig erwirtschaftet werden kann, innerhalb der Rechnungslegungsperiode zurückgeht. Von einem Rückgang des Barwertes ist auszugehen, weil für die abzuschreibende Anlage der Zeitpunkt der Ersatzinvestition zunehmend näherrückt und die Betriebsausgaben in der Regel umso höher ausfallen, je älter die Anlage ist. Entsprechend schlagen die höheren Betriebsausgaben und die näherrückende Auszahlung für die Ersatzanlage im Zeitablauf zunehmend stärker auf den Barwert künftiger Cash Flows durch.

Variante 3:

Durch einfache Umformung der Definitionsgleichung (1c) lässt sich der Abschreibungsbetrag auch als Zunahme des ökonomischen Nachteils darstellen, den die abzuschreibende Anlage gegenüber dem jeweils aktuellen *Modern Equivalent Asset* aufweist:

$$AB_t^0 = \left[\left(BS_t^t - I_t \right) - BS_t^0 \right] - \left[\left(BS_{t-1}^{t-1} - I_{t-1} \right) - BS_{t-1}^0 \right] \quad (1d)$$

Das Maß für den ökonomischen Nachteil des abzuschreibenden Investitionsgutes gegenüber dem jeweils aktuellen MEA ist der niedrigere Barwert des künftigen Cash Flows. Im Nachteil ist das abzuschreibende Investitionsgut gegenüber dem aktuellen MEA, weil beim abzuschreibenden Gut der Zeitpunkt der Ersatzinvestition eher ins Haus steht als bei Anschaffung des jeweils aktuellen MEA und weil das MEA in der Regel niedrigere Betriebskosten als das abzuschreibende Investitionsgut aufweist. Geschmälert werden diese Vorteile natürlich dadurch, dass für das MEA eine Anschaffungsinvestition getätigt werden muss.

Die ökonomische Abschreibung unterscheidet sich von den genannten Abschreibungsmethoden des *Historic Cost Accounting* (linear, geometrisch-degressiv, arithmetisch-degressiv) dadurch, dass bei ökonomischer Abschreibung keine modellexogene Annahme über die Nutzungsdauer (die Abschreibungsdauer) eines Investitionsgutes getroffen wird. Vielmehr gehört die Nutzungsdauer selbst zu den Modellergebnissen. Nach dem Konzept der ökonomischen Abschreibung wird ein Investitionsgut dann durch das MEA ersetzt, sobald bei Anschaffung des MEA der Barwert des Cash Flows einschließlich der Anschaffungsausgabe für eine neue Anlage größer als der Barwert des Cash Flows bei Beibehaltung der Anlage ist. Sobald es wirtschaftlich vorteilhafter ist, ein Investitionsgut durch das aktuelle MEA zu ersetzen, beträgt der Marktwert des Investitionsgutes auf einem funktionsfähigen Sekundärmarkt null oder er wird negativ. Die so bestimmte wirtschaftliche Nutzungsdauer eines Investitionsprojektes kann die technisch maximal mögliche Nutzungsdauer erheblich unterschreiten.

Außerdem kann sich bei ökonomischer Abschreibung – anders als bei den Abschreibungsmethoden des *Historic Cost Accounting* – der Abschreibungsbetrag im Zeitablauf völlig unregelmäßig verändern. Im Extremfall kann der Abschreibungsbetrag sogar negativ werden. In diesem Fall ist von „Zuschreibung“ die Rede. Zuschreibung bedeutet, dass der Marktpreis eines Investitionsgutes auf einem funktionsfähigen Sekundärmarkt am Ende einer Rechnungslegungsperiode größer als am Anfang sein würde. Eine Zuschreibung kann insbesondere bei solchen Investitionsgütern auftreten, bei deren Herstellung oder Betrieb sich technischer Fortschritt kaum bemerkbar macht. Klassisches Beispiel sind Leerrohre: Die Verlegung von Leerrohren ist arbeitsintensiv, und der Faktor Arbeit wird im Zeitablauf erfahrungsgemäß zunehmend teurer. Sofern für die Leerrohrverlegung morgen mehr als heute zu bezahlen ist, ist morgen natürlich ein Unternehmen, das bereits über Leerrohre verfügt, gegenüber einem später startenden Konkurrenten im Vorteil.

B. Ökonomische Abschreibungen und Marktgleichgewicht

Im Kapitalmarktgleichgewicht muss die Rendite eines Investitionsprojekts mit den Finanzierungskosten übereinstimmen (vgl. Kapitel XIII: „Kapitalkosten“, Abschnitt B.3: „Kapitalmarktkriterium und Kapitalmarktgleichgewicht“):

$$r_{t-1}^{0} = \frac{\left(E_t^0 - A_t^0 - T_t^0\right) - \left(MW_t^0 - MW_{t-1}^0\right)}{MW_{t-1}^0}$$

$$r_{t-1}^{i} = \frac{\left(E_t^i - A_t^i - T_t^i\right) - \left(MW_t^i - MW_{t-1}^i\right)}{MW_{t-1}^i}$$

Durch Subtraktion dieser beiden Bedingungen und nach einigen einfachen Umformungen ergibt sich:

$$E_t^0 - A_t^0 - T_t^0 - MW_{t-1}^0 \cdot r_{t-1}^0 - AB_t^0 \overset{!}{=} E_t^i - A_t^i - T_t^i - MW_{t-1}^i \cdot r_{t-1}^i - AB_t^i$$

Demnach ist im Kapitalmarktgleichgewicht die ökonomische Abschreibung so bemessen, dass die in einer beliebigen Rechnungsperiode erzielte Gewinn unabhängig vom

Alter der eingesetzten Anlagen ist. Sofern darüber hinaus die auf dem Absatzmarkt erzielten Erlöse unabhängig vom Alter der eingesetzten Anlage sind:

$$E_t^0 = E_t^i$$

ist eine Anlage soweit abzuschreiben, dass ihre Gesamtkosten nicht höher als Gesamtkosten des in der Folgeperiode aktuellen MEA sind (‚ökonomische Abschreibungen'). Dies lässt sich auch leicht durch eine Plausibilitätsüberlegung nachvollziehen: Unter Wettbewerbsbedingungen entspricht der maximal erzielbare Erlös den Kosten der Leistungserstellung. Wären also die Gesamtkosten der Altanlage höher als die des MEA, müsste ein Betreiber von Altanlagen aus dem Markt ausscheiden.

C. Ökonomische Abschreibungen und Unsicherheit

Wenn die künftigen Einzahlungsüberschüsse und die weitere Entwicklung von Finanzierungskosten mit Sicherheit bekannt sind, lassen sich die optimale Nutzungsdauer von Anlagen und die vorzunehmenden Abschreibungen im voraus genau bestimmen. Natürlich sind diese Annahmen alles andere als realistisch. Wenn eine Anlage im *Mittel* nach fünf Jahren kaputt geht, so bedeutet das eben nicht, dass *jede* Anlage genau fünf Jahre genutzt werden kann. Hat das Unternehmen Pech, sind es weniger als fünf Jahre, wenn es gut läuft, sind es mehr als fünf Jahre. Auch der Preis, der sich für die erstellten Produkte am Markt erzielen lässt, und die Kosten für die benötigten Vorprodukte werden sich nicht exakt vorhersagen lassen.[16]

Im Gegensatz zur linearen Abschreibung des historischen Anschaffungspreises trägt die ökonomische Abschreibung der Veränderung der Marktgegebenheiten Rechnung. Wesentliche Determinanten der ökonomischen Abschreibung sind Zufallsvariablen. Zu denken ist hier beispielsweise an die weitere Entwicklung des Anschaffungspreises des MEA oder an die weitere Entwicklung von Betriebsausgaben. Der tatsächliche Entwicklungspfad dieser Zufallsvariablen wird im Zeitablauf Stück für Stück bekannt. Bestimmte mögliche Entwicklungen fallen aus der Betrachtung heraus, und entsprechend verändert sich die Eintrittswahrscheinlichkeit der verbleibenden Entwicklungsszenarien. Ständig steht das Unternehmen vor der Entscheidung, ob es eine vorhandene Anlage weiter nutzen, durch eine neue ersetzen oder gar auf die Anschaffung einer neuen Anlage verzichten soll.

Diese Entscheidungssituation ist ein klassischer Anwendungsfall der „*Real-Options*"-Theorie, die im Folgenden der klassischen Barwertmethode bzw. dem Entscheidungsbaumverfahren gegenübergestellt werden soll. Dazu wird ein einfaches Beispiel konstruiert. Der Planungshorizont eines Unternehmens betrage zwei Jahre. Im Zeitpunkt t=0 stehen folgende Investitionsreihen zur Auswahl:

1. „in t=0 neue Anlage kaufen"
   - 1.1 „in t=1 keine neue Anlage kaufen"

---

16 vgl. Dörsam, P. (1998), Seite 63

1.2 „in t=1 eine neue Anlage kaufen“

2. „in t=0 neue Anlage kaufen“
   2.1 „in t=1 keine neue Anlage kaufen“
   2.2 „in t=1 eine neue Anlage kaufen“

1. Klassische Barwertmethode

Bei der klassischen Barwertmethode wird *aus der Perspektive des Zeitpunktes t=0* zu jeder dieser Investitionsreihen (1.1, 1.2, 2.1 und 2.2) der Erwartungswert des Cash Flows in den Zeitpunkten t=1 und t=2 bestimmt und mit dem risikoäquivalenten Zinssatz auf den Zeitpunkt t=0 abdiskontiert („vollständige Enumeration“). Je nachdem, welche der vier Investitionsreihen den höchsten Barwert (abzüglich eventueller Anschaffungsinvestitionen in t=0) aufweist, wird in t=0 eine neue Anlage gekauft oder auch nicht.

Zum gleichen Ergebnis führt das sogenannte Entscheidungsbaumverfahren. Dabei wird überlegt, ob es aus der Perspektive des Zeitpunkts t=1 besser wäre, eine neue Anlage zu kaufen oder nicht, und zwar unter der Voraussetzung, dass in t=0 keine neue Anlage gekauft wurde. Angenommen, das Ergebnis lautet: Unter der Voraussetzung, das in t=0 keine neue Anlage gekauft wurde, wäre es besser, in t=1 eine neue Anlage zu kaufen. Investitionsreihe 2.1 käme damit für das Unternehmen nicht in Frage. Anschließend wird überlegt, ob es besser wäre, in t=1 eine neue Anlage zu kaufen oder nicht, wenn bereits in t=0 eine neue Anlage gekauft wurde. Damit wäre dann Entscheidungsalternative 1.1 oder 1.2 als inferior gestrichen. Zwischen den verbleibenden Entscheidungsalternativen – also beispielsweise der 1.1 und 2.2 – wird dann anhand des abdiskontierten Cash Flow-Erwartungswertes aus der Perspektive des Zeitpunktes t=0 entschieden.

2. „Real Options“-Theorie

Falls sich der Kapitalmarkt nicht im völligen Gleichgewicht befindet, kann es zu falschen Ergebnissen führen, wenn sich ein Unternehmen bei seinen Investitionsentscheidungen an abdiskontierten Cash-Flow-Erwartungswerten orientiert. Tatsächlich ist vollkommenes Kapitalmarktgleichgewicht eine nur schwer haltbare Annahme. Bereits in Kapitel XIII („Kapitalkosten“) wurde gezeigt, dass bei vollkommenem Kapitalmarktgleichgewicht der Rendite-Erwartungswert aller am Kapitalmarkt finanzierbaren Investitionen genau den Finanzierungskosten entspricht. Tatsächlich sollten sich in der Realität für zahlreiche Unternehmen Investitionen finden lassen, deren Rendite-Erwartungswert über den Finanzierungskosten liegt.

Die Entscheidung über den Zeitpunkt von Ersatzinvestitionen ist ein typischer Anwendungsfall der „*Real Options*“-Theorie.[17] Kerngedanke dieser Theorie ist, dass nicht alle künftigen Investitionsentscheidungen sofort getroffen werden müssen, sondern dass das Unternehmen in der Zukunft erneut Investitionsentscheidungen *auf der Basis der bis dahin zur Verfügung stehenden Informationen* treffen kann. Übertragen auf das Bei-

---

17 vgl. hierzu das Fallbeispiel bei Trigeorgis, L. (1999), Seite 171 ff.

spiel zum Entscheidungsbaum-Verfahren bedeutet das: Das Unternehmen kann später (in t=1) auf der Grundlage *der dann noch möglichen* weiteren Umweltentwicklungen erneut entscheiden, ob es eine neue Anlage kaufen will oder eben auch nicht (daher auch die Bezeichnung „real *option*"). Die Entscheidungsalternative „in t=0 keine neue Anlage kaufen" wird bewertet anhand der Summe

gegenwärtiger Barwert des erwarteten Cash Flows aus der Investitionsreihe „in t=0 keine neue Anlage kaufen und in t=1 keine neue Anlage kaufen"

plus gegenwärtiger Wert der *Option*, in t=1 doch eine neue Anlage zu kaufen (falls dies vorteilhaft ist).

Bewertungstechnisch bestehen Parallelen zum Kauf einer Kaufoption („*Call*") auf Aktien.[18] Angenommen, der Anschaffungspreis der neuen Anlage in t=1 sei sicher; nur der ab dem Zeitpunkt t=1 erwirtschaftete Cash Flow sei unsicher. Der Anschaffungspreis des MEA in t=1 entspräche dann dem Ausübungskurs bei einer Aktienoption, und der Barwert des Cash Flows bei Anschaffung einer Anlage in t=1 entspräche dem jeweils gegenwärtigen Kurs der Aktie. Wenn aus der *Perspektive des Zeitpunktes t=1* der Barwert des Cash Flows bei Anschaffung einer neuen Anlage über dem Anschaffungspreis liegt, wird die Option ausgeübt. Die Differenz zwischen Barwert des Cash Flows und Anschaffungspreis der Anlage in t=1 entspricht dem „inneren Wert" einer Aktienoption. Liegt der Barwert des Cash Flows in t=1 unter dem Anschaffungspreis der Anlage, wird die Option nicht ausgeübt und der innere Wert beträgt null.
Der *Marktwert der Option* in t=0 hängt davon ab wie wahrscheinlich bzw. unsicher die Optionsausübung ist. Ceteris paribus ist der Marktwert einer Option um so höher, je größer die verbleibende Restlaufzeit der Option und je unsicherer der Barwert des Cash Flows in t=1 ist. Kerngedanke der Optionsbewertung ist, ein Äquivalent zu konstruieren, bei dem das sogenannte *Underlying* sofort mit geborgtem Geld gekauft wird. Bei einer Aktienoption ist das *Underlying* eine Aktie. Da das Portfolio aus Kredit und *Underlying* im Zeitpunkt der Optionsausübung die gleichen Auszahlungen wie die Option selbst bringt, müssen das Portfolio und die Option auch in der Gegenwart den gleichen Wert haben. Auf das hier vorgestellte Beispiel passt am besten das Optionspreismodell von BLACK / SCHOLES, bei dem die Zeit als diskrete Variable aufgefasst wird.[19]

Ebenso gut lässt sich die Entscheidungsalternative „in t=0 keine neue Anlage kaufen" natürlich auch anhand der Summe

Barwert des erwarteten Cash Flows bei der Investitionsreihe „in t=0 keine neue Anlage kaufen und in t=1 eine neue Anlage kaufen"

plus Wert der *Option*, die im Zeitpunkt t=1 *doch keine* neue Anlage anzuschaffen (falls dies vorteilhaft ist)

---

18 vgl. Trigeorgis, L. (1999), Seite 125
19 für eine ausführliche Darstellung der Optionspreistheorie vgl. z.B. Heidorn, T. (2000), Seite 141 ff.

beurteilen. Verkürzend lässt sich die Entscheidungsalternative „in t=0 keine neue Anlage kaufen“ auch als „*Verschiebung der Investitionsentscheidung auf t=1*“ bezeichnen.

Zusammenfassend müssen für eine Investition im Zeitpunkt t=0 zwei Kriterien erfüllt sein:

1. Der Barwert des erwarteten Cash Flows bei der Investitionsentscheidung in „t=0 Anlage kaufen“ muss größer als die Anschaffungsinvestition in t=0 sein.
2. Die Verschiebung der Investitionsentscheidung auf t=1 darf nicht vorteilhafter als die sofortige Durchführung der Investition in t=0 sein.

Keines dieser Kriterien ist im Kapitalmarktungleichgewicht für sich allein hinreichend, um den Kauf einer Anlage in t=0 zu rechtfertigen.[20]

3. Vermögenseinbussen aufgrund regulatorischer Eingriffe

Was passiert, wenn in bestimmten Umweltzuständen die Einzahlungsüberschüsse aus einer in t=0 getätigten Investition durch regulatorischen Eingriff beschnitten werden? Dies könnte zum Beispiel der Fall sein, wenn sich in der ex post-Betrachtung herausstellt, dass das regulierte Unternehmen eine Rendite erzielt, die erheblich über den Finanzierungskosten liegt (vgl. hierzu auch die Ausführungen zur „*Rate of Return*“-Regulierung in Kapitel VII). Im Kapitalmarktgleichgewicht wäre das Unternehmen dann für die Investition weniger zu zahlen bereit. Der Rückgang der Zahlungsbereitschaft entspricht der Differenz zwischen

dem Barwert künftiger Zahlungen aus dem Investitionsprojekt ohne regulatorischen, abdiskontiert mit dem jeweiligen risikoäquivalenten Zinssatz

und dem Barwert künftiger Zahlungen aus dem Investitionsprojekt mit Renditeminderung durch regulatorischen Eingriff in bestimmten Umweltzuständen, abdiskontiert mit dem jeweiligen risikoäquivalenten Zinssatz.

Die risikoäquivalenten Zinssätze sind bei den beiden Zahlungsreihen unterschiedlich. Der Rückgang der Zahlungsbereitschaft entspricht im Kapitalmarktgleichgewicht zugleich auch der Vermögenseinbusse, die das Unternehmen durch die *Möglichkeit* eines späteren staatlichen Eingriffs erleidet. Verkauft also der Staat seine Beteiligung an einem Telekommunikationsunternehmen, muss der „faire“ Kaufpreis um den obigen Differenzbetrag vermindert werden, wenn der Staat die Möglichkeit späterer belastender regulatorischer Eingriffe zulässt.

Im *Kapitalmarktungleichgewicht* führt es jedoch zu unzutreffenden Ergebnissen, wenn die Vermögenseinbusse aufgrund der *Möglichkeit* regulatorischer Eingriffe anhand bloßen Vergleichs abdiskontierter Cash Flow-Erwartungswerte abgeschätzt wird. Den Schlüssel zu einer zutreffenden Abschätzung liefert wiederum die „Real Options“-Theorie.

---

20 vgl. Small, J.P./ Ergas, H. (Juni 1999), Seite 4 f.

Zum Verständnis lässt sich wiederum die Parallele zum Finanzmarkt ziehen. Auf Finanzmärkten können sich die Inhaber einer Aktie gegen den Eintritt ungünstiger Umweltzustände dagegen absichern, dass sie den Kauf der Aktie mit dem Kauf einer Verkaufoption („*Put*") verbinden. Entwickelt sich der Kurs der Aktie ungünstig, gibt ihnen der *Put* die Möglichkeit, die Aktie zu einem höheren Kurs als dem Tageskurs loszuschlagen. Der Kauf des Put entspricht somit einer Art Versicherung, durch die die Gewinne in günstigen Umweltzuständen geschmälert und die Verluste in ungünstigen Umweltzuständen begrenzt werden.[21]

Im hier interessierenden Fall einer Realinvestition liegt der Fall ähnlich. Wenn der Cash Flow bei günstiger Geschäftsentwicklung immer auf ein bestimmtes Maß geschmälert wird, sobald er einen bestimmten Schwellenwert überschreitet, läuft das für das Unternehmen auf das Gleiche hinaus, als hätte es beim Kauf des Investitionsprojektes zugleich eine *Kaufoption verkauft.* Die Kaufoption gibt die Möglichkeit, den Cash Flow aus dem Investitionsprojekt zu kaufen. Dabei entspricht der Ausübungskurs dem Cash Flow-Schwellenwert, ab dem die Regulierung renditeschmälernd eingreift. Ebenso wie der Käufer die Kaufoption ausüben wird, sobald der tatsächliche Cash Flow über dem Ausübungskurs liegt, „kassiert" die Regulierung den „überschüssigen" Cash Flow, sobald der besagte Schwellenwert überschritten wird. Liegt der tatsächliche Cash Flow unter dem Ausübungskurs, unterbleibt die Optionsausübung. Analog dazu schreitet die Regulierung nicht ein, wenn der tatsächliche Cash Flow den Schwellenwert nicht erreicht. Indem das Unternehmen zusammen mit dem Kauf des Investitionsprojektes die Kaufoption verkauft, investiert es netto weniger als bei alleinigem Kauf der Investition. Mit anderen Worten: Der Optionspreis ist der Preisnachlass auf das Investitionsprojekt, den das Unternehmen verlangen muss, wenn die Möglichkeit späterer regulatorischer Eingriffe nicht ausgeschlossen ist. So gesehen lässt sich der Preis der Kaufoption als eine Art „fairer Prämie" für eine Versicherung gegen regulatorische Eingriffe interpretieren.[22]

4. Erwartungsunsicherheit und Risikoprämien

Die Annahme des Kapitalmarktgleichgewichts ist zentral für die Bemessung ökonomischer Abschreibungen. Nur im Kapitalmarktgleichgewicht stimmt der Marktwert einer Anlage mit dem Barwert der künftigen Cash Flow-Erwartungswerte überein, wobei die Abdiskontierung mit dem risikoäquivalenten Zinssatz erfolgt. Im Kapitalmarktgleichgewicht tragen ökonomische Abschreibungen der Unsicherheit zukünftiger Einzahlungsüberschüsse allein über die Risikoprämie Rechnung, die in die Finanzierungskosten eingerechnet ist (vgl. Kapitel XIII: „Kapitalkosten", Abschnitt B: „Finanzierungskosten"). Selbstverständlich ist nicht ausgeschlossen, dass sich die im Kapitalmarktgleichgewicht geforderte Risikoprämie im Zeitablauf ändert. Vielmehr hängt die geforderte Risikoprämie vom jeweils vorhandenen Kenntnisstand über die weitere Entwicklung der Einzahlungsüberschüsse aus alternativen Investitionsprojekten ab.

---

21 vgl. Perridon, L. / Steiner, M. (1999), Seite 199 f.
22 vgl. Small, J.P./ Ergas, H. (Juni 1999), Seite 7

Dieser Kenntnisstand bzw. die Wahrscheinlichkeitsverteilung der weiteren Entwicklung der Einzahlungsüberschüsse verändert sich im Zeitablauf laufend (siehe oben). Schließlich können sich die Finanzierungskosten auch trotz unveränderter Wahrscheinlichkeitsverteilung der künftigen Einzahlungsüberschüsse ändern. Dies ist dann der Fall, wenn sich plötzlich die Risikoaversion der Kapitalmarktteilnehmer ändert, oder wenn für sichere Investitionsprojekte eine andere Mindestrendite erwartet wird als zuvor.[23]

Derartigen Veränderungen der Rahmenbedingungen trägt das Konzept ökonomischer Abschreibungen Rechnung. Dazu muss der Marktwert der abzuschreibenden Anlagen permanent neu berechnet werden, und entsprechend sind bei jeder Veränderung der Wahrscheinlichkeitsverteilung oder jeder Veränderung der Rahmenbedingungen am Kapitalmarkt Zuschreibungen oder Abschreibungen vorzunehmen. Mit der ökonomischen Abschreibung lässt sich zumindest ex post der Unternehmenserfolg korrekt abbilden.[24]

D. Bestimmung ökonomischer Abschreibungen

Zur Bestimmung ökonomischer Abschreibungen muss bekannt sein (vgl. Definitionsgleichung 1e),

- wie sich der maximal erzielbare Barwert künftiger *Cash Flows* entwickelt, wenn die abzuschreibende Anlage in Gebrauch bleibt, und
- wie sich der maximal erzielbare Barwert des Cash Flows bei Anschaffung des jeweils aktuellen MEA entwickelt.

Gerade die zweite Informationsanforderung ist nur schwierig zu erfüllen. Bereits in Abschnitt C wurde das klassische Barwertverfahren bzw. das Entscheidungsbaumverfahren als Methode diskutiert, mit der sich für jeden Zeitpunkt die optimale Investitionsreihe bestimmen lässt. Allerdings wird bei diesem Verfahren der Rechenaufwand schnell prohibitiv hoch: Angenommen, jeweils zu Beginn einer Zeitperiode steht die Entscheidung an, eine neue Anlage zu kaufen oder die jeweils vorhandene Anlage weiterhin zu nutzen. Bei einem Planungshorizont von T Zeitperioden wären dann T-Fakultät Entscheidungsalternativen durchzuprüfen. Das sind bei einem Planungshorizont von 10 Jahren – also einer bei Vermittlungstechnik durchaus üblichen Nutzungsdauer – bereits 10! = 1 x 2 x 3 x ... x 10 = 3.628.800 Alternativen. Hinzu kommt noch, dass die optimale Investitionsreihe nicht nur für einen Startzeitpunkt (t=1) ermittelt werden muss. Vielmehr ist für jeden Startzeitpunkt, der innerhalb des Planungshorizontes liegt, die optimale Investitionsreihe zu bestimmen. Das sind im Beispiel 36.288.000 Investi-

---

23 vgl. Jackson, P. / Lodge, D. (Juni 2000), Seite 109

24 Unabhängig von der Abschreibungsmethodik (ökonomisch, linear etc.) ist natürlich das Problem der Kostenprognose bei der Entgeltkalkulation. Hier besteht die Möglichkeit, dass sich die Kosten ex post als größer oder kleiner als die prognostizierten Kosten erweisen. Dieses Problem wurde bereits in Kapitel VI („Entgeltbestandteile“), Abschnitt B.2 („Diskussion des Effizienzbegriffs“) erörtert.

tionsreihen. Bei Linientechnik mit einer Nutzungsdauer von ca. 25 Jahren ist die Zahl der durchzuprüfenden Investitionsreihen erst recht nicht mehr überschaubar.

Aus diesem Grund ist es sinnvoll, bei der Bestimmung ökonomischer Abschreibungen mit einem Näherungsverfahren („*Branch & Bound*") zu arbeiten. Dabei wird die zu lösende Aufgabe in mehrere Teilaufgaben zerlegt („*branch*" = „verzweigen"). Falls die Lösung des Teilproblems die beste Lösung des Gesamtproblems ist, wird versucht, die gefundene Lösung durch das Lösen weiterer Teilprobleme sukzessive zu verbesseren („*bound*" = „eingrenzen").[25]

Die Anzahl der möglichen Entscheidungsalternativen ist dabei durch die Annahme eingeschränkt, dass spätestens nach Ablauf des zweifachen der technischen Nutzungsdauer der abzuschreibenden Anlage alle Anlagen gleich lang genutzt werden.

1. Berechnungsschritt:

Im ersten Berechnungsschritt wird für jeden Zeitpunkt bis zum Erreichen der technischen Nutzungsdauer der abzuschreibenden Anlage überlegt, welche Zahlungsreihe optimal ist, wenn alle angeschafften Anlagen *jeweils nur gleich lang genutzt* werden können. Diese Überlegung wird für alle Zeitpunkte bis ab dem Erreichen der maximalen technischen Nutzungsdauer der abzuschreibenden Anlage bis zum Erreichen des doppelten der maximalen technischen Nutzungsdauer durchgeführt. Bei einer angenommenen maximalen technischen Nutzungsdauer von drei Perioden sind dies die Zeitpunkte t=3, t=4 und t=5. Die Barwerte der optimalen Zahlungsreihen werden im Folgenden mit

$$I_t + \overline{BS}_t^t$$

abgekürzt.

2. Berechnungsschritt:

Im zweiten Berechnungsabschnitt wird die optimale Nutzungsdauer desjenigen MEA bestimmt, das *eine* Periode vor Ablauf der maximalen Nutzungsdauer der ersten Anlage zur Verfügung stehen wird. Dieses MEA kann nun auch wiederum eine, zwei oder drei Perioden genutzt werden, wobei unterstellt wird, dass im Anschluss die Zahlungsreihe wie im ersten Berechnungsschritt ermittelt fortgesetzt wird. Bei einer technischen Nutzungsdauer von 3 Jahren stellen sich die relevanten Entscheidungsalternativen wie folgt dar:

- Ein in t=2 angeschafftes MEA wird ein Jahr genutzt, wobei der Barwert des Cash Flows bezogen auf den Beschaffungszeitpunkt

  $$-I_2 + \frac{E_3^2 - A_3^2}{1+r} + \frac{I_3 + \overline{BS}_3^3}{1+r}$$

  beträgt.

25 vgl. Scholl, A. / Krispin, G. et. al. (1997)

- Ein in t=2 angeschafftes MEA wird zwei Jahre genutzt, wobei der Barwert des Cash Flows bezogen auf den Beschaffungszeitpunkt

$$-I_2 + \frac{E_3^2 - A_3^2}{1+r} + \frac{E_4^2 - A_4^2}{(1+r)^2} + \frac{I_4 + \overline{BS}_4^4}{(1+r)^2}$$

beträgt.
- Ein in t=2 angeschafftes MEA wird drei Jahre genutzt, wobei der Barwert des Cash Flows aus der Zahlungsreihe bezogen auf den Beschaffungszeitpunkt

$$-I_2 + \frac{E_3^2 - A_3^2}{1+r} + \frac{E_4^2 - A_4^2}{(1+r)^2} + \frac{E_5^2 - A_5^2}{(1+r)^3} + \frac{I_5 + \overline{BS}_5^5}{(1+r)^3}$$

beträgt.

Der maximal erzielbare Barwert des Cash Flows bei Anschaffung eines MEA in t=2 wird im Folgenden mit

$$-I_2 + \overline{\overline{BS}}_2^2$$

bezeichnet. Auf dieser Grundlage kann nun über die optimale Nutzungsdauer einer in t=1 angeschafften Anlage nachgedacht werden. Dabei besteht wie gehabt eine Wahlmöglichkeit zwischen einer ein-, zwei- und dreijährigen Nutzungsdauer. Bei einer einjährigen Nutzungsdauer wird die Zahlungsreihe natürlich durch die optimale Zahlungsreihe für den Startzeitpunkt t=2 (siehe oben) fortgesetzt. Damit betragen die Barwerte der Zahlungsreihen

- bei einjähriger Nutzungsdauer der in t=1 angeschafften Anlage

$$-I_1 + \frac{E_2^1 - A_2^1}{1+r} + \frac{I_2 + \overline{\overline{BS}}_2^2}{1+r}$$

- bei zweijähriger Nutzungsdauer der in t=1 angeschafften Anlage

$$-I_1 + \frac{E_2^1 - A_2^1}{1+r} + \frac{E_3^1 - A_3^1}{(1+r)^2} + \frac{I_3 + \overline{BS}_3^3}{(1+r)^2}$$

- bei dreijähriger Nutzungsdauer der in t=1 angeschafften Anlage

$$-I_1 + \frac{E_2^1 - A_2^1}{1+r} + \frac{E_3^1 - A_3^1}{(1+r)^2} + \frac{E_4^1 - A_4^1}{(1+r)^3} + \frac{I_4 + \overline{BS}_4^4}{(1+r)^3}$$

wobei

$$-I_1 + \overline{\overline{BS}}_1^1$$

den bei Auswahl zwischen diesen drei Alternativen maximal erzielbaren Barwert des Cash Flows bezeichnet. Damit ist der Weg frei für die Bestimmung der optimalen Nutzungsdauer der in t=0 angeschafften Anlage. Auch diese Berechnung erfolgt unter Rückgriff auf die Ergebnisse zur optimalen Nutzungsdauer von in t=1 und t=2 angeschafften Anlagen. Im einzelnen betragen die Barwerte der Zahlungsreihen:

- bei einjähriger Nutzungsdauer der in t=0 angeschafften Anlage

$$-I_0 + \frac{E_1^0 - A_1^0}{1+r} + \frac{I_1 + \overline{\overline{BS}}_1^1}{1+r}$$

- bei zweijähriger Nutzungsdauer der in t=0 angeschafften Anlage

$$-I_0 + \frac{E_1^0 - A_1^0}{1+r} + \frac{E_2^0 - A_2^0}{(1+r)^2} + \frac{I_2 + \overline{\overline{BS}}_2^2}{(1+r)^2}$$

- bei dreijähriger Nutzungsdauer der in t=0 angeschafften Anlage

$$-I_0 + \frac{E_1^0 - A_1^0}{1+r} + \frac{E_2^0 - A_2^0}{(1+r)^2} + \frac{E_3^0 - A_3^0}{(1+r)^3} + \frac{I_3 + \overline{BS}_3^3}{(1+r)^3}$$

3. Berechnungsschritt:

Nachdem als Ergebnis des zweiten Berechnungsschrittes die jeweils optimalen Investitionsreihen für Startzeitpunkte in t=0, t=1 und t=2 näherungsweise feststehen, wird im letzten Berechnungsschritt das Abschreibungsprofil der in t=0 angeschafften Anlage bestimmt. Wenn die optimale Nutzungsdauer der abzuschreibenden Anlage eine Periode beträgt, ist natürlich die gesamte Investitionssumme sofort abzuschreiben:

$$AB_1^0 = I_0$$

Wenn die Nutzungsdauer zwei Perioden beträgt, lauten die Bestimmungsgleichungen für die Abschreibungen wie folgt:

- 1. Periode: $AB_1^0 = I_0 - MW_1^0$

  mit $MW_1^0 = \frac{E_2^0 - A_2^0 + \overline{\overline{BS}}_2^2}{1+r} - \left(\overline{\overline{BS}}_1^1 - I_1\right)$

- 2. Periode: $AB_1^0 = MW_1^0$

Wenn die Nutzungsdauer drei Perioden beträgt, sind die Abschreibungsbeträge durch folgende Bestimmungsgleichungen gegeben:

- 1. Periode: $AB_1^0 = I_0 - MW_1^0$

  mit $MW_1^0 = \frac{E_2^0 - A_2^0}{1+r} + \frac{E_3^0 - A_3^0 + \overline{\overline{BS}}_3^3}{(1+r)^2} - \left(\overline{\overline{BS}}_1^1 - I_1\right)$

- 2. Periode: $AB_2^0 = MW_1^0 - MW_2^0$

  mit $MW_2^0 = \frac{E_3^0 - A_3^0 + \overline{\overline{BS}}_3^3}{1+r} - \left(\overline{\overline{BS}}_2^2 - I_2\right)$

- 3. Periode: $AB_3^0 = MW_2^0$

Wenn die erwirtschafteten Erlöse unabhängig vom Alter der eingesetzten Anlagen sind, sind auch die anfallenden Kosten unabhängig vom Anschaffungszeitpunkt der Anlagen (vgl. Abschnitt C. in diesem Kapitel). Dies wird durch das Zahlenbeispiel in Übersicht XIV-1 und die nachfolgenden Abbildungen XIV-1-(1) bis XIV-1-(4) wird die gleiche

Annahme getroffen.[26] Die jeweils unteren Diagramme in den Abbildungen illustrieren, dass bei optimaler Nutzungsdauer der jeweils betrachteten Anlage der Barwert der künftigen Betriebsausgaben und Ersatzinvestitionen sein Minimum erreicht. Während bei linearer Abschreibung der Ausweis des in der Anlage gebundenen Kapitals linear zurückgeht, ist dies bei ökonomischer Abschreibung nicht der Fall. Zu den Abbildungen im einzelnen:

- Am Beispiel von Vermittlungstechnik [Abbildungen XIV-1-(1) und XIV-1-(2)] ist der Fall dargestellt, dass bei einer Zunahme der Finanzierungskosten die Nutzungsdauer der Anlagen zunimmt und die Abschreibungsbeträge abnehmen. Eine Zunahme der Finanzierungskosten hat also zwei gegenläufige Effekte: Abnahme der Abschreibungen einerseits und Zunahme der Kapitalkosten andererseits. Dieser Zusammenhang wird in Abschnitt E abstrakt erläutert.
- Am Beispiel der Leerrohre [Abbildung XIV-1-(3)] ist der Fall zeitweilig negativer Abschreibungsbeträge dargestellt. Die negativen Abschreibungen (bzw. Zuschreibungen) resultieren aus der Annahme, dass die Installation neuer Leerrohre im Zeitablauf nicht billiger, sondern teurer wird. Ein Unternehmen, das bereits über Leerrohre verfügt, ist dann natürlich im Vorteil gegenüber einem Unternehmen, das die Leerrohre erst noch neu verlegen muss.[27]
- Am Beispiel von Technikgebäuden [Abbildung XIV-1-(4)] ist der Fall dargestellt, dass die Abschreibungsbeträge zunächst zu- und dann abnehmen. Das liegt an der Annahme, dass die Betriebskosten im Zeitablauf nicht kontinuierlich, sondern sprunghaft steigen.

E. Determinanten ökonomischer Abschreibungen

Um die Determinanten ökonomischer Abschreibungen leichter identifizieren zu können, wird die Zeit als stetige Variable aufgefasst:

$$AB^0(t) = \left[\frac{\partial BS^t(t)}{\partial t} - \frac{\partial BS^0(t)}{\partial t}\right] - \frac{\partial I(t)}{\partial t}$$

wobei

$$BS^0(t) = \int_{\tau=t}^{\infty} \left[E^0(\tau) - A^0(\tau)\right] \cdot \exp((-r)\cdot(\tau - t))d\tau - BI^0(t)$$

bzw. $$BS^t(t) = \int_{\tau=t}^{\infty} \left[E^t(\tau) - A^t(\tau)\right] \cdot \exp((-r)\cdot(\tau - t))d\tau - BI^t(t)$$

---

26 Die getroffenen Annahmen zur Entwicklung der Betriebskosten, der Anschaffungspreise des MEA etc. sind angelehnt an Oftel (März 1997b), Annex D

27 Der sprunghafte Anstieg der Abschreibungsbeträge in der 42. Nutzungsperiode resultiert daraus, dass aufgrund der getroffenen Annahmen ab diesem Zeitpunkt die Betriebskosten neuer Anlagen drastisch geringer sind als die der abzuschreibenden Anlage.

Anschaffungsinvestition in t=0 entspricht 100%. **Komponententyp:** ***Vermittlungstechnik (Finanzierungskosten mittel)***

Finanzierungskosten: 9,0%	*Betriebskosten in t=1:* 9,5%
Veränderung des Anschaffungspreises des MEA: in den Nutzungsperioden von 1 bis 9: ***-4,0%*** ab der Nutzungsperiode 10: ***-10,0%***	*Veränderung der Betriebskosten einer gegebenen Anlage:* in den Nutzungsperioden von 1 bis 9: ***0,5%*** ab der Nutzungsperiode 10: ***5,0%***

Betriebskosten fallen erstmals in t=1 an.

Marktwert der in t=0 angeschafften Anlage: 100 %

Barwerte der Auszahlungen, bezogen auf den jeweiligen Betrachtungszeitpunkt, bei optimaler Nutzungsdauer
- (1) nach dem Betrachtungszeitpunkt anfallende Auszahlungen (ohne Anschaffungsausgabe)
- (2) ab dem Betrachtungszeitpunkt anfallende Ausz. einschließl. Anschaffungsausgaben
- ' Absolutbetrag Veränderung gegenüber t-1

Kosten der Anlage in Prozent des Marktwertes in t=0
- (3a) Abschreibung auf in t=0 gekauften Anlage = (2') minus (1a')
- (3b) Abschreibung auf in t=1 gekauften Anlage = (2') minus (1b')
- (4) Kapitalkosten = Marktwert der Anlage am Periodenanfang x Finanzierungskosten

Marktwert der Anlage im Betrachtungszeitpunkt = Marktwert im Anschaffungszeitpunkt minus kumulierte Abschr.

In t=0 gekaufte Anlage: technische Nutzungsdauer: 20 Jahre; Abschreibungsdauer: 15 Jahre
In t=1 gekaufte Anlage: technische Nutzungsdauer: 20 Jahre; Abschreibungsdauer: 15 Jahre

Betrachtungszeitpunkt	in t=0 gekaufte		in t=1 gekaufte		im Bezugszeitp.		in t=0 gekaufte Anlage: Abschrei-	Kapital-	Betriebs-	Summe	in t=1 gekaufte Anlage: Abschrei-	Kapital-	Betriebs-	Summe	Marktwert: in t=0 Anlage	in t=1 Anlage
	(1a)	(1a')	(1b)	(1b')	(2)	(2')	(3a)	(4a)	(5a)		(3b)	(4b)	(5b)			
t=0	100,0 %				200,0 %										100,0 %	
t=1	99,5 %	0,5 %	94,9 %		190,9 %	9,1 %	***8,6 %***	9,0 %	9,5 %	***27,1 %***					91,4 %	96,0 %
t=2	98,9 %	0,6 %	94,3 %	0,6 %	182,2 %	8,7 %	***8,1 %***	8,2 %	9,5 %	***25,8 %***	***8,1 %***	8,6 %	9,1 %	***25,8 %***	83,3 %	87,9 %
t=3	98,2 %	0,7 %	93,6 %	0,7 %	173,9 %	8,4 %	***7,7 %***	7,5 %	9,6 %	***24,8 %***	***7,7 %***	7,9 %	9,2 %	***24,8 %***	75,6 %	80,2 %
t=4	97,4 %	0,8 %	92,8 %	0,8 %	165,9 %	8,0 %	***7,2 %***	6,8 %	9,6 %	***23,6 %***	***7,2 %***	7,2 %	9,2 %	***23,6 %***	68,4 %	73,1 %
t=5	96,5 %	0,9 %	91,9 %	0,9 %	158,3 %	7,6 %	***6,7 %***	6,2 %	9,7 %	***22,5 %***	***6,7 %***	6,6 %	9,3 %	***22,5 %***	61,8 %	66,3 %
t=6	95,5 %	1,1 %	90,9 %	1,0 %	151,0 %	7,3 %	***6,3 %***	5,6 %	9,7 %	***21,6 %***	***6,3 %***	6,0 %	9,3 %	***21,6 %***	55,5 %	60,1 %
t=7	94,3 %	1,2 %	89,7 %	1,2 %	144,0 %	6,9 %	***5,7 %***	5,0 %	9,8 %	***20,5 %***	***5,8 %***	5,4 %	9,4 %	***20,5 %***	49,7 %	54,3 %
t=8	92,9 %	1,4 %	88,4 %	1,3 %	137,3 %	6,7 %	***5,4 %***	4,5 %	9,8 %	***19,7 %***	***5,4 %***	4,9 %	9,4 %	***19,7 %***	44,4 %	48,9 %
t=9	91,4 %	1,5 %	86,9 %	1,5 %	130,9 %	6,4 %	***4,8 %***	4,0 %	9,9 %	***18,7 %***	***4,9 %***	4,4 %	9,4 %	***18,7 %***	39,5 %	44,0 %
t=10	89,7 %	1,7 %	85,3 %	1,7 %	117,8 %	13,1 %	***11,4 %***	3,6 %	9,9 %	***24,9 %***	***11,4 %***	4,0 %	9,5 %	***24,9 %***	28,1 %	32,6 %
t=11	87,3 %	2,4 %	83,4 %	1,9 %	106,1 %	11,8 %	***9,4 %***	2,5 %	10,4 %	***22,4 %***	***9,9 %***	2,9 %	9,5 %	***22,4 %***	18,7 %	22,7 %
	:	:	:	:	:	:	:	:	:	:	:	:	:	:	:	:
	Summe der Abschreibungsbeträge:						100,0 %				96,0 %					
	Summe der Barwerte, bezogen auf den Anschaffungszeitpunkt der Anlagen						56,5 %	43,5 %			54,5 %	41,5 %				
							100,0 %				96,0 %					

Übersicht XIV-1: Berechnungsbeispiel ökonomische Abschreibungen

Komponententyp: Vermittlungstechnik (Finanzierungskosten mittel)

Finanzierungskosten in Prozent des aktuellen Marktwertes: 9,0%

Veränderung des Anschaffungspreises für eine Neuanlage (MEA):

in den Nutzungsperioden von 1 bis 9: -4,0%

ab der Nutzungsperiode 10: -10,0%

Betriebskosten in t=1 in Prozent des Marktwertes der Anlage in t=0: 9,5%

Veränderung der Betriebskosten:

in den Nutzungsperioden von 1 bis 9: 0,5%

ab der Nutzungsperiode 10: 5,0%

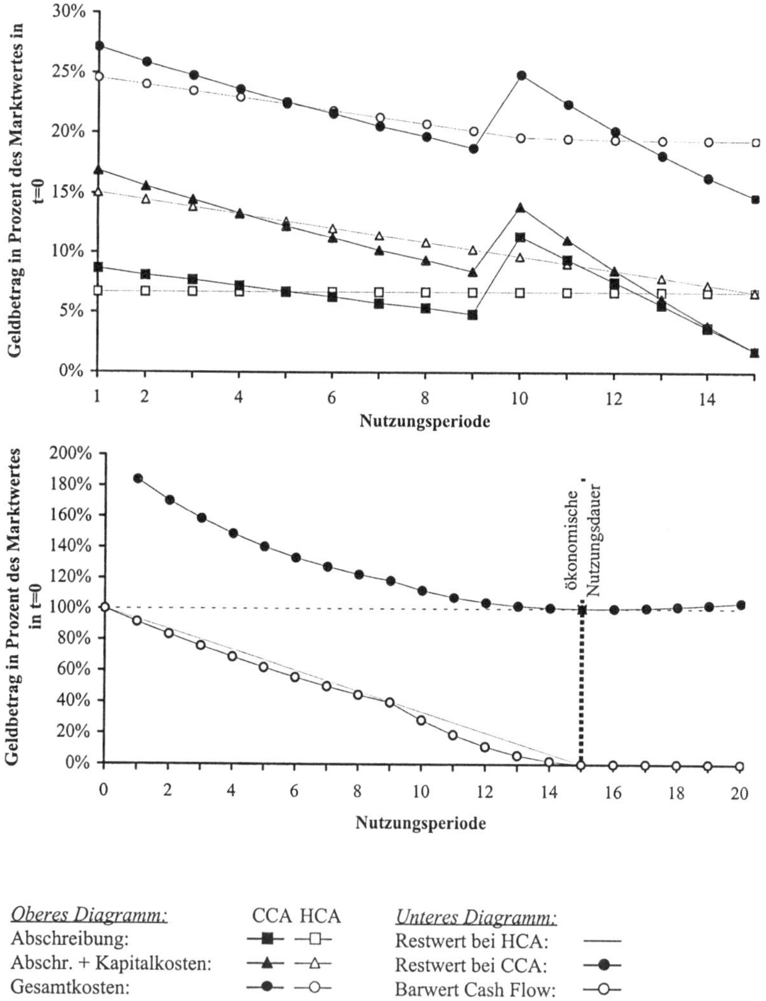

Abbildung XIV-1 (1): Berechnungsbeispiel ökonomische Abschreibungen

Komponententyp: Vermittlungstechnik (Finanzierungskostn hoch)

Finanzierungskosten in Prozent des aktuellen Marktwertes: 18,0%

Veränderung des Anschaffungspreises für eine Neuanlage (MEA):

in den Nutzungsperioden von 1 bis 9: -4,0%

ab der Nutzungsperiode 10: -10,0%

Betriebskosten in t=1 in Prozent des Marktwertes der Anlage in t=0: 9,5%

Veränderung der Betriebskosten:

in den Nutzungsperioden von 1 bis 9: 0,5%

ab der Nutzungsperiode 10: 5,0%

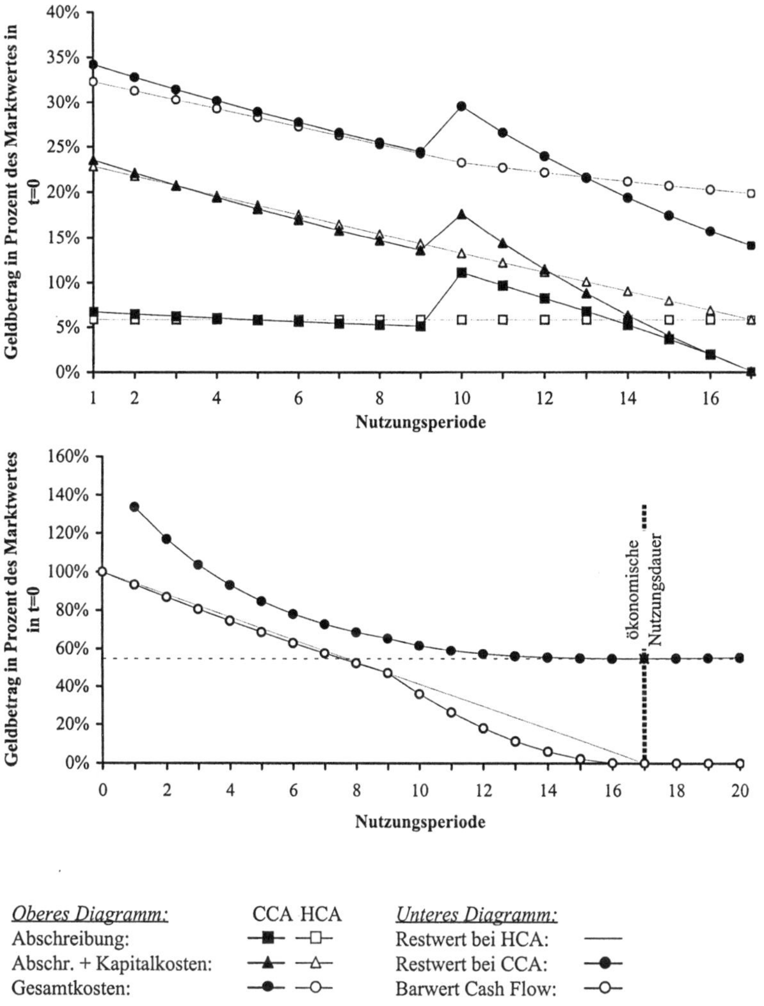

Abbildung XIV-1-(2): Berechnungsbeispiel ökonomische Abschreibungen

Komponententyp: Leerrohr

Finanzierungskosten in Prozent des aktuellen Marktwertes: 9,0%

Veränderung des Anschaffungspreises für eine Neuanlage (MEA):
in den Nutzungsperioden von 1 bis 8: 0,0%
ab der Nutzungsperiode 9: 2,0%

Betriebskosten in t=1 in Prozent des Marktwertes der Anlage in t=0: 3,0%

Veränderung der Betriebskosten:
in den Nutzungsperioden von 1 bis 19: 0,5%
in den Nutzungsperioden von 20 bis 29: 1,0%
ab der Nutzungsperiode 30: 2,0%

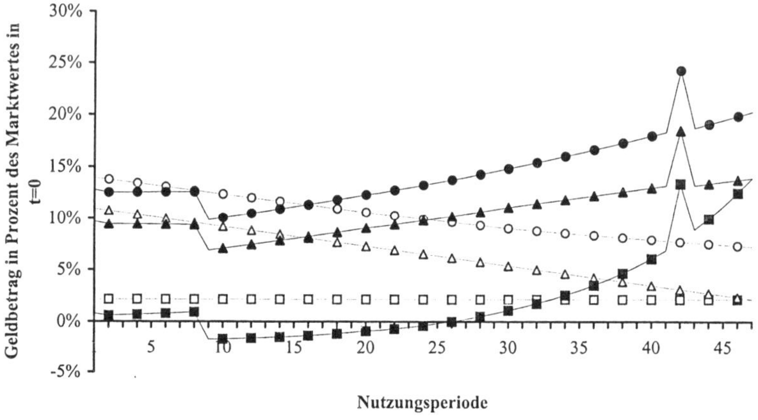

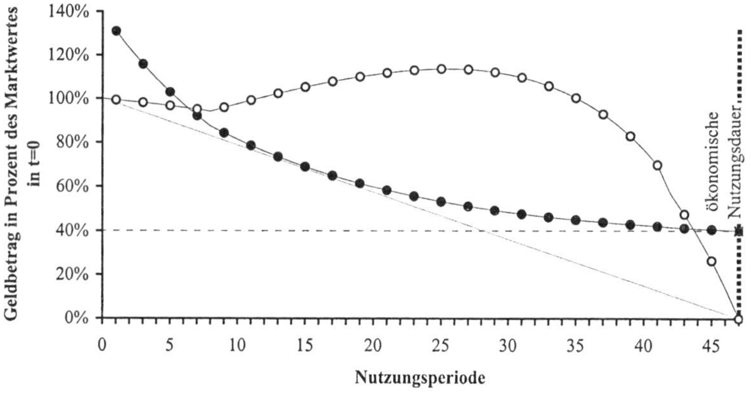

Oberes Diagramm:	CCA	HCA	*Unteres Diagramm:*	
Abschreibung:	■	□	Restwert bei HCA:	—
Abschr. + Kapitalkosten:	▲	△	Restwert bei CCA:	●
Gesamtkosten:	●	○	Barwert Cash Flow:	○

Abbildung XIV-1-(3): Berechnungsbeispiel ökonomische Abschreibungen

Komponententyp: Gebäude

Finanzierungskosten in Prozent des aktuellen Marktwertes: 9,0%

Veränderung des Anschaffungspreises für eine Neuanlage (MEA):

ab der Nutzungsperiode 1: 0,0%

Betriebskosten in t=1 in Prozent des Marktwertes der Anlage in t=0: 9,5%

Veränderung der Betriebskosten:

in den Nutzungsperioden von 1 bis 9: 0,0%

in den Nutzungsperioden von 10 bis 29: 1,0%

ab der Nutzungsperiode 30: 3,0%

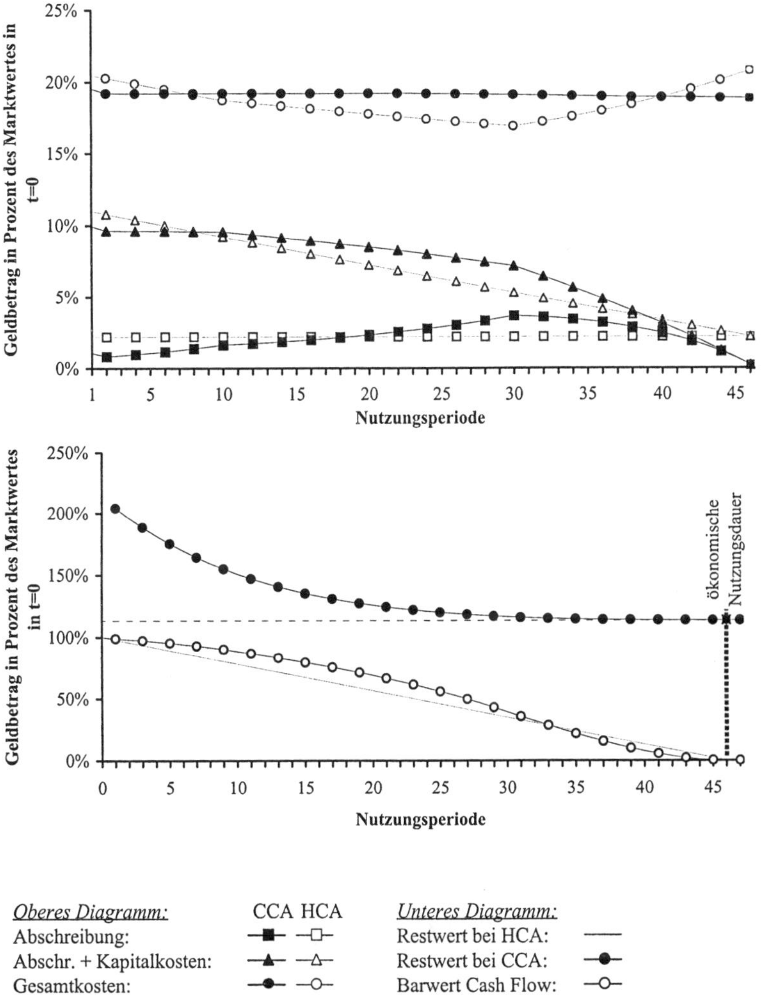

Abbildung XIV-1-(4): Berechnungsbeispiel ökonomische Abschreibungen

mit

$t =$ aktueller Betrachtungszeitpunkt

$MW_t^0 =$ aktueller Marktwert der im Zeitpunkt 0 optimalen Investitionsreihe

$BS^0(t) =$ aktueller Barwert des Cash Flows, der künftig bei Fortsetzung der im Zeitpunkt 0 optimalen Investitionsreihe erzielt wird

$BI^0(t) =$ aktueller Barwert aller künftigen Ersatzinvestitionen, die bei Fortsetzung der im Zeitpunkt 0 optimalen Investitionsreihe getätigt werden müssen

1. Bedingungen für positive Abschreibungsbeträge

Abschreibungsbedarf während der gesamten Nutzungsdauer ist gegeben, wenn folgende (hinreichende) Bedingungen gleichzeitig erfüllt sind:

- *Bedingung 1:* Die für das jeweils aktuelle MEA zu leistenden Investitionsausgaben gehen im Zeitablauf zurück:

$$\frac{\partial I(t)}{\partial t} < 0$$

- *Bedingung 2:* Die mit *einer gegebenen Anlage* erzielten Einzahlungsüberschüsse nehmen im Zeitablauf ab. Dies gilt unabhängig davon, wann die Anlage angeschafft wurde:

$$\frac{\partial E^t(\tau)}{\partial \tau} - \frac{\partial A^t(\tau)}{\partial \tau} < 0$$

Die zweite Bedingung impliziert, dass zu jedem *gegebenen Zeitpunkt* die mit einer Anlage erzielten Einzahlungsüberschüsse umso geringer sind, je älter die Anlage ist:

$$\frac{\partial E^t(\tau)}{\partial t} - \frac{\partial A^t(\tau)}{\partial t} > 0$$

Die beiden Bedingungen stellen sicher, dass

- der Barwert der Einzahlungsüberschüsse aus einer gegebenen Investitionsreihe im Zeitablauf zunehmend kleiner wird:

$$\frac{\partial BS^0(t)}{\partial t} < 0$$

und

- der Barwert des *Cash Flows* aus einer Investitionsreihe bezogen auf den Anschaffungszeitpunkt umso größer ist, je später die Investitionsreihe begonnen wurde:

$$\frac{\partial BS^t(t)}{\partial t} > 0$$

Die Entwicklung der mit einer Anlage erzielbaren Umsatzerlöse ist wesentlich durch Nachfrageverschiebungen (z.B. Zunahme der Nachfrage nach breitbandigen Diensten) determiniert. Die Betriebsausgaben, die sich durch Anschaffung einer neuen Anlage einsparen lassen, hängen im wesentlichen vom technischen Fortschritt und vom Verschleißtempo der Anlagen ab.

2. Bedingungen für abnehmende Abschreibungsbeträge

Bei einer gegebenen Anlage nimmt der Abschreibungsbedarf im Zeitablauf ab:

$$\frac{\partial AB^0(t)}{\partial t} < 0$$

$$\Leftrightarrow \quad \frac{\partial^2 BS^t(t)}{\partial t^2} - \frac{\partial^2 BS^0(t)}{\partial t^2} - \frac{\partial^2 I(t)}{\partial t^2} < 0$$

wenn – zusätzlich zu den bereits genannten Bedingungen für positive Abschreibungsbeträge – folgende Bedingungen gleichzeitig erfüllt sind (hinreichende Bedingungen):

- *Bedingung 1:* Der Preis eines neuen MEA geht im Zeitablauf in *zunehmend langsamer* zurück:

$$\frac{\partial^2 I(t)}{\partial t^2} > 0$$

- *Bedingung 2:* Die mit einer *gegebenen Anlage* erzielten Einzahlungsüberschüsse nehmen mit wachsendem Alter *zunehmend langsamer* ab:

$$\frac{\partial^2 E^t(\tau)}{\partial \tau^2} - \frac{\partial^2 A^t(\tau)}{\partial \tau^2} > 0$$

Die zweite Bedingung impliziert in Kombination mit den genannten Bedingungen für positive Abschreibungsbeträge, dass zu jedem *gegebenen Betrachtungszeitpunkt* der Einzahlungsüberschuss mit zunehmendem Alter der eingesetzten Anlage *zunehmend schneller* abnimmt:

$$\frac{\partial^2 E^t(\tau)}{\partial t^2} - \frac{\partial^2 A^t(\tau)}{\partial t^2} < 0$$

Diese beiden Bedingungen stellen sicher, dass

- der Barwert der Einzahlungsüberschüsse, die mit der abzuschreibenden Anlage und den Folgeanlagen erwirtschaftet wird, im Zeitablauf zunehmend schneller abnimmt:

$$\frac{\partial^2 BS^0(t)}{\partial t^2} > 0$$

- dass bei Anschaffung eines MEA eine zunehmend kleinere Steigerung des Barwertes des Einzahlungsüberschüsse erzielt werden kann:

$$\frac{\partial^2 BS^t(t)}{\partial t^2} < 0$$

3. Einfluss der Finanzierungskosten auf den Abschreibungsbedarf

Neben der Entwicklung der Einzahlungsüberschüsse und der Entwicklung des Anschaffungspreises des MEA beeinflusst auch die Höhe der Finanzierungskosten das Tempo, mit dem die Abschreibungen im Zeitablauf zu- bzw. abnehmen. Auf das Vorzeichen der Abschreibungsbeträge (ein negativer Abschreibungsbetrag ist mit einer Zuschreibung gleichbedeutend) hat die Höhe der Finanzierungskosten jedoch keinen Einfluss.

Der Einfluss der Finanzierungskosten auf die Abschreibungsbeträge lässt sich am leichtesten anhand einer Plausibilitätsüberlegung nachvollziehen. Dabei wird eine Anlage betrachtet, bei der die Abschreibungsbeträge während der gesamten Nutzungsdauer positiv sind (Zuschreibungen sind ausgeschlossen). Ständig muss das Unternehmen eine Entscheidung zwischen sofortiger Neuanschaffung einer Anlage und Weiternutzung der vorhandenen Anlagen treffen. Dazu wird das jeweils jetzt aktuelle MEA mit dem eine Zeitperiode später aktuellen MEA verglichen. Gegen die Anschaffung einer neuen Anlage (des aktuellen MEA) spricht einerseits, dass eine Anschaffungsinvestition getätigt werden muss. Andererseits lässt sich mit einer neuen Anlage in der Zukunft ein höherer Cash Flow als mit der vorhandenen Anlage erwirtschaften. In einer Barwertbetrachtung fällt der Vorteil eines höheren Cash Flows jedoch um so weniger ins Gewicht, je höher die Finanzierungskosten sind. *Hohe Finanzierungskosten sprechen also dafür, die jeweils vorhandene Anlage länger zu nutzen.* Eine längere Nutzungsdauer bedeutet, dass die Abschreibungsbeträge zurückgehen. Fazit: *Bei steigenden Finanzierungskosten sinken die Abschreibungsbeträge.* Bei einem Anstieg der Finanzierungskosten gibt es also zwei gegenläufige Effekte: steigende Kapitalkosten einerseits, und sinkende Abschreibungen andererseits. Per saldo steigen natürlich bei jedem Anstieg der Faktorpreise die Gesamtkosten des Unternehmens, und die Finanzierungskosten sind nichts anderes als der Preis des Produktionsfaktors Kapital.

F. Kostenausweis bei HCA und CCA

Lineare Abschreibung des historischen Anschaffungspreises und ökonomische Abschreibung führen in der Regel zu einem unterschiedlichen Kostenausweis. Bei welcher der beiden Abschreibungsmethoden der Kostenausweis höher ist, kann nicht pauschal beantwortet werden, sondern hängt von der zeitlichen Entwicklung der Determinanten ökonomischer Abschreibungen – also zum Beispiel des Anschaffungspreises von Neuanlagen – ab. Auch kann sich die Relation der ausgewiesenen Gesamtkosten bei ökonomischer Abschreibung und bei linearer Abschreibung des historischen Anschaffungspreises während der Nutzungsdauer ändern, und das sogar mehrfach. Dies liegt an der *Trade-off*-Beziehung zwischen den Abschreibungen in einer Zeitperiode und den Kapitalkosten in den verbleibenden Nutzungsperioden. Abbildung XIV-2 illustriert verschiedene Fallkonstellationen. Dabei ist unterstellt, dass die Abschreibungsdauer auch bei linearer Abschreibung genau über ihre ökonomische Nutzungsdauer abgeschrieben werden und dass die jeweils betrachteten Anlagen in t=0 zu ihrem jeweiligen Marktwert angeschafft werden.

Hervorzuheben unter den in Abbildung XIV-2 dargestellten Konstellationen ist vor allem der Fall kontinuierlich und *streng monoton fallender* Abschreibungsbeträge bei ökonomischer Abschreibung. Unter den getroffenen Annahmen muss der Abschreibungsbetrag bei ökonomischer Abschreibung zunächst größer als bei linearer Abschreibung sein. Damit werden bei ökonomischer Abschreibung *am Anfang der Nutzungsdauer* auch *höhere Gesamtkosten* (Kapitalkosten plus Abschreibungen plus Betriebskosten) als bei linearer Abschreibung ausgewiesen.

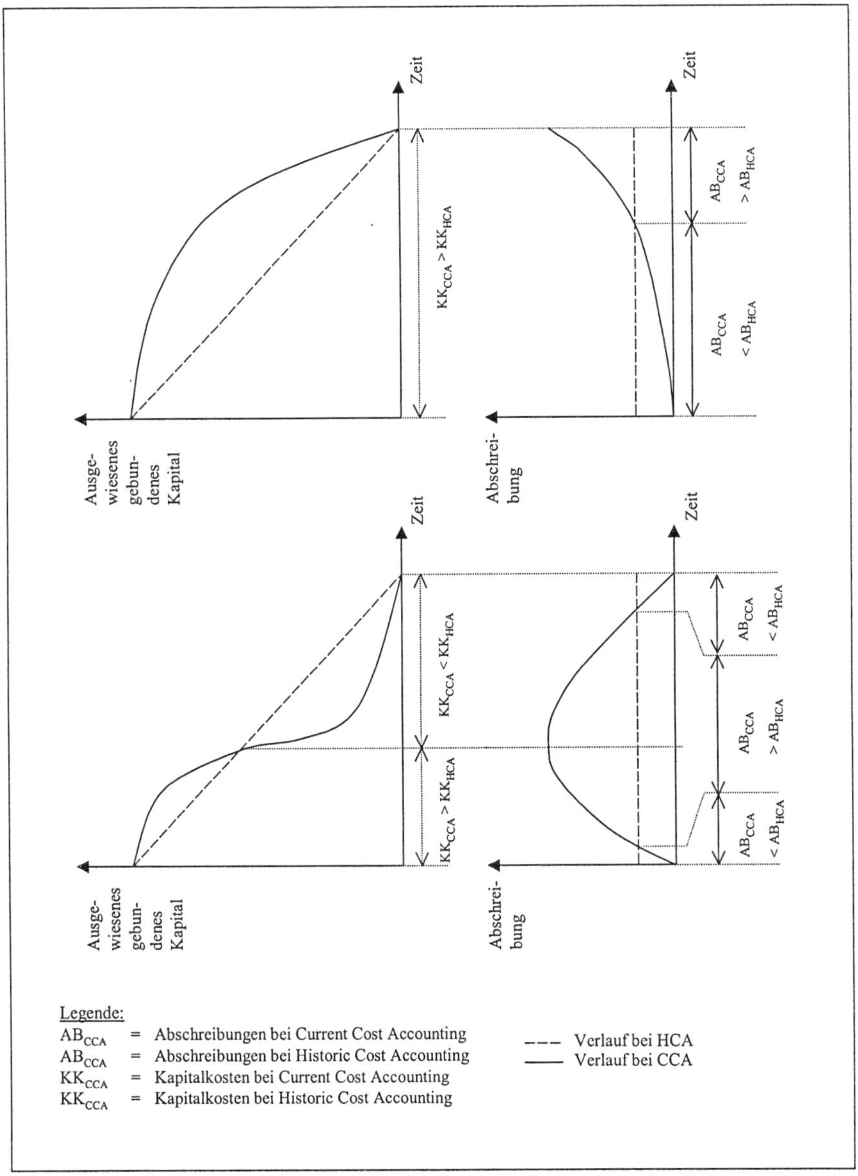

Abbildung XIV-2: Historic Cost Accounting (HCA) versus Current Cost Accounting (CCA)

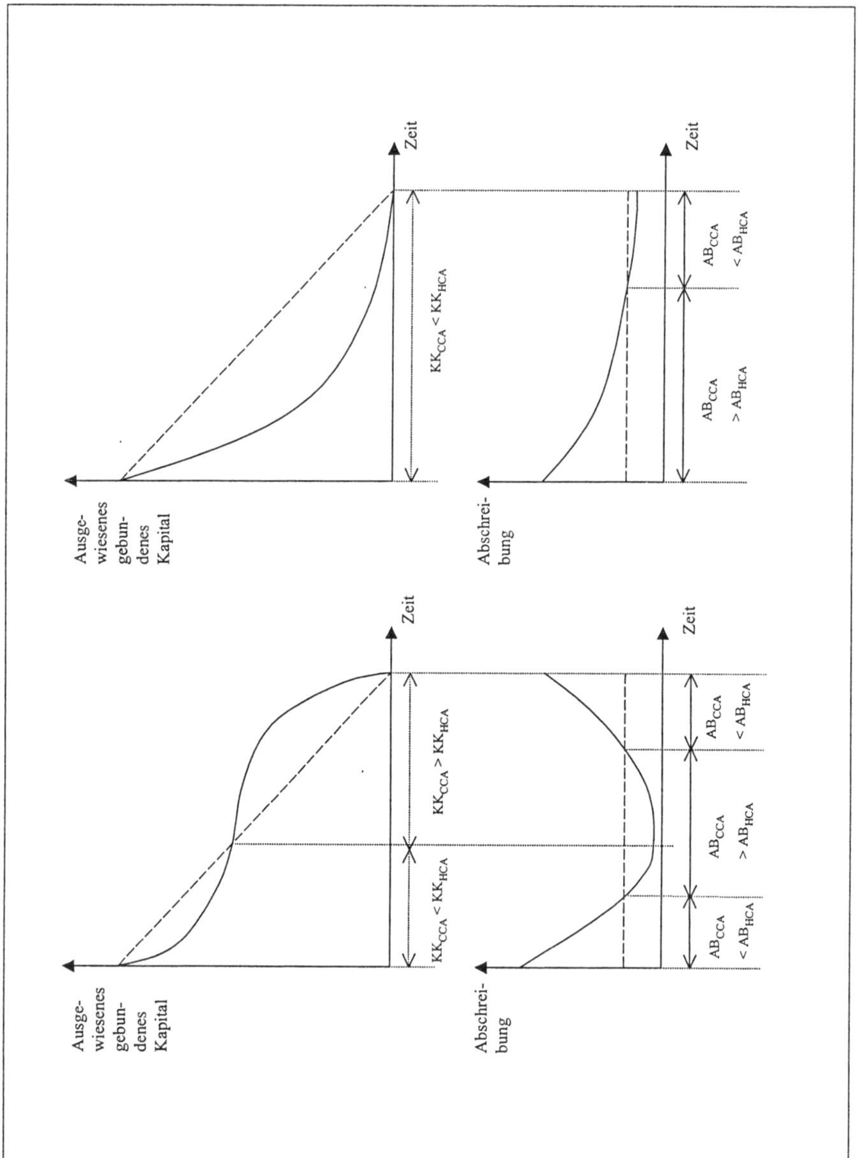

Abbildung XIII-2 (Fortsetzung)

Die anfänglich höheren Abschreibungsbeträge bei ökonomischer Abschreibung sorgen jedoch andererseits dafür, dass in späteren Nutzungsperioden das ausgewiesene Kapital geringer ist als bei linearer Abschreibung. Damit sind auch die ausgewiesenen Kapitalkosten gegen Ende der Nutzungsdauer geringer als bei linearer Abschreibung. Auch müssen die Abschreibungsbeträge bei ökonomischer Abschreibung gegen Ende der Nutzungsdauer geringer als bei linearer Abschreibung sein. Dies ergibt sich daraus, dass am Anfang der Nutzungsdauer der Abschreibungsbetrag bei ökonomischer Abschreibung höher ist und bei beiden Abschreibungsmethoden (linear und ökonomisch) 100% des Anschaffungspreises der Anlage über die Nutzungsdauer abgeschrieben werden. Folglich werden bei ökonomischer Abschreibung gegen Ende der Nutzungsdauer geringere Gesamtkosten als bei linearer Abschreibung ausgewiesen.

Bei kontinuierlich streng monoton steigenden Abschreibungsbeträgen verhält es sich hingegen genau umgekehrt: Hier weist das Unternehmen bei ökonomischer Abschreibung am Anfang der Nutzungsdauer größere und am Ende der Nutzungsdauer kleinere Gesamtkosten aus als bei linearer Abschreibung.

Die abstrakten Überlegungen zum Einfluss des Anschaffungspreises neuer Anlagen, der mit unterschiedlich alten Anlagen erzielbaren Einzahlungsüberschüssen und der Finanzierungskosten auf den Abschreibungsbedarf lassen sich in plakative Aussagen zur Kostenrechnung des *Incumbent* bzw. zum Verhältnis der bei *Historic Cost Accounting* (HCA) und *Current Cost Accounting* (CCA) jeweils ausgewiesenen Kosten umsetzen.

1. Anschaffung von Anlagen zu überhöhten Preisen

Hat der *Incumbent* bestimmte Anlagegüter in der Vergangenheit zu überhöhten Preisen gekauft – etwa weil der Kauf bei einheimischen Herstellern eine politische Vorgabe war – so führt HCA tendenziell zum Ausweis höherer Kosten als CCA. Denn während bei ökonomischer Abschreibung der überhöhte Anschaffungspreis sofort auf den tatsächlichen Marktwert der Anlage abgeschrieben wird, wird er bei linearer Abschreibung des historischen Anschaffungspreises über die Nutzungsdauer der Anlage verteilt.

2. Verhältnis von Finanzierungskosten und Abschreibungen

Tendenziell wird der etablierte Betreiber hohe Finanzierungskosten und kurze Nutzungsdauern der eingesetzten Anlagen geltend machen. Dabei darf jedoch nicht übersehen werden, dass höhere Finanzierungskosten zwar einerseits zu einem Anstieg der Kapitalkosten, andererseits aber auch zu einem Rückgang des Abschreibungsbedarfs führen.

3. Gesamtkostenausweis und Alter der eingesetzten Anlagen

Der bereits ausführlich erörterte Fall kontinuierlich streng monoton fallender ökonomischer Abschreibungsbeträge dürfte vor allem bei Vermittlungs- und Übertragungstechnik typisch sein. Bei jeweils gleichen Abschreibungsdauern sind die ausgewiesenen Gesamtkosten (Betriebskosten plus Abschreibung plus Kapitalkosten) bei ökonomischer Abschreibung am Anfang der Nutzungsdauer größer und am Ende der Nutzungsdauer kleiner als bei linearer Abschreibung. Dabei repräsentiert die Vermittlungs- und Übertragungstechnik den größten Teil der Netzkosten. Bei entgeltregulierten Unternehmen dürfte zudem die tatsächlich vorhandene Vermittlungs- und Übertragungstechnik im Durchschnitt bereits einige Jahre in Gebrauch sein. Tendenziell kann der *Incumbent* daher mit HCA höhere Gesamtkosten als mit CCA ausweisen.

4. Zuschreibungsbedarf bei steigenden Anschaffungspreisen

Insbesondere die Errichtung von Kabelkanalanlagen ist lohnintensiv und wird im Zeitablauf zunehmend teurer. Wenn dieser Anstieg der Anschaffungspreise nicht durch niedrigere Betriebsausgaben neuerer Anlagen ausgeglichen wird, hat der Betreiber älterer Technik gegenüber Betreibern neuerer Technik einen Vorteil. Dieser Vorteil drückt sich in Zuschreibungen aus. Solche Zuschreibungen mindern die Gesamtkosten eines bereits etablierten Netzbetreibers. Diese Überlegung ist insbesondere einer Argumentation entgegenzuhalten, wonach der etablierte Betreiber betriebswirtschaftlich korrekt seine Anlagen zu Wiederbeschaffungspreisen bewertet und aus dem hohen Wertansatz anhand der Mechanik linearer Abschreibungen höhere Gesamtkosten herleitet.

5. Verkürzung der Restnutzungsdauer aufgrund unerwarteter Ereignisse

Unterschiedlich sind auch die Auswirkungen, die ein *unerwarteter* technischer Fortschritt und unerwartete Verschiebungen der Nachfrage auf den bei CCA und bei HCA ausgewiesenen Abschreibungsbetrag hat. Bislang nicht antizipierter Technologiesprünge oder Nachfrageverschiebungen führen generell zu einer Verkürzung der Abschreibungsdauer. Jedoch geht eine Verkürzung der Nutzungsdauer bei *linearer Abschreibung* mit einem *sofortigen* Anstieg des Abschreibungsbetrages einher. Dies gilt auch dann, wenn die Ereignisse, die die Nutzungsdauer der Anlagen verkürzen, weit in der Zukunft liegen. Bei *ökonomischen Abschreibungen* hingegen führen neue Erkenntnisse zukünftiger Technologiesprünge oder Nachfrageverschiebungen in der Gegenwart zu einem weniger starken Anstieg des Abschreibungsbetrages als bei HCA; umgekehrt ist dann später der Abschreibungsbedarf größer als bei HCA. Dies ergibt aus der Definition ökonomischer Abschreibungen: Ökonomische Abschreibungen beruhen auf einem Vergleich des Barwertes des Einzahlungsüberschusses, die sich mit der jeweils aktuellen Technik am Anfang und am Ende einer Rechnungsperiode erzielen lässt. Je weiter ein technologischer Fortschritt in der Zukunft liegt, desto geringer ist der Unterschied des Barwertes der Einzahlungsüberschüsse, der sich bei der am Anfang und der am Ende der Rechnungsperiode jeweils optimalen Investitionsreihe einstellt.

TEIL 3:

FALLBEISPIEL ZUR KALKULATION VON IC-ENTGELTEN

XV. GEGENSTAND UND AUFBAU DES MODELLS

Im Folgenden wird ein einfaches „*Bottom-up*“-Modell zur Kalkulation von Entgelten für vermittelte Leistungen vorgestellt, das auf die eher theoretisch gehaltenen Ausführungen in Teil 2 der Untersuchung aufsetzt. Das Netzmodell orientiert sich an bestimmten Gegebenheiten in Deutschland. Allerdings wird NICHT behauptet, dass es sich um eine Modellierung der Netzkosten der Deutschen Telekom AG handelt. Vielmehr geht es darum, die Kalkulationsmethodik anhand eines praktischen Beispiels zu illustrieren, wobei die Schwächen dieses Ansatzes zum größten Teil bereits in Kapitel XII („Bottom-up- versus Top-down-Modelle“) diskutiert worden sind.

Als Inkrement wird das *Verbindungsnetz* gewählt. Abgeschätzt werden die langfristigen Zusatzkosten und die *Stand-Alone*-Kosten des Verbindungsnetzes. Die beiden Kostenbeträge werden auf vermittelte Leistungen und Mietleitungen aufgeschlüsselt. Der auf eine einzelne Leistung entfallende Anteil an den langfristigen Zusatzkosten bestimmt zugleich die Entgeltuntergrenze, der Anteil an den *Stand-Alone*-Kosten bestimmt die Entgeltobergrenze pro Leistungseinheit (vgl. Kapitel VIII: „Abgrenzung von Inkrementen“).

Das Modell ist modular aufgebaut. In ***Kapitel XVI: „Beschreibung der Netztechnik“*** werden zunächst die Annahmen über die eingesetzte Vermittlungs- und Übertragungstechnik sowie über die Vermaschung der Netzknoten vorgestellt. Es wird ein Netz mit zwei vermittlungstechnischen Hierarchieebenen unterstellt, wobei – in Anlehnung an die Terminologie der Deutschen Telekom AG – die Vermittlungsstellen der unteren Ebene, die Bereichsvermittlungsstellen (BVSt), untereinander weitgehend vermascht sind und die untereinander voll vermaschten Vermittlungsstellen der oberen Ebene, die Weitvermittlungsstellen (WVSt), in der Regel der Abwicklung von Spitzenlast- oder Überlaufverkehr dienen, der von den BVSt nicht bewältigt werden kann. Die Teilnehmeranschlußleitungen werden auf Konzentratoren geführt, die mit den BVSt vermascht sind, sich jedoch als sogenannte „Abgesetzte Periphere Einheiten“ (APE) an einem anderen geographischen Ort als die jeweils übergeordnete BVSt befinden können. Hinsichtlich der eingesetzten Übertragungstechnik wird der Einsatz von PDH („Plesiosynchrone Digitale Hierarchie“) unterstellt. Obwohl PDH weder dem Stand der Technik noch den realen Netzgegebenheiten entspricht, hat die Annahme des Einsatzes von PDH den Vorzug, dass sich die Investitionen in Übertragungstechnik relativ einfach in Abhängigkeit von der jeweiligen Nachfrage nach Telekommunikationsdienstleistungen modellieren läßt.

Im Anschluß daran werden in ***Kapitel XVII: „Netzdimensionierung und Netzinvestitionen“*** die Investitionen in solche Netzkomponenten hergeleitet, deren Dimensionierung von der Nachfrage nach Telekommunikationsdienstleistungen abhängt. Dies sind die *Vermittlungstechnik* einschließlich Konzentratoren, die *Übertragungstechnik*, die zur *Kabel* und *Kabelkanäle* sowie *Technikgebäude* zur Unterbringung der Vermittlungs- und Übertragungstechnik. Gesucht wird nach der Zusammenstellung von Netzkomponenten, durch die die Investitionssumme minimiert wird. Dazu wird zunächst festgelegt, für welche Menge von Verkehr in der Spitzenlaststunde die Netzkomponenten ausgelegt sein müssen. Diese Angaben werden aus Daten zur jährlichen Nachfrage nach vermittelten Leistungen (gemessen in Verbindungsminuten) sowie aus Vorgaben zur Netzqualität (z.B. mittlere Durchlaßwahrscheinlichkeit) und zum Anteil des Verkehrs in der Spitzenlaststunde am Gesamtverkehr hergeleitet. An vielen Stellen werden Schätzungen bzw. Annahmen aus dem Datenmaterial abgeleitet, das die britische Regulierungsbehörde OFTEL in ihrem „*Bottom-up*"-Modell verwendet hat; hierzu gehören etwa Annahmen über die Belegung von Kabelkanälen mit Glasfaserkabeln, über die Streuung der Auslastung verschiedener Übertragungswege der gleichen Kategorie um einen Mittelwert und über die redundante Kapazität, die bei der Dimensionierung von Übertragungswegen eingeplant wird.[1]

Die langfristigen Zusatzkosten und die *Stand-Alone*-Kosten des Verbindungsnetzes stellen in Bezug auf Verbindungsleistungen größtenteils Kostenträgergemeinkosten dar. Diese Kostenträgergemeinkosten müssen daher im Rahmen einer ***Kostenstellenrechnung*** auf die Hauptkostenstellen des Verbindungsnetzes aufgeschlüsselt werden. Die Hauptkostenstellen sind durch die drei verschiedenen Kategorien von Netzknoten und die sie verbindenden Übertragungswege bezeichnet: „Konzentrator", „BVSt", „WVSt", „Übertragungsweg APE–BVSt", „Übertragungsweg BVSt–BVSt" „Übertragungsweg BVSt–WVSt" und „Übertragungsweg WVSt–WVSt". Um die Kostenträgergemeinkosten den Hauptkostenstellen zuzuordnen, wird in folgenden Schritten vorgegangen:

- Zunächst werden die *Stand-Alone*-Investitionen und die langfristigen Zusatzinvestitionen in das Verbindungsnetz (vgl. Kapitel XVII) auf die Hauptkostenstellen des Verbindungsnetzes aufgeschlüsselt. Eine Sonderrolle nehmen dabei die *Konzentratoren* ein, denn die Dimensionierung der Konzentratoren hängt sowohl von der Nachfrage nach vermittelten Leistungen als auch von der Nachfrage nach Teilnehmeranschlussleitungen ab. Teilweise verhalten sich die Konzentratorkosten aber auch fix in Bezug auf die Nachfrage nach vermittelten Leistungen und Teilnehmeranschlussleitungen. Zur Ermittlung der Entgeltuntergrenzen wird der Teil der Konzentratorkosten der Hauptkostenstelle „Konzentratoren" zugeordnet, der von der Nachfrage nach vermittelten Leistungen abhängt; zur Ermittlung der Entgeltobergrenzen werden zusätzlich noch die fixen Konzentratorkosten der Hauptkostenstelle „Konzentratoren" zugeordnet. Ganz ähnlich verhält es sich bei den *Kabelkanalanlagen*, die sowohl für Teilnehmeranschlussleitungen als auch für Verbindungen zwischen den vermittelten Netzknoten genutzt werden. Die Investitionen in *Technikgebäude* werden im Verhältnis des Platzbedarfs für die diversen übertragungs- und vermittlungstechnischen Anlagen auf die Hauptkostenstellen aufgeschlüsselt; der auf die Hauptkostenstelle „Konzentrator" entfallende Teilbetrag wird abermals nach dem Verhältnis der Konzentratorinvestitionen aufgespalten, die a) eindeutig dem Teilnehmernetz zugeordnet werden können, b) eindeutig

1 vgl. Oftel (Juni 1996)

dem Verbindungsnetz zugeordnet werden können oder bei denen c) eine eindeutige Zuordnung zum Teilnehmer- oder Verbindungsnetz nicht möglich ist.

- Anschließend werden aus den Investitionen in das Verbindungsnetz die Kosten des Verbindungsnetzes abgeleitet. Diese setzen sich aus Abschreibungen, Kapitalkosten und Betriebskosten zusammen. Zur Abschätzung der Betriebskosten werden die Investitionen in die modellierten Netzkomponenten mit modellexogenen, nach Art der Netzkomponente differenzierten Faktoren multipliziert, die die Relation von Betriebskosten und Investitionsvolumina widerspiegeln sollen (vgl. Kapitel XII: „Top-Down- versus „*Bottom-up*“-Modelle“). In gleicher Weise wird bei der Abschätzung sonstigen betriebsnotwendigen Vermögens (*Working Capital*) verfahren. Die Abschreibungen auf die modellierten Netzkomponenten ergeben sich durch Multiplikation der Investitionsvolumina mit modellexogenen Abschreibungssätzen (zu deren Herleitung vgl. Kapital XIV: „Abschreibungen“ und die Modellrechnungen in Anlage 1). Auf der Grundlage der Abschreibungen und der Investitionsvolumina läßt sich auch das in den Netzkomponenten durchschnittlich gebundene Kapital ermitteln. Die Kapitalkosten der modellierten Netzkomponenten sowie das sonstige betriebsnotwendige Vermögen (u.a. *Working Capital*) ergibt sich durch Multiplikation des modellexogenen Finanzierungskostensatzes mit dem durchschnittlich gebundenen Kapital (vgl. Kapital XIII: „Kapitalkosten“). Die Gemeinkosten des Verbindungs- und des Teilnehmernetzes ergeben sich, indem die weder eindeutig dem Verbindungs- noch dem Teilnehmernetz zugeordneten Investitionen in Kabelkanalanlagen, Technikgebäude und Konzentratoren mit den komponentenspezifischen Betriebskosten-, Finanzierungskosten- und Abschreibungsfaktoren multipliziert werden.

Bei der sich an die Kostenstellenrechnung anschließenden ***Kostenträgerrechnung*** werden die nach Hauptkostenstellen aufgeschlüsselten Kosten (langfristige Zusatzkosten des Verbindungsnetzes, *Stand-Alone*-Kosten des Verbindungsnetzes oder langfristige Zusatzkosten des Verbindungsnetzes zuzüglich eines Zuschlages für die Gemeinkosten des Verbindungs- und des Teilnehmernetzes) mittels *Element Based Charging* auf die vermittelten Leistungen und die Mietleitungen aufgeschlüsselt (vgl. Kapitel X: „Element Based Charging“). Dies geschieht in zwei Schritten: Zuerst werden die den Übertragungswegen („APE–BVSt“, „BVSt–BVSt“ etc.) zugeschlüsselten Kosten auf die Mietleitungen und die vermittelten Leistungen im Verhältnis der jeweils benötigten Bandbreite aufgeteilt; anschließend werden die auf vermittelten Leistungen entfallenden Kosten nach Maßgabe der durchschnittlichen Häufigkeit, mit der die Hauptkostenstellen für die Leistungsinanspruchnahme in Anspruch genommen werden, auf die Einzelleistungen („Ortsgespräche“, „Ferngespräche“ usw.) aufgeschlüsselt.

XVI. BESCHREIBUNG DER NETZTECHNIK

A. PHYSIKALISCHE SCHICHT

Zur Vermaschung der Netzknoten soll ausschließlich Glasfaser eingesetzt werden. Die Datenübertragung über Glasfaser erfolgt mit Hilfe von Licht.[1] Die Glasfasertechnik basiert auf der Eigenschaft des Lichtes, am Übergang von einem optisch dichten zu einem optisch weniger dichten Medium reflektiert zu werden, sofern der Grenzwinkel der Totalreflektion nicht überschritten wird. Ein Lichtstrahl, der mit einem nicht zu großen Winkel zur Achse der Glasfaser eingekoppelt wird, breitet sich durch fortwährende Reflexion an der Grenzfläche Kern/Mantel im Kern aus. Derzeit lassen sich mit Glasfasertechnik Übertragungsraten von 2,5 Gbits/s realisieren.[2]

Ökonomisch relevante Aspekte der Glasfasertechnik sind:

- Beim Einsatz von Glasfaserkabeln ist die Reichweitengrenze sehr viel höher als beim Einsatz von Kupferkabeln. Dadurch wird es technisch möglich, die Distanz zwischen Netzknoten zu vergrößern.
- Bei der Glasfasertechnik sind sowohl die durchschnittlichen Kosten pro Einheit Bandbreite als auch die Grenzkosten der Erhöhung der Bandbreite geringer als beim Einsatz vom Kupfertechnik.

Deshalb ist beim Einsatz von Glasfasertechnik im Betriebsoptimum die Anzahl der Netzknoten größer bzw. die Distanz zwischen den Netzknoten kleiner als beim Einsatz von Kupfertechnik.

B. TRANSPORTSCHICHT

Die Transportschicht schließt die Leitungsausrüstungen zur Bereitstellung von Transportkapazität (Bandbreite) und die Einrichtungen zur strukturellen Gestaltung des Transportnetzes (Übertragungstechnik) ein.

---

1 Die Zustände „Licht an“ und „Licht aus“ korrespondieren zum Wertebereich eines Bits (null und eins) bzw. zu den Zuständen „Strom an“ und „Strom aus“.

2 Selbstredend soll durch das Kostenmodell ein digitales Netz abgebildet werden. Das übliche Verfahren zur Konvertierung analoger in digitale Signale ist *Pulse Code Modulation* (PCM). PCM bedeutet, dass analoge Signale (präziser: die Amplitude der Schwingungen; die Anzahl der Schwingungen pro Sekunde wird in Hertz gemessen) abgetastet und in digitale Signale umgesetzt werden. Der Abtastvorgang erfolgt 8.000 mal pro Sekunde (bzw. alle 125 µs entsprechend einer Frequenz von 8 kHz). Jeder Abtastwert wird in 8 Bit umgesetzt; ein Bit kann definitionsgemäß die Werte null und eins annehmen, entsprechend stehen zur Abbildung der Stärke der Amplitude des analogen Signals $2^8 = 256$ Zahlenwerte zur Verfügung. Eine Punkt-zu-Punkt-Verbindung mit einer bestimmten Übertragungskapazität (ausgedrückt in Bit pro Sekunde) heißt Kanal. Ein Telefongespräch belegt also einen PCM-Nutzkanal mit

$$8.000 \frac{\text{Abtastwerte}}{\text{Sekunde}} \cdot 8 \frac{\text{Bit}}{\text{Abtastwert}} = 64 \frac{\text{kBit}}{\text{Sekunde}}$$

1. Kategorien übertragungstechnischer Einrichtungen

Übertragungstechnische Einrichtungen sind Multiplexer, Zwischenregeneratoren (engl. „*Repeater*“) und Cross-Connectoren. Die übertragungstechnischen Einrichtungen verarbeiten elektrische Signale; die Umwandlung der optischen Signale bei Einsatz von Glasfasern in elektrische Signale und umgekehrt erfolgt mittels *Line Terminating Equipment.*

a) Multiplexer

Multiplexer sind Einrichtungen zur Veränderung (Erhöhung oder Verminderung) der Übertragungsgeschwindigkeit auf einem Übertragungsweg. Dabei ist beim Multiplexer – im Gegensatz Konzentrator – die Bandbreite der eingehenden Kanäle genauso groß wie die Bandbreite der abgehenden Kanäle.[3]

Der ökonomische Nutzen von Multiplexern besteht in der Einsparung von Kabelkosten. Durch den Einsatz von Multiplexern ist es möglich, über eine Leitung (eine Glasfaser) mehr als einen Nutzkanal zur Verfügung zu stellen.

b) Zwischenregeneratoren

Der Einsatz von Zwischenregeneratoren ist notwendig, da bei der Übertragung von Licht über Glasfaser die Signale durch Dispersion („Verwischung“) gestört werden: Ein Impuls wird proportional zur durchlaufenen Strecke verbreitert. Der Signalzustand kann dadurch nicht mehr eindeutig erkannt werden. Ursache ist die unterschiedliche Ausbreitungsgeschwindigkeit unterschiedlicher Wellenlängen im Medium Glas. Sie ist um so stärker, je kürzer der Impuls und je länger die Übertragungsstrecke ist. Praktisch wird damit die Übertragungskapazität bzw. die Anzahl der Impulse, die pro Sekunde gesendet werden kann, begrenzt.[4]

c) Cross Connects

Ein *Cross Connect* (deutsche Bezeichnung: „Kanalgruppenumsetzer“) ist mit einer Weiche vergleichbar, mit der sich die Verkehrsströme auf verschiedene Übertragungswege lenken lassen (ohne zuvor de-multiplext werden zu müssen). Ein *Cross Connect* weist ebenso wie eine Vermittlungsstelle oder ein Konzentrator ein Koppelfeld auf; jedoch werden keine Signalisierungsinformationen ausgewertet, sondern Befehle eines Steuerprogramms oder eines Operators ausgeführt.

Der ökonomische Nutzen von *Cross Connects* besteht darin, dass die Kanalzuordnung schnell und flexibel per Steuerbefehl änderbar ist (kein manuelles Schalten durch Änderung der Verdrahtung am Verteiler) und dass die Kanalzuweisung den jeweils aktuellen Betriebserfordernissen angepasst werden kann. Damit wird es möglich, auf den

---

3 Beim Konzentrator ist die Bandbreite der Teilnehmeranschlussleitungen (der teilnehmerseitigen Kanäle) größer als die Bandbreite der netzseitigen Kanäle (vgl. Abschnitt „Vermittlungsschicht“).

4 vgl. DTAG (1996), Seite 88

Übertragungswegen eine geringere Bandbreite vorzuhalten und die Kapazität der Vermittlungseinrichtungen (bzw. die Investitionen in Vermittlungseinrichtungen) zu reduzieren.

Cross Connects werden im hier vorgestellten Kostenmodell nicht weiter betrachtet.

d) Line Terminating Equipment

Durch *Line Terminating Equipment* werden elektrische Signale in optische Signale umgesetzt und umgekehrt. Die optischen Signale werden über Glasfaserkabel übertragen.

2. Beschreibung der Übertragungstechniken

Übertragungstechniken lassen sich hinsichtlich der zeitlichen Beziehung zwischen Sender und Empfänger sowie hinsichtlich des Zugriffsverfahrens auf einzelne Kanäle charakterisieren.

Zeitliche Beziehung zwischen Sender und Empfänger	***Zugriffsverfahren auf einzelne Kanäle (Variante des Time Division Multiplexing)***
„synchron“ bzw. „plesiosynchron“	*Time Division Multiple Access* (TDMA)
„asynchron“	*Statistical Time Division Multiplexing*

Beim *Time Division Multiplexing* werden die in regelmäßigen Zeitabständen („Rahmenperioden“) die zu multiplexenden Signale zu Bitfolgen (kurz „Rahmen“ oder „*frames*“) zusammengefasst. Jeder Rahmen beginnt mit einer Folge von Synchronisationsbits, die beim Demultiplexen den Beginn eines neuen Rahmens anzeigt. Die Rahmenperioden sind in jeweils gleichlange („äquidistante“) Zeitschlitze (*slots*) unterteilt. Jeder *Slot* entspricht einem Kanal. Dauert eine Rahmenperiode 125 µs (entsprechend 8 Rahmenperioden pro Sekunde) und hat jeder Kanal eine Bandbreite von 64 kbit/s, muss logischerweise pro *Slot* ein Byte übertragen werden:

$$\left.\begin{array}{l} \text{Bandbreite} = x \cdot 64 \dfrac{\text{kbit}}{\text{Sekunde}} \\ x \dfrac{\text{Slots}}{\text{Zeitrahmen}} \cdot 8 \dfrac{\text{Zeitrahmen}}{\text{Sekunde}} = x \cdot 8 \dfrac{\text{Slots}}{\text{Sekunde}} \end{array}\right\}$$

$$\Rightarrow \quad \frac{\text{Bandbreite}}{\dfrac{\text{Slots}}{\text{Sekunde}}} = 1 \frac{\text{Byte}}{\text{Slot}}$$

Die Multiplexeinrichtungen an den beiden Enden eines Übertragungsweges müssen synchronisiert sein.[5] Ein Mulitplexvorgang ist synchron, wenn die beiden folgenden Bedingungen erfüllt sind:

5 vgl. Griffiths, J.M. (1986), Seite 61

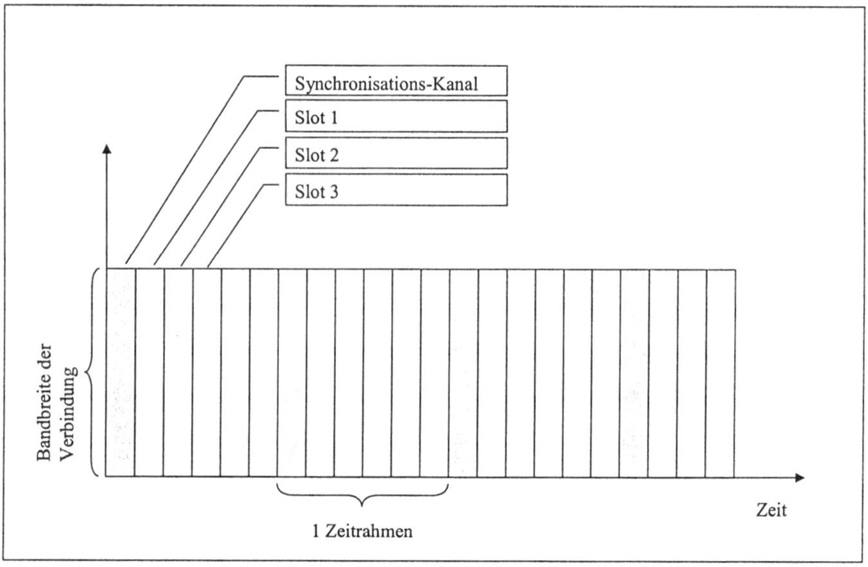

Abbildung XVI-1: ***Time Division Multiplexing***

- Übereinstimmende Pulsfolgefrequenz der Multiplexer: Die Bits werden am Ende einer physischen Verbindung mit der gleichen Frequenz (gleiche Anzahl Bit/s pro Zeiteinheit) zum Demultiplexen angeliefert, mit der die gemultiplexten Signale den Multiplexer am anderen Ende der physischen Verbindung verlassen.
- Übereinstimmende Taktfrequenz der Multiplexer: Jeweils neue Rahmen werden am einen Ende der physischen Verbindung vom Multiplexer in den gleichen zeitlichen Abständen generiert, in der sie beim Multiplexer am anderen Ende des physischen Verbindung angeliefert werden.

Mithin stehen Pulsfolgefrequenz und Taktfrequenz in einem konstanten Verhältnis zueinander.

Zwei Techniken des *Time Division Multiplexing* werden unterschieden:

- Plesiosynchrone Digitale Hierarchie (PDH) und
- Synchrone Digitale Hierarchie (SDH).

a) Plesiosynchrone Digitale Hierarchie

Bei PDH erfolgt die Übertragung zwischen den einzelnen Netzknoten nicht nach einem gemeinsamen synchronen Takt. Arbeiten die Multiplexer an den beiden Enden eines Übertragungsweges mit unterschiedlichen Taktfrequenzen, so wird der Multiplexer mit der höheren Taktfrequenz ein zum Demultiplexen angeliefertes Bit gelegentlich „überlesen"; umgekehrt wird der Multiplexer mit der höheren Taktfrequenz ein zum Demultiplexen angeliefertes Bit gelegentlich zweimal lesen. Jedoch bleiben die Taktfrequenzabweichungen bei plesiosynchroner („nahezu synchroner") Übertragung innerhalb enger Grenzen.

Bei Einsatz der PDH-Technik bestehen die Abschlußeinrichtungen eines Übertragungsweges aus Multiplex-Hierarchien. Daraus ergibt sich einer der wesentlichen Nachteile des PDH-Verfahrens, nämlich die fehlende Möglichkeit, Signale einer niedrigeren Hierarchiestufe (z.B. 2,048 Mbit/s) direkt aus dem Datenstrom einer hohen Stufe (z.B. 565 Mbit/s) auskoppeln zu können. Vielmehr müssen alle Hierarchiestufen hinunter zur gewünschten Ebene durchlaufen (140/565, 38/140, 8/34 und 2/8) und das gewünschte Signal dann ausgekoppelt werden; anschließend müssen die übrigen Daten müssen wieder sämtliche Stufen der Multiplexhierarchie in umgekehrter Richtung durchlaufen (2/8, 8/34, 43/149 und 140/565).

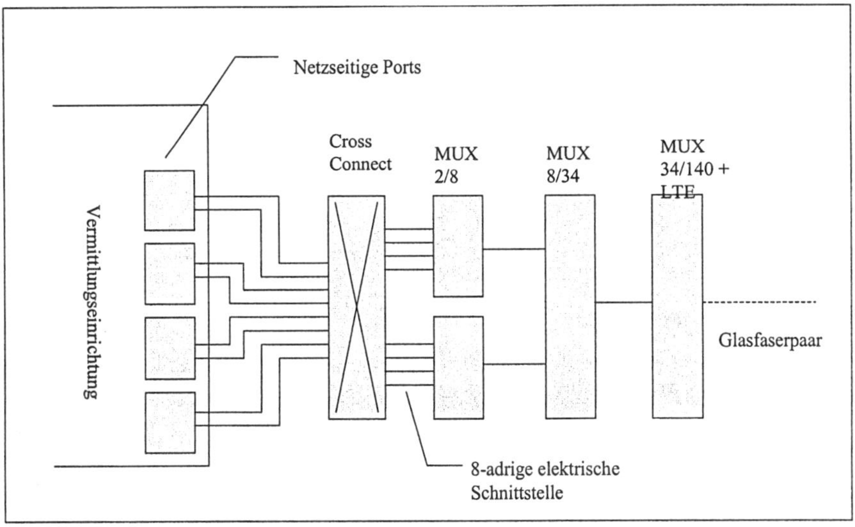

Abbildung XVI-2: Abschlußeinrichtung eines PDH-Übertragungsweges (Cross-Connect optional; „MUX" steht für „Multiplexer", „LTE" steht für „Line Terminating Equipment")

Die Schwankung der Zeitpunkte zwischen einem Signal und dem nächsten in einem Datenstrom – allgemein wird von *Jitter* gesprochen – wird bei PDH durch sogenannte Stopfverfahren ausgeglichen: In den Datenstrom werden beim Multiplexen „Stopfbits" eingefügt, die keine Nutzinformation enthalten und beim Demultiplexen ignoriert werden. So konvertiert beispielsweise ein Multiplexer 8/32 die von vier Untersystemen mit einer Taktfrequenz von 2,048 MHz angelieferten Bits in ein Obersystem mit 8,449 Mbit/s (entsprechend 4 x 2,112 MHz). Die Datenrate (bzw. die Taktfrequenz) im Obersystem ist also größer als das vierfache der Datenrate im Untersystem, da im Rahmen neben den vier Untersystemen auch

- Synchronisationsbits
- Stopfbits und

- Servicebits (diese zeigen dem Demultiplexer an, welche Bits eines Rahmens die Stopfbits sind)

untergebracht werden müssen. Der Nutzbitstrom wird durch diese Hilfsbits unterbrochen; entsprechend sind auf Empfänger- und auf Senderseite kleine elastische Speicher notwendig.

Multiplexstufe	1	2	3	4
PDH-Multiplexeinrichtung	MUX 2/8	MUX 8/34	MUX 34/140	MUX 140/565
Datenrate des Obersystems	4 x **2,112** = 8,448 Mbit/s	4 x **8,552** = 34,368 Mbit/s	4 x **34, 816** = 139,264 Mbit/s	4 x **141,248** = 564,992 Mbit/s
Datenrate der Untersysteme, die zu einem Obersystem zusammengefaßt werden = 4 x Datenrate des Obersystems der nächstniedrigeren Stufe der Multiplexhierachie	4 x **2,048** Mbit/s	4 x **8,448** Mbit/s	4 x **34,368** Mbit/s	4 x **139,264** Mbit/s
Maximale Nutzdatenrate	4 x 2,048 Mbit/s	16 x 2,048 Mbit/s	64 x 2,048 Mbit/s	2564 x 2,048 Mbit/s

Übersicht XVI-1: Systemdatenrate und Nutzdatenrate bei PDH-Multiplexern

b) Synchrone Digitale Hierarchie

SDH ist die PDH überlegene Übertragungstechnik und stellt eine höhere Stufe der technischen Entwicklung dar.

SDH setzt ein synchrones Netz voraus. In einem synchronen Netz arbeiten alle Vermittlungsstellen und übertragungstechnischen Einrichtungen mit einer einheitlichen Taktfrequenz. Dabei ist eine netzweite Quelle für den Takt erforderlich, die mit GPS, lokalen Atomuhren oder Zeitsendern realisiert werden kann. Ein SDH-Rahmen besteht aus einer Folge von 270 x 9 Bytes, also insgesamt 2430 Bytes, die in einer Periode von 125 μs übertragen werden (so dass auf jeden Slot genau ein Byte entfällt). Dies entspricht einer Grundbitrate von 155,52 Mbit/s. Diese Grundbitrate von 155,52 wird als STM1 (STM = Synchrones Transport Modul) bezeichnet.[6]

Unterschieden wird zwischen *Terminating Multiplexern (TM)* und *Add-Drop-Multiplexern* (ADM):

- TM fassen Transporteinheiten, Transportgruppen und teilbelegte STM-Rahmen von angeschlossenen Vermittlungsstellen oder Endstellen zu einem STM-System zusammen.
- ADM haben meistens Schnittstellen (*STM-Interfaces*) zu zwei Lichtwellenleitern, über die STM-Rahmen einer bestimmten Multiplexstufe transportiert werden. Zusätzlich haben sie Schnittstellen (*Tributary Ports*) zu Vermittlungseinrichtungen oder Endstellen. Der ADM kann zwischen den STM-Interfaces Transportgruppen

6 vgl. Klußmann, N. (1997), Seite 426

und Transporteinheiten sowohl aus STM-Rahmen entnehmen wie auch in STM-Rahmen einfügen („*Add&Drop*“).

Multiplexstufen sind STM1, STM4, STM16 und STM64, wobei die Zahl hinter dem STM das Vielfache der Grundbitrate angibt (beispielsweise entspricht STM 16 einer Bandbreite von 16 x 155 Mbit/s = 2,5 Gbit/s). Die höheren Hierarchieebenen in der SDH-Technik werden durch Zusammenfassung von STM1-Vielfachen erreicht. So besteht beispielsweise das STM4-Modul aus vier STM1-Rahmen, während das STM16-Modul wiederum aus vier STM4-Modulen besteht.

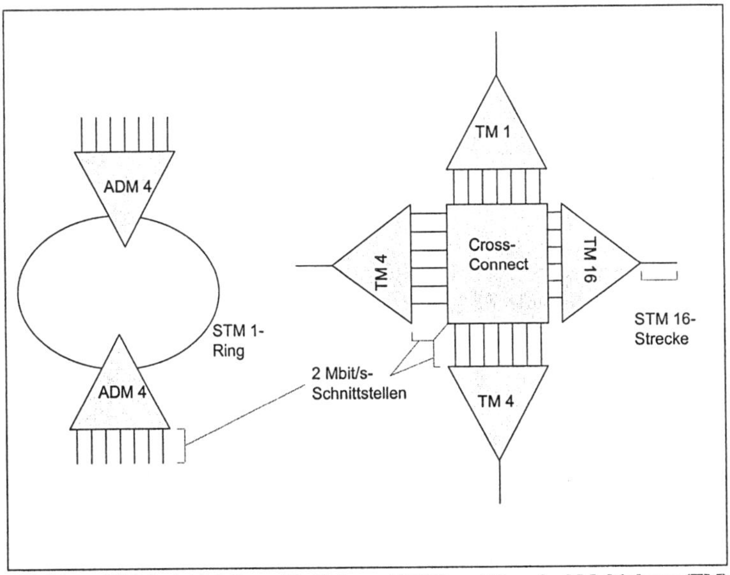

Abbildung XVI-3: Add & Drop Multiplexer (ADM) und Terminal Multiplexer (TM)

c) Vergleich von PDH und SDH

Die Vorteile von SDH gegenüber PDH lassen sich wie folgt zusammenfassen:

- Die SDH-Multiplexstruktur ist einfacher und flexibler als die PDH-Multiplexstruktur, denn SDH-Mulitplexer sind modular aufgebaut: ADM und TD bestehen jeweils aus identischen Grundeinheiten, und um die Übertragungsgeschwindigkeit eines Multiplexers zu verändern, müssen lediglich die Ports ausgetauscht werden (z.B. Austausch von *STM1-Interfaces* gegen *STM4-Interfaces* oder Austausch von Tributary-Ports 2 Mbit/s durch Tributary-Ports 155 Mbit/s). Das *Line Terminating Equipment* ist bereits in die *STM-Interfaces* integriert. Systeme (Transporteinheiten oder Transportgruppen) können aus hochbitratigen Datenströmen ausgekoppelt oder in diese eingefügt werden. Bei PDH hingegen sind für die verschiedenen Multiplexstufen jeweils verschiedene Multiplexer erforderlich; außerdem werden separate Leitungsendeinrichtungen benötigt. Zur Auskopplung eines Systems aus einem hochbitratigen Datenstrom muß eine mehrstufige Multiplexhierarchie in beiden Richtungen durchlaufen werden.

- Im Gegensatz zu PDH sind bei SDH die Schnittstellen standardisiert. Deshalb können bei SDH auf Einmoden-Glasfaserstrecken SDH-Geräte verschiedener Hersteller genutzt werden.[7] Hingegen müssen bei PDH an beiden Enden eines Übertragungsweges die gleichen Systeme zum Einsatz kommen.
- Bei SDH sind im Gegensatz zu PDH Schnittstellen bzw. Kanäle festgelegt, die ein zentrales Netzmanagement unterstützen; d.h. bei bei SDH kann die Fehlererkennung sowie das Re-Routing von einem zentralen Standort aus erfolgen.[8]

2. Modellannahmen

Im Kostenmodell wird der Einsatz von PDH-Übertragungstechnik und *Point-to-Point-Multiplexing* angenommen. Die getroffenen Modellannahmen zur Übertragungstechnik und zur physischen Netztopologie haben den Vorzug, dass unter diesen Nebenbedingungen das optimale Niveau an Investitionen in Übertragungswege relativ einfach modellierbar ist. Dieser Vorteil der leichteren Modellierbarkeit geht zwar zu Lasten der Realitiätsnähe, denn SDH ist die in modernen Netzen üblicherweise eingesetzte Technik.

a) Netztopologie bei PDH- und SDH

Bei PDH werden die Abschlußeinrichtungen eines Übertragungsweges zwischen zwei Netzknoten, das sie verbindende Glasfaserpaar sowie die Zwischenregenaratoren ausschließlich für den Verkehr zwischen diesen beiden Netzknoten genutzt. Bei SDH-Übertragungstechnik hingegen sind mehrere (d.h. mindestens zwei) Netzknoten durch mittels STM-Ringen verbunden; die Anbindung der Netzknoten erfolgt mit Add-Drop-Multiplexern.

---

7 Der Begriff „Moden“ bezeichnet verschiedene Strahlrichtungen innerhalb einer Glasfaser. Bei einer Monomodenfaser wird das Licht in der gleichen Strahlrichtung eingespeist. Modendispersion ist die Bezeichnung des Effektes, dass ein Lichtimpuls am Ausgang des Lichtleiters breiter ist als er am Eingang eingespeist wurde. Modendispersion tritt insbesondere bei Multimode-Fasern auf. Die Lichtimpulse legen bedingt durch differendierende Reflexionen am Mantel der Glasfaser verschieden lange Wege zurück, weswegen verschiedene Moden, die zu einem Zeitpunkt eingespeist wurden, zu verschiedenen Zeitpunkten aus dem Leiter austreten. Bei Einmoden-Fasern ist die Modendispersion gleich null.

8 Netze, die für das normale Verkehrsaufkommen ausgelegt sind, können schnell überlastet sein. Typische Gründe sind ein plötzlicher Anstieg des Verkehrsaufkommens oder der Ausfall von Netzkomponenten. Durch Netzmanagement kann kurzfristige Überlastung abgewendet werden. Dazu werden das Angebot und die Leistung der Netzkomponenten in Echtzeit überwacht; gegebenenfalls werden Re-Routing-Maßnahmen (Umleitung des Verkehrs auf andere physische Verbindungen) ergriffen.

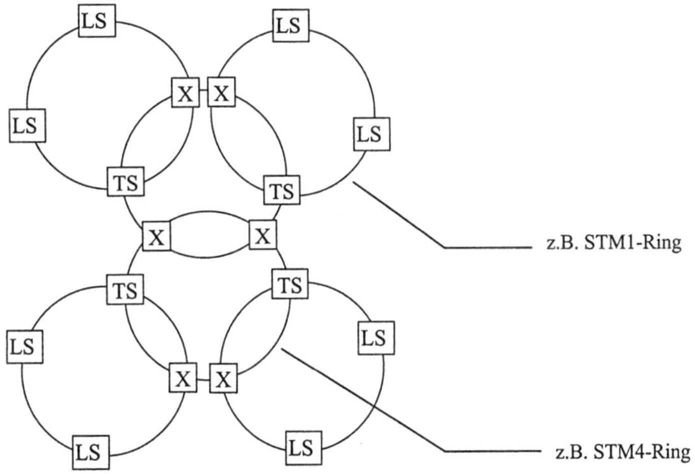

Abbildung XVI-4: SDH-Netzarchitektur (LS= *Local Switch*, TS = *Tandem Switch*, X = *Cross Connect*)

b) „Point-to-Point-Multiplexing" versus „Intermediate Multiplexing"

Im hier vorgestellten Kostenmodell wird – wie bereits erwähnt – PDH-Technik und ausschließliches *„Point-to-Point-Multiplexing"* angenommen. Dies bedeutet, dass der zwischen zwei Vermittlungseinrichtungen aufgebaute Nutzkanal genau einen Übertragungsweg in Anspruch nimmt. Die Alternative ist *„Intermediate Multiplexing"*. Beim *Intermediate Multiplexing* nimmt der zwischen zwei Punkten abzuwickelnde Verkehr mehrere physische Verbindungen mit jeweils eigenen Abschlusseinrichtungen (Multiplex-Hierarchien + LTE) in Anspruch. Auf diesen Übertragungswegen wird Verkehr aus verschiedenen Senken gebündelt.

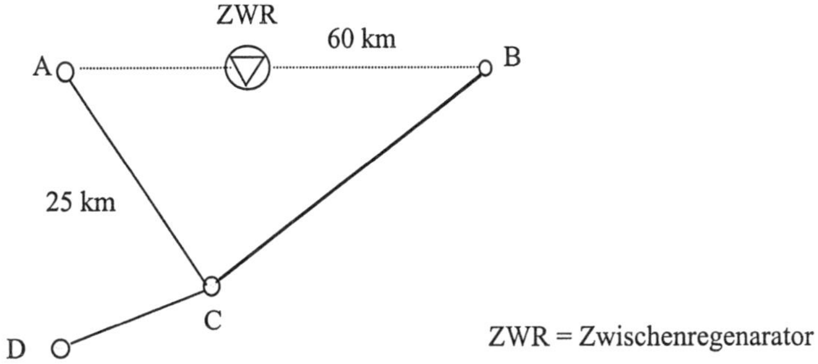

Abbildung XVI-5: *Point-to-Point-Multiplexing* (gestrichtelte Linie) und *Intermediate Multiplexing* (Bündelungsgewinne auf der Strecke C-B)

Dadurch sinken die Investitionen in Übertragungstechnik und pro Kabelkilometer bezogen auf eine Kapazitätseinheit (z.B. 2 Mbit/s). Außerdem werden Zwischenregeneratoren eingespart, da durch das Multiplexen bzw. Demultiplexen an den Enden eines Übertragungsweges das Signal ohnehin regeneriert wird. Auf der anderen Seite ergeben sich durch hohe Verkehrskonzentration beim *Intermediate Multiplexing* größere Einschränkungen der Verfügbarkeit.

B. Vermittlungsschicht

Im hier vorgestellten Kostenmodell wird Leitungsvermittlung (im englischen "*circuit switching*") angenommen. Dabei wird zwischen anrufendem und angerufenem Teilnehmer nach Aufforderung durch den Anrufer in den Vermittlungseinrichtungen ein Nutzkanal durchgeschaltet, der für die Dauer der Verbindung exklusiv für die Übertragung von Daten zwischen anrufendem und angerufenem Teilnehmer zur Verfügung steht. Im Vergleich zur Paketvermittlung können bei Leitungsvermittlung die Kosten der Netzkomponenten leichter auf die Kommunikationsverbindungen (*IC-Calls* und *Ende-zu-Ende-Verbindungen*) aufgeschlüsselt werden.[9]

1. Aufbau von Vermittlungseinrichtungen

Aufgrund von Signalisierungsinformation schalten die Vermittlungseinrichtungen einen Nutzkanal zwischen anrufendem und angerufenem Teilnehmer durch. Dieser Vorgang wird auch als Verkehrslenkung bezeichnet. Die Investitionen in Vermittlungsstellen werden für kostenrechnerische Zwecke auf Anschlüsse („Ports“) und Steuerung („Prozessor“) aufgeteilt. Die Investitionen in Ports hängen von der Verkehrsmenge in Minuten ab, während die Investitionen in die Steuerung durch die Anzahl der zu bewältigenden Verbindungsversuche (Call Attempts) determiniert sind.

Bei genauerer Betrachtung zeigt sich, dass die Aufteilung der Investitionssumme auf Ports und Prozessor und der Kosten von der Art des eingesetzten Vermittlungssystems sowie von dessen Konfiguration abhängen. So werden beispielsweise bei einer Vermittlungseinrichtung vom Typ Alcatel System 12 andere Investitionen pro netzseitigem Port ausgewiesen als bei einer Siemens EWSD; gleichermaßen fallen bei einer Vermittlungseinrichtung des gleichen Typs in der Konfiguration als BVSt und als WVSt jeweils unterschiedliche Kosten an.

---

9 Im Gegensatz zur Leitungsvermittlung wird bei paketvermittelten Diensten die zu übertragende Information in Blöcken mit einer festgeschriebenen begrenzten Länge aufgeteilt. Ein solcher Block bildet zusammen mit den ihm vorangestellten Steuerinformationen ein Paket. Im Paketkopf, der die Steuerinformation enthält, werden die Pakete nummeriert und als zu einer Verbindung zugehörig gekennzeichnet. Die Pakete einer Verbindung nehmen unterschiedliche Wege durch das Netz; erst am Zielort werden die Pakete wieder zusammengesetzt.

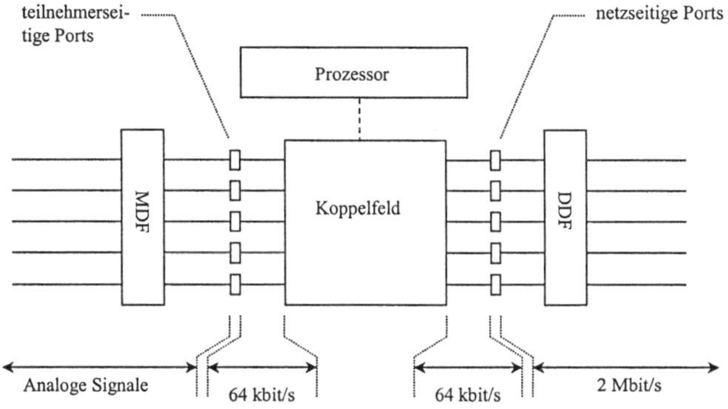

Main Distribution Frame (Hauptverteiler) = spezielles Gestell, über das die Teilnehmeranschlußleitungen bzw. die Hauptkabel auf die teilnehmerseitigen Ports geführt werden.

Digital Distribution Frame = Gestell, über das die von den netzseitigen Ports abgehenden Leitungen über den auf die Abchlußeinrichtungen der verbindungsnetzseitigen Übertragungswege geführt werden.

Abbildung XVI-6: Schematische Darstellung einer Vermittlungseinrichtung

a) Steuerung

Die Steuerung (der Prozessor) ist der Bestandteil Vermittlungseinrichtung, die den Aufbau, das Überwachen und das Auslösen der vermittelten Nachrichtenverbindung steuert. Es gibt sowohl Systeme mit zentraler (Beispiel: Siemens EWSD) als auch solche mit dezentraler Steuerung (Beispiel: Alcatel System 12). Dabei sagt der Begriff „zentral" aus, dass die Steuerung aus einer Hierarchie von Rechnern besteht, und es einen zentralen Rechner gibt, der den Kopf des Ganzen darstellt. Eine dezentrale Steuerung hingegen besteht aus wenigsten zwei voneinander unabhängigen Rechnern, die allerdings miteinander kommunizieren können.

Eine dezentrale Steuerung hat den Vorteil der geringeren Gefahr des Totalausfalles des Systems. Nachteilig hingegen sind Probleme der Prozeßkoordinierung zwischen den Rechnern oder ein höherer Aufwand, welcher durch die verteilte Software bedingt ist. Sowohl zentrale und dezentrale Steuerung entsprechen dem derzeitigen Stand der Technik und sind wirtschaftliche Alternativen.

b) Ports

„Port" ist ein allgemeiner Oberbegriff für einen Anschluß, über welchen Nutz- oder und Steuerinformationen in ein Gerät ein- bzw. ausgegeben werden. Zu unterscheiden ist zwischen teilnehmerseitigen und netzseitigen Ports.

Die netzseitigen Portkarten („*network facing ports*") multiplexen 64 kbit/s-Signale in 2,048 Mbit/s-Signale und demultiplexen Signale in umgekehrter Richtung; die entsprechenden Verbindungen heißen in der Terminologie der DTAG DSV2 („Digitale Signal Verbindung 2 Mbit/s"). Die verwendete Multiplex-Technik fällt in die Kategorie der *Time Division Multiplex*-Verfahren. Dabei wird in regelmäßigen zeitlichen Abständen von 125 µs eine Folge („Rahmen") von 32 Bytes ausgesendet, wobei jedes Byte einem der 32 Kanäle der DSV2 entspricht (siehe oben).

2. Konzentratoren

Ein Konzentrator ist ein Gerät, das eine Anzahl von eingehenden Kanälen nach Bedarf mit abgehenden Kanälen zusammenschaltet. Dabei ist die Summe der Bandbreite der eingehenden Kanäle größer als die Summe der Bandbreite der abgehenden Kanäle (im Gegensatz dazu ist beim Multiplexer die Bandbreite der eingehenden Kanäle gleich der Summe der Bandbreite der abgehenden Kanäle). Die eingehenden Kanäle sind typischerweise Teilnehmeranschlüssen zugeordnet. Die Vermittlungsstelle, an die ein Konzentrator angeschlossen ist, nimmt im Verhältnis zu diesem Konzentrator die Funktion einer Mutter-Vermittlungsstelle (MVSt; engl. *„parent local switch*") wahr. Die Verbindungen zwischen MVSt und die an sie angeschlossenen Konzentratoren bilden ein logisches Sternnetz.

Zu unterscheiden ist zwischen Konzentratoren mit und ohne eingeschränkter Switching-Funktionalität. Bei letzteren werden für ein Gespräch zwischen Teilnehmern, die am gleichen Konzentrator angeschlossen sind, zwei Nutzkanäle zwischen Konzentrator und MVSt belegt. Bei einem Gespräch zwischen den am Konzentrator mit Switching-Funktionalität angeschlossenen Teilnehmern hingegen wird direkt ein Nutzkanal durchgeschaltet; zwischen MVSt und Konzentrator wird lediglich (z.B. für die Abrechnung) der Zeichengabekanal in Anspruch genommen.[10]

Die kostenrechnerisch relevanten Konzentratorkomponenten sind – wie bei den Vermittlungseinrichtungen – der Prozessor und die netzseitigen Ports, darüber hinaus kommen aber als weitere Komponente die teilnehmerseitigen Ports (*„access facing ports*") hinzu. Den teilnehmerseitigen Ports wird der Teil der Konzentratorkosten zugeschlüsselt, der durch die Nachfrage nach Teilnehmeranschlussleitungen determiniert ist. Teilnehmerseitige Ports übernehmen bei analogen, mittels Kupferdraht realisierten Teilnehmeranschlussleitungen im wesentlichen folgende Funktionen:

- Schließen des Schaltkreises, so dass die Endgeräte des anrufenden und des angerufenen Teilnehmers mit Strom versorgt werden, Erzeugen des Klingeltons, des Frei-

10 Zeichengabe (synonym: Signalisierung) ist die allgemeine Bezeichnung für alle Vorschriften zum Aufbau, Abbau und der Kontrolle von Verbindungen im Telefondienst. Dazu gehören z.B.: die Zuweisung bzw. Durchschaltung von Nutzkanälen für Telefongespräche, die Übertragung von für die Abrechnung relevanten Informationen (z.B. Gesprächsbeginn, Gesprächsdauer), die Übertragung von Informationen an die Endteilnehmer wie Telefongebühren oder Nummer des anrufenden Teilnehmers.

und des Besetztzeichens und Schutz der Vermittlungseinrichtung von Überspannung und[11]

- Codierung und Decodierung der analogen Signale nach den Regeln der Puls-Code-Modulation (A/D-Wandlung).

3. Verkehrslenkung

Für die Modellierung der Investitionen in Vermittlungs- und Übertragungstechnik sind die Prinzipien wichtig, nach denen Vermittlungsstellen die Verkehrslenkung wahrnehmen.

Im wesentlichen sind die Prinzipien der Verkehrslenkung durch die folgenden Begriffspaare gekennzeichnet:

- hierarchisches versus nicht-hierarchischen Routing,
- zufallsmäßiges versus sequentielles Absuchen,
- statisches versus dynamisches Routing.

a) Hierarchisches versus nicht-hierarchisches Routing

Hierarchisches Routing (synonym: feste Verkehrslenkung) ist dadurch gekennzeichnet, dass nur ein einziger, fest vorgegebener Weg durch das Netz für den Aufbau einer Nachrichtenverbindung zur Verfügung steht. Ist dieser Weg momentan nicht benutzbar, so ist der Aufbau der gewünschten Verbindung nicht möglich.[12] Hierarchisches Routing entspricht nicht mehr dem Stand der Technik.

Beim nicht-hierarchischen Routing (synonym: alternative Verkehrslenkung) stehen im Gegensatz zur festen Verkehrslenkung mehrere Wege für den Aufbau der gewünschten Verbindung zur Verfügung, die alternativ in Anspruch genommen werden können. Ausgehend von einem reinen mehrstufigen Sternnetz sind weitere Direktwege, d.h. unmittelbare Verbindungswege zwischen zwei Vermittlungsstellen möglich. Dadurch entsteht die Möglichkeit, zwei oder mehrere Abschnitte des Letztweges zu umgehen.[13] Mithin ist bei nicht-hierarchischem Routing die Zahl der vermittlungstechnischen Hierarchieebenen auch nicht mehr durch den Nummerierungsplan (Stellen der Ortsnetzkennziffer) vorgegeben. Nach wie vor besteht jedoch ein Anreiz, mehrere vermittlungstechnische Hierarchieebenen beizubehalten. Würden beispielsweise in Abbildung XVI-8 sämtliche TVSt untereinander vermascht (und auf eine übergeordnete vermittlungs-

---

11 Beim Einsatz von Kupferkabeln entfällt auf eine Teilnehmeranschlussleitung mindestens eine 2-drahtige Kupferdoppelader, da zwischen Endgerät und teilnehmerseitigem Port ein geschlossener Stromkreis aufgebaut wird.

12 Dies gilt zumindest, wenn die Vermittlungsstellen im Verlustbetrieb arbeiten (was bei den hier betrachteten leitungsvermittelnden Diensten der Fall ist). Arbeiten die Vermittlungsstellen im Wartebetrieb (was bei paketvermittelten Diensten der Fall ist), dann kann bei entsprechender Wartedauer eine Verbindung erfolgreich aufgebaut werden.

13 In einem reinen Sternnetz werden zwei Netzelemente über einen Übertragungsweg direkt miteinander verbunden, d.h. der zugehörige Informationsaustausch zwischen den beiden Netzelementen erfolgt auf direktem Weg ohne Einbindung eines Transitknotens.

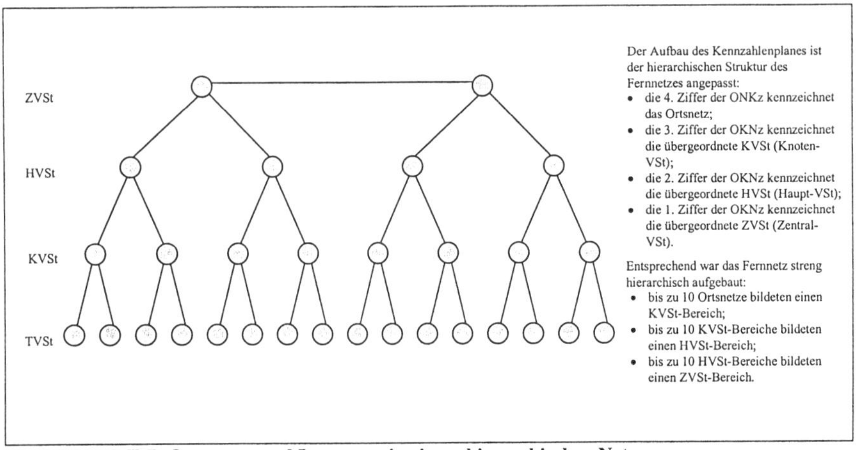

Abbildung XVI-7: Querwege und Letztwege in einem hierarchischen Netz

technische Hierarchieebene verzichtet) werden, so wäre die durchschnittliche Auslastung der einzelnen Übertragungswege nur niedrig. Bei Hinzufügung einer weiteren vermittlungstechnischen Hierarchieebene gibt es jedoch die Möglichkeit, einen direkten Übertragungsweg (Querweg) zwischen zwei Netzknoten nur dann einzurichten, wenn der Verkehr zwischen diesen Netzknoten einen bestimmten Schwellenwert überschreitet.

b) Zufallsmäßiges versus sequentielles Absuchen

Gibt es zwischen Ursprungs- und einem Ziel-Netzknoten mehrere Verbindungen, so wird eine Vorschrift benötigt, nach der die Auswahl des von der jeweiligen Vermittlungsstelle weiterführenden Übertragungsweges („Abnehmerbündel") erfolgt.

Wird Abbildung XVI-8 beispielsweise um eine Querverbindung zwischen zwei TVSt ergänzt, so kann der Verkehr zwischen diesen TVSt entweder direkt über diesen Querweg oder unter Inanspruchnahme der nächst-höheren vermittlungstechnischen Hierarchieebene (z.B. KVSt, HVSt) transportiert werden. Sinnvollerweise wird zunächst versucht, den Verkehr unmittelbar über dem Querweg abzuwickeln („Erstweg"), sollte dies nicht möglich sein, wird der Belegungszustand des Zweitweges geprüft usw. Wenn der sog. Letztweg belegt ist, wird der Belegungswunsch abgewiesen. Mit anderen Worten: Die Prüfreihenfolge ist fest vorgegeben. Dieses Verfahren wird als *sequentielles Absuchen* betrieben.

Von Mehrwegeführung ist der Rede, wenn die unmittelbare logische Verbindung zwischen zwei Netzknoten (in Abbildung XVI-8 beispielsweise zwischen einer TVSt und der übergeordneten HVSt) über mehrere parallele physische Übertragungswege realisiert wird. Bei Mehrwegeführung wird der Belegungszustand typischerweise nach dem Zufallsprinzip ausgesucht. Im Vergleich zu sequentiellem Absuchen ist zufallsmäßiges Absuchen bei Mehrwegeführung die überlegene Technik. Eine Konsequenz aus sequentiellem Absuchen bei Mehrwegeführung wäre nämlich, dass die Kapazität, mit der ein Abnehmerbündel ausgestattet wird, um so kleiner ist, je weiter hinten es in der Prüfreihenfolge steht. Hingegen können bei zufallsmässigem Absuchen die Übertragungswege *gleichmäßig dimensioniert* und so ein höheres Maß an Netzsicherheit gewährleistet werden.

Im Kostenmodell wird unterstellt, dass bei Mehrwegeführung die Auswahl des Abnehmerbündels nach dem Zufallsprinzip erfolgt. Das schlägt sich beispielsweise in der gleichmäßigen Verteilung des Verkehrs auf die alternativen Übertragungswege zwischen Konzentrator und zugehöriger Mutter-Vermittlungsstelle nieder.

c) Statisches versus dynamisches Routing

Beim statischen Routing (synonym: pfadorientiertes Routing) wird der Weg einmal beim Verbindungsaufbau festgelegt, die Rahmen werden geordnet übertragen und nicht wiederholt; hierfür ist eine bestimmte Bandbreite zu reservieren. Beim dynamischen Routing (synonym: verbindungsloses Routing) wird jeder Rahmen einzeln geroutet, verlorengegangene Rahmen werden wiederholt.

Im dem hier vorgestellten Kostenmodell wird statisches Routing unterstellt.

XVII. NETZDIMENSIONIERUNG UND NETZINVESTITIONEN

A. ZAHL UND STANDORT DER NETZKNOTEN

Zahl und Standort von Vermittlungseinrichtungen sind durch die Abwägung der durch Übertragungswege und der durch Vermittlungseinrichtungen zusätzlich verursachten Kosten determiniert. Die durch Übertragungswege verursachten Kosten wiederum hängen von der Länge und der Kapazität der Übertragungswege ab. Ein Extrem bestände darin, sämtliche Vermittlungseinrichtungen voll zu vermaschen. Dazu wären bei einer Anzahl von n Vermittlungseinrichtungen $0{,}5 \cdot n \cdot (n-1)$ Übertragungswege erforderlich. Unter Umständen wäre bei großer Gesamtlänge der Übertragungswege der einzelne Übertragungsweg nur schwach ausgelastet, so dass sich bei hohen Investitionen eine niedrige Verzinsung des eingesetzten Kapitals einstellen würde. Wird hingegen auf die Vollvermaschung der Vermittlungseinrichtungen verzichtet, müssen zur Abwicklung bestimmter Verbindungen mehr als zwei Vermittlungseinrichtungen durchlaufen werden. Der Verzicht auf Übertragungswege schlägt sich in höheren Investitionen in Vermittlungstechnik wieder. Für den zwischen zwei Vermittlungseinrichtungen abzuwickelnden Verkehr lässt sich ein Schwellenwert errechnen, ab dem es sich lohnt, den Verkehr über einen direkten Übertragungsweg und nicht über andere Vermittlungseinrichtungen zu führen.

Bei dieser Optimierung von Zahl und Standort der Vermittlungseinrichtungen sind jedoch eine Reihe von Nebenbedingungen zu beachten. Auf *Fernnetzebene* sind die wichtigsten:

- die maximale Kapazität der Vermittlungseinrichtungen (in *Busy Hour Call Attempts* oder *Busy Hour Erlang*),
- die maximale Länge der physischen Verbindungen, durch die Vermittlungseinrichtungen miteinander verbunden sind und
- die Prinzipien der Verkehrslenkung (synonym: „*Routing*“).

Für einen bereits etablierten Anbieter gesellt sich die jeweils bereits vorhandene Infrastruktur als weitere Nebenbedingung hinzu. Auf *Ortsnetzebene*[1] stellt das vorhandene Teilnehmernetz bei der Netzoptimierung weitgehend ein Datum dar, denn Änderungen an Verlauf und Länge von Teilnehmeranschlussleitungen sind nur unter großem wirtschaftlichen Aufwand vorzunehmen. Die Größe der heute real vorzufindenden Anschlussbereiche wird im wesentlichen durch zwei Parameter bestimmt:

- die Kapazität der zum Zeitpunkt des Netzaufbaus verfügbaren Vermittlungseinrichtungen (dabei handelte es sich in aller Regel um elektromechanische Vermittlungseinrichtungen mit einer Kapazität von bis zu 20.000 bis 30.000 Teilnehmern) und

---

1 Unter dem Begriff „Ortsnetz“ wird ein Bereich des öffentlichen Telekommunikationsnetzes verstanden, in dem Wählverbindungen ohne Wahl der Ortsnetzkennzahl hergestellt werden.

- die maximale Länge der Teilnehmeranschlussleitungen – realistische Planungsvorgaben über Schleifenwiderstand und Dämpfung erlauben beim Einsatz von Kupferanschlussleitungen einen Anschlussbereich, der idealisiert einer Kreisfläche von 5 km Radius um den Netzknoten entspricht.

In ländlichen Gebieten mit dünner Besiedlung war zum Zeitpunkt des Netzaufbaus die maximale Länge der Teilnehmeranschlussleitungen die entscheidende Determinante der Größe des Anschlussbereiches. In Ballungsräumen war die Kapazität der Vermittlungseinrichtungen der beschränkende Faktor; die maximale Reichweite der Anschlussleitung konnte selten ausgeschöpft werden, so dass großstädtische Ortsnetze die Anschlussbereiche mehrerer Vermittlungsstellen umfassten (z.B. Berlin oder Hamburg über 100.)

In modernen Telekommunikationsnetzen werden *Local Switches* in Kombination mit Konzentratoren betrieben (vgl. Kapitel XVI: „Beschreibung der Netztechnik“). Die Zahl der zwischen Konzentrator und zugehöriger Mutter-Vermittlungsstelle (MVSt) vorgehaltenen Nutzkanäle liegt deutlich unter der Zahl der am Konzentrator endenden Teilnehmeranschlussleitungen. Möglich ist dies, weil im statistischen Durchschnitt stets nur ein gewisser Prozentsatz der angeschlossenen Teilnehmer das Telefonnetz gleichzeitig in Anspruch nimmt. Die optimale Auslastung der Verbindung zwischen MVSt und Konzentrator wird durch die Mischung von Privat- und Geschäftskundenanschlüssen an einem Konzentrator erreicht, da die Spitzenlaststunde bei Privat- und Geschäftskunden voneinander abweicht. In Abhängigkeit von Kapazitätsbedarf und Leistungsvermögen der Konzentratoren können an einem Standort mehrere Konzentratoren aufgestellt werden. Im wesentlichen wird die Kapazität eines Konzentrators durch folgende Parameter bestimmt:

- die maximale Anzahl von Beschaltungseinheiten (Anzahl der Teilnehmeranschlussleitungen, die auf den Konzentrator geführt werden);[2]
- die Kapazität in *Busy Hour Erlang* und *Busy Hour Call Attempts*;[3]
- der Umfang der vermittlungstechnischen Funktionen, die durch den Konzentrator übernommen werden kann.

Bei Konzentratoren ohne vermittlungstechnische Funktion werden bei einem Gespräch zwischen Teilnehmern, die am gleichen Konzentrator angeschlossen sind, zwei Nutzkanäle zwischen MVSt und Konzentrator belegt. Bei einem Konzentrator mit vermittlungstechnischer Funktion hingegen schaltet der Konzentrator bei Gesprächen innerhalb seines Einzugsbereiches direkt einen Nutzkanal zwischen anrufendem und angerufenem Teilnehmer durch. In letzteren Fall kommen die MVSt weniger schnell an ihre Kapazitätsgrenzen, so dass deren Anschlussbereich weiter vergrößert werden kann.

---

2 Ein zum Vermittlungssystem „AXE10“ (Hersteller: Erricsson) gehörender Konzentrator kann maximal 2048 Teilnehmer, ein zum „System X“ (Hersteller: GPT) kann maximal 1024 Teilnehmer gehörender Konzentrator versorgen; das Mischungsverhältnis von ISDN und analogen Teilnehmeranschlüssen ist beliebig. System X und AXE 10 sind die beiden wichtigsten Systeme der British Telecom; die DTAG setzt in erster Linie Siemens EWSD ein.

3 8 x 2 Mbit/s bzw. 180 Erlang bei System X und 16 x 2 Mbit/s bzw. 370 Erlang bei AXE 10

Für die Modellberechnung wird ein Netz mit ca. 520 Standorten von Bereichsvermittlungsstellen (BVSt) und 23 Standorten von Weitverkehrvermittlungsstellen (WVSt) angenommen (vgl. **Anhang 2a**). Die BVSt sollen untereinander weitgehend vermascht sein. Über die WVSt, die untereinander voll vermascht sind, soll nur wenig Verkehr abgewickelt werden. Dazu gehören vor allem:

- Verbindungen aus und in die Mobilfunknetze
- Verbindungen aus und in ausländische Telefonnetze sowie
- Verbindungen zwischen BVSt, zwischen denen es keine direkten physischen Verbindung gibt;
- Verbindungen zwischen BVSt, zwischen denen es zwar direkte physische Verbindungen gibt, diese jedoch aufgrund von Nachfragespitzen ausgelastet sind (und Verkehr als „Überlaufverkehr“ über die WVSt-Ebene geführt werden muss.

An die BVSt sind räumlich abgesetzt Konzentratoren angebunden, die in der Terminologie der DTAG „Abgesetzte Periphere Einheiten“ (APE) heißen. Der Versorgungsbereich einer BVSt umfasst also im Durchschnitt mehrere Ortsnetze[4]; dabei können zum gleichen Ortsnetz mehrere APE gehören. In den 80-iger Jahren war jeder der ca. 7.900 Standorte eines Hauptverteilers (HVT)[5] zugleich Standort einer Teilnehmervermittlungsstelle (TVSt). Eine Reduktion der Standorte der Hauptverteiler wäre nur bei entsprechender Verlängerung der Teilnehmeranschlussleitungen möglich gewesen, was sich aus wirtschaftlichen Gründen von selbst verboten hat. Wird unterstellt, dass in der Vergangenheit an den HVT-Standorten zugleich auch TVSt untergebracht waren, so ist es naheliegend, die angenommene Anzahl von APE-Standorten mit der Differenz zwischen der Anzahl der BVSt und HVt-Standorte gleichzusetzen (ca. 7.900 ehemalige TVSt-Standorte minus 500 BVSt-Standorte = 7.400 APE-Standorte).

B. Vermaschung der Netzknoten

1. Vermaschungsgrad

Auf der übertragungstechnischen Ebene ist zwischen logischen und physischen Verbindungen zu unterscheiden. Der Begriff „physisch“ ist als Gegenteil von „logisch“ zu verstehen. Mit dem Begriff „logisch“ ist gemeint, dass zwischen zwei Punkten eine Datenmenge transportiert werden kann; dabei spielt es keine Rolle, über welche physische Verbindung dies geschieht. Tatsächlich kann die gleiche logische Verbindung über verschiedene physische Verbindungen realisiert werden. Die Topologie des logischen Netzes (wichtige Klassen von Topologien sind Stern-, Baum- und Ringnetze) kann eine andere als die physischen Netzes sein.

Die für die Modellberechnungen getroffenen Annahmen zur physischen und logischen Vermaschung der Netzknoten sind in nachstehender Übersicht zusammengefasst.

---

4 Innerhalb des gleichen Ortsnetzes sind die Teilnehmer unter einer einheitlichen Ortsnetzkennzahl zu erreichen.

5 Ein Hauptverteiler („*Main Distribution Frame*“) ist ein Gestell, an welchem die Teilnehmeranschlussleitungen geordnet und von dort aus auf Netzknoten des Verbindungsnetzes geführt werden.

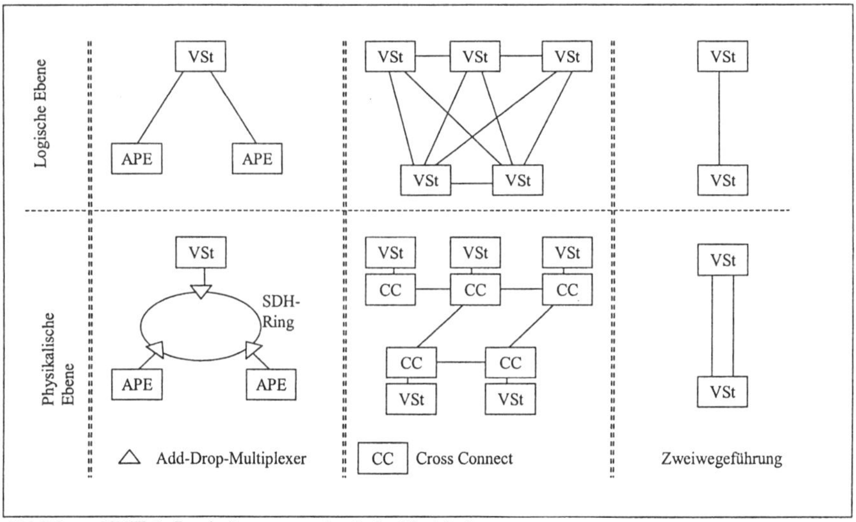

Abbildung XVII-1: Logische versus physische Verbindungen

2. Durchschnittliche Länge physischer Verbindungen

Die Investitionen in Linientechnik (Glasfaserkabel, Leerrohre) sowie in Zwischenregeneratoren hängen entscheidend von der Länge der physischen Verbindungen zwischen den Vermittlungseinrichtungen und Konzentratoren ab.

Die geschätzte durchschnittliche Länge der physischen Verbindungen ergibt sich, indem die Entfernungen zwischen den miteinander verbundenen Netzknoten (Luftlinie) mit Umwegfaktoren multipliziert werden. Die Umwegfaktoren tragen dem Umstand Rechnung, dass in der Realität Verbindungen zwischen zwei Punkten nicht über die Luftlinie hergestellt werden können. Gebräuchlich ist ein Umwegfaktor von 1,8 für städtische Gebiete und von 1,4 für ländliche Gebiete.[6] Da „APE–BVSt"-Verbindungen beispielsweise zu einem größeren Prozentsatz in städtischen Gebieten als etwa „WVSt–WVSt"-Verbindungen liegen dürften, wird bei „APE–BVSt"- Verbindungen auch ein größerer Umwegfaktor angewendet. Eine einfachere Methode der Abschätzung der Länge der physischen Verbindungen basiert auf der Hypothese, dass die Netzknoten einer Kategorie (z.B. Konzentratoren, BVSt) über das Staatsgebiet homogen verteilt sind und mithin die Distanz zwischen benachbarten Netzknoten identisch ist.

6 *British Telecom* wendet bei der Berechnung des Endpreises für Mietleitungen, die einen Netzknoten BT's mit dem Netzknoten eines alternativen Netzbetreibers verbinden, einen Umwegfaktor von 1,8 an.

Die für Zwecke der Modellberechnung getroffenen Annahmen sind in Anhang 2b zusammengefasst.

C. Leistungsnachfrage während der Spitzenlaststunde

Um die auf die Netzkomponenten pro Jahr entfallende Verkehrsmenge zu ermitteln, wird die jährliche Nachfrage nach den verschiedenen Leistungen des Sprachtelefondienstes mit der Matrix der Routing-Faktoren multipliziert [vgl. Anhang 1a („Abschätzung von Routing-Faktoren") und Anhang 1b („Auslastung von Netzkomponenten")]. Die Matrix der Routing-Faktoren ordnet den betrachteten Leistungen des Sprachtelefondienstes die durchschnittliche Häufigkeit zu, mit der diese Leistungen bestimmte Netzkomponenten pro Gesprächsminute in Anspruch nehmen (vgl. Kapitel X: „*Element Based Charging*"). Die kostenrechnerisch relevanten Netzkomponenten sind:

- Konzentratoren
- Ports an Konzentratoren:
  - *local facing ports*
- *Local Switches (BVSt)*
- Ports an BVSt
  - *concentrator facing ports*
  - *local facing ports*
  - *tandem facing ports*
- *Tandem Switches (WVSt)*
- Ports an WVSt
  - *local facing ports*
  - *tandem facing ports*
- Übertragungswege *Remote* – BVSt
- Übertragungswege BVSt – BVSt
- Übertragungswege BVSt – WVSt
- Übertragungswege WVSt – WVSt

Bei der Bestimmung der Dimensionierung der einzelnen Netzkomponenten werden die Routing-Faktoren als gegeben angenommen. Die Matrix der Routing-Faktoren hängt natürlich ihrerseits von der Dimensionierung der Netzkomponenten ab; die Bestimmung der Routing-Faktoren und die Dimensionierung der Netzkomponenten ist also ein zirkuläres Problem.

Es wäre unwirtschaftlich, ein Telekommunikationsnetz so auszubauen, dass auch die größten Verkehrsspitzen restlos bewältigt werden könnten. Verkehrsspitzen ergeben sich beispielsweise durch Beginn und Ende der Arbeits- und Geschäftszeiten, Mittagspausen, Beginn ermäßigter Tarife und den Eintritt der Nachtruhe. Deshalb wird eine repräsentative Stunde – die Spitzenlaststunde – ermittelt, deren Verkehrsintensität für den Ausbau der Komponenten des Telekommunikationsnetzes maßgebend sein soll. Die Verkehrsmenge während der durchschnittlichen Spitzenlaststunde wird in *Average Busy Hour Minutes* (ABHM) gemessen. Das Verhältnis der durchschnittlichen Verkehrsmenge während der Spitzenlaststunde zum Gesamtverkehr lässt sich durch folgende Gleichung bestimmen:

Verkehrsmenge pro Jahr, ausgedrückt in Minuten
x Anteil des Verkehrs, der in die Spitzenlaststunden fällt
: Anzahl der Spitzenlaststunden pro Jahr
= durchschnittliche Verkehrsmenge während der Spitzenlaststunde, ausgedrückt in ABHM

bzw.

Verkehrsmenge pro Jahr, ausgedrückt in Minuten
: Anzahl Stunden pro Jahr (8.760)
x Verhältnis der Verkehrsmenge während der Spitzenlaststunde zur Verkehrsmenge während einer durchschnittlichen Stunde
= durchschnittliche Verkehrsmenge während der Spitzenlaststunde, ausgedrückt in ABHM

Wird beispielsweise die Anzahl der Spitzenlaststunden mit der Anzahl der jährlichen Arbeitstage (240) gleichgesetzt und außerdem dass 11 % der Verkehrsmenge in die Spitzenlaststunde fällt, so beträgt das Verhältnis der durchschnittlichen Verkehrsmenge während der Spitzenlaststunde zur Verkehrsmenge während einer durchschnittlichen Stunde 1 : 4.

Bei einer differenzierten Betrachtung ist zu berücksichtigen, dass die Verkehrsmenge bei verschiedenen Leistungen des Sprachtelefondienstes (Ortsgespräche, Ferngespräche etc.) zu jeweils unterschiedlichen Tageszeiten ihr Maximum erreichen kann. Da die verschiedenen Netzkomponenten von den verschiedenen Leistungen des Sprachtelefondienstes (z.B. Orts- und Ferngespräche) unterschiedlich stark in Anspruch genommen werden, variiert auch die zeitliche Lage der Spitzenlaststunde in Abhängigkeit von der jeweils betrachteten Netzkomponente.

Wird die Verkehrsmenge Y auf die Beobachtungsdauer T bezogen, so ergibt sich der Verkehrswert y:

$$y = \frac{Y}{T}$$

Der Verkehrswert wird in *Erlang* gemessen. Die Verkehrsmenge wird in Minuten gemessen, und die Spitzenlaststunde umfasst (offensichtlich) 60 Minuten. Entsprechend gilt zwischen dem Verkehrswert und der Verkehrsmenge in der Spitzenlaststunde die folgende Beziehung:

$$\text{Verkehrsmenge in ABHE} = \frac{\text{Verkehrswert in ABHM}}{\text{60 Minuten}}$$

bzw. $$\text{Verkehrsmenge in DBHE} = \frac{\text{Verkehrswert in DBHM}}{\text{60 Minuten}}$$

wobei

ABHE = *Average Busy Hour Erlang*
DBHE = *Dimensioning Busy Hour Erlang*

D. Verlustsysteme

Die Dimensionierung der verschiedenen Netzkomponenten (wie zum Beispiel APE) hängt vom durchschnittlich zu bewältigenden Angebot ab. Dabei ist unter „Angebot“

der Verkehrswert zu verstehen, der dem Gesamtsystem zur Bearbeitung tatsächlich zugeführt wird, unabhängig davon, ob er auch bearbeitet wird oder nicht. Bei leitungsvermittelten Diensten sind für die Dimensionierung von Netzkomponenten Verlustsysteme grundlegend.

Ein Verlustsystem ist ein System, dass einen Belegungswunsch abweist, sofern es ihn nicht bearbeiten kann.[7] Im folgenden werden Systeme betrachtet, die aus mehreren Teilsystemen bestehen, wobei jedes Teilsystem als Verlustsystem ausgelegt ist. Formal ausgedrückt: Bei einem Gesamtsystem mit m Teilsystemen wird das Angebot zunächst Teilsystem 1 zugeführt, der Teil, den Teilsystem 1 nicht mehr bearbeiten kann, wird Teilsystem 2 zugeführt, usw. Ein Gesamtsystem kann zum Beispiel ein Übertragungsweg zwischen zwei Netzknoten sein, Teilsysteme sind die auf diesem Übertragungsweg verfügbaren Nutzkanäle.

Der Teil des Angebotes, den ein System (das Gesamtsystem oder ein Teilsystem) bearbeitet, ist die Leistung (des Gesamtsystems bzw. des Teilsystems); die Differenz zwischen Leistung und Angebot ist der Verlustverkehr (synonym: Restverkehr, Überlaufverkehr, *overflow-traffic*). In einem Verlustsystem mit insgesamt m Teilsystemen entspricht der Verlustverkehr des m-ten Teilsystems zugleich dem Verlustverkehr des Gesamtsystems.

Die Verlustwahrscheinlichkeit des Gesamtsystems ergibt sich als Quotient aus Verlustverkehr und dem Angebot, den das Gesamtsystem zu bewältigen hat:[8]

$$p_m = \frac{R}{A} = \frac{L-A}{A} \text{ mit } 0 \leq p_m \leq 1$$

wobei

p_m	= Verlustwahrscheinlichkeit
m	= Anzahl der vorgehaltenen Teilsysteme
R	= Restverkehr (ausgedrückt in Erlang)
L	= Leistung (ausgedrückt in Erlang)
A	= Angebot (ausgedrückt in Erlang)

Wenn jedes Teilsystem gleichzeitig nur genau einen Belegungswunsch bearbeiten kann (die Leistung des Gesamtsystems und die Anzahl der Teilsysteme also betragsmäßig übereinstimmen), so ist die Verlustwahrscheinlichkeit identisch mit der Wahrscheinlichkeit, dass alle m Teilsysteme gleichzeitig belegt sind.

---

7 Im Gegensatz dazu sind bei paketvermittelten Diensten die Netze als Wartesschlangensystem ausgelegt. Unter einem Warteschlangensystem wird ein System verstanden, dass einen nicht sofort bedienbaren Belegungswunsch in eine Warteschlange einreiht und nach endlicher Zeit bedient. – Vermittlungseinrichtungen können als Warteschlangensystem oder als Verlustsystem ausgelegt sein (zum Unterschied zwischen paket- und leitungsvermittelten Diensten vgl. Kapitel XVI: „Beschreibung der Netztechnik“; Abschnitt C: „Vermittlungsschicht“).

8 Die Verlustwahrscheinlichkeit und Verfügbarkeit determinieren die Durchlasswahrscheinlichkeit (synonym: Blockierwahrscheinlichkeit, Grade of Service) des Gesamtsystems [vgl. Siegmund, G. (1992), Seite 36 f.]. Verfügbarkeit = 100 % - [Summe der Störzeiten pro Jahr in Stunden / 8760 Stunden pro Jahr · Anzahl redundant vorhandener Netzkomponenten (z.B. 97,5%).

Die im folgenden betrachteten Teilsysteme sind *Nutzkanäle*, das zugehörige Gesamtsystem ist eine (physische oder logische) Verbindung zwischen zwei Punkten. Ein „Kanal“ ist eine Teilmenge der über eine Verbindung bereitgestellten Bandbreite. Über einen Kanal können entweder Signalisierungsinformationen („Signalisierungskanal“) oder Nutzinformationen („Nutzkanal“) übertragen werden (vgl. Kapitel IV: „Tarifierung des Verbindungsaufbaus“). Ein Nutzkanal ist das typische Beispiel für ein Teilsystem, das gleichzeitig nur genau einen Belegungswunsch bearbeiten kann. Die Anzahl der auf einer Verbindung vorgehaltenen Nutzkanäle entspricht der Anzahl der Belegungen (z.B. durch Telefongespräche), die über die Verbindung gleichzeitig abgewickelt werden können.

Der funktionale Zusammenhang zwischen Angebot, Verlustwahrscheinlichkeit und Anzahl der auf einer Verbindung vorzuhaltenden Nutzkanäle wird durch die sogenannte „ERLANG-B-Formel“ beschrieben. Die ERLANG-B-Formel basiert auf der Annahme, dass die Wahrscheinlichkeit der gleichzeitigen Belegung von k der insgesamt m verfügbaren Nutzkanäle POISSON-verteilt ist:

$$p_k = \frac{(E(A))^k}{k!} \cdot \exp(E(A))$$

wobei

$k =$	Anzahl der gleichzeitigen Belegungen mit k=1,...,m
$E(A) =$	Erwartungswert des Angebots (d.h. der Anzahl Belegungen, die das Gesamtsystem gleichzeitig zu bewältigen hat)
$p_k =$	Wahrscheinlichkeit, dass k Teilsysteme gleichzeitig belegt sind

Damit gilt für die Wahrscheinlichkeit, dass sich die Zahl der Belegungen von k auf k+1 erhöht:

$$\frac{p_k}{p_{k+1}} = \frac{A}{k}$$

Daraus folgt:

$$p_k = \frac{A^k}{k!} \cdot p_0 \Rightarrow \qquad 1 = \sum_{k=0}^{m} \frac{A^k}{k!} \cdot p_0 \quad \text{wegen } 0! = 1 \Leftrightarrow \qquad p_0 = \frac{1}{\sum_{k=0}^{m} \frac{A^k}{k!}}$$

woraus sich unmittelbar die „ERLANG-B-Formel“ ergibt:

$$p_m = \frac{\frac{A^m}{m!}}{\sum_{k=0}^{m} \frac{A^k}{k!}}$$

Mit Hilfe der ERLANG-B-Formel lässt sich berechnen, wieviele Nutzkanäle (m) auf einem Übertragungsweg bei vorgegebener *Verlustwahrscheinlichkeit* (p_m) zur Bewältigung eines gegebenen Angebotes (in *Busy Hour Erlang*) zur Verfügung stehen müssen. Die ERLANG-B-Formel illustriert:

- Bei *gegebenem Angebot* ist die mit einem zusätzlichen Teilsystem erzielbare Senkung der Verlustwahrscheinlichkeit umso geringer, je mehr Teilsysteme bereits im Einsatz sind:

  $$\frac{\partial p_m(A,m)}{\partial m} > 0 \text{ und } \frac{\partial^2 p_m(A,m)}{\partial m^2} < 0$$

  Entsprechend sind beispielsweise ceteris paribus die Zusatzkosten bei Verringerung der Verlustwahrscheinlichkeit von 5% auf 4% geringer als bei Verringerung von 4% auf 3%.
- Bei *gegebener Verlustwahrscheinlichkeit* werden bei einer Erhöhung des Angebotes umso weniger zusätzliche Teilsysteme benötigt, je größer die Ausgangskapazität ist. Entsprechend verbessert sich ceteris paribus mit steigendem Angebot die Auslastung pro Teilsystem („*economies of scale*").

E. Kapazitätsbedarf auf Übertragungswegen

Aufbauend auf den Prinzipien der Verkehrslenkung geht es jetzt darum, die Häufigkeitsverteilung der Bandbreite (in Mbit/s) zu bestimmen, die auf den verschiedenen Kategorien von *physischen* Verbindungen (APE–BVSt, BVSt–BVSt etc.) vorgehalten werden muss.

1. Durchschnittliches Angebot pro logischer Verbindung

Wie bereits ausgeführt, wird ein Telekommunikationsnetz nicht im Hinblick auf den Kapazitätsbedarf in einer durchschnittlichen Spitzenlaststunde dimensioniert, sondern es werden zusätzliche Kapazitätsreserven eingeplant. Um vom Angebot in einer durchschnittlichen Spitzenlaststunde (ausgedrückt zum *Average Busy Hour Erlang*) zum für die Netzdimensionierung maßgeblichen Angebot (ausgedrückt zum *Dimensioning Busy Hour Erlang*) zu gelangen, sind folgende Faktoren zu berücksichtigen (Anhang 3a: „Durchschnittliches Angebot pro logischer Verbindung"):

- die Abweichung des Verkehrs in der durchschnittlichen Spitzenlaststunde vom Verkehr in der Netzdimensionierung maßgeblichen Spitzenlaststunde;
- die antizipierten zukünftigen Verschiebungen der Nachfrage nach Telekommunikationsdienstleistungen;
- die eingeplante Redundanz.

a) Für die Netzdimensionierung maßgebliches Angebot

Da die Verteilung der Verkehrsmenge in der Spitzenlaststunde bei den verschiedenen Netzkomponenten unterschiedlich stark vom Mittelwert abweicht, wird auch das Verhältnis von DBHE zu ABHE bei den verschiedenen Kategorien von Übertragungswegen (APE–BVSt, BVSt–BVSt etc.) unterschiedlich gewählt.

b) Nachfragewachstum und -schwankungen

Die Dimensionierung eines Telekommunikationsnetzes lässt sich nicht beliebig an Nachfrageschwankungen anpassen. Daher wird das Telekommunikationsnetz so dimensioniert, dass es neben der gerade herrschenden Nachfrage auch ein gewisses Nachfragewachstum bewältigen kann. Das antizipierte Nachfragewachstum ist von der Art der jeweils betrachteten Telekommunikationsdienstleistung abhängig. Da die verschiedenen Kategorien von Übertragungswegen (APE–BVSt, BVSt–BVSt etc.) durch die verschiedenen Telekommunikationsdienstleistungen unterschiedlich stark beansprucht werden, sind auch die auf den Kategorien von Übertragungswegen für zukünftiges Nachfragewachstum eingeplanten Reservekapazitäten jeweils unterschiedlich.

c) Redundanz

Redundanz ist die zur Erhöhung der Ausfallsicherheit auf einem Übertragungsweg vorgehaltene Reservekapazität. Dabei gilt folgender Zusammenhang:

$$A = \frac{B}{C - 1}$$

wobei

A = einzuplanende redundante Kapazität pro Verbindung

B = Anteil an der Kapazität einer Verbindung, die bei vollständigem Ausfall der Verbindung über andere Verbindungen bereitgestellt werden kann (englisch: „*Resilience*")

C = Anzahl der physischen Verbindungen, über die eine logische Verbindung realisiert wird (wobei $C \geq 2$)

Bei B=100% und C=3 muss also auf jeder Verbindung 50% Redundanz vorgehalten werden. Die Ausprägungen der Variablen B und C sind als Modellinput für die verschiedenen Kategorien physischer Verbindungen (APE–BVSt, BVSt–BVSt etc.) vorzugeben.

2. Häufigkeitsverteilung des Angebotes

Das Angebot stimmt natürlich nicht auf allen physischen Verbindungen der gleichen Kategorie (z.B. APE–BVSt, BVSt–BVSt) überein, sondern schwankt um einen Mittelwert. Für die Kostenberechnung müssen also Annahmen über die Häufigkeitsverteilung des Angebotes getroffen werden. Die Häufigkeitsverteilung ordnet den in Klassen unterteilten Verkehrswerten (z.B. 0 – 5 DBHE, 5 – 10 DBHE, 10 – 15 DBHE) die Anzahl der physischen Verbindungen zu, die ein durchschnittliches Angebot in der jeweiligen Größenordnung zu bewältigen haben. Solche Häufigkeitsverteilungen lassen sich auf zwei Arten herleiten: Entweder es stehen die Ergebnisse realer Verkehrsmessungen zur Verfügung, oder es wird aus der räumlichen Verteilung der Teilnehmer (aufgeteilt in Geschäfts- und Privatkunden) eine hypothetische Verkehrsmatrix hergeleitet. Diese

Verkehrsmatrix gibt für die verschiedenen Kombinationen von Ursprungs- und Zielorten die zu bewältigenden Verkehrsmengen an.[8]

Die für APE-BVSt-Verbindungen getroffenen Annahmen sind in **Anhang 3b** zusammengefasst.

3. Häufigkeitsverteilung des Bandbreitenbedarfs für Sprachtelefondienst

Aus der Häufigkeitsverteilung des Angebots (in *Dimensioning Busy Hour Erlang*) auf den verschiedenen Kategorien von Übertragungswegen (APE-BVSt, BVSt-BVSt etc.) ist die Häufigkeitsverteilung der Bandbreite (in Mbit/s) abzuleiten. Das geschieht, indem mittels ERLANG-B-Formel aus den DBHE-Werten die Anzahl der benötigten Nutzkanäle abgeleitet wird. Dazu wird als Modellinput eine Vorgabe zur Verlustwahrscheinlichkeit (bzw. Durchlasswahrscheinlichkeit) benötigt. Typischerweise wird im Ortsnetz eine höhere Durchlasswahrscheinlichkeit als im Fernnetz gefordert. Hierfür sprechen die folgenden Gründe:

- Die Übertragungswege auf Fernnetzebene werden nur für Ferngespräche genutzt, die Übertragungswege auf Ortsnetzebene hingegen werden sowohl für Fern- als auch für Ortsgespräche benötigt.
- Wie aus der ERLANG-B-Formel hervorgeht, ist die Anzahl der Nutzkanäle, die für eine gegebene Verringerung der Verlustwahrscheinlichkeit zusätzlich benötigt wird, umso größer, je größer das auf dem jeweiligen Übertragungsweg zu bewältigende Angebot ist (vgl. Abschnitt D. in diesem Kapitel). Auf den Übertragungswegen des Fernnetzes ist im Durchschnitt das zu bewältigende Angebot und damit auch die Anzahl der vorzuhaltenden Nutzkanäle ungleich größer als auf Übertragungswegen des Ortsnetzes.

Mit abnehmenden Preisen für breitbandige Multiplexsysteme geht die Bedeutung solcher Überlegungen allerdings zurück. Mit moderner SDH-Technik sind Bandbreiten von 2,5 Gbit/s auf Fernnetzebene ohne weiteres zu realisieren.

Für jedes Ende einer physischen Verbindung muss an den betreffenden Netzknoten (Konzentratoren, BVSt, WVSt) eine bestimmte Anzahl Ports vorgehalten werden. Ein Port ist die Schnittstelle zwischen Netzknoten und Übertragungsweg. Physikalisch handelt es sich um ein Bauteil (im englischen „line card"), über das Übertragungsraten von 2 Mbit/s abgewickelt werden können (vgl. Kapitel XVI: „Beschreibung der Netztechnik", Abschnitt C.: „Vermittlungsschicht").

Bei assoziierter Zeichengabe ist PCM 30 die Standardkonfiguration im Verbindungsnetz. PCM 30 bezeichnet digitale 2,048 Mbit/s-Verbindungen (32 x 64 kbit/s = 2,048 Mbit/s), wobei der Kanal 0 (bzw. das erste innerhalb eines Zeitrahmens gesendete Byte) der Synchronisation und der Kanal 16 als Signalisierungskanal dient. Folglich ist

8 Typische Planungswerte sind 0,2 ABHE pro Geschäftskunden-Anschluss und 0,07 ABHE pro Privatkunden-Anschluss. Zu berücksichtigen ist dabei, dass die Hauptverkehrsstunde bei Privat- und

bei PCM 30 zur Befriedigung eines Bedarfes m x 30 PCM-Nutzkanälen eine Übertragungskapazität von m x 2 Mbit/s erforderlich, was zugleich m Ports entspricht. Bei quasi-assoziierter Zeichengabe hingegen steht auch der 16. Kanal als Nutzkanal zur Verfügung. Im hier diskutierten Kostenmodell wird davon ausgegangen, dass ein Port mit maximal 30 Nutzkanälen beschaltet werden kann. Außerdem wird an jedem Ende einer Verbindung aufgrund der Möglichkeit von Prognosefehlern, technischen Pannen etc. ein gewisser Aufschlag für redundante Ports eingeplant.

Aus dem Bandbreitenbedarf auf den diversen Kategorien von logischen Verbindungen lässt sich der Bandbreitenbedarf auf den physischen Verbindungen ableiten. Eine logische Verbindung zwischen zwei vermittlungstechnischen Einrichtungen wird aus Gründen der Ausfallsicherheit zumeist über getrennte physische Verbindungen realisiert. So wird beispielsweise angenommen, dass im Schnitt drei verschiedene physische Verbindungen zwischen einem APE-Standort und dem Standort der übergeordneten BVSt bestehen [vgl. Anhang 2a („Anzahl Netzknoten und Anzahl Verbindungen")]. Die physischen Verbindungen, über die eine logische Verbindung realisiert wird, werden bei einem Vermittlungsvorgang annahmegemäß zufallsmäßig abgesucht (vgl. Kapitel XVI: „Beschreibung der Netztechnik", Abschnitt C.3 „Verkehrslenkung"). Das über eine logische Verbindung der Kategorie „APE–BVSt" wird so gleichmäßig auf die drei zur Verfügung stehenden phyischen Übertragungswege aufgeteilt.

Zusammenfassend entspricht die Häufigkeitsverteilung des Ports der Häufigkeitsverteilung des Bandbreitenbedarfs für Sprachtelefondienst pro logischer Verbindung, ausgedrückt als Vielfaches von 2 Mbit/s. Diese Berechnungen sind in Anlage 3b („Häufigkeitsverteilung des Angebots pro logischer Verbindung") zusammengefasst; analoge Berechnungen müssen für „BVSt-BVSt"-, „BVSt-WVSt"- und „WVSt-WVSt"-Verbindungen ausgeführt werden.

4. Häufigkeitsverteilung des Gesamt-Bandbreitenbedarfs

Für Mietleitungen und Sprachtelefondienst werden die gleichen Übertragungswege in Anspruch genommen. Dabei lassen sich im Vergleich zur getrennten Bereitstellung von Mietleitung und Sprachtelefondienst Kosten sparen; d.h. bei simultaner Bereitstellung von Mietleitungen und Sprachtelefondienst werden Synergien genutzt. Entsprechend führt die Berücksichtigung der Nachfrage nach Mietleitungen im Kostenmodell dazu, dass den vermittelten Leistungen weniger Kosten zugeschlüsselt werden und die kalkulierten IC-Entgelte somit niedriger ausfallen.

F. Investitionen in Übertragungstechnik

Aus den Häufigkeitsverteilungen der Bandbreite, die auf den physischen Verbindungen der verschiedenen Kategorien („APE–BVSt", „BVSt–BVSt" etc.) vorzuhalten ist, las-

---

Geschäftskunden nicht übereinstimmt – die Hauptverkehrsstunde ist bei Geschäftskunden typischerweise an Werktagen vormittags und bei Privatkunden werktags in den frühen Abendstunden.

sen sich die Investitionen in Übertragungstechnik ableiten. Zur Übertragungstechnik zählen Multiplexsysteme, *Line Terminating Equipment* und Zwischenregeneratoren.[9] Gesucht wird dabei an der Zusammenstellung der Übertragungstechnik, durch die die Investitionssumme minimiert wird. Dahinter steckt die vereinfachende Annahme, dass sich die Kosten einer Anlage proportional zu deren Anschaffungspreis verhalten (vgl. hierzu Kapitel XII: „Bottom-up- versus Top-down-Modelle").

Zur Ermittlung der minimalen Investitionen in Übertragungstechnik wird in zwei Schritten vorgegangen:

- Im ersten Schritt werden jedem möglichen Bandbreitenbedarf auf einer physischen Verbindung die minimalen Investitionen in Übertragungstechnik zugeordnet.
- Im zweiten Schritt wird die im ersten Schritt ermittelte Wertetabelle mit der Häufigkeitsverteilung des Bandbreitenbedarfs auf physischen Verbindungen kombiniert.

Wie bereits dargelegt, soll der Einsatz von PDH-Übertragungstechnik modelliert werden (vgl. Kapitel XVI: „Beschreibung der Netztechnik", Abschnitt B.3). Bei PDH-Übertragungstechnik sind die Multiplexsysteme an den Enden der physischen Verbindungen modular aufgebaut: Es gibt Multiplexer („MUX") 2/8, MUX 8/34, MUX 34/140 und MUX 140/565. Um eine Systemdatenrate von beispielsweise 140 x 2 Mbit/s zu realisieren, muss eine aus MUX 2/8, MUX 8/34 und MUX 34/140 bestehende Multiplexhierarchie aufgebaut werden.

Aus den Annahmen über die Anschaffungspreise der Multiplexer der verschiedenen Stufen wird eine Wertetabelle abgeleitet, die einem jeweils gegebenen Kapazitätsbedarf (in n x 2 Mbit/s) und einer jeweils gegebenen Systemdatenrate (8 Mbit/s, 34 Mbit/s, 140 Mbit/s und 565 Mbit/s) die jeweils erforderlichen Investitionen in Multiplexer und *Line Terminating Equipment* zuordnet. Die Ergebnisse dieser Berechnungen sind in **Anlage 3c** („Investitionen in Übertragungstechnik in Abhängigkeit von der benötigten Bandbreite") zusammengefasst.

Damit ist die Wertetabelle, die den möglichen Bandbreiten die minimalen Investitionen in Übertragungstechnik zuordnet, jedoch noch nicht fertig. Zu berücksichtigen sind vielmehr auch zwei Faktoren, die von der Kategorie des jeweils betrachteten Übertragungsweges („APE-BVSt", „BVSt-BVSt") abhängen. Dies sind zum einen die Anzahl der Zwischenregenaratoren und zum anderen die Investitionen in zusätzliche Glasfaserpaare. Zusätzliche Glasfaserpaare müssen eingesetzt werden, wenn auf einem Übertragungsweg mehr als eine Multiplexhierarchie eingesetzt werden soll. Bei der Ermittlung der Investitionen in Übertragungstechnik ist der Verrechnungspreis pro Kilometer Glasfaserpaar exogen vorgegeben (vgl. hierzu den nachfolgenden Abschnitt „Investitionen in Linientechnik"). Die Ergebnisse dieser Berechnungen sind in **Anlage 3d** für APE-BVSt-Verbindungen zusammengefasst.

9 Das *Line Terminating Equipment* (LTE) ist die Schnittstelle zwischen einer Multiplexhierarchie und dem Glasfaserkabel; das LTE Equipment wandelt elektrische Signale in die über Glasfaser übertragenen optische Signale um und umgekehrt.

Nach diesen vorbereiteten Berechnungen kann die ermittelte Wertetabelle mit der Häufigkeitsverteilung des Bandbreitenbedarfs auf physischen Verbindungen kombiniert werden. Als Ergebnis stehen dann die Investitionen in Übertragungstechnik in Abhängigkeit vom Bandbreitenbedarf fest. Die Ergebnisse dieser Berechnungen sind für das Beispiel der APE-BVSt-Verbindungen in **Anlage 3e** zusammengefasst.

G. Investitionen in Linientechnik

Um einen Übertragungsweg zwischen zwei Punkten zu realisieren, sind neben den übertragungstechnischen Einrichtungen (Multiplexer etc.) auch Glasfaserkabel und Kabelkanallinien (im folgenden kurz „Trassen“) erforderlich. Kabel und Kabelkanallinien werden für gewöhnlich unter dem Begriff „Linientechnik“ zusammengefasst.

1. Investitionen in Kabelkanallinien

Die Berechnungen zu den Investitionen in Kabelkanallinien finden sich in den **Anlagen 4b und 5.**

Authentische Informationen über die Länge der Kabelkanallinien dürften nur bei den etablierten Anbietern nur in den in den Ausnahmefällen erhältlich sein. Daher wird im Modell die Länge der Kabelkanallinien abgeleitet, in dem die Länge der physischen Verbindungen einer Kategorie („APE–BVSt“, „BVSt–BVSt“ etc.) durch die Anzahl der Faserpaare dividiert wird, die für solche Verbindungen durchschnittlich auf Trassen der gleichen Kategorie benötigt werden. Im durch Abbildung XVII-5 illustrierten Zahlenbeispiel kommen auf 10 km „APE–BVSt“-Trasse insgesamt 13 „APE–BVSt“-Kabelkilometer, dass sind 1,3 km Kabelkilometer pro Trassenkilometer. Von den „APE-BVSt“-Trassenkilometern werden nach der im Kostenmodell angewandeten Methode 10 / 1,3 = 7,7 Trassen-Kilometer der Hauptkostenstelle „APE–BVSt“ zugeordnet.

Das verwendete Verfahren zur Abschätzung der Länge der Kabelkanallinien ist also unpräzise, führt jedoch in jedem Fall zu einer Überschätzung der Länge der Kabelkanallinien. Bei einer solchen Überschätzung sind allerdings die als Modellergebnis ausgewiesenen Kosten pro *IC-Call* leichter zu rechtfertigen. Gegen eine zu vorsichtige Schätzung der notwendigen Länge der Kabelkanallinien lässt sich ohnehin einwenden, dass die Vorhaltung redundanter Leerrohr- für eine schnelle Reaktion auf unerwartetes Nachfragewachstum, der Zerstörung von Übertragungswegen aufgrund von Unfällen oder kriminellen Einflüssen notwendig sei; außerdem müssen bei der heutigen Planung bereits zukünftige Anforderungen an das Netz berücksichtigt werden.[10]

---

10 British Telecom erklärt, Lehrrohrkapazitäten im Verbindungsnetz über einen Zeitraum von 20 Jahren im voraus zu planen, und Lehrrohrkapazitäten im Anschlussnetz über fünf Jahre. Außerdem sei die physische Trennung von Kupfer und Glasfaserkabeln notwendig, um die Gefahr der Beschädigungen zu vermindern, wenn Kupferkabel ausgetauscht oder gewartet wird. Vgl. British Telecom (Mai 1996).

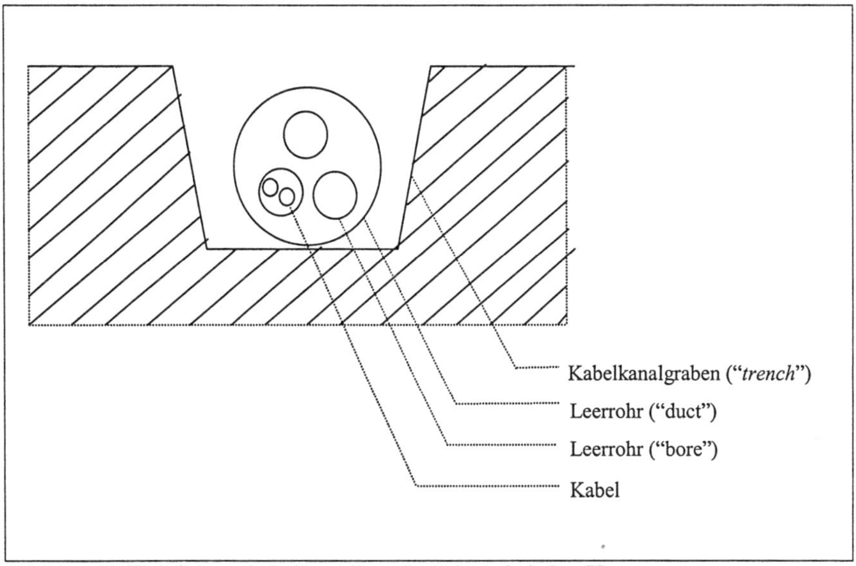

Abbildung XVII-4: Schematische Darstellung der linientechnischen Komponenten

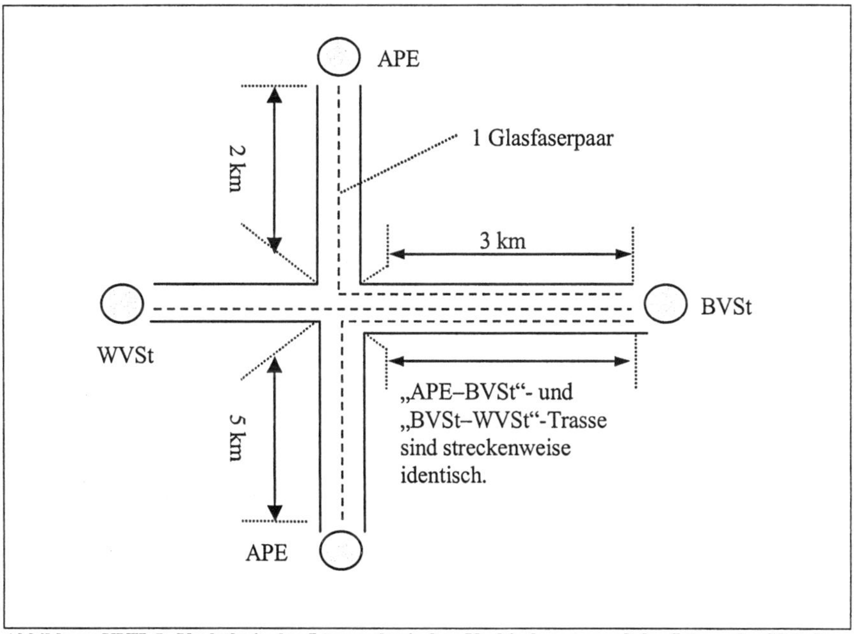

Abbildung XVII-5: Verhältnis der Länge physischer Verbindungen und der Länge der Kabelkanalgräben (Beispiel mit fiktiven Zahlen)

Die auf die einzelnen Kategorien von Verbindungen („APE–BVSt“, „BVSt–BVSt“ etc.) aufgeschlüsselten Längen der Kabelkanallinien werden mit einem Standardpreis für das Herstellen von Kabelkanallinien multipliziert (ca. 120.000 DM). Dieser Wert dürfte großzügig bemessen sein, da bei Kabelkanalarbeiten in ländlichen Gebieten eine kostenintensive Wiederherstellung der Erdoberfläche entfällt.

Ein Teil der Kabelkanaltrassen wird sowohl für das Verbindungsnetz als auch für das Teilnehmernetz genutzt. Dieser Anteil wird – als modellexogene Annahme – mit 10 % angesetzt. Die Abschreibungen, Betriebskosten und Kapitalkosten, die auf diesen 10%-tigen Anteil an den Investitionen in Kabelkanallinien entfallen, sind den Gemeinkosten des Teilnehmer- und des Verbindungsnetzes zuzurechnen.

2. Investitionen in Kabel

Bei der Bestimmung der Investitionen in Glasfaserkabel wird ähnlich vorgegangen wie bei der Bestimmung der Investitionen in Übertragungstechnik.

Im ersten Schritt wird eine Wertetabelle erstellt, die jeder Anzahl von benötigter Glasfaserpaare die optimale Kombination von Glasfaserkabeln zuordnet. Die Preise für die Glasfaserkabel richten sich nach der Anzahl der Glasfaserpaare, die jeweils zu einem Kabel zusammengefasst sind. Bei der Bestimmung der optimalen Kabelkombination wird zum einen untersucht, welche Investitionen erforderlich wären, wenn die jeweils gewünschte Anzahl von Faserpaaren über nur einen Kabeltyp bereitgestellt werden. Dabei kann jedoch ein großer Teil der Faserpaare ungenutzt bleiben. Deshalb ist zu untersuchen, ob sich der Bedarf an Faserpaaren nicht durch eine Kombination von Kabeln mit weniger Faserpaaren befriedigen lässt. Zur Berechnung der optimalen Kabelkombination für beispielsweise fünf Faserpaare werden die zuvor berechnete, investitionsminimale Kabelkombination für ein, zwei, drei und vier Faserpaare benötigt. Die gewünschte Anzahl von fünf Faserpaaren lässt sich sowohl über die Kombination der Optimallösungen für eins und vier Faserpaare als auch über die Kombination der Optimallösungen für zwei und drei Faserpaare realisieren. Aus diesen Kombinationen sowie der Investitionssumme bei Einsatz nur eines Kabeltyps wird die investitionsminimale Zusammenstellung von Kabeln ausgewählt. Diese bildet dann wiederum den Input für die Bestimmung der investitionsminimalen Zusammenstellung bei größeren Anzahlen benötigter Faserpaare. Die entsprechenden Berechnungen sind als **Anlage 4a** beigefügt.

Aufbauend auf der so erstellten Wertetabelle lassen sich den verschiedenen Kategorien von Verbindungen („APE–BVSt“, „BVSt–BVSt“, „BVSt–WVSt“, „WVSt–WVSt“) Investitionen in Glasfaserkabel zuordnen. Dabei wird unterstellt, dass die Häufigkeit, mit auf den unterschiedlichen Kategorien von Trassen (z.B. „APE–BVSt“) bestimmte Anzahlen von Faserpaaren benötigt werden, POISSON-verteilt ist. Die mittlere Anzahl der benötigten Faserpaare wird als Modellinput vorgegeben. Dabei ist zu berücksichtigen, dass die Trasse einer bestimmten Kategorie (z.B. „APE–BVSt“) abschnittsweise auch für Kabelverbindungen zwischen Netzknoten anderer Kategorien (z.B. „BVSt–BVSt“) genutzt wird. Entsprechend werden bei der Abschätzung der mittleren

Faserzahl auf einer „APE–BVSt"-Trasse nicht nur die für physische Verbindungen der Kategorie „APE–BVSt" benötigten Faserpaare ein berücksichtigt. Der Anteil an den Kabelkosten, der der Hauptkostenstelle „APE–BVSt" zugeordnet wird, richtet sich nach dem Anteil der für „APE–BVSt"-Verbindungen benötigten Faserpaare zur Gesamtzahl der Faserpaare auf APE–BVSt"-Trassen. Bei der Zuordnung von Kabelkosten zu den Hauptkostenstellen „BVSt–BVSt", „WVSt–BVSt" und „WVSt–WVSt" wird analog verfahren. Die Ergebnisse dieser Berechnungen sind in **Anlage 4b** enthalten.

H. Investitionen in Vermittlungstechnik und Technikgebäude

Die Annahmen zu den erforderlichen Investitionen in Vermittlungstechnik – dazu zahlen Konzentratoren, BVSt und WVSt – sind in **Anlage 6** dargestellt. Bei der Ermittlung dieser Investitionen wird zwischen „Ports" und „Prozessor" unterschieden. Unter der Rubrik „Prozessor" sind jene Komponenten einer Vermittlungseinrichtung zusammengefasst, deren Dimensionierung durch die Anzahl der Gesprächsversuche in der Spitzenlaststunde (*Busy Hour Call Attempts*) determiniert ist. Der Rubrik „Ports" hingegen werden alle Komponenten der Vermittlungseinrichtung zugeordnet, bei denen die Investitionen vom der Verbindungsdauer in der Spitzenlaststunde abhängen (Ausgedrückt in *Busy Hour Minutes* bzw. *Busy Hour Minutes*) abhängen.[13] Bei den Investitionen in Konzentratoren sind hier nur die „netzseitigen", nicht aber die „teilnehmerseitigen" Ports relevant. Bei den BVSt und WVSt werden Investitionen in jene Teilkomponenten, deren Dimensionierung weder von der Verbindungsdauer noch von der Anzahl der Gesprächsversuche abhängt, werden auf die Rubriken „Ports" und „Prozessor" im Verhältnis der jeweiligen inkrementellen Investitionen aufgeschlüsselt. Bei den Konzentratoren hingegen werden aus den Investitionen in vergleichbare Teilkomponenten (zusammen mit anderen Modellinputs) die Gemeinkosten des Teilnehmer- und des Verbindungsnetzes abgeleitet.

Die Annahmen zu den Investitionen in Technikgebäude finden sich schließlich in **Anlage 7**. Diese Investitionen werden auf die relevanten Hauptkostenstellen – Konzentratoren, WVSt und BVSt – im Verhältnis des jeweils benötigten Platzbedarfs aufgeschlüsselt.

---

13 Den Leistungen des Sprachtelefondienstes (Ende-zu-Ende-Verbindungen und IC-calls) werden nur die Investitionen in verbindungsnetzseitige Ports zugeordnet. Die Kosten der Ports, auf die Übertragungswege zu den Netzen anderer Betreiber geführt werden (in der Terminologie der DTAG „Interconnection-Anschlüsse" oder „ICA"), sind den anderen Betreibern jeweils getrennt in Form nutzungsunabhängiger Entgelte in Rechnung zu stellen.

XVIII. MODELLERGEBNISSE UND MODELLKRITIK

In **Anhang 8a** sind die ermittelten Investitionen in Vermittlungs- und Übertragungstechnik, Kabel und Kabelkanaltrassen sowie Technikgebäude zusammengefasst und auf die relevanten Hauptkostenstellen des Verbindungsnetzes aufgeteilt. Aus der Multiplikation der Investitionssummen mit Abschreibungssätzen und mit angenommenen Relationen von Betriebskosten und Investitionssummen ergibt sich eine Kostenaufteilung auf die Hauptkostenstellen. Diese Kostenaufteilung wird getrennt für die langfristigen Zusatzkosten und die Stand-Alone-Kosten des Verbindungsnetzes vorgenommen. Daraus werden dann mittels Element Based Charging in **Anhang 8b** die gesuchten Entgeltober- und -untergrenzen für die Zuführungs- und Terminierungsleistungen abgeleitet (zur Methodik vgl. Kapitel X: „Element Based Charging"). Die als Modellergebnis ausgewiesenen Entgeltober- und -untergrenzen erweisen sich als kompatibel mit den Ergebnissen vergleichbarer „Bottom-up"-Modelle.[1]

Natürlich lädt das Modell zu berechtigter Kritik ein. Eine Kategorie von Kritikpunkten betrifft die Methodik von *„Bottom-up"-Modellen.* Zu nennen sind hier vor allem die Modellierung von Betriebskosten durch modellexogene Aufschläge auf die Investitionen in ausgesuchte Netzkomponenten und die zahlreichen vereinfachenden Annahmen hinsichtlich der Netzbeschaffenheit[2] (vgl. Kapitel XII: „Bottom-up- versus Top-down-Modelle"). Diese Kritikpunkte haben selbstverständlich ihre Berechtigung, jedoch wird diese Kritik durch die methodische Kritik an „*Top-down*"-Modellen[3] sowie deren typischerweise unbefriedigende Transparenz relativiert. Nimmt ein reguliertes Unternehmen für sich in Anspruch, die tatsächlichen Kosten der effizienten Leistungserstellung seien höher als in einer fundierten „*Bottom-up*"-Berechnung ausgewiesen, so sollte es ihm freistehen, dies anhand einer „*Top-down*"-Berechnung zu belegen. Eine nachvollziehbare und transparente „*Top-down*"-Berechnung ist nach Auffassung des Autors gegenüber „*Bottom-up*"-Berechnung vorzuziehen. Als Instrument der *Plausibilitätskontrolle* hat ein „*Bottom-up*"-Modell allerdings seine Berechtigung.

Darüber hinaus gibt es Probleme, die „*Bottom-up*"- und „*Top-down*"-Modelle gleichermaßen betreffen. Zu denken ist hier zum einen an die Festlegung von *Modellinputs* wie die Beträge der Routing-Faktoren oder die angenommene künftige Preisentwicklung bei Anlagegütern zur Bestimmung ökonomischer Abschreibungen. Auch die Abschätzung von Finanzierungskosten ist ein heikles Thema (vgl. Kapitel XIII: „Kapitalkosten").

Anstatt das bereits in Teil 2 der Untersuchung diskutierte Für und Wider verschiedener Entscheidungsalternativen zur Kostenrechnungsmethodik nochmals zusammenzufas-

---

1 vgl. beispielsweise Oftel (März 1997b)

2 Besonders hervorstechend bei dem hier diskutierten Modell ist die Annahme, dass die veraltete PDH- anstelle von SDH-Übertragungstechnik eingesetzt wird.

3 Kritisch ist bei „Top down"-Modellen insbesondere die Aufschlüsselung der indirekten Kostenstellengemeinkosten mittels Kostentreiberhierarchien (vgl. Kapitel XI: „Finanzbuchhaltung und Kostenanalyse").

sen, soll an dieser Stelle nochmals unterstrichen werden, wie erheblich bei einer regulatorischen Kostenrechnung die *diskretionären Spielräume* hinsichtlich der Festlegung von Modellannahmen und Kostenrechnungsmethodik sind:[4] Der absolute Betrag der „Kosten der effizienten Leistungserstellung“ ist einfach nicht eindeutig bestimmbar, sondern es können nur Größenordnungen geschätzt werden. Solange regulatorische Kostenrechnung auch Grundlage der Entgeltregulierung ist, bedeutet es für die Unternehmen in ihrer Rolle als Anbieter oder Nachfrager von Zusammenschaltung bzw. als *Incumbent* oder Markteintreter bares Geld, wie bei der Kostenrechnung diskretionäre Spielräume ausgeschöpft werden. Die Fülle der diskretionären Spielräume und der Interessengegensatz zwischen den Akteuren am Markt begründet die Notwendigkeit, Regulierungsentscheidungen *transparent* zu *fundieren.* Ökonomische Fundierung und Transparenz sind wesentliche Voraussetzungen für die Akzeptanz der Regulierung in ihrer Rolle als Schiedsrichter zwischen gegenläufigen wirtschaftlichen Interessen. Das bedeutet unter anderem:

- Die Regulierungsinstanz sollte – etwa im Anschluss an öffentliche Konsultationen – Festlegungen zur Kostenrechnungsmethodik treffen, die sowohl für regulatorisch relevante „*Bottom-up*“- als auch für „*Top-down*“-Modelle verbindlich sind. Ansonsten sind die Modellergebnisse nicht vergleichbar und überflüssiger Methodenstreit vorprogrammiert.
- Bei regulatorisch relevanten „*Top-down*“-Modellen sollten Zwischenergebnisse und Modellinputs ebenfalls öffentlich zugänglich gemacht werden, wobei das Aggregationsniveau bei der Datenveröffentlichung dem berechtigten Interesse des regulierten Unternehmens nach Wahrung von Betriebs- und Geschäftsgeheimnissen Rechnung zu tragen hat.
- Kostenrechnungsmethodik und Modellergebnisse aus regulatorisch relevanten „*Bottom-up*“-Modellen sollten von der Regulierungsinstanz soweit veröffentlicht werden, dass Vergleiche mit dem typischerweise vom regulierten Unternehmen favorisierten „*Top-down*“-Modellen möglich sind.

---

4 Zu einer Diskussion des Für und Wider der verschiedenen Entscheidungsalternativen zu den zahlreichen Fragen der Kostenrechnungsmethodik sei auf Teil 2 der Untersuchung verwiesen.

Anhänge zu Teil 3:
Kalkulation von IC-Entgelten

Anhang 1a: Abschätzung von Routing-Faktoren

	Prozentuale Verteilung der Routing-Szenarien	Netzknoten			Verbindungen zwischen Netzknoten an verschiedenen Standorten (vgl. Anlage 2a)			
		Konzentrator	BVSt	WVSt	BVSt-APE	BVSt-BVSt	BVSt-WVSt	WVSt-WVSt
					Anteil APE an Konz.: 80,21%		BVSt an WVSt-Standort 4,40%	
Nationaler Enkdunden-Sprachtelefondienst								
Ortsgespräch								
Own Exchange	95%	2,00	1,00	0,00	1,60	0,00	0,00	0,00
BVSt-BVSt	5%	2,00	2,00	0,00	1,60	0,00	0,00	0,00
	100%	*2,00*	*1,05*	*0,00*	*1,60*	*0,00*	*0,00*	*0,00*
Regionalgespräch								
BVSt-BVSt	90%	2,00	2,00	0,00	1,60	1,00	0,00	0,00
BVSt-WVSt-BVSt	10%	2,00	2,00	1,00	1,60	0,00	1,91	0,00
	100%	*2,00*	*2,00*	*0,10*	*1,60*	*0,90*	*0,19*	*0,00*
Ferngespräch								
BVSt-BVSt	50%	*2,00*	*2,00*	*0,00*	1,60	1,00	0,00	0,00
BVSt-WVSt-BVSt	25%	2,00	2,00	1,00	1,60	0,00	1,91	0,00
BVSt-WVSt-WVSt-BVSt	25%	2,00	2,00	2,00	1,60	0,00	1,91	1,00
	100%	*2,00*	*2,00*	*0,75*	*1,60*	*0,50*	*0,96*	*0,25*
Zuführungs- und Terminierungsleistungen auf BVSt-Ebene								
Ort		*1,00*	*1,05*	*0,00*	*0,80*	*0,00*	*0,00*	*0,00*
Regional		*1,00*	*2,00*	*0,10*	*0,80*	*0,90*	*0,19*	*0,00*
Fern		*1,00*	*2,00*	*1,00*	*0,80*	*0,50*	*0,96*	*0,25*

Anhang 1b: Auslastung von Netzkomponenten

Anteil des Verkehrs während der Spitzenlaststunde am Gesamtverkehr:	11%
Anzahl der Spitzenlaststunden pro Jahr (= Anzahl Arbeitstage):	240
Durchschnittliche Gesprächsdauer:	2,80 Minuten
Verhältnis erfolgreiche Gesprächsversuche : alle Gesprächsversuche:	60%

	Jährl. Leistungsnachfrage	Switch usage (= Jährliche Leistungsnachfrage x Routing-Faktor; vgl. Anhang 1b)		
		Konzentrator	BVSt	WVSt
Nationaler Endkunden-Sprachteletefondienst				
City	78.000 Mio. Min.	156.000 Mio. Min.	81.900 Mio. Min.	-
Region 50	35.000 Mio. Min.	70.000 Mio. Min.	70.000 Mio. Min.	3.500 Mio. Min.
Reg. 200 u. Fern	42.000 Mio. Min.	84.000 Mio. Min.	84.000 Mio. Min.	31.500 Mio. Min.
Zuführungs- und Terminierungsleistungen auf BVSt-Ebene				
City	8.000 Mio. Min.	8.000 Mio. Min.	8.400 Mio. Min.	-
Region 50	4.000 Mio. Min.	4.000 Mio. Min.	8.000 Mio. Min.	400 Mio. Min.
Region 200	4.000 Mio. Min.	4.000 Mio. Min.	8.000 Mio. Min.	4.000 Mio. Min.
Summe (gerundet)	171.000 Mio. Min.	**326.000 Mio. Min.**	**260.000 Mio. Min.**	**39.000 Mio. Min.**
Gesprächsversuche pro Jahr = Gesprächsminuten pro Jahr / durchschnittliche Gesprächsdauer x Anteil erfolgreiche Gesprächsversuche		194.000 Mio. CA	155.000 Mio. CA	23.000 Mio. CA
Spitzenlastverkehr (gerundet)				
ABHM = Gesprächsminuten pro Jahr x Anteil Spitzenlastverkehr am Gesamtverkehr / Anzahl Spitzenlaststunden pro Jahr		149.417.000 ABHM	119.167.000 ABHM	17.875.000 ABHM
ABHE = AHBM/60		2.490.000 ABHE	1.986.000 ABHE	298.000 ABHE
ABCA = Gesprächsversuche pro Jahr x Anteil Spitzenlastverkehr am Gesamtverkehr / Anzahl Spitzenlaststunden pro Jahr		88.917.000 ABHCA	71.042.000 ABHCA	10.542.000 ABHCA

	Jährl. Nachfrage (vgl. Blatt "Nachfrage")	Verbindung zwischen Netzknoten an unterschiedlichen Standorten (die Summe des über logische und physische Verbindungen abgewickelten Verkehrs ist identisch)			
		BVSt - APE-Verbindungen	BVSt-BVSt-Verbindungen	BVSt-WVSt-Verbindungen	WVSt - WVSt-Verbindungen
Nationaler Endkunden-Sprachteletefondienst					
City	78.000 Mio. Min.	125.122 Mio. Min.	-	-	-
Region 50	35.000 Mio. Min.	56.144 Mio. Min.	31.500 Mio. Min.	6.692 Mio. Min.	-
Regional 200 und Fer	42.000 Mio. Min.	67.373 Mio. Min.	21.000 Mio. Min.	40.153 Mio. Min.	10.500 Mio. Min.
Zuführungs- und Terminierungsleistungen auf BVSt-Ebene					
City	8.000 Mio. Min.	6.417 Mio. Min.	-	-	-
Region 50	4.000 Mio. Min.	3.208 Mio. Min.	3.600 Mio. Min.	765 Mio. Min.	-
Region 200	4.000 Mio. Min.	3.208 Mio. Min.	2.000 Mio. Min.	3.824 Mio. Min.	1.000 Mio. Min.
Summe	171.000 Mio. Min.	**261.472 Mio. Min.**	**58.100 Mio. Min.**	**51.434 Mio. Min.**	***11.500 Mio. Min.***
Auslastung während der Spitzenlaststunde		119.841.526 ABHM 1.997.359 ABHE	26.629.167 ABHM 443.819 ABHE	23.573.932 ABHM 392.899 ABHE	5.270.833 ABHM 87.847 ABHE

Anhang 2a: Anzahl Netzknoten und Anzahl Verbindungen

Die Anzahl der Standorte und die Anzahl der Einrichtungen pro Standort wird vorgegeben.

	Anzahl Standorte	Anzahl Einrichtungen pro Standort	Anzahl Vermittlungseinrichtungen	
			Absolut	Prozentual (vgl. Input für Blatt "Routing")
Konzentratoren				
Summe	7.789	4,1	***31.707***	100%
Remote (APE)	7.266	3,5	***25.431***	***80%***
Host	523	12,0	***6.276***	***20%***
BVSt				
Summe	523	2,0	***1.046***	100%
keine Kollokation mit WVSt	500	2,0	***1.000***	***96%***
Kollokation mit WVSt	23	2,0	***46***	***4%***
WVSt	23	2,0	***46***	

	durchschnittliche Anzahl logische Verbindungen	Summe Anzahl logische Verbindungen	Anzahl phyisische Verbindungen, über die logische Verbindung realisiert wird	Summe Anzahl physische Verbindungen
APE-Standort und BVSt-Standort	1	7.266	3	21.798
BSVSt-Standort und BSVt-Standort (= BVSt-Standorte x 1.5)	3	785	2	1.569
BVSt-Standort und WVSt-Standort	2	500	2	1.000
WVSt-Standort und WVSt-Standort	Vollvermaschung	253	1	253

Anhang 2b: Länge physischer Verbindungen

Fläche Deutschlands: *356.957 km²*

	APE-BVSt	*BVSt-BVSt*	*BVSt-WVSt*	*WVSt-WVSt*
Anzahl Netzknoten auf der höheren Hierarchieebene (vgl. Anlage 2a)	523		23	
Durchschnittlich von Netknoten abgedeckte Fläche	683 km²		15.520 km²	
Durchschnittlicher Kreisradius:	14,7 km		70,3 km	
Netzknoten auf höherer Hierarchieebene steht im Durschnitt auf halber Strecke zwischen Aussenrand und Kreismittelpunkt)	7,4 km		35,1 km	
Umwegefaktor:	1,8		1,6	
Entfernung in Trassen-km (Input für die Berechnung der Investitionen in	**13,3 km**	**56,2 km**	**56,2 km**	**350 km**
Anzahl physische Verbindungen zwischen Standorten (siehe Anlage 2a):	21.798	1.569	1.000	253
Gesamtlänge der phys. Verbindungen (Input für dio Aufschlüsselung der	**289.162 km**	**88.223 km**	**56.229 km**	**88.550 km**

Anlage 3a: Durchschnittliches Angebot pro logischer Verbindung

	APE-BVSt	*BVSt - WVSt* *BVSt - BVSt*	*WVSt - WVSt*
Auslastung durch Sprachtelefondienst (vgl. Anlage 1b) Anzahl logische Verbindungen (vgl. Anlage 2a)	1.997.359 ABHE 7.266	BVSt-WVSt 392.899 ABHE BVSt-BVSt 443.819 ABHE 785 500	87.847 ABHE 253
Abzuwickelnder PSTN-Verkehr pro logischer Verbindung zwischen	***274,89 ABHE***	***BVSt-BVSt 500,83 ABHE*** ***BVSt-WVSt 887,64 ABHE***	***347,22 ABHE***
Abweichung des Verkehrs in der "dimensioning busy hour" von der "average busy hour" ((1+a) x (1+b) - 1)	18,6%	26,5%	21,0%
(a) Abweichung der durchschnittlichen Spitzenlaststunde von der wöchentlichen	14,0%	10,0%	10,0%
(b) Abweichung der wöchentlichen von der jährlichen Spitzenlaststunde	4,0%	15,0%	10,0%
Reservekapazität für Angebotswachstum aufgrund neuer Dienste (z.B.	10,0%	5,0%	5,0%
Reservekapazität für planmässiges Nachfragewachstum	26,5%	17,0%	17,0%
(a) Jährliches Wachstum:	4,0%	4,0%	4,0%
(b) Planungshorizont:	6 Jahre	4 Jahre	4 Jahre

Reservekapazität für den Ausfall von Verbindunen ("Redundanz") (zu den Angaben zu APE-BVSt-, BVSt-BVSt- und BVSt-WVSt-Verbindungen vgl. Anlage 2a)	50,0% Anzahl der physichen Verbindungen, über die eine APE-BVSt-Verbindung realisiert wird 3	100,0% Anzahl der BVSt bzw. WVSt, auf die eine BVSt abgestützt ist: 2	33,3% Anzahl der alternativen physischen Verbindungen zwischen zwei WVSt-Standorten: 4
Angebot, das bei Ausfall einer Verbindung auf alternative Übertragungswege gegeben werden	100,0%	100,0%	100,0%
bei Bestimmung der Anzahl der einzurichtenden Nutzkanäle zugrunde gelegtes Angebot	680,43 DHBE	BVSt-WVSt 1.556,44 DBHE BVSt-BVSt 2.758,54 DBHE	688,10 DHBE
Verhältnis DHBE/ABHE	***247,5%***	***BVSt-BVSt 310,8%*** ***BVSt-BVSt 310,8%***	***198,2%***

Anhang 3b: Häufigkeitsverteilung des Bandbreitenbedarfs für Sprachtelefondienst pro logischer Verbindung zwischen APE- und BVSt-Standort

(Wertetaballe nur auszugsweise ausgedruckt)

Stichprobe		Durchschnittliches Angebot Modell-berechnung (vgl. Anlage 3a):	Verhältnis DHBE/ABHE (vgl. Blatt "Dim_Erlang_Verb"):	Vorgebegebene mittlere Durchlaßwahr-scheinlichkeit	Redundante Ports für Um-konfiguration, Prognose-fehler, etc.:	Anzahl phys. Verbindung, über die logische Verbindung realisiert wird (vgl. Anlage 2a)	Anzahl Konzentrator pro Standort (vgl. Anlage 2a)	Anzahl BVSt pro Standort (vgl. Anlage 2a)
Durchschnitt-liches Angebot Stichprobe:	Ab-weichung vom Durch schnitts-wert							
58,7 ABHE		274,89 ABHE	247,5%	99,9%	15%	3	3,5	2
Merkmalsaus-prägungen Stichprobe		Angenommene Merkmalsaus- prägungen:		Benötigte Zahl von Nutzkanälen:	Benötigte An-zahl Ports pro Ende **logische Verbindung**	Benötigte Anzahl Ports pro **Ende phys. Verbindung**	**Anzahl BVSt-seitige Ports an Konzentrator**	**Anzahl Konzentrator-seitige Ports an BVSt**
0,0 ABHE	-99,97%	0,08 ABHE	0,29 DHBE	4 Kanäle	2 Ports	1 Ports	1 Ports	1 Ports
0,7 ABHE	-98,88%	3,07 ABHE	10,66 DHBE	22 Kanäle	2 Ports	1 Ports	1 Ports	1 Ports
1,7 ABHE	-97,02%	8,19 ABHE	28,45 DHBE	46 Kanäle	3 Ports	1 Ports	1 Ports	2 Ports
4,1 ABHE	-93,01%	19,22 ABHE	66,79 DHBE	91 Kanäle	5 Ports	2 Ports	2 Ports	3 Ports
6,8 ABHE	-88,42%	31,83 ABHE	110,63 DHBE	140 Kanäle	6 Ports	2 Ports	2 Ports	3 Ports
8,9 ABHE	-84,81%	41,75 ABHE	145,10 DHBE	178 Kanäle	7 Ports	3 Ports	2 Ports	4 Ports
10,8 ABHE	-81,55%	50,72 ABHE	176,25 DHBE	212 Kanäle	10 Ports	4 Ports	3 Ports	5 Ports
12,7 ABHE	-78,32%	59,61 ABHE	207,16 DHBE	245 Kanäle	11 Ports	4 Ports	4 Ports	6 Ports
14,5 ABHE	-75,37%	67,69 ABHE	235,25 DHBE	276 Kanäle	12 Ports	4 Ports	4 Ports	6 Ports
16,3 ABHE	-72,20%	76,42 ABHE	265,58 DHBE	308 Kanäle	13 Ports	5 Ports	4 Ports	7 Ports
17,9 ABHE	-69,44%	83,99 ABHE	291,90 DHBE	336 Kanäle	14 Ports	5 Ports	4 Ports	7 Ports
19,4 ABHE	-66,89%	91,00 ABHE	316,26 DHBE	362 Kanäle	15 Ports	5 Ports	5 Ports	8 Ports
21,2 ABHE	-63,97%	99,05 ABHE	344,22 DHBE	391 Kanäle	17 Ports	6 Ports	5 Ports	9 Ports
22,6 ABHE	-61,44%	106,00 ABHE	368,37 DHBE	417 Kanäle	17 Ports	6 Ports	5 Ports	9 Ports
24,2 ABHE	-58,76%	113,37 ABHE	394,01 DHBE	444 Kanäle	18 Ports	6 Ports	6 Ports	9 Ports
25,8 ABHE	-56,00%	120,97 ABHE	420,39 DHBE	471 Kanäle	19 Ports	7 Ports	6 Ports	10 Ports
27,6 ABHE	-53,00%	129,19 ABHE	448,97 DHBE	501 Kanäle	20 Ports	7 Ports	6 Ports	10 Ports

86,5 ABHE	47,40%	405,19 ABHE	1.408,14 DHBE	1.491 Kanäle	58 Ports	20 Ports	17 Ports	29 Ports
87,6 ABHE	49,20%	410,14 ABHE	1.425,35 DHBE	1.508 Kanäle	59 Ports	20 Ports	17 Ports	30 Ports
88,5 ABHE	50,83%	414,63 ABHE	1.440,95 DHBE	1.524 Kanäle	59 Ports	20 Ports	17 Ports	30 Ports
89,6 ABHE	52,69%	419,72 ABHE	1.458,64 DHBE	1.542 Kanäle	60 Ports	20 Ports	18 Ports	30 Ports
90,8 ABHE	54,63%	425,06 ABHE	1.477,19 DHBE	1.561 Kanäle	61 Ports	21 Ports	18 Ports	31 Ports
91,9 ABHE	56,54%	430,32 ABHE	1.495,48 DHBE	1.580 Kanäle	61 Ports	21 Ports	18 Ports	31 Ports
93,0 ABHE	58,42%	435,48 ABHE	1.513,42 DHBE	1.598 Kanäle	63 Ports	21 Ports	18 Ports	32 Ports
94,4 ABHE	60,88%	442,23 ABHE	1.536,88 DHBE	1.622 Kanäle	64 Ports	22 Ports	19 Ports	32 Ports
95,9 ABHE	63,37%	449,08 ABHE	1.560,68 DHBE	1.647 Kanäle	64 Ports	22 Ports	19 Ports	32 Ports
97,5 ABHE	66,17%	456,79 ABHE	1.587,47 DHBE	1.674 Kanäle	65 Ports	22 Ports	19 Ports	33 Ports
99,8 ABHE	69,99%	467,28 ABHE	1.623,94 DHBE	1.711 Kanäle	67 Ports	23 Ports	20 Ports	34 Ports
102,5 ABHE	74,61%	480,00 ABHE	1.668,12 DHBE	1.756 Kanäle	68 Ports	23 Ports	20 Ports	34 Ports
105,7 ABHE	79,98%	494,76 ABHE	1.719,42 DHBE	1.809 Kanäle	71 Ports	24 Ports	21 Ports	36 Ports
110,0 ABHE	87,40%	515,16 ABHE	1.790,31 DHBE	1.881 Kanäle	73 Ports	25 Ports	21 Ports	37 Ports
116,0 ABHE	97,69%	543,42 ABHE	1.888,53 DHBE	1.981 Kanäle	78 Ports	26 Ports	23 Ports	39 Ports
135,8 ABHE	131,35%	635,95 ABHE	2.210,11 DHBE	2.308 Kanäle	89 Ports	30 Ports	26 Ports	45 Ports
			Durchschnitt:	***1.023 Kanäle***	***40 Ports***	***14 Ports***	***12 Ports***	***20 Ports***

Anhang 3c: Investition in Abschlußeinrichtungen in Abhängigkeit von der benötigten Bandbreite

Systemdatenrate der höchsten MUX-Stufe: 565 Mbit/s

PDH- Abschlußeinrichtung	Mux 2/8	MUX 8/34	MUX 34/140	MUX 140/565 + LTE 565
Anschaffungspreis	£ 900	£ 1.500	£ 2.000	£ 23.000
Systemdatenrate (MUX-Stufe)	**8 x 2MBit/s**	**34 x 2MBit/s**	**140 x 2MBit/s**	**565 x 2MBit/s**
Nutzdatenrate in 2 Mbit/s	8 x 2MBit/s	32 x 2MBit/s	128 x 2MBit/s	512 x 2MBit/s
Nutzdatenrate pro Über-trag.richtung in 2 Mbit/s	4 x 2MBit/s	16 x 2MBit/s	64 x 2MBit/s	256 x 2MBit/s

Spalte 1	Spalte 2	Spalte 3a	Spalte 3b	Spalte 3c	Spalte 3d	Spalte 4	Spalte 5
Benötigte Nutzdatenrate pro Über-tragungsrichtung	Benötigte Nutzdatenrate pro Übertragungs-richtung zuzügl. 85% Redundanz	Benötigte Anzahl Mulitplexer pro Ende des Übertragungsweges = Spalte 2 / Datenrate der MUX pro Übertragungsrichtung				Investition in Ab-schlußeinrichtungen (beide Ver-bindungsenden)	Verfügbare Nutzdatenrate pro Übertrag.- richtung Spalte 3a x Nutzdatenrate MUX 2/8
		Systemdatenrate					
		8 x 2MBit/s	**34 x 2MBit/s**	**140 x 2MBit/s**	**565 x 2MBit/s**		
1 x 2MBit/s	2 x 2MBit/s	1	1	1	1	£ 54.800	4 x 2MBit/s
2 x 2MBit/s	3 x 2MBit/s	1	1	1	1	£ 54.800	4 x 2MBit/s
3 x 2MBit/s	4 x 2MBit/s	1	1	1	1	£ 54.800	4 x 2MBit/s
4 x 2MBit/s	5 x 2MBit/s	2	1	1	1	£ 56.600	8 x 2MBit/s
5 x 2MBit/s	6 x 2MBit/s	2	1	1	1	£ 56.600	8 x 2MBit/s
6 x 2MBit/s	8 x 2MBit/s	2	1	1	1	£ 56.600	8 x 2MBit/s
7 x 2MBit/s	9 x 2MBit/s	3	1	1	1	£ 58.400	12 x 2MBit/s
8 x 2MBit/s	10 x 2MBit/s	3	1	1	1	£ 58.400	12 x 2MBit/s
9 x 2MBit/s	11 x 2MBit/s	3	1	1	1	£ 58.400	12 x 2MBit/s
10 x 2MBit/s	12 x 2MBit/s	3	1	1	1	£ 58.400	12 x 2MBit/s
11 x 2MBit/s	13 x 2MBit/s	4	1	1	1	£ 60.200	16 x 2MBit/s
12 x 2MBit/s	15 x 2MBit/s	4	1	1	1	£ 60.200	16 x 2MBit/s
13 x 2MBit/s	16 x 2MBit/s	4	1	1	1	£ 60.200	16 x 2MBit/s
14 x 2MBit/s	17 x 2MBit/s	5	2	1	1	£ 65.000	20 x 2MBit/s

Anhang 3c (Fortsetzung)

Systemdatenrate der höchsten MUX-Stufe: 140 Mbit/s

PDH-Abschlußeinrichtung	Mux 2/8	MUX 8/34	MUX 34/140 + LTE 140
Anschaffungspreis	£ 900	£ 1.500	£ 6.000
Systemdatenrate (MUX-Stufe)	**8 x 2MBit/s**	**34 x 2MBit/s**	**140 x 2MBit/s**
Nutzdatenrate in 2 Mbit/s	8 x 2MBit/s	32 x 2MBit/s	128 x 2MBit/s
Nutzdatenrate pro Übertrag.richtung in 2 Mbit/s	4 x 2MBit/s	16 x 2MBit/s	64 x 2MBit/s

Spalte 1	Spalte 2	Spalte 3a	Spalte 3b	Spalte 3c	Spalte 4	Spalte 5
Benötigte Nutzdatenr- ate pro Über- tragungsrichtung	Benötigte Nutzdatenrate pro Übertragungs- richtung zuzügl. 75% Redundanz	Benötigte Anzahl Mulitplexer pro Ende des Übertragungsweges = Spalte 2 / Datenrate der MUX pro Übertragungsrichtung			Investition in Ab- schlußeinrichtungen (beide Ver- bindungsenden)	Verfügbare Nutzdatenrate pro Übertrag.- richtung Spalte 3a x Nutzdatenrate MUX 2/8
		Systemdatenrate				
		8 x 2MBit/s	**34 x 2MBit/s**	**140 x 2MBit/s**		
1 x 2MBit/s	2 x 2MBit/s	1	1	1	£ 16.800	4 x 2MBit/s
2 x 2MBit/s	3 x 2MBit/s	1	1	1	£ 16.800	4 x 2MBit/s
3 x 2MBit/s	4 x 2MBit/s	1	1	1	£ 16.800	4 x 2MBit/s
4 x 2MBit/s	6 x 2MBit/s	2	1	1	£ 18.600	8 x 2MBit/s
5 x 2MBit/s	7 x 2MBit/s	2	1	1	£ 18.600	8 x 2MBit/s
6 x 2MBit/s	8 x 2MBit/s	2	1	1	£ 18.600	8 x 2MBit/s
7 x 2MBit/s	10 x 2MBit/s	3	1	1	£ 20.400	12 x 2MBit/s
8 x 2MBit/s	11 x 2MBit/s	3	1	1	£ 20.400	12 x 2MBit/s
9 x 2MBit/s	12 x 2MBit/s	3	1	1	£ 20.400	12 x 2MBit/s
10 x 2MBit/s	14 x 2MBit/s	4	1	1	£ 22.200	16 x 2MBit/s
11 x 2MBit/s	15 x 2MBit/s	4	1	1	£ 22.200	16 x 2MBit/s
12 x 2MBit/s	16 x 2MBit/s	4	1	1	£ 22.200	16 x 2MBit/s
13 x 2MBit/s	18 x 2MBit/s	5	2	1	£ 27.000	20 x 2MBit/s
14 x 2MBit/s	19 x 2MBit/s	5	2	1	£ 27.000	20 x 2MBit/s

Anhang 3c (Fortsetzung)

Systemdatenrate der höchsten MUX-Stufe: 34 Mbit/s

PDH-Abschlußeinrichtung	Mux 2/8	MUX 8/34 + LTE 34
Anschaffungspreis	£ 900	£ 3.500
Systemdatenrate (MUX-Stufe)	**8 x 2MBit/s**	**34 x 2MBit/s**
Nutzdatenrate in 2 Mbit/s	8 x 2MBit/s	32 x 2MBit/s
Nutzdatenrate pro Über-trag.richtung in 2 Mbit/s	4 x 2MBit/s	16 x 2MBit/s

Spalte 1	Spalte 2	Spalte 3a	Spalte 3b	Spalte 4	Spalte 5
Benötigte Nutzdatenrate pro Über- tragungs- richtung	Benötigte Nutzdaten rate pro Über- tragungs- richtung zuzügl. 75% Redundanz	Benötigte Anzahl Mulitplexer pro Ende des Übertragungs- weges = Spalte 2 / Datenrate MUX pro		Investition in Ab- schlußeinrichtungen (beide Ver- bindungsenden)	Bereitge- stellte Nutz datenrate pro Über- trag.- richtung Spalte 3a x Nutzdatenra- te MUX 2/8
		MUX 2/8	MUX 8/34		
1 x 2MBit/s	2 x 2MBit/s	1	1	£ 8.800	4 x 2MBit/s
2 x 2MBit/s	3 x 2MBit/s	1	1	£ 8.800	4 x 2MBit/s
3 x 2MBit/s	4 x 2MBit/s	1	1	£ 8.800	4 x 2MBit/s
4 x 2MBit/s	6 x 2MBit/s	2	1	£ 10.600	8 x 2MBit/s
5 x 2MBit/s	7 x 2MBit/s	2	1	£ 10.600	8 x 2MBit/s
6 x 2MBit/s	8 x 2MBit/s	2	1	£ 10.600	8 x 2MBit/s
7 x 2MBit/s	10 x 2MBit/s	3	1	£ 12.400	12 x 2MBit/s
8 x 2MBit/s	11 x 2MBit/s	3	1	£ 12.400	12 x 2MBit/s
9 x 2MBit/s	12 x 2MBit/s	3	1	£ 12.400	12 x 2MBit/s
10 x 2MBit/s	14 x 2MBit/s	4	1	£ 14.200	16 x 2MBit/s
11 x 2MBit/s	15 x 2MBit/s	4	1	£ 14.200	16 x 2MBit/s
12 x 2MBit/s	16 x 2MBit/s	4	1	£ 14.200	16 x 2MBit/s

Anhang 3d: Investitionen in Übertragungstechnik auf APE-BVSt-Verbindungen

	Systemdatenrate in 2 Mbit/s		
	34	**140**	**565**
Investition Zwischenregenerator	£ 3.000	£ 6.500	£ 20.000

Anzahl Zwischenregenaratoren pro MUX-Hierarchie:	0,55
Investitionen in Glasfaser pro zusätzl. Faserpaar und Multiplexhierarchie:	£ 6.851
Durchschnittliche Länge phys. Verbindung (vgl. Anhang 2b):	13,3 km

	Systemdatenrate der Abschlußeinrichtungen in 2 Mbit/s								
	34	**140**	**565**	**34**	**140**	**565**	**34**	**140**	**565**
Benötigte Nutzdatenrate	Zahl der notwendigen Multiplexhierarchien			Investition in Abschlußeinrichtungen pro Übertragungsweg (beide Enden)			Investitionen in Übertragungstechnik und zusätzliche Investitionen in Kabel bei Einsatz mehrerer Multiplexhierarchien		
1 Mbit/s	1	1	1	£ 8.800	£ 16.800	£ 54.800	£ 10.450	£ 20.375	£ 65.800
2 Mbit/s	1	1	1	£ 8.800	£ 16.800	£ 54.800	£ 10.450	£ 20.375	£ 65.800
3 Mbit/s	1	1	1	£ 8.800	£ 16.800	£ 54.800	£ 10.450	£ 20.375	£ 65.800
4 Mbit/s	1	1	1	£ 10.600	£ 18.600	£ 56.600	£ 12.250	£ 22.175	£ 67.600
5 Mbit/s	1	1	1	£ 10.600	£ 18.600	£ 56.600	£ 12.250	£ 22.175	£ 67.600
6 Mbit/s	1	1	1	£ 10.600	£ 18.600	£ 56.600	£ 12.250	£ 22.175	£ 67.600
7 Mbit/s	1	1	1	£ 12.400	£ 20.400	£ 58.400	£ 14.050	£ 23.975	£ 69.400
8 Mbit/s	1	1	1	£ 12.400	£ 20.400	£ 58.400	£ 14.050	£ 23.975	£ 69.400
9 Mbit/s	1	1	1	£ 12.400	£ 20.400	£ 58.400	£ 14.050	£ 23.975	£ 69.400
10 Mbit/s	1	1	1	£ 14.200	£ 22.200	£ 58.400	£ 15.850	£ 25.775	£ 69.400
11 Mbit/s	1	1	1	£ 14.200	£ 22.200	£ 60.200	£ 15.850	£ 25.775	£ 71.200
12 Mbit/s	1	1	1	£ 14.200	£ 22.200	£ 60.200	£ 15.850	£ 25.775	£ 71.200
13 Mbit/s	2	1	1	£ 24.800	£ 27.000	£ 60.200	£ 118.976	£ 30.575	£ 71.200
14 Mbit/s	2	1	1	£ 24.800	£ 27.000	£ 65.000	£ 118.976	£ 30.575	£ 76.000
15 Mbit/s	2	1	1	£ 24.800	£ 27.000	£ 65.000	£ 118.976	£ 30.575	£ 76.000
16 Mbit/s	2	1	1	£ 24.800	£ 28.800	£ 65.000	£ 118.976	£ 32.375	£ 76.000
17 Mbit/s	2	1	1	£ 24.800	£ 28.800	£ 65.000	£ 118.976	£ 32.375	£ 76.000
18 Mbit/s	2	1	1	£ 24.800	£ 28.800	£ 66.800	£ 118.976	£ 32.375	£ 77.800

Anhang 3e: Zuordnung der Investitionen in Übertragungstechnik zur Häufigkeitsverteilung des Bandbreitenbedarfs

Kapazitätsaufschlag Mietleit.: 5%			Investitionen in Abschlußeinrichtungen und Zwischenregeneratoren (vgl. Blatt "Preis_LTEMUX") und zusätzliche Investi- tionen in Kabel bei Einsatz mehrerer MUX-Hierarchien			Anz. Zwischenreg. pro MUX-Hierarchie (vgl. Anlage 3d):						0,55
						Investition pro zusätzlichem Faserpaar und km (vgl. Anlage 3d):						£ 6.851
						Durchschnittl. Länge phys. Verbindung (vgl. Anlage 3d):						13,27 km
Benötigte Nutzdatenrate pro Übertragungsrichtung in 2 Mbit/s (vgl. Anlage 3b)			Systemdatenrate auf der höchsten MUX-Stufe in Mbit/s			Optimale Systemdatenrate auf der höchsten MUX-Stufe in 2 Mbit/s	Optimale Anzahl MUX-Hierarchien	Nutzdatenrate pro Übertragungsrichtung (in 2MBit/s)	Investition in Abschlußeinrichtungen	Investition in Zwischenregeneratoren	Investition in Übertragungstechnik	zusätzl. Investition in Kabel bei Einsatz mehrerer MUX-Hierarchien
Prozent. Anteil	Sprachtelefondienst	Gesamt	**34**	**140**	**565**							
3,03 %	1	2	£ 10.450	£ 20.375	£ 65.800	34	1	4	£ 8.800	£ 1.650	***£ 10.450***	£ -
2,02 %	2	3	£ 10.450	£ 20.375	£ 65.800	34	1	4	£ 8.800	£ 1.650	***£ 10.450***	£ -
1,01 %	3	4	£ 12.250	£ 22.175	£ 67.600	34	1	8	£ 10.600	£ 1.650	***£ 12.250***	£ -
3,03 %	4	5	£ 12.250	£ 22.175	£ 67.600	34	1	8	£ 10.600	£ 1.650	***£ 12.250***	£ -
3,03 %	5	6	£ 12.250	£ 22.175	£ 67.600	34	1	8	£ 10.600	£ 1.650	***£ 12.250***	£ -
3,03 %	6	7	£ 14.050	£ 23.975	£ 69.400	34	1	12	£ 12.400	£ 1.650	***£ 14.050***	£ -
3,03 %	7	8	£ 14.050	£ 23.975	£ 69.400	34	1	12	£ 12.400	£ 1.650	***£ 14.050***	£ -
2,02 %	8	9	£ 14.050	£ 23.975	£ 69.400	34	1	12	£ 12.400	£ 1.650	***£ 14.050***	£ -
5,05 %	9	10	£ 15.850	£ 25.775	£ 69.400	34	1	16	£ 14.200	£ 1.650	***£ 15.850***	£ -
4,04 %	10	11	£ 15.850	£ 25.775	£ 71.200	34	1	16	£ 14.200	£ 1.650	***£ 15.850***	£ -
3,03 %	11	12	£ 15.850	£ 25.775	£ 71.200	34	1	16	£ 14.200	£ 1.650	***£ 15.850***	£ -
7,07 %	12	13	£ 118.976	£ 30.575	£ 71.200	140	1	20	£ 27.000	£ 3.575	***£ 30.575***	£ -
5,05 %	13	14	£ 118.976	£ 30.575	£ 76.000	140	1	20	£ 27.000	£ 3.575	***£ 30.575***	£ -
7,07 %	14	15	£ 118.976	£ 30.575	£ 76.000	140	1	20	£ 27.000	£ 3.575	***£ 30.575***	£ -
6,06 %	15	16	£ 118.976	£ 32.375	£ 76.000	140	1	24	£ 28.800	£ 3.575	***£ 32.375***	£ -
5,05 %	16	17	£ 118.976	£ 32.375	£ 76.000	140	1	24	£ 28.800	£ 3.575	***£ 32.375***	£ -
8,08 %	17	18	£ 118.976	£ 32.375	£ 77.800	140	1	24	£ 28.800	£ 3.575	***£ 32.375***	£ -
5,05 %	18	19	£ 122.576	£ 34.175	£ 77.800	140	1	28	£ 30.600	£ 3.575	***£ 34.175***	£ -
7,07 %	19	20	£ 122.576	£ 34.175	£ 77.800	140	1	28	£ 30.600	£ 3.575	***£ 34.175***	£ -
5,05 %	20	21	£ 122.576	£ 34.175	£ 79.600	140	1	28	£ 30.600	£ 3.575	***£ 34.175***	£ -
3,03 %	21	23	£ 122.576	£ 35.975	£ 79.600	140	1	32	£ 32.400	£ 3.575	***£ 35.975***	£ -

3,03 %	22	24	£ 122.576	£ 35.975	£ 81.400	140	1	32	£ 32.400	£ 3.575	**£ 35.975**	£ -
2,02 %	23	25	£ 223.902	£ 40.775	£ 81.400	140	1	36	£ 37.200	£ 3.575	**£ 40.775**	£ -
1,01 %	24	26	£ 223.902	£ 40.775	£ 81.400	140	1	36	£ 37.200	£ 3.575	**£ 40.775**	£ -
1,01 %	25	27	£ 223.902	£ 40.775	£ 81.400	140	1	36	£ 37.200	£ 3.575	**£ 40.775**	£ -
1,01 %	26	28	£ 229.302	£ 42.575	£ 86.200	140	1	40	£ 39.000	£ 3.575	**£ 42.575**	£ -
1,01 %	30	32	£ 229.302	£ 44.375	£ 88.000	140	1	44	£ 40.800	£ 3.575	**£ 44.375**	£ -
-	-	-	£ -	£ -	£ -	-	-	-	£ -	£ -	**£ -**	£ -
-	-	-	£ -	£ -	£ -	-	-	-	£ -	£ -	**£ -**	£ -
-	-	-	£ -	£ -	£ -	-	-	-	£ -	£ -	**£ -**	£ -
-	-	-	£ -	£ -	£ -	-	-	-	£ -	£ -	**£ -**	£ -
-	-	-	£ -	£ -	£ -	-	-	-	£ -	£ -	**£ -**	£ -
-	-	-	£ -	£ -	£ -	-	-	-	£ -	£ -	**£ -**	£ -
-	-	-	£ -	£ -	£ -	-	-	-	£ -	£ -	**£ -**	£ -
100,00 %	***14***	***15***					***1,00***	***21***	£ 24.154	£ 2.953	***£ 27.106***	£ -

5% Kapazitätsaufschlag für Mietleitungen auf Kapazitätsbedarf für Sprachtelefondienst entsprechen folgenden Anteilen am Gesamt-Kapazitätsbedarf: 4,76% für Mietleitungen 95,24% für Sprachtelefond.	Investitionen in Übertragungstechnik	Durchschnitt pro Verbindung	Anzahl phys. APE-BVSt-Verbindungen (vgl. Anlage 2a)	Summe
	Insgesamt:	£ 27.106	21.798	£ 590.863.414
	Mietleitungen zugeschlüsselt	£ 1.291		£ 28.136.353
	Sprachtelefondienst zugeschlüsselt	£ 25.816		£ 562.727.061

Anhang 4a: Investition in Glasfaserkabel in Abhängigkeit von der benötigten Anzahl Glasfasern

Kabeltyp (Anzahl Glasfasern)	8	16	32	48	72	96
Theoretische Kapazatät Glasfaserkabel im Faserpaaren	4	8	16	24	36	48
maximale Bestückung	50%	50%	50%	58%	63%	64%
verfügbare Kapazität in Faserpaaren	2	4	8	13	22	30
Investitionssumme pro Kabel-km	£3.000	£4.000	£7.500	£8.500	£11.000	£13.000

Anzahl Faserpaare	Minimale Investition bei Einsatz nur eines Kabeltyps	Investition bei Kombination aus Optimallösung für Anzahl benötigter Faserpaare...										Optimallösung	Investition pro zusätzlich benötigtem Faserpaar	Einsatz mehrerer Kabeltypen
		...minus eins	...minus zwei	...minus drei	...minus vier	...minus fünf	...minus sechs	...minus sieben	...minus acht	...minus neun	...minus zehn			
		...und Optimallösung für...												
		...ein	...zwei	...drei	...vier	...fünf	...sechs	...sieben	...acht	...neun	...zehn			
		...Faserpaare												
1	£ 3.000											£ 3.000	*£ -*	
2	£ 3.000											£ 3.000	*£ 1.000*	
3	£ 4.000	£ 6.000										£ 4.000	*£ -*	
4	£ 4.000	£ 7.000	£ 6.000									£ 4.000	*£ 3.000*	
5	£ 7.500	£ 7.000	£ 7.000	£ 7.000								£ 7.000	*£ -*	ja
6	£ 7.500	£ 10.000	£ 7.000	£ 8.000	£ 7.000							£ 7.000	*£ 500*	ja
7	£ 7.500	£ 10.000	£ 10.000	£ 8.000	£ 8.000	£ 10.000						£ 7.500	*£ -*	
8	£ 7.500	£ 10.500	£ 10.000	£ 11.000	£ 8.000	£ 11.000	£ 10.000					£ 7.500	*£ 1.000*	
9	£ 8.500	£ 10.500	£ 10.500	£ 11.000	£ 11.000	£ 11.000	£ 11.000	£ 10.500				£ 8.500	*£ -*	
10	£ 8.500	£ 11.500	£ 10.500	£ 11.500	£ 11.000	£ 14.000	£ 11.000	£ 11.500	£ 10.500			£ 8.500	*£ -*	
11	£ 8.500	£ 11.500	£ 11.500	£ 11.500	£ 11.500	£ 14.000	£ 14.000	£ 11.500	£ 11.500	£ 11.500		£ 8.500	*£ -*	
12	£ 8.500	£ 11.500	£ 11.500	£ 12.500	£ 11.500	£ 14.500	£ 14.000	£ 14.500	£ 11.500	£ 12.500	£ 11.500	£ 8.500	*£ -*	
13	£ 8.500	£ 11.500	£ 11.500	£ 12.500	£ 12.500	£ 14.500	£ 14.500	£ 14.500	£ 14.500	£ 12.500	£ 12.500	£ 8.500	*£ 2.500*	
14	£ 11.000	£ 11.500	£ 11.500	£ 12.500	£ 12.500	£ 15.500	£ 14.500	£ 15.000	£ 14.500	£ 15.500	£ 12.500	£ 11.000	*£ -*	
15	£ 11.000	£ 14.000	£ 11.500	£ 12.500	£ 12.500	£ 15.500	£ 15.500	£ 15.000	£ 15.000	£ 15.500	£ 15.500	£ 11.000	*£ -*	
16	£ 11.000	£ 14.000	£ 14.000	£ 12.500	£ 12.500	£ 15.500	£ 15.500	£ 16.000	£ 15.000	£ 16.000	£ 15.500	£ 11.000	*£ -*	
17	£ 11.000	£ 14.000	£ 14.000	£ 15.000	£ 12.500	£ 15.500	£ 15.500	£ 16.000	£ 16.000	£ 16.000	£ 16.000	£ 11.000	*£ -*	

Anhang 4b: Investitionen in Glasfaserkabel und deren Aufschlüsselung auf Verbindungstypen

	Trasse APE - BVSt	Trassen BVSt-BVSt. u. BVSt-WVSt	Trasse WVSt-WVSt
Anzahl physische Verbindungen pro Trasse (Annahmen anhand von Benchmark-Werte British Telecoms)			
"APE - BVSt"-Verbindungen	4,36 Verb.-km/Trassen-km	1,43 Verb.-km/Trassen-km	9,39 Verb.-km/Trassen-km
"BVSt-BVSt" u. "BVSt-WVSt"-Verbindungen	0,60 Verb.-km/Trassen-km	4,06 Verb.-km/Trassen-km	16,78 Verb.-km/Trassen-km
"WVSt-WVSt"-Verbindungen	1,62 Verb.-km/Trassen-km	5,79 Verb.-km/Trassen-km	97,54 Verb.-km/Trassen-km
Summe	6,58 Verb.-km/Trassen-km	11,28 Verb.-km/Trassen-km	123,71 Verb.-km/Trassen-km
Durchschnittliche Anzahl MUX-Hierarchien pro Verbindungsende = Anzahl benötigte Faserpaare pro Trasse (vgl. Anhang 3b)	1,00 Faserpaare/Verb.-km	1,00 Faserpaare/Verb.-km	1,00 Faserpaare/Verb.-km
durschnittilch benötigte Faserpaare...			
für phys. Verb. APE-BVSt	4,36 Faserpaare/Trassen-km	1,43 Faserpaare/Trassen-km	9,39 Faserpaare/Trassen-km
für phys. Verb. BVSt-BVSt u. BVSt-WVSt	0,60 Faserpaare/Trassen-km	4,06 Faserpaare/Trassen-km	16,78 Faserpaare/Trassen-km
für phys. Verb. WVSt-	1,62 Faserpaare/Trassen-km	5,79 Faserpaare/Trassen-km	97,54 Faserpaare/Trassen-km
Summe	6,58 Faserpaare/Trassen-km	11,28 Faserpaare/Trassen-km	123,71 Faserpaare/Trassen-km
benötigte Faserpaare...			
für phys. Verb. APE-BVSt	66,3%		
für phys. Verb. BVSt-BVSt u. BVSt-WVSt		36,0%	
für phys. Verb. WVSt-WVSt			78,8%
Summe	100,0%	100,0%	100,0%
Durchschnittliche Investitionen in Kabel pro Trassen-Kilometer (Annahme: Die Anzahl der benötigten Faserpaare pro Trassen-km ist poisson-verteilt; zu Investitionen in Abhängigkeit von der benötigten Faserzahl vgl. Anhang 4a)	£/km 6.851	£/km 8.841	£/km 58.778
Zugeschlüsselter Anteil an den Investitionen pro Trassen-Kilometer			
phys. Verb. APE-BVSt	£/km 4.541		
phys. Verb. BVSt-BVSt u. BVSt-WVSt		£/km 3.182	
phys. Verb. WVSt-WVSt			£/km 46.344

	Gesamtlänge der physischen Verbindungen (vgl. Anlage 1b)	Durchschnittliche benötigte Anzahl Faserpaare (siehe oben)	Zugeschlüsselte Trassen-Kilometer	Zugeschlüsselte Investitionen in Kabel
phys. Verb. APE-BVSt	289.162 Verb.-km	4,36 Faserpaare/Trassen-km	66.322 Trassen.-km	£ 301.194.024
phys. Verb. BVSt-BVSt	88.223 Verb.-km	4,06 Faserpaare/Trassen-km	21.730 Trassen.-km	£ 69.146.698
phys. Verb. BVSt-WVSt	56.229 Verb.-km	4,06 Faserpaare/Trassen-km	13.849 Trassen.-km	£ 44.070.553
phys. Verb. WVSt-WVSt	88.550 Verb.-km	97,54 Faserpaare/Trassen-km	908 Trassen.-km	£ 42.072.859

Anhang 5: Investitionen in Leerrohr-Trassen und deren Aufschlüsselung auf Verbindungstypen

Investitionen in Leerrohr (Mischwert städtischer / ländlicher Bereich): £/km 30.000

	Teilnehmernetz	Verbindungsnetz
Inkrementelle Kosten	12%	78%
Gemeinkosten	10,00%	

	Teilnehmernetz		Verbindungsnetz	
Inkrementelle Kosten	£/km	3.600	£/km	23.400
Gemeinkosten	£/km	3.000		

Annahme: Die überbrückte Entfernung ist der einzige Treiber der Leerrohrkosten.

	Zugeschlüsselte Trassen-Kilometer **(vgl. Anlage 3b)**		Zugeschlüsselte Investitionen in Kabelkanal-Linien			
			Inkrementelle Kosten Verbindungsnetz		Gemeinkosten des VN und des TN	
APE-BVSt-Verbindungen	km	66.322	£	1.551.924.883	£	198.964.729
BVSt-BVSt-Verbindungen	km	21.730	£	508.477.630	£	65.189.440
BVSt-WVSt-Verbindungen	km	13.849	£	324.077.521	£	41.548.400
WVSt-WVSt-Verbindungen	km	908	£	21.243.285	£	2.723.498
Summe	km	102.809	£	2.405.723.319	£	308.426.067

Anhang 6: Investitionen in Vermittlungstechnik

(a) Langfristige inkrementelle Kosten des Verbindungsnetzes

	Konzentrator		BVSt		WVSt	
Anzahl Einrichtungen (vgl. Anlage 2a)		31.707		1.046		46
Anzahl Ports pro Einrichtung (vgl. Anlage 3b)	BVSt-seitig	12 Ports	Konz-seitig	20 Ports	BVSt-seitig	36 Ports
			BVSt-seitig	63 Ports	WVSt-seitig	19 Ports
			WVSt-seitig	36 Ports		
Investitionen pro Einrichtung						
Prozessor	£	30.000	£	300.000	£	300.000
Ports						
Investitionen pro Port	£	90	£	1.800	£	1.800
Anzahl Ports pro Einrichtung		12 Ports		120 Ports		55 Ports
Summe	£	31.074	£	515.511	£	398.790
Gesamt-Investition	*£*	*985.251.788*	*£*	*539.224.683*	*£*	*18.344.337*

(b) Gemeinkosten des Verbindungs- und des Teilnehmernetzes

(1.) Bei BVSt und WVSt werden die gesamten Investitionen entweder dem Kostentreiber "Verbindungsdauer in der Spitzenlaststunde" (Ports) oder dem Kostentreiber "Anzahl der Gesprächsversuche während der Spitzenlaststunde" (Prozessor) zugeordnet. Die Einzelkosten der BVSt und WVSt gehören ausschließlich zu den langfristigen inkrellen Kosten des Verbindungsnetzes.

(2.) Die Investitionen in Konzentratoren lassen sich in folgende drei Kategorien aufteilen:

Kategorie A: Bestandteile, deren Dimensionierung ausschlielich von der Zahl der Gesprächsversuche und der Verbindungsdauer und der Spitzenlaststunde abhängt und die daher ausschließlich dem Verbindungsnetz zurechnen sind — 15%

Kategorie B: Bestandteile, deren Dimensionierung von der Zahl der Teilnehmeranschlußleitungen abhängt und die daher eindeutig dem Teilnehmernetz zuzurechen sind (teilnehmerseitige Ports) — 75%

Kategorie C: Bestandteile, die weder ausschließlich dem Verbindungsnetz noch ausschließlich dem Teilnehmernetz zuzurechen sind — 10%

Entsprechend werden die Investitionen in Komponenten der Kategorie C als Aufschlag in Höhe von

66,7%

auf die Investitionen in Komponenten der Kategorie A.

Anhang 7: Investitionen in Gebäude

a) Standorte Abgesetzte Peripäre Einheiten (APE)

Investitionen in Gebäude pro APE-Standort	£	120.000
Anzahl Standorte (vgl. Blatt "Dim_Anzahl"):		7.266
Summe	***£***	***871.920.000***

Die Investitionen in Standorte in Host Konzentrators führen ausschließlich zu Gemeinkosten des Verbindungs- und des Teilnehmernetzes, da auch die Konzentratoren selbst weder gänzlich dem Verbindungsnetz noch gänzlich dem Teilnehmernetz zuzuordnen sind.

b) Standorte Vermittlungseinrichtungen

Investitionen in Gebäude pro VSt-Standort	£	900.000
Anzahl Standorte (vgl. Blatt "Dim_Anzahl")		523
Summe	£	470.700.000

Investitionen, die zu Gemeinkosten des Teilnehmer- und des Verbindungsnetzes führen = Investitionen, die dann anfallen würden, wenn an allen 523 Standorten ausledliglich die Konzentratoren aufgestellt werden würden:

Investitionen in Gebäude pro Standort	£	300.000
Anzahl Standorte		523
Summe	***£***	***156.900.000***

Investitionen, denen langfristige inkrementelle Kosten des Verbindungsnetzes gegenüber stehen: £ 313.800.000

Diese Investitionen werden im Verhältnis des Platzbedarfes auf BVSt und WVSt augeschlüsselt.

	Verhältnis	Anzahl Einmeinsamen	Zugeschlüsselter Anteil an der Prozentual	Zugeschlüsselter Anteil an der Absolut
BVSt	1	1.046	95,79%	***£ 300.581.319***
WVSt	1	46	4,21%	***£ 13.218.681***
		1.092	100,00%	£ 313.800.000

Anhang 8a: Aufschlüsselung der Kosten der modellierten Netzkomponenten auf die Hauptkostenstellen

Finanzierungskosten (ROCE): 9,50%

Kostenstelle	Netzkomponente (Die Aufschlüsselung der den Übertragungswegen zugeschlüsselten Kosten auf Mietleitungen und Sprachtelefondienst erfolgt im Verhältnis der für diese Zwecke jeweils reservierten Bandbreite; vgl. Anhang 3e)		Investitions	Abschreibung		In Anlagegütern durchschnittlich gebundenes Kapital	Betriebskosten (Instandh. u. sonstige)		Zugeschlüsseltes "Working Capital"	Summe der Kosten
				in % der Investitionssumme	Absolut		in % der Investitionssumme	Absolut		
Konzentrator	*LRIC des VN*									
	Vermittlungstechnische Einrichtungen		£ m 985	8,7%	£ 86	£ 942	9,5%	£ 94	£ 43	**£ m 273**
	Gemeinkosten des VN und des TN									
	Anteil an den Investitionen in Konzentratoren, die weder dem VN noch dem TN eindeutig zuordnen sind (vgl. Anhang 5)	66,7%	£ m 657	8,7%	£ m 57	£ m 628	9,5%	£ m 62	£ m 29	£ m 182
	Anteilige Gebäudekosten		£ m 872	0,7%	£ m 6	£ m 869	9,5%	£ m 83	£ m 28	£ m 174
	Zwischensumme		£ m 1.529		£ m 63	£ m 1.497		£ m 145	£ m 56	£ m 356
	Non-network investments in % der Invest. in Netzkomponenten:	4,8%	£ m 121	11,4%	£ m 14	£ m 115	8,2%	£ m 10	£ m 6	£ m 35
	Non-network operational costs in % der Betriebsk. d. Netzkomponenten:	18,8%						£ m 27	£ m 4	£ m 28
	Summe		£ m 1.650		£ m 77	£ m 1.612		£ m 182	£ m 66	**£ m 419**
BVSt	*LRIC des VN*									
	Vermittlungstechnische Einrichtungen		£ m 539	8,7%	£ m 47	£ m 516	9,5%	£ m 51	£ m 24	**£ m 149**
	Anteilige Gebäudekosten		£ m 301	0,7%	£ m 2	£ m 300	9,5%	£ m 29	£ m 10	£ m 60
	Summe		£ m 840		£ m 49	£ m 815		£ m 80	£ m 33	£ m 209
	Gemeinkosten des VN und des TN									
	Non-network investments in % der Investitionen in Netzkomponenten:	4,8%	£ m 41	11,4%	£ m 5	£ m 38	8,2%	£ m 3	£ m 2	£ m 12
	Non-network operational costs in % der Betriebskosten d. Netzkomponenten:	18,8%						£ m 15	£ m 2	£ m 15
	Summe		£ m 41		£ m 5	£ m 38		£ m 18	£ m 4	**£ m 27**

WVSt	*LRIC des VN*									
	Vermittlungstechnische Einrichtungen		£ 18	8,7%	£ m 2	£ 18	9,5%	£ m 2	£ m 1	£ m 5
	Anteilige Gebäudekosten		£ 13	0,7%	£ m 0	£ 13	9,5%	£ m 1	£ m 0	£ m 3
	Summe		£ 32		£ m 2	£ 31		£ m 3	£ m 1	**£ m 8**
	Gemeinkosten des VN und des TN									
	Non-network investments in % der Investitionen in Netzkomponenten:	5,3%	£ 2	11,4%	£ m 0	£ 2	8,2%	£ m 0	£ m 0	£ m 0
	Non-network operational costs in % der Betriebskosten d. Netzkomponenten:	37,5%						£ m 1	£ m 0	£ m 1
	Summe		£ 2		£ m 0	£ 2		£ m 1	£ m 0	**£ m 2**
Verbindungen APE - BVSt	*LRIC des VN*									
	Übertragungstechnik		£ m 591	6,9%	£ m 41	£ m 571	10,0%	£ m 57	£ m 24	£ m 129
	Glasfaserkabel		£ m 301	6,2%	£ m 19	£ m 292	4,0%	£ m 12	£ m 9	£ m 30
	Kabelkanallinien		£ m 1.552	0,3%	£ m 4	£ m 1.550	3,0%	£ m 46	£ m 32	£ m 644
	Summe		£ m 2.444		£ m 64	£ m 2.412		£ m 115	£ m 66	£ m 179
	Sprachtelefondienst zugeschlüsselt:	95,2%	£ m 2.328		£ m 60	£ m 2.297		£ m 110	£ m 63	**£ m 170**
	Gemeinkosten des VN und des TN									
	Kabelkanallinien		£ m 199	0,3%	£ m 1	£ m 199	3,0%	£ m 6	£ m 4	£ m 7
	Non-network investments in % der Investitionen in Netzkomponenten:	4,8%	£ m 128	11,4%	£ m 15	£ m 120	8,2%	£ m 10	£ m 6	£ m 144
	Non-network operational costs in % der Betriebskosten d. Netzkomponenten:	18,8%						£ m 23	£ m 4	£ m 23
	Summe		£ m 327		£ m 15	£ m 319		£ m 39	£ m 14	£ m 54
	Sprachelefondienst zugeschlüsselt:	95,2%	£ m 311		£ m 14	£ m 304		£ m 37	£ m 13	**£ m 51**
Verbindungen BVSt-BVSt	*LRIC des VN*									
	Übertragungstechnik		£ m 200	6,9%	£ m 14	£ m 193	10,0%	£ m 19	£ m 8	£ m 71
	Glasfaserkabel		£ m 69	6,2%	£ m 4	£ m 67	4,0%	£ m 3	£ m 2	£ m 7
	Kabelkanallinien		£ m 508	0,3%	£ m 2	£ m 508	3,0%	£ m 15	£ m 10	£ m 510
	Summe		£ m 778		£ m 20	£ m 768		£ m 37	£ m 21	
	Sprachtelefondienst zugeschlüsselt:	71,9%	£ m 559		£ m 14	£ m 552		£ m 27	£ m 15	**£ m 41**
	Gemeinkosten des VN und des TN									
	Kabelkanallinien		£ m 65	0,3%	£ m 0	£ m 65	3,0%	£ m 2	£ m 1	£ m 2
	Non-network investments in % der Investitionen in Netzkomponenten:	5,3%	£ m 44	11,4%	£ m 5	£ m 42	8,2%	£ m 3	£ m 2	£ m 40
	Non-network operational costs in % der Be-									

	triebskosten d. Netzkomponenten:	37,5%						£ m 15	£ m 2	£ m 15
	Summe		£ m 110		£ m 5	£ m 107		£ m 20	£ m 6	£ m 25
	Sprachtelefondienst zugeschlüsselt:	71,9%	£ m 79		£ m 4	£ m 77		£ m 14	£ m 4	**£ m 18**
Verbindungen BVSt-WVSt	*LRIC des VN*									
	Übertragungstechnik		£ m 87	6,9%	£ m 6	£ m 84	10,0%	£ m 8	£ m 4	£ m 47
	Glasfaserkabel		£ m 44	6,2%	£ m 3	£ m 43	4,0%	£ m 2	£ m 1	£ m 4
	Kabelkanallinien		£ m 324	0,3%	£ m 1	£ m 324	3,0%	£ m 10	£ m 7	£ m 248
	Summe		£ m 456		£ m 10	£ m 451		£ m 20	£ m 12	
	Sprachtelefondienst zugeschlüsselt:	71,9%	£ m 328		£ m 7	£ m 324		£ m 14	£ m 8	**£ m 21**
	Gemeinkosten des VN und des TN									
	Kabelkanallinien		£ m 42	0,3%	£ m 0	£ m 41	3,0%	£ m 1	£ m 1	£ m 1
	Non-network investments in % der Investitionen in Netzkomponenten:	5,3%	£ m 26	11,4%	£ m 3	£ m 25	8,2%	£ m 2	£ m 1	£ m 24
	Non-network operational costs in % der Betriebskosten d. Netzkomponenten:	37,5%						£ m 8	£ m 1	£ m 8
	Summe		£ m 68		£ m 3	£ m 66		£ m 11	£ m 3	£ m 14
	Sprachtelefondienst zugeschlüsselt:	71,9%	£ m 49		£ m 2	£ m 48		£ m 8	£ m 2	**£ m 10**
Verbindungen WVSt-WVSt	*LRIC des VN*									
	Übertragungstechnik		£ m 3	6,9%	£ m 0	£ m 3	10,0%	£ m 0	£ m 0	£ m 2
	Glasfaserkabel		£ m 42	6,2%	£ m 3	£ m 41	4,0%	£ m 2	£ m 1	£ m 4
	Kabelkanallinien		£ m 21	0,3%	£ m 0	£ m 21	3,0%	£ m 1	£ m 0	£ m 16
	Summe		£ m 66		£ m 3	£ m 65		£ m 3	£ m 2	
	Sprachtelefondienst zugeschlüsselt:	38,0%	£ m 25		£ m 1	£ m 25		£ m 1	£ m 1	**£ m 2**
	Gemeinkosten des VN und des TN									
	Kabelkanallinien		£ m 3	0,3%	£ m 0	£ m 3	3,0%	£ m 0	£ m 0	£ m 0
	Non-network investments in % der Investitionen in Netzkomponenten:	5,3%	£ m 4	11,4%	£ m 0	£ m 3	8,2%	£ m 0	£ m 0	£ m 2
	Non-network operational costs in % der Betriebskosten d. Netzkomponenten:	37,5%						£ m 1	£ m 0	£ m 1
	Summe		£ m 6		£ m 0	£ m 6		£ m 1	£ m 0	£ m 2
	Sprachtelefondienst zugeschlüsselt:	38,0%	£ m 2		£ m 0	£ m 2		£ m 1	£ m 0	**£ m 1**

Working Capital = [Abschreibung + Betriebskosten + Durchschnittlich gebundenes Kapital x Finanzierungskosten] x Working Capital Surcharge Factor (vgl. "Working_Capital" und Teil 2, Kapitel "Kapitelkosten", Abschnitt "Bemessungsgrundlage" dieser Arbeit)

Anhang 8b: Modellergebnis - Element Based Charges

	Netzknoten			Verbindungen zwischen Netzknoten				Sprachtelefondienst zugeschlüsselte Kosten in Pence / Minute	
	Konzentrator	BVSt	WVSt	BVSt - APE	BVSt-BVSt	BVSt-WVSt	WVSt - WVSt		
Sprachtelefondienst zugeschlüsselter Anteil (vgl. Anhang 7a) an									
LRIC des VN	£ m 273	£ m 209	£ m 8	£ m 394	£ m 95	£ m 53	£ m 4		
Gemeinkosten des VN u. TN	£ m 419	£ m 27	£ m 2	£ m 81	£ m 26	£ m 15	£ m 1		
SAC des VN	£ m 692	£ m 236	£ m 9	£ m 476	£ m 121	£ m 68	£ m 5		
Auslastung durch Sprachtelefondienst pro Jahr in **Mrd. Minuten (vgl. Blatt "Anhang 1b")**	326	260	39	261	58	51	12		
Sprachtelefondienst zuge- schlüsselte Kosten **in Pence / Minute**									
LRIC des VN	0,084	0,081	0,020	0,151	0,163	0,103	0,039		
Gemeinkosten des VN u. TN	0,129	0,010	0,004	0,031	0,045	0,029	0,008		
SAC des VN	0,212	0,091	0,024	0,182	0,208	0,132	0,047	Entgeltuntergrenze	Entgeltobergrenze
	Routing-Faktoren (vgl. Anlage 1a)								
Nationaler Enkdunden-Sprachtelefondienst									
Ortsgespräch	2,0	1,1		1,6				*0,494*	*0,812*
Regionalgespräch	2,0	2,0	0,1	1,6	0,9	0,2		*0,739*	*1,113*
Ferngespräch	2,0	2,0	0,8	1,6	0,5	1,0	0,3	*0,775*	*1,158*
Zuführungs- und Terminierungsleistungen auf BVSt-Ebene									
Ort	1,0	1,1		0,8				*0,289*	*0,454*
Regional	1,0	2,0	0,1	0,8	0,9	0,2		*0,534*	*0,755*
Fern	1,0	2,0	1,0	0,8	0,5	1,0	0,3	*0,575*	*0,806*

LITERATURVERZEICHNIS

Abel, J.R. (September 1999): Dominant Firm Pricing with Price-Cap Regulation and Fringe Competition, Paper presented at the 27th Annual Telecommunications Policy Research Conference, Alexandria (Virginia, USA)

Albach, H. / Knieps, G. (Januar 1997): Kosten und Preise in wettbewerblichen Ortsnetzen, in: Albach, H./ Knieps, G./ Panzar, J. C.: Costing und Pricing in wettbewerblichen Telekommunikationsmärkten – Grundlegende Analysen und Widerlegung der Studie des VATM vom Mai 1996, Studie im Auftrag der Deutschen Telekom AG

ACC Telecom (Juni 1997): Response of ACC Telecom to Oftel's Document Entitled „Network Charges from Network Charges" Dated May 1997

Ameritech (Mai 2001): FCC Tariff 2 Access Services, 7th revised version

Andrade, M.C. / Pessanha Filho, R.C. et.al. (1999): Activity-based costing for production learning, in: International Journal of Production Economics, Vol. 62. Seiten 175 -180

Armstrong, M. (1997): Competition in Telecommunications, Oxford Review of Economic Policy, 13 (1), Seiten 64- 81

Armstrong, M. (1998): "Network Interconnection in Telecommunications", Economic Journal, 108, Seiten 545-564.

Aron, D.J. / Wildmann, S.S. (1999): Effecting a Price Squeeze in Through Bundled Pricing, in Gillet, S.E. / Vogelsang, I. (Hrsg.): Competition, Regulation and Convergence – Current Trends in Telecommunications Policy Research

Arthur Andersen Consulting (Oktober 1997): Accounting Separation in the Context of Open Network Provision, Draft Guidelines prepared for DG XIII of the European Commission, Version 3.1

Atkinson, J./ Barnekov, C. et. al. (1997): The Use of Computer Models for Estimating Forward looking economic costs

AUSTEL (1991a): Study of Arrangements and Charges for Interconnection and Equal Access, Economic and Commercial Considerations, Final Report to the Minister of Transport and Communications

AUSTEL (1991b): Study of Arrangements and Charges for Interconnection and Equal Access, Economic and Commercial Considerations, Confidential Attachment to the Final Report to the Minister for Transport and Telecommunications

AUSTEL (Juli 1991): Austel Study of Arrangements and Charges for Interconnection – Economic And Commercial Considerations

ACCC (Australian Competition & Consumer Commission) (Juli 1997): Access Pricing Principles –Telecommunications

Banerjee, A. / Ros, A. (September 1999): The Internet: Implications for Regulation and Public Policy, Paper presented at 27th Annual Telecommunications Policy Research Conference, Alexandria (VA, USA)

Bartsch, F.R./ Besier, H. et. al. (1998): Netze und Netzelemente, in: Handbuch für die Telekommunikation, Hrsg. Jung, V/ Warnecke, H.-J., Berlin; Heidelberg, New York, Barcelona, Budapest, Hong Kong, Mailand, Paris, Santa Clara, Singapur, Tokyo: Springer

Baumol, W. J. (1983), "Some Subtle Pricing Issues in Railroad Regulation," *International Journal of Transport Economics,* vol. 10, no. 1-2, (August 1983), pp. 341-355

Baumol, W. J./ Panzar / Willig (1998): Contestable Markets and the Theory of Industry Structure, 2. Aufl.

Bergstrom, T./ MacKie-Mason, J. K. (1991): Some simple analytics of peak-load pricing, in: RAND Journal of Economics, Vol. 22, No. 2, Summer 1991, Seiten 241- 249

Fischer, B./ Jensen, M.C., Scholes, M. (1972): The Capital Asset Pricing Model: Some Empirical Tests, in: Jensen, M.C. (Hrsg.): Studies in the Theory of Capital Markets, New York, Washington, London: Praeger Publishers

Börner, D. (1980): Unternehmensbewertung, in: Handwörterbuch der Wirtschaftswissenschaft (HdWW); zugl. Neuaufl. D. "Handbuchs der Sozialwissenschaften", 8. Band, hrsg. von Willi Albers u.a.,Stuttgart, New York: Fischer; Tübingen: Mohr; Göttingen: Vandenhoeck und Ruprecht

Brandenburger, A.M. / Nalebuff, Barry, J. (1995): The Right Game – Use Game Theory to Shape Strategy, in: Harvard Business Review, Juli – August 1995

Braeutigam, R.. (1980): An Analysis of fully distributed cost pricing in regulated industries, in: Bell Journal of Economics, Seiten 182 - 196

Braeutigam, Ronald R. (April 1996): Price Caps in the U.S. Telephone Industry: How real is the Reform (unveröffentlicht)

British Telecom (Dezember 1994): A Framework for Effective Competition

British Telecom (Mai 1996): Duct and pole sharing, consultative document issued by the director general of telecommunications, February 1996, BT's response

British Telecom (September 1996): Accounting Documents

British Telecom (Januar 1997): Network Charges from 1997 – BT's Response to Oftel's Proposals for Interconnect Charge Controls of December 1996

British Telecom UK Carrier Services (Februar 1997): Revised Standard Interconnect Agreement, April 1997

British Telecom (August 1997a): Network Charges from 1997 – BT's response to Oftel's Statement on Interconnect Charge Controls of July 1997

British Telecom (August 1997b): Network Charges from 1997 – BT's response to Oftel's Statement on Interconnect Charge Controls of July 1997 – Annexes

British Telecom (November 1997): Long Run Incremental Cost Model – Relationships and Parameters

*British Telecom (*November 1997b): Long Run Incremental Cost Methodology

Bühler, S. (1998): Regulatory reform of telecommunications in Switzerland, in: Telecommunications Policy, Vol. 22, No. 8, Seiten 671 - 680

Bundesministerium für Post und Telekommunikation (1993): Grundsätzliche Überlegungen zum Kostenmaßstab für die Genehmigungsfähigkeit von Monopoltarifen, Informationsserie zu Regulierungsfragen, Heft 10, Bonn

Bundesministerium für Post und Telekommunkation (März 1993): Price Cap Regulation for Monopoly Services for Purposes of Digital Cellular Mobile Radio, Informationsserie zu Regulierungsfragen (engl. Ausgabe), Heft 9

Cambini, C. (2000): Local Competition and Vertical Integration in Telecommunications, Paper Presented at ENCIP-Conference 2000 in Venice

Cave, M./ Doyle, C. (1994): Access pricing in network utilities in theory and practice, in: Utilities Policy 1994-4, Seite 181-189

Clearnet Communcation Inc. (Juli 2000): Review of Contribution Collection Mechanism and Related Issues – Final Argument on Telecom Public Notice Canadian Radio & Telecommunication Commission (CRTC) 99-6

Copeland, T./Weston, J.F. (1988): Financial Theory and Corporate Policy, 3. Auflage, Reading (Massachusetts)

Däumler, K.D. / Grabe, J. (1998): Kostenrechnung; Herne, Berlin; Verlag Neue Wirtschaftsbriefe

Department for General Administration of Postal and Telecommunications Services (France) (November 1996): Public Consultation on Interconnection for Development of Telecommunications Regulation

Deutsch, H.-P. (2001): Derivate und interne Modelle – Modernes Risikomanagement, 2., überarbeitete und erweiterte Auflage, Stuttgart: Schaeffer-Poeschel Verlag

Deutsche Bundespost Telekom (1993): Aufbauprogramm der Telekom in den neuen Bundesländern und Ostberlin, Halbzeitbilanz 1991/93 - Ziele 1994

Deutsche Telekom AG (1993): Zeichengabe Nr. 7 im EWSD, Unterrichtsblätter Jg. 46/10 1993

Deutsche Telekom AG (1994): Geschäftsbericht

Deutsche Telekom AG (1995): Geschäftsbericht

Deutsche Telekom AG (1995b): Für eine neue Qualität des Lebens, Bonn

Deutsche Telekom AG (1996): Neue Wege in die Zukunft, Forschung und Technologie

Deutsche Telekom AG (1998): Stellungnahme zum analytischen Modell für das Ortsnetz des Wissenschaftlichen Instituts für Telekommunikationsdienste GmbH

Dichtl E. / Issing O. (Hrsg.) (1997): „Vahlens Großes Wirtschaftslexikon", München: Franz Vahlen

Dixit, A.K. / Nalebuff, B. J. (1997): Spieltheorie für Einsteiger – Strategisches Know-how für Gewinner, Stuttgart, Schäfer-Poeschel

Dörsam, P. (1998): Grundlagen der Investitionsrechnung anschaulich dargestellt, 2, überarbeitete und erweiterte Auflage, Heidenau: PD-Verlag

Doll, R. / Wieck, R. (Juni 1998): Analytische Kostenmodelle als Grundlage für Entgeltregulierungsentscheidungen, in: MMR 6/1998, Seiten 280 – 287

Drukarczyk, J. (1986): Finanzierung, 3. Auflage, Stuttgart

Drukarczyk, J. (2001): Unternehmensbewertung, 3., überarbeitete und erweiterte Auflage, München: Vahlen

Economides, N. / White, L. J. (Februar 1996): The inefficiency of the ECPR yet again: A reply to Larson, in: Antitrust Bulletin, vol. XLIII (1998), no.2, pp. 429-444

Economides, N. (März 1996): The Economics of Networks, in: International Journal of Industrial Organization vol. 14, no. 2

Economides, N. (Dezember 1997): The Tragic Inefficiency Of The M-ECPR, Stern School of Business, veröffentlicht im Internet unter http://raven.stern.nyu. edu/networks/

Elsenbast, W. (März 1999): Produktivitätserfassung in der Price-Cap-Regulierung – Perspektiven für die Preisregulierung der Deutschen Post AG, Hrsg.: Wissenschaftliches Institut für Kommunikationsdienste, Bad Honnef (Diskussionsbeitrag Nr. 192)

Europe Economics (April 2000): Study on the preparation of an adaptable Bottom-up Modell for Interconnection and Access Pricing in European Union Countries – A Final Report for the Information Society Directorate-General of the European Commission

FCC (Oktober 1992): Report and Order and Notice of Proposed Rulemaking in the Matter of Expanded Interconnection with Local Telephone Company Facilities (CC Docket No. 91-141), Amendment of the Part 69 Allocation of General Transport Facility Costs (CC Docket No. 92-222)

FCC (September 1993): Second Report and Order and Third Notice of Proposed Rulemaking in the Matter of Expanded Interconnection with Local Telephone Company Facilities (CC Docket No. 91-141), Amendment of Part 36 of the Commission's Rules and Establishment of a Joint Board (CC Docket No. 80-826)

FCC (Juni 1994): Specification of the Depreciation Prescription Process, CC Docket No. 92-296, Second Report and Order

FCC (März 1996): Ameritech Operating Companies Petition for Waiver of Part 69 of the Commission's Rules to Establish Unbundled Rate Elements for SS7 Signalling, Docket No. DA 96-446, Order

FCC (1996): Implementation of the Local Competition Provisions in the Telecommunications Act of 1996, Interconnection between Local Exchange Carriers and Commercial Mobile Radio Carriers and Commercial Mobile Radio, CC Docket No. 96-325, First Report and Order

FCC (1996a): Commission adopts Rules to Implement Local Competition Provisions of Telecommunications Act of 1996, News Report No. DC 96-75

FCC (Mai 1997): Price Cap Reform Performance Review for Local Exchange Carrier, Access Charge Reform, CC Docket No. 97-159, Fourth Report an Order in CC Docket No. 94-1 and Second Report and Order in CC Docket No. 96-262

FCC (Mai 1997b): Access Charge Reform, Price Cap Performance Review for Local Exchange Carriers, Transport Rate Structure and Pricing, End User Common Line Charges, CC Docket No. 97-158, First Report and Order

FCC (1998): Glossary of Telecommunications Terms, Prepared by Public Service Division, Office of Public Affairs

Flanigan, B. / Rogerson, D. / Owen, N. / Donnelly, M. (Juli 1999): Implementing Cost-based Interconnect – An Ovum Report

France Télécom (2001): Services d'interconnexion Catalogue de France Télécom, Offre d'interconnexion pour les exploitants de reseaux ouverts au public L. 33-1

Franke, G./ Hax, H. (1990): Finanzwirtschaft des Unternehmen und Kapitalmarkt, 3. Auflage, Berlin; Heidelberg: Springer

Franke, G./ Hax, H. (1995): Finanzwirtschaft des Unternehmen und Kapitalmarkt, 3. Auflage, Berlin; Heidelberg: Springer

Gabel, D. (1999): Recovering Access Costs: The Debate, in: Making Universal Service Policy – Enhancing the Process Through Multidisciplinary Evaluation, edited by Cherry, B. A, et. al., London und Mahwah (New Jersey): Lawrence Erlbaum Ass. Publishers

Gabel, D. (2000): Current Issues in Telecommunications Pricing, Arbeitspapier vorgestellt auf der Telecommunications Policy Research Conference, Alexandria (VA), September 2000

Gabler Wirtschaftslexikon (1993), 13. Auflage, Wiesbaden: Gabler

Gallo, E, Morganti, F., Passamonti, L. (1997): Does a right level of interconnection prices exist – Some guidelines for Europe from US experience.

Gideon, C. (April 1999): The Interconnection Pricing Problem In Local Telephone and the Internet, Havard University, Veröffentlicht im Internet unter http://www.ksg. harvard.edu/iip/iicompol/Papers/Gideon.html

Goebel, D.J. / Marshall, G.W. / Locander, W.B. (1998): Activity Based Costing – Accounting for market orientation, In: Industrial Marketing Management 27, S- 497 – 510

Götze, U. (1997): Einsatzmöglichkeiten und Grenzen der Prozesskostenrechnung, in: Freidank, C.-C./Götze, U./Huch, B./Weber, J.: Kostenmanagement – Aktuelle Konzepte und Anwendungen; Berlin, Heidelberg, New York: Springer

Großkopf, B./ Happel, W./ Karge, R./ Matthes, A./ Roth, H./ Schütt, Reinhard / Steffens (1994): Strategische Ansätze für ein umfassendes Telekommunikationsnetz

Haberstock, L. (1987): Kostenrechnung I, Einführung mit Fragen, Aufgaben und Lösungen, 8. Aufl., Hamburg, S+W Steuer- und Wirtschaftsverlag

Haberstock, L. (1987b): Kostenrechnung II – (Grenz-) Plankostenrechnung, 7. Aufl., Hamburg, S+W Steuer- und Wirtschaftsverlag

Hahn, H. (1982): Buchführung und Bilanz, in: Ziegler, F. (Hrsg.): Betriebswirtschaftliches Grundwissen der Unternehmung; Essen: Giradet

Hartmut, B. / Cassel. D. (1985): Theorie der Wirtschaftspolitik, in: Vahlens Kompendium der Wirtschaftspolitik, Band 2, Hrsg. Bender, Cassel, Gabisch et.al., 5. Auflage, München: Vahlen

Hax, H. (1982): Finanzierungs- und Investitionstheorie, in: Koch, H. (Herausgeber): Neuere Entwicklungen in der Unternehmenstheorie, Erich Gutenberg zum 85. Geburtstag, Wiesbaden: Gabler

Heidorn, T. (2000): Finanzmathematik in der Praxis – vom Zins zur Option, 3. Auflage, Wiesbaden: Gabler

Heinemann, F. (2001): Da weiß man, was man hat – Status-quo-Präferenz, Verlust-Aversion: Die Psychologie der Reformblockaden, in: FAZ vom 2. Juni 2001, Seite 15

Herter, E./ Lörcher, W. (1994): Nachrichtentechnik – Übertragung, Vermittlung, Verarbeitung, 7. Auflage, München, Wien: Hanser

v. Hinten, P./ Neuss, W. (1991): Finanzwirtschaft und Steuern, in: WISU 8-9/91 (Seiten 585 – 591) und 11/91 (Seiten 821 – 825)

Holler, M.J. / Illing, G. (1999): Einführung in die Spieltheorie, 4. Auflage, Berlin, Heidelberg, New York: Springer

Hug, P. (1993): Das Separationstheorem von Tobin, in: WiSt 9/1993, Seiten 459 - 461

ITU (June 1995): Interconnection: Regulatory Issues, The Changing Role for Government in an Era of Telecom Deregulation, ITU Regulatory Colloquium No.4

ITU (1996): World Telecommunication Development Report (veröffentlicht im Internet)

Jackson, P. / Lodge, D. (Juni 2000): Fair value accounting, capital standards, expected loss provisioning, and financial stability, in: Bank of England: Financial Stability Review, Seiten 105-125

Kessides, I. N. / Willig, R. D. (Oktober 1995): Restructuring Regulation of the Railroad Industry, in: World Bank (Hrsg.): Public Policy for the private sector (No. 58)

Kiessling, T./ Blondeel, Y. (Oktober 1999): Effective Competition in European Telecommunications: an analysis of recent regulatory developments, in: Info, The Journal of policy, regulation and strategy for telecommunications and media

Klodt, H./ Laaser, C.-F./ Lorz, J.-O., Maurer, R. (1995): Wettbewerb und Regulierung in der Telekommunikation, Zwischenbericht zur Strukturberichterstattung, Institut für Weltwirtschaft an der Universität Kiel

Kloock, J./ Sieben, G./ Schildbach, T. (1990): Kosten- und Leistungsrechnung, 5. unveränderte Auflage, Düsseldorf: Werner

Klußmann, N. (1997): Lexikon der Kommunikations- und Informationstechnik, Heidelberg: Hüthig

Kommission der Europäischen Gemeinschaften (Juli 1997): Working Document on Interconnection Pricing in a Liberalised Telecommunications Market, Brüssel, 7. Juli 1997, COM (97) 29, Seite 20

Kommission der Europäischen Gemeinschaften (1997): Mitteilung über Bewertungskriterien für nationale Systeme der Kostenrechnung und Finanzierung im Universaldienst in der Telekommunikation und Leitlinien der Mitgliedstaaten für die Anwendung dieser Systeme, COM (96) 608, Bundesrat Drucksache 41/97

Kommission der Europäischen Gemeinschaften (1998): Mitteilung der Kommission über Zusammenschaltungsentgelte in einem liberalisierten Telekommunikationsmarkt (98/C 84/03), in: Amtsblatt der Europäischen Gemeinschaften Nr. C 84 vom 19.03.1998, Seiten 3 - 11

Kommission der Europäischen Gemeinschaften (November 1999): Communication from the Commission to the European Parliament, the Council, the Economic and Social Committee and the Committee of the Regions – Fifth Report on the Implementation of the Telecommunications Regulatory Package, COM (1999)537

Kommission der Europäischen Gemeinschaften(Dezember 1999): Status Report on European Union Electronic Communications Policy

Laffont, J.-J./ Tirole, J. (1998): A Theory of Incentives in Procurement and Regulation, 3rd printing, Cambridge (Mass.), London (England): MIT Press

Lücke, W. (1997), Einheitskalkulation, Einflussgrößenrechnung und Prozesskostenrechnung, in: Freidank, C.-C./Götze, U./Huch, B./Weber, J.: Kostenmanagement – Aktuelle Konzepte und Anwendungen; Berlin, Heidelberg, New York: Springer

Mercury Communications (Februar 1996): Pricing of Telecommunications Pricing from 1997 – OFTEL's Consultative Document on BT Price Controls and Interconnection Charging Submission by Mercury Communications

Mercury Communications (Juni 1996): Pricing of Telecommunication Services from 1997, Oftel's Proposals for Price Control and Fair Trading, Submission by Mercury Communications

Mitchell, B.M./ Vogelsang, I. (1991): Telecommunications Pricing – Theory and Pricing, A RAND research study supported by WIK, Cambridge, New York, Port Chester, Melbourne, Sydney

Monopolkommission (Dezember 1999): Wettbewerb auf Telekommunikations- und Postmärkten ? – Sondergutachten der Monopolkommission vom 12. November 1999 gemäß § 81 Abs. 3 Telekommunikationsgesetz und § 44 Postgesetz, Köln, 3. Dezember 1999

Motz, O./ Zydoreck, C. (1996): Konzentration oder Wettbewerb? – Der Telekommunikationsmarkt in den USA nach der Reform von 1996, in: telekom praxis, 6/97, Seiten 31 - 39

Nera (National Economic Research Associates) (März 1996): The Methodology to Calculate Long Run Incremental Costs, Report prepared for Oftel

Nera (National Economic Research Associates) (Dezember 1996): Reconciliation of the Top Down and Bottom Up Incremental Cost Models – Final Report prepared for Oftel

Nera (National Economic Research Associates) (März 1997): Funding and Distributing the Universal Service Subsidy – Statement of Alfred E. Kahn and Timothy J. Tardiff prepared for U S West

Nera (National Economic Research Associates) (Juli 1997): Übertragungsleistungskosten im DT-Netz – ein Bericht für o.tel.o

Nera (National Economic Research Associates) (Oktober 1998): Estimating the Long Run Incremental Cost of PSTN Access – A Draft Report prepared for ACCC

Nett, L. / Neu, W. (August 1998): Bestimmung der Kosten des Universaldienstes, WIK Diskussionsbeitrag Nr. 187, Bad Honnef

Nett, L./ Neu, W. (Juni 1996): Effiziente Telefontarife der Deutschen Telekom im Rahmen einer Price-Cap-Restriktion, erschienen als Diskussionsbeitrag Nr. 159 des Wissenschaftlichen Instituts für Kommunikationsdienste, Bad Honnef

Neu, W. (1996): Bestimmung des Preises für die Zusammenschaltung von zwei Telekommunikationsnetzen, in: Schriftenreihe der Deutschen Verkehrswissenschaftlichen Gesellschaft e.V., Reihe B, Band 1999

Neu, W. (Mai 2000): Kapazitätsorientierte Interconnection-Entgelte, Tel-Com Brief 5/2000

Queensland Treasury (September 1998): Managing for Outcomes Output Costing Guidelines, Brisbane (Australien)

Sprint Cooperation (1996): Comments of Sprint Cooperation in the Matter of Implementation of the Local Competition Provisions of the Telecommunications Act of 1996, CC Docket No. 96-98

OECD, Economic Statistics and National Accounts Division of the Statistics Directorate (Dezember 1992): Methods used by OECD Countries to Measure Stocks of Fixed Capital

OECD (1995): Working Party on Telecommunications and Information Services Policies, Regulation of Interconnection and Equal Access in Selected OECD Countries

OECD (1996): The Essential Facilities Concept, in: Working Papers Volume IV, Series roundtables on competition No. 5,61, Paris

Oftel (1985): Determination of Terms and Conditions for the purpose of an agreement on the interconnection of the British Telecommunications Telephone System and the Mercury Communications Ltd System under Condition 13 granted to the British Telecommunications under Section 7 of the Telecommunications Act 1984

Oftel (1993): Determination of Terms and Conditions for the purpose of an agreement on the interconnection of the British Telecommunications Telephone System and the Mercury Communications Ltd System under Condition 13 granted to the British Telecommunications under Section 7 of the Telecommunications Act 1984 – Interconnection Charges and Explanatory Document

Oftel (März 1994): Interconnection and Accounting Separation: The Next Steps

Oftel (Dezember 1994): A Framework for Effective Competition

Oftel (Dezember 1995a): Pricing of Telecommunications Services from 1997 – Services from 1997, Consultative Document

Oftel (Dezember 1995b): Pricing of Telecommunications Services from 1997 – Services from 1997, Annexes to Consultative Document

Oftel (Februar 1996): Pricing of Telecommunications Services from 1997 – Controls and Consultative Document on BT Price Interconnection Charging

Oftel (März1996): Pricing of Telecommunications Services from 1997 – Services from 1997, Second Consultative Document on BT Price Controls and Interconnection Charging

Oftel (März 1996b): The methodology to Calculate Long Run Incremental Costs

Oftel (Juni 1996): Long Run Incremental Costs: The bottom-up model, Version 2.1

Oftel (Dezember 1996): Network Charges from 1997 - Consultative Document

Oftel (Dezember 1996b): Network Charges from 1997 - Annexes to Consultative Document

Oftel (März 1997): Pricing of Telecommunications Services from 1997

Oftel (März 1997b): Long Run Incremental Costs: The Bottom-Up Network Model, Version 2.2

Oftel (Mai 1997): Network Charges from 1997

Oftel (April 1997): Interconnection and Interoperability – a framework for competing networks

Oftel (Juli 1997): Pricing of Telecommunications Services from 1997: Oftel's Proposals for Price Control and Fair Trading

Oftel (Juli 1997): Interim Charges for BT's Standard Services for Year Ending 31 March 1998 – Determination and Explanatory Document

Oftel (Juli 1997a): Network Charges from 1997 – Statement

Oftel (Juli 1997b): Network Charges from 1997 – Annexes to Statement

Oftel (Juli 1997c): Pricing of Telecommunications Services from 1997: Oftel's Proposals for Price Control and Fair Trading

Oftel (August 1997): Retail Gradient

Oftel (September 1997): Pricing of Telecommunications Services from 1997; Controls and Consultative Document on BT Price Interconnection Charging

Oftel (Oktober 1997): Guidelines on the Operation of the Network Charge Controls

Oftel (November 1998): Determination under Condition 13.40 of BT's Licence to disapply Condition 13.35 of BT's Licence with regard to the interconnect charge for conveying traffic at the daytime rate between Northern Ireland and the Republic of Ireland

Oftel (Dezember 1998): Access to bandwidth : Bringing higher bandwidth services to the consumer, Consultation Document issued by the Director General of Telecommunications

Oftel (November 1999): Access to Bandwidth: Delivering Competition for the Information Age – A statement issued by the Director General of Telecommunications

Oftel (November 1999b): Direction concerning BT's NTS Conveyance

Osborne, M. J. / Rubinstein, A. (1994): A Course in Game Theory, 6th printing, London, Cambridge (Massachusetts): MIT Press

OVUM (Februar 1996): An international comparison of interconnect prices – A report to BT

OVUM (November 1996): A benchmark for interconnect prices in Germany – A report to Vebacom, November 1996 (unveröffentlicht)

Perridon, L. / Steiner, M. (1999): Finanzwirtschaft der Unternehmung, 10. Auflage, München: Vahlen

Plinke, W. (2000): Industrielle Kostenrechnung, 5. Auflage, Berlin, Heidelberg, New York etc.: Springer

Regulierungsbehörde für Telekommunikation und Post (Dezember 1999): Tätigkeitsbericht 1998 / 1999 nach § 81 Abs. 1 Telekommunikationsgesetz und § 47 Abs. 1 Postgesetz

Rupp, H.B. (1996): Ein Preissystem für das Internet, Diskussionsbeitrag Nr. 164 des Wissenschaftlichen Instituts für Kommunikationsdienste, Bad Honnef

Salomon Brothers (Januar 1997): Deutsche Telekom

Samuelson, P. A. / Nordhaus, W. D. (1998): Microeconomics, 16th edition, Irwin/Mc Graw-Hill

Sappington, D. E. / Weisman, D. L. (1996): Designing Incentive Regulation for the Telecommunications Industry, Cambridge (Mass.), London (England): MIT, Washington: AEI Press

Schneider, D. (1980): „Investition und Finanzierung", 5. Auflage, Wiesbaden

Scholl, A. / Krispin, G. et. al. (1997): Branch & Bound am Beispiel des Rucksackproblems, veröffentlicht auf der Website des Instituts für Betriebswirtschaftslehre an der TU Darmstadt (www.bwl.tu-darmstadt.de/BWL3/forsch/projekte/BB)

Schulte, H. (1995): Von ATM bis ZZK: Begriffe aus der Telekommunikation; in: Unterrichtsblätter Extra, Ausgabe Dezember 1995, Hrsg.: Deutsche Telekom AG, Generaldirektion

Schwandt, F. (1995): Die rekursive und direkte Baumol-Regel für Inputpreise, Discussion Paper – Economic Series –, Humboldt-Universität zu Berlin, Wirtschaftswissenschaftliche Fakultät

Schierenbeck (2000): Grundzüge der Betriebswirtschaftslehre, 15. überarbeitete und erweiterte Auflage, München, Wien: R. Oldenburg Verlag

Serfling, K./ Pape, U. (November 1995): Das Ertragswertverfahren als entscheidungsorientiertes Verfahren der Unternehmensbewertung, in: WISU 11/95, Seite 940 ff.

Serfling, K./ Pape, U. (Januar 1996): Strategische Unternehmensbewertung und Discounted Cash Flow-Methode, in: WISU 1/96, Seite 57 ff.

Siegmund, G. (1992): Grundlagen der Vermittlungstechnik, 2. überarbeitete und erweiterte Auflage, R.v.Decker, Heidelberg

Small, J.P./ Ergas, H. (Juni 1999): The Rental of Cost of Sunk and Regulated Capital (veröffentlicht im Internet)

Speta, J. B. (1999): Mandatory Resale in Long Distance Markets, Paper Presented at 27th Annual Telecommunications Policy Research Conference, Washington D.C.

Spulber, D.F. (1989): Regulation and Markets, 2nd printing, London, Cambridge (Mass.): MIT Press

Streit, M. E: Theorie der Wirtschaftspolitik, 4., neu bearbeitete und erweiterte Auflage, Düsseldorf: Werner

Strickland, P. (1994): The Regulatory Environment - telecommunication regulation in the UK, 4th edition, copyright British Telecommunications plc

Tannebaum, A. S. (1992): Computer-Netzwerke, 2. Auflage, Attenkirchen: Wolfram's Fachverlag

Tirole, J. (1998): The Theory of Industrial Organisation, 10. Auflage, Cambridge (Massachusetts), London (England): The MIT Press

Train, K. E. (1997): Optimal Regulation –, The Economic Theory of a Natural Monopoly, 5. Auflage, Cambridge (Massachusetts), London (England): The MIT Press

Trigeorgis, L. (1999): Real Options – Managerial Flexibility and Stragedy in Ressource Allocation, 4. Auflage, Cambridge/Massuchusetts, London/England: MIT Press

Tsai, W.H. (1996): Activity Based Costing Modell for Joint Products, in: Computers & Industrial Engineering, Vol. 31, No. 3/4, pp. 725-729

Vogelsang, I. / Finsinger, J. (1979): A Regulatory Adjustment Process for Optimal Pricing by Multiproduct Monopoly Firms, in: Rand Journal of Economics, 10, Seiten 157 – 161

Vogelsang, I. (1995): Interconnection of Telecommunications Networks in the UK, in: Wissenschaftliches Institut für Kommunikationsdienste, Diskussionsbeitrag Nr. 140, Bad Honnef

Vogelsang, I. (Mai 1996): Kosten des Ortsnetzes, Studie im Auftrag des Verbandes der Telekommunikations- und Mehrwertdienstanbieter (VATM)

Vogelsang, I. (1997): Anmerkungen zur Feststellung von Anschlußdefiziten und Altlasten der DTAG, erstellt für o.tel.o < unveröffentlicht >

Vogelsang, I. / Mitchel, B. M. (1997): Telecommunications Competition: the last ten miles, Cambridge (Massachusetts), London (England): MIT Press / AEI Press

Vogelsang, I. (November 1998): Analytische Kostenmodelle – ein notwendiges Übel, in: MMR 11/1998, Seiten 594 - 598

Weinhaus, C./ Lock, K. (1999): Overview of Universal Serivce, in: Making Universal Service Policy – Enhancing the Process Through Multidisciplinary Evaluation, edited by Cherry, B. A, et. al., London und Mahwah (New Jersey): Lawrence Erlbaum Ass. Publishers

Welfens, P. J. J. / Graack, C. (1996): Telekommunikationswirtschaft: Deregulierung, Privatisierung und Internationalisierung, Berlin, Heidelberg, New York, Barvelona, Budapest, Honkong, Lonon, Mailnad, Paris, Santa Clara, Singapur, Tokio. Springer

Wied-Nebelling, S. (1993): Markt- und Preistheorie, Heidelberg: Springer

WIK/EAK (Wissenschaftliches Institut für Kommunikationsdienste GmbH / European-American Center for Policy Analysis) (November 1994): Network Interconnection in the Domain of ONP, Study for DG XIII of the European Commission, Final Report

WIK (Oktober 1997): Costing and Financing Universal Service Obligations in a Competitive Telecommunications Environment in the European Union – Study for DG XIII of the European Commission, Final Report, Bad Honnef

WIK (Dezember 1998): Ein integrativer Ansatz zur Bestimmung der Kapitalkosten, in: WIK-Newsletter Nr. 33

WIK (März 1999): Ergebnisse und Perspektiven der Liberalisierung in ausgewählten Ländern – Studie des WIK im Auftrag des Bundesministeriums für Wirtschaft und Technologie, in: WIK-Newsletter Nr. 34, Seite 3 - 5

WIK (April 1999): Ein analytisches Kostenmodell für das Ortsnetz, Referenzdokument, erstellt durch das WIK im Auftrag der Regulierungsbehörde für Telekommunikation und Post

Willig, R. D. (1979), "The Theory of Network Access Pricing," in Harry M. Trebing, (ed.) *Issues in Public Regulation*. Michigan State University Public Utilities Papers, Proceedings of the Institute of Public Utilities Tenth Annual Conference

Wood, S./ Winterton, R. (1994): A New Structure for London's Public Switched Telephone Network, in: British Telecommunications Engineering, Volume 13, Oktober 1994

Xavier, P. (1995): Price cap regulation for telecommunications – How has it performed in practice? In: Telecommunications Policy, Vol. 19, No. 8, Seiten 599-617